Prof. Dr. Ahmed Akgündüz

İSLÂM HUKUKUNDA
KÖLELİK-CÂRİYELİK MÜESSESESİ VE

OSMANLI'DA HAREM

Gözden Geçirilmiş İlâveli Dördüncü Baskı

OSAV
OSMANLI ARAŞTIRMALARI VAKFI

OSMANLI ARAŞTIRMALARI VAKFI YAYINLARI NO: 9

OSMANLI ARAŞTIRMALARI VAKFI (OSAV)
- Tavşantaşı Sok. Nur Apt. No: 13/9
- P.K. 6 34491 BEYAZID-İSTANBUL Tlf. 0212-517 51 63 Fax. 0212-6388932

ISBN 975-7268- 09- 7

KAPAK: HAREM'İN HÜNKÂR SOFASI. Burası, Harem'in eğlence yeri olarak tarif edilmişse de, duvarlarındaki Kur'an Âyetleri ve hadisler bu iddiaları yalanlamaktadır.

Baskı: Cihan Matbaası 0212 - 5072733

Cilt: Sezgin Ciltevi 0212 - 516 85 22 - 516 11 63

İSTANBUL, Ocak 1997; Dördüncü Baskı

DÖRDÜNCÜ BASKI'YI TAKDİM EDERKEN BAZI İTİRAZLAR VE CEVAPLARI

"islâm Hukukunda Kölelik-Câriyelik Müessesesi Ve Osmanlı'da Harem" adlı eserimizin ilk üç baskısı, Rabbimin lutfu ve ihsanıyla birbuçuk sene gibi kısa bir zamanda tükendi ve dördüncü baskının hazırlıkları bir kaç aydır devam ediyor. Aslında dördüncü baskıya ilâve edilecek fazla bir şey yoktu. Ancak ilk baskılardan sonra, hem kitabımız çerçevesinde koparılan fırtınalar ve hem de bir kısım ilim ve fikir adamlarının meseleye fevkalade hassas yaklaşımları, dördüncü baskıya bazı ilâveler yapmaya ve bu önsözü de yazmaya zorladı.

70 yıldır harem'i gayr-i meşru bir eğlence alemi olarak takdim eden ve sözüm ona yazdıklarını da tamamen edebe ve dine aykırı resimlerle süsleyen belli kesimlerin, Osmanlı'da Harem adlı eserimizi takdir etmesini aslâ bekleyemezdik. Ancak yine bize ait olan Osmanlı Kanunnâmeleri adlı esere yazdığı gayr-ı ilmî tenkitlerle bize hakaret etmeyi gazetecilik sayan bir arkadaşımıza **Osmanlı Kanunnâmeleri** ile ilgili itirazlarına verdiğim cevapların takdim yazısında ifade ettiğim gerçeği buraya aktarmayı bir vazife addediyor ve değerlendirmeyi tarihe, ilme ve araştırmacılara bırakıyorum:

"Araştırma ve bilim adına hareket edenlerin yıkıcı olmaktan ziyâde, yapıcı tenkitlerle bu tür çalışmalara yaklaşmaları gerektiği kanaatindeyim.

Zirve dediğiniz ve benim de istifâde ettiğim şahısların, bırakınız imlâ hataları şeklinde, tamamen ilmî mahiyette nice hatalar yaptıklarını benim kadar, siz de biliyorsunuz. Neşredilen bu eser, onların ciddi bir kısım hatalarını düzeltmesinin yanında, elbetteki bazı hataları da bulunabilecektir. Ancak satır atlamalarını ve altını çizerek ifade ediyorum, bazı imlâ hatalarını (**kevsem**, **nöker** gibi), Osmanlıca bilmemek ile ithama vardırmak ve eserin umumuna teşmil etmek, ilim anlayışına uymasa gerektir. Eğer nevker yazılan Bolu Kanunnâmesinin bulunduğu 5. Cildin Kavram Fihristine bakabilme zahmetine katlansaydınız, aynı ciltte **nöker** şeklinde dokuz defa doğru okunduğunu, bir yerde **nevker** ve bir yerde de **nevkerân** tarzında iki kerre imlâ hatası bulunduğunu görürdünüz. Ayrıca hatalı okuduğumuz kelimelerin olmadığını da iddia etmiyoruz. Tashih edenlere de teşekkür ediyoruz; elbetteki tahkire varmamak şartıyla.

Eserin telifi ve **şerî'at** ile ilgili sözlerinize gelince, bizim sizinle bu konuda aynı kanaatte olmamız mümkün değildir. Kur'an'ın emri olan kısâsı sizin gibi müstehzî bir üslubla tenkit etmemiz de mümkün değildir. Gayeye yönelik tenkitlerinizi saygıyla karşılıyorum. Ancak bizim dekanlığımızın ve öğretim üyeliğimizin bu eserin gayesi ve bizim Kur'an'ın hükümlerini neşredişimizle ne alakası vardır? Bilemiyorum.

İlim adamları ve araştırmacılar arasındaki münâsebetlerin böyle olmamasını düşünüyor ve yayınlamanız ümidiyle, daha önce Kanunnâmelerin Önsözlerinde de ifade etttiğimiz bazı cevaplarımızı okuyucunuza duyurmanızı istirhâm ediyorum. Biz, muhabbet fedaileriyiz, husûmete vaktimiz yoktur."

Tarihini, dinini ve medeniyetini öğrenmek istiyen değerli ilim adamları, vatandaşlar ve araştırmacılar, bu esere öylesine alaka göstermişlerdir ki, bunların takdiri, duası ve varsa eksikliklerimizin tamamlanması için yaptıkları ikazlar, yukarda zikrettiğim tarzdaki tenkitlerin verdiği üzüntüyü kat kat geçmiştir.

Bu tarz tenkitlerin ne gibi maksatlarla yapıldığını, kendisini tanımadığım ve adresime gönderilen Sinan Memoğlu isimli vatandaşımızın şu cümleleri açıkça ortaya koymaktadır:

"Konuya dışardan ve genel olarak bakan bir kişinin aklına ilk olarak, "vatandaşın biri bir kitap yazmış, onu çekemeyen biri de onu eleştiriyor" gibi bir düşünce gelebilir. Ama biraz düşünmek istersek, ikinci aşamada görürüz ki, saldırı çok değerli İslâm düşünürlerinin arkasına geçilip sanki onlardan da destek alınarak Akgündüz'ün şahsına yapılıyor. Ama ne var ki, biraz daha akl-ı selim ile düşünürsek, saldırı değil âdetâ bir cephe oluşturulmuş ve savaş yapılıyor. Neye karşı? Birincisi Osmanlı gerçeğine yani ecdadımıza; ikincisi, Osmanlı gerçeğini oluşturmuş ve halen varlığını sürdüren İslâmiyet'e karşı.

Yapılan eleştirilere cevap verilecek bölümleri vardır; bir de haya edip cevap verilmesi hiç de uygun olmayan bölümleri vardır. Ferdi olduğum milletim adına İslâm'ın bayrağını taşıyan ve ona sahip çıkan her kişiyi başım üstünde tutar, üzerime vazife olduğunu hissettiğim konularda da fikrimi beyân ederim. Bana göre herkes bunu yapmalı."[1].

Bizim kanaatimize göre, verilmesi gereken cevabın muhtevâsını Sayın Memoğlu özetlemiştir. Biz de bunu yaptık. Gelen müsbet teklifler doğrultusunda Kitabımızdaki bazı eksiklikleri giderdik. Menfi tenkitlere ise, edebimiz ve ölçülerimiz çerçevesinde cevap verdik. Ancak bize hakaret etmeyi hedef-

---

[1] Sinan Memoğlu'nun 15 Temmuz 1996 tarihli Mektubu.

leyenler, cevabımızı yayınlamamayı tercih ettiler. Biz de bu vatanı, bu milleti ve tarihini ve dinini sevenlerin duası ve tenkitlerin doğru olup olmadığını merak saikasıyla da olsa, kitabı okuyup gerçeği öğrenmeleri bize yeter dedik. Ancak kitabımıza yöneltilen ve haksız olan tenkitlere verdiğimiz cevapları, Kitabımızın **Yedinci Bölüm**ünde neşrettik.

BAZI TENKİTLERE CEVAPLAR

1 Ekim 1995 tarihli Hürriyet Gazetesi'nin 20. sayfasında değerli araştırmacı Murat Bardakçı'nın, **Osmanlı'da Harem** adlı eserimizle ilgili bir sayfalık tenkit yazısı çıktı. Bu yazı, bize göre çok güzel noktalara değinmek ile beraber, bazı hususlarda yine çarpıtmalarla doludur. Önemli olanlarından biri iki misal verelim:

1) Harem'de bulunan cariyelerin tamamının hizmetçi olduğunu, ibadetle meşgul olduklarını ve hiç bir şekilde Padişahın bunlarla cinsî hayat yaşamadığını Kitabın hiç bir yerinde zikretmedik. Bilakis, bu zamana kadar bir iftira mahiyetinde yazılan ve ileri sürülen, Padişahların yüzlerce kadınla ve Harem'deki bütün cariyelerle karı-koca hayatı yaşadığı iddiasının doğru olmadığını ifade ettik.

Osmanlı Sarayında Harem denilen Padişahın evinde herhalde Padişah kızlarının ve hanımlarının yemek yapmasını ve çamaşır yıkamasını bekleyemezsiniz. Elbetteki bunlar bu işleri yapamayacağına göre, bunları yürüten hizmetliler olacaktır. Bu hizmetliler de günümüzde olduğu gibi, kadın erkek karışık değil, sadece kadınlardan olacaktır. Hür kadınlar bu işi görmeyeceklerine göre, o zaman köle olan kadınlar yani câriyeler bu işleri göreceklerdir. İşte Osmanlı Hareminde sayıları 50'yi, 70'i ve bazan da 400-500'ü bulan câriyeler, bu manada kadın hizmetlilerdir. Bu gün evinize gelen hizmetli bir kadınla veya temizlikçi bir hanımla ev sâhibinin cinsî münâsebet kurması ne kadar çirkin ise, Padişahların da bu manada cariyelerle cinsî münâsebet kurmaları o kadar çirkindir. Elimizde Harem'deki çamaşırhânede ne kadar, mutfakta ne kadar ve sairede ne kadar câriye çalıştığı listeleri ile mevcuttur. Şu anda Çankaya Köşkünde ne kadar kadın görevli bulunduğu malumdur; ama Sayın Cumhurbaşkanının bunlar ile aile hayatı yaşadığını kimsenin ileri dahi süremeyeceği de çok iyi bilinmektedir.

Câriyelerin ikinci çeşidi ise, mâliklerinin ve sâhiplerinin hem intifâ' ve hem de istifrâş hakkına sahip olduğu cariyelerdir. Bunlar, bir nevi nikâhlı eş durumundadırlar. Cinsî hayat yaşadığı eşinden başkasına haramdırlar. Erkekler bunlara da kendi karısı gibi mu'âmele etmek zorundadırlar. Bunlardan çocuk sâhibi olunca, ümm-i veled adını alırlar ve artık başkasına satılamazlar. Hür adamın çocuğunu doğurduklarından hürriyetlerine kavuşurlar ve beylerinin vefâtından sonra hürriyetlerini elde ederler. Hür kadınlardan farkları, nikâh akdi yapılmadığı sürece, dörtten fazla kadınla evlenme sınırının olmayışıdır. Bu câriyelerle, nikâh yaparak tamamen eş durumuna getirmek de mümkündür. Ancak başta Hanefi mezhebi olmak üzere, Kur'-an'ın konuyla ilgili âyetine dayanan çoğu hukukçular, hür kadın varken, bu çeşit cariyelerle nikâh yapmayı tavsiye etmemişlerdir.

Osmanlı Hareminde bulunan câriyelerin çok azı bu çeşit câriyelerdir. Daha da önemlisi, Osmanlı Padişahları, Fâtih Sultân Mehmed'e kadar hür kadınlarla evlilik yapmışlardır. Fâtih'den sonra gelen Padişahlar, iki üç evlilik müstesnâ, hür kadınlarla değil, ikinci gruba giren câriyelerle evlenmişler ve bazan da nikâh yapmışlardır.

Mesele, hakkında 472 sayfalık kitap yazılmasına ve bu konu yanlış değerlendirildiği için Kitabın içinde iki defa tekrar edilmesine karşılık anlaşılamayınca, elbetteki konuyu soran Cumhurbaşkanına edeb dairesinde ve meseleyi anlatmak için böyle bir misal verilmesinde gayr-ı ilmîlik veya Cumhurbaşkanlığı makamına saygısızlık göremiyoruz. Asıl değerlendirmeyi, şuurlu okuyuculara bırakıyoruz.

2) Sayın Murat Bardakçı'nın **Aşk Mektupları** adı altında zikrettiği mektuplar, hem karı-kocanın birbirine yazdığı ve gizli kalması gereken yazılardır ve hem de buna rağmen gayr-i meşru bir ifadeye ve hatta kendisinin seçip de naklettiği mektuplarda dahi edebe aykırı kelimelere rastlamak mümkün değildir. Yoksa aşk denilen olgunun, müslümanlarda olmadığını söyleyen yoktur. Belki meşru dairede olduğunu ve bugünkü gibi gayr,i meşru aşkların yaşanmadığını söyleyen vardır. Bir de Sayın Bardakçı'nın naklettiği ve aşk mektupları dediği şeyler, I. Abdülhamid'in kendi hanımı yani Baş Kadın Efendisi olan Hatice Ruh Şah'a yazdığı mektuplardır. Bugün bile, bir insanın kendi hanımına yazdığı gizli mektuplar açıklansa, elbetteki umuma göre ayıplanabilecek bazı cümle ve kelimeler bulunabilir. Halbuki bu zikredilen mektuplarda şer'an yasak olan bir ifade yoktur.

Osmanlı Padişahları ve haremde yaşayan kadınlar da insandır. Bunlar da hem sevecek ve hem de sevdiklerini kıskanacaklardır. Dolayısıyla insanlık gereği aralarında geçen bazı sürtüşmeleri veya aralarında alınıp verilen ve Osmanlı Devleti yıkılıncaya kadar aileye has kalan özel arşivlerdeki muhabbet mektuplarını, hep menfi manada değerlendirmek veya bunlar arasından süiistimal edilebilir birini seçip hepsine teşmil etmek doğru değildir."

3) İslam toplumlarında ve dolayısıyla Osmanlı cemiyetinde, fertler, cinsî münâsebet konusunda, edebe ve meşruiyyete aykırı olmayacak şekilde elbetteki bilgilendirilmiştir. Sayın Murat Bardakçı'nın zikrettiği ve bir kısmına bizim de atıf yaptığımız kitaplar, cimâ'ın âdâbı başlığı altında âdâb-ı muâşeret veya tahsîsen bu konuya ait telif edilen kitaplarda belirtilen hususları ihtiva etmektedir. Elbetteki hem Kur'an'da, hem sünnette ve hem de bunlardan ilhâm alan İslâm âlimlerinin eserlerinde cimâ' yani cinsî münâsebetle ilgili bilgiler olacaktır. Cinsî hayatın makul ölçüler içerisinde ve meşru dairede yürümesinin şartı da budur. Eğer İbrahim Hakkı'nın Ma'rifetnâmesine ve Kabusnâme'nin ilgili bahislerine Sayın Bardakçı atf-ı nazar edebilirse, meşru dairede ve ancak herşiye açıklayacak şekilde yani onun tabiriyle sansürsüz bir tarzda cinsî bilgilerin verildiğini görecektir. Bu, tamamen sıhhî ve ilmî olan bilgilerle bugünün seks dergilerini ve cinselliği suiistimalini kıyaslamak mümkün değildir. Daha ayrıntılı cevabı ise, Yedinci Bölümde vermiş bulunuyoruz.

4) Sayın **Murat Bardakçı**'nın yazısının dörtte birini teşkil eden ve bir çıplak cariye görüntüsü adı altında okuyuculara sunduğu resmin kaynağını açıklamasını arzu ediyoruz. Zira bu ve benzeri resimlerin tamamen Avrupalı seyyâhlarca ve ressâmlarca çizilmiş hayalî resimler olduğunu, insaflı olan bütün araştırmacılar kabul etmektedirler.

Yine bu sebepledir ki, Topkapı Sarayı resim galerisinde mevcut olan Hurrem Sultân'ın muhtelif tablolarıyla kızı Mihrimah Sultân ve Gülnüş Sultân'a ait resimlerin otantik (güvenilir) olup olmadıkları üzerinde haklı olarak durup düşünmemiz icabetmez mi?" [1].

Cumhuriyet döneminde haremle ilgili olarak kaleme alınan kitaplarda yer alan veya kapaklarını teşkil eden gayr-i meşru resimlerin tamamı, batılı ressâmların hayal ürünleridir. Mesela Meral Altındal'a ait Osmanlı'da Harem adlı kitabın kapağındaki çıplak resim, Karl Briullov'a ait olduğu gibi, aynı yazarın Osmanlı'da Kadın adlı kitabının kapağındaki çıplak resim de Camille Rogier'e aittir[2].

Sayın **Bardakçı**, Kitabımızın ikinci baskısında kendisinden istememize rağmen, tenkit yazısında kullandığı çıplak cariye resminin kaynağını henüz

---

1 Uluçay, Harem'den Mektuplar, 11; Bu konuda, müşşahas bir misâl için bkz. Hans Dernschwam, İstanbul Ve Anadolu'ya Seyâhat Günlüğü (Çev. Yaşar Önen), Ankara 1992, sh. 59, 82, 83, 88, 89, 93 vd.,184; Bu Kitap Türkiye Cumhuriyeti Kültür Bakanlığı tarafından Dünya Edebiyâtı bölümü içinde neşredilmiş olup yazar, sansüre tabi tutulan kısımların dışında neşredilen kısımda dahi Türklere ve müslümanlara hücum etmekte ve bahsettiğimiz çarpıtmalara çok müşahhas misâller bulunmaktadır.

2 Altındal, Meral, Osmanlı'da Kadın, İstanbul 1994, sh. 2; Osmanlı'da Harem, sh. 2

açıklamadı. Ancak biz açıklamak istiyoruz ve diyoruz ki, bu da tamamen Avrupalı bir ressâmın hayal ürünü olan bir resimdir. Bu resim, **Jean-Auguste Dominique Ingres, La Grande Odalissque**, sh. 180'den alındığını, Sayın Alev Lytle Croutier kayd etmektedir[1]. Yani tamamen Avrupalı bir ressâmın hayal ürünüdür.

Netice itibariyle İslâm Hukukundaki şer'î hükümler nazara alınarak ve bu zamana kadar yapılan çalışmalar elden geldiğince değerlendirilerek kaleme alınan **"Osmanlı'da Harem"** adlı eserimiz daha da tartışılmaya devam edecektir. Ancak tenkidlerini bize yöneltenlerin, insaflı olmalarını, eseri iyice inceledikten sonra tenkitlerini yapmalarını ve imlâ hataları konusundaki eksikliklerin ikinci baskıda giderileceğini istirhâm ediyoruz. Ayrıca kitabın muhtelif yerlerinde açıkladığımız gibi, Osmanlı Padişahlarının masum olmadıklarını ve bir kısmının meşru dairede bazı süiistimalleri yapmış olabileceğini ve ancak biri iki insanın suiistimalinin bütün bir nesle teşmil edile-miyeceğini ve hele hele tamamen dindar olan bu insanların cinsî sapık aslâ ilan edilemeyeceğini ve bu zamana kadar cariyelik ve haremle ilgili yazılanların çoğunluğunun çarpıtma ve tahrîfatlarla dolu olduğunu ifade etmek istiyoruz.

Böyle bir kitabın, bütün gayesi İslâmı ve Osmanlı Devletini kötülemek olan bazı kalemleri memnun etmesini beklemek ise, elbetteki safdillik olacaktır. Belgeler konuştukça, bir kısım tabular da yıkılacaktır."[2].

MÜSBET TEPKİLERDEN BAZI KESİTLER

Kitabımız, sayıları çok az olan bu kasıtlı tenkitlerin yanında ilim, fikir ve vatandaş çevrelerinden çok takdir ve dua almıştır. Bunlardan bazılarını Kitabımızın **Sekizinci Bölüm**üne almış bulunuyoruz. Bunların başında Tarihçi Büyüğümüz **Yılmaz Öztuna, Doç. Dr. Said Öztürk, Dr. Niyazi Özdemir, Araştırmacı Cemal Aydın, Yrd. Doç. Dr. Musa Duman, Yazar Ahmed Şahin** ve sözlü kanaatini telefonla ifade eden ve kaleme almaya söz veren kıymetli Hocam **Prof. Dr. Halil İnalcık** gelmektedir. Muhterem Hocam Halil İnalcık'a kendisiyle ilgili bir tesbitimizin ağır gelmesini fırsat bilenler, sanki bizim Hocaya karşı edebe aykırı davrandığımızı ilettiklerini öğrendik. Hocamız ise, kendisinin eserlerinden çokça istifade ettiğimizi, ancak bazı tashih edilmesi gereken hususlar olursa, bunu da ilim âdâbı çerçevesinde yapmanın yine bir ilim olduğunu bildiğinden, fevkalade bir edep ve ilim kokan üslû-

---

[1] Alev Lytle Croutier, Harem The World Behind the Veil, sh. 4.

[2] Konuya verilen ayrıntılı cevapları, Yedinci Bölüm'de okuyabilirsiniz.

buyla, **"Üslûbunu daha yumuşak kullanabilirsin; fakat bütün bunlara rağmen İslâm Hukuku bilinmeden gerçek tarihimiz ve özellikle de Osmanlı Tarihi ve müesseseleri tam olarak araştırılamaz. Bu eksikliği gidermede el ele vermemiz gerekir. Sizleri bu çalışmalarınızdan dolayı tebrik ediyorum"** diyerek teşekkürlerini ifade etmişlerdir. Biz de yanlış anlaşılabilecek olan kısmı tashih etmiş bulunuyoruz.

Konuyla ilgili tesbitlerden bazı cümleler aktaralım ve merak edenleri Kitabımızın **Sekizinci Bölümü**ne havale edelim:

Yılmaz Öztuna: "Akgündüz'ün kitabı, diyebilirim ki , **Osmanlı'ya, bilhassa padişahlarımıza yapılan iftiraların milli vicdandaki üzüntü ve tepkisine tercüman oluyor.** Prof. Akgündüz'ün bir tarihçi değil, bir hukuk tarihçisi olduğunu tekrar belirtiyorum. Eserinin ilgi çekiciliği biraz bu ihtisas alanından geliyor. Konuyu, şu bakımdan vurgulayarak incelemiş: Padişahlarımızın fiilleri, aile hayatları, davranışları, yüce dinimize, Osmanlı terminolojisi ile yazayım şerî'at-i garrâ-yı Muhammediyye'ye uygun'mu, değil mi, yahut ne dereceye kadar uygun? İşte Akgündüz, bu sorunun cevabını 480 sayfa halinde, her bahsi kolaylıkla okunabilecek bir kalem maharetiyle vermeye çalışıyor. Önce hiç bir tarihçinin, bir tarih konusuna veya tarihi kişiye, davranışları dine ve hukuka uygun mu, değil mi yaklaşımında bulunmadığını belirtmeliyim.".

Dr. Said Öztürk: "23 Haziran 1996 pazar günü Hürriyet'te Murat Bardakçı imzasını taşıyan bir yazı yayınlandı. Yazı, kamuyu belli bir konuda aydınlatmadan çok, bir bilim adamını hedef alarak tenkit perdesi adı altında tezyif ve tahkir etmeyi amaçlamaktadır. Doğrusu, yazıyı görünce şaşırdım. Hiç bir insaf sınırını gözetmeden kaleme alınan yazıda cımbızla çekilmiş cümle ve satırlar, yazarın malzemesini teşkil etmiştir.

Burada bizi üzen bir bilim adamının görüşlerinden dolayı aldığı tenkidlerden çok, tenkidin uslûbudur. Üstelik tenkid edilen noktalar da yapılan tenkidi hak etmemektedir.

Murat Bardakçı'nın yazısı Prof Dr. Ahmet Akgündüz'ün özellikle **Osmanlı Kanunnâmeleri** ve **Harem** adlı iki eseri ile ilgilidir. Akgündüz hocanın Osmanlı Kanunnâmeleri adlı eseri bu gün dokuzuncu cildi elimizde bulunan dev bir külliyattır. Bir komisyonun altından kalkamayacağı devasa bir külliyata imza atan Akgündüzün bu eseri değil Türkiyede, Türkiye'nin dışında da pek çok ilim, kültür ve siyaset adamınca da hüsnü kabul görmüş, ülkemiz hakkında yerleşik yanlış kanaatların izalesinde rol oynamıştır.

Yirminin üzerinde esere, ikiyüzün üzerinde makaleye imza atan Prof. Dr. Ahmet Akgündüz'ün tefekkür seviyesine, ilmî vukufiyetine ve sahip olduğu perspektife, tarihi magazinleştirmeye çalışan ya da magazin yazılarına tarihi kılıf hazırlamaya çalışan bir gazetecinin intikal etmedeki güçlüğü yazılarına yansıyarak karşısındaki kişiye tahkire varan sözler sarfetmesine neden olmaktadır. "kasap olacağına hukukçu olmuş", "haremci profesörün yumurtladığı en son cevher" gibi ifadelerini bu vukufiyetsizliğin bir göstergesi olarak algılamak mümkündür. Tenkid ve fikir ileri sürme yerine, tahkir yazarın yegane sermayesi oluyor.

Tenkid edilen noktalar, yazara bu sözleri söyletecek bir vahamet sergilememektedir. Yanlış doğru cetveli çıkararak güya Akgündüz'ün kanunnâmeleri yanlış okuduğu kamuoyuna yansıtılmak istenmektedir. Halbuki kitabın ilgili sahifelerine bakılırsa sadece bir yerde "mevkuf olmış" yerine "mevkuf olmamış"ın dışında bir yanlışlığın olmadığı, yanlış olarak gösterilen yerlerde sadece birer satır atlanıldığı görülmektedir.

Bardakçı öylesine iddiaları -güya inanmıyor- serdediyor ki, hocayı, eserlerini ve arşivi tanımayan birisine oldukça inandırıcı gelir. Akgündüz'ün nerde ise Osmanlı Arşivinde daha önce yapılan bir çalışmanın üstüne oturduğunu ve hazıra konduğunu lanse etmiye çalışıyor. Dedi kodulara kulak kabartacağına yanıbaşında Devlet Arşivleri yetkililerinden endişelerinin izalesine çalışmasını salık veririz. Arşiv uzmanlarının Akgündüz'ün düştüğü hatalara hiç bir zaman düşmeyeceğini belirtiyor da, bu uzmanların yetişmesinde ve hizmet içi eğitimlerinde Akgündüz'ün hocalık yaptığını her halde bilmiyordur. müsellemdir.

Sayın Bardakçının konumu, ne kadar da Voltaire'nin ayakkabı tamircisi komşusuna benziyor. Hikaye malum; üstadın ayakkabı tamircisi bir komşusu varmış. Merak mı dersiniz, imrenme mi dersiniz veyahut da hased mi dersiniz, bizim ayakkabı tamircisi başlamış şiir yazmaya. Komşusu Voltaire yazar da o yazmaz mı? Tamircimiz anlaşılan fazla kibirli olmasa gerek, yazdığı şiirleri üstada gösterir, şiirleri hakkında düşüncelerini sorarmış. Tabii ki üstad komşusunu kıracak değil, yazdıklarına şöyle bir göz gezdirirmiş. Nihayet üstadımız şu nazik tavsiyesini bir kağıda yazarak komşusuna göndermiş:

"Sadece ayakkabı yap,

Sadece ve sadece ayakkabı yap,

Sen sadece ve sadece ayakkabı yap."

Elhasıl; tahkir ve tezyifi amaçlamayan, sadece yapıcı olma özelliği bulunan tenkidlerin bilim adamlarının disiplinize olmasında yapıcı rolu olduğu şüphesizdir. Ancak şu bilinmelidir ki, tezyif ve tahkir ehlinin değil, gerçek hiç bir münekkidin bile heykeli dikilmemiştir. İnşaa tuğlaları üst üste koymaktır, didiklemek değildir. Uslûb-ı beyan ise ayniyle insandır.".

Musa Duman: "Bir çok insan gibi ben de, ilgi alanıma giren çalışmalarınızı imkânım ölçüsünde takip etmeye çalışıyorum. İlim hayatımıza yaptığınız katkıların yanı sıra, kişiliğiniz ve fiilî çabalarınızla da takdire değer bir hareketlilik içindesiniz. Bu haliniz de ayrıca size güvenenlere iftihar vesilesi olmaktadır. Malûm-ı âlîniz olduğu üzere, Cumhuriyet sonrası ideolojik yapının temellendirilmesi maksadıyla, kendi mantığı içinde belki haklı görülebilecek bir tarzda, yeni nesillere, yapılanları gerekli ve sevimli göstermek düşüncesine matuf "**eskiye sövgü, Osmanlı'yı her şeyiyle tahkir etme ve kötüleme"** anlayışını ifade eden çok şeyler söylendi, yazıldı. O kadar ki, Cumhuriyet çocuklarına bile ağır gelmeye başladı bu yazılıp söylenenler. Bununla birlikte aynı inadı ısrarla sürdürenler de yok değil maalesef.

Her akl-ı selim sahibi insan gibi bendenizi de rahatsız etmekteydi bu tahkirler, suçlamalar ve yalanlar... Kısaca **"Osmanlı'da Harem"** adlı eserinizle, milletine, tarihine, ecdadına saygılı her insanın gönlüne serinletici bir su serpmiş oldunuz; Allah sa'yinizi meşkûr etsin, kaleminize kuvvet versin. Bir çok konuda olduğu gibi, bu eserinizde temas ettiğiniz hususlarda da muarızlarınız olacaktır hiç şüphesiz. Akılları ve kalpleri şartlanmış insanlara biz kulların yapacağı pek bir şey kalmıyor ne yazık ki!".

İşte bu ve benzeri değerlendirmeleri merak edenler, Kitabımızın **Sekizinci Bölümü**ne müracaat edebilirler.

Gelen tenkitleri ve tavsiyeleri nazara alarak, dördüncü baskıda kitabı yeniden gözden geçirdik. Belli yerlerde izah ilaveleri, sonunda bir bölüm ilavesi yaptık ve yeni gelen binlerce soru içerisinden bazı önemli olanlarını da ilâveten Yedinci Bölümde cevaplandırmaya gayret gösterdik. Elbetteki yine bazı tesbit, okuma ve benzeri hatalarımız olacaktır ve ecdadımıza hakaret etmeyi maharet bilenler bulundukça bu Kitabın daha yeni baskıları da inşâallah yapılacaktır.

Bu baskıyı da okuyuculara ve araştırmacılara takdim ederken, bir iki müjdeyi de vermek istiyoruz. **Osmanlı'da Harem** kitabımızın İngilizce tercümesi tamamlanmış bulunmaktadır. Şükrân Vâhide Hanımefendi'nin müslüman bir İngiliz titizliğiyle yaptığı bu tercümeyi, Allah maddi imkân nasip ederse yakında neşredeceğiz ve bu yönde yurt dışından gelen istekleri de karşılamaya çalışacağız. Bu arada Arapça tercümesi için de talepler gelmeye başlamıştır. Ancak bütün bunlar, maddi imkân gerektirmektedir.

Son baskıyı takdim ederken, yine bütün çalışmalarımda bana destek olan eşim **Saime Belkıs Akgündüz Hanımefendiye;** Vakfımızın çok kıymetli Müdürü **Mehmed Emin Şahin Bey**'e; birinci baskının kâğıt bedelini ödeyen Vakfımız Mütevelli Heyet Başkan Yardımcısı **İbrahim Aslan** Beye; eserden

1000 adet satın alarak öğretmen arkadaşlara dağıtan Vakfımız mütevelli heyet üyesi **Mustafa Kuralkan** Beye; eseri tetkik ederek değerlendirmelerini bize kadar ileten değer ilim ve fikir adamlarıyla bütün okuyucu ve araştırmacılara teşekkür ediyor, Rabbimin bizi hayırlı işlerde muvafffak etmesini ve rızâsından ayırmamasını niyaz eyliyoruz.

25.01.1997 **Prof. Dr. Ahmed Akgündüz**

Osmanlı Araştırmaları Vakfı Başkanı

İÇİNDEKİLER

İKİNCİ BÖLÜM
TARİH BOYU MUHTELİF TOPLUMLARDA VE DİNLERDE KÖLELİK-CÂRİYELİK MÜESSESESİ

DÖRDÜNCÜ BÖLÜM
OSMANLI UYGULAMASINDA KÖLELİK VE CARİYELİK İLE İLGİLİ BAZI MÜESSESELER

BEŞİNCİ BÖLÜM
OSMANLI'DA HAREM

YEDİNCİ BÖLÜM
KÖLELİK, CARİYELİK VE HAREM HAKKINDA BAZI SORULARA CEVAPLAR

SEKİZİNCİ BÖLÜM

HAREM KONUSU VE KİTABIMIZLA İLGİLİ YAPILAN DEĞERLENDİRMELERDEN BAZI KESİTLER

KİTABIN BİRİNCİ BASKISININ TAKDİMİ

İslâmda kölelik ve câriyelik meselesinin ve özellikle de harem konusunun, bilen bilmeyen herkes tarafından çeşitli mahfillerde dile getirildiğini ve kasıtlı olarak İslâmiyet ve Osmanlı Devleti aleyhinde bir iftirâ kampanyası şeklinde kullanıldığını esefle müşâhede ediyoruz. Özellikle Cumhuriyet kurulduktan sonra kaleme alınan eserlerin çoğunda, tamamen Osmanlı Devleti'ni kötülemeye yönelik kullanılan malzemelerin arasında harem ve cariyelik konusu başı çekmiştir.

Harem'de on sene muallimelik (öğretmenlik) yapmış olan kültürlü bir Hanımefendi'nin 1950 öncesinin değil ve hatta 1960 öncesinin de değil, 1964 yılında Osmanlı haremi ile ilgili yazılıp çizilenleri gördükçe nasıl bu yalanlardan dolayı kıvrandığını, Osmanlı ve İsâmiyet lehine konuşmanın bir nevi yasak olduğu dönemlerde kaleme aldığı şu satırlar çok güzel tasvir etmektedir:

"**Osmanlı Sultanlarının hâkim olduğu zamanlara ait pek çok neşriyat yapıldı. Hepsini dikkat ve alâka ile okudum. Diyebilirim ki, bunların çoğu, hele son devirlere ait olanları uzaktan tutulmuş objektifin titrek, bulanık akislerinden ibaret kalmıştır. Bir kısmı da hayal mahsulü olan romantik maceraları ihtiva eder. Yazarların geniş karihalarına ve hayallerine olan hürmetim dolayısıyla hiçbirini tekzib cür'etinde bulunmak niyetiyle değil; sadece bizzat bu hayatın içinde yaşamış olmanın verdiği salâhiyyet ve şahıslarını yakinen tanımaktan gelen bilgi ile olayları daha ziyade hakikate uygun olarak kaydetmek arzusu ile bu hatırâta başladım. Ve bunda küçük, fakat canlı noktaları ele alarak vücuda getirdiğim çizgileri ve kroki halindeki portrelerin devrinin ihtişamına yakışacak şekilde yaldızlı çerçevelerine yerleştirmeye çalıştım**"[1].

Konuyla ilgili 20'den fazla Kitap ve Makale kaleme alan ve eserleri bizim de temel kaynaklarımız arasında bulunan M. Çağatay Uluçay'ın şu tesbitlerini de aynen aktarmak istiyoruz:

"**Padişahın haremine dâhil kadınlar, çok sıkı bir disiplin altında yaşarlardı. Dairelerinde böyle kapalı yaşadıkları gibi, gezinti ve göçlerde de bu hususlara çok dikkat ederlerdi.**

Durum böyle iken, bazı romanlarda, bilhassa son zamanlarda çevrilen filimlerde, Kadın Efendi ve Sultânların hayatlarını ifade etmek için

---

[1] Safiye Ünüvar, Saray Hatıralarım, İstanbul 1964, sh. 3

onları açık saçık göstermek, tarihî hakikate uyar mı? Bu, hakikaten yaşanan bir tarihin akisleri veya uydurma şekilleri midir? Bunun üzerinde insâfla ve iz'anla durmak ve düşünmek icabeder.

Biz, var olan bir tarihi, milletimize yaşatmıyor, onu yıkıyor, tahrif ediyoruz. Bu bakımdan kitleler üzerinde büyük tesirler yapan roman yazanlara ve filim çevirenlere biraz insaflı ve bilgili olmalarını tavsiye etmeyi, yerinde yapılmış bir ikaz sayıyoruz.

Yerli eserlerin noksan ve çok kere yanlış izahları, ne harem teşkilâtını, ne de haremde mevcut olan Kadın Efendi, İkbal, Usta, Kalfa ve Cariyelerin hususiyetlerini, vazife ve hayatlarını anlatacak durumda değildir" [1].

İşte böylesine istismar edilmiş ve Batılı yazarların gayretiyle konuyla ilgili çok sayıda erotik roman diyebileceğimiz kitapların neşredilidiği cariyelik ve harem hakkında, senelerdir notlar alıyor ve Rabbim'den bu konuda bildiklerimizi ve kaynaklarda olanları, doğru olarak kaleme almayı temenni ediyorduk. Şu anda Allah'ın inâyetiyle konuyla ilgili ve harem mevzuunun mümkün mertebe bütün yönlerini açıklayan izahlarımızı, bir kitap haline getirmiş bulunuyoruz.

Kitabın önce takdimini okuyarak, bu kitabı tamamen okumanın zaruretine inanacağınız kanaatindeyiz. Bu sebeple ve bu düşünce ile Kitâbın Önsözü'nü değil, burada kısa bir Özeti'ni yapacağız.

Bu kitap incelendiğinde, **Gerçek Harem Nedir?** sualinin cevabı için şu hususların bilinmesi gerektiği anlaşılacaktır: **Birincisi;** Her konuda olduğu gibi harem konusunda da tarihimiz çarpıtılmış ve saptırılmıştır. **İkincisi;** İslâm hukukunda ve mukayeseli hukukda köle ve cariye konusu bilinmeden harem konusu tam olarak anlaşılamayacaktır. **Üçüncüsü;** Osmanlı Devletindeki harem uygulaması baştaki iki konu özetlendikten sonra kısaca ve doğru olarak aydınlatılmalıdır. Aksi takdirde Harem'den bahsetmek yanlıştır.

BİRİNCİ ÖNEMLİ NOKTA;
TARİHİMİZ HER KONUDA OLDUĞU GİBİ HAREM KONUSUNDA DA SAPTIRILARAK ANLATILIYOR

Evvela, her konuda olduğu gibi, Osmanlı Padişahlarının aile hayatı konusunda da büyük tahrîfâtlar ve yanlış izahlar bulunmaktadır. Bir kısım ilim

---

1 Uluçay, M. Çağatay, Harem'den Mektuplar I, İstanbul 1956, sh. 6-10.

adamlarının yanlış izah ve beyânları, maalesef turizm ve seyahat acentalarının kitaplarına ve turizm rehberlerine kadar yayılmıştır. Yapılan çarpıtmalardan birini özetlemek müşahhas bir misal olacaktır. Mesela İslâm Hukukunda hür bir kadın ile mahrem kadınlar ve cariyelerin avret mahallerinin farklı olması, fıkıh kitaplarında cariyelerin kol, ayak, yüz ve başlarına efendilerinin bakabilmesi şeklindeki hükmün yer alması, meseleyi bilmeyen iyi niyetli tarihçilerimiz tarafından bile farkına varılmadan yanlış nakledilebilmiştir:

"Cariye, müslüman kadın gibi "avret yerlerini örtme"ye mecbur değildir; Sultanın onları çıplak olarak havuza atıp oynaşmalarını seyretmekte dini bir sakınca yoktur."[1].

Bu cümleler kendisine ait olan Hocamızın tarih bilgisine saygı duymamıza rağmen, İslâm Hukukunun hükümleri tam tetkik edilemediğinden dolayı, o da ciddi hatalar yapabilmektedir[2]. Zira İslâm hukukunda iki üç çeşit avret kavramının bulunduğunu, cariyelerin efendileri yanında sadece el, kol ve başlarını açarak dolaşabileceklerini, bunun da iş zaruretinden meydana geldiğini; çırılçıplak havuza girip oynamalarının asla câiz görülmediğini; çünkü bir cariyenin bu manada diğer cariyelere bakamadığını daha ayrıntılarıyla kitabımızda izah edeceğiz. Mesele, avret kavramının erkek, hür kadın, mahrem kadın ve cariye açısından ayrı manalar ifade ettiğinin anlaşılamamasından ve bunlara dair şer'î hükümlerin sözkonusu edilmemesinden ve bilinmemesinden ileri gelmektedir. Kişi de, bilmediğinin düşmanıdır[3]. Buna son örnek de, hem de bir ilahiyat hocası olan Prof. Dr. Neş'et Çağatay'ın, **"İslâm'da Ve Osmanlı'da Kölelik ve Câriyelik"** adıyla neşrettiği röportajıdır. Bu yazıda dile getirilen görüşlerin önemli bir kısmının, İslâm Hukuku ile ilgisi yoktur[4].

Bu meselede en çok itham edilen Padişah III. Murad'dır. Halbuki III. Murad'ın sofi meşreb ve Farsça bir Divan'ı bulunacak kadar ve hele hele

---

1 İnalcık, Halil, Harem Bir Okuldu, Tempo 10-16 1994 Kasım Sy. 175, sh. 34; Altındal, Meral, Osmanlı'da Harem, sh. 181-183.

2 Prof. Dr. Halil İnalcık, Osmanlı Tarihini en doğru tarzda Dünya efkâr-ı umumiyesine aktarmayı başarmış bir hocamızdır. Ancak kendisinin de yerinde ifadesiyle, İslam Hukukunu bilmeyen bir ilim adamının, Osmanlı müesseseleri hakkında tatmin edici izahlar getirmesi ve özellikle de Harem gibi bir konuda doğra yorumlar yapması çok zordur. Bizim ilk baskılardaki ifadelerden kasdettiğimiz mana budur; yoksa eserlerinden çokça istifade ettiğimiz hocamıza olan hürmetimize, mezkûr ifadelerimiz mani değildir.

3 Bkz. Damad, Mecma'ul-Enhür, I, sh. 80-81; II, sh. 538-539

4 Çağatay, Neş'et, İslâm'da Ve Osmanlı'da Kölelik ve Câriyelik, Bilim ve Ütopya, Ocak 1996, sh. 1, 6-7.

kendisine caiz olsalar bile, cariyelerin birbirine haram olacaklarını bilecek kadar İslâmî ilimlere vukufu vardır.

Üzülerek ifade edeyim ki, çoğu kaynaklarda Hünkâr Sofası Harem'in eğlence yeri olarak tarif edilir. Hedefi Osmanlıyı ve İslâmı kötülemek olan kaynaklarda ise, burası Padişahların seks alemi yaptıkları yerler olarak tavsif edilir. Şu ilimden uzak tesbitler, bu tür iftiraların en basitleri arasında yer almaktadır: "Hünkâr Sofasında ünlü ve yetenekli müzisyenler seçkin fasılllarla müzik yaparken, güzel sesli, güzel yüzlü, güzel vücutlu genç kızlar, tatlı ezgilerle Padişahın canına can katar, o da yumuşak yastıklar içinde yarı yatmış vaziyette oturup rakı içerdi....." [1].

Bütün bu iddialara cevap vermek yerine, bu kitabı okuyanların vicdanlarına şu soruyu sormak istiyorum:

Acaba böyle güzel bir salonun duvarlarındaki kitaplıkları Kur'an ve tefsirlerle süsleseniz; salon'daki masaların üzerine Kur'an sayfalarını açsanız; sonra da her tarafı Kur'an âyetleriyle süslenen böyle bir salona memleketin veya dünyanın en ahlaksız ve rezil fâhişe bir kadını ile en hovarda bir erkeğini davet etseniz; salona geldiklerinde kendilerine bu Kur'an âyetlerini gösterdikden sonra salonda seks alemi yapmalarını teklif etseniz ve bu rezil iş karşılığında kendilerine bir de önemli sayılabilecek bir para teklif etseniz, acaba dünyanın en ahlaksızı olan bu iki kişi böyle bir teklifi kabul ederler mi? Veya diğer bir ifadeyle bu teklifi kabul edecek iki ahlaksızı dünyada bulmak mümkün müdür? Bizim kanaatimize göre, aklı başında olan her insan (aklı başında olmayanlar için sözümün yoktur), bu soruya hayır diyecektir.

Peki, böylesine rezil teklifi dünyanın en ahlaksızı olan iki erkek ve kadın yapmazken, asırlarca İslamı temsil eden Osmanlı padişahları yapar mı?

İşte Hünkâr Sofası, duvarları Kur'an âyetleri ve hadislerle dolu olan bir salondur. Burada bu tür eğlencelerin yapıldığını iddia etmek, tamamen meseleyi bilmemek ve çarpıtmak demektir[2].

Bu misalden hareket ederek, harem konusunda yazılan ve çizilenlerin de daha fazla çarpıtılarak yazıldığını ve çizildiğini söylemek mübalaga olmayacaktır. Bu sebeple, Kitabımızın **Birinci Bölümü'**nü "**Kölelik Ve Harem Konusundaki Çarpıtmalar**"a ayırdık. Okuyuculardan istirhâmımız, bu Birinci Bölüm'ü mütalaa ederek meselelerin nasıl çarptılıdığını ve kasden tahrif edildiğini daha yakından görmeleridir.

---

[1] Dündar, Cemal, Osmanlı Sarayından Erotik Oyunlar, Playman, sh. 85-87.

[2] Uluçay, Osmanlı Saraylarında Harem Hayatının İç Yüzü, sh. 13-14; Altındal, Osmanlı'da Harem, sh. 181-183.

Şimdi de harem konusunun temelini teşkil eden köle ve câriye konusunun bu kitapda nasıl özetlendiğine bakalım:

İKİNCİ ÖNEMLİ NOKTA;
İSLÂM'DA KÖLE VE CÂRİYE KONUSU NASIL DÜZENLENMİŞTİR?

"Her şey zıddıyla bilinir" kâidesince önce İslâm hukuku dışında kalan hukuk sistemlerinde köle ve câriyeye bakış tarzını kısa da olsa özetlemek mecburiyetindeydik. Zira bunlar bilinmeden Osmanlı toplumundaki ve İslâm Hukukundaki kölelik müessesesini anlamak çok zordu. Avusturya Krallarının istedikleri kadınla meşru gayr-i meşru demeyip beraber olmalarını, beraber oldukları kadınların resimlerini yaptırıp saray duvarlarına diktiklerini bilmeden, Osmanlı Harem'indeki meşru dairede devam ettirilen aile hayatını anlamak çok zordur. Bu hakikatı göz önünde bulundurarak Kitabımızın **İkinci Bölümü**'nü "**Diğer Toplumlarda Kölelik Müessesesi**"ne ayırdık.

Gerçekten ilmî kaynaklar ve yaşanan tarih, bize gösteriyor ki, temelini Kur'an ve sünnetin teşkil ettiği İslam Hukukunun gelmesiyle, daha önce var olan insana karşı vahşi hükümler ortadan kaldırılmıştır. Aristo'nun "*insanlar iki grup halinde doğarlar; birisi hizmet edilenler yani hürler, diğeri ise hizmet edenler yani hizmetçiler ve köleler*" sözünden ilhâm alan batı medeniyeti yerine, insanı ahsen-i takvim suretinde yaratılmış ve yeryüzünde Allah'ın halifesi mükerrem bir mahluk olarak gören İslâm Medeniyeti tesis edilmiştir. Meseleye bu zâviyeden bakmak icabeder.

Avrupa'da bunun belirtilerini görmek mümkündür. Meselâ Avrupa'da Ortaçağ boyunca hâkim olan feodalite sistemi, bir nevi yarı kölelik rejimidir. Servaj usulü de denilen bu sistemin temel nizamına göre, fief denilen toprak parçalarının sahipleri olan senyörler, serf denilen toprak çalışanlarının bir nevi' mâlikleri sayılıyor ve kendilerine onların üzerlerinde teşri'î, icrâî ve kazâî yetkiler tanınıyordu. Mesela Alman arşivlerindeki bir kısım belgelere göre, fief denilen toprak parçası satıldığı zaman, üzerindeki serfler de satım akdine konu teşkil ediyordu[1].

Yine Ortaçağ Avrupa'sında iki çeşit hukuk mevzuatının bulunduğunu burada hatırlatmak icabeder.

Birincisi; asıl insan sayılan beyazlara tatbik edilen ve Avrupa Hukuk Tarihinde inceleme konusu yapılan hukukî mevzû'âtttır.

---

[1] Konu ile ilgili ayrıntılı bir araştırma için bkz. Özçelik, Selçuk, Feodalite Nizâmı Ve Tîmâr Usulü, Doktora Tezi, İÜ, Hukuk Fak. Küt.

İkincisi ise, rengi siyah olan bütün insanlara tatbik edilen Karalar Kanunu'dur ki, bazı hükümlerini okumak bile şu anda insanı dehşetlere düşürmektedir.

Yine sonradan Hristiyan boyasıyla boyanmış olan Roma Hukukundan da burada bir iki cümle ile bahsetmek gerekmektedir. Bilindiği gibi Roma Hukukunda ehliyeti ortadan kaldıran sebeplerin başında kölelik geldiği gibi, insanların köle yapılma sebeplerinin başında da borçluluk gelmektedir. Yani borçlular, borcunu ödeyemedikleri zaman alacaklıları tarafından köle olarak kullanılabilmektedirler.

Bu arada Avrupa'daki kralların beraber oldukları kadınların heykellerini saraylarının muhtelif yerlerine diktirdiklerini ve bunların çoğunun câriye gibi mu'âmele gördüklerini burada tekrar hatırlatmak icabeder.

Önemle ifade edelim ki, daha sonra izah edeceğimiz üzere, İslâm hukukundaki hükümler iki kısımdır:

Birincisi; İslâmın doğrudan doğruya vaz' ettiği ve daha önceki hukuk sistemlerinde bulunmayan hukukî hükümlerdir ki, bu hükümlerde İslâm Dini müessis yani tesis edici durumdadır. İslâm hukukçularının izahlarına göre, bu çeşit hükümler, tamamen insanlığın menfaatine ve hayrınadır. Zekât müessesesi gibi.

İkincisi; İslâmın doğrudan doğruya vaz' etmediği, belki daha önceki hukuk sistemlerinde vahşî bir tarzda bulunan ve İslâmiyetin onları medenî bir kalıba soktuğu hükümlerdir. İşte kölelik, bu çeşit hükümlerdendir. İslâmiyet köleliği hiç yokken ilk defa vaz' etmemiştir. Belki daha önce vahşî bir şekilde toplumlarda yerleşmiş olan bu müesseseyi medeni bir kalıba sokmuştur.

İslâmiyet, daha önceki hukuk sistemlerinde bulunan kölelik müessessini iki açıdan medenî bir kalıba sokmuştur:

A) Köleliğin sebeplerini hafifleştirmiştir. Daha önce ve özellikle Roma ve benzeri büyük hukuk sistemlerinden dokuz ona çıkan kölelik sebeplerini ikiye indirmiştir. Köle tabiri, erkek ve kadın köle için geçerlidir. Kadın köleye câriye denmektedir. Ayrıca insanlığın fıtratına ters olan bu müsesseseyi ortadan kaldırmak için çeşitli tedbirler almıştır. Köle âzâd etmenin manen teşvik edilmesi; kölelere imkân tanınarak bedelini ödemek şartıyla âzâd olabilme imkânının verilmesi (mükâtebe); kölelerin bu durumdan kurtarılması için onlara zekât verilmesinin tavsiye edilmesi ve zıhâr, yemin bozma ve benzeri bazı suçlardan dolayı dinî bir müeyyide olarak konulan keffâretlerin birinci alternatifi olarak köle âzâd etmeyi şart koşması bunlara misal olarak verilebilir.

B) Köleliğin medeni hale sokulmaya çalışılmasının ikinci yolu da mevcut kölelelere iyi mu'âmele edilmesini ısrarla tavsiye etmesidir. Bugün bile bir kısım müslümanlar sırf müslüman oldukları için medeniyim diyen insanlar tarafından öldürülürken ve onlara temel hak ve hürriyetleri dahi çok görülürken, İslâmiyet köleleri, bulundukları ailenin fertleri gibi kabul etmiş ve korumuştur. Hatta Osmanlı arşivlerinde bulunan mahkeme kararlarında Hristiyan kölelerin dinî inançlarına uygun tarzda yemin etmesi ve mesela **"İncil'i Hz. İsa'ya indiren Allah'a yemin ederim ki..."** demesi, bu zikrettiğimiz gerçeğe en müşahhas delildir.

İşte bu sebepledir ki, Harem'i anlatmadan evvel Kitabımızın **Üçüncü Bölümü**'nü **"İslâm Hukukunda Kölelik Ve Cariyelik Müessesesi**"ni anlatmaya ayırdık.

Ayrıca Osmanlı Devletinde bütün vatandaşları devletin ve özellikle Padişahın kölesi gibi takdim eden ve bunun için de kapıkulu ve benzeri tabirleri istismâr eden bir kısım insanların çarpıtmalarını durdurmak maksadıyla, "**Kölelik Ve Cariyelik Müessesesinin Osmanlı Toplumunda Aldığı Şekilleri**", Kitabımızın **Dördüncü Bölümü** olarak ele aldık.

İslâmiyette kölelik konusu ile alakalı bu kısa bilgilerden sonra kadın kölelerin yani câriyelerin Osmanlı Devletindeki uygulama şekillerinden biri olan Harem kadınları konusuna geçebilmek mümkündür.

ÜÇÜNCÜ ÖNEMLİ NOKTA;
OSMANLI DEVLETİNDE HAREM UYGULAMASI

Harem konusunu anlayabilmek için şu hususların mutlaka bilinmesi ve yapılan yanlışların şöylece düzeltilmesi gerekmekteydi:

Harem, Padişahların Evleri Ve Aileleri Demektir: Topkapı Sarayını gezen insanlarımız ve burayı bilmedikleri halde bir kısım kasıtlı kişilerce yanlış bilgilendirilen turistler ve yabancı misâfirler, Topkapı Sarayında Osmanlı Padişahlarının tam bir zevk ü safâ içinde yaşadıklarını zannederler. Halbuki durum böyle değildir. Topkapı Sarayı, 300 seneye yakın Osmanlı Devletini idare eden merkezî devlet teşkilâtının bulunduğu resmî devlet binâlarının mecmuudur, bütünüdür. Yani Cumhurbaşkanlığı köşküdür; başbakanlıktır; bazı önemli bakanlıklardır ve genelkurmaydır ve sairedir. Gerçekten Kitabımızda bütün ayrıntılarıyla ve belgeleriyle ve fotoğraflarıyla ortaya koyduğumuz gibi, Topkapı Sarayı üç bölümden oluşmaktadır:

Birincisi; Bîrûn yani Dış Saray'dır ki, Sancak-ı Şerif'in bulunduğu Akağalar Kapısına kadar olan ve geniş bahçesi bulunan kısımdır. Burasının Padişahların sarayları ile ilgisi yoktur. Burada ilk dönemlerde Sadr-ı A'zam, bakanlar kurulu demek olan Divân-ı Hümâyûn ve saire bulunmaktadır.

İkincisi; Enderûn'dur ki, İç Saray demektir ve Osmanlı Devleti'nin önceleri Hazinesi, Enderun Mektebi, Genelkurmayı ve nihâyet Padişah Köşkü gibi kısımları vardır.

Üçüncüsü ise, Padişahların evleridir. Bugün bir memurun ancak lojman olarak kabul edebileceği yerlerde Osmanlı Padişahları kalabalık aileleri ile birlikte oturmuşlardır ve Padişahların ailelerinin kaldığı bu lojmanlara, İslâmın hükümlerine göre yabancı erkekler ve başkalarının girmesi yasak olduğundan dolayı **Harem-i Hümâyûn** denmiştir. Bilindiği gibi, eskiden atalarımız evlere, girilmesi yasak olan bölge anlamına **harem** demişlerdir. Şimdi Padişahların ancak nâmahrem olmayan insanların girip çıkabildiği evler demek olan harem nerede? Padişahların oyun eğlence ile işret hayatı yaşadığı ve bazı yazarların kendi yaşadıkları âlemlere benzettiği harem manası nerede? Aradaki farkı, idrâkinize havale ediyorum.

Gelelim Padişahların aile hayatına ve bu münâsebetle câriye mevzusuna. Câriye Ne Demektir? Kitaptaki bilgilerden anlıyoruz ki, İslâm hukukunda câriye, kadın köle demektir. Ancak kadın köle demek olan câriyeler de iki kısımdır:

Birincisi; Sâhiplerinin ve efendilerinin sadece mülk-i menfaat ve mülk-i rakabe yani câriyenin günlük çalışmasından istifade edebildikleri; bunun dışında onunla cinsî hayat yaşamalarının yasak olduğu ve istifrâş hakkına sahip olmadıkları câriyelerdir. Bunların bugünkü tabirle evlerde çalışan hizmetçi kadınlardan ve hatta kadrolu hizmetli kadınlardan farkı yoktur. Sabahleyin erkenden efendisinin evine gelir. Orada temizlik yapar, yemek pişirir, bebeğini büyütür. Bu tip cariyelerle sâhibi olan erkeklerin münâsebeti sadece hizmet akdindeki gibidir. Cariye de olsa bu Kadın Efendisine haramdır. Zaten çoğunlukla bu câriyeler, kendileri gibi köle olan kişilerle evlidirler; onların karısıdırlar. Sadece ilerde anlatacağımız gibi, Harem'deki bu tür cariyeler, çırağ edilmedikçe evlenemezler. Bilindiği gibi beşeriyet çeşitli devirler geçirmiştir. Bir zaman esâret devri, sonra kölelik devri ve şimdi de ücretlilik devridir. Köle adı dışında ve bir kısım sınırlamalar istisna edilirse, bu tür kölelerle günümüzdeki hizmetli kadınların çok az farkı vardır.

Osmanlı Sarayında Harem denilen Padişahın evinde herhalde Padişah kızlarının ve hanımlarının yemek yapmasını ve çamaşır yıkamasını bekleyemezsiniz. Elbetteki bunlar bu işleri yapamayacağına göre, bunları yürüten hizmetliler olacaktır. Bu hizmetliler de günümüzde olduğu gibi, kadın erkek karışık değil, sadece kadınlardan olacaktır. Hür kadınlar bu işi görmeyeceklerine göre, o zaman köle olan kadınlar yani câriyeler bu işleri göreceklerdir. İşte Osmanlı Hareminde sayıları 50'yi, 70'i ve bazan da 400-500'ü bulan câriyeler, bu manada kadın hizmetlilerdir. Bu gün evinize gelen hizmetli bir kadınla veya temizlikçi bir hanımla ev sâhibinin cinsî münâsebet kurması ne kadar çirkin ise, Padişahların da bu manada cariyelerle cinsî münâsebet kurmaları o kadar çirkindir. Elimizde Harem'deki çamaşırhânede ne kadar, mutfakta ne kadar ve sairede ne kadar câriye çalıştığı listeleri ile mevcuttur. Şu anda Çankaya Köşkünde ne kadar kadın görevli bulunduğu malumdur; ama Sayın Cumhurbaşkanının bunlar ile aile hayatı yaşadığını kimsenin ileri dahi süremeyeceği de çok iyi bilinmektedir.

İkincisi; Câriyelerin ikinci çeşidi ise, mâliklerinin ve sâhiplerinin hem intifâ' ve hem de istifrâş hakkına sahip olduğu köle kadınlardır. Bunlar, bir nevi nikâhlı eş durumundadırlar. Cinsî hayat yaşadığı eşinden başkasına haramdırlar. Erkekler bunlara da kendi karısı gibi mu'âmele etmek zorundadırlar. Bunlardan çocuk sâhibi olunca, ümm-i veled adını alırlar ve artık başkasına satılamazlar. Hür adamın çocuğunu doğurduklarından hürriyetlerine kavuşurlar ve beylerinin vefâtından sonra hürriyetlerini elde ederler. Hür kadınlardan farkları, nikâh akdi yapılmadığı sürece, dörtten fazla kadınla evlenme sınırının içinde olmayışıdır. Bu câriyelerle, nikâh yaparak tamamen eş durumuna getirmek de mümkündür. Ancak başta Hanefi mezhebi olmak üzere, Kur'an'ın konuyla ilgili âyetine dayanan çoğu hukukçular, hür kadın varken, bu çeşit cariyelerle nikâh yapmayı tavsiye etmemişlerdir.

Osmanlı Hareminde bulunan câriyelerin çok azı bu çeşit câriyelerdir. Daha da önemlisi, Osmanlı Padişahları, Fâtih Sultân Mehmed'e kadar hür kadınlarla evlilik yapmışlardır. Fâtih'den sonra gelen Padişahlar, iki üç evlilik müstesnâ, hür kadınlarla değil, ikinci gruba giren câriyelerle evlenmişler ve bazan da nikâh yapmışlardır. Bu muameleyi yaparken, Mâlikî Mezhebinin hukukî görüşünü zımnen esas aldıklarını da burada kaydedelim. Yani Fâtih'den itibaren Osmanlı Padişahlarının çoğu hanımları, ikinci gruba giren câriye durumundadırlar.

Osman Gazi iki hür kadınla evlenmiştir. Fâtih'e kadar gelen Osmanlı Padişahları, bir kısmı câriye olmak üzere iki ila beş kadınla aile hayatını devam ettirmiştir.

Fâtih'den sonra gelen Osmanlı Padişahlarının aile hayatı yaşadığı kadınlar, bazan iki, bazan üç, bazan dört, bazan beş ve bazan da aşağıda açıklayacağımız üzere yedi sekiz tane ve en fazla da 18 tane olabilmiştir. Bunları şöyle sıralamak mümkündür:

Birinci Gurup; Kadınefendiler; birden dörde kadar olan bu tür cariyelerle Padişahlar bazan nikâh yaparak evlenmiştir ve çoğu kere de nikâh olmadan ancak eş gibi hayat sürmüşlerdir. Bunların birincisine Başkadınefendi adı verilmektedir. XVII. yüzyılın sonuna kadar bunlara Haseki veya Haseki Sultân da denmiştir. İlla her padişahın dört kadınefendisi olacak demek değildir. Mesela Yavuz Sultân Selim'in iki kadınefendisi vardır.

İkinci Gurup: İkbâller; Osmanlı Devleti'nin son zamanlarına doğru bir iki Padişahın (kesinlikle tamamının değil) dört câriye ile veya bir kısmı cariye bir kısmı hür kadın olmak üzere dört kadınla evli olmalarına rağmen, ikinci gurup cariyelerden en fazla dört tanesi ile aile hayatı yaşadığı vâkidir ki, bunlara ikbâl denmektedir. Birinciye Başikbal ve hatta Padişah kendisiyle nikâh akdi yaptırırsa Beşinci Kadınefendi diğerlerine de sırayla 2., 3. ve 4. İkbal adı verilir.

Üçüncü Gurup: Padişahın ikbâl ve kadınefendi adayı olabilecek cariyeleri da mevcuttur. Bunlar en fazla 8 tane olabilir. İlk dördüne gözde ve son dördüne de peyk adı verilir. Gözdesi ve peyki olan bir ve en fazla iki Padişah olduğunu, beşinci bölümde verdiğimiz Padişah Zevceleri listesinden daha iyi anlamak mümkündür.

Bütün bu izahlardan şu neticeler çıkar:

1) Osmanlı Padişahlarının bir ikisi hâriç en az iki ve en fazla dört beş kadın ile aile hayatını sürdürdüğü görülmektedir. Ancak hayatları süresince bu sayının en fazla 20 kadına çıktığı görülmektedir.

2) Padişahların Beşinci Kadınefendi ile evlenmeleri, İslâmın dörtten fazla evlenme yasağına aykırı değildir. Zira bu eşlerinin çoğunluğu yukarıda anlattığımız manada nikâh akdi yapmadan karı-koca hayatı yaşadıkları cariyelerdir ve nikâh akdi mevcut değildir. Dört ile sınırlama, nikâhlı kadınlara hasdır.

3) Bir zamanlar 24 milyon km^2 kare genişlikteki topraklara hükmeden Osmanlı Sultânlarının başkalarının namuslarına göz dikmemeleri ve nefsî arzularını meşru dairede tatmin etmeleri için, Kur'an'ın yasaklamadığı bu yolu seçmeleri normaldir. Özellikle günümüzde duyulan ve işitilen metres hayatının yanında, bütün bu anlatılanları rezâlet diye vasıflandırmak çok büyük hatadır.

4) Harem denilen bölümde cariyelerin çırılçıplak yüzdüğü, seks alemi yaptıkları ve benzeri iftirâlar, tamamen uydurma şeylerdir. Özellikle Harem Dairesini gezerseniz, Padişahların yatak odalarının duvarlarında, şehzâdelerin kaldıkları odaların duvarlarında ve uygun olan her yerde, aile içi eğitimi teşvik eden âyet ve hadislerle süslendiğini göreceksiniz. Yani Harem, bir nevi Padiah'a kadınlık yapacak hanımların manevî ve maddî bir eğitim merkezidir.

5) Padişah'ın zorla kimsenin kızını karısını kaçırdığı vâki' değildir. Bilakis Osmanlı Sarayına girmek ve mümkünse Padişahdan bir çocuk sahibi olabilmek için, çok meşhur aile kızları, hür oldukları halde cariye diye kendilerini Saray'a sattırmışlardır. Buna rağmen her gelen alınmamış; dindar ve tecrübeli ilim sahibi kadınlar, krimonolojik ve psikolojik açıdan bunları imtihan ederek seçime tabi tutmuşlardır.

6) Padişahların hür kadınlarla değil de cariyelerle evlenmeleri ise, tamamen 24 milyon km kareyi idare etmekle görevli olan Padişahların aile içinden dışarıya sır çıkmaması ve günümüzde yaşanan bacanak-kayınpeder ve akraba tasallutundan devletin kurtarılması içindir. Nitekim iki hür kadınla evlenen Padişahlardan, birisinin kayın babası Şeyhülislâm olduğu halde, bunun sıkıntısını çekmişler ve böylesini uygun görmüşlerdir.

İşte böylesine önemli konuları ihtivâ eden Harem konusunu Kitabımızın **Beşinci Bölümün**'de inceledik. Bütün bu Harem'le ilgili olanları daha yakından okuyucuya takdim etmek üzere, Harem'de on sene muallimelik yapmış olan Safiye Ünüvar'ın **Saray Hâtıralarım** adlı eserini, Kitabımızın **Altıncı Bölümü**'nde özetlemeye çalıştık ve sarayı yakından tanıyan birinin diliyle Osmanlı Haremini anlatmak istedik.

DÖRDÜNCÜ ÖNEMLİ NOKTA;
ÇARPITILAN İÇOĞLAN, HADIM VE BENZERİ MESELELER

Burada kitapta açıklanan iki önemli konuya temas etmek istiyoruz.

Birincisi: İçoğlan Meselesidir. Bazı köşe yazarları, Osmanlı Padişahlarının da kendileri gibi sapık ilişkiler içine girdiklerini zannederek, Osmanlı Tarihçileri tarafından uzun uzadıya incelenen içoğlan meselesini dillerine dolamışlardır. İçoğlan, Topkapı sarayını teşkil eden üç kısımdan birisi olan Enderun'da yani İç Saray'da çalışan genç görevlilere denmektedir. Ayrıca Yeniçeri Ocağında da bir gurup için bu tabir kullanılır. Merak edenler, İsmail Hakkı Uzunçarşılı'nın Saray Teşkilâtı Kitabını inceleyebilirler. Hatta bunun da ötesinde bir mesele daha vardır: İslâm hukukunda bir hüküm mevcuttur: "Genç bir hoca veya terbiyeci, genç ve bıyığı bitmemiş çocuklarla, fazla yalnız kalmasın; zira nefis insanı kötülüklere sevkedebilir. Hatta bu tür gençler, yüzlerine peçe bile örtebilirler. Bu tür gençlere şâbb-ı emred denilir". Fevkalade bir edeb kaidesi olan bu hükme, bazı Osmanlı Padişahları uymuşlar ve bir kısım İç saray görevlisi içoğlanlarına yüzlerini peçe ile örtmelerini emretmişlerdir. Şimdi soruyoruz, Kur'an'ın emrine uymak için gösterilen bu hassasiyet nerede? Bunu Hammer gibi bir Hristiyan tarihçinin iftirasına uyarak tamamen edeb dışı yorumlara gitmek nerede? Ayrıca bu iddiayı ileri sürenlerin, bir câriyenin mektubunu ve Kâbusnâme'den alınan bazı cümleleri saptırarak, bazı Padişahları erkekler ile ilişkiye giren sapıklar olarak nasıl çarpıttıklarını, İç Oğlan'ı anlatırken bütün delilleriyle çürüttük.

İkincisi; Hadım yani bazı insanların zorla cinsî iktidârsızlığa itildiği iddiasıdır. Bunun da aslı şudur: Özellikle Mısır ve Habeşistan çevresindeki bazı kabileler, Osmanlı Sarayına girmek hevesiyle kendi kendilerini hadım ettirmişlerdir. Ayrıca bazı zorba esir tüccarları da esir zencileri hadım ettirerek İstanbul'a kadar getirip satmışlardır. Osmanlı Padişahlarının aile hayatının geçtiği yer olan Harem'e yabancıların girmesi yasaktır. Ancak dışarıdan alınacak bazı şeyleri almak ve bir kısım ağır işleri yapmak da kadın köleler için ya caiz değildir veya çok zordur. İşte bu hizmetler, hadım denilen insanlara yaptırılmıştır. Bunlar, zannedildiği gibi, Harem'in ta yatak odalarına kadar giremezler.

Bütün bu söylenenlerden sonra şunu da belirtmeliyiz ki, Padişahlar da insandır. Bazı kadınlara karşı aşırı sevgi duymuş ve hatta âşık da olmuşlardır. Padişahın hanımı olmak istiyen kadınlar arasında, elbette ki bazı tatsız hadiseler de meydana gelmiş olabilir. Ancak Osmanlı Haremi, Padişahları, Fâtihleri, Yavuzları ve Kanunileri yetiştiren bir terbiye yuvasıdır; bir kısım insanların kendi hayatlarında yaptıkları gibi seks âlemi yapılan ve seks partileri düzenlenen çirkin mekânlar değildir. Bunu merak edenler, duvarları terbiyeye dair âyet ve hadislerle süslenen Harem'i geziversinler.

Daha önce de ifade ettiğimiz gibi, bu tür özellikle merak edilen konular için **Soru-Cevap** tarzında Kitabımızın **Yedinci Bölümünü** tahsis ettik.

İşte "**İslâm Hukukunda Kölelik-Câriyelik Müessesesi Ve Osmanlı'da Harem**" adlı kitabımızın açıklığa kavuşturduğu konuların önemli olanlarının kısaca özetii böyle çizilebilir. Bu ve benzeri konuların ayrıntılarıyla izahını ve belgelerle bir kısım iddiaların çürütülmesini merak edenleri, kitabın tamamını mütâla'a etmeye davet ediyoruz.

BÖYLE BİR KİTABA NEDEN İHTİYAÇ DUYULDU?

1990 yılında **"Osmanlı Kanunnâmeleri Ve Hukukî Tahlilleri"** adlı eserimizin Birinci Cildi'nin neşredilmesinden beri, okuyuculardan ve çeşitli çevrelerden binlerce mektup aldım. Bu mektuplarda dile getirilen ortak talep, İslâm'da kölelik ve câriyelik meselesinin ve özellikle de harem konusunun açıklanmasını üstlenecek bir kitabın yazılmasıydı. Anadolu'nun muhtelif yerlerine konferans ve benzeri münâsebetlerle gittiğimde de aynı talep dinleyicilerden gelmekteydi. Biz, hem ecdadımızın iftirâya maruz kalan aile hayatını gün yüzüne çıkartmak, hem dinimizin itiraz edilen bir müessesesini hakka âşık insanlara izah etmek ve hem de gelen kıymetli talepleri değerlendirmek gayesiyle, beş yıldır "**İslâm Hukukunda Kölelik-Câriyelik Müessesesi Ve Osmanlıda Harem"** adlı çalışmamızı sürdürdük. Şu anda beş yıllık çalışmanın ürünleri sizlere takdim edilmek üzere neşredildi.

Yaklaşık 500 sayfayı bulan bu çalışmada; Kölelik-Câriyelik ve Harem'le ilgili çarpıtmalara ve tahriflere ait bazı örnekleri **Birinci Bölüm**'de; Diğer Toplumlarda ve Dinlerde Kölelik Ve Cariyelik Müessesesini **İkinci Bölüm**'de; İslâm Hukukunda Kölelik Ve Câriyelik Müessesesini **Üçüncü Bölüm**'de; Kölelik Ve Câriyelik Müessesesinin Osmanlı Devletinde Aldığı şekilleri **Dördüncü Bölüm**'de; Gerçek Harem Nedir? sorusunun cevabını **Beşinci Bölüm**'de; Kültürlü Bir Muallime'nin Harem Hâtıralarını **Altıncı Bölüm**'de ve nihâyet Kölelik-Câriyelik ve Harem'le ilgili bazı mühim soruların cevaplarını **Yedinci Bölüm**'de anlatttık.

Okuyucularımızdan istirhamımız, kendilerinin merak ettikleri bölümleri öncelikle okumaları ve hususî istirhâmımız da Birinci, Beşinci ve Yedinci Bölümleri mutlaka mutalaa etmeleridir. İkinci Bölüm'ün biraz daha konuya uzak olduğunu biliyoruz. Ancak İslâm'da ve Osmanlı'daki köleliği mukayese edebilmek için bunun incelenmesinin de zaruret olduğu kanaatini taşıyoruz.

Bir hususu daha hatırlatmakta yarar görüyoruz: Akla gelebilir; acaba bu zamana kadar harem konusunda kalem oynatan ve bu mevzuyu izah gayesiyle telif edilen eserler yok mudur? Şayet varsa böyle bir esere neden ihtiyaç duyulmuştur? Önemle ifade edelim ki, bu zamana kadar yerli ve yabancı ilim adamları ve tarihçiler tarafından harem ile alakalı çok sayıda telif eser vücuda getirilmiştir. Topkapı Sarayı ve Harem'le ilgili Abdurrahman Şeref Bey'in makaleleri, İsmail Hakkı Uzunçarşılı'nın "**Saray Teşkilâtı"**; Çağatay Uluçay'ın "**Harem II**", "**Harem'den Mektuplar I**"; "**Aşk Mektupları"**; "**Harem Hayatının İç Yüzü**" ve benzeri birbirinden kıymetli ve bizim de harem konusunda malumat kaynağımız olan eserleri, Ahmed Refik Bey'in "**Kadınlar Saltanatı"** adlı kitabı, Miller'in "**Beyond The Sublime Port**" adlı kitabı, Alev lytle Croutier'in **Harem The World Behind the Veil** adlı eseri ile Penzer'in "**The Harem**" adlı eseri bunlardan sadece bir kaçıdır.

Bütün bu çalışmalar bizim için de temel kaynak olmakla beraber, konuyu yeterince aydınlatamamışlardır. Zira bu eserleri yazanlar, İslâm hukukundaki kölelik ve câriyelik mevzunuunu tam olarak anlatamamışlar ve dolayısıyla haremi yorumlamakta âciz kalmışlardır. Şu noktayı belirtmekte yarar görüyoruz ki, İslâm hukukunu ve diğer islâmî kâideleri bilmeyenler, Osmanlı tarihi ve özellikle de Harem gibi müesseseler hakkında tatmin edici izahda bulunamazlar ve hatta isâbetli değerlendirmeler yapamazlar. Zira Osmanlı Devleti İslâmiyetin yazılı tatbikat örnekleridir; biri birisiz olamaz. Uzunçarşılı bile, bu tür yanlış değerlendirmelerden maalesef yer yer kurtulamamıştır.

Bu arada son zamanlarda neşredilen Saray Hatıraları'na da değinmek yararlı olacaktır. Cemile Sultân'ın torunu Mevhibe Celâlüddin'in Sara Ertuğrul'a anlattığı "**Geçmiş Zaman Olur ki..**" adlı eseri; Halit Ziya Uşaklıgil'in üç ciltlik "**Saray Ve Ötesi**" adlı eseri; Ayşe Osmanoğlu'nun "**Babam Sultân Abdülhamid**" adlı kıymetli eseri; Safiye Ünüvar'ın "**Saray Hâtıraları"** adlı bizce çok kıymetli olan eseri ve benzerleri de yeterince meseleyi izahtan uzaktırlar. Zira bunları anlatanlar, hem Harem'i bütün yönleri ile anlayabilecek kapasiteye sahip değildirler ve hem de bir kısım hâdiselerin tesiriyle hissî olabilmektedirler. Yine de bu eserlerin bizim için birinci elden kaynak olduklarında şüphe yoktur.

Önsözü tamamlarken bu kitabın hazırlanmasına teşvikleri ve ısrarlı talepleri ile vesile olan ve her zaman ecdadının doğru tarihini öğrenmeyi hasretle bekleyen kadirşinâs milletimize, böyle bir eserin mutlaka telif edilmesini arzulayan çok sayıda ilim ve fikir adamlarına ve bu konuda bize teşvik ve yardımlarda bulunan herkese teşekkür ediyoruz. Bu arada eseri tamamladığım 1995 yazında, İstanbul'un nemli sıcaklarını benimle birlikte çeken ve Kitabı baştan sona okuyarak tenkit ve tavsiyelerini bana ileten Eşim **Saime Belkıs Akgündüz**'e; kitabın bilgisayar tashihlerini yapan oğlum **Emrullah Akgündüz**'e; Kitabı okuyup bazı tashih ve tenkitleri yapan Muhterem Ağabeyim **Vahdet Yılmaz**'a; değerli kardeşim **Mustafa Karaman**'a; aziz meslektaşım **Yrd. Doç. Dr. Said Öztürk**'e; bir an evvel çıkması için beni teşvik eden Osmanlı Araştırmaları Vakfı Müdürü **Mehmed Emin Şahin** Bey'e ve de kitabın basımı için her türlü yardımı temin eden Vakfımız mütevelli heyet üyelerine ayrı ayrı teşekkür etmeyi bir vazife addediyorum. Çalışmak bizden ve muvaffakıyetin ise Allah'dan olduğuna gönülden inanıyorum.

15. 08. 1995 İstanbul **Prof. Dr. Ahmed AKGÜNDÜZ**

BİRİNCİ BÖLÜM

KONUNUN ÇARPITILMASI VE KASDEN YANLIŞ ANLATILMASI

§. 1- KONU ÇARPITILIYOR VE KASDEN YANLIŞ ANLATILIYOR

İslâm Hukukunda kölelik-câriyelik müessesesi ve Osmanlı Devletinde harem uygulaması konusuna girmeden önce şunu bilmek zaruridir ki, konu, İslâm düşmanları ve Osmanlı düşmanları tarafından istismar edilmiştir. Bazı ferdî ve şahsî hatalar umumîleştirilmiş ve sanki İslâm'da ve Osmanlı Devletinde durum hep öyleymiş gibi takdim edilmek istenmiştir. Ayrıca Cumhuriyetin ilk yıllarında dış düşmanlarımız ile birlikte Osmanlı Devletini ve İslamiyeti karalama hareketleri, millî eğitimin gayeleri arasına girince, bizdeki belli çevreler ve yayın organları da, dış düşmanların yayınlarına rahmet okuturcasına bu çarpıtma ve kasden yanlış anlatma faaliyetlerini 70 yıla yakın sürdürmüşlerdir. Hâlâ da bu çarpıtmalarına devam etmektedirler.

Saray'da doktorluk yapan Operatör Cemil Paşa'nın bile Cumhuriyet dönemindeki çarpıtmalar teâmülüne uyarak bizzat yaşadığı harem hayatındaki meseleleri, nasıl saptırarak anlatmak mecburiyetinde kaldığını merak edenler, Ayşe Osmanoğlu'nun "**Babam Sultân Abdülhamid**" adlı eserinin bu meseleye ayrılan bölümünü mütalaa edebilirler[1]. Osmanlı aleyhinde konuşmak, Cumhuriyetin ilk yıllarında maalesef prim yaptığından, kalemini menfaati için kullananlarca, harem meselesi tam bir malzeme olmuştur.

Önemle ifade edelim ki, Osmanlı Devleti de insanlardan meydana gelen hükmî bir şahsiyettir. Osmanlı Devletini teşkil eden insanların tamamının masum ve günahsız olduklarını iddia etmek de mümkün değildir. Elbetteki onların da kusurları ve günahları vardır. Ancak uzun yıllar bizlere anlatıldığı gibi, Osmanlı Devleti, tamamen günahkâr insanlardan meydana gelen bir devlet de değildir. Meseleyi iyiliklerin ve kötülüklerin muvâzene ve mukayesesi yapılarak neticelendirmek daha doğru olacaktır.

---

1 Ayşe Osmanoğlu, Babam Sultan Abdülhamid, sh. 275-288.

I- OSMANLI DEVLETİNDE PADİŞAHLARIN İÇKİ YASAĞINI DELDİKLERİ VE GAYR-İ MEŞRU' EĞLENCELER TERTİP EYLEDİKLERİ HAKKINDAKİ ÇARPITMALAR

Günümüzde, Osmanlı Devletine cephe alan belli mihrâklar ve karanlık güçler, iki kol halinde, en uzun ömürlü İslâm Devleti olan Osmanlı devletine hücum etmektedirler:

Birinci kol, İslâm'a düşmanlıklarını açıkdan ortaya koyamayan ve bunu Osmanlı düşmanlığı adı altında yürüten din ve tarih düşmanlarıdır. Bunlar, kusurlarıyla birlikte, İslâmı hayatın bütün safhalarında yaşayan ve yaşatmaya çalışan Osmanlı Devleti'ni tenkid etmekle, açıkdan yapamadıkları İslâm düşmanlığını da böylece yapmış oluyorlar. Bu grubun başını, aslen gayr-ı müslim olan azınlık mensuplarının veya bir kısım dönmelerin çekmesi çok dikkat çekicidir.

İkinci kol ise, altıyüz sene, İslâm'ı neşretme hizmetindeki Osmanlı Devleti'ne ayak bağı olmuş, İslâm'ı kendi sâfiyetinden çıkarmaya çalışmış bir devletin fikir propogandalarına kanan ve tarihimizi tam bilmeyen saf müslümanlardır. Her iki kolun da ellerinde koz olarak kullandıkları en önemli mevzûlardan biri, Osmanlı padişahlarının ve Osmanlı Devleti'nin, İslâm dininin, içki yasağı ile alâkalı hükümlerini hiçe saymaları ve aşırı bir içki mübtelâsı olmaları şeklindeki iddiadır. Harem mevzuu da bu tür iddialarla bezenerek ve süslenerek vatandaşın önüne çıkarılmak istenmektedir.

Burada şu gerçeklerin bilinmesinde fayda mülahaza ediyoruz:

A) Osmanlı Devletini teşkil eden fertler ma'sûm ve günahsız değillerdir. İçlerinde Fâtih ve II. Abdülhamid gibi "veliyyullah" denilen fertler bulunduğu gibi, içki ve benzeri günahları irtikâb eden şahıslar da bulunabilir. Nazarî plânda İslâm'ın bütün düsturlarının kabul edilerek tatbik edildiği bir vâkı'adır. Ancak tatbikatta bu esaslara muhâlefet edenlerin bulunduğu da bir vâkı'adır. Her ikisini de inkâr etmek mümkün değildir. Her şeyde olduğu gibi, Osmanlı Devleti'nin iyilikleri de vardır, hataları da vardır. Ancak 600 sene boyunca hasenâtının seyyiâtına ağır bastığı içindir ki, kader-i İlâhi bu uzun süre içinde İslâm'ın bayraktarlığı ünvanını onlara ihsân etmiştir. Seyyiâtı hasenâtına ağır basınca da, bu şerefli ünvan yine kaderin hükmiyle ellerinden alınmıştır. En kötü zamanlarında bile, değil içki gibi İslâm'ın açık bir hükmüne muhâlefet, içtihadî meselelerde dahi şer'î hükümlere ri'âyet etmek için elden gelen gayreti gösterdiklerini, sayıları milyonları bulan arşiv belgeleri isbat etmektedir.

B) Maalesef, Osmanlı tarihi ve edebiyatında geçen bazı tabirler, Osmanlı Devleti'nde içkinin tamamen serbest olduğu mâ'nâsına gelecek şekilde te'vil ve izah edilmek istenmektedir. Bu tâbirlerden bazılarına dikkat çekmek istiyoruz. "Îş ü işret", bunların başında gelmekte ve tarihlerdeki "padişah, îş ü işreti severdi " tarzında geçen ifadeler, içki ve sefahet hayatı yaşardı şeklinde yorumlanmaktadır. Halbuki bu ifadenin asıl mânâsı, îş=yaşama, işret=keyifli hayat ve eğlence demektir. Yaşamanın tadını çıkarma ve keyifli hayat, meşrû dairede olduğu gibi, gayr-i meşrû dairede de olabilir. O halde, bu tâbirleri, başka karîne olmadan gayr-i meşrû hayat diye izah etmek, peşin fikirlilik olur. Ancak Yıldırım Bâyezid gibi bazı devlet adamlarının içki içtiğine dair açık delliler varsa, bunu başka türlü yorumlamak da doğru olmaz.

"**Sâkî**" kelimesi de manası çarpıtılan kelimelerdendir. Kelime manası, keyif meclislerinde kadehle içilecek şeyleri takdim eden şahıs manasını ifade eder. Ancak mevlidde şerbet dağıtana sâkî dendiği gibi, meyhânede şarap dağıtana da aynı ad verilir. Sâkî kelimesini, her yerde, içki kadehini dağıtan diye açıklamak, elbetteki peşin fikirliliktir. Osmanlı Sarayında sâkîler elbette vardır. Ancak bunların, içki kadehlerini dağıtan ve dolduran kişiler olduklarını, serbestçe içki dağıttıklarını ve bunun açık bir şekilde yapıldığını söylemek insafsızlık olur.

"**Şarap**" kelimesi de öyledir. Aslında her çeşit içki demek olan bu kelime, günümüzde haram olan ve Arapça'da "**hamr**" kelimesiyle ifade edilen içki karşılığında kullanılmaktadır. Halbuki Osmanlı döneminde, şerbet ve su da dahil olmak üzere bütün içilecek şeylere yani bugünkü karşılığıyla meşrubâta da "şarap" dendiği bir vâkı'adır. İslâm hukukunun yasakladığı sarhoşluk verici içkileri içenlere, hadd-i şirb denilen şer'î cezayı uygulayan devlet adamlarının kendilerinin, açıkca bu fiili işlemeleri mümkün değildir.

Bu arada, mezkûr kelimelerin tasavvıfdaki manaları ile bir kısım metinlerde kullanlıdığını da unutmamak icab etmektedir.

C) Türkler müslüman olduktan hemen sonra, İslâm'a muhâlif olan bütün âdetlerini de kâideten ve nazarî olarak tamamen terketmişlerdir. İslâm'ın te'siri altında ve ilk müslüman Türk Devleti olan Karahanlılar devrinde (X. asır) kaleme alınan Kutadgu Bilig'deki şu cümleler, bunun en bârız misâlidir: "Bey içki içmemeli ve fesatlık yapmamalıdır; bu iki hareket yüzünden, sonunda ikbâl elden gider. Dünya beyleri şarabın tadına ulaşırlarsa, memleketin ve halkın bundan çekeceği zahmet çok acı olur. Bey içki içer ve oyunla vakit geçirirse, memleket işini düşünmeğe ne zaman fırsat kalır?"[1]. Daha sonraki müslüman Türk devletlerinin içki hakkındaki tutumlarını ise, kendilerine resmî kod olarak kabul ettikleri fıkıh kitaplarında ifadesini bulan şer'î hükümler ortaya koymaktadır.

---

1 Yusuf Has Hacib, Kutadgu Bilig, sh. 157-158 (Reşit Rahmeti Arat tercümesi).

Osmanlı hukukçuları, içki hakkındaki hükümlerde İslâm hukukçularının kabul ettikleri esasları aynen benimsemişlerdir. Bütün İslâm hukukçuları ise, başta şarap (hamr) olmak üzere, sarhoşluk verici içkilerin azının ve çoğunun haram, yani kesin olarak dinen yasak olduğunu kabul etmişlerdir. Ancak İslâm'ın tesbit ettiği ve had denilen cezayı gerektirecek içki içme suçunun târifinde farklı görüşler ortaya çıkmıştır. İmam-ı A'zam Ebu Hanifeye göre, az veya çok şarap (hamr) içmek yahut sarhoş edecek kadar diğer içkileri kullanmak, had cezasını gerektiren bir suçtur. Diğer İslâm hukukçulan ise, her çeşit içkiyi, az veya çok içmenin had cezasını gerektiren bir suç olacağını açıklamışlardır. Ebu Hanife şarap demek olan hamr ile diğer içkileri ayırd ederken, diğer İslâm Hukukçuları hepsini aynı hükme tâbi kılmaktadırlar.

Osmanlı Devlet'inde tercih edilen birinci görüşe göre had cezasını gerektiren içki içme suçunun (ki buna şirb denmektedir) iki unsuru vardır: ***Birincisi***, az da olsa şarap içmek veya diğer içkileri içerek sarhoş olmaktır. Yani bütün içkilerin haram olduğunda ittifak etmekle beraber, had cezasını gerektirecek suçun teşekkülünde küçük bir görüş ayrılığı vardır. ***İkinicisi***, cezâî kasıd ve irâdedir. Zorla içirilen içkiler, had cezasını gerektirmez. Bu unsurlardan biri eksik olduğunda, had cezası tatbik edilmez; ancak devletin tesbit ettiği ta'zir cezaları uygulanır. Had cezası ise, eksik ve fazla olmadan içki içene sopa ile seksen kırbaç vurmaktır[1].

Osmanlı Devleti'nin son on yılına kadar, bütün müslüman Türk Devletlerinde, İslâmın içki için tesbit ettiği ceza aynen tatbik edilmiştir. Bunu şer'iye sicillerinde görmek mümkün olduğu gibi Osmanlı Kanunnâmelerinde de görmek mümkündür. Osmanlı Devletinde konuyla ilgili şer'î hükümler, Avrupalı bir hukukçunun diliyle "1810 tarihine gelinceye kadar, mer'î olmuşdur. Gerçi bu hükümler, tatbikatta tam icra olunmadığı da söylenebilirse de, nazariyâtta kuvvetine riâyet olunmuştur"[2]. Araştırmalar, Osmanlı Devletinin son on yılına kadar bu tatbikatın devam ettiğini göstermektedir. Ancak Osmanlı Devletinin son yıllarında kabul edilen Men'-i Müskirât Kanunu, İçki içenlere verilen cezaları, alternatifli olarak düzenlemiş ve bunlardan birini de hadd-i şer'î olarak zikretmiştir. Bu kanun, devletin içinde ve dışında çok büyük tartışmalara yol açmıştır[3].

Osmanlı padişahları, çok az istisnalar dışında, hem fiilen ve hem de kavlen İslâm'ın getirdiği içki yasağına uymuşlar ve bu yasağa uyulması için gerekli hukukî tedbirleri almışlardır. Bunlardan II. Bayezid'e ait olan bir fer-

---

1 Kur'an, Mâide, 90; Molla Hüsrev, Dürer Ve Gurer, II, 69-70

2 BOA. YEE. 14-1540, sh. 53-54

3 Cin/Akgündüz, Türk Hukuk Tarihi, I, 267-268

manın, sadeleştirilmiş metnini, sonra da orijinalini, sizlere takdim ederek, meseleyi bütün yönleriyle vuzûha kavuşturmak istiyoruz:

"**1**. Dergâhıma arz olundu ki, sancağınıza bağlı şehir, kasaba ve köylerde, düğün lerde, toplantılarda ve benzeri yerlerde, açıkca şarap içildiği, çeşitli sarhoş edici içkiler kullanıldığı, her türlü rezalet ve sefahetin irtikâb edildiği görülmüştür. Ayrıca İslâm'ın şeâirine ri'âyet edilmeyerek fâsıkların bu gibi gayr-i meşrû fiilerinden, bütün müslümanların ve özellikle de âlimler ve sâlihlerin rahatsız olduğu bildirilmiştir.

2. Durum böyle ise, emr-i bil-ma'rûf nehy-i anil-münker vazifesi boynumuzun borcu olması hasebiyle, bu gayr-i meşrû' fiillerin yasaklanması için, görevli olarak Hamza'yı gönderdim ve aşağıdaki ta'limâtı verdim:

3. Emrim size ulaşınca, bu konuda tam ihtimam gösteresiniz. Sen ki, sancak beğisin, kâdîlarsınız. Bizzat bu işin üzerinde durub kazanızdaki halka, şehirlerde, köylerde ve kasabalarda tekrar te'yîd ve tehdît ile yasak edesiniz.

4. Bundan sonra hiç bir yerde, fâsıklar toplanıp açıkca günâh işlemeyeler ve İslâm'ın şe'airine gereği gibi ri'âyet edeler.

5. Sen ki, sancak beğisin, bu hususu görüp gözetip emrime aykırı hareket edenleri kâdî kararıyla hakkından gelip, şer'î hükümleri ve emirlerimi icrâ edesin.

6. Bu memleketlerın subaşıları (emniyet âmirlerı) ve yardımcıları da, bu konuda, kadîlara yardımcı olalar. Gayr-ı meşrû fiillerin kaldırılması hususunda kadıların yanında yer alalar ve kimseye düğünlerde ve toplantılarda, İslâm'ın emirlerine aykırı iş ettirmeyeler. Edenleri mahkemeye sevkedip, şer'î yargılama neticesinde haklarından geleler.

7. Siz ki, kâdîlarsınız, her birınız, bu fermanımın bir örneğini şer'iye sicillerine kaydedesiniz ve daima icrâ edesiniz. Bu konuda ihmal ve müsamaha göstermeyesiniz. İhmal ve müsamaha ettiğiniz duyulursa, sadece görevinizden azledilmekle kalmazsınız, büyük cezalara çarptırılırsınız. Bu yazılı emrimin, size ulaştığını, görevli memurum ile bana bildiresiniz.

Şöyle bilesiniz ve alâmet-i şerıfe itimat edesiniz"[1].

---

1 Fermânın Orijinali, Bursa Şer'iyye Sicilleri, A 33/21, Vrk. 338/B.

Fermânın Orijinali, Bursa Şer'iyye Sicilleri, A 33/21, Vrk. 338/B

Osmanlı Padişahlarının bu yasaklarına ve şerî'ate karşı bu hassâsiyetlerine rağmen, açıkça şer'î hükümleri çiğnemeleri nasıl düşünülebilir? Bu misâlden de anlaşılmaktadır ki, Osmanlı Padişahları hakkında söylenen "**sarhoş**" ve "**aile hayatı berbat**" gibi ithâmlar, tamamen iftirâdır ve belli bir vesikaya dayanmamaktadır.

II- İÇ OĞLAN KAVRAMI İLE İLGİLİ ÇARPITMALAR

Bu konuyu yeri gelince yeniden ele alacağız. Ancak yalan ve iftirâlara çok güzel ve çarpıcı bir misâl olması sebebiyle burada sadece yapılan çarpıtmaya dikkatleri çekerek meseleyi özetlemek istiyoruz.

1) Kelimelerin Manaları Çarpıtılmaktadır

Bilindiği gibi, "**Herkes kendi aynasının müşâhedâtına tâbi'dir**". Bazı köşe ve kitap yazarları, Osmanlı Padişahlarını da kendilerine kıyâs ederek onların da sapık ilişkiler içine girdiklerini zannederek, Osmanlı Tarihçileri tarafından uzun uzadıya incelenen içoğlan meselesini dillerine dolamışlardır. İçoğlan, Topkapı sarayını teşkil eden üç kısımdan birisi olan Enderun'da yani İç Saray'da çalışan devşirme görevlilere, enderûn personeline veya diğer bir ifadeyle Devlet başkanlığı personeline denmektedir. Ayrıca Yeniçeri Ocağında da bir gurup için bu tabir kullanılır. Merak edenler, İsmail Hakkı Uzunçarşılı'nın Kapı Kulu Ocakları Kitabını inceleyebilirler[1].

İç oğlan kelimesini rezil hallere yorumlayanlara, burada kısaca cevap vermek ve çarpıtmalara örnek olarak okuyucuların da nazarlarına takdim etmek icabedecektir.

Bir kısım yazarlar, Padişahların Enderun denilen İç Saray'da kendileriyle gayr-i meşru münâsebette bulundukları iç oğlanları denilen genç ve güzel delikanlıları bulundurduklarını ve hatta bunları başkalarından kıskandıklarından dolayı bazılarının yüzlerini dahi örttürdüklerini; bazı Osmanlı Padişahlarının ise tamamen erkek düşkünü olduklarını utanmadan kaleme almaktadırlar[2]. Ayrıca Kâbûsnâme ile ilgili iddialar da bunun gibi saçmadır.

Şimdi iddia sahiplerinin delil olmak üzere Kâbusnâme'den ve Yavuz Sultân Selim'in kızı Fatma Sultân'a ait kocası Mustafa Paşa'ya yaz-

---

1 Uzunçarşılı, Kapı Kulu Ocakları, c. I-II

2 Mesela bkz. Meral Altındal, Osmanlıda Harem, İstanbul 1993, sh. 163-165

dığı bir mektuptan nakledilen cümleleri ve bunları nasıl çarpıttıklarını gözler önüne sererek, diğer çarpıtmaların da bunlar gibi olduğunu okuyucuya anlatmak istiyoruz:

İddia sahiplerine göre, Osmanlı Hareminde bütün çarpık ilişkilerin yanında Padişahların ve Enderûn halkının erkeklerle ve hem de iç oğlan denilen Saray Hizmetlisi olan erkeklerle çarpık ilişkileri vardı. IV. Murad bunlardan biriydi. "**Bâtılı tasvir, sâfi zihinleri iyice tadlîl edeceğinden yani sapıtacağından**", biz tasvir yerine bunların iddiasına cevap vermek istiyoruz. İddialarını isbat için getirdikleri önemli bir delil şu:

Ziyar Oğullarından Emîr Keykavus tarafından 475/1082 tarihinde oğlu için **Nasihat-nâme** tarzında telif edilen **Kâbûs-nâme** adlı bir kitabdan alınan bir iftirâdır. İddiaya göre, Osmanlı Padişahları tarafından da benimsenen bu Kitap'taki öğütlerden kadınlarla cinsî münâsebetle ilgili olanlarından birisi şudur: "Ve yaz olunca avretlere meylet, kışın oğlanlara ki, sağlık ve esenlik içinde olasın. Çünkü oğlan teni sıcaktır, yazın iki sıcak bir araya gelirse sağlığa zarar verir. Ve avret teni soğuktur, kışın iki soğuk bir araya gelirse teni kurutur."[1]. İddiacılara göre, başta IV. Murad olmak üzere, bazı Osmanlı Padişahlarının yazları kadınlarla ve kışları da erkeklerle beraber oldukları nakledilmektedir. Kâbûsnâme'nin XIV. yüzyıl yani Fâtih'in babası II. Murad zamanında Mercimek Ahmed tarafından yapılan tercüme olduğunu ve o zamanki ifadeler kullanıldığını kendileri de kabul etmektedirler.

Daha da ileri giderek, bu işin Osmanlı damadlarına kadar uzandığını ve hatta Yavuz'un kızı Fatma Sultân'ın bu yüzden ilk kocası Antalya Sancak Beği Mustafa Paşa'dan şikâyet ettiği bilinmektedir. Fatma Sultân'ın kime yazıldığı belli olmayan bir mektubundan aldıkları şu cümleyle iddialarını isbât etmeye kalkışırlar. Cümle şudur: "Benim Devletlü Sultân Babam, Dirliğim yoktur. Bir kişiye düştüm ki, beni bir kelb (köpek) hesabına saymaz. Elin oğlanların zulüm ile atasından ve anasından alur; hemen işi gücü oğlanlar derdinedir."[2]. İddiacılara göre, bu cümleler, Osmanlı beylerinin erkekler ile ilişki kurduklarını isbat etmektedir. Ancak bu mektubun XV. yüzyıla ait olduğunu kendileri de kabul etmektedirler. O asırda kelimenin manasının genç kız ve erkek demek olduğu ise, lügatlerden anlıyoruz.

Bu arada şunu da ifade edelim ki, konuyla ilgili çarpıtmaların başına bir yazarın "Çünkü siz kadınları bırakıp şehvetle erkeklere yaklaşmaktasınız"

---

1 Altındal, Meral, Osmanlı'da Harem, sh. 163; Krş. 37-40.

2 Altındal, Meral, Osmanlı'da Harem, sh. 163-164, 37-40

mealindeki ayeti koyması ve dipnotta da 80-84. âyetleri vermesi çok manidardır[1].

Şimdi gelelim meselenin izahına:

Önce bir konunun izahı gerekiyor: Kur'an'dan nakledilen âyet, Hz. Lut'un livâta günahını işleyen kendi milletine söylediği bir sözün parçasıdır. Tamamı şöyledir: "Siz, sizden evvelki insanların işlemediği bir fuhşu ve büyük günahı mı işliyeceksiniz? Çünkü siz, kadınları bırakıp şehvetle erkeklere yaklaşmaktasınız. Gerçekten de siz aşırılıklar ve günahlar içine giren bir milletsiniz."[2]. Kur'an, Hz. Lut'un bu sözlerinden sonra kavminin kendisini memleketten çıkarmak üzere harekete geçtiklerini ve ancak Yüce Allah'ın böylesine aşırılığa giderek livâta suçunu işleyen Lut Kavmini şiddetli bir azapla azaplandırdığını beyân buyurmaktadır. Nakledilen âyet meali ile konunun hiç bir münâsebet ve alakası olmadığı açıkça görülmektedir.

Gelelim ikinci hususa; Bilindiği gibi, her zamanın bir lehçesi ve konuşma ağzı vardır. Yani kelimeler farklı zamanlarda farklı manalarda kullanılmaktadır. Erzurumlular, "Misafiri yola vurmak" tabirini kullanırlar; herhalde bundan, misafiri kaldırıp yola çarpmak değil, uğurlamak manası anlaşılmalıdır. Azeriler, "Kulluğun edeyim" demektedirler; bunun manası da senin kölen olayım değil; sana nasıl yardımcı olabilirim manasına olduğu açıktır.

İşte hem **Kâbusnâme**'de ve hem de **Fatma Sultân'ın Mektubunda** geçen oğlan kelimesinin de manası çarpıtılmaktadır. Zira XIV. ve XV. asır Türkçe metinlerde oğlan kelimesinin manası, bugün kullanılan manadan önemli derecede farklıdır. Temel kaynaklardan anladığımıza göre, bu asırlarda "oğlan" kelimesinin iki temel manası vardır: **"oğlan" kelimesinin birinci manası**, cins ayırt etmeksizin "çocuk", **ikinci manası ise,** yine erkek olsun kız olsun "genç" demektir. Bu kelimenin sırf erkek cinsi karşılamaya başlaması, bundan sonraki devirlerde söz konusudur[3].

Buna delil çok ise de, en güzel delil, Erzurum'lu Mustafa Darir'in XIV. yüzyılda yani Kâbusnâme'nin Türkçe'ye tercüme edildiği asırda kaleme alınan Yüz Hadis Tercümesindeki şu ifadedir: "Bu kez Resûl Hazreti cevâb verdi, buyurdı kim, "**Evlenün şunun bigi avretler ile kim, erden kaçmaz ola,**

---

[1] Krş. Uluçay, Osmanlı Saraylarında Harem Hayatının İç Yüzü, İstanbul 1959, sh. 76-78; Altındal, Meral, Osmanlı'da Harem, sh. 37-40; Bkz. Kur'an, A'râf, Âyet, 80-84

[2] Kur'an, A'râf, Âyet, 80-81

[3] Bu kıymetli özet, eserin birinci baskısını inceleyen ve çok önemli kabul ettiğim bir değerlendirme yazısı gönderen, değerli meslekdaşım Dr. Musa Duman'a aittir. Ayrıntılı bilgi için bkz. Duman, Musa, Oğlan Kelimesi Ve Gençlik Kavramı Üzerine, Türkiyât Mecmuası, Sy. XX.

oğlan doğurgan ola, ümmetim çok ola kim, ben ümmetimin çokluğu ile fahrlanurum yarın kıyamet gününde"[1]. Yani "çocuk doğuran ve erkeğinden kaçmayan hanımlarla evlenin." [2].

Tesbitlerimizi teyid eden bir husus da, Kâbus-nâme'yi tercüme eden mütercim ile Yüz Hadis Tercümesini yapan mütercimin aynı asırda yani Fâtih Sultân Mehmed'in babası II. Murad zamanında yaşamış olmalarıdır. Zaten Tarama Sözlüğü başta olmak üzere, filolojik kaynaklar da bu dediklerimizi doğrulamaktadır. Ancak kelime oyunlarıyla tarihi ve İslâmiyeti kötülemek istiyenlere, elbetteki diyebileceğimiz fazla bir şey yine de bulunmamaktadır. Bizi asıl üzen husus ise, Uluçay gibi bir araştırmacının da aynı dedikodulara önem vermesidir ve hatta Harem II Kitabında yalanladığını Harem Hayatının İç Yüzü adlı eserde doğrulama veya sadece nakilde bulunma yoluna girmesidir.

---

1 Ma'kıl bin Yesâr adlı sahabenin naklettiğine göre, bu Hadis-i Şerifin tamamının bahsettiğimiz asırdaki Türkçe'ye tercümesi şöyledir ve bizim iddilarımızı isbât edecek çok sayıda kelime geçmektedir:

"Resûl Hazretine -Sallellâhu Aleyhi Ve Sellem- bir kişi geldi. Eydür: **Yâ Resûlellah! Bir avret buldum, gökçek, hem aslı hoş, illâ oğlan eylemez (yani çocuk doğurmaz).** Evlenürin, ne buyurursan? dedi. Resûl Hazreti buyurdu: Ol avreti alma. Bir zamandan sonra ol kişi yine geldi kim, ol avretti alayım mı Yâ Resûlellah? dedi. Yine destûr vermedi. Üçüncü kez ol kişi yine geldi. Alayım mı Yâ Resûlellah? dedi. Bu kez Resûl Hazreti cevab verdi, buyurdu kim:

"Evlenün şunun bigi avretler ile kim, erden kaçmaz ola; **oğlan doğurgan ola, ümmetim çok ola kim, ben ümmetim çokluğuyla fahlanurın, yarın kıyâmet günündedir**"

Mustafa Darir bin Yusuf, Yüz Hadis Tercümesi, Millet Kütüphânesi, Ali Emirî, Şer'îyye Bölümü, No: 1287/I, Vrk. 24/B-25/A; Tarama Bözlüğü, Türk Dil Kurumu, V, sh. 2923-2926

2 Ayrıntılı bilgi için bkz. Duman, Musa, Oğlan Kelimesi Ve Gençlik Kavramı Üzerine, Türkiyât Mecmuası, Sy. XX. Değerli meslektaşımızın şu tesbitleri de çok önemlidir: "Edebiyat Fakültesi öğrencisi olduğum yıllardan beri zaman zaman duyduğum ve okuduğum, Divan Edebiyatında bir kısım şâirlerin **oğlancı** oldukları suçlaması karşısında, ta o zamanlar bir şüphe ve bu şüpheyi bertaraf edecek çalışma konusunda bir sorumluluk duygusu kaplamıştı içimi. Akademik hayatımın ilk yıllarından itibaren, böyle bir şeyin gerçeğini öğrenmek için araştırmaya başladım. Neticede, "oğlan" kelimesinin anlamıyla ilgili olarak sizin açıklamanız ve yorumunuzla benim tarih kaynaklardan faydalanarak vardığım sonuç birbirine mutâbıktır."

XIV. Asırda Oğlan Kelimesinin Genç Kız Ve Erkek Manasına Geldiğine Dair Hadis-i Şerif'in Tercümesi (Mustafa Darir bin Yusuf, Yüz Hadis Tercümesi, Millet Kütüphânesi, Ali Emirî, Şer'îyye Bölümü, No: 1287/I, Vrk. 24/B-25/A)

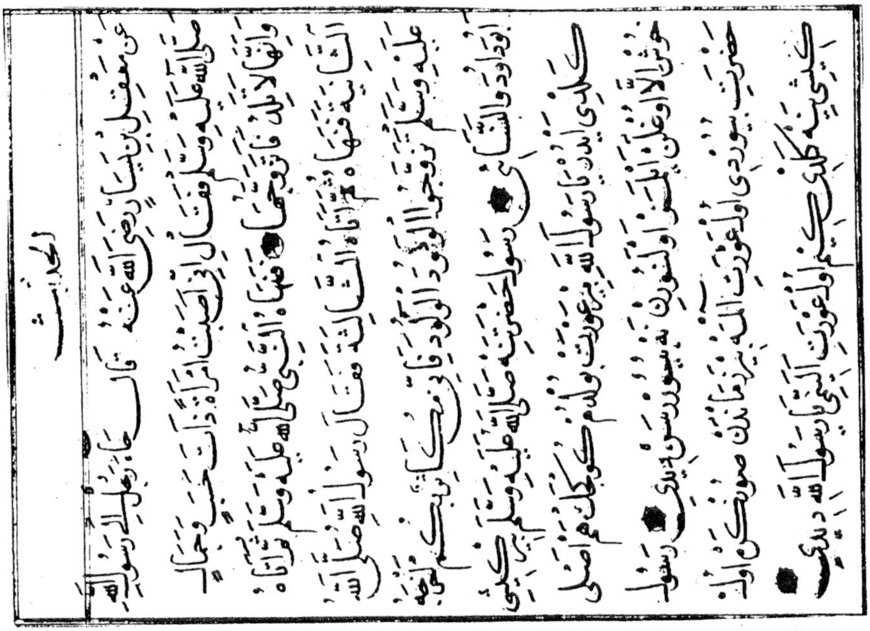

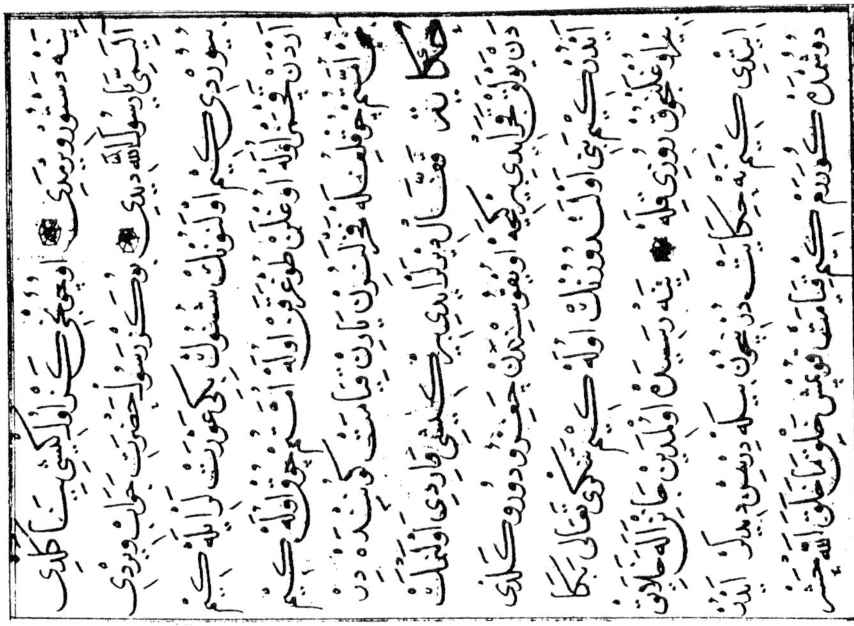

Ayrıca şu cümle de bu konuda açıktır: "**Eğer oğlan kızsa, kız doğurmuş avrat südün emzireler; eğer er ise er oğlan doğurmuş avrat südün emzireler.**"[1]. O halde XIV. ve XV. asırlarda oğlan tabiri genç kız ve erkekler için ve avrat tabiri ise yaşlı kadınlar için kullanılmaktadır. Nitekim Kâbûsnâme'nin asıl dili olan Farsça'daki oğlan kelimesinin karşılığı bulunan gulam kelimesinin de manası böyle zikredilmiştir: "Gulâm; Çocuk ve genç demektir. Doğuştan gençlik dönemine kadarki safha"[2].

Bu girişten sonra Kâbûsnâme'deki ve Fatma Sultân mektubundaki ifadeler daha iyi anlaşılmaktadır:

Kâbus-nâme, biraz evvel de belirttiğimiz gibi, bir Nasihat-nâme mahiyetindedir. Her konuda âyet ve hadislerle veya eski devlet büyüklerinin ahlakî esaslarıyla süsleyerek evladına nasihatta bulunan bir devlet adamının nasihatları durumundadır. İşte Kâbûsnâme'nin 15. Kitabı, ahlakî bir konu olan Karı-Koca Münâsebeti (Cimâ'ın İyisi ve Kötüsü) hakkındaki tavsiyeleri ihtiva eylemektedir. Buradaki tavsiyelerden biri de, birden fazla hanımı bulunan ve cariyeleri de var olan oğluna yaptığı şu tavsiyedir: "**Ve yaz olıcak avretlere meylet ve kışın oğlanlara; ta ki, ten-dürüst olasın. Zira ki, oğlan teni ıssıdur, yazın iki ıssı bir yere gelse teni azıdur ve avret teni sovuktur, kışın iki sovuk bir yere gelse teni kurudur. Vesselam.**"[3].

Yani birden fazla kadınların olması halinde, yazın kısmen yaşlı kadınlarla ve kışın da genç kadınlarla beraber ol ki, sağlık ve esenlik içinde olasın. Çünkü genç kadının teni sıcaktır, yazın iki sıcak bir araya gelirse sağlığa zarar verir. Ve genç olmayan kadının teni soğuktur, kışın iki soğuk bir araya gelirse teni kurutur. Şimdi bu manayı çarpıtarak, erkeklerle beraber olmayı tavsiye manasını çıkarmak, ilimden ve dilden haberdar olmamak demektir.

Fatma Sultân da, kocası, genç cariyelerle beraber olup kendisine iltifat etmediğini yazmaktadır. "Benim Devletlü Sultân Babam, Dirliğim yoktur. Bir kişiye düştüm ki, beni bir kelb (Köpek) hesabına saymaz. Elin oğlanların zulüm ile atasından ve anasından alur; hemen işi gücü oğlanlar derdinedir." Bu cümlelerle kendisini bir köpek yerine bile koymadığını, anasından babasından zorla cariye diye aldığı genç kadınlarla beraber olduğunu babası olan Osmanlı Padişahına şikâyet etmektedir. Genç cariyeler ile beraber olmak

---

1 Eşref bin Mehmed, Hazâin'üs-Sa'âdât, Topkapı Sarayı Kütüphânesi, III. Ahmed, No: 557, Vrk. 10/B; Tarama Sözlüğü, Türk Dil Kurumu, V, sh. 2923-2926

2 Aga Seyyid Muhammed Ali, Ferheng-i Nizâm, c. III, Haydarabad 1934, sh. 737

3 Emir Keykavus, Kâbûs-nâme (Terc. Mercimek Ahmed, II. Murad'ın emriyle, Neşre Hazırlayan, Orhan Şaik Gökyay), Ankara 1974, sh. 112-113

demek olan "işi gücü oğlanlar derdinde olmak" manası nerede? Erkeklerle beraber olmak manası nerede?[1].

Bu iddiaları ileri süren yazarlar da biliyor ki, bırakınız bir Osmanlı damadının çarpık ilişki kurmasını, Sultânlar ile evli iken başka kadınlar ile evlenmeleri dahi fiilen yasaklanmıştır. Konuyu Sultânların evlenmeleri bahsinde ele alacağız. Ancak sözkonusu mektubun manasını anlamıyanlar, bir kısım ifadeleri kendilerine göre yorumlamaya kalkışmışlardır[2].

2) Osmanlı Tarihi'ndeki İç Oğlan Meselesi Bilinmeden Konuşuluyor

Bütün bu iddialara şimdi de Osmanlı Devlet Teşkilâtındaki İçoğlan Meselesi açısından, kısa şekilde cevap vermek zarûret haline gelmiştir:

Evvelâ, içoğlan kelimesini tarif etmek gerekmektedir. İçoğlanı, Enderûn denilen İç Saray'da çalışan özenle ve dikkatle seçilmiş saray görevlilerine denmektedir. Osmanlı tarihinde, Topkapı, Galata, İbrahim Paşa ve Edirne Saraylarında yetiştirilen ve zamanla muhtelif devlet hizmetlerine çıkan devşirmeler olarak tarif edilmektedir. Bunlara Saray Acemi Oğlanları veya Celeb de denmektedir. Bir de Yeniçeri Ocağının acemileri vardır; aslında bunlara iç oğlanı dense de, bunları Saraydakilerden ayırmak için Şadi adı verilmektedir[3].

O halde iç oğlanı, bir terimdir. Oğlan kelimesi, illa da kötü niyetle seçilmiş genç çocuk manasına gelmez. Belki Enderun denilen İç Saray'da istihdâm edilmek üzere seçilen devşirmelere de denmektedir. İç oğlan denmesi, İç Saray'da istihdâm edilmelerinden kaynaklanmaktadır. Ayrıca burada istihdâm edilecek devşirmeler, Enderûn Mektebinde yetişmektedirler. Yani Enderûn aynı zamanda devlet adamı yetiştiren bir fakülte durumundadır. Nitekim buradan yetişen devlet adamları arasından pek çok beğlerbeğiler ve sancakbeğleri çıkmıştır.

---

[1] Bkz. Uluçay, M. Çağatay, Padişahların Kadınları Ve Kızları, sh. 31, Maalesef, Harem konusunu derinlemesine inceleyen Uluçay da aynı hataya düşmüş ve Fatma Sultân'ın beyi Mustafa Paşa'yı cinsî sapık olarak vasıflandırmıştır. Halbuki Mustafa Paşa, genç cariyelerle beraber olup Fatma Sultân'ı ihmâl ettiğindoen ondan ayrılmışlardır; Uluçay, M. Çağatay, Osmanlı Saraylarında Harem Hayatının İç Yüzü, sh. 49 vd.. ; Krş. Altındal, Meral, Osmanlı'da Harem, sh. 163-164, 37-40

[2] Bkz. Uluçay, M. Çağatay, Osmanlı Saraylarında Harem Hayatının İç Yüzü, sh. 49 vd.

[3] Sertoğlu, Osmanlı Tarih Lügati, sh. 159; Uzunçarşılı, Saray Teşkilatı, 297 vd.

İkinci olarak, bazı yabancı seyyâhların ve bir kısım İslâm düşmanı tarihçilerin anlattıkları gibi, Enderun yani İç Saray'da çalışmak üzere yetiştirilen İç Oğlanlarının yakışıklı olması, Padişahların gayr-i meşru arzularını tatmin için değildir. Belki İç Saray yani Osmanlı Devleti'nin en geniş sınırlara ulaştığı dönemlerde toprak alanı 24 milyon km^2yi bulan,bu muhteşem devletin Devlet Başkanlığı sarayı demek olan bu mahalde çalışacak personel dikkatle seçilmeliydi. Bugün bile başbakanlık ile cumhurbaşkanlığı Köşkünde çalışan personel ile normal bir devlet dairesinde çalışan personelin aynı özelliklere sahip olmadığını, aslında bu iftiraları kitaplarına alanlar da bilirler. Gerçekten İç Saray'da çalışacak personel, sır tutmalı, eli ayağı düzgün olmalı, yalancı ve hâin insanlar olmamalıydı. İşte bütün bu özelliklere sahip devşirmeleri iç oğlanı adıyla tesbit edebilmek için bugün Krimonoloji veya benzeri ilimlerin yerine Osmanlı döneminde de İlm-i Sîmâ veya İlm-i Kıyâfet denilen bir ilim dalı vardı. Elinin ayağının gözünün kulağının özelliklerine göre, bir insanın ahlaki yapısı az çok tesbit edilmekteydi. İşte Enderûn denilen İç Saray'da çalışacak iç oğlan denilen personel, bu konuda uzman olan kişilerce seçilmekteydi. Gılmân veya İç oğlan denilmesinin bir sebebi de, burada bugünkü gibi kadın personel çalıştırılmamasındandır. Bunu, ilgili bölümde daha ayrıntılı olarak anlatacağız.

Üçüncü Olarak, İç Saray'da çalışan iç oğlanları yakışıklı gençlerden oluşması sebebiyle, Padişah açısından değil, kendi aralarında muhtemel bir gayr-i meşru durumdan sakınmak için çok dikkat çekenlerin yüzlerine peçe örtmesinin emredilmesi doğru olabilir. Ancak bu Padişahın onları başkalarından kıskanmalarından dolayı değil, bu konudaki şer'î bir hükmün tatbikinden ileri gelmektedir. Gerçekten İslâm hukukunda bir hüküm vardır: "Genç bir hoca veya terbiyeci, genç ve bıyığı bitmemiş çocuklarla, fazla yalnız kalmasın; zira nefis insanı kötülüklere sevkedebilir. Hatta bu tür gençler, yüzlerine peçe bile örtebilirler. Bu tür gençlere şâbb-ı emred denilir"[1]. Fevkalade bir edeb kaidesi olan bu hükme, bazı Osmanlı Padişahları uymuşlar ve bir kısım İç saray görevlisi içoğlanlarına yüzlerini peçe ile örtmelerini emretmişlerdir. Şimdi soruyoruz, Kur'an'ın emrine uymak için gösterilen bu hassasiyet nerede? Bunu Hammer gibi bir Hristiyan tarihçinin iftirasına uyarak tamamen edeb dışı yorumlara gitmek nerede?

Dördüncü olarak bir hususa daha dikkat çekmek istiyoruz: Biraz sonra anlatacağımız gibi, iç oğlanlar, değişik hizmetleri görmektedirler. Bu hizmetlerden biri de Has Oda'nın hizmetlerini görmektir. Has Oda, Padişahın iç oğlanlar ile beraber olduğu ve gayr-i meşru hayat yaşadığı bir mekân değildir.

---

1 Krş. İbn-i Âbidin, Redd'ül-Muhtâr, Kerâhiyye Ve İstihsân Bahsi, VI, sh. 382.

Biraz sonra Has Oda'nın mahiyetini öğrenince böyle bir iddiadan titrememek mümkün değildir.

Gerçek Has Oda, Enderun odalarının birincisi ve en itibarlısı olup Fâtih tarafından personel mevcudu otuz kişi olmak üzere kurulmuştur. Daha sonra diğer Padişahlar tarafından genişletilmiştir. Harem'de değil Enderun'da yer almaktadır. Has Oda'da Hırka-ı Sa'âdet ve diğer mukaddes emânetler bulunmaktadır. Has Odalıların asıl vazifelileri de Hırka-ı Sa'âdet Dâiresini süpürmek, tozunu almak, mübârek gecelerde güzel kokularla donatmak ve gül suyu serpmek, Kur'an-ı Kerim okumak, Padişaha ait hizmetleri görmek yani Saray içinde Padişahın hususî personeli olmaktır.

Şimdi bu mana ile, ileri sürülen iftiralar arasında ne münasebet olabilir? Böylesine ulvî gayelerle istihdam edilen personeli Padişahın erkek cinsel arkadaşları diye takdim etmek, şeytanın dahi aklına zor gelen bir iftirâdır[1].

III- OSMANLI PADİŞAHLARININ ÂİLE HAYATLARIYLA ALÂKALI ÇARPITILAN BAZI HAKİKATLAR

Tanzimattan beri içeride ve dışarıdaki İslam düşmanları, İslam düşmanlığını doğrudan ilân etmekten korktuklarından ve müslüman milletimizden çekindikleri için, bu düşmanlıklarını Osmanlı Düşmanlığı ile ortaya koyma çabasına girmişlerdir. Bu çabaların başında ise, milletin doğru tarihi bilmesini önlemek ve bu arada mümkün olduğunca çarpıtılan tarihi, onlara telkin etmeye çalışmak gelmiştir. Osmanlı düşmanlığının yapılmasına vesile kılınan konuların başında, Osmanlı Padişahlarının aile hayatı ve Osmanlı Tarihine has tâbiriyle Harem Hayatı vardır. Harem Hayatını, bir sefâhet ve gayr-ı meşru eğlence hayatı gibi takdim etmeye çalışanların çoğunluğunun, Osmanlı Devleti'nin parçalanmasında önemli rolü bulunan Yahudi, Ermeni yahut Dönme denilen eski tüfeklerin olması çok dikkat çekicidir. Bunların yazdığı eserler, çok güzel baskıları yapılarak ve de çeşitli dillere çevrilerek, kitapçıların vitrinlerini, hem dış dünyada ve hem de kendi ülkemizde süslemeye, maalesef devam etmektedir. Bu arada bunların tesiri altında kalan iyi niyetli bir kısım ilim adamlarımızın ve bu yayınları okuyan halkımızın, yangına körükle gitmesi de, işin cabası olmaktadır.

---

1 Abdurrahman Şeref, Topkapı Saray-ı Hümâyûnu, Tarih-i Osmânî Encümeni Mecmuası, Cüz, 7, sh. 393 vd.; Sertoğlu, Osmanlı Tarih Lügati, sh. 142-143; Uzunçarşılı, Saray Teşkilatı, 322-335

Önemle ifade edelim ki, Osmanlı padişahları müslümandırlar ve en az bu asırdaki müslümanlar kadar Allah'ın emir ve yasaklarına karşı titiz ve hürmetkârdırlar. İçlerinde çok sayıda veliyyullah bulunduğu ifade edilen bu insanlar, elbette günâhsız değillerdir. Bazı günâhları işlemeleri de mümkün ve hattâ ne acıdır ki, vâki'dir. Bununla birlikte XIX. yüzyılın başlarına kadar hemen hemen bütün hukuk sistemlerinin ve bu arada bazı şartlar altında İslam hukukunun câriye müessesesi mevcutken, Osmanlı padişahlarının zinâ gibi ve açıkça kadın oynatıp içki içme gibi fuhşiyâtları yaptıklarını hiçbir aklı başında insan iddia edemez. Câriyelik müessesesini suiistimal eden padişahlar çıkmış olabilir, fakat açıkça şer'i hükümleri çiğneyerek gayr-ı meşru eğlence partileri düzenleyen padişah bulunduğu iddia dahi edilemez. Biz bu meseleyi kitabımızın diğer bölümlerinde inceleyeceğimizden, burada kısa kesiyoruz. Ancak Osmanlı padişahlarının aile hayatı ile alâkalı bir kaynağın verdiği bilgilerin nasıl çarpıtıldığını ve meselenin aslının nasıl olduğunu belgeleriyle burada hemen takdim etmek istiyoruz.

1- İdris-i Bitlisî'nin Çarpıtılan İfadeleri

Osmanlı padişahlarından Yavuz'un yakın müşavirliğini yapan büyük İslam âlimi ve Osmanlı tarihçisi İdris-i Bitlisî, İslam hukukçularının Siyaset-i Şer'iye denen eserlerinden de yararlanarak, Halife ve Sultanların siyasî, ahlâkî ve ailevî durumlarını inceleyen Kanun-ı Şehinşâhî adlı eserini telif eylemiş ve bir görüşe göre heybetli padişah Yavuz Sultan Selim'e ve bir diğer görüşe göre ise, onun erken vefât etmesi sebebiyle Kanunî Sultan Süleyman'a eserini takdim eylemiştir. Bizi ilgilendiren husus, bu eserde Osmanlı padişahlarının ailevî hayatlarını ilgilendiren bölüm ile ilgili yapılan yanlış tercüme ve tahrifâtlardır.

İran asıllı bir ilim adamı, konuyla ilgili kısmın başlığını, "Dördüncü Kâide; Meclis-i üns tertibinde (alışma tanışma toplantıları düzenlemede), işret (içki içme), tenezzüh ve kaynaşma bezminin tensikindedir." diye tercüme eder[1]. Bir diğer araştırmacı ise, bu kısmı, "Burada Sultan'a zevk ve safâda, aşırı olmamak şartıyla izin verilir (kadın, içki, şarkı ve çalgı dinleme gibi)" diye özetler[2]. Bu nakilleri gören birisi, Osmanlı padişahlarının içkili ve kadınlı eğlence partileri düzenlediklerini ve bunun kanun haline geldiğini zanneder.

---

1 Tavakkolî, Hasan. İdris-i Bitlisî'nin Kanun-ı Şehinşâhî'sinin Tenkidli Neşri ve Türkçeye Tercümesi, İstanbul Ü. EF-DT. No: 37. Sh. 105.

2 Uğur, Ahmet, Osmanlı Siyâsetnâmeleri, İstanbul, tarihsiz. Sh. 101.

Halbuki meselenin aslı şöyledir: "Sohbet ve işret meclisinin tertibi ve tenezzüh ilâ muâşeret toplantılarının tanzimi hakkındadır." Bilindiği gibi, işret, eğlence ve keyifli hayat demektir. Eğlence ve keyifli hayat, meşru dâirede olabileceği gibi, gayr-i meşru dâirede de olabilir. Bunu içki meclisi diye tercüme etmek büyük hatadır. Zira devâmında âyet ve hadislerle, helâl dâiresinin keyfe kâfi olduğu ve padişahların da meşru dâirede eğlenmesi gerektiği üzerinde uzun uzadıya durulmaktadır. Meşru dâirede sohbet ve eğlence meclisleri tertip etmek nerede? "Aşırı kaçmamak şartıyla kadın, içki ve çalgı toplantıları düzenlemek" nerede?[1]

İkisi arasındaki farkı daha yakından anlamak ve Osmanlı Padişahlarının ailesiyle ilgili münâsebetlerinde uymaları gereken kâideleri daha yakından öğrenmek için, İdris-i Bitlisî'nin konuyla alâkalı izahlarını buraya nakletmekte yarar vardır. Böylece Osmanlı padişahlarının aile hayatlarıyla ilgili temel esasları, ehliyetli bir âlimin dilinden dinlemiş oluruz:

2- İdris-i Bitlisî'nin Osmanlı Padişahlarının Aile Hayatlarıyla Alâkalı Tesbit Ve Tavsiyeleri

Kanun-i Şehinşâhî adıyla Yavuz'a takdim ettiği Risale'sinin 50. maddesinde Osmanlı padişahlarının hususi hayatlarıyla alâkalı düsturları şöyle özetlemektedir:

"50. Dördüncü Esas: Ünsiyet ve muâşeret meclisi tertibi ve tenezzüh için gerekli şeylerin tanzimi hakkındadır. Ehl-i akıl indinde karar kılınmıştır ki, âdil sultanların, gizli ve açık sohbet ve muâşeret meclisleri tanzim etmeleri zaruridir. Hususî ve aile içi gizli sohbetlerin yapılması, sultanın gizli sırlarını açması ve gönlünü ferahlandırması yani içini dökmesi açısından icab etmektedir. Beden ve nefsin muvâfık ve meşrû bir şekilde tedbiri, menzil ve meskenin nizâm içinde idaresi, sultana ait kanun ve esaslardandır[2].

En uygun tarzda neslin ve nefsin devam ve bekası için gerekeni yapmak her ferde vâcibdir. Hususan, cemiyetin nizâm ve intizâmına vesile olan şahıs yani Sultan için daha da lüzumludur. Yüce Allah insan denilen sarayın te'sisi ve nev'-i insanın bekâsı hususunda "Uykunuzu sizin için bir istirahat vesilesi kıldık. Geceyi rahatınız için bir örtü, gündüzü de geçiminiz için müsait bir ze-

---

[1] Akgündüz, Ahmet, Osmanlı Kanunnâmeleri, III, sh. 12-13.

[2] Acıdır ki, Hasan Tavakkolî ve onu takip eden bir kısım ilim adamları, "Meclis-i İşret"i, içki meclisi olarak tercüme etmişler ve bu bahisdeki izahları ala-bildiğine tahrif etmişlerdir. (Tavakkolî, 105).

min kıldık"[1] buyurmaktadır. Hz. Peygamber de bu mânâya işaretle "Şüphesiz nefsinin senin üzerinde bir hakkı vardır" buyurmaktadır.

Gerçekten beden, yeme ve içme ile takviye edilmezse, nikâh dairesindeki aile hayâtı ve muâşeret ile (menâkih ve muâşerât-ı mergûbât) nefis gemlenmezse, bütün işler felce uğrar. Mizac za'fa uğrar ve Hz. Âdem'in belirttiği gibi, "Nefis zorlanırsa, körleşir." Bu sebepledir ki, Resûlullah, "Ben sizin dünyanızdan üç şeyi severim: Güzel koku, kadınlar ve gözümün nuru olan namaz" diye ikazda bulunmuştur.

Bazan ehl-i İslamı nefislerini muhâfaza için, devamlı oruçtan men etmiş ve "Yıl boyunca oruç tutanın orucu oruç değildir" buyurmuş; bazan da nefsanî riyâziyâtda i'tidâle davet ederek ve "İslam'da ruhbanlık yoktur." buyurarak hakka irşâd etmiştir. Zira Din-i Muhammedî, adâlet ve i'tidâl dinidir. Bu millete ifrât ve tefrît yasaktır.

Padişahlar için, bedenin rahatını temin etmek üzere haram ve şer'î yasaklardan kaçınmaları; ancak nefsin gemlenmesi için hikmet-i İlâhiyesinin iktizâsına uymaları emredilmiştir. Fazla rahat ve cisminin aşırı kendi haline bırakılması, hususan sultanlar için, divan ve sohbet meclislerinde aslâ tavsiye edilmez. Herşey i'tidâlinde olmalıdır. Diğer nimetler de buna kıyaslanır. Tekellüfsüz hayat ve bazı rüsûm ve âdetlerin terki, siret-i nebevîdir. Hz. Peygamber'in husus̄î meclislerine avâmın dahl etmemesi için âyet nâzil olmuştur ki, meâlen, "Peygamberin evlerine size izin verilmedikçe girmeyiniz"[2] buyurulmaktadır. Bugün ise, cumhûrun mühim meseleleri belli resm ve âdetlere göre karara bağlanmakta ve hatta zâlim Kayser ve Kisralar gibi meliklerin divan kanunlarına riâyet edilmektedir. Böyle bir dönemde, elbetteki sultanların hususî bir encümeni ve özel bir divanı olmalıdır. Sultan, hususî mes'eleleri ve sırları orada görüşmelidir.

Bilmiş olasın ki, sultanlar, hususî meclislerinde şer'î haramlardan şiddetle kaçınmalılar ve nefislerini yasakları irtikâbdan temiz tutmalılar. Eğer nefs-ı emmâre, ihtiyârın yularını aklın elinden alır da kuvve-i şeheviye ve gadabiye ifrâta giderse, en azından nehy-i şer'iye muhâlefeti mutlaka setr etmeliler. İlâhî emir ve nehiylere muhâlefeti setretmek, manevî korkuyu gösterir. Açıkça günahları irtikâb ise, inad ve ısrarı muhbirdir ki, padişahların bu hali, re'âya ve sipahilerin de, küstahça İlâhî hükümlere karşı hürmetsizlik etmelerine sebep olur.

---

1 Kur'an, Amme Sûresi.

2 Kur'ân, Ahzâb, 53.

Diğer mühim bir husus da, mehmâ emken sultanların sarhoşluk verici içkiler (müskirât) ve gayr-ı meşru eğlencelerden sakınmaları lüzumudur. Zira onların akılları, nizâm-ı âlemin vesilesidir. İyi ve kötüyü birbirinden ayırmak isteyen her fert aklının tekmilini ister. Aklın ve ilminin eserleri, bütün memleketi ihâta etmesi gereken sultanlar, haydi haydi bununla mükellefdirler. Haram olan sarhoşluk verici içkilere cür'et edildiği takdirde, en az zararlı olanı üzüm şarabıdır. Diğer haram içkiler ve uyuşturucular daha zararlıdır. Ehl-i hikmet indinde hepsinin de akıl ve idrâke verdiği zarar bilinmektedir.

Sultanların gayr-ı meşru tarzda ifratla şaraba devam etmeleri, mülk ve devletlerinin harabına yol açar; din ve milleti ihtilâle ma'ruz bırakır. Bu mânâ ehl-i şer' ve hikmet yanında, bürhanlarla ve bu fakir katında tecrübelerle isbât olunmuştur. Gayr-ı meşru içkilere ısrarla devam eden Acem Melikleri, din ve devlet binalarını yıkmışlardır.

Gayr-ı meşru eğlencelere (melâhî) dalanlar, vakitlerini boşa verirler ve kumarın da sonu yoktur. Bunların lezzetleri zevâle mahkûmdur ve ömrün zâyi edilmesi demektir. Nitekim Allah (c.c) buyuruyor: "Şüphesiz içki, kumar, tapılmaya has dikili taşlar ve fal okları, şeytanın emelinden birer pisliktirler. Ondan kaçınınız ki, felâha kavuşasınız."[1]

Saz ve benzeri âletleri ve güzel sesleri dinleyerek, gönüllerin açılması ve dertlerin giderilmesine gelince, bu anlayış Yunan felsefesinin kanunlarına uygundur. Bazı seslere ehl-i şerîat da ruhsat ve müsâade vermiştir. Meselâ güzel sesle Kur'ân okumak bunun başında gelir ki, Kur'ân'da "Kur'ân'ı tertîl ile oku"[2] buyurulmuştur. Hz. Peygamber'in şu hadîsi de bunu teyid etmektedir: "Kim Kur'ân'ı güzel sesle (teğannî yapmadan) okumazsa, bizden değildir". Gazel okumak ve şiir inşâd etmek de, meşru'dur. Hz. Peygamber de şiir inşâdına ve güzel teğannîsine müsâade etmiştir. Def ve ney gibi bir kısım çalgı âletlerine de, ekseri Şafii imamları ruhsat vermiştir. Ud ve kanuna, bazı Şafii hukukçular, mübahdır demiştir. Fetvâ Kitablarında bu husus kayıtlıdır. Bazı ehlullah ve evliya da, sema' ve benzeri hallere câiz nazarıyla bakmışlardır. Bu fakir, ud ve ney gibi bazı âletlerin câiz olduğu hususunu, delilleriyle açıklayan bir Risâle yazdım.

Sultanların nikâh yoluyla hanımlarıyla muâşeretine ve nefsin arzularını "Size helâl olan kadınlardan halinize göre iki üç ve dörde kadar nikâh edebilirsiniz"[3] iznine uygun olarak gemlemelerine gelince, bu makbûl, meşru ve

---

1 Kur'ân, Mâide, 90.

2 Kur'ân, Müzzemmil, 4

3 Kur'ân, Nisâ, 3

tabiata uygundur. Bununla yetinmeyip genç ve güzel kızları arzu ederlerse, bunun da meşru yolu câriyelerdir. Bu meşru yolda, çok sayıda hanım ve câriyeye sahip olan Hz. Süleyman, dokuz hanım ve çok sayıda cariyenin sahibi Hz. Davud nümune-i misâldir.

Sultan ve halifelerin hanımları ve kızlarıyla muâşeret ve sohbet meclisinde beraber olması, nikâhlı eşleri ve câriyeleri ile hususî dairede halvette kalması, elbetteki nefsin arzularını gemlemek ve şeytanî hevesleri durdurmak için gereklidir. Onlarla her zaman beraber olması, din ve devletin mühim meselelerini bunlara açıp onlarla meşveret etmesi ise, muteber değildir. Nikâhlı hanımları ve câriyeleriyle de olsa vaktini fazlaca onlarla geçirmesi, vaktin zayi edilmesi demektir.

Nefsin yeme, içme ve karın doyurma ile lezzetlerini tatmin yoluna gitmesine gelince, elbetteki itidâl dairesinde bütün meşru yiyecek ve içecekler câizdir. Her türlü nimeti tatma kapısı açıktır; ancak mübah da olsa isrâf haramdır. Zaruret mikdarlarından fazla yeme ve içme, erbâb-ı aklın melâmını mûcibdir. Hikmet-i İlâhi, taâmın azaltılmasını maâliyata yücelme açısından iktizâ etmektedir ve bu manâyı anlatmak için "Açlık Allah'ın taâmıdır" buyurulmuştur. Gıda ve taâmdan gaye, bedenin hayatiyyetinin devamıdır. İfrât derecede yeme ve içme ise, bedene zarardır; türlü maraz ve illetlere yol açacaktır. Yani hem dinî ve hem dünyevî zararı netice vermektedir.

Velhâsıl sultanların gönlü halvethâne-i İlâhîdir ve nihâyetsiz feyizlerin mehbetidir. Bu sebeple halvet vakitlerini daha çok tâat, ibâdet, Kur'ân okuma, zikir, dua ve ihlâsla amel gibi ulvî şeylere ayırmalıdırlar. Hususî sohbetlerinde hemdemleri ve nedimleri, ehlullah ve âlimler olmalıdır. Tâ ki nefsi tezkiye edilsin, hakikî ilm ve marifetlerden istifade ve şeriatın âdâbını öğrenme ile, din ve devletin maslahatlarını tedbir ve tanzim etsin. Vaktini mâlâyâ'niyât ile zâyi' etmesin".

Osmanlı Padişahlarının bir günlük hayatlarını merak edenler ve Osmanlı Padişahlarının devletin işlerini bırakıp eğlencelere daldıklarını iddia edenlere karşı şu Siyâsetnâme'deki tavsiyeyi zikretmek zaruri hale gelmiştir:

"**Ve evkât-ı şerifeleri dahi ekser zamânda mute'ayyen olub, Meselâ yirmidört sâ'atün üç sa'ati 'ibâdet ve tilâvete ve iki sâ'ati tevârih ve sâir latif kitâblar mutâla'asına ve dört sâ'ati ahvâl-i memlekete müte'allık olan umûrı, vüzerâ-i 'izâm ve sâir 'akl-ı selim ve tab'-ı müstakime mâlik olan sâhib-i tedbir kulları ile müşâvereye ve altı sâ'ati seyr ü şikâra ve kalb-i humâyûnları münşerih olacak kâra ve tokuz sâ'ati 'âlem-i ferâğat ve hâb-ı râhate masrûf buyurulmak münâsibdir.**" Yani Padişahların günlük vakitleri ve proğramları ekseriyet itibariyle bellidir. 24 saatin üç saati ibâdet ve Kur'an okumaya; iki saati tarih ve benzeri kitaplar okumaya; dört saati memleketin meselelerini vezirleri ve diğer müşâvirleri ile görüşmeye; altı saati gezmeye ve av avlamaya ve benzeri tenezzühlere; dokuz saati de ailesi ile beraber olmaya ve uykuya ayrılmıştır. Bu maddeyi okuduktan sonra Osmanlı Padişahlarının bir günlük hayatlarını daha iyi öğrenmiş oluruz[1].

---

1 Akgündüz, Osmanlı Kanunnâmeleri, c. VIII, Hırz'ül-Mülûk, sh. 36-37.

Belge 1: Kanun-ı Şehinşâhî'nin İlgili Sayfası

IV- CUMHURiYETiN iLK YILLARINDA YAPILAN iFTiRALAR VE PADİŞAHLARIN AİLE HAYATI İLE ALAKALI ÇARPITMALAR

İlkokul, ortaokul, lise ve hatta üniversite sıralarında okuduğumuz tarih kitaplarında gördüklerimizle Cumhuriyet dönemine ait herşeyin iyi ve Osmanlı dönemine ait herşeyin kötü olduğunu mukaddes bir dinin prensipleri gibi bize yorulmadan anlatan Gaziantep İmam Hatip Lisesindeki (1974-1975 yılları) tarih hocasının anlattıkları, hep zihnimizde sualler ve şüpheler olarak kalmıştır. Osmanlı Padişahlarının vatanı ecnebi güçlere peşkeş çektikleri ve kendilerinin eğlence içinde yaşadıkları anlatılıyordu. Hele Sultan Vahdeddin'in bir vatan hâini olduğu yana yakıla izah ediliyordu. II. Abdülhamid'in olmadık zulümler ve şerî'ata aykırı fiiller yaptığı, kazanılan zaferler gibi heyecanla naklediliyordu. Biz ise körpe dimağlarımızda beliren şu tip suallerle meşgul idik; Bizans'a ve Avrupa devletlerine karşı asırlarca zaferler kazanarak bu mukaddes toprakları şehit kanlarıyla alıp bize miras bırakan Osmanlı Sultanları, nasıl olur da 600 sene canlarını fedâ ederek ve bir kısmı harp meydanlarında vefât ederek muhafaza ettikleri bu vatanı, birden bire satmaya kalkışırlar? Dünyaya fazilet dersi veren bu insanlar, nasıl olur da birden bire hıyânet şebekesinin başını teşkil ederler? Aklımız, kalbimiz ve gönlümüz, bu insanların vatan hâini olamayacaklarını haykırıyordu. Ancak kalemimiz imtihandan 10 puan alabilmek için, hocanın anlattıklarını kâğıda dökmek zorundaydı.

Zamanı geldi. Arşivlere girebilecek kültür seviyesine ulaştık. Millî Kütüphânedeki Cumhuriyetin ilk yıllarında ve Ankara'da yayınlanmış bulunan ba'zı gazete ve dergilere göz attık. Gördük ki, bu gazeteler de, tıpkı tarih hocalarımız gibi, İstanbul'da oturan Padişah ve kısaca bütün Osmanlı aleyhine haberlerle doluydu. Bu gazetelerin yaptıklarını yapan bir önemli kaynak daha vardı; bunlar da tarih hocamızı ve Ankara'da çıkan yayın organlarını destekliyor ve hatta Osmanlı'ya hakarette onları da geride bırakıyorlardı. Bu kaynak, 1919 ve 1920'li yıllarda yayınlanan Avrupa gazeteleriydi. Hepsinin ortak hedefi, Osmanlıların her türlü fesadı yaptıklarını efkâr-ı âmmeye anlatmak ve Osmanlı Padişahlarının vatan hâini olduklarını ve ahlaksız insanlar grubuna dâhil bulunduklarını her tarafa yaymaktı.

Bakınız, henüz Cumhuriyet ilan edilmeden evvel I. Cumhuriyet Halk Partisi demek olan İttihâd ve Terakkî'nin emriyle yazılan ve "**Abdülhamid ve Devr-i Saltanatı, Hayât-ı Husûsiyye ve Siyâsiyyesi**" adı altında II. Abdülhamid'in hayatını konu edinen bir kitâbda meseleler nasıl çarpıtılıyor? Bu eserin yazarı, Osmanı Nuri adlı bir İttihâd Terakki sempatizanı subaydır. II. Abdülhamid'in namaz kılmadığını, Cuma Selâmlığında dahi, millet Camide namaz kılarken, kendisinin milletin bir nevi gözü önünde Hünkâr Mahfilinde neler yaptığını, onun dilinden bir iki cümle dinleyelim:

"Cuma namazı devam ederken Hünkârın kapısı önünde iki nöbetçi beklerdi. Padişah dahi Mahfile girdikten sonra oradaki masanın başına (Camide masa ne arıyor?) oturur, sigarasını yakar, aşağıdaki cemâat namazı bitirinceye kadar, gizli ajanlarının kendisine sundukları jurnalleri okur. İşte herkes Padişah'ı namaz kılıyor zannettiği bir sırada, o, bunca muhâfızlara rağmen belki secdeye varmaktan korkarak kendi işlerini görmekle meşgul olurdu."[1].

Bu yalan, şeytanları dahi dehşete düşürecek derecede çirkindir. II. Abdülhamid gibi, Bediüzzaman ve benzeri büyük zatlar tarafından bir nevi veli makamında görülen bir zatın, hem de Cuma Namazı kılınırken, denilenleri yapmasını, her halde şeytan bile hayalinden geçiremez.

Bu zâlim kalem, Abdülhamid'e böylesine iftirâlar ederken, Osmanlı devletini yıkmak için uğraşan ve bu gaye ile kendilerine engel gördükleri II. Abdülhamid'i öldürme planları kuran ve saltanatının son günlerine doğru 9 Temmuz Bomba Olayı diye meşhur olan suikast planını hazırlayan Ermeniler hakkında ise şu ifadeleri kullanmaktadır:

"Nihâyet, hakikat tamamıyla meydana çıkarıldı. Osmanlı Milletini Abdülhamid'in zulmünden kurtarmak için bu kahramanca hareketin Ermeni vatandaşlarımız tarafından icrâ olunduğu anlaşıldı. Bombanın Juris ve arkadaşları olan Ermeni vatandaşlarımız tarafından bin türlü müşkilât ile hazırlandığı ve Cuma günü Selâmlık resm-i âlîsi icrâ olunduğu sırada Abdül-hamid'i temaşaya gelen ziyâretçi arabaları ile beraber Cami yakınına getirildiği..."[2].

Bu satırları, Osmanlı vatandaşı olan Ermenilerin dahi kaleme alacağını tasavvur etmek mümkün değildir. İnsanın siyasi hırs yüzünden tarihine ve geçmişine bu kadar düşman olması da asla düşünülemez.

Genel olarak Osmanlı Padişahlarının aile hayatı ve evi demek olan Harem'le ilgili 70 yıllık bakış tarzımızı, insaflı bir araştırmacı gazeteci biraz da edebe aykırı tarzda şöyle özetlemektedir:

"Osmanlı Sarayı bir yasak şehir. O Yasak Şehir'in en gizemli köşesinde güzeller güzeli bir bâkireler ordusu. Her gece âfet-i devranlarından birini ya da bir kaçını yatağına buyur eden Tanrı'nın yer yüzündeki gölgesi azametli bir Padişah...

---

[1] Osmanı Nuri, Abdülhamid ve Devr-i Saltanatı, Hayât-ı Husûsiyye ve Siyâsiyesi, İstanbul 1327, c. II, sh. 493.

[2] Osmanı Nuri, Abdülhamid ve Devr-i Saltanatı, Hayât-ı Husûsiyye ve Siyâsiyesi, c. III, sh. 1135.

İşte bugüne kadar Batı kaynaklı hâtıra kitaplarından en ciddi tarihî araştırmalara, ucuz televizyon dizilerinden süper starlı süper prodüksiyonlara kadar, anlatıla anlatıla bitirelemiyen meşhur Osmanlı Haremi. Araştırmaların tüm yetersizliğine rağmen ortaya bir gerçek çıkıyor: Harem, sanıldığı gibi, Padişahların gem vurulmayan sonsuz cinsel iştihaları nedeniyle oluşturulmuş bir kurum değil. Haremin kurulmasının cinsel istekle alakası yoktur."[1].

V- GENEL OLARAK KÖLELİK VE CÂRİYELİK KONUSUNDAKİ ÇARPITMALAR

Kitabımızın ilgili bölümünden anlaşılacağı üzere, kölelik ve cariye konularında asıl tenkit edilmesi gereken, İslâm dinini ve Osmanlı devletinin tatbikatını dillere dolayan Avrupalılardır ve bizdeki Avrupa kaselisleridir. Halbuki durum tam tersine çevrilmiştir. Sanki tarih boyu, bütün Avrupa devlet adamları namuslu ve iffetli yaşamışlar gibi ve sanki Avrupa devletlerinde ve özellikle de Amerika'da kölelik ve câriye konusu hiç yokmuş gibi meseleyi gündeme getirmektedirler. Durum tam tersinedir. Amerika'da 1960'lı yıllara kadar fiilen kölelik devam etmiştir. Zenciler ve kızılderililier açısından durum şu anda da fiili halini korumaktadır.

Bu konu ile alakalı çok acı bir hâtırayı Osmanlı Devletinin son zamanlarında kısmen müstakillik kazanan Mısır Hidivliğinin Dışişleri Bakanlığı makamına gelen ve aynı zamanda Paris Siyasal bilgiler ve hukuk fakültesi mezunu olan Ahmed Şefik Beğ'den nakledelim:

"1888 senesinde tesâdüfen Paris'de Saintts ul Pice Kilisesinde bulunarak Kardinal La Vije'nin nutkunu dinledim. Kardinal büyük bir kalabalığın huzurunda Orta Afrika'daki esir ticaretinin çirkin yönlerini tavsif ediyordu. Bir ara sözü İslâm ülkelerindeki kölelik müssesesinin çirkinliğine getirdi. Kardinal müslümanları suçlamakla kalmıyordu; belki esâret ve köleliğin müsebbibi olarak İslâm dinini gösteriyordu.

Bu iftiraların aslı astarı olmadığı halde Kardinal'ın nutkunun Londra ve Brüksel'deki bazı gazetelerde neşredildiğini görünce, hakikata olan muhabbetim beni fıkıh kitaplarında bulunan kölelikle ilgili hükümleri tetkik etmeye teşvik etti. Allah'ın inâyeti de yar olunca, "Meselenin Kardinal'ın anlattığı gibi olmadığını ve Kur'an'ın köleleri hayvanlar mertebesinde saymadığını; bilakis onlara ri'âyet ve lütufla mu'âmele edilerek merhamet ve âzâd edilmelerini" emreden çok sayıda âyet ve hadisin bulunduğunu isbata muvaffak oldum.

---

1 Nokta Dergisi, 2 Nisan 1989 Kapak Yazısı, sh. 49-50

Bu husus şimdiye kadar bütün Avrupalılarca ve hatta şarkta ikamet eden yabancıların bir çoğu tarafından bilinmiyordu ve bilenler varsa da nâdirâttan idi.

Brüksel'de neşr edilmekte olan Indê Pendant Belge adlı gazetenin 16 Ağustos 1888 tarihli nüshasında Kardinal'ın konuşmasını nakledip destekleyen şöyle bir makale çıkmıştı:

"Kardinal, Müslümanların köle ve câriye avlamayı dinî görev manasında bir hak kabul ettiklerini açıklamaktan kendini alamamıştır. Gerçekten köle ve câriye avlamak müslümanlar için bir haktır, bir vazifedir. Çünki onlarca siyah ırk insanlık ailesinden sayılmaz; insan ile hayvan arasında orta bir sınıf teşkil eder. Hatta bazıları hayvandan daha aşağıdır."[1].

İnsan bu satırları okurken dahi tüyleri ürpermektedir. Zira Hz. Peygamber'in biraz sonra zikredeceğimiz hadisleri ile ve hele hele müezzini Bilâl ile bu sözlerin ne alakası vardır? Bu tesbitler, tam aksine ta Aristo'dan beri, Avrupalıların bakış açılarıdır. Bu yalanlarına kendileri inandığı gibi, bizleri de inandırmışlardır.

§. 2- BATILI YAZARLARIN HAREM'LE İLGİLİ İFTİRÂ VE ÇARPITMALARI

Harem'le ilgili, Cumhuriyet sonrası Türkiye'sinde yayınlanan iftirâ ve yalan dolu roman, hikâye yahut makalelerin çoğunun kaynağını, maalesef, Osmanlı Tarihi ile alakalı batılı seyyâhların ve bazı devlet adamları ile araştırmacıların hayal ürünleri olan eserleri teşkil etmektedir. Batılı yazarlar, meseleyi öylesine çarpıtmışlar ve maalesef kendi krallarının aile hayatı ile öylesine karıştırmışlardır ki, yazdıkları eserler, günümüzde yayınlanan en ahlaksız erotik romanları ve hikâyeleri bile geride bırakmıştır. Avrupalı yazarların Harem'le ilgili yazdıklarını iki noktada tahlil etmek gerekmektedir:

I- BATILI YAZARLARIN HAREM'LE İLGİLİ KİTAPLARI

Batılı yazarların Harem'le ilgili kitapları, erotik romanlar gibidir ve tamamen hayâlî olan sahnelerle doludur. Harem için odalık cariye temini hakkında, ilk kalem oynatanlar Batılı Yazarlar olmuştur. XVII. yüzyılda başlayan bu yazıların ilkini, III. Mehmed'in harem kadınlarını tasvir eden Thomas Dallam

---

[1] Ahmed Şefik Beğ, Er-Rıkku Fil-İslâm, İstanbul 1314, sh. 4-6

(1599) 'ın yazıları teşkil etmektedir. Bunu Venedik Elçisi Ottaviano Bon (1606-1609), Robert Withers (1650), Rico, Madam Montegü (1717-1718) ve Fransız Fabrikatörü Flachat (1745-1755) takip etmiştir. Mesela Venedik Elçisi Bon'un Padişahlara odalıkların takdimi ile alakalı ve tamamen erotik romanları hatırlatan tasvirini, maalesef, bütün Batılı Yazarlar tekrar etmişlerdir. Biz, bunların yalanlarını nakletmeye utandığımız gibi, mevcut belgelerin ve hâtıraların hiçbiri, bu nakledilenleri tasdik etmemektedir[1].

İşin doğrusunu ve Batılı Yazarların nasıl meseleyi çarpıttıklarını ise, 1960'lı yıllarda Harem'in restorasyonunda görev alan ve bir Fransız tarihçisi olan Robert Anhegger ile evli olan Mualla Anhegger'den dinlemek icabediyor:

"Haremin Avrupalıların yüzyıllarca yazıp çizdiği ile hiç bir alakası olmadığını farkettim. Harem Padişahın dilediği kadınla yatması için düzenlenmiş bir kurum değil. Mimarisi bile buna göre düzenlenmemiş. Padişahın cariyeleri görebilmesi ve aralarından birini seçebilmesi mümkün değil. Kapılar, daireler, geçişler buna göre planlanmamış. Cariyeler 25 kişilik koğuşlarda yatıyor, üst katta yatan kalfaların sıkı denetimi sözkonusu. Padişahın annesi kendi bölümünde, padişahın kadınları kendi bölümlerinde, padişah ise kendi dairesinde. Padişahın kadınını annesi seçip, oğluna sunabilir. Padişahın kalkıp cariyelerin bölümüne geçmesi için kuş olup uçması lazım! Harem, bir üniversite gibi düşünülmüş. Cariyeler ise öğrenci. Zaten cariyelerin yaşadığı bölümün kapısında "Allahım bize de hayırlı kapılar aç" yazıyor. Ve bu yazı doğrultusunda, çoğu, padişah tarafından çeyizleri verip evlendirilmiş. Çünkü cariye köle değil, cinsel köle hiç değil, bence doğru deyim cariyenin padişahın evlatlığı olduğudur. Ve gerçekten de evlatlık gibi hoş tutulup, iyi eğitildikleri anlaşılıyor. Haremin mimarisi düzenlenirken, burada yaşayan herkesin bir dakika bile boş kalmaması hedeflenmiş olmalı. Dans, müzik, dikiş, eğitim... Harem sanki askerî bir teşkilat. Bu askeri teşkilat düşüncesini haremi restore ederken sık sık fark ettim. Ve sonunda kendimi öylesine kaptırdım ki , kabul edilemez nedenlerle, devlet tarafından yövmiyem kesildiği halde, gün boyu çalışmayı sürdürdüm. Kısacası harem restorasyonundan elime maddi olarak hiç bir şey geçmedi, ama karanlıkta kalmış bir kurumu, el yordamıyla da olsa kavramayı başardım.

Haremdekiler son derece iyi yetişmiş, terbiye edilmiş, zeki ve yetenekli kimseler. Yalnızca güzel değil, aynı zamanda zeki de olanlar devlet kademelerinde yükselmek istiyorlar. Bunda şaşılacak, ya da ayıplanacak bir yön

---

[1] Mesela bkz. Penzer, N. M., The Harem, 178-182; Lady Montegu, Şark Mektupları (Türkçeye Çeviren: Ahmed Refik, İstanbul 1933; Robert Withers, A Discription of the Grand Signoir Sereglio, London 1650, sh. 42-43; Uluçay, Harem II, 26-29 .

göremiyorum. Kendilerine güvenen erkekler gibi, haremin kadınları da şanslarını sonuna kadar zorluyorlar. Sanılanın aksine, yükselmek için dünya güzeli olmaya gerek yok. Kendisine verilen eğitimi en iyi özümsemiş olan, güzel yazan, güzel konuşan bu yarışa avantajlı başlıyor.

İşte bu nedenle de haremin, belirli dönemlerde politik iktidara el koymuş olması son derece doğal. Elbette haremden acımasız ve muhteris sultanlar çıkmıştır. Ama ben, harem kadınlarını, şanslarını kendileri yaratmaya çalışan, aynen erkekler gibi bunu bazen başaran, bazen başaramayan ve bu uğurda, şartlar gerektiğinde, erkekler kadar acımasız olabilen kimseler olarak değerlendiriyorum." [1].

Bu cümleleri, Kitabımızın Özeti diye takdim etmek bile mümkündür. Gerçekten "Yabancıların yazdıkları eserler, çok kere hayal mahsûlüdür. Kulaktan kulağa gelenlerin yazı ve resimle ifadesinden başka bir şey değildir. Bu eserlerin hiç birisi, haremi hayal yuvası olmaktan, karanlık ve sırlar âleminden kurtaramamıştır. Bu durum, muhtelif sebeplerden ileri gelmektedir: Bunların başında müslüman olan kadınlarımızın, erkeklerden kaçması, dışarıda örtülü gezmesi, kadınlı erkekli toplantılara iştirâk etmemeleriyle izah edilebilir. Avrupa hükümdârlarının kadın ve kızlarının hayatlarına, görünüş ve giyinişlerine dair bir çok resim, heykel ve yazılar mevcud olduğu halde -bir kaç sefir hanımının saraylarla görüşmesi ve onları tasviri bir tarafa bırakılırsa-, bizimkiler için böyle kaynaklar mevcut değildir" [2].

Asıl üzüldüğümüz nokta ülkemizde yetişen Cumhuriyet dönemi yazarlarının da, belgelere dayalı bir ilm araştırma yapmak yerine, bu yabancı yazarları aratmayacak şekilde ve onların yazdıklarını yahut çizdiklerini aynen taklid ederek yazılar kaleme almalarıdır[3].

II- HAREM'E AİT GİBİ GÖSTERİLEN ÇIPLAK RESİMLER

Harem'le ilgili, bazı kitaplarda ve bazı dergilerde yayınlanan çıplak resimlerin de aslı esası mevcut değildir ve Batılı yazarların hayallerinin mahsûlüdür. Bir kısım Batılı yazarlar, kendi hayallerindeki harem hayatını, res-

---

1 Nokta Dergisi, 2 Nisan 1989 Kapak Yazısı, sh. 52-53; Mualla Anhegger, aynı zamanda Harem'le ilgili "**Topkapı Sarayında Padişah Evi**" adıl eserin de yazarıdır. Zaten bizim de tesbitimiz, Harem'in Padişah'ın evi olduğu yönündedir.

2 Uluçay, Harem'den Mektuplar, 10.

3 Mesela hem kaynakları ve hem de kullandığı resimleri, tamamen batı menşeli olan bir yazı için bkz. Baş, Işıl, Câriyelik: Kadının Cinsel Köleliği, Bilim Ve Ütopya, Ocak 1996, sh. 12-14.

sâmlar eliyle resme aktararak, meşru ve gayr-i meşru demeden neşretmişlerdir. Bunlar arasında özellikle Padişahın süt banyosu yaptığını, çırılçıplak cariyelerin ortasında poz verdiğini gösteren resimler, tamamen hayal ürünüdür[1]. Bunlardan Hubâbnâme'de kayd edilen ve bir doğum sahnesini canlandıran resim, Osmanlı Kaynaklarında mevcut olanların en açık olanıdır. Zaten hususî dairede kalmak şartıyla gayr-i meşru da değildir[2].

Bu konuda bir uzmanın tesbitlerine kulak vermemiz ve harem ile alakalı gördüğümüz resimleri buna göre değerlendirmemiz gerekiyor:

"Türkiye'yi ziyaret eden seyyâhlardan çoğunun Türkçe'yi bilmemeleri, Hristiyan oldukları için azınlıklarla düşüp kalkmaları ve onların verdikleri çok zaman hakikate uymayan malumatı en ufak tetkik süzgecinden geçirmeden kitaplarına kaydetmeleri, onları fâhiş hatalar yapmaya sürüklemiştir. Değil Türk Kadınları, erkekleriyle bile konuşamayan ve anlaşamayan yabancı seyyâh ve ressâmların, bizler hakkında verdikleri hükümler, yaptıkları resimler, yazdıkları kitapların ne dereceye kadar doğru olacağını siz düşünün ve hükmünüzü verin.

Yine bu sebepledir ki, Topkapı Sarayı resim galerisinde mevcut olan Hurrem Sultân'ın muhtelif tablolarıyla kızı Mihrimah Sultân ve Gülnüş Sultân'a ait resimlerin otantik (güvenilir) olup olmadıkları üzerinde haklı olarak durup düşünmemiz icabetmez mi?" [3].

Cumhuriyet döneminde haremle ilgili olarak kaleme alınan kitaplarda yer alan veya kapaklarını teşkil eden gayr-i meşru resimlerin tamamı, batılı ressâmların hayal ürünleridir. Mesela Meral Altındal'a ait Osmanlı'da Harem adlı kitabın kapağındaki çıplak resim, Karl Briullov'a ait olduğu gibi, aynı yazarın Osmanlı'da Kadın adlı kitabının kapağındaki çıplak resim de Camille Rogier'e aittir[4].

---

[1] Nokta Dergisi, 2 Nisan 1989 Kapak Resmi; Tempo 10-16 1994 Kasım Sy. 175; Bu dergideki resimlerin tamamına yakını uydurmadır ve Batılı Yazarların kitaplarından alınmıştır.

[2] Uluçay, Harem II, Resim 25.

[3] Uluçay, Harem'den Mektuplar, 11; Bu konuda, müşşahas bir misâl için bkz. Hans Dernschwam, İstanbul Ve Anadolu'ya Seyâhat Günlüğü (Çev. Yaşar Önen), Ankara 1992, sh. 59, 82, 83, 88, 89, 93 vd.,184; Bu Kitap Türkiye Cumhuriyeti Kültür Bakanlığı tarafından Dünya Edebiyâtı bölümü içinde neşredilmiş olup yazar, sansüre tabi tutulan kısımların dışında neşredilen kısımda dahi Türklere ve müslümanlara hücum etmekte ve bahsettiğimiz çarpıtmalara çok müşahhas misâller bulunmaktadır.

[4] Altındal, Meral, Osmanlı'da Kadın, İstanbul 1994, sh. 2; Osmanlı'da Harem, sh. 2.

1989 yılında Amerika'da neşredilen ve Alev Lytle Croutier adlı hanımefendi tarafından kaleme alınan **Harem The World Behind the Veil** adlı eserdeki çıplak resimlerin tamamına yakını da, Avrupalı ressâmların veya seyyâhların kendi hayâllerinden uydurdukları resimlerdir. Özellikle Türkiye'deki belli çevrelerin de kullahdığı kapaktaki resim, Osmanlı Haremi ile uzaktan yakından ilgisi bulunmamaktadır[1]. Üzüldüğümüz nokta, bu hanım efendinin bir konakta doğduğunu ve büyüdüğünü söyleyip kendisiyle alakalı kitabına aldığı resimlerden hiç birinin gayr-i meşru olmamasıdır. Neden kendisinin de doğup büyüdüğü konaklarla ilgili kitabında zikrettiği gayr-ı meşru resimlere benzer gerçek bir resmi bulamamıştır? Doğrusu araştırılmaya değer bir konudur. Bu yazarın Haremdeki banyolarla ilgili anlattığı erotik hikâyelerin ise, gerçekle hiç bir ilgisi yoktur ve tamamen kendi hayalini tavsif eden Batılı seyyâhların hâtıralarından ibarettir[2]..

Osmanlı Padişahlarını bu uydurma resimlerle itham etmeye kalkışan Batılı yazarlar, kendi krallarının nasıl gayr-i meşru hayat yaşadığını çok iyi bilmekte ve Padişahları da kendi krallarına kıyaslamaktadırlar. Mesela bizzat gidip ziyaret ettiğimiz Viyana'daki tarihî Kraliyet Sarayında gördüğüm manzara, doğrusu beni şaşırtmıştır. Zira Saray'da oturan Krallar, beraber oldukları kadınların heykellerini yaptırarak Saray'ın muhtelif yerlerine diktirmişlerdir. Yani Avrupalı kralların yaşadığı rezâletin delili, bizdeki hareme ait uydurma resimler değil, şu ana kadar varlığını devam ettiren Sarayların duvarlarındaki kadın heykelleridir. Bunlardan bir tanesini ibret olsun diye, edebe aykırı olmayacak şekilde kitaba almak istiyoruz.

---

1 Alev Lytle Croutier, **Harem The World Behind the Veil,** New York, 1989.

2 Alev Lytle Croutier, **Harem The World Behind the Veil,** sh. 80-92

Viyana'daki Avusturya Kraliyet Sarayının Duvarlarına Yerleştirilen Ve Kralın Beraber Yaşadığı Kadın Heykellerinin Uzaktan Görünüşü (Sarayın Duvarları Üzerinde Dikkatlice Bakıldığında Dikilen Kadın Heykelleri Görülmektedir)

§. 3- İSLAM HUKUKUNUN HÜKÜMLERİ İKİ KISIMDIR

Burada karıştırılan ve çarpıtılan bur husus da şudur; sanki kölelik ve cariyelik müessesesi İslâmiyetten önce yokmuş da, İslâmiyet getirmiş gibi İslâma hücum edilmektedir. Halbuki İslâmın hükümleri iki kısımdır:

Birincisi; İslâmiyet'in, daha önceki hukuk sistemlerinde yok iken, ilk defa kâide olarak ortaya koyduğu yani İslâmın müessisi olduğu hükümlerdir. Zekât gibi, miras payları gibi. İslâm âlimlerinin açıklamasına göre, bu çeşit hükümler, yüzde yüz insanoğlunun yararınadır; insanlar tarafından anlaşılmasa da hikmetleri ve maslahatları vardır.

İkincisi; İslâmiyetin ilk defa ortaya çıkarmadığı ve belki daha evvel var olup da İslâmiyetin sonradan tadil yoluna gittiği yani İslâmiyetin mu'addil olarak rol oynadığı hükümlerdir. Yani İslâmiyet bu hükümleri ilk defa ortaya çıkarmış değildir. Belki bu hükümler, daha önceden çeşitli toplumlarda ve hukuk sistemlerinde vardır ve vahşî bir şekilde uygulanmaktadır. İslâmiyet, bu tür hükümleri, birden bire kaldırmak insan yaratılışına aykırı olduğu için, tadil etmiştir. Vahşî bir sûretten medenî bir kalıba sokmuştur.

Birden fazla evlilik, İslâmın ta'dil ettiği hükümlerdendir. Gerçekten İslâmiyet daha evvel birden fazla evlenme yok iken kendisi getirmemiştir. Birden fazla evlenme İslâmdan evvel de vardır; hem de vahşî bir şekilde vardır.

İslâmiyet bu vahşî tarzı medenî kalıblar içine çekmiştir. Yani İslâm hukuku bir kadınla evlenme imkânını dörde çıkarmamış; belki sekiz dokuz kadınla evlenmeyi, belli şartlar altında dörde indirmiştir. Bu şartlara uyulmadığı takdirde, cezâ'î müeyyideler getirmiştir. "Sizin için helâl olan kadınlardan ikişer, üçer ve dörder kadınla evlenebilirsiniz. Ancak adâleti temin edememekten endişe ederseniz, o zaman tek kadınla yetineceksiniz"[1] mealindeki âyetle bu mana anlatılmaktadır.

Bu âyet geldikten sonra dörtten fazla kadınla evlenen sahâbelerin, Bunlardan dördünü seçerek diğerlerini boşamaları emr edilmiştır. Nitekim Gaylan bin Ümeyye, 10 Hanım'ından dördünü seçmiş ve gerisini boşamıştır. 8 hanımla evli olan Hâris bin Kays da aynı yolu takip etmiştir[2].

Aynı şey kölelik için de geçerlidir. İslâmiyet, daha evvelki toplumlarda yok iken köleliği getirmiş değildir. Belki daha önceki toplumlarda var olan köleliği tadil ederek kabul eylemiştir.

---

1 Nisâ Suresi, Âyet , 3

2 Kurtubî, Muhammed bin Ahmed, El-Câmi' Li Ahkâm'il-Kur'an, Beyrut 1965, V, sh. 17-18.

Bu hususta Bedî'üzzaman'ın tesbitlerini özetlemeye çalıştık. Ehemmiyetine binâen hülasa olarak sorulan soruyu ve cevabını aktarmak istiyoruz:

"Birden fazla eş ile evlenme, esir ve köle gibi bazı meseleleri, bazı ecnebiler ileri sürerek, medeniyet nokta-i nazarında İslâmiyete bazı şüpheler irâd ediyorlar?

İşte İslâmiyetin hükümleri iki kısımdır;

Birisi; Şerî'at ona müessisdir; bu ise hüsn-i hakiki ve hayr-ı mahzdır.

İkincisi; Şerî'at mu'addildir. Yani gâyet vahşi ve gaddar bir suretten çıkarıp ehven-i şer ve mu'addel ve tabiat-ı beşere tatbiki mümkün ve tamamen hüsn-i hakikiye geçebilmek için zaman ve zeminden alınmış bir surete ifrâğ etmiştir. Çünki, birden tabiat-ı beşerde umumen hüküm-fermâ olan bir şeyi birden kaldırmak, bir tabiat-ı beşeri birden değiştirmek gerekir. Buna göre şerî'at esâretin vâzı'ı değildir; belki en vahşî suretten böyle tamamen hürriyete yol açacak ve geçebilecek surete indirmiştir, tadil etmiştir."[1].

Gerçekten de İslâmiyet geldiği zaman Arap Yarım Adasında yaşayan insanların yarıya yakını köle idi. Her insanın evinde mevcut olan nüfusun yarıya yakını ve bazan daha fazlası kölelerden oluşuyordu. Eğer İslâmiyet, kölelik müessesesini birden kaldırsaydı, hem köle sâhibi efendiler ve hem de kölelerin kendileri açısından çok büyük sıkıntılar meydana gelecekti. Efendilerin, asırlardır alıştıkları bu işden birden bire vazgeçmeleri fıtratlarını değiştirmek kadar zor olacaktı; belki de İslâmiyetin kaldırıcı emrine itiraz ettikleri gibi bazı zulümlere de yol açacaklardı. Köleler ise, çoğunlukla aile hayatından kopuk ve uzak bir hayat yaşadıklarından dolayı, sokağa atılmış sahipsiz yetim çocuklar gibi olacaklardı. Bu da sosyal ve ekonomik bir felâket demekti.

Üçüncü Bölüm'de vereceğimiz bilgilerden anlaşılacaktır ki, İslâmiyette, Ahmed Cevdet Paşa'nın ifadesiyle "**Müslümanlıkta köle almak, köle olmaktır**"[2].

Burada bilinilmesi gereken şudur; İslâmiyet köleliğin vâzı'ı değildir. O halde diğer toplumlarda ve dinlerde kölelik müessesesi nasıldır? Kölelere karşı diğer din ve milletler nasıl davranmıştır? "Her şey zıddıyla bilinir" kâidesince bu noktanın bilinmesi, İslâm hukukunda kölelik-câriyelik müessesesi ve Osmanlı devletindeki harem uygulamasının anlaşılması için zaruridir.

---

1 Bediüzzaman Said Nursi, Münâzarât, İstanbul 1960, sh. 74-75

2 Kâmil Miras, Tecrîd,i Sarih tercümesi, VII, sh. 465-467.

Burada önemle Hz. Peygamber'in daha sonra izah edeceğimiz mükâtebe akdi ile alakalı Kur'an âyetini izah eden ve çok önemli bir hakikatı ihtiva eden bir hadisine işaret etmek istiyoruz:

Neden İslâm hukuku, bu tür müesseselerle köleliği tedrîcen kaldırmayı gaye edindiği halde, birden bire köleliği lağvetmedi? sorusuna Hz. Peygamber, sosyo-ekonomik açıdan çok önem arzeden bir cevap vermektedir: Bilindiği gibi âyette mükâtebe akdi, "Eğer onlar hakkında hayılı olduğunu biliyorsanız" şartına bağlanmıştır. Bu hayırlı olmayı, Hz. Peygamber şu ifadeleri ile açıklamaktadır: "Yani bir san'at sahibi olup da kendi geçimlerini temin edecek durumda iseler ve hayatı tek başına yürütebilecek güç kendilerinde var ise akid yapınız. Aksi takdirde onları insanların üzerine yırtıcı köpekler gibi salıvermeyiniz."[1].

Yani ister mükâtebe akdiyle veya isterse başka yollarla köleleri hürriyetlerine kavuşturarak âzâd etmek de her zaman hayırlı değildir. Düşünün ki, cemiyeti teşkil eden fertlerin yüzde ellisi köledir. Bir anda bunları hürriyetlerine kavuşturup sokaklara başıboş salıverdiğinizi tasavvur ediniz. Cemiyet hayatı felç olacaktır. Yıllarca belki asırlarca başkalarının yanında çalışmaya alışmış ve müstakil hayatı hiç denememiş insanları birden sokağa salıverirseniz, hem sosyal açıdan ve hem de ekonomik açıdan bu insanları felâkete sürüklemek manası taşıyacaktır. Köleliğin tedrîcî olarak kaldırılmasının en önemli hikmetlerinden birisi de budur.

O halde önce diğer toplumlarda kölenin durumuna kısaca atf-ı nazar edelim. Çünkü "Her şey zıddıyla bilinir" küllî bir kâidedir. Zira Osmanlı Tarihinde kölelik ve cariyeliği anlatan bazı kalemler, sanki bu müesseseler Avrupa ülkelerinde ve diğer toplumlarda hiç yokmuş gibi hükümler çıkarmaktadırlar.

---

1 Kâsânî, Bedâyi'us-Sanâyi', c. IV, sh. 134.

İKİNCİ BÖLÜM

TARİH BOYU MUHTELİF TOPLUMLARDA VE DİNLERDE KÖLELİK-CÂRİYELİK MÜESSESESİ

§. 1- ESKİ HUKUK SİSTEMLERİNDE KÖLELİK

Birinci Bölümün'ün sonunda ifade edildiği gibi, kölelik müsessesi, sadece İslâmiyet tarafından ortaya atılmış ve Osmanlı Devleti tarafından uygulanmış bir müsessese değildir. Bu müsessese, savaş tarihi kadar eskidir ve en eski cemiyetlerde dahi, hem de vahşî bir şekilde mevcuttur. "**Her şey zıddıyla bilinir**" kâidesince, İslâmiyet geldiği günlerden evvelki cemiyetlerde ve geldiği günlere rastlayan toplumlarda ve hukuk sistemlerinde kölenin nasıl bir mu'âmeleye tâbi' tutulduğunu kısaca özetleyelim:

I- ESKİ HİNT HUKUKUNDA KÖLELİK

Brahman kanunlarına göre insanlar iki gruba ayrılırlar; *Birincisi*, hizmet edilenler, *ikincisi*, hizmete mecbur olanlar. Hizmete mecbur olan şahıslar da iki kategoride toplanmışlardır; Birincisi, hizmetkârlar, diğeri de kölelerdir. Temiz işlerde hizmetkârlar görev yapmaktadır; pis ve aşağılık işlerde ise köleler çalışmaktadır[1].

Bilindiği gibi, eski Hint dininde kast sistemi köleliği son derece geniş ve sağlam olarak kurmuştu. Kastın en alt derecesinde bulunan Sudralar ve kastın dışında kalar Paryalar, köle kabul edilmekteydiler. Bu iki gurup çok zor şartlar altında yaşamaktaydılar[2].

Manu Kanunundan kölelerle ilgili bir iki hükmü beraber okuyalım:

"Eğer bir Sudra bir Brahmana karşı itaatsizlik gösterirse, o Sudra mutlaka öldürülmelidir. Eğer sudradan biri Dudyas yani üst tabakadan birine hakaret ederse, o adamın cezası dilini koparmaktır. Zira onun dili Brahman'ın aşağı kısmından gelmiştir."[3].

Kölelik, Hint Sanskrit Hukuk kitaplarında tanzim edilen bir müsessese olarak karşımıza çıkmaktadır. Hatta Manu kanunu yedi kölelik sebebi say-

---

1 Ahmed Şefik Beğ, Er-Rıkku Fil-İslâm, İstanbul 1314, sh. 9-11

2 Enc. of Religion and Ethics, c. XI, sh. 618; Saymen, Ferit, Türk Medeni Hukuku, c. II, İstanbul 1960, sh. 9

3 Ahmed Şefik Beğ, Er-Rıkku Fil-İslâm, İstanbul 1314, sh. 10

maktadır; savaş köleliği, ailesine para sağlamak için gönüllü kölelik, köle anadan doğma, satılmak veya hediye edilmek yoluyla kölelik, miras bırakılma ve ceza sebebiyle kölelik. Buna bazı Hint Hukukçuları sekiz sebep daha ilave eylemektedirler; borç sebebiyle kölelik, rehin alınan borçlunun satılmasıyla ortaya çıkan kölelik, kumar yoluyla kölelik, köle kadınla beraberlikten dolayı kölelik ve benzeri adi sebebler. Babalar, kendi çocuklarını köle olarak satabildikleri gibi köle diye hediye de edebilmektedirler[1].

II- ÇİN HUKUKUNDA KÖLELİK

Çin hukukunda da insanlar asiller ve köylüler diye ikiye ayrılmıştır. Köleler de köylüler arasında düşük bir sınıf olarak kabul edilmişlerdir. Fakat diğer medeniyetlerden farklı olarak Çinlilerde köle sayısı azdı. Zira hukuk esaslarına göre, Çinliler köle olamazdı. Sebebi de her Çinlinin bir Sip'e mensub olmasıydı. Sip bir nevi aşiret ve kabile demekti. Ancak yabancılardan elde edilen köleler vardı. Bunlara karşı iyi muamele etmekle emr ediliyordu. M.S. I. yüzyılda çıkarılan bir kanunla, İmparator Wang Mang, insanların ancak devlet kölesi olabileceklerini, hususî şahısların köle edinemiyeceklerini karara bağlamıştı[2].

Kölelerin iyi muameleye tâbi tutulmaları için M.S.35 yılında Çin İmparatoru olan Kovançon şu emri çıkarmıştır: "İnsan gök ve yerde bulunan mahlûkâtın en şereflisidir. Kim ki, kölesini katl ederse, suçunu gizlemek için bir yol bulamaz. Kim ki, kölesini ateş ile dağlarsa, kanun üzere muhâkeme olunur ve ateşle dağlanan köle âzâd edilmiş olur."[3]

Bu arada şunu da belirtelim ki, M.S. III. yüzyıldan itibaren Çinlilerin de köle olabilecekleri kabul edilmeye başlanmıştır. XX. Yüzyılda Komunizm vasıtasıyla milyonlarca insanı köle haline getirdiklerini de sadece zikr edelim.

III- MISIR'DA KÖLELİK

Kölelik, eski Mısır'da da mevcut idi ve en önemli kaynağı savaş esirliği idi. Daha önceleri esirler öldürülürdü; sonradan önce kadınlar ve bunu takiben

---

1 Enc. of Religion and Ethics, c. XI, sh. 618-619; Arsal, Sadri Maksudî, Hukuk Tarihi, Ankara 1941, sh. 47.

2 Okandan, Recâî, Umumî Hukuk Tarihi Dersleri, İstanbul 1951, sh. 30; Enc. of Religion and Ethics, c. XI, sh. 673; Eberhard, Wolfram, Çin tarihi, Ankara 1947, sh. 86 vd.

3 Ahmed Şefik Beğ, Er-Rıkku Fil-İslâm, İstanbul 1314, sh. 14-16.

de erkek esirler köle olarak kullanılmaya başlandı. Bütün esirler öncelikle Firavun'lara aitti.

Köleler, Mısır'da iş yapmak için kullanılan bir âletden ibâretti. Bununla birlikte süs, büyüklük, gösteriş ve seyir için kullanılan süs eşyası olarak kullanıldığını, dolayısı ile hükümdarların saraylarında köleler bulunduğu gibi, askerî ve mülkî erkânın evlerinde de bu manada kölelerin yer aldığını belirtmek icabeder.

Eski Mısır'da kölelik, hayatı idam veya ibka etmek hakkından ibâretti. Bütün esirler devletin malı kabul edildikleri için, Mısır bölgesinin Piramitler ve saraylar gibi imar faaliyetleri bunlara yaptırılmıştı. Kamu yararı için kullanıldıkları söylenen kölelere şiddetle muamele edilirdi. Daha sonraları bu durum kısmen de olsa değişti. Hatta "Bir köleyi katl edenin cezası idamdır" hükmü dahi hukuk kaideleri arasında görülüyordu[1].

IV- MEZOPOTAMYA MEDENİYETLERİNDE KÖLELİK

Bu medeniyetlerden kasdımız, Sümerler, Akatlar, Babil ve Asur medeniyetleridir. Hepsinde de kölelik müessesesi mevcuttur. Kısaca bir değinelim.

1) Sümerler: Sümer Kanunlarında köleler ile ilgili hükümler mevcuttur. Bunlara göre köleliğin birinci sebebi savaşlardır. Savaşta esir alınan insanlar, tapınaklarda, saraylarda ve zengin insanların evlerinde köle olarak istihdâm edilmişlerdir. Bunun yanında babaya karşı gelmek, evlatlığın ailesi tarafından reddedilmesi, babanın mutlak irâdesi, borcunu ödeyememek ve benzeri haller kölelik sebebleri olarak kabul edilmişlerdir.

Sümerler, köleleri, mal kabul etmişlerdir. Ancak Sümer tabletlerinde görülen kölelerlerle ilgili hükümler, biraz sonra açıklayacağımız gibi, Yunan ve Roma hukuk sistemlerindeki düzenlemelere göre daha yumuşak ve merhametlicedir. Çünkü kölelere mülk edinme hakkı tanınmıştır. Kölenin evlenmesi meşru sayılmıştır. Ayrıca köle anadan doğan çocukların hür babaya tabi tutulmaları da Sümer Hukuk sisteminin önemli özellikleri arasında yer almaktadır.

Bütün bu haklar köleye tanınmasına rağmen, köleler, her çeşit kötü muamelelere karşı korumasızdırlar. Mesela bir hürü öldüren bir diğer hür para cezasına çarptırılırken, hürü öldüren kölelere, göze göz, dişe diş yani kısas cezası tatbik edilmektedir.

---

1 Ahmed Şefik Beğ, Er-Rıkku Fil-İslâm, İstanbul 1314, sh. 8-9; Enc. of Religion and Ethics, c. XI, sh. 482; Encyclopedia Britannica, Volume XX, sh. 630.

Sümer Hukukunda görülen enteresan bir durum da köleler ile ilgili hususi kanunların bulunması ve bazı kralların kölelik müsessesini kaldırmak için bazı teşebbüslere girişmeleridir. Kral Urugakine (M.Ö. 2350) bunlardan bisidir[1].

2) Akatlar: En önemli kölelik sebebi borç için kölelik olan Akatlarda da kölelerin durumu farklı değildi. Bunlarda da hürün işlediği bir suçun cezası, onun kölesine çektiriliyordu. Mesela efendi bir adam öldürdüğünde, onun yerine kölesi kısas ediliyordu[2].

3) Babiller: Babillerde Hammurabi Kanunu, insanları Amelu (üst sınıf), Mushkinu (orta sınıf) ve köleler olmak üzere üç sınıfa ayırmıştır. Köle ithali ve savaş, köleliğin birinci derecede kaynaklarıdır. Daha sonraları bunlara borç, işsizlik gibi başka sebebler de ilâve edilmiştir. Babil asıllı köleler dışarıya çıkarılmıyordu ve ayrıca bir hürü kaçırarak köle yapmaya çalışanlar ölüm cezası ile cezalandırılıyordu. Ana babalar çocuklarını parasızlık yüzünden köle olarak satabilme yetkisine sahiptiler. Evli kadının kocasına karşı itaatsizliği ve sadakatsizliği de kölelik sebebleri arasında yer almaktaydı.

Hammurabi Kanununda köleler ile ilgili çok önemli hukukî düzenlemeler mevcuttur. Kanuna göre, köleler mal kabul edilmekte ve açık pazarlarda alınıp satılmakta idiler. Efendi kölesini borcuna karşılık rehin verebilmekte veya satabilmekteydi.

Köleler ile ilgili cezâi hükümler de enteresandı. Bir kölenin ölümüne sebep olan şahıs, efendiye başka bir köle vermekle cezasını çekmiş sayılıyordu. Bir hüre saldıran ya da efendilerine karşı çıkan ya da onu inkâr eden kölenin kulağı kesilirdi. Kaçak köleler ile alakalı cezalar da çok şiddetliydi.

Babil hukukunda kölelik, bir kast sistemi şeklinde değildi. Hürler de köle statüsüne düşebilirlerdi. Köleler birbirleriyle evlenebirlerdi. Efendileri kadın köleleri yani cariyeleri odalık olarak kullanabilirlerdi. Ayrıca köle kadından çocuk sahibi olan hür bir erkek çocukları tanıyabilirdi ve böylece kadını da hür hale getirebilirdi[3].

---

1 Okandan, 115; Tosun, Mebrure/Yalvar, Kadriye, Sümer-Babil-Asur Kanunları Ve Amni-saduqa Fermanı, Ankara 1975, sh. 41 vd.; Kramer, Samuel Noah, The Sumerians, Chicago, 1970, sh. 78

2 Enc. of Religion and Ethics, c. XII, sh. 43

3 Abadan, Yavuz, Hukuk Başlangıcı Ve Tarihi, İstanbul 1943, sh. 115; Enc. of Religion and Ethics, c. IV, sh. 159; Driver, G. R./Miles John C., The Babyllonian Laws, Vol. I, Oxford, 1960, sh. 91, 222, 306-307,485; Hammurabi Kanunları, md. 15, 16, 19, 77, 91, 116-118, 132, 219-220, 251, 278-281.

4) Asurlular: Asurlularda da insanlar hürler ve köleler olmak üzere iki sınıfa ayrılmışlardı. Asurlular tarihi incelendiğinde görülecektir ki, eski asırlarda bunlarda da kölelik pek yaygın ve saraylar ila köşkler cariyeler ve kölelerle lebâleb idi[1].

Asurluların kölelerle ilgili hükümlerini kanunlardan ziyâde mukavelelerden öğreniyoruz. Eşya olarak kabul edilen kölelerin cezâî hükümleri hürlerinkine göre çok şiddetliydi. Mesela bedeni ceza sadece kölelere tatbik edilmekteydi. Hürlerin para cezası vererek kurtulduğu aynı suçlardan dolayı köleler bedenî cezaya çarptırılıyorlardı. Büyücülük yapan hür insanın para cezası vermesi istenirken kölelerin bu suçtan dolayı katledilmeleri hükme bağlanıyordu.

Köle ticareti, Mezopotamya medeniyetlerinin ekonomisinde önemli bir rol oynamaktaydı.

V- TEVRAT'DA VE İBRANÎLERDE KÖLELİK

Bu millet içinde kölelik mevcut idi. Köleler, en büyük meşguliyetleri seyahat ve harb olan bu milletin ileri gelenlerinin yanında servet olarak kabul edildikleri gibi hayvandan da farklı değillerdi. Fakat nasıl ki, bir at sahibi atına tahammülünden fazla yük yükletmek ve nasılki bir deveci devesini fazla yormak istemez ise, aynı şekilde akıllı bir efendi tâkatinden fazla taleplerde bulunarak kölesini ezmezdi. Köleler, yabancı ve ibrânî köleler olmak üzere ikiye ayrılmışlardı. Yabancı kölelerin şartları daha ağırdı.

İbrani hukukunda kölelerin genellikle yabancı asıllı olmalarına dikkat edilmiş, bütün Yahudilerin kardeş oldukları devlet büyüklerince belirtilerek İbranilerin birbirlerinin köleleri olmaları engellenmiş ve istisnâî durumlarda köle olabilecekleri haller ve sebebler tahdit edilmiştir[2].

Bütün bunlarla birlikte kölelerin İbrani Hukukunda çok önemli hakları vardır. Bunları ana başlıkları ile özetleyelim:

Köleler, miras, bağışlama ve satım akdi ile devredilebilirdi. Eski medeniyetler içerisinde kölelere muamele açısından en iyi muamele İbrani Hukukunda idi. Ancak Tevrat'ta köleliğin kaldırılması ile alakalı herhangi bir hüküm

---

[1] Ahmed Şefik Beğ, Er-Rıkku Fil-İslâm, 11-12; Galantı Avram, Asur Kanunları, İstanbul 1933, sh. 7; Okandan, 155

[2] Enc. of Religion and Ethics, c. XI, sh. 620; Tevrat, Bab, 21, 25; Ahmed Şefik Beğ, Er-Rıkku Fil-İslâm, sh. 16

mevcut değildi. Hz. Musa'nın şerî'atı, efendilerin köleleri üzerinde sahip oldukları hakları sınırlamıştı.

Tevrat'a göre, köle 6 gün çalıştırılıp bir gün dinlendirilmesi icabeder. Efendi'nin kölesine karşı merhametli olması ve kölenin de geniş anlamda aileden sayılması gerekmektedir. Kölesini döverek ölümüne sebep olan kimse, cezalandırılır. İbrani asıllı kölenin gözünü çıkaran ya da dişlerini kıran Efendi'nin kölesi âzad olur. İbrani olmayan kölelere kötü muamele edildiği takdirde ise, yetkililer köle sahibini ikaz ederler.

Hz. Musa'nın şerî'atında kölelerin evlenmelerine de izin verilmiştir. Bir kölenin efendisinin kızı ile dahi evlenmesine müsaade edildiği haller vardır. Kölelerin mülk edinmeleri ise, şiddetle yasaklanmıştır. Başkalarından aldığı ve bulduğu şeyleri, efendisine vermekle mükelleftir.

Talmut Hukukunda, sıkı sıkıya şekle bağlı olmakla beraber, kölelerin azadı da gündeme getirilmiştir. Hatta Yahudilikte 50 yılda bir genel bir âzâd etme merasimi icra edilir. Bunun dışında da kölelerin âzâd edilme yolları mevcuttur. Mesela kölesini hür bir kadınla evlendiren, kölesinin başının üzerine bir muska koyan, cemiyet huzurunda kanundan üç mısra okumasını köleye teklif eden veya sadece hürlerin yapması gereken işleri yapmak üzere kölesine emir veren kimse, kölesini âzâd etme irâdesini ortaya koymuş sayılırdı.

Hülâsâ köleler, Yahudilik'te ve İbrânî toplumunda, ilâhî vahye dayanması hasebiyle, bütün tahriflere rağmen, Yunan ve Roma ile kıyaslanmayacak derecede lütuf ve himâyeye mazhar idiler. Özellikle de Hz. Musa'nın şerî'atında yer alan şu hüküm bunun müşahhas bir misali haline gelmiştir: "Köle cezaya müstahak olursa, bu konuda hüküm sadece ve sadece hâkimden sadır olmaldır."[1].

VI- ESKİ YUNAN MEDENİYETİNDE KÖLELİK

Kölelik, Yunanistan'ın her tarafında yaygın bir vaziyette olduğu halde, Yunan milletinin bugün dahi medar-ı iftiharı olan Yunan filozoflarından hiç biri, köleliği çirkin, adâlete aykırı, adâb ve ahlaka muhâlif görmemişlerdir. Hatta Eflatun, Cumhuriyet rejimini, bazı haklardan mahrum ve mahkûm bir sınıfın yani kölelerin varlığı üzerine kurmuştu. Aristo daha da ileri gitmekte ve

---

[1] Bkz. Tevrat, II. Kitap, Bab 20, 21; Huruç, 21, 23, 26, 12; Tesniye, 16, II, 12, 13; III. Kitab Bab 19; Ahmed Şefik Beğ, Er-Rıkku Fil-İslâm, 17; Enc. of Religion and Ethics, c. XI, sh. 619-620; Okandan, Umumî Hukuk Tarihi, 190.

"**Politika**" adlı meşhur eserinde köleliğin nasıl tabî'î ve meşru bir şey olduğunu isbât etmeye çalışmaktadır. Aristo'ya göre "İnsanlar doğuştan hür ve köle olarak iki ayrı sınıf halinde doğarlar. Köleler, ruhlu bir âlet yahud hayat sahibi bir metâ'dırlar. İnsanların mülk iktisap etmeleri yeterli değildir. Bu mülkleri kullanacak ve işleyecek canlılara yani kölelere zaruret vardır."[1]. Aristoya göre, işçi, esnaf ve tüccar gibi bedeniyle çalışanlar vatandaş sayılamazdı. Onun zamanında vatandaş sayılmayanlar, nüfusun % 95'ini teşkil ediyordu. Zaten eski Yunan Demokrasisine göre nüfusun ancak % 5'i vatandaş statüsünde idi[2].

İlerde de göreceğimiz gibi, köleye böyle bir yaklaşım İslâmiyet tarafından tamamen bertaraf edilmiştir. Bütün insanların Hz. Adem'den geldiği belirtilmiş ve Allah katında üstünlüğün sadece takvâ ile olabileceği ısrarla vurgulanmıştır[3].

Yunanlılara göre köleler, birbirinden farklı iki gruba ayrılırlar; *Birinci grup*, feth edilen memleketlerin sâkinleridir ki, bunlar kendi arazilerine bağlı mütemmim cüz (tamamlayıcı parça) gibi kabul edilirler. Bunlara yabancılar da denirdi. Avrupa'da uzun asırlar uygulanan feodalite rejiminin ilhâm kaynağı da bu anlayıştır. *İkinci grup* ise, diğer kölelerdir. Bu ikinci grup üzerinde efendilerin mutlak bir hâkimiyet hakları mevcuttur. Kölelik, doğum, fakirlik, savaş, borç, korsanlık ve ailesi tarafından satılmak gibi sebeblere dayanıyordu. Sebeblerin sınırı yoktu.

Yunanistan'da hemen her hürün bir kaç kölesi vardı. Kölelerin kısm-ı a-zamı ikinci grup köleydi. Peloponnes savaşlarından önce Atina'da 75.000 köle vardı. Bunlar, toprak ve ev işleri yanında kâtiplik, hocalık, doktorluk gibi yüksek işlerde de çalışırlardı. Hatta tacirlik de yaparlardı.

Yunan medeniyetinde kölelerin cemiyet içindeki yeri, hem nazarî ve hem de tatbîkî açıdan tek kelime ile aşağı idi. Tarihçi Plonark'ın Roma için söylediği Yunanistan'da çok az farkla câri idi: "Burada bir hür, hürlerin sâhip olabilecekleri hakların en yüksek derecesinde bulundukları gibi, bir esir de esirlerin düşebilecekleri hukukdan mahrumiyet derekesinin eş aşağısında idi."[4].

---

[1] Arsal, sh. 142; Ahmed Şefik Beğ, Er-Rıkku Fil-İslâm, 18

[2] Fendoğlu, Hasan Tahsin, Aristoteles'in Devlet Felsefesi Ve Önceki Anayasa Hukukumuz, DÜHF Dergisi, Sy. 6, 1993, sh. 269-270

[3] Kur'an, Hucurât, 13; Nisâ, 25

[4] Ahmed Şefik Beğ, Er-Rıkku Fil-İslâm, 20-21

Köleliğin en önemli sebebleri, esâret ve korsanlık idi. Klasik Yunan Medeniyetinde ele geçirilen şehirlerin askerlik çağındaki erkekleri kılıçtan geçirilip kalan şehir halkı köle yapılmıştı.

Gerçekten köle, bütün haklardan mahrumdu. Hukuk açısından şahıs değil, mal addediliyordu. Mal gibi alınır, satılır ve rehnedilirdi. Efendi köleye sınırsız ceza vermek ve onu terbiye etmek hakkına sahipti. Köleye işkence edebilir ve hatta haklı sebeblerle onu öldürebilirdi. Köleye karşı vatandaşların işledikleri suçlar, komik cezalarla geçiştirilirdi. Sadece sebebsiz yere köle öldürenler, sürgün edilirdi. Meşhur kanunların sahibi Solon, kölelerin jimnastik yapmalarını yasaklamıştı. Kaçak köle, bir daha kaçmasın diye damgalanırdı[1].

Bütün bunların yanında Yunan Hukuk nizamı, kölelerin hayatlarını ve şahıslarını himâye eden bazı hükümler de vaz' eylemişti. Köleye efendisinin izniyle para biriktirme ve zulme karşı mahkemeye baş vurma hakkı tanındığı haller vardı. Bu kölelere karşı olan insaniyetlerinden kaynaklanmamaktadır. Bilakis Yunan medeniyetindeki iş hayatının neticesidir.

Yunan medeniyetinde köleliğin sona erdiği haller de vardır. Gerçekten, sahibi dilerse resmen kölesinin âzâd olduğunu ilan edebilirdi. Vasiyetnâme yoluyla, bir ma'bede satılmak veya hibe edilmek suretiyle veya şehir meclisinin emriyle de köleler âzâd edilebilirlerdi.

Yunanistan'da köle satışı ve köle pazarları, M.Ö. 500-150 tarihleri arasında ortaya çıktı. Atina'da her ayın ilk günü köle pazarları kurulurdu. Köleler çıplak olarak bir kürsüye çıkarılır ve satışa arzedilirdi. Çünkü kadın köleler yani cariyelerle efendilerinin cinsî münâsebet hakları da vardı. Yunan sahilleri tarih boyu, köle ticaretinin yapıldığı en önemli merkezlerden olmuştur[2].

VII- ROMA HUKUKUNDA KÖLELİK (M.Ö. 500-M.S. 467)

Eski zamanlarda esirlerin köle yapılması yolunda mevcut olan âdete, tabi'î olarak Romalılar da uymuşlardır. Evvelemirde Roma'da her türlü işler, hürlerden meydana gelen işçiler tarafından görülüyordu. Tarihinin başlangıcında büyük bir şöhret kazanan Romalılar, yeni memleketler istilâ edip zenginleştikçe, hem hürlerin çalışmasını zül telakki etmişler ve hem de çok köle

---

1 Okandan, Umumî Hukuk Tarihi, 273 vd.; Şenel, Alaaddin, Eski Yunan'da Eşitlik Ve Eşitsizlik Üstüne, Ankara 1970, sh. 272

2 Arsal, 142; Ahmed Şefik Beğ, Er-Rıkku Fil-İslâm, 20-21; Westermann, William, The Slave Systems of Greek and Roman Antiquity, Philidelphia 1955, sh. 55.

sahibi olmayı zenginlik alâmeti saymaya başlamışlardır. Roma'da da insanlar hür (liber) ve köle (servus) olarak ikiye ayrılmıştır. Roma'da Şahsın Hukuku şu madde ile başlar: "Şahsın hukukunda yapılan en esaslı taksim, insanların hür veya köle oluşlarına dair olanıdır."[1].

Roma Hukukunda Kölelerin Hukukî Durumu: Roma Hukukunda köleler, hukuken mal ve eşya olarak kabul edilirler. Bu sebeple de kadın ve erkek kölelerin kurdukları ortak hayat evlilik olarak kabul edilmez. Daha sonra Hristiyanlığın tesiri ile bu rezâlete son verilmeye çalışılmış ise de, bu sertliği tamamen izâle edememiştir. Köleler mâlik de olamazlardı ve hiçbir şahsî hakka sâhip değillerdi.

Köleler, hukuken hak ehliyetine sahip değillerdi. Efendileri ile arasındaki münsabet hâkimiyet esasına dayandığı için, bunların haklarına efendileri sahip oluyordu. Ancak bazı işlemleri yapabilmek üzere kısmî bir fiil ehliyetleri vardı.

Kölelere karşı yapılan saldırılar, efendisine ve efendisinin malına karşı yapılmış sayılıyordu. Buna karşılık, insan oldukları için işledikleri kamu suçlarından dolayı devletin yetkili makamları tarafından hürlere nisbetle daha şiddetli cezalarla cezalandırılmaktaydılar. Romalılarda köleleri cezalandırma hakkı efendilerin kölelere mâlikiyyeti esasına binâ edilmişti. Dolayısıyla cezalar çok şiddetliydi. En hafif cezalandırma, elleri ağır bukağılar içinde olduğu, her çeşit işkencelere maruz bulundukları halde arazi sürüp ekmekte istihdam edilmeleriydi. Kamçı ile köleleri cezalandırma da katılık ve şiddetin zirvesine ulaşmıştı. Çoğu kere bu muameleye tabi tutulan köleler ölürdü. Ellerinden asarak ayaklarına ağır şeyler bağlamak da kölelerin maruz kaldıkları cezalandırmaların çeşitleri arasında idi.

Efendi, kölesine zarar verebilirdi ve bu haksız fiil sayılmazdı. Çünkü Efendi'nin kölesi üzerinde, onu öldürmeye kadar varan sınırsız bir hâkimiyet hakkı var idi. İmparator Costantinus zamanında (M.S. 306-337) bile, efendi kölesini cezalandırırken ölümüne sebep olmak, adam öldürme suçu sayılmıyordu[2].

İşte bu biçareler böyle çeşitli işkencelere ve felâketlere maruz kala kala sonunda kanun koyucuların merhamet ve şefkatlerini celbetmişlerdir. Bu ağır işkenceli halleri kısmen ortadan kaldıracak hukukî düzenlemeleri yapma ihtiyacını hissetmişler ve konu ile alakalı ilk kanun Praetor hukukunda tedvîn

---

1 Ahmed Şefik Beğ, Er-Rıkku Fil-İslâm, 21; Saymen, Ferit, Türk Medeni Hukuku, c. II, İstanbul 1960, sh. 7.

2 Karadeniz, Roma Hukuku, sh. 136-140

edilmiştir. Bu kanunla, kölelerin yırtıcı hayvanlar ile pençeleşmeleri yasaklanmış ise de, şayet bir köle bu gibi bir cezaya müstahak olursa hâkim tarafından muvafakat edilmek şartıyla icrasına da müsaade edilmiştir[1].

Roma Hukukunda Kölelik Sebepleri: Roma Hukukunda köleliğin sebeplerini kısaca iki grupta özetlemek mümkündür:

1- Doğum: Köle kadından doğan çocuklar, babaları kim olursa olsun, köle sayılırlar. Şunu belirtmek gerekir ki, köleliğin asıl kaynağı doğum değildir.

2- Hürriyetin kaybedilmesiyle meydana gelen kölelik: Hürriyeti kaybettiren ve kölelik neticesini doğuran bazı halleri özetleyelim:

a) Savaş esirliği bunların başında gelmektedir. Köleliğin esas kaynağı da buydu. Roma'nın güçlü dönemlerinde çok kolay yolla elde edilen kölelere çok zâlimce davranılıyordu.

b) Ağır cezaya çarptırılma neticesinde hürriyetin kaybedilmesi de önemli bir sebeptir.

c) Borçlaırını ödeyemeyenler de belli şartlar altında köle olurlardı.

d) Askerlik görevinden bile bile kaçanlar da ceza olarak köle statüsüne getirilirlerdi.

e) Aile babası tarafından hür iradeyle bazı evlatlar köle olarak satılabiliyordu.

f) 20 yaşını geçmiş hür bir Romalı kendisini köle olarak satabilirdi. Ancak satışın Roma dışında yapılması gerekliydi.

Kısaca Roma hukukunda kölelik sebepleri sınırlı değildi. İnsanlar çok değişik sebeplerle hürriyetlerini kaybedebilirlerdi[2].

Köleliğin Sona Ermesi: Roma hukukunda köleliğin sona ermesi mümkündü. Bunların başında Efendi'nin hukukî bir muamele ile kölesinin hürriyetini kazandırması (manumissio) gelmekteydi. Bunun dışında kalan köleliğin sona erme şekilleri İus Civile'de şöyle tanzim olunmuştu: Değnekle âzâd etme (Magistra önünde hayalî bir hürriyet davasıyla köleyi hürriyetine kavuşturmak demektir);

Sayım yolu ile âzâd etme (Kölenin efendisinin izni ile kendisini beş yılda bir yapılan nüfus sayımında hürler listesine kaydettirmesi demektir); Vasiyet-

---

[1] Ahmed Şefik Beğ, Er-Rıkku Fil-İslâm, 23-25; Umur, Ziya, Roma Hukuku, İstanbul 1974, sh. 363 vd.; Cowvel F. R., Everyday Life in Ancient Rome, Newyork 1961, sh. 77

[2] Umur, Roma Hukuku, sh. 360 vd.; Ahmed Şefik Beğ, Er-Rıkku Fil-İslâm, 22-23; Karadeniz, Özcan, Roma Hukuku, Ankara 1982, sh. 132-135

nâme ile Efendi'nin kölesini şartlı veya şartsız âzâd etmesi; Hristiyanlıktan sonra din adamları huzurunda veya Klisede köle âzâd etme. Ayrıca Preator hukukunda da âzâd şekilleri vardır. Dostlar arasında âzâd etme, mektupla âzâd etme ve sofrada âzâd etme bunların başında gelmekteydi.

Azâd edilen köleler, ikinci derecede vatandaş sayılırlardı. Yani âzâdlık, köleler üzerindeki bütün sınırlamaları ortadan kaldıramıyordu.

Roma Hukuk tarihinde kölelelerin âzâd edilmelerini kısıtlayan veya şarta bağlayan bazı İmparator emir-nâmeleri ve kanunlar da çıkartılmıştır. Justinianus zamanında bütün bu sınırlamalar kaldırılmıştır. Epictetos gibi aslen köle olan bir takım filozoflar ve Stoisizm akımı gibi fikir cereyanları, köleliği kaldırmaya güçleri yetmemişse de, kölelerin yarı insan sayılmasına yol açmışlardır. Bu da Justinianus Hukuku ile temin edilmişti[1]. Stoa düşüncesinin mimarlarından ve Neron'un yardımcısı olan Seneca, "Ölüm herkesi eşit kılar" sloganı ile köleliğe karşı savaş açanlardan idi[2].

VIII- ESKİ TÜRK MEDENİYETLERİNDE KÖLELİK

Türklerin ana yurdu Orta Asya'dır. Burada göçebe ve bozkır kültürü hâkimdir. Bu kültürlerin hâkim olduğu eski Türk medeniyetlerinde de kölelik müessesesi vardır. Ancak köle tabiri, nerdeyse esir sözü ile eş anlamlıdır. Eski Türk Medeniyetlerinden Hun, Göktürk, Uygur ve nihâyet Moğollarda kölelik müessesesi ile alakalı kısaca bilgiler vermek yararlı olacaktır.

Hun Devleti: Türklerin ve Moğolların ataları olarak kabul edilen Hun devletinde (M.Ö. 220-M.S. 553) kölelik ve câriyelik vardı. Ancak bu, şahıs köleliğinden ziyâde, bir kabile köleliği idi. Hun hükümdarı demek olan Şan Yu vefât edince, yakınları ve sevgili cariyelerinden bir çoğu ona eşlik ederlerdi. Bütün bunlarla birlikte, anlattığımız medeniyetlerde olduğu gibi, Hunlarda kölelik yaygın değildi[3].

Göktürk Devleti (M.S. VI-VIII. Yüzyıl): Göktürklerde köleliğin yaygın olmadığı bir gerçektir. Ancak insanlar arasında köle ve hür ayırımı mevcuttur. Divan beylerinin cariyelerinin olması yanında kitâbelerde sık sık geçen Tigin

---

1 Umur, Roma Hukuku, sh. 372; Ahmed Şefik Beğ, Er-Rıkku Fil-İslâm, 24-25; Karadeniz, Roma Hukuku, 144 vd.

2 Tunçay, Mete, Batıda Sosyal Düşünceler Tarihi, c. I, Eski Ve Orta Çağlar, Seçilmiş Yazılar, İstanbul 1985, sh. 294-295

3 Üçok, Coşkun/ Mumcu, Ahmet, Türk Hukuk Tarihi, Ankara 1987, sh. 16

kelimesi de köle demektir. Alp Tigin terimi yiğit köle için, Kutluğ Tigin terimi ise uğurlu köle için kullanılmıştır[1].

Uygur Devleti (M.S. VIII-XIII. Yüzyıl): Uygurlarda kölelik müessesesinin varlığını kölelerle alakalı mahkeme kararlarından anlıyoruz. Zira bu belgeler arasında kölelik, köle satımı ve köle azadı ile alakalı olanlar vardır. Uygurlar, köleye karabaş, kul, kitay oğlan (erkek köle), küng, eşci karabaş (kadın köle) derlerdi. Köle sahibinin köleler üzerinde mutlak hakları vardı. Köleyi miras bırakabilir ve satabilirdi. Ancak köle efendisinin izni ile evlenebilirdi, mahkemeye müracaat hakkı vardı[2].

Moğol Medeniyetinde Kölelik: XI-XII. yüzyıllarda eski Moğol kabilelerinde hâkim sınıf demek olan *unogon-bogol* ile küçük demirbaş vassallar, köle demek olan adi köleler ve uşak manasına gelen jalalar vardı. Savaş ve istila yoluyla hakimiyet altına alınan kavimlere *boğol* denirdi. Boğollar, Moğol kabilelerinin köleleri sayılır ve onların hizmetine koşarlardı.

Moğollarda kölelere çok kötü davranıldığını, tamamıyla efendilerinin hâkimiyeti altında bulunduklarını, kaçak köle bulup da sahibine iade etmeyen hürlerin ölüm cezasına çarptırıldıklarını görüyoruz.

Bu arada Moğolların *ötüle-boğol* adını verdikleri köleleri azad ettiklerini de kaydetmeliyiz. Bunun neticesi olarak efendi denilen **noyan** ile köleler arasındaki münasebetler sona erebilmektedir. Cengiz kanununda köleler ile ilgili çok sert hükümler de yer almaktadır[3].

Tamamen Türk Medeniyetini yansıtan Hun, Göktürk ve Uygurlarda, Roma ve Yunan Medeniyetinde olduğu gibi kölelikle ilgili vahşi ve zâlimce hükümler mevcut değildir. Ancak tamamen bir Türk Medeniyeti sayılamayacak olan Moğol Medeniyetinde Roma hukukunu andıracak ağır hükümler yok değildir.

IX- ESKİ ARAP MEDENİYETİNDE KÖLELİK

Eski Arap medeniyetinde de kölelik vardı. Köleliğin sebepleri arasında doğum, borçluluk ve şahsın kendisini satarak köle olması gibi haller mev-

---

1 Akgündüz, Ahmed/Cin, Halil, Türk Hukuk Tarihi, c. I, sh. 48, 58; Orkun, H. Namık, Eski Türk Yazıtları, İstanbul 1936, sh. 39; Arsal, Türk Hukuk Tarihi, sh. 287.

2 Akgündüz/Cin, 66; Üçok, Coşkun/ Mumcu, Ahmet, Türk Hukuk Tarihi, Ankara 1987, sh. 29-33

3 Alinge Kurt, Moğol Kanunları, (Terc. Coşkun Üçok), Ankara 1967, sh. 116-117

cuttu. İslâmiyet öncesi Arap cemiyetinde "herkes herkes ile savaş halindeydi."

Araplarda köle âzâd etmek, hayırlı insanlar için Allah'a yaklaşmak olarak telakki olunurdu. Cahiliye devri Araplarından köle tüccarı Abdullah bin Cüd'ân, yaşı ilerledikçe köle azad ediyordu. İmam Müslim, Hâkim bin Hizam'dan naklen şöyle bir hadiseyi nakletmektedir: "Bir gün Hz. Peygamber'e Ey Allah'ın Peygamberi! Ben cahiliye devrinde köle âzâd etmek kabilinden bazı ibadet sayılabilecek işler yaptım. Ne buyurursunuz? Cevabında Hz. Peygamber; Sen eskiden yaptığın hayırlarla müslüman oldun" buyurdu. O halde cahiliye devrinde bu tür uygulamalar var idi[1]. Ayrıca İslâm Hukuku bölümünde anlatacağımız üzere, Câhiliye devrinde mükâtebe yoluyla köle âzâdı âdeti de mevcut idi.

Cahiliye devri Araplarında köleler evlenme akdi yapabilmekteydi. Kölelerin çoğalmaları icabediyorsa, bunu hayvanların çoğalmaları gibi kabul ediyorlardı. Hür ile köle asla evlenemezlerdi. Evlendikleri takdirde, idama kadar giden ağır cezalarla cezalandırılırlardı. Köleler, evlat edinilebilirdi. İslâmiyet bunu kaldırdı.

Araplarda da kölelik bir müessese haline gelmişti. Köleliğin sebepleri arasında savaş, adam öldürme, zina ve benzeri ağır suçlar, borçluluk ve aile babasının evlatlarını köle olarak satması gibi haller yer alıyordu. Komşu medeniyetler gibi, savaş esirlerine zâlimce davranılıyordu[2].

§. 2- ORTAÇAĞ VE SON ASIRLARDA KÖLELİK

I- FEODALİTE NİZAMI VE YARI KÖLELİK

Ortaçağda Avrupa'da uygulanan feodalite rejimi, insanların köle olarak çiftliklerde ve mâlikânelerde çalıştırılması veya en azından çiftçilerin yarı köle olarak kabul edilmesi manasıyla eş anlamlıdır. Feodalite rejimini değişik yönleriyle yani, siyâsî, iktisâdî ve sosyal açıdan biraz sonra tarif edeceğiz. Bu tarifden önce burada cevaplandırılması gereken önemli bir soru vardır; Osmanlı Devletinde tatbik edilen tîmâr rejimi Ortaçağ boyunca köleliğin bir vasıtası olarak Avrupa'da uygulanan feodalite rejimine ne derece benzemekte-

---

[1] Davudoğlu, Ahmed, Sahih-i Müslim Tercüme Ve Şerhi, İstanbul 1977, c. I, sh. 458-463

[2] Engin, Nihat/Akyüz, Vecdi, Asr-ı Sa'âdet'te Kölelik ve Câriyelik, İstanbul 1994, c. I, sh. 493-494

dir? Her ne kadar, feodalite rejimini anlattıkdan sonra, bu mukayeseyi daha ayrıntılı olarak işleyecek isek de, girişte de kısa bir mukayese yapmak yerinde olacaktır.

Zira bir kısım çevreler, Ortaçağ Avrupasında tatbik edilen feodalite rejimi ile Osmanlı tîmâr rejimini eşleştirmişler ve Osmanlı Devletini de insanları köle olarak kullanma noktasında Ortaçağ Avrupasına kıyaslamaya kalkışmışlardır[1].

Esasen, feodal kelimesi, rejimin sosyal, zirai, politik veya idarî görüş tarzlarına göre, ayrı manalar taşıyacağı, feodal diyebileceğimiz rejimlerin yaşları ve memleketleri itibariyle özellikler arzedeceği gâyet açıktır. Bu bakımdan ele alacağımız kriterler daha ziyade şematik bazı modellere ait bulunacaktır. Bilindiği gibi X - XIII. asırlara ait klasik modellerindeki Batı Avrupa memleketleri feodalizminde senyör malikânelerinin (seigneuries rurales) toprakları, özel bir zirai işletme tipi halinde değerlendirmek maksadıyla, iki kısma ayrılmış bulunuyordu:

1. Feodalite rejiminde senyörün doğrudan doğruya kendi nam ve hesabına işletmek üzere şahsı için ayırdığı ve Fransa'da domaine yahut reserve, İngiltere'de Manor denilen büyük çiftliklere ait topraklar bulunmaktadır. Türkçe'de vaktiyle kullanılmış olan bir tabirle Hâssa Çiftlik diye adlandırılması mümkün olan ve bazı bölgelerde bu devrede malikânenin işlenebilir topraklarının 1/4 veya 1/3 gibi mühim bir kısmını kapsadığı tahmin edilen bu toprakları işletebilmek için kalabalık bir işçi zümresine ihtiyaç olduğu âşikârdır. Halbuki, büyük bir iktisadî boğulma ve kapanma devrine mahsus şartlar dolayısıyla, bu sırada serbest bir emek piyasasından emekleri parayla ödenecek ziraat işçileri bulmak mümkün olmadığı gibi; vaktiyle Romalı toprak sahiplerinin çiftliklerinde kullandıkları bol ve ucuz esir emeği de artık mevcut değildi.

Bu sebeple. işçi tedariki ve emeğin karşılığını ödeme şekilleri için devrin genel şartlarına uygun yeni bir usul bulmak icap etmişti. Bu usul yeni bir kölelik rejimi veya yarı kölelik demek olan servaj usulü idi.

2. Bu usule göre, senyörün özel çiftliği olarak ayrılmış olan topraklardan geri kalan kısımlar, gerekli işletme araçlarıyla birlikte, küçük bir köylü işletmesi (manse, tenure) teşkil edecek tarzda toprağa yerleştirilmiş kölelere veya büyük kargaşalık ve yoksulluk zamanlarında senyörün himaye ve yardımına sığınmış olan çiftçilere dağıtılmıştır. Bu suretle, kendilerine tahsis edilmiş olan toprak ve işletme araçlarıyla diğer yardımların, himaye ve adalet

---

1 Muzaffer İlhan Erdost, Osmanlı İmparatorluğunda Mülkiyet İlişkileri-Asya Biçimi Ve Feodalizm, Ankara 1989, sh. 48 vd.

teminatının karşılığı olarak bazı vergilerle birlikte haftanın belirli günlerinde senyör hesabına ücretsiz çalışmak yükümlülüğünü de kabul etmiş farz edilen bu çiftçi aileleri, senyörün hususi çiftliğinin ve malikânenin atölye ve müdafaa tesisleri gibi diğer hizmet sahalarının daima el altında bulunması lazım gelen işgücü rezervlerini teşkil etmekteydi. Senyörün yalnız toprak sahibi olarak değil, fakat aynı zamanda devlete ait olması lazım gelen askeri ve mali hakimiyet hak ve yetkilerine de sahip bulunması, bu devrede malikânelerin ekonomik olduğu kadar siyasi, hukukî ve idari bakımdan da kendi kendisine yeter ve dışa karşı kapalı bir düzen olarak teşkilatlanmasını mümkün kılmıştı[1].

1- Feodalitenin Siyasî Mahiyeti

Feodalite siyasi açıdan, siyasi hakimiyetin parçalanmasından ibarettir. Yani siyasi bakımdan ülke birbirinden farklı büyüklükte yani küçüklü, büyüklü parçalardan meydana gelmiş yamalı bir bohçadır. Tek devlet ve tek hâkimiyet prensibinin tatbiki tarihe karışmıştır. Artık bohça parçalarının her bir yamasında ufak ufak hâkimiyetlerin mevcudiyeti sözkonusudur. Devletin en önemli mümeyyiz vasfı olan merkezî hâkimiyetin yokluğu, yani senyörlerin, Devletin hâkimiyetini temsil etmeleri; yani adaleti tevzi etmeye; asayişi temin eylemeye ve kısaca devlete ait hak ve yetkileri kullanmaya kalkışmaları, feodalitenin siyasi özelliğini teşkil eder[2].

Feodalite rejiminde arazi sahibi olmak, aynı zamanda, o arazi dahilindeki ahali üzerinde siyasi hâkimiyet hakkını elde etmek demektir. Bu hâkimiyete sâhip olan toprak mâliklerine **senyör**, sahip oldukları topraklara ise **fief** adı verilmektedir. Güya önemli hizmetleri ve sadakatleri karşılığında feodal bir mukavele ile senyörlere bu toprak parçaları tevcih edilmiştir. Toprak parçalarını veren tarafa **süzren**, alan tarafa ise **vassal** denmektedir. Süzren ve vassalların kendi aralarında mertebeleri ve dereceleri mevcuttur. O zaman senyörlükler ve vassallıklar âdeta birbirlerine tâbilik ve metbu'luk bağları ile

---

1 Barkan, Ömer Lütfü, Türkiye'de Toprak Meselesi, sh. 876-880; Kılıçbay, Mehmet Ali, Feodalite Ve Klasik Dönem Osmanlı Üretim Tarzı, Ankara 1982, sh. 238 vd.; Cin, Halil/Akyılmaz, Gül Bülbül, Tarihde Toplum Ve Yönetim Tarzı Olarak Feodalite Ve Osmanlı Düzeni, Konya 1995, sh. 31 vd.

2 Özçelik, A. Selçuk, Avrupa Fedolitesinin Siyasi Ve İktisâdî Mahiyeti, İÜHFM, c. 16, Sy. 1-4, sh. 324-326; Arsal, Sadri Maksudi, Hukuk Tarihi Dersleri, Ankara 1926-1927, 220-221

bağlı bir şebeke halinde girift bir örümcek ağı manzarası teşkil ederler[1]. Feodal devirde özellikle Fransa'da "Senyörsüz hiç bir toprak yoktur" sözü meşhur olmuştur. Senyörlerin bu toprakları elde ediş yollarını da iki ana başlıkta toplamak mümkündü:

Birincisi; Büyük bir senyörün kendi arazisinden bir parçasını ayırarak bir vassala vermesi. **İkincisi**; Komşusunda olan bir fief sahibini zorla kendisine tabi olmaya zorlamasıdır.

En yüksek senyör, Kral veya İmparatordu. Bunların dışındaki senyörler arasında da derece ve mertebeler vardı. Ancak her senyör, kendisinden yüksek senyöre yani süzrene karşı belli görevleri ifa etmek şartıyla, hâkim olduğu topraklar üzerinde müstakil bir hükümdar gibi davranıyordu. Fransa'da mevcut olan senyörleri iki ana grupta toplamak mümkündür:

Birinci Grup, Buyük Senyörlerdi. Bunların fieflerine ünvanlı fief denirdi. Bunlara geniş anlamda **baron** da denilirdi. Kendi aralarında hiyerarşik bir yapıya sahip olan büyük senyörleri yukarıdan aşağıya doğru şöylece sıralamak mümkündür: Dük, Marki, Kont, Vikont, dar anlamda Baron, Satolen ve Şövalyeler. *İkinci Grup* ise, küçük senyörlerdi ki, sahip oldukları araziye ünvansız fief denirdi[2].

Bizi asıl ilgilendiren konu ise, feodalite nizamında senyörlerin fiefleri dahilindeki ahali üzerinde sahip oldukları haklardır ki, bunlara **senyörlük hakları** denmektedir. Senyörlerin süzrenlerine veya vassalı olmadıkları senyörlere karşı olan haklarına ise **feodal haklar** denmektedir ve bizim konumuzu ilgilendirmemektedir. Senyörlük hakları sayesinde özellikle büyük senyörler, fief arazileri dahilinde bulunan yarı kölelere yani servajlarına karşı yasama, yargı, yürütmeyi ilgilendiren tüm haklara yani tam bir hakimiyet hakkına sahip idiler. Hatta bazı senyörler para bile bastırabiliyordu. Her büyük fief adeta bir küçük devlet idi.

Genellikle senyörlük haklarını dört ana grupta toparlamak mümkündür:

Birincisi: Yasama yetkisi; Her senyör, mâlikânesi dahilinde her konuya ait kararları bizzat kendisi verir ve verdiği kararlar bir ferman gibi yayınlanır ve o toprakta yaşayan insanları kanun gibi bağlar. Bu kanun kuvvetindeki

---

1 Özçelik, A. Selçuk, Avrupa Fedolitesinin Siyasi Ve İktisâdî Mahiyeti, İÜHFM, c. 16, Sy. 1-4, sh. 326-328; Arsal, Hukuk Tarihi Dersleri, 220-221

2 Özçelik, A. Selçuk, Avrupa Fedolitesinin Siyasi Ve İktisâdî Mahiyeti, İÜHFM, c. 16, Sy. 1-4, sh. 328-339; Arsal, Hukuk Tarihi Dersleri, 259-263

kararları veren senyörleri bağlayan, anayasa, temel hak ve hürriyetler veya benzeri hukuk esasları mevcut değildir[1].

İkincisi: Yargı yetkisi; Her senyör, yargı hakkına sahiptir. Senyörler mahkemesinin kararlarına karşı, ancak daha yüksek senyör mahkemesine veya belli konularda kral mahkemesi veya ruhaniler mahkemesine itiraz etme hakkı vardır. Kısaca, senyörler, fief denilen arazilerinde yaşayan insanların hem kanun koyucuları ve hem de hakimleridirler[2].

Üçüncüsü: Mali Yetki; Feodal devirde ahalinin mali mükellefiyetleri pek çoktu. Ahaliden vergi talep etme hakkı sadece devletin değil, aynı zamanda senyörlerin de hakkı idi. Vergilerin tahsili ile kamu yararı arasında bir münasebet yoktu. Vergiler doğrudan doğruya senyörün şahsî menfaatini tatmin için tahsil olunmaktaydı. Senyörlerin gelir kaynaklarını, yargı işlerinden aldıkları resimler yani para cezaları, müsadereler ve benzeri gelirler; vergi mahiyetini andıran ancak tamamen keyfi olan gelirler ve bunun dışında kalan kaidesiz gelirler teşkil etmekteydi[3].

Dördüncüsü: Askerî Yetki; Senyörlerin asker toplama yetkileri, onların halka zulmederken kullandıkları en dehşetli yetkilerinden biridir. Ahalinin çocuklarını kendi keyiflerine göre istedikleri zaman silah altına almakta ve bazan yüzlerce kişiyi sonu gelmeyen savaşlara sürüklemekteydiler[4].

2- Feodalitenin İktisâdî Mahiyeti

Feodal devirde toprak servetin en önemli kaynağıdır ve şahısların sosyal mevkilerini tayin eden başlıca âmildir. Neticede toprak belli ellerde toplanmıştır. Toprağa sahip olanlar, onunla beraber üzerinde yaşayan insanların da

---

1 Özçelik, Avrupa Fedolitesinin Siyasi Ve İktisâdî Mahiyeti, İÜHFM, c. 16, Sy. 1-4, sh. 339-350; Arsal, Hukuk Tarihi Dersleri, 264-27; Kılıçbay, Mehmet Ali, Feodalite Ve Klasik Dönem Osmanlı Üretim Tarzı, Ankara 1982, sh. 238; Cin, Halil/Akyılmaz, Gül Bülbül, Tarihde Toplum Ve Yönetim Tarzı Olarak Feodalite Ve Osmanlı Düzeni, Konya 1995, sh. 31-32.

2 Özçelik, Avrupa Fedolitesinin Siyasi Ve İktisâdî Mahiyeti, İÜHFM, c. 16, Sy. 1-4, sh. 339-350; Arsal, Hukuk Tarihi Dersleri, 264-27; Cin/Akyılmaz, Feodalite Ve Osmanlı Düzeni, sh. 35-37.

3 Özçelik, Avrupa Fedolitesinin Siyasi Ve İktisâdî Mahiyeti, İÜHFM, c. 16, Sy. 1-4, sh. 339-350; Arsal, Hukuk Tarihi Dersleri, 264-27; Kılıçbay, Feodalite Ve Klasik Dönem Osmanlı Üretim Tarzı, sh. 239; Cin/Akyılmaz, Feodalite Ve Osmanlı Düzeni, sh. 32-35.

4 Özçelik, A. Selçuk, Avrupa Fedolitesinin Siyasi Ve İktisâdî Mahiyeti, İÜHFM, c. 16, Sy. 1-4, sh. 3339-350; Arsal, Hukuk Tarihi Dersleri, 264-27

efendisidirler. Bunlar üzerinde hakimiyet hakkına sahiptirler. Fief denilen topraklarını, kendilerine tabi hür köylülere veya yarı kölelere kiralamaktadırlar. Bunlar o toprakla üzerinde kiracı mahiyetindedirler ve senyörün hakimiyeti altındadırlar.

Toprağa sahip olan senyör, siyasi iktidara da sahipti. Toprağa malik olmak hakkını kaybetmiş olan köylü ise, iktisâdî bakımdan olduğu gibi, siyasi, hukukî ve sosyal bakımdan da toprak sahibine bağlı olarak köleleşmekteydi. Fief üzerinde senyörün hakkı olduğu gibi, süzerin de hakkı vardı; kralın da hakkı vardı ve hatta köylünün de hakkı vardı. Ancak bu haklardan hiçbiri gerçek manada mülkiyet hakkı değildi. Belki bunlar toprağın kullanma şekline ve tasarruf hakkına yani *tenure* sahip idiler. Elbette ki, toprak üzerinde siyasi güce sahip kişilerin sahip olduğu tenür'ler ile normal hür insanların sahip oldukları tenürler ve de yarı kölelerin sahip oldukları tenürler, mahiyet itibariyle tamamen birbirinden farklı idi. Bu üç grubu kısaca özetlemekte yarar vardır:

A) Asillerin tasarrufundaki araziye fief deniliyordu. Fief iki asil kişi arasında yapılan feodal sözleşme ile birine tevcih ediliyordu. Fief'i tevcih edene Süzren; alana da vassal dendiğini daha evvel belirtmiştik. Süzren ile vassal her ikisi de senyör idi. Arazi tevcihi, iktisâdî ve hukukî bir olay olduğu kadar, aynı zamanda siyâsî bir hadiseydi.

B) Hür insanların tasarrufları altındaki araziye *adi tenür* denir. Burada, toprağın sahibi senyördür. Hür köylü kiracı durumundadır. Senyör ile aralarındaki bağ sadece hukukîdir. Kiracı olarak hür köylüler, bazı vergileri senyöre ödemek durumunda oldukları gibi, senyörün hâkimiyeti altında yaşamaya da mahkûmdurlar. Yani senyör, bunlar üzerinde de yasama, yürütme ve yargı yetkilerine sahiptirler. Bunu bir derece önleyen tek şey, aralarındaki kira mukavelesidir.

C) Senyör tarafından serflere yani yarı köle insanlara kira yoluyla verilen arazilerdir. Burada serflerin senyöre karşı olan görevleri, tamamen senyörlerin keyfî iradesine tabi olarak tesbit edilmektedir[1]. Köleliğin değişik tarzı asıl budur ve bunlar tamamen yarı köle durumundadırlar.

3- Feodalitenin Sosyal Mahiyeti

Feodalite nizamında ahali, birbirinden farklı sınıflara ayrılmıştır. Bunların her birine dahil fertlerin hukukî durumları diğerlerinden farklıdır. Bu devirde

---

[1] Özçelik, A. Selçuk, Avrupa Fedolitesinin Siyasi Ve İktisâdî Mahiyeti, İÜHFM, c. 16, Sy. 1-4, sh. 350-3360; Arsal, Hukuk Tarihi Dersleri, 283-300.

fertlerin sosyal statülerini etkileyen ikinci bir etken de arazi vaziyeti ile fertlerin sosyal durumları arasındaki münâsebettir. Feodalite nizamında bulunan sınıflar yukarıdan aşağıya doğru Hindistan'daki Kast sistemini andıran bir hiyerarşi teşkil ederler.

Feodal devirde insanlar sosyal durumları itibariyle dört sınıf idiler:

1) *Ruhaniler*: Bunların mevkileri yüksek ve nüfuzları büyüktü. Hristiyan ruhanilerinden kasıt, papaz ve piskoposlardır. Bunların sayıları sınırlıdır.

2) *Asiller*: Bunlar, feodalite nizamında idare eden senyörler sınıfıdır. Daha önce bilgi verilmiştir. Asâletin menşei, doğum, şövalye sınıfına mensup olmak ve fief elde etmektir. İmtiyazlarını daha evvel zikretmiştik. Bunların da sayıları sınırlıdır. Kral, Dük (Lord), Marki, Kont, Vicont, Baron ve Şövalye şeklinde İngiliz Feodalitesinde de kendi aralarında hiyerarşik bir yapıya sahiptirler[1].

3) *Hür İnsanlar*: Bunlar, asiller ile yarı köleler arasında bir sınıfı teşkil ederler. Hür köylüler ve hür şehir ahalisi olmak üzere ikiye ayrılırlar. Asıl hür olanlar hür şehir ahalisidir. Hür köylüler, zamanla yarı köle durumuna düşmüşlerdir.

4) *Yarı Köleler=Serfler*: Roma dönemindeki kölelerin biraz hafifletilmiş şeklidir. Bunların efendilerinin arazilerine bağlıdırlar; oturdukları fiefi terk edemezler. Ancak senyör de onları toprakdan süremez. Serflik, tam anlamıyla bir köleliktir; fakat köleler şey olmaktan kurutulup şahis haline gelmişlerdir. Her ne kadar serflere, evlenmek, menkul ve gayr-i menkul sahibi olmak gibi bazı medeni haklar tanınmış ise de, senyörlere tanınan yetkilerle bunlar yarı köle haline getirilmişlerdi. Serflerin senyöre karşı mükellef oldukları iki temel görev vardı: Birincisi; Serfler, senyöre karşı ağır vergilerle mükellef idiler. Bunların ayrıntısına girmiyoruz. İkincisi ise, esas ve kaidesi bulunmayan angaryalardı[2].

Serfler medeni hukuk alanında da önemli sınırlamalar altındaydılar; Serfler, hür bir kadınla evlenemezlerdi. mirasçılık hakları önemli ölçüde tahdit edilmişti. Ve nihayet, senyörlerin bunlar üzerinde daha evvel izah ettiğimiz yasama, yürütme ve yargıdan kaynaklanan mutlak hakları vardı. Neticede serfler yarı köle anılmaya layık insanlardı.

---

1 Kılıçbay, Feodalite Ve Klasik Dönem Osmanlı Üretim Tarzı, sh. 238 vd.; Cin/Akyılmaz, Feodalite Ve Osmanlı Düzeni, sh. 41-42.

2 Huberman, Leo, Feodal Toplumdan Yirminci Yüzyıla (Çev. Murat Belge), İstanbul 1991, sh. 14-18; Cin/Akyılmaz, Feodalite Ve Osmanlı Düzeni, sh. 48 vd.

Serfliğin menşei, doğum, evlenme, feodal hukukun bazı kurallarını ihlal ve nihâyet belli bir süre seflerin içinde yaşama yani müruruzaman gibi hallerdi. Tıpkı tam kölelikte olduğu gibi, serflikten kurtulmanın yolu da, senyörlerin kendilerini azat etmesi ve benzeri sebeplerdi[1].

İşte Osmanlı Devletindeki tîmâr sistemi ile mukayese edilen Avrupadaki feodalite nizâmının kısaca esasları bunlardan ibarettir ve görüldüğü üzere bu sistemde çoğunluğu teşkil eden işçiler ve çiftçiler, yarı köle durumundadırlar.

4- Tîmâr Nizâmı İle Feodalite Sistemi Arasındaki Farklar

Mukâyese etmeden önce Osmanlı Devletinde asırlarca tatbik edilen tîmâr nizâmını kısaca bilmemiz gerekmektedir:

İslâm ve Osmanlı hukukundaki arazi çeşitlerinden biri de, rakabesi (kuru mülkiyeti) ve tasarruf hakkı devlete ait olan mirî arazidir. Devletin icra organı, bu çeşit arazileri kamu yararı bulunmak şartıyla dilediği gibi işletebilir veya devlet hazinesinden hakkı olan gazilere, ilim adamlarına ve devlet adamlarına işletme hakkını veya tamamen mülkiyetini devredebilir. Nitekim, başta Hz.Peygamber olmak üzere, İslâmın ilk dönemindeki idareciler de devlete ait arazilerin ya tamamen mülkiyetini (temlîken ikta') veya tasarruf hakkını ve gelirlerini (istiğlâken ikta'), gazilere, büyük devlet adamlarına veya benzeri yerlere ikta' adıyla tahsis etmişlerdir. Bu usul ikta' adıyla Selçuklularda ve ülüş adıyla da İlhanlılarda devam etmiştir[2].

İslâm hukukunun kendilerine tanıdığı bu yetkiyi, askerî güce dayalı güçlü bir devlet kurmak için kullanan Osmanlı Padişahları, Osman Gazi'den başlayarak ve Fatih Sultan Mehmed zamanında kemâlini bularak devlete ait gelirlerinin (tasarruf hakkının) belirli bir kısmını belli hizmetler karşılığında muayyen şahıslara tahsis ve tevcih etmişlerdir. İşte belli bir hizmet karşılığında devlete ait arazilerin gelirlerinin ve tasarruf hakkının muayyen şahıslara tahsisi işlemine **dirlik** ve **tımar** adı verilmiştir. Bu sistemin kaynağını, Avrupa'daki feodalite müessesesinde aramak tamamen manasızdır. Zira feodalite sisteminde halk köle veya yarı köle durumundadır (servaj usulü). Topra-

---

[1] Özçelik, A. Selçuk, Fedolitenin İctimâî Mahiyeti, Menşei, Avrupanın Siyasi Ve Medenî İnkişâfındaki Rolü, İÜHFM, c. 17, Sy. 1-2, sh. 351-360; Arsal, Hukuk Tarihi Dersleri, 277-282; Huberman, Leo, Feodal Toplumdan Yirminci Yüzyıla (Çev. Murat Belge), İstanbul 1991, sh. 14-18; Cin/Akyılmaz, Feodalite Ve Osmanlı Düzeni, sh. 48 vd.

[2] Kalkaşandî, Subh'ül-A'şâ, 13/104 vd.; Halis Eşref, Külliyât-ı Şerh-i Kanun-ı Arazi, 14 vd.; Akgündüz, Ahmet, Vakıf Müessesesi, 487 vd.; Cin, Halil, Mirî Arazi ve Bu Arazinin Özel Mülkiyete Dönüşümü, Konya, 1987, sh. 56vd.

ğın gerçek sahibi senyörler ise tam anlamıyla efendidir. Tımar sisteminde durum tamamen farklıdır.

Konunun anlaşılması için dirlik veya diğer adıyla timar sisteminin hukukî mahiyetini daha yakından görelim;

Mülkiyeti ve tasarruf hakkı devlet ait olan mirî araziyi devlet bizzat işletmez ve zaten işletemez. Belki yerli halka sınırsız süreli bir kira akdiyle veya âriyet yoluyla tasarruf hakkını devreder (tefviz eder). Halkın görevi, araziyi işletmek ve elde edilen gelirden belli bir kısmını devlete vergi olarak ödemektir.

İşte Osmanlı Devletinde reâyâ denilen halkın devlete ödeyeceği vergi gelirlerini devletin reisi olan padişah, askerî hizmetleri karşılığında belli şahıslara tahsis eder. Bu şahıslara **sipahi** veya **sahib-i arz** denir. Bunlar arazinin gerçek maliki değildir, sadece nezâret ederler. Halk da bunların kölesi değildir. Belki halk hürdür, devletin kiracısıdır ve sipahiler de devletin vergi tahsil yetkisi tanıdığı şahıslardır. Ancak topladıkları vergi gelirleri, belli hizmetler (genellikle askerî) karşılığında kendilerine aittir. Bu gelirleriyle münasip bazı askerî hizmetleri ifa edeceklerdir. İslâm hukukunda bu asker şahısların elde ettikleri gelirlere mal-i mukâtele denir[1]. Yani askerî hizmetler ve düşmana karşı savaş karşılığında tahsis edilen mal demektir.

Şimdi de tımar sisteminin askerî amaçlarla nasıl kullanıldığını görelim:

Dirliklerin yani gelirleri belli şahıslara tahsis edilen arazilerin miktarları kılıç itibariyle tayin edilirdi. Kılıç, dirliğin çeşitleri olan tımar veya zeâmetin çekirdeğini teşkil eden kısma deniyordu. Kılıç denen temel kısmın miktarı akçe ile belirlenir ve eyaletlere yahut dirlik çeşitlerine göre farklılık gösterirdi. Her kılıç, üçbin akçeden başlayıp altıbin akeyi geçmezdi. Her kılıç bir tımar itibar edilir ve timar sahibi 3000 akçe için bir cebelü denen savaşa hazır mücehhez süvari asker çıkarmakla mükellefti. Akçe miktarı arttıkça çıkarılacak asker sayısı da artıyordu. Bu sebeple akçe miktarına göre dirliklerin çeşitli kısımları vardı[2].

Dirlik arazilerinin akçe gelirlerine göre üç çeşidi vardır:

Birincisi; hasdır ki, yıllık geliri 100 bin akçeden fazla olan dirliklere denir. Sultanlara, şehzadelere, vezirlere veya beylerbeyilerine ait dirlikler gibi.

---

1 Cin, Mirî Arazi, 64 vd.; Halis Şeref, 28 vd.; Hezarfen, Telhis'ül-Beyan, Vrk. 56/b vd; Akgündüz, Osmanlı Kanunnâmeleri, IV, 474 vd.

2 Halis Eşref, 29; Millet Kütüphanesi, Kavânin bölümü, No: 92, sh. 758; Akgündüz, Osmanlı Kanunnâmeleri, IV, 474 vd.

İkincisi; Zeâmettir. Yıllık geliri 20 bin akçeden 99.999 akçeye kadar olan dirliklerdr. Sahiplerine zâim veya çoğul olarak zuamâ denir. Zeâmet sahipleri her beşbin akçe için bir cebeli (süvari asker) hazırlamakta mükellefetirler.

Üçüncüsü; Tımarlardır ki, yıllık geliri 19.999 akçeye kadar olan dirliklerdir. Tımar sahipleri (ehl-i tımar), senelik gelirden kılıç adı verilen belli bir kısmın ayrılmasından sonra her 3000 akçe için bir cebeli getirmeğe mecburdurlar. Kılıç bedeli, kılıç hakkı adı altında kendi ulûfesine karşılıktır[1].

Dirlikler (tımarlar), Tımar sahiplerinin gördükleri işlere göre eşkinci tımarları (harp anında cebelileriyle birlikte cepheye giden tımarlar); müstahfız tımarlar (kaleleri korumakla görevli tımarlar) ve hizmet tımarları (hudut boylarında bulunan bazı zaviye ve camilerin korunması ve hizmeti ile ilgili tımarlar) olmak üzere üçe ayrılır[2].

Ayrıca Kanunî Sultan Süleyman zamanında 1530 yılına kadar, bütün tımarlar beylerbeyiler tarafından veriliyordu. Bu tarihten itibaren ikiye ayrıldı. Beylerbeyi'nin doğrudan vermeye yetkili olmadığı ve onun tezkeresi üzerine padişah fermanıyla verilen büyük tımarlara tezkireli tımarlar; doğrudan beylerbeyi tarafından verilebilen tımarlara da tezkiresiz tımarlar dendi. Bunun yanında, arazi gelirlerinin dışındaki bazı istisnaî vergi gelirlerinin de (gerdek, cürmü cinayet ve kışlak resmî gibi) tımar sahiplerine veya devlete ait oluşu, tımarların serbest tımarlar veya serbest olmayan tımarlar şeklinde ikiye ayrılmasına sebep olmuştur[3].

Bir kısım araştırmacılar, Osmanlı devletinde arazinin timar, ze'âmet ve has diye şahıslara tevcih edilmesini, Avrupa'daki feodalite sisteminde var olan fieflere ve dirlik sâhiplerini de feodal devrin senyörlerine benzeterek, timar sistemini feodal bir sistem gibi görmek istemişlerdir. Halbuki tımar sistemi feodal sistemden tamamen farklıdır. Zira;

1) Feodalite sisteminde halk köle veya yarı köle durumundadır (servaj usulü). Toprağın gerçek sahibi senyörler ise tam anlamıyla efendidir. Tımar sisteminde durum tamamen farklıdır. Timar sisteminde sipahi veya sahib-i arz denen şahıslar arazinin gerçek maliki değildir. Halk da bunların kölesi değildir. Halk hürdür, devletin kiracısıdır ve sipahiler de devletin vergi memurudur. Ancak topladıkları vergi gelirleri, belli hizmetler (genellikle askerî) kar-

---

1 Halis Eşref, 29 vd.; Cin, 69 vd.; Akgündüz, Osmanlı Kanunnâmeleri, IV, 474 vd.

2 Bu ayırımlar konusunda bkz. Barkan, İA, Tîmâr Maddesi, sh. 295-296.

3 Halis Eşref, 29 vd.; Cin, Mirî Arazi, 69-73; Akgündüz, Osmanlı Kanunnâmeleri, IV, 474 vd, 582 vd.

şılığında kendilerine aittir. Bu gelirleriyle münasip bazı askerî hizmetleri ifa edeceklerdir.

2) Avrupa feodalitesinde merkezî hakimiyet ve devlet, zaafa uğramıştır. Ülke dahilinde devletin tek siyasi otoritesi geçerli değildir. Bunun yerine senyörlüklerin sayısı kadar küçük devletçikler ve ufak krallık nümuneleri mevzubahistir. Halbuki Osmanlı devletinde, tam aksine merkezî hükümet çok güçlüdür. Dirlik sahipleri denen sipahiler, devletin sadece vergi memurudurlar. Merkez tarafından tayin edilirler ve görevden alınırlar.

3) Feodalite rejiminde senyöre fief yani arazinin sahipliği de verilmektedir. Halbuki tımar sisteminde, sipahiye verilen arazinin kendisi değildir. Kuru mülkiyeti devlete ait olan mîrî arazide devlete ait olan vergileri toplama hakkına sahiptirler. Bu vergiler de şerî'at ve kanun tarafından belirlenen vergilerdir.

4) Avrupa feodalitesinde fief'e sahip olan senyörler, arazi üzerinde yaşayan ahali üzerinde siyâsî hâkimiyet sahibidir; bu sebeple hem yasama, hem yürütme ve hem de yargı yetkilerine bizzat kendisi sahiptir ve kendisi bu haklarını kullanır. Yani senyör, fief denilen araziler üzerinde yaşayan ahalinin hem kanun koyucusu, hem bu kanunların uygulayıcısı ve hem de problem çıkınca onların hâkimidir. Halbuki timar sisteminde sipahilerin sadece askerî açıdan bazı yetkileri vardır. Bunun dışında ahali üzerinde teşrî'î, kazâî veya icrâî bir yetkiye sahip değildir. Zira ahaliye tatbik edilen hukuk, İslâm hukukudur; bunları icra eden sancak ve kazâ teşkilâtlarıdır; yargı ise şer'iye mahkemelerinin elindedir. Gerektiğinde sipahiler de yargılanmaktadır.

5) Feodal rejimde her senyörün müstakil bir askeri ve ordusu vardır. Bununla krala karşı bile savaşabilir. Orduyu senyör kurar ve askeri ise yine senyör toplardı. Halbuki timar sisteminde cebelü denilen askerler, Osmanlı ordusunun bir parçası olarak, sadece sipahi tarafından yetiştirilirdi.

6) Feodalite sisteminde ahali, asiller, hürler ve yarı köleler olmak üzere çeşitli sınıflara ayrılmıştır. Özellikle çoğunluğu teşkil eden serfler, mutlu azınlığın kölesi durumundadırlar. Halbuki Osmanlı toplumunda bu manada bir sınıflaşma mevzubahistir. Askerî olan ve olmayan şeklindeki ayırım ise, devlet memuru olan olmayan tarzındaki ayırıma benzemektedir. Zira bu tabakalaşma, malî sebeplerden kaynaklanmaktadır[1]. Özellikle re'âyâ denilen halk kesiminin askerî kesim tabir edilen mülkî, askerî ve ilmiye tabakalarının kölesi olması ise, asla sözkonusu değildir.

---

[1] Tabakoğlu, Ahmet, Türk İktisad Tarihi, İstanbul 1994, sh. 138.

7) Feodalite nizamında serfler, istedikleriyle evlenemezler. Başka senyörlerin serfleri veya hür kadınlar ile evlenmeleri yasaktır.

Serflerin mirası mirasçılarına hür insanların mirası gibi intikal etmez.

Serflerin istedikleri mesleği seçmekte ve yerlerini değiştirmekte, çalışıp çalışmamakta serbest oldukları söylenemez.

Serfler senyörlerine karşı angarya çalışmaya, hediyeler takdim etmeye ve belli hizmetleri yapmaya mecburdurlar.

Serfler hakkında kovuşturma açmak, yargılama yapmak ve hatta cezalandırmak, senyörlerinin yetkisindedir.

Serfler ruhban sınıfına ve manastırlara giremezler, mahkemelerde şahitlikleri hür adamlara karşı kabul edilmez.

Kısaca serfler hukukî statü açısından eski köleleri andırmaktadırlar. Halbuki hiç bir zaman tımar sisteminde yer alan sipahiler, ahali üzerinde bu tarz bir yetkiye sahip değildirler[1].

Avrupa feodalitesinde görülen serfleri, Osmanlı devleti timar sisteminde görülen re'ayâ ile değil, belki havâss-ı hümâyûn adı verilen Padişah hâslarında çalışan ortakçı kullar ile kıyaslamak mümkündür. Zaten ortakçı kullar da köle veya cariyelerden ibarettir[2]. Bu konuya ilerde döneceğiz.

II- ORTAÇAĞ VE SON ASIRLARDA MUHTELİF MİLLET VE MEDENİYETLERDE KÖLELİK

Ortaçağ ve Yeniçağ'ın ilk dönemlerinde Avrupa'da köleliğin nasıl yürüdüğünü, feodalite nizamını hülâsa etmekle anlatmış olduk. Şimdi de Ortaçağ ve Yeniçağ'da köleliğin durumunu farklı devlet ve milletlere göre daha yakından görelim.

Afrika'da Kuzey Afrika'nın yerlisi olan Berberîler, İslâmiyetle şereflenmeden evvel, hukuk sistemleri itibariyle Romalılara benziyorlardı. Bunlar da köleleri adi bir eşya, hatta at, öküz ve diğer ehlî hayvanlar mertebesinde telakkî ediyorlardı. Bir mâlik kendi mülkiyetinde olan eşyada nasıl her çeşit tasarruf

---

1 Barkan, Ömer Lütfü, Türkiye'de Servaj Var mıydı?, Türkiye'de Toprak Meselesi, sh. 717-724.

2 Özçelik, A. Selçuk, Avrupa Feodalitesi İle Türklerin Timar Teşkilatının Mukayesesi, İÜHFM, c. 17, Sy. 3-4, sh. 847-857; Hammer, L'histoire de l'empire Ottoman, Terc. J.J Hellert. Tom. 6 Livre XXXIV, Paris 1836; Barkan, Ömer Lütfü, Türkiye'de Servaj Var mıydı?, Türkiye'de Toprak Meselesi, sh. 717-724; Osmanlı İmparatorluğunda Çiftçi Sınıfların Hukukî Statüsü, Türkiye'de Toprak Meselesi, sh. 725 vd.

hakkına sahipse, köleler üzerinde de öyle tasarruf hakkına sahipti. Hatta bir efendi, kendi kölesini öldürebilirdi[1].

Hindistan ve Çin'de de durum ilkçağları andıracak şekilde devam ediyordu.

Avrupa'da XV. asra kadar bütünüyle devam eden ve ilk çağları aratmayan kölelik, bu asırdan sonra hızını kaybetmeye başlamış ise de, tamamen ilgası için asıl fikrî hareket, XVIII. asırda başlamıştır. Montequıeu (1689-1755) ve Voltaire (1694-1778) gibi mütefekkirler, köleliğin ilgasına bütün insanlığı davet ederken, Adam Smith ve Guyot gibi iktisatçılar da bunları desteklemişlerdir. Ancak bütün bu gayretlere rağmen, kölelik, bütün dehşetiyle Avrupa'da ve buranın uzantısı olan Amerika'da 1900'lü yıllara kadar devam etmiştir[2].

Bu genellemelerden sonra bazı devletlerdeki durumu özellikle özetlemek istiyoruz. Zira Osmanlı Devletini bu konuda itham eden Avrupa ve Amerika'da durumun çok daha kötü bir halde olduğunu, ancak mukayese ile anlayabiliriz:

1. Fransa'da Ortaçağ Ve Son Asırlarda Kölelik

Fransa'da Ortaçağ'ın hukuk sembolü olarak bilinen ve 400 maddeden ibaret bulunan Loi Salique Kanunu, kölelerle ilgili zulmün zirvesini teşkil ediyordu. Bu Kanun, evvela hürler ile köleler arasında ciddi mâniler ve engeller koymuştu. Bu iki sınıf arasında evlenmeyi kesinlikle yasakladığı gibi, "Ahaliden birisi, köle bir kadın ile evlenirse, kendisi de köle olur" hükmü ile bu yasağını perçinlemişti. 1300'lü yıllarda köleler ve kadınların idarecilikle uzaktan yakından ilgileri olmadığı hususu iyice temel devlet kanunları arasına girdi[3].

Ortaçağ'dan sonraki asırlarda Fransa'da kölelik denince, o dönemde bütün Avrupa ülkelerinde bir yüz karası olarak tatbik edilen "**Karalar Kanunu**" akla gelmelidir. Zira bütün Fransız müstemlekelerinde bulunan esirler, köleler ve bunların âzâdlıları hakkında tatbik edilmek üzere 17 Mart 1685 tarihinde tanzim olunan Karalar Kanunu, tashih edilmiş ve tadil edilmiş şekli olmasına rağmen, insanın tüylerini ürperten hükümlerle doludur.

---

1 Ahmed Şefik Beğ, Er-Rıkku Fil-İslâm, İstanbul 1314, sh. 25-26

2 Bkz. Karakoç, Serkiz, Küllyât-ı Kavânîn, Köleliğin İptali ile alakalı resmî andlaşmalar, c. 1.

3 Ahmed Şefik Beğ, Er-Rıkku Fil-İslâm, İstanbul 1314, sh. 28;

Bu Kanunla, esir ve köle sahiplerine bir kısım ödevler de yüklendiği iddia edilmesine rağmen, asıl uygulanan yine kölelerle ilgili şiddet ve cinâyet hükümleriydi. Mesela, bu kanun gereği, zenciler, eğer cüz'î bir kabahatle efendilerine veyahut hürlere tecâvüz eder veyahut en küçük bir hırsızlık suçunu irtikâb ederlerse, idam veya en azından darb gibi bedenî ceza ile cezalandırılırlardı. Efendilerinden kaçan köleler hakkında vaz' olunan cezalar ise, dehşet verici vaziyettedir. Şöyle ki; Bunların birinci ve ikinci defalardaki cezaları kulak kesmek ve kızdırılmış demirle alınlarını dağlamaktır; üçüncüsü ise idamdır. Bu cümleyi yazarken, İslâm hukukunda abd-i âbık yani kaçgun köle ile ilgili vaz' edilen medenî hükümler ile bunu esas alarak hukukî düzenlemeler yapan Osmanlı Kanunnâmelerini hatırlamamak mümkün değildir. Yeri gelince kanunnâmelerden bazı hükümleri aynen aktaracağız[1].

Fransa'daki Karalar Kanununun en fena hükümlerinden biri de şudur: "Köle sâhibi veyahut reisi, köleler hakkında katil cinâyeti dahi işlese, hâkimler, bunları berâat ettirmede hür ve serbesttirler ve hatta beraat ettirilmeleri tavsiye olunur".

Bu durum, beyaz insanlar açısından insan hak ve hürriyetlerinin geliştiği dönemlerde de devam etmiştir. Merkezî hükümetler, bazı iyileştirmelere gitmeye çalışımışlarsa da, bütün düzenlemelerinde köleleri ve hatta bütün zencileri gerçek manada insan saymama âdetlerine devam etmişlerdir. Bunlardan iki emirnâmeyi misal olarak vermek istiyoruz:

Birincisi; Bir fikir adamının Domanik Cumhuriyetinde zencilere karşı yapılan muâmelelerin 1865'lerde dahi ne durumda olduğunu belirten ifadeleridir: "1865 tarihinide sadır olan Emirnâme, zincirlerle bağlanmak yahut değnekle vurulmak, ölünceye kadar dayak atmak ve zalim bir şekilde yakılmak gibi yollarla köle soykırımını engelleyemiyor. Bütün beyaz renkli adamlar, kara renkli olanlara pek kaba ve vahşi bir tarzda muamele etmelerine rağmen çıkarılan emirnamelerin faydası görülmüyor.".

İkincisi; Ekim 1767 tarihinde çıkarılan bir emirdir ki, sıyahların Fransa'ya girmesini yasaklamaktadır. Buna göre, "Her ne mertebede bulunursa bulunsun, siyahların adi ve hakir sayılacağı hükmü hafifleştirilemez. Kral Hazretleri, bunların beyaz adamlara ait imtiyazları elde etmelerine ve hatta Fransa'ya girme yasağının delinmesine asla taraftar değildir[2].

---

1 Mesela, Akgündüz, Osmanlı Kanunnâmeleri, IV, 374, 400.

2 Ahmed Şefik Beğ, Er-Rıkku Fil-İslâm, İstanbul 1314, sh. 31-34; Armağan, Servet, İslâm Hukukunda Temel hak ve Hürriyetler, Ankara 1987, sh. 59

1789 Fransız İhtilâlinden sonra, İhtilâl Meclisi 1791 tarihli kanunla köleliği ilgâ etmişse de, 1802 tarihinde Napolyon tekrar bu müesseseyi meşru hale getirmiştir. Fransa'da köleliğin iptalinin ciddi olarak gündeme gelebilmesi için, 1848 tarihli Sanayi devrimini beklemek icabetmektedir. Gerçekten 1848 Şubatında Fransa'da meydana gelen büyük karışıklıklar üzerine, kölelik iptal edilmiştir. Ancak insanlara çifte standartlı muameleleri bugün dahi devam etmektedir.

2. İngiltere'de Kölelik

Ortaçağ'da Anglo-Sakson hukukunda kölelik, diğer milletlerde olduğu gibi, acımasız ve zâlimce idi. İngilizler köleleri iki kısma ayırmışlardı; *birincisi*; menkul gibi kabul edilen köleler. Bunların satılması, bağışlanması câizdi. *İkincisi* ise, gayr-i menkul gibi kabul edilen ve feodalite nizamının gereği olarak zirâatle meşgul olduklarından araziye bağımlı olan kölelerdi. Hristiyanlıkta kölelikle ilgili hükümler, biraz sonra özetleneceğinden, burada daha fazla ayrıntıya girmek istemiyoruz[1].

Hukukî durumları kısaca özetlenen kölelik, XIX. asra kadar İngiliz Hukuku tarafından teşvik ediliyordu. Kraliçe Elizabeth (1558-1603) bizzat köle ticareti yapıyordu. Bir seferinde 47.146 köleyi Afrika'dan bir gemi ile getirtmişti. İngiltere'deki Karalar Kanunu da Fransa'dakinden farksızdı. Bu Kanunda da, efendisine karşı gelen kölenin cezasının idam olduğu hükme bağlanıyor ve kaçgun köleler öldürülerek cezalandırılıyordu.

İngiltere'de görünürde köle ticareti 1807'de kaldırıldı. Ancak Afrika'nın eli olmadan ekonomimiz gelişmez diyenlerin sözü ağır bastı. Brezilya'ya bu tarihten sonra da 1848'de 60.000 köle ve 1849 tarihinde de 54.000 köle getirilmişti. Halbuki İngiltere'de köleliğin ilgası, 1833 tarihinden itibaren başlamıştır ve hatta bu tarihlerde Osmanlı Devletine köleliğin ilgası için baskılara başlamıştır. Gerçek manada Batıda köleliğin kaldırılması için ise, 1948 tarihli İnsan Hakları Beyânnâmesini beklemek icabetmektedir. Bugün eski Karalar Kanununu aratacak derecede siyahlar ve Asyalılara karşı bir kısım kötü hükümlerin bulunduğu da İngiliz hukukunu bilen insanlarca inkâr edilemez[2].

---

1 Ahmed Şefik Beğ, Er-Rıkku Fil-İslâm, İstanbul 1314, sh. 30

2 Atay, Gezerek Gördüklerim, 283 vd.

3- Amerika'da Kölelik

Amerika'daki kölelik meselesini iki açıdan ele almak icabetmektedir;

Birincisi; Amerikalıların, bütün karaları esir ve köle kabul etme zihniyetleridir ki, Avrupa'da gördüğümüz Karalar Kanunu, aynısıyla Amerika'da da geçerlidir. Bunlardan bazı misaller verelim:

Kızılderililerin öldürülüp köklerini kurutan Amerikalılar, geniş arazilere sahip olduklarından siyah esir ve kölelere ihtiyaç duydular. Afrika'ya seferler yapan İngiliz, İspanyol, Portekiz, Alman ve diğer Avrupa kökenliler, ateşli silahlarla kuşattıkları Afrikalı siyahları, esir olarak Amerika'ya sevk ediyorlardı. Özel esir depoları inşa ettikleri ve bu iş için büyük filolar hazırladıkları tarihçe bilinen bir şeydir. Hatta 1697 tarihinde Portekiz Devleti, bu köle ticaretini resmen yapmaya başladı. İngiltere, 200 yıl esir ticaretini tekelinde bulundurdu. Afrika'da esir depolarında toparlanan siyahlar, hayvanlar gibi gemilerle sevkedilirler ve yollarda çokları telef olurlardı. Bir seferinde 300.000 esirden ancak 180.000 tanesi sağ kalabilmişti. Şu tesbitler aynen vâki idi: "Zenciler, hayvanlar gibi, gemilere gelişi güzel yığılırdı. Güneşe, yağmura ve hatta her şeye karşı koruma tedbirlerinden mahrumlardı. Bu, bir çeşit esirlik idmanı idi. İsyanlara karşı durmak için prangalar, havasız anbarlar ve benzeri tedbirler vardı. Sevkiyattan sonra bazan üçte biri ve bazan da dörtte biri ölürdü ve gemilerde kokardı. Amerika'ya ulaşınca çiftçiler, kendilerine düşen esirlerin derilerine kızgın demirlerler adlarını yazarlardı."[1].

Böylesine zulüm ve işkencelerle XVI. asırdan sonra Amerika'ya getirilen siyahlara tatbik edilen Karalar Kanunlarından, özellikle Lunisiana ve Karolina Eyâleti Karalar Kanunundan bazı hükümler aktaralım:

"Bir efendi, kölesi üzerinde mutlak mülkiyet ve tasarruf hakkına sahiptir. Efendi kölesini satabildiği gibi, öldürebilir de. Onunla kumar oynayabilir. Köle ise, efendisine ve ailesine karşı mutlak bir itaatle görevlidir. Hayatını buna borçludur. Köleler, kendilerine karşı vuku bulan taarruzlara karşı mukabele edemezler. Kölelerin izinsiz bir yere gitmeleri caiz değildir. Resmî izinnâme olmadan tarladan dışarı çıkamazlardı. Bu kanunların açık hükümlerine göre, kölelerin nefis ve ruhları yoktur. Köleler için cinâyet ve kabahat sayılan bir çok şeyler, beyazlar için suç sayılmazdı. Mesela, efendisini, hanım'ını veya çocuklarından birini döven, yaralayan, beyaz ırktan birinin bir uzvunu kesen veya üç defa vuran, efendisine isyan eden veya bunlara benzeyen suçları

---

1 Atay, Falih Rıfkı, Gezerek Gördüklerim, İstanbul 1970, sh. 273 vd.

işleyen bir zenci, idam edilirdi. Kaçgun köle değnek ile vurulur, ikinci defa vuku bulursa idam olunurdu[1].

Köleler, Amerika'da çıkan gazetelerdeki ilanlarla alınır satılırdı. Çünkü insan değil, eşya olarak kabul edilmekteydiler. Rio de Janeiro'da bugün de yayınına devam eden Commercio Gazetesinin 5 Eylül 1868 tarihli bir ilan şöyleydi: "Dikiş ve ütü bilir; 14 yaşında genç bir zenci kızı satılıktır. Çay verebilir. Mükemmel bir odalıktır".

Kölelerin isimleri, efendilerinin mağazalarının ve işyerlerinin isimleriydi. Köleler, köle olmakla bırakılmıyor ve ayrıca müthiş bir ırk ayırımı yapılıyordu. Siyahlar, milyonlarca kilo kahveyi, her biri 72 kilo ağırlığında çuvallarla mağazalardan rıhtıma taşırlardı ve çuvalı başlarında tutmak ve hızlı adımlarla koşmak âdet idi. Çıplak adımlarla kaldırım taşları üzerinde koşarken eğer beyaz adamlara rast gelirlerse, hemen kenara çekilmeleri ve "Geç beyazım." demeleri mecburi idi.

İkincisi; Amerikalıların köleler gibi ve hatta daha kötü muamele ettikleri ikinci gurup insan da Amerika Kıtasının asıl sahipleri olan Kızılderililerdir. Avrupalıların 1492 tarihinde Amerika'yı keşfetmesinden 1890 yılındaki Wounded Knee olayına kadar geçen 400 sene içinde, 50 milyona yakın Kızılderili soykırıma tâbi tutularak katledilmişlerdi. Araştırmacılar, tam 20 neslin soykırıma tâbi tutulduklarını belirtmektedirler. Bazı araştırmacılar, bu rakamı yüzlerce milyon diye ifade etmektedirler[2].

1830 tarihli Kızılderili Sürgün Kanunu, 1887'de çıkarılan Genel Taksim Kanunu, 1932 tarihli Dawes Kanunu gibi kanunlarla, yakın zamanlara kadar, yıllar yılı sinsi ve açık yollarla Kızılderililerin topraklarına el konulmuştur[3].

İşte Amerika'da zencilere ve Kızılderililere karşı gösterilen bu şiddetli muâmeleler asırlarca devam edegelmiştir. Bu iki sınıf da insandan sayılmamışlardır. 1859 senesinde Kansas Eyâleti Kanunlar Meclisi, Eyâlet sınırları içerisinde bulunan ve beyaz renkli olmayan kimselerin eyâleti terk etmelerini isteyen bir Nizâmnâme ilan etti. 1860 senesinde çıkarılan ikinci bir Nizâmnâme ile de bu hükme uymayan ve rengi beyaz olmayan bütün insanların hemen tutuklanarak köle diye satılmaları isteniyordu.

---

1 Ahmed Şefik Beğ, Er-Rıkku Fil-İslâm, İstanbul 1314, sh. 34-39; Atay, Gezip Gördüklerim, 286 vd.

2 Bu konuda bkz.: Atay, Gezip Gördüklerim, sh. 273 vd.; Mısırlıoğlu, Kadir, Amerika'da Zenci Müslümanlık Hareketi, İstanbul 1967, sh. 40 vd.; Milliyet Gazetesi, 4 Ocak 1992.

3 Ayrıntılı bilgi için bkz. Başaran, Fâtih, Amerika'nın Mazlum Sahipleri Kızılderililer-Toprak İçin Bir Irk Kurutuldu, Zaman Gazetesi, 25.10.1992.

Bu arada köleliğin aleyhinde olan fikir sahipleri de yok değildi. Ancak bunlar, Karalar Kanununu çiğnediklerinden dolayı kendi toplumları içinde azarlanıyordu. İlk defa kölelik aleyhine baş kaldıran Kuzey Amerika Kolonileriydi. 4 Temmuz 1776 tarihli Bağımsızlık Beyânnâmesinde "Bütün insanların eşit olduklarını, hürriyet ve hayat hakkı gibi hakların Allah tarafından ihsân edildiğini" açıklıyorlardı. Bunu, özellikle İngiliz asıllılar reddettiler. Kuzey Eyâletleri, 1787 ila 1804 tarihleri arasında köleliği kaldırmak için bir sürü tedbirler aldılar. Ancak İncil'e, iktisâdî şartlara ve yeni türeyen Marksizme dayanan Güney Eyâletleri, hâlâ köleliği savunuyorlardı[1].

Amerika'da 1800'lü yıllardan itibaren başlayan kölelik aleyhindeki fikirler, neticede 1862 tarihinde baş gösteren iç harple müsbet bir sonuca doğru gitmeye başladı. Bu iç harp tamamen Amerika'da siyahlara ve Kızılderililere karşı yapılan zulümlerin neticelerini kusan bir savaştı. Ve bu iç harbin sonucu olarak 1865'de resmen kölelik ilga edildi. Ancak fiilen devam ediyordu[2]. Amerikan iç savaşından önceki 200 yıl boyunca, 10 ya da daha fazla kölenin giriştiği 250 küsur isyan belgelenmiştir[3].

Amerika'da siyahlarla beyazların eşit olup olmadığı bugün de hala tartışılmaktadır. "İngiliz ve Amerikalı, siyaha karşı sarsılmaz bir iğrenme hissi içerisindedir. Ayırım hayatın bütün safhalarında 1990'lı yıllara kadar devam etmiştir ve hâlâ da devam etmektedir. Ayrıntıyı okuyucular bizim kadar bilmektedirler[4].

Bütün bu millet ve devletlerin çoğunluğunun ortak paydası Hristiyanlık'tır. Peki insanın aklına şu gelmektedir: Avrupa'da ve Amerika'da Hristiyan beyazlar, kölelere karşı vahşi bir muamele içerisine girerken, dinleri olan Hristiyanlık bunlara bir şey söylemiyor muydu? Veya Hristiyan ruhanîleri hangi görüşte idiler? İşte bu sualin cevabını verebilmek için Hristiyanlık'ta köleliğin durumunu kısaca izah etmemiz gerekmektedir:

III- HRİSTİYANLIK'TA KÖLELİK

Evvela şunu ifade etmek gerekmektedir ki, şu anda Hristiyanların ellerinde bulunan İncil, dört nüshası da dahil olmak üzere, Kur'an'ın beyânına

---

1 Encyclopedia Britannica, c. XX, sh. 638

2 Ahmed Şefik Beğ, Er-Rıkku Fil-İslâm, İstanbul 1314, sh. 38-39.

3 Milliyet Gazetesi, 4.1.1992.

4 Atay, Gezerek Gördüklerim, 292 vd.

göre tahrif edilmiştir[1]. Dört nüshadan kasıt, Metta, Yuhanna, Markos (Butros) ve Luka İncilleridir. Tahrif edildiğini son zamanlarda Hristiyan âlimleri ve hatta Papalık dahi kabul etmek üzeredir. Bu tesbiti yaptıktan sonra Hristiyanlık'ta kölelikle ilgili özetle şunları söylemek mümkündür:

İncil'de bütün insanların birbirini kardeş bilmesi ve sevmesi gerektiği belirtilmesine karşılık, kölelik aleyhinde açık bir yasak mevcut değildir. Zaten İncil, hukukî meselelerde Tevrat'ı nesh etmediğinden, oradaki hükümler Hristiyanlar için de aynen geçerlidir. Hz. İsa, kölelik meselesi ile alakalı ber şey söylemediği gibi, havarileri de bu konuda kesin ve açık bir şey söylememişlerdir. Ancak köleliğin haram olduğunu iddia eden hiç bir hristiyan millet ve devlet de olmamıştır. Roma, Yunan medeniyetlerinde olduğu gibi, Katolik ve Protestan Kiliselerinde de durum böyledir.

Hz. İsa'nın havarilerinden Pavlos'un Efeslilere gönderdiği bir mektupta şöyle dediği nakledilmektedir: "Ey Köleler! Hz. İsa'ya itaat ettiğiniz gibi efendilerinize de öyle itaat ediniz". Havarilerden sonra gelen ruhânî reisler de havarilerin izinde gitmişler ve köleliği câiz görmüşlerdir. Bunlardan İzidoros şöyle demektedir: "Efendin seni âzâd etmek istese bile esir kalmaklığı tavsiye ve nasihat ederim. Çünkü bu sûretle hem semâdaki hem de yerdeki efendilerine hizmet etmiş olacağından hesab gününde az hesap verirsin."[2].

Hristiyanlık âleminin büyük filozoflarından sayılan Aquiono'lu Thomas da şu cümle ile kölelik hakkındaki görüşlerini özetlemiştir: "Tabiat, bazı insanları köle olmak için tahsis eylemiştir". Bu görüş, Aristo'nun ortaya attığı görüşün aynısıdır. Le Mans Kilisesi ruhânî reisi Bovye, Manastırlarda esas kabul edilen Ahkâm-ı Lâhutiye adlı eserinde köleliği itiraf etmekten de öte, köle ticaretinin meşruiyyetini savunacak kadar ileri gitmiştir. Ve nihâyet XIX. asır ruhanî reislerinden Patris Larok, konu ile ilgili kaleme aldığı eserinde, Hristiyanlığın hiç bir şekilde köleliği yasaklamadığı gibi ilga da etmediğini dellileriyle açıklamaktadır[3].

İşte yukardaki izahlardan anlaşılmaktadır ki, Ortaçağ'dan XX. Yüzyıla kadar Avrupa ve Amerika'da kölelere, zencilere ve Kızılderililere karşı beyaz adamlar tarafından yürütülen vahşî muâmeleler, muharref olan Hristiyanlık tarafından tenkid değil, belki yer yer destek ve teşvik görmüştür. Papazların ve Papaların sözleri bu tesbitlerimizi desteklemektedir.

---

1 El-Bakara, 75, 79; El-Mâide, 116-117.

2 İzoros, Resâil, 4. Kitab, 12. Fasıl; Ahmed Şefik Beğ, Er-Rıkku Fil-İslâm, İstanbul 1314, sh. 39-44; İncil, VI. Bölüm.

3 Patris Larok, Ümem-i Nasrâniyye'deki İstirkâk Hakkında Mutâla'ât, Paris 1864'den naklen Ahmed Şefik Beğ, Er-Rıkku Fil-İslâm, İstanbul 1314, sh. 47-48.

§. 3- NETİCE

Yapılan izahlardan anlaşılıyor ki, tarih boyu, kölelik müessesesini fikren veya fiilen kabul etmeyen millet ve devlet hemen hemen yok gibidir. Ayrıca bugün de köleliğin kesinkes kalktığını söylemek çok zordur. 1789 tarihli Fransız İnsan Ve Yurttaş Hakları Beyânnâmesinin 1. Maddesinde "İnsanlar hür doğar ve hür yaşar." demesine rağmen köleliği kaldıramadığını müşâhede ettik. 1815 tarihli Viyana Kongresi ile köle ticareti yasaklanmasına rağmen köle ticaretinin devam ettiğini arşivlerden öğreniyoruz. 1865 tarihinde Amerika'da köleliğin ilga edildiği ilan edilmesine rağmen, hala Amerika'daki siyahların köle muamelesi gördüklerini gazetelerden okuyoruz. Avrupa'da ise, 1846 yılında köleliğin ilgasının asıl sebebi, insânî değil ekonomik idi. Çünkü köleler gibi çalışan makinalar canlı ve masraflı olan kölelere ihtiyaç bırakmıyordu.

Burada son dönem Osmanlı Allâmelerinden Bediüzzaman Said Nursi'nin izah ettiği şu hususa dikkat çekmek istiyoruz: Siyasi ve sosyal hayat itibariyle insanlık bir kaç devir yaşamıştır:

Birinci devir; Vahşet ve bedevilik devri.

İkinci devir; Kölelik devri.

Üçüncü devir; Esir devridir ki, bir manada köleliğin daha hafifletilmiş şeklidir.

Dördüncü devir; Ecir (gündelikçi ve işçi) devri.

Beşinci Devri; Mâlikiyyet ve serbestiyet devridir.

Vahşet devri dinlerle ve hükümetlerle tebdil edilmiş ve yarı medeniyet devrı açılmıştır. Ancak insanoğlunun zekileri ve kuvvetlileri insanların bir kısmını köle ve memlûk edinip hayvan derecesine indirmişler.

Sonra bu köleler dahi bir uyanış içerisine girip gayrete gelerek o devri esir devrine çevirmişler. Yani kölelikten kurtulmalarına rağmen "Hüküm kuvvetlinindir." şeklinde ifade edilen zâlimâne düstur devreye girmiş ve yine insanların kuvvetlileri zayıflarına esir muâmelesi yapmışlardır.

Sonra Fransız Büyük İhtilâli gibi çok inkılâblarla bu devir de ecîr yani gündelikçi ve işçi devrine dönüşmüştür. Yani zenginler olan havas tabakası avam ve fukarayı ücret karşılığında hizmetkâr edinmişlerdir. Yani sermaye sâhipleri gündelikçi ve emek sahiplerini küçük bir ücrete mukabil istihdâm etmişlerdir. Bu devirde suiistimâller o dereceye varmıştır ki, bir sermayedâr kendi yerinde oturup, bankalar vasıtasıyla bir günde milyarlar kazandığı halde, bir biçare işçi sabahtan akşama kadar yer altında madenlerde çalışıp ölmeyecek kadar bir azık kazanmaktadır.

Şu hal avam ve fukarada öylesine bir kin ve iğbirarı kustu ki, avam tabakası isyan etti ve sosyalizm, bolşevizm ve komunizm gibi gayr-i meşru veledlerini doğurdu. Rusya'yı ve Çin'i altüst etti. İkinci Dünya Harbinden de istifade ederek her yere kök saldılar. 70 seneye yakın milyonlarca insan işçi adı altında eski köleleri ve esirleri aratacak şekilde bir hayat yaşadılar. Bu esâret ve köleliği 100 milyona yakın müslüman Türk'ün de tatttığını Komunizmin yıkılışından sonra duyduklarımız ve gördüklerimiz açıkça göstermektedir. Hâlâ bir kısmı da devam etmektedir[1].

Burada iki hususu ifade etmek istiyoruz;

Birincisi; İnsan oğlunun yaşadığı ve bütün milletlerin mutlaka uğradığı bu devirler gözönüne alınmadan tarihdeki olaylar hakkında doğru hükümler vermek mümkün değildir. Mesela, beşerin yaşadığı kölelik ve esirlik devrinde kendilerine kadın köle veya câriye denen insanlar, bugün de değişik adlar altında var olmaya devam etmektedirler. Avrupa'da ve Türkiye'de de Avrupalılaşan sosyetik ailelerde hizmetçi kadınlara yapılan muâmeleler, kölelik ve esirlik devrindekinden sadece isim ve sıfatlar itibariyle farklıdır. Şayet, kölelik devrinde bir müslüman aile, evinde bir köle çalıştırmışsa, ona İslâmın düsturları çerçevesinde muâmele etmek şartıyla bugünün hizmetçilerinden daha iyi durumda olduklarını söylemek mümkündür. Avrupa'da ve hatta müslüman Arap ülkelerinde evlerde çalıştırılan Uzakdoğu asıllı insanlara hizmetçi adı altında yapılan muâmelelerin, eski köle ve cariyelerden fazla bir farkı yoktur.

İkincisi; Hukuk devleti ve humanizm adı altında bugün de esâret ve köleliği sürdüren ve kendilerine hukuk devleti diyen devletler vardır. Rusya'nın Çeçenlere yaptığı, Fransa'nın Cezâyir'de tatbik ettiği ve bütün Hristiyan dünyasının Bosna'da uyguladıkları kölelikten başka bir şey değildir ve tabir câiz ise modern köleliğin en acımasız şeklidir. Birleşmiş Milletler İnsan Hakları Komisyonuna bağlı Kölelik Üzerine Çalışma Grubunun varlığı da bu dediklerimizi doğrulamaktadır. Gazeteler, Güney Afrika'da, Mozambik'de ve Uzakdoğu'da hâlâ köle adıyla satılan insanların da bulunduğunu gösteren haberlerle doludur. Demek ki, beşeriyet, henüz beşinci devir olan mâlikiyyet ve serbestiyet devrine tam olarak ulaşamamıştır[2].

---

1 Bediüzzaman, Mektûbât, Osmanlıca Teksir, sh. 562; Şahiner, Necmeddin, Bilinmeyen Taraflarıyla Bediüzamman Said Nursi, İstanbul 1988, sh. 196-198

2 Fendoğlu, Hasan Tahsin, Eski Hukukumuzda Kölelik, Diyarbakır 1994, Basılmamış Doçentlik tezi, sh. 48-50'den naklen Türkiye Gazetesi, 22.7.1993, sh. 1, 13; Dünya Gazetesi, 18.6. 1992, sh. 7; Nokta Dergisi, 14-20 Mart 1993, sh. 80 vd.

ÜÇÜNCÜ BÖLÜM

İSLÂM HUKUKUNDA KÖLELİK VE CÂRİYELİK MÜESSESESİ

§. 1. İSLÂM HUKUKUNDA KÖLELİK MÜESSESESİNE BAKIŞ, DİĞER HUKUK SİSTEMLERİNDEN FARKLIDIR

Batılı yazarlar, "İslâm, ebeveyni olan iki tek tanrılı din yani Musevilik ve Hristiyanlık gibi köleliğin ilgasını bir doktrin olarak hiçbir zaman öğretmedi, onları (çok değişik bir tarzda da olsa) izleyerek köleliği ılımlı bir duruma getirmeye, hukukî ve ahlâkî yönlerini hafifletmeye çalıştı"[1] şeklindeki ifadelerle çok az farkına varsalar da, İslâm Hukukunda kölelik müessesesine bakış tarzı, diğer dinler ve hukuk sistemlerinden tamamen farklıdır. Bunun aksini iddia etmek, İslâm Hukukunu bilmemek ve konuyla ilgili şer'i kaynakları değerlendirememek demektir. Nitekim kendisini ilâhiyat öğretim üyesi ilan eden bir zat, İslâm Hukukunu bilmediğinden dolayı, şu cümleleri söyleyebilmiştir: "Kölenin ırzına geçilebilirq köle sâhibi tarafından öldürülebilir, bu durumda kısas uygulanmaz; Kur'an'da köleliğin kaldırılmasına ilişkin hüküm olmadığına göre, köleliğin kaldırılması Kur'an'a aykırıdır." [2]. İşte bu farklılığı ifade etmek üzere, iki hususu önemle ve tekrara girmemize rağmen tekrar hatırlatacağız:

I) Daha önce bir kaç defa tekrar ettiğimiz bir hakikatı tekrar ve önemle ifade edelim ki, İslâm hukukundaki hükümler iki kısımdır:

Birincisi; İslâmın doğrudan doğruya vaz' ettiği ve daha önceki hukuk sistemlerinde bulunmayan hukukî hükümlerdir ki, bu hükümlerde İslâm Dini müessis yani tesis edici ve kurucu durumdadır. İslâm hukukçularının izahlarına göre, bu çeşit hükümler, tamamen insanlığın menfaatine ve hayrınadır. Zekât müessesesi gibi.

İkincisi; İslâmın doğrudan doğruya vaz' etmediği, belki daha önceki hukuk sistemlerinde vahşî bir tarzda bulunan ve İslâmiyetin onları medenî bir kalıba soktuğu hükümlerdir. İşte kölelik, bu çeşit hükümlerdendir. İslâmiyet köleliği hiç yokken ilk defa vaz' etmemiştir. Belki daha önce vahşî bir şekilde toplumlarda yerleşmiş olan bu müesseseyi medeni bir kalıba sokmuştur.

İslâmiyet, daha önceki hukuk sistemlerinde bulunan kölelik müessessini iki açıdan medenî bir kalıba sokmuştur:

---

[1] R. Brunsschvig, Abd Maddesi, EI^2, I, Leiden 1960, sh. 25; Ehud R. Toledano, Osmanlı Köle Ticareti 1840-1890, İstanbul 1994, sh.3 vd.

[2] Çağatay, agm, Bilim Ve Ütopya, Ocak 1996, sh. 6-7.

Evvelâ; Köleliğin sebeplerini hafifleştirmiştir. Daha önce ve özellikle Roma ve benzeri hukuk sistemlerinden dokuz ona çıkan kölelik sebeplerini ikiye indirmiştir. Köle tabiri, erkek ve kadın köle için geçerlidir. Kadın köleye özellikle câriye denmektedir. Ayrıca insanlığın fıtratına ters olan bu müsesseseyi ortadan kaldırmak için çeşitli tedbirler almıştır. Köle âzâd etmenin manen teşvik edilmesi; kölelere imkân tanınarak bedelini ödemek şartıyla âzâd olabilme imkânının verilmesi (mükâtebe); kölelerin bu durumdan kurtarılması için onlara zekât verilmesinin tavsiye edilmesi ve zıhâr, yemin bozma ve benzeri bazı suçlardan dolayı dinî bir müeyyide olarak konulan keffâretlerin birinci alternatifi olarak köle âzâd etmeyi şart koşması bunlara misal olarak verilebilir.

Sâniyen; Köleliğin medeni hale sokulmaya çalışılmasının ikinci yolu da mevcut kölelelere meşru dairede iyi mu'âmele edilmesini ısrarla tavsiye etmesidir. Bugün bile bir kısım müslümanlar sırf müslüman oldukları için medeniyim diyen insanlar tarafından öldürülürken ve onlara temel hak ve hürriyetleri dahi çok görülürken, İslâmiyet, köleleri, bulundukları ailenin fertleri gibi kabul etmiş ve korumuştur. Hatta Osmanlı arşivlerinde bulunan mahkeme kararlarında Hristiyan kölelerin yemin ederken dinî inançlarına uygun tarzda yemin etmesi ve mesela "İncil'i Hz. İsa'ya indiren Allah'a yemin ederim ki..." demesi, bu zikrettiklerimize en müşahhas delilidir.

O halde İslâm hukukundaki kölelik müessesesini, esirlik ve kölelikten hürriyete geçiş safhası olarak vasıflandırabiliriz. Bunun nasıl yürüdüğünü biraz sonra tafsilatıyla anlatacağız. İslâm Dini geldiğinde, kölelik, bütün dehşetiyle devam eden sosyal ve ekonomik bir vâkıaydı. İslâm Hukuku, yukarıda izah ettiğimiz şekilde tedbirler alarak, köleliği istisnâ bir müsessese haline getirdi[1].

II) İslâm Dininin ortaya çıktığı zamanlarda, her yerde olduğu gibi Arap toplumunda da kölelik mühim bir yer işgal ediyordu. Toplumun yarıya yakını köle olan bir durumda, kölelik müessesesini birden ilga etmek, hem köle sahipleri ve hem de daima bir efendi'nin yanına sığınmış olan köleler için, sosyal ve ekonomik açıdan mümkün değildi. Hedefi insanları küfürden kurtarmak olan bir Peygamber'in, senelerce toplum fertlerinin ülfet ettiği, ahlaken ve hayat itibariyle imtizac ettikleri bu müesseseyi, birden bire ilga etmesi irşâdın ruhuna da aykırıdır. İşte bu sebeple İslâmiyet kölelik müessesesini hemen ilga etmemiştir. Fakat olduğu gibi de bırakmamıştır. Tedrîcen ortadan kaldırmak için, önce köleliğin menbaını kurutmaya, izlerini azaltmaya ve o

---

1 Zerka, Mustafa Ahmed, El-Fıkh'ul-İslâmî Fî Sevbih'il-Cedîd, Dımaşk 1967-1968, c. I, sh. 44.

günlerde câri olan hükümlere aykırı olarak kölelere de normal insan gibi nazar etmeye insanları teşvik etmiştir. Burada Gustav Lebon'un şu tesbitlerini aktarmak yerinde olur kanaatindeyim:

"Rık yani kölelik kelimesi, otuz sene önce kaleme alınan Amerikan romanlarını okumaya alışan bir Avrupalının önünde telaffuz olunursa, derhal hatırına, ayaklarına ağır zincirler, ellerine demir kelepçeler takılan, sopalarla dövülerek hayvan sürüleri gibi bir yerden bir yere sevk edilen, bedbaht ve yeterli ekmeğe bile kavuşamayan, karanlık bir taşdan başka evi ve barınağı olmayan o Amerikan köleleri gelir. Ben burada bu durumu isbât etmek üzere ayrıntılara girecek değilim. Fakat gerçek şudur ki, İslâmiyetteki kölelik Hristiyanların anladığı manadaki kölelik müessesesine tamamen aykırıdır."[1].

Yani bu ikinci nokta ile söylemek istediğimiz şudur: Biraz sonraki izahlardan da anlaşılacağı üzere, İslâmiyetteki kölelik ve câriyelik müessesesi, Hristiyan âleminde bilinen köleliğe benzememektedir ve İslâmı bilmeyen insanların anlattıkları gibi değildir. Şimdi konuyu daha yakından görelim:

§. 2- KÖLELİK VE CÂRİYELİK KAVRAMLARI

Kölelik ve câriyelik kavramlarının, toplumumuzda ayrı kavramlar olarak algılandığını ve özellikle câriye kelimesinin çok yanlış manalarda kullanıldığını esefle müşâhede ediyoruz. Bu sebeple kelime ve kavramlar üzerinde kısaca duracağız.

İslâm Hukukunda kölelik müessesesini ifade etmek üzere, rık veya rıkkıyet kelimeleri kullanılmaktadır. Bu kelimenin yanında, genel olarak köleliği ifade etmek üzere, rakabe, kın ve milk-i yemîn ifadeleri de kullanılmıştır. İster İslâm Hukukunda ve ister Osmanlı tatbikatında köle olan erkeklere, rakîk, abd, memlûk, esir ve kul denmektedir. Kadın köleler için ise, câriye, eme (çoğulu imâ), rakîka ve memlûke tabirleri kullanılmaktadır. İlerde açıklanacağı üzere, cihadda elde edilen erkeklere esir denirken, kadın ve çocuklara da seby veya çoğulu olarak sebâyâ adı verilmektedir[2]. Kul demek olan Abd kelimesi Kur'an-ı Kerim'de Allah'ın kulu manasında bütün insanlar ve

---

1 Gustav Lebon, Arap Medeniyeti adlı kitaptan naklen Ahmed Şefik Beğ, Er-Rıkku Fil-İslâm, İstanbul 1314, sh. 50-51

2 Mütercim Âsım, Kamus Tercümesi, ilgili maddeler; Teftazânî, Sa'düddin Ömer, Hâşiyet'üt-Telvîh Alet-Tavdîh, c. II, sh. 170 vd.; Hamidullah, Muhammed, TDVİA, Abd Maddesi, c. I, sh. 57

havyanlar için kullanıldığı gibi[1], köle manasında da kullanılmıştır[2]. Köle manasında kullanılan abd kelimesinin çoğulu, genellikle abîd şeklindedir. Halbuki Allah'ın kulu manası için genellikle ibâd şeklindeki çoğulu kullanılmaktadır.

Burada önemle ifade edilmesi gereken husus şudur: Köle tabiri ile câriye tabiri arasında hukukî muhtevâ itibariyle hiçbir mana farklılığı yoktur. Her ikisi de rıkkıyet yani kölelik manasını ifade etmek üzere kullanılmıştır. Sadece köleliğe maruz erkekler için kul veya köle tabiri kullanılırken, köleliğe maruz kadınlar hakkında da câriye veya eme tabiri kullanılmaktadır.

Toplumda yerleşen mana ise, câriye denilince, sâhibinin ve efendisinin istediği zaman cinsi duygularını tatmin için bir zevk aleti olarak kullandığı kadınlar şeklindedir ki, bu mana İslam Hukuku açısından doğru değildir. Câriye denilen kadın köleler ile efendilerinin, İslâm hukukunun aradığı şartlara uymak kuralıyla karı-koca münâsebetine girmeleri ve meşrû' dairede bunu bir evlilik müessesesi gibi yürütmeleri mümkündür. Ancak her câriye, efendisi ile karı-koca münâsebetine giriyor demek değildir. Kur'an-ı Kerim'deki şu âyet de bahsettiğimiz ayırımı açıkça ifade etmektedir: "Aranızdaki bekârları, erkek kölelerinizden ve câriyelerinizden (Kur'an, burada kadın köleler için imâ kelimesini kullanmıştır) durumu müsait olanları evlendiriniz. Eğer bunlar fakir iseler, Allah kendi lütfu ile onları zenginleştirir."[3].

Şimdi sormak gerekmiyor mu? Eğer her câriye, efendisinin cinsî münasebetleri için kullandığı bir zevk âleti ise, bir efendi, Kur'an'ın bu emri gereği başkasıyla (Bu, hür veya köle bir erkek olabilir) evlendirdiği câriyesi ile yine karı-koca münasebetini sürdürecek midir? Hâşâ.. Böyle bir hükmü İslâmiyet tasdik edemez. Peki nasıl olacak? Efendi, cariyesini evlendirecek. Câriyesi, başkasının karısı olacak. Ancak tıpkı bugün özellikle evlerde çalışan hizmetli kadınlar gibi, fakat kölelik statüsünde olarak efendisinin evine gelip hizmetlerini görmeye devam edecek. Efendisinin kölesi ve kocasının da karısı olacak. Demek ki, câriye demek, kölenin kadını demektir; efendisiyle istediği gibi karı-koca hayatı yaşayan ortalık kadını demek değildir.

Peki câriyelik kavramında, efendisi ile karı-koca hayatı yaşayan köle kadın manası yok mudur? İslâm hukukunda, cariye ile karı-koca hayatı yaşama hakkına istifraş hakkı veya teserrî denmektedir. Şer'î şartlar ve hükümler çerçevesinde, bu statüde olan câriyeler de vardır. Ancak bunlar, evli kadın-

---

1 Kur'an, Nisâ, 172; İsrâ, 1.

2 Kur'an, Bakara, 178, 221

3 Kur'an, Nur, 32

lardan çok az hükümlerle ayrılmaktadır. Sadece efendisi ile yatıp kalkmakta ve bunun için de belli sınırlar bulunmaktadır.

Bu mana ayırımı hakkında Resûlüllah'dan da bir misal vererek bu konuyu kapatalım:

Hz. Peygamber'in kadın köleleri vardır: Bunlar da iki kısımdır;

Birinci grup, Hz. Peygamber'in karı-koca hayatı yaşadığı cariyelerdir. Bunlara misal olarak önceleri Yahudi olan ve sonradan İslâmı kabul eden Reyhâne bint-i Zeyd'dir. Hz. Peygamber, kendisine hürriyeti ve evliliği teklif etmesine rağmen, o câriye olarak Hz. Peygamber ile beraber yaşamayı tercih etmiştir. Bir diğeri de, Hz. Peygamber'in çocuklarından İbrahim'in annesi olan kıbtî asıllı Mariye bint-i Şem'ûn'dur. Bu ikisi de, tıpkı diğer hanımları gibi muâmele görmüşlerdir[1].

İkinci grup ise, başkaları ile evlendirdiği kadın câriyeleridir. Yani bunlar, Resûlüllah'ın evinde köle olarak hizmet ederlerdi; ancak başka erkeklerle evli idiler. Bunlara misal olarak, yine Resûlüllah'ın erkek kölelerinden Zeyd ile evlendirdiği Ümmü Eymân'ı zikredebiliriz.

Şimdi sormak hakkımız değil midir? Şayet her cariye, efendisinin istediği zaman karı-koca münâsebeti kurduğu kadın köle demektir şeklindeki manayı kabul edecek olsak, Resulüllah'ın başkasıyla evlendirdiği kadınlarla hâşâ münâsebetini mi kabul edeceğiz? Şunu da belirtelim ki, Resûlüllah, vefat etmeden evvel bütün erkek kölelerini ve karı-koca hayatı yaşamadığı bütün kadın kölelerini hürriyetlerine kavuşturmuş ve âzâd eylemiştir[2].

Bu konuyu ileride biraz daha ayrıntılarıyla zikredeceğimizden bu kadarla iktifâ ediyoruz. Şimdi de şu soruların cevaplarını vermek gerekiyor: İslâmiyet eski din ve hukuk sistemlerindeki kölelik müessesesini aynen almadığına ve ancak tamamen ilga da etmediğine göre, kölelik ve esirlikten hürriyete geçişi nasıl hazırlamıştır? Kölelik müessesesini hangi hükümler ile vahşî bir durumdan medeni bir kalıba sokmuştur?

İslâm Hukukunun kölelikten hürriyete geçiş için aldığı tedbirler incelenmeden, İslâm Hukukundaki ve Osmanlı uygulamasındaki kölelik ve cariyelik müessesesi tam olarak anlaşılamaz. Ayrıca İslâm Hukukunun öngördüğü tedbirlerin ilâhî bir irâde tarafından tesbit ve tayin edildiğini de gözardı etmemek icabetmektedir.

---

1 Hamidullah, Muhammed, İslâm Peygamberi, c. II, İstanbul 1980, sh. 742-750.

2 Hamidullah, Muhammed, İslâm Peygamberi, c. II, sh. 742-750.

§. 3- İSLÂMİYET KÖLELİĞİN SEBEPLERİNİ TAHFİF EYLEMİŞ VE KÖLELİĞİN KAYNAKLARINI KURUTMUŞTUR

I- İSLÂMİYETTEN ÖNCEKİ DİN VE HUKUK SİSTEMLERİNDE GENEL OLARAK KÖLELİK SEBEPLERİ

İslam Hukukunun köleliğin kaynaklarını nasıl tahfif ettiğini yani hafiflettiğini daha iyi anlamak için muhtelif toplum ve dinlerdeki kölelik sebeplerini kısaca yeniden hatırlatmak icabetmektedir. Ta ki, İslâmiyetin, köleliğin sebeplerini nasıl on on beşten ikiye ve hatta hürriyete geçiş için aldığı tedbirlerle bire indirdiği daha iyi anlaşılsın.

İslâmiyet öncesi din ve hukuklarda köleliğin çok sayıda ve basit sebepleri olduğuna daha önce yer verildi. "Ancak herşey zıddıyla bilinir" kâidesince tekrar özetleyeceğiz:

1) Savaşlar. Sırf köle edinmek için seferler düzenlendiğini hatırlatalım.

2) Aristo'nun felsefesini devletin temeli olarak gören toplumlarda, aristokrat zümreye hizmet etmek üzere, özellikle beyaz olmayanların zulümle köle yapılması; insanlar yaratılıştan hür veya köle doğar felsefesi.

3) Suçluların köle statüsüne getirilerek cezalandırılması usulü. Hatırlanacağı üzere, Roma Hukukunda idamlık suçlar, aynı zamanda kölelik sebebidir. Cinâyet ve soygun gibi bazı ağır suçlar da kölelik sebebi sayılıyordu.

4) Fakirlik sebebiyle, bir insanın kendisini, çocuklarını ve diğer yakınlarını köle olarak satması usûlü.

5) Terkedilmiş insanların köle olarak kabul edilmesi. Mesela Kur'an'da zikredildiği üzere kuyuda terkedilmiş olarak bulunan Hz. Yusuf, kervan tarafından alınarak Mısır'da köle çarşısında satılmıştır.

6) Borçluluk, özellikle Roma hukuku gibi bazı hukuk sistemlerinde kölelik sebebiydi.

7) Feodalite rejiminde işçilik yani serflik, bir nevi yarı kölelik sebebiydi.

8) Köle anne-babadan veya köle anneden doğma da köleliğin önemli bir sebebiydi.

9) Ticâret gayesiyle hür insanları köle yapmak, özellikle Amerika ve Avrupa'da uygulanan vahşi bir kölelik sebebiydi.

10) Bütün bu sebeplere korsanlık, haydutluk ve başka sebepleri de ilâve ettiğimizde, İslâmiyetten önceki toplumlarda köleliğin sebeplerin hem çok ve hem de vahşîce olduğunu görüyoruz[1].

İslâmiyet gelmekle kölelik konusunda iki önemli şeyi yaptı:

Birincisi; Köleliğin sebeplerini on on beşten ikiye indirdi. Bunlardan *birincisi*, savaş esirlerinin bütün hallerde değil, ancak belli şartlarda köle statüsüne geçirilmesi halidir. *İkincisi* ise, doğumdan köleliktir. Bu sebep, ancak erkek bir köle ile kadın bir kölenin evlenmeleri halinde mümkündür. Kadın kölelerin hür olan efendilerinden veya evlendikleri hür kocalarından sahip oldukları çocuklar da hürdürler. Böyle olunca doğumla kölelik nerdeyse ortadan kalkmaktadır. Bu sebeple daha ziyade köleliğin sebebi olarak savaş esirleri üzerinde duracağız. Her iki sebebin de neticelerini hafifleştirmek için çok ciddi tedbirler alınmıştır[2].

İkincisi; Hür ana ve babadan doğan müslüman bir insanın her hal ü kârda köle statüsüne getirilmesi kesinlikle yasaklanmıştır. Yani savaş esiri de olsa, hür bir müslüman, köle haline getirilemeyecektir. Bu da önemli bir sınırlamadır[3].

II- İSLÂM HUKUKUNDA KÖLELİĞİN YEGANE KAYNAĞI OLARAK MUHÂREBE VE ESİRLİK STATÜSÜ

1- Genel Olarak Cihâd Ve Şartları

İslâm hukukunda muhârebe köleliğin yegâne kaynağıdır. Ancak bu muhârebeden kasıt, meşru muhârebe yani cihâddır. Cihâd, Allah yolunda, can, mal, lisan ve diğer vasıtalarla i'lây-ı kelimetullah için elden gelen bütün gayreti göstermek ve gerekli mücâdeleyi yapmak şeklinde tarif edilmektedir[4]. Muhârebenin cihâd olabilmesi için iki önemli şart vardır;

---

1 Kur'an, Yusuf, 20, 75; Akgündüz, Ahmet, Umumi Hukuk Tarihi Ders Notları, Konya, 1991, sh. 34; Encyclopedia Britannica, c. XX, sh. 629-630

2 Bazı Avrupalı yazarlar, evvela akın yani bir çeşit savaş olan düşmana ani baskın ile kaçırmayı birbirine karıştırmışlar ve sonra da akınlar ve kaçırma yoluyla köle elde edilmesinin müslüman bir devlet olan Osmanlı Devletinde var olduğunu iddia etmişlerse de, bunu kendi yorumlarından ortaya çıkarmışlardır; Bkz. Ehud R. Toledano, Osmanlı Köle Ticareti 1840-1890, 14-15.

3 Kur'an, Hucurât, 9; Ahmed Şefik Beğ, Er-Rıkku Fil-İslâm, sh. 49-52

4 Kâsânî, Alâaddin Ebu Bekr, Bedâyi'us-Sanâyi', c. VII, sh. 97 vd.

Birincisi, muhârebenin meşru, kanunî ve muntazam olmasıdır. Bunun için de asgarî üç şart vardır: Önce harb edilecek devlet ve milletlere İslamiyet tebliğ edilmelidir; sonra cizye vermeleri teklif edilmelidir; nihâyet bu iki şart kabul edilmezse cihâd ilan edilerek meşru sınırlar içerisinde harb yapılmalıdır.

İkincisi; cihâdın İslâm düşmanlarına karşı yapılmasıdır. Ya'ni savaşın cihâd olabilmesi için, ya mazlûmları zâlimlerin zulmünden kurtarmak için cihada karar verilmesi ya İslâm ülkesini müdafaa için yapılması ya da yapılan andlaşmayı bozanlara karşı yapılmış olması yahut fitneye karşı durmak veyahut İslâmı himâye etmek gibi sebeplerle savaş açılmış bulunması şartı mevcuttur. İslâm Hukukçuları bu manayı, "cihâd, i'lây-ı kelimetüllah, Allah'ın dinini i'zâz ve Allah'ın kullarından şerrin def'i için farz kılınmıştır" şeklinde özetlemektedirler[1]. Bir kısım İslâm Hukukçuları, sadece İslâmlaştırmak için cihâd yapılamayacağını ve "Dinde zorlama yoktur" âyetinin de böyle anlaşılması gerektiğini ifade etmektedirler[2]. Kur'an-ı Kerim, bütün bu söylenenleri şu âyet-i kerimede özetlemektedir: "Allah'a ve âhiret gününe inanmayanlar, Allah ve Resûlünün haram kıldığı içki ve kumar gibi şeyleri haram kabul etmeyenler, ehl-i kitabdan Hak din olan İslâmı kabul etmeyenler ile, sizlere teslim olup cizyelerini verinceye kadar harb ediniz."[3].

Bütün bu izahlardan sonra şunu ifade etmek gerekiyor; İslâm Hukukuna göre bir memleket fethedilmeden evvel, evvela onları İslama davet etmek ve sulh müzâkereleri yapmak üzere bir heyet gönderilir. Karşı tarafa kısaca şu teklifler yapılır: Dinimizi kabul ediniz veya cizye denilen vergiyi vermeyi tercih ediniz. Kabul etmezseniz, sizinle harb edeceğiz. Eğer dinimizi kabul ederseniz, bizim kardeşimizsiniz. Etmediğiniz takdirde, dinimizin ortaya koyduğu şartlar altında belli zamanlarda ödenmek üzere cizye adı altında yıllık bir vergi veriniz. Bu durumda, sizi canımız gibi koruyacak ve size verdiğimiz ahidlerde duracağız. Bunu da kabul etmezseniz, aramızda muhârebe vardır". İslâmın düşmanları, bu iki şarttan birini kabul ettikleri takdirde, müslümanlara düşen vazife, verilen ahde tam vefâ göstermektir. Bu iki şarttan birini kabul etmedikleri takdirde, tek yol muhârebedir.

---

1 Şeyh-zâde, Abdurrahman bin Şeyh Muhammed (Bundan sonra Damad diye zikredilecek), Mecma'ul-Enhür Fî Şerhi Mülteka'l-Ebhur, İstanbul 1322, c. I, sh. 640; Kâsânî, Alâaddin Ebu Bekr, Bedâyi'us-Sanâyi', c. VII, sh. 98.

2 Bu konuda bkz. Kur'an, Bakara, 256; Tevbe, 29, 73, 123; Şûrâ, 40-43; Kâsânî, Alâaddin Ebu Bekr, Bedâyi'us-Sanâyi', c. VII, sh. 98, 102 vd.

3 Kur'an, Tevbe, 29.

Muhârebelerde İslâm düşmanları mağlup oldukları takdirde, esir alınan erkekler ile seby edilen kadın ve çocuklar, ancak İslâm Hukukunun koyduğu şartlar çerçevesinde ve Halife'nin yetkisine bağlı olarak köle statüsüne getirilebilmektedirler. Yoksa esir edilen erkeklerin veya seby olunan kadın ve çocukların kendiliğinden her hal ü kârda köle olmaları sözkonusu değildir. Köle haline getirilenlerin bu halden kurtulmaları için çok çeşitli kapılar açıldığı gibi, henüz köle statüsüne getirilmeyen esirlerin de illa da köle yapılmaları diye bir durum sözkonusu değildir[1]. Biraz sonra ayrıntılarını vereceğimiz, esirlerin köle statüsüne getirilmelerinin şart olmadığını ifade eden şu âyeti hemen nakledelim ve meseleyi baştan doğru düşünelim:

"Muhârebede kâfirler ile karşılaştığınız zaman, boyunlarını urun. Onları mağlup ettiğinizde, zarar ve firardan korumak için esir edip bağlayın. Esir ettikden sonra ise, dilerseniz ivazsız olarak âzâd ediniz yahut fidye alarak yani mallarıyla canlarını bedel ederek onları salıverin."[2].

O halde İslâm Hukukunda bir insanı köle statüsüne getirebilmek için aranan şartlar kısaca bunlardır. Bu hükümlere aykırı olarak bir insanı köle yapmak, büyük ma'siyetler ve günahlar arasında yer alır. Hz. Peygamber'in şu hadisi bu mevzuda cidden manidardır: "İnsanlardan üçünün Kıyâmet Gününde ben davacısıyım. *Birincisi*, benim adımla ahid yapıp da sonra ahdinde durmayan. *İkincisi*, hür bir insanı satıp da bedelini yiyen insan. *Üçüncüsü* de, bir işçiyi çalıştırıp da emeğinin karşılığını vermeyen insan."[3].

2- Esirlik Statüsüne Geçiş Ve Şartları

Cihaddan sonra elde edilen erkek düşmanlara "**esir**" denmektedir. Çoğulu, esrâ, esârâ veya üsârâ şeklinde gelmektedir. Cihadda bir insanın esir olabilmesi için, savaştan sonra diri olarak ele geçirilen gayr-i müslim erkek olması gerekir. Savaşçı olmayan kadın ve çocuklara ise seby yahut bunun çoğulu olan sebâyâ denmektedir. Her iki grup da ganimet kavramı içinde mütalaa edilmektedir[4]. Ayrıca savaş meydanında olmasa bile harb ehli olan-

---

[1] Kâsânî, Alâaddin Ebu Bekr, Bedâyi'us-Sanâyi', c. VII, sh. 98, 100 vd.; Damad, Mecma'ul-Enhür Fî Şerhi Mülteka'l-Ebhur, c. I, sh. 641-643.

[2] Kur'an, Muhammed, 4, 5; Krş. Ahmed Şefik Beğ, Er-Rıkku Fil-İslâm, sh. 52-55.

[3] Ebu Davud'un Sünen'inde zikrettiği bu hadis ve izahı için bkz. Ahmed Şefik Beğ, Er-Rıkku Fil-İslâm, 55-58.

[4] Kur'an, Enfâl, 67; Bakara, 85; Damad, Mecma'ul-Enhür Fî Şerhi Mülteka'l-Ebhur, c. I, sh. 647 vd.; Kâsânî, Bedâyi'us-Sanâyi', c. VII, sh. 114 vd.

lar, müste'men olup da Dâr-ı İslâm'a girenler veya ehl-i harb olup da müslümanlara sığınanlar da esir kavramı içinde mütalaa edilmektedir.

Cihaddan sonra düşman tarafından elde edilen insanları veya geniş anlamda esirleri, tâbi olacakları hükümler açısından üç ayrı gruba ayırmak icabetmektedir:

A) Kadın ve çocuklar (seby ve zerârî).

B) Yaşlı, sakat veya din adamı olanlar (Aceze grubu).

C) Teknik anlamda esir olanlar (esrâ). Hanefiler dışındaki İslâm Hukukçularının esirin kapsamı ile ilgili bazı farklı görüşleri var ise de, Osmanlı Devleti'nin esas aldığı Hanefi mezhebinde durum budur[1].

İslâm Devleti tarafından düşman tarafına emân verildiği takdirde, yukarıda zikredilen üç grubun da esirliği ve dolayısıyla köle veya cariye statüsüne geçirilmeleri otomatik olarak düşer. Emân muvakkat veya devamlı yani zimmet akdi şeklinde olur[2].

İslâm Hukukuna göre, devlet, savaş esirlerine yiyecek, içecek, giyecek ve mesken sağlamak ile mükelleftir. Hz. Peygamber'in şu talimatı bu meselede esas kabul edilmiştir: "**Esirlere iyi muâmele ediniz; onların üzerinde güneşin harareti ile kılıcın kızgınlığını birleştirmeyiniz**"[3]. Esirlerin, devlet sırlarını ifşa etmek üzere zorla konuşturulmaları da İslâmiyette şiddetle yasaklanmıştır.

Ehl-i harb olanlar, esir edilmeden evvel müslüman olmuşlarsa, artık onların esir edilmeleri veya edilse bile köle statüsüne geçirilmeleri mümkün değildir. Ancak esir olduktan sonra müslüman olan esirin bu durumu, onun köleliğine mani olmaz; fakat kesin olarak ölümden kurtulur ve müslüman devlet yetkilileri için âzât edilme açısından takdir hakkı doğurur. Osmanlı Devletinde, kitabımızın daha sonraki kısımlarında anlatacağımız pençik sisteminin esası da, ülül-emre verilen bu takdir hakkıdır. Bütün bunlar da gösteriyor ki, İslâm Hukukunda kölelikle ilgili hükümlerin genel gerekçesini **İslâmlaştırma siyâseti** teşkil etmektedir. Müslüman olan esirler için üç ihtimal

---

1 Damad, Mecma'ul-Enhür Fî Şerhi Mülteka'l-Ebhur, c. I, sh. 648 vd.; Kâsânî, Bedâyi'us-Sanâyi', c. VII, sh. 119vd.

2 Kâsânî, Bedâyi'us-Sanâyi', c. VII, sh. 106 vd.; Serahsî, Şerh'us-Siyer'il-Kebîr, c. I, 256 vd.

3 Zuhaylî, Vehbe, El-Alâkât'üd-Devliyye Fil-İslâm, Beyrut 1989, sh. 78-79

sözkonusudur: karşılıksız olarak serbest bırakılabilirler (menn); köle haline getirilebilirler (istirkak); bir bedel karşılığı salıverilebilirler (fidâ)[1].

Ehemmiyetle ifade edelim ki, cihâd manasında bir savaş olmadan savaş esirliği süzkonusu olmadığı gibi, cihaddan sonra esir alınması veya esirlerin köle statüsüne geçirilmeleri de ancak halife yani İslâm devlet reisi yahut onun nâibinin izni ile câiz olur. Fertlerin, gazi de olsalar, böyle bir yetkileri yoktur[2].

Kur'an-ı Kerim'de esirlikten köleliğe geçiş ve daha doğrusu esirlerin âkıbetleri ile alakalı iki ayet vardır. Bu âyetleri izah eden hadislerle birlikte İslâm Hukukçuları farklı bazı neticeler de çıkarmışlardır. Biz ayrıntıya girmeden sadece bu iki temel âyeti zikredeceğiz ve neticeyi özetleyip erkek, kadın ve çocuklara göre ayırıma gideceğiz:

Birinci Âyetin Meali: "Muhârebede kâfirlerle karşılaştığınız zaman, boyunlarını vurun. Onları mecalsiz bir hale getirip mağlup ettiğinizde, artık esirlik bağını sıkı tutun. Bundan sonra ise ya karşılıksız serbest bırakarak iyilik yapın (menn) yahut fidye alın. Yeter ki, savaşanlar ağırlıklarını ve silahlarını bıraksınlar."[3].

İkinci Âyetin Meali: "Hiç bir Peygamber, yer yüzünde galip gelip zaferler kazanıncaya kadar, muharip düşmandan esirler alamaz"[4].

Bu iki âyeti ve bunları izah eden hadisleri gözönüne alan İslâm Hukukçuları esirlerle alakalı şu muâmeleleri ayrı ayrı tartışmışlar ve hükme varmışlardır:

1) Esirlerin Öldürülmesi (Katl).

2) Köle haline getirilmeleri (istirkak).

3) Mal veya esir karşılığı salıverilmeleri (fidâ).

4) Parasız salıverilmeleri[5].

Biz açıklamalarımızı, daha ziyâde Osmanlı Hukukunda resmî hukuk kodu olarak kabul edilen Hanefi mezhebi fıkıh kitapları ve özellikle resmen ka-

---

1 Damad, Mecma'ul-Enhür Fî Şerhi Mülteka'l-Ebhur, c. I, sh. 648 vd.; Kâsânî, Bedâyi'us-Sanâyi', c. VII, sh. 119 vd.

2 Bu yetkinin imâmın yani devlet reisinin olduğuna dair bkz. Damad, Mecma'ul-Enhür Fî Şerhi Mülteka'l-Ebhur, c. I, sh. 648 vd.; Kâsânî, Bedâyi'us-Sanâyi', c. VII, sh. 119; Yanlış bir değerlendirme için bkz. Ehud R. Toledano, Köle Ticareti 1840-1890, sh.14-15.

3 Kur'an, Muhammed, 3, 4

4 Kur'an, Enfâl, 67

5 Damad, Mecma'ul-Enhür Fî Şerhi Mülteka'l-Ebhur, c. I, sh. 648 vd.; Kâsânî, Bedâyi'us-Sanâyi', c. VII, sh. 119.

nun mahiyetinde kabul edilen Mülteka'ya göre sürdüreceğiz. İhtiyaç olduğunda diğer mezheplere de atıflar yapacağız.

A) Erkek Esirlerin (Esrâ=Üserâ) Kölelik Statüsüne Geçişi

İslâm Hukukçuları, bazı şıklarda görüş ayrılığı içinde bulunsalar da, savaş neticesinde esir alınan erkek esirlerle ilgili, ülül-emrin yani başta Halife olmak üzere devletin en yüksek otoritesinin, maslahat prensibine bağlı kalmak şartıyla dört alternatifli yetkisi bulunduğunu açıklamışlardır. Yani savaşta esir alınan her erkek, sadece köle haline getirilmez. Başka alternatifler de bulunmaktadır. Şöyle ki;

a) Erkek Savaş Esirleri Öldürülebilirler (Katl)

Bu, sadece savaşta ısrar eden ve neticede mağlup olup esir düşen erkek esirler için sözkonusudur. Sulh yoluyla teslim olan esirler, İslâm Hukukçularının ittifakıyla aslâ öldürülemez. Zaten tarih boyunca tatbikat da böyle olmuştur. Hatta Fâtih Sultân Mehmed, İstanbul'u savaş yoluyla fethettiği ve İstanbul'da kalan Yahudi ve Hristiyanların savaşa katılan erkeklerini öldürmeye dahi yetkili olduğu halde, haham ve papazların araya girmesiyle sanki sulh yoluyla fethedilmiş gibi muâmele yapmıştır[1].

İslâm Hukukçuları, İslâm Devleti ve milleti için maslahat bulunmak şartıyla ve küfrün kökünü kazımak gayesiyle, erkek esirlerin ittifakla öldürülebileceğini kabul etmişlerdir. Bu görüşün gerekçelerini, hem Kur'an âyetleri[2] ve Hz. Peygamber'in çok az da olsa bize kadar nakledilen tatbikatı teşkil etmektedir[3].

Önemle tekrar ifade edelim ki, esirlerin öldürülmesi câizdir; yani alternatifli ve maslahat şartına bağlı bir yetkidir. Yoksa esirler mutlaka öldürülecekler demek değildir. Hatta İmam Muhammed, katlin câiz ancak mekruh olduğunu ifade etmektedir[4]. İmam Ebu Yusuf ile İmam Şafi'î ise, ancak zaruret halinde

---

1 Akgündüz, Osmanlı Kanunnâmeleri, Galata Ahidnâmesi, c. I, sh. 476-479.

2 Kur'an, Tevbe, 5; Enfâl, 57; Muhammed, 4

3 Damad, Mecma'ul-Enhür Fî Şerhi Mülteka'l-Ebhur, c. I, sh. 648 vd.; Kâsânî, Bedâyi'us-Sanâyi', c. VII, sh. 119; Serahsî, Şerh'us-Siyer'il-Kebîr, c. III, sh. 1025.

4 Serahsî, Şerh'us-Siyer'il-Kebîr, c. III, sh. 1024.

bu yetkinin kullanılabileceğini ve bunun için de yargılamanın şart olduğunu ifade etmektedirler[1]. Tarihden misâl verilecek olursa, Haçlı seferleri sırasında Haçlı ordularının komutanlarından Richard, bir günde 3.000 esiri öldürtürken, buna karşılık Selâhaddin Eyyûbî, Kudüs'te alabildiğine zulüm yapan Hristiyanlardan aldığı erkek esirleri dahi, ya fidye karşılığında veya bedelsiz olarak salıvermiştir.

Hanefi Hukukçular, Arap müşrikleri ile mürtedlerin, ya katle tâbi tutulacaklarını veya müslüman olabileceklerini, diğer şıkların bu iki grup hakkında tatbik edilemeyeceğini ifade etmektedirler. Ancak diğer İslâm Hukukçuları ise bundan sonraki şıkların, mezkûr iki gruba da tatbik edileceğini kabul etmektedirler[2].

b) Erkek Esirleri Köle haline Getirebilir (İstirkak)

Evvela şunu hatırlatmak gerekiyor ki, müslüman olan esir, köle statüsüne konulamaz. Ancak esir olduktan sonra müslüman olmuşsa, çoğu hukukçulara göre köle yapılması câizdir; fakat artık katl şıkkı bunun hakkında tatbik edilemez. Ayrıca hürriyetine kavuşması için yeni kapılar açılır.

Müslüman olmayan erkek savaş esirleri, ülül-emr tarafından köle haline getirilebilir. Bunun için iki şart sözkonusudur; *Birincisi*, esirin esâret anında gayr-i müslim olmasıdır. *İkincisi*, köle haline gelmesi için devlet reisinin ve yetkili kıldığı makamın köle statüsüne geçirme kararı bulunmasıdır[3].

Önemle ifade edelim ki, zimmîlerin köle haline getirilmesi câiz değildir. Hatta 1847'de Kürt Beylerinden Bedirhan'ın idare ettiği ayaklanma sırasında, Nastûrî, Yakubî ve Yezidî kadın ve çocuklar esir alınarak köle haline getirilmişler ve sonra da Musul Bölgesinde köle diye satılmışlardır. İngilizlerin de araya girmesi üzerine, Fetvâhâne, bunların zimmi olması hasebiyle köle haline getirilemeyeceğini ifade eden kararlar almıştır[4].

---

1 Ebu Yusuf, Kitab'ül-Harâc, 199 vd.

2 Damad, Mecma'ul-Enhür Fî Şerhi Mülteka'l-Ebhur, c. I, sh. 648 vd.; Kâsânî, Bedâyi'us-Sanâyi', c. VII, sh. 119.

3 Damad, Mecma'ul-Enhür Fî Şerhi Mülteka'l-Ebhur, c. I, sh. 648 vd.; Kâsânî, Bedâyi'us-Sanâyi', c. VII, sh. 119; Bilmen, Ömer Nasuhi, Hukuk-ı İslâmiye ve Istılâhât-ı Fıkhiyye Kamusu, c. II, sh. 429.

4 BOA., İrade-Meclis-i Vâlâ, No: 2961; Damad, Mecma'ul-Enhür Fî Şerhi Mülteka'l-Ebhur, c. I, sh. 648 vd.; Kâsânî, Bedâyi'us-Sanâyi', c. VII, sh. 119; Bilmen, Ömer Nasuhi, Hukuk-ı İslâmiye ve Istılâhât-ı Fıkhiyye Kamusu, c. II, sh. 429

c) Gayr-i Müslimlerden Harâç ve Cizye Almak Şartıyla Onlarla Zimmet Akdi Yapar

Devlet reisi, esir erkeklerle, zimmet akdi yapabilir; yani onlar müslümanlara harâç ve cizye ödemeyi kabul eder. Müslümanlar da onları bu şartlar karşılığında hürriyetlerine kavuştururlar. Böylece zimmi adı altında İslâm Ülkesinin vatandaşı olurlar. İstanbul'da Fâtih sultân Mehmed'in Rumlara tatbik ettiği şık bu gruba girmektedir. Tıpkı sulh hükümleri gibi zimmet akdi yapılmıştır[1].

Zimmet akdinin kimlerle yapılabileceği de, fıkıh kitaplarında tartışılmıştır. Uygulamada zimmet akdinin karşı tarafını teşkil eden insanların kapsamı çok geniş tutulmuş ve mesela biraz önce aktardığımız gibi, Nastûrîler, Ya'kubîler ve Yezîdîler dahi zimmî kabul edilmişlerdir. Hanefi hukukçular, bundan sonraki şıkları kabul etmemektedirler.

d) Esirleri Karşılıksız Olarak Serbest Bırakabilir (Menn) Veya Memleketlerine Gönderebilir

Esirlerden hiç bir şey alınmadan serbest bırakılmalarına **menn** denilmekter ve Hanefi Hukukçular dışında, bütün İslâm Hukukçuları tarafından böyle bir muamele câiz görülmüştür.

Hanefi Hukukçulara göre, Tevbe Sûresinin 5. âyeti, bu yetkiyi veren Muhammed Sûresinin 4. âyetini neshetmiştir.

Diğer İslâm hukukçuları ise, bu nesih hâdisesinin sözkonusu olmadığını ve ülül-emrin maslahat icabediyorsa, esirleri bedelsiz olarak serbest bırakabileceğini ifade etmektedirler.

Ancak bu salıverme, şartlı veya şartsız yapılabilir. Şartlı yapılıp da şarta uyulmadığı takdirde, cezalandırma yoluna gidilebilir[2].

---

1 Akgündüz, Osmanlı Kanunnâmeleri, c. I, sh. 476 vd ; Damad, Mecma'ul-Enhür Fî Şerhi Mülteka'l-Ebhur, c. I, sh. 648 vd.; Kâsânî, Bedâyi'us-Sanâyi', c. VII, sh. 121.

2 Damad, Mecma'ul-Enhür Fî Şerhi Mülteka'l-Ebhur, c. I, sh. 648 vd.; Kâsânî, Bedâyi'us-Sanâyi', c. VII, sh. 119; Serahsî, El-Mebsût, c. X, sh. 24 vd.

e) Esirleri Bir Bedel Karşılığı (Fidye) Serbest Bırakabilir (Fidâ)

Fidâdan kasıt, bir bedel karşılığında esiri tamamen serbest bırakmak veya esir mübâdelesinde bulunmaktır. Tarifden de anlaşılacağı üzere iki çeşit fidâ sözkonusudur:

Birincisi, müfâdât bil-maldır ki, fidye tabir edilen bir mal karşılığı esirleri salıvermektir. Bu mal, her şey olabilir. Nitekim Bedir harbi sonrasında, Hz. Peygamber tarafından okuma yazma bile bedel olarak kabul edilmiştir. Bilindiği gibi, Bedir Harbi esirleri hakkında, yapılan meşveretten sonra, fidye ile salıvermeyi tavsiye eden Hz. Ebu Bekr'in görüşü tercih edilmiştir. Hz. Ömer de, Malatya'nın müslümanlara teslimi karşılığında 100.000 Bizans esirini serbest bırakmıştır. Hanefi hukukçular, ancak yaşlı esirlerin bu şekilde salıverilebileceğini belirtmişlerdir ki, biraz sonra konunun üzerinde duracağız. Hanefi hukukçuların, bazı istisnâî haller dışında kabul etmediği bu şık, diğer İslâm Hukukçuları tarafından ittifakla kabul edilmektedir.

İkincisi; Müfâdât'ül-esir bil-esirdir ki, esirlerin mübâdelesi demektir. Bu durum, İmam Ebu Yusuf ve İmam Muhammed ile diğer İslâm hukukçuları tarafından caiz görülmüştür. Uygulamada esas alınan da budur[1].

Görüldüğü gibi, erkek esirlerin köle haline getirilmeleri İslâm hukukunun ülül-emre tanıdığı beş yetkiden sadece birisidir. Köle haline getirdikten sonra neler yapılması lâzım geldiği üzerinde ise, ayrıca durulacaktır. O zaman İslâm Hukukunda esir edilen bütün düşmanların hemen köle yapılması şeklinde bilinen husus yanlıştır.

B) Esir Kadın Ve Çocukların Durumu (Sebâyâ-Zerârî)

Mağlub edilen düşmanın çocukları ve kadınları, ganimet kapsamına dahil olurlar. Bunlar hakkında yapılacak olan muâmele ve ülül-emre verilen salâhiyetler ise şöylece özetlenebilir:

a) Savaş esirlerinden kadın ve çocuk olanların öldürülmeleri, İslâm Hukukunda caiz görülmemiştir. Savaş esnasında dahi, kadınların, çocukların, yaşlıların, din adamlarının ve hastaların öldürülmelerini yasaklayan bir nizam, esir alındıktan sonra öldürülmelerine aslâ müsaade etmez. Ancak bunlar arasından savaşa iştirâk edip de müslümanları öldürmüş olanlar elbetteki bu hükmün istisnâsını teşkil ederler ve bunların öldürülmeleri caiz olur. Ayrıca

---

1 Damad, Mecma'ul-Enhür Fî Şerhi Mülteka'l-Ebhur, c. I, sh. 648 vd.; Kâsânî, Bedâyi'us-Sanâyi', c. VII, sh. 119-120.

savaşta stratejik görev ifade eden veya casusluk yapan kadın ve çocuklar da bunun istisnâsına dâhildirler[1]. Günümüz açısından durum yeniden değerlendirilmelidir. Çünkü savaşın şartları değişmiştir.

b) Savaş esiri olan kadın ve çocuklar, câriye ve köle statüsüne sokulabilirler. Bu şık da, diğerlerinin yanında, maslahat prensibi çalıştırılmak şartıyla bir alternatif hükümdür. Bilindiği gibi, kadın kölelere câriye denmekteydi. Câriye'den ne anlamamız gerektiğini ve efendisi ile olan münâsebetlerini ise, daha sonra köle ve câriyelere yapılacak muâmeleler başlığı altında inceleyeceğiz. Ancak kadın ve çocuk esirlere seby ve zerârî dendiğini; köle haline getirilince de kadınlara cariye veya eme adı verildiğini daha evvel hatırlatmıştık.

Kocalarının savaş meydanında öldürülmüş olması, bu sebeple kendilerine bakacak insanlardan mahrum bırakılmaları, eski dinlerinden vazgeçirilmeleri, İslâm hukukundaki kadın ve çocukları öldürme yasağı ve de mümkün mertebe onları İslamlaştırma gibi sebepler, savaş esirleri arasından kadın ve çocukların erkek esirlere oranla daha çok köle haline getirilmelerine vesile olmuştur. Osmanlı Devletindeki devşirme usulü ve kapıkulu ocaklarını teşkil eden Acemi Oğlanları ve Yeniçeri teşkilâtının temelinde de İslâmın ortaya koyduğu bu şer'î hüküm ve gerekçeler mevcuttur. Bu konuyu ayrı bir başlık altında incelemeyi tercih ediyoruz[2].

c) Harâc ve cizye alınacaklardan bunları almak şartıyla zimmet akdi yapar ve hepsini de hürriyetlerine kavuşturur.

d) Hanefi hukukçuların dışındaki İslâm hukukçularına göre, bedelsiz olarak serbest bırakabilir (menn).

e) Hanefi ve Ḥanbelî hukukçularının dışındaki İslâm hukukçuları, mal yani fidye karşılığı da serbest bırakılabileceklerini kabul etmektedirler. Esir mübâdelesini ise, çoğu İslâm hukukçuları reddetmemektedirler (fidâ).

Yine hatırlatalım ki, savaş esirleri arasında yer alan kadın ve çocukların köle ve câriye haline getirilmeleri, sadece beş alternatifli haktan biridir ve maslahat şartına sıkı sıkıya bağlıdır.

---

[1] Damad, Mecma'ul-Enhür Fî Şerhi Mülteka'l-Ebhur, c. I, sh. 648 vd.; Kâsânî, Bedâyi'us-Sanâyi', c. VII, sh. 101 vd.; 119 vd.; Serahsî, El-Mebsût, c. X, sh. 5 vd..

[2] Akgündüz, Osmanlı Kanunnâmeleri, c. II, Pençik Kanunnâmeleri, sh. 128 vd.; Damad, Mecma'ul-Enhür Fî Şerhi Mülteka'l-Ebhur, c. I, sh. 648 vd.; Kâsânî, Bedâyi'us-Sanâyi', c. VII, sh. 119.

C) Yaşlı, Sakat Ve Din Adamları

Bunların, çok az hükümler dışında, kadın ve çocukların hükümlerine tâbi olduklarını belirtmenin yeterli olacağı kanaatindeyiz.

İslâm Hukukçuları, köleliği küfrün cezalarından biri olarak gördüklerinden dolayı, İslâma yaklaşan kölelerin bu bağdan kurtarılması için her türlü hukukî kolaylığı Kur'an ve Sünnet'ten istihrac eylemişlerdir.

Gerçekten İslâm tarihinde ve özellikle de Osmanlı Devletinde kölelik müessesesi tam bir ıslâh müessesesi olarak kullanılmıştır. Islâh olan ve özellikle de müslüman olan kölelerin kölelikleri çeşitli yollarla ortadan kaldırılmıştır. Hedefin insanlara zulüm olmadığı bundan da anlaşılmaktadır.

İşte ıslâh ve İslâmlaştırma gayesinin tahakkuku halinde köleliğe nasıl son verildiğini ve İslâm Hukukunun getirdiği hükümlerin kölelikten hürriyete geçiş vetîresi olarak işlediğini, şimdi vereceğimiz bilgilerden anlamak daha kolaydır.

§. 4- İSLÂMİYET KÖLELERİ HÜRRİYETE KAVUŞTURMAK İÇİN BİR KISIM MÜ'ESSESELER KURMUŞ VE KÖLE ÂZÂD ETMEYİ ÇEŞİTLİ YOLLARLA TEŞVİK VE TAVSİYE ETMİŞTİR

I- GENEL OLARAK

İslâmiyet, bir kısım maslahatlar ile devam ettirdiği ve de sebeplerini sadece savaşa ve doğuma indirgediği kölelik müessesesinin, zaman içinde yavaş yavaş cemiyet hayatından tamamen çıkması için çok ciddi tedbirler almıştır. Bu tedbirlerin önemli olanları üzerinde duracağız. Alınan bu tedbirler neticesinde, İslâm cemiyetinde kölelik müessesesi önemini kaybetmiş ve hatta mesela Osmanlı devleti zamanında XVII. yüzyıla doğru normal ailelerden köle ve cariye istihdamı nerdeyse ortadan kalkar hale gelmiştir. Mesela İstanbul Müftülüğü Şer'iye Sicilleri Arşivindeki Tereke Defterlerine bakarsanız, vefât eden insanlardan ancak yüzde ikisinin üçünün kölesi ve câriyesi olduğunu görürsünüz. Osmanlı devletinde kölelik müessesesinin şekil değiştirerek devam ettiği kapı kulu ocakları ve benzeri konulara ise, ayrıca gireceğiz. Ancak Batı'nın ve Amerika'nın köleliği kaldırıyoruz şeklindeki andlaşmaları, sözleşmeleri ve kopardıkları yasak yaygaraları, İslâm Hukukunun biraz sonra zikredeceğimiz tedbirlerinin onda biri kadar müsbet netice vermemiştir. Şimdi bu tedbirleri sırasıyla ve önemli olanlarını görelim.

II- ÂZÂDLIK SÖZLEŞMESİ (MÜKÂTEBE AKDİ)

Mükâtebe veya kitâbet akdi de denen âzâdlık sözleşmesi, köle ile efendisi arasında yapılan ve belirli bir bedel karşılığında köleyi hürriyetine kavuşturan bir akittir. Mükâtebe sözleşmesini yapan köleye mükâteb köle denir. Mükâtebe akdini tavsiye eden bizzat Kur'an-ı Kerim'dir. Kur'an, "**Köle ve câriyelerinizden sizinle mükâtebe akdi yapmak istiyenlerle, eğer onlar hakkında hayırlı olacağına kâni' iseniz, onlar ile mükâtebe akdi yapınız ve bedeli ödemede yardımcı olmak gayesiyle Allah'ın size ihsan ettiği maldan onlara veriniz**"[1] buyurmaktadır. Bu âyetten hareket eden bir kısım İslâm Hukukçularına göre, mükâtebe talebinde bulunan köleler için böyle bir akdi yapmak, köle için hak ve efendi için de dinî bir görevdir. Çoğunluk ise, mükâtebe akdinin Kur'an'ın tavsiye ve teşvik ettiği bir hayır olduğu kanatindedirler[2].

Çoğunluğun görüşü esas alınsa bile, İslâm Hukuku mükâtebe akdini sadece teşvik etmemiş, bir kısım hükümlerle müslümanları buna mecbur da etmiş denilebilir. Bunlardan bazılarını ve mükâtebe akdinin bir kısım hükümlerini hatırlatmakta fayda vardır:

A) Zekât ve sadakaların masraflarını yani verilmesi gereken yerleri sekiz sınıf halinde sayan Kur'an, bu sekiz sınıf içinde "boyunları kölelik bağından kurtarılmak üzere olan mükâteb köleler"i de saymıştır. Hatta zekâtını verecek müslümanın kölesini hürriyetine kavuşturması halinde, kıymeti kadar zekâtından düşeceğini hükme bağlamıştır. Burada Osmanlı Hukukçularından Dede Efendi'nin mezkûr âyeti izah ederken zikrettiği şu cümleyi de aktarmak istiyoruz: "Zekât ve sadakaların boyunları kölelik bağından kurtulmak üzere olan mükâteb kölelere verilmesi tavsiye olunmuştur. Zira böylece ârızî olarak kölelik bağının altına girmiş olan bir insanı insanın aslî hali olan hürrriyete kavuşturma neticesine ulaşılmaktadır"[3]. Görülüyor ki, İslâm Hukukunda insan için aslî hal hürriyettir, kölelik ise ârızî bir durumdur. Bu ârızî durumu ortadan kaldırmak için insanlar zekât ve sadaka vermeye teşvik olunmuştur.

Önemle ifade edelim ki, kitâbet bedelini ödemekten âciz duruma düşen kölelere, devlet bütçesinin zekât faslından bu ayet gereğince tarih boyu yar-

---

1 Kur'an, Nur, 33

2 Damad, Mecma'ul-Enhür Fî Şerhi Mülteka'l-Ebhur, c. II, sh. 405 vd.; Kâsânî, Bedâyi'us-Sanâyi', c. IV, sh. 133 vd.; Bilmen, Hukuk-ı İslâmiye, c. IV, sh. 48 vd.

3 Akgündüz, Osmanlı Kanunnâmeleri, Dede Efendi, Risâle, IV, sh. 223; Kur'an, Tevbe, 60; El-Cessâs, Ebubekr, Ahkâm'ül-Kur'ân, c. III, sh. 125; Kâsânî, Bedâyi'üs-Sanayi', II, sh. 45 vd.

dımlar yapılmıştır. Ömer bin Abdülaziz'in bu fonu kullanarak köleler satın aldığını ve daha sonradan da bu köleleri hürriyetlerine kavuşturduğunu İslâm tarihi kitaplarından öğrendiğimiz gibi, Osmanlı devletinde de bu usulün kanun haline geldiğini belgelerden anlıyoruz.

B) Mükâtebe bedeli, hukuken mal sayılabilen her şey olabilir. Hizmet de olabilir. İşte Üsküdar Şer'iye Mahkemesinin bununla alakalı verdiği bir kararda hizmet kitâbet bedeli olarak tesbit edilmektedir: "Bu yazılı belgenin yazılış tarihinden itibaren dört ay bitinceye kadar dürüst bir şekilde çalışmak şartıyla adı geçen köle ile âzâdlık anlaşması (mükâtebe) yaptım. Zikredilen aya kadar dürüst bir şekilde çalıştıktan sonra, diğer hür insanlar gibi hür olsun."[1]. Ayrıca kitâbet bedelinin peşin veya taksitle ödenebilmesi de, İslâm Hukukunun bu işi nasıl teşvik ettiğinin delilleridir. Mesela Bursa'da kumâş dokuma karşılığında kitâbet akdi gerçekleştiği çokça görülmektedir.

C) Kitâbet bedelinin ödenmesinde efendi de kölesine yardım edecektir. Bir kısım hukukçular (İmam Şafi'î gibi), kitâbet bedelinin bir kısmının efendi tarafından ödenmesinin farz olduğunu söyleyecek kadar meseleyi teşvik etmişlerdir.

D) Mükâtebe akdinde, kitâbet bedeli ödendiği an, köle tamamen hürriyetine kavuşur. Hanefi hukukçuların da katıldığı cumhurun görüşüne göre, mükâtebe akdi ile köle efendisinin elinden çıkar; ancak mülkiyeti devam eder. Yani fiilen hürriyet, akdin yapılmasıyla başlar[2].

E) Mükâteb köle, artık hür insanlar gibi bir kısım hukukî tasarruflarda bulunabilir; alış-veriş yapabilir; rehin alıp verebilir; ücret karşılığında işçi olarak çalışabilir veya işçi çalıştırabilir. Efendisine karşı mükellefiyeti sadece kitâbet bedelini ödemektir; dolayısıyla kazandıklarına mâlik hale gelir. Kitâbet bedelini ödedikten sonra, hürriyetine kavuşması için efendisinin "hürsün" demesine gerek kalmaz. Mükâtebe akdi, Efendi'yi bağlayan lâzım akitlerdendir. Mükâteb köle artık satılamaz ve efendisi tarafından istihdâm edilemez. Mükâtebe cariye ile efendisi, daha evvel istifrâş yani karı-koca hayatı yaşama hakkı olsa bile, mükâtebe akdinden sonra bu hakkı sakıt olur. Ancak mehrini ödeyerek ve onunla nikâh akdi yaparak yaşayabilir[3].

---

1 Akgündüz/Heyet, Şer'iye Sicilleri, I, 227.

2 Damad, Mecma'ul-Enhür Fî Şerhi Mülteka'l-Ebhur, c. II, sh. 405 vd.; Kâsânî, Bedâyi'us-Sanâyi', c. IV, sh. 133 vd.

3 Damad, Mecma'ul-Enhür Fî Şerhi Mülteka'l-Ebhur, c. II, sh. 409 vd.; Kâsânî, Bedâyi'us-Sanâyi', c. IV, sh. 143 vd; Bilmen, Hukuk-ı İslâmiye, c. IV, sh. 51 vd.

Osmanlı Şer'iye Sicilleri ve fetva kitapları tetkik edildiğinde görülecektir ki, Osmanlı Devleti zamanında da mükâtebe akdi tavsiye edilmiş ve köle âzâdı için bu yola çokça baş vurulmuştur.

Burada Hz. Peygamber'in mükâtebe akdi ile alakalı Kur'an âyetini izah eden ve çok önemli bir hakikatı ihtiva eden bir hadisine işaret etmek istiyoruz: Neden İslâm hukuku, bu tür müesseselerle köleliği tedrîcen kaldırmayı gaye edindiği halde, birden bire köleliği lağvetmedi? sorusuna Hz. Peygamber, sosyo-ekonomik açıdan çok önem arzeden bir cevap vermektedir: Bilindiği gibi âyette mükâtebe akdi, "Eğer onlar hakkında hayırlı olduğunu biliyorsanız" şartına bağlanmıştır. Bu hayırlı olmayı, Hz. Peygamber şu ifadeleriyle açıklamaktadır: "Yani bir san'at sahibi olup da kendi geçimlerini temin edecek durumda iseler ve hayatı tek başına yürütebilecek güç kendilerinde var ise akid yapınız. Aksi takdirde onları insanların üzerine yırtıcı köpekler gibi salıvermeyiniz."[1].

Yani ister mükâtebe akdıyle veya isterse başka yollarla köleleri hürriyetlerine kavuşturarak âzâd etmek de her zaman hayırlı değildir. Düşünün ki, cemiyeti teşkil eden fertlerin yüzde ellisi köledir. Bir anda bunları hürriyetlerine kavuşturup sokaklara başıboş salıverdiğinizi tasavvur ediniz. Cemiyet hayatı felç olacaktır. Yıllarca belki asırlarca başkalarının yanında çalışmaya alışmış ve müstakil hayatı hiç denememiş insanları birden sokağa salıverirseniz, hem sosyal açıdan ve hem de ekonomik açıdan bu insanları felâkete sürüklemek manası taşıyacaktır. Köleliğin tedrîcî olarak kaldırılmasının en önemli hikmetlerinden birisi de budur.

Osmanlı Şer'iye Mahkemesi kararlarından bir örnek kararı buraya alalım:

Mükâtebe Akdi (Âzâdlık Sözleşmesi) ile alalaklı Şer'iye Mahkemesi Hücceti (Sadeleştirilmiş Metin)[2]

"Oldur ki:

Üsküdar'a bağlı Şile Kasabası sâkinlerinden Kondor çocuğu Firfeni isimli zımmî (gayr-i-müslim), değeri ve saygınlığı yüce şer'i yargı meclisinde, orta boylu, sarışın, Rus asıllı ve bu yazılı belgenin yazılmasına sebep teşkil eden kölesi, Abdullah oğlu Vasıl huzurunda, kendi rızasıyla şöyle ikrarda bulundu :

---

1 Kâsânî, Bedâyi'us-Sanâyi', c. IV, sh. 134.

2 İMŞSA, Üsküdür Mahkemesi, No: 6-147, sh. 7; Krş. Akgündüz/Hey'et, Şer'iye Sicilleri, I, 227.

"Bu yazılı belgenin yazım tarihinden 4 ay bitinceye kadar dürüst bir şekilde çalışmak şartıyla adı geçen köleyle **azadlık andlaşması (mükâtebe)** yaptım. Zikredilen aya kadar dürüst bir şekilde çalıştıktan sonra, diğer hürler gibi hür olsun." Adı geçen ikrarcının ikrar beyanını, lehine ikrarda bulunan köle de şifâhen tasdik edince, durum talep üzerine sicile kaydedildi.

10-20 Cemâziyelevvel 1032/1623

Şahitler

Mustafa Oğlu Mehmet Efendi,	Hacı Bayram oğlu Hacı Muslı,
Süleyman Oğlu İvaz Beşe,	Hacı Muslı Oğlu Süleyman Çelebi,
Hamza Oğlu Mehmed,	İsteme Oğlu Menol,
Usta Dimoteo,	Ve Diğerleri"

Görüldüğü gibi, Osmanlı uygulamasında, Fıkıh Kitaplarındaki şer'î hükümlere aynen ri'âyet edilmiştir. Bunu diğer ilâm ve hüccetlerden de anlamak mümkündür. Uzatmamak için misalleri çoğaltmıyoruz.

Mükâtebe Akdi İle Alakalı Şer'iyye Mahkemesi Hücceti'nin Aslı Ve Transkribe Edilmiş Metni

"Oldur ki; Medine-i Üsküdâr muzâfâtından Kasaba-İ Şile sâkinlerinden Firfeni veled-i Kondor nâm zımmî meclis-i şer'-i hatîr-i lâzımü't-teşrîfde orta boylu sarışın Rûsiyy'ü'l-asl abd-i memlûki olan işbu bâ'isü'l-kitâb Vâsıl bin 'Âbdullah mahzarında bi tav'ihî ikrâr ve i'tirâf idüb târih-i kitâb gününden dört ay tamâmına değin istikâmet ile hidmet etmek üzere kitâbına kesdim mârrü'z-zikr olan aydan vâki' olan hidmet-i lâzımesin mü'eddi-i ibrâ kılındıkdan sonra sâir ahrâr-ı asîlîn gibi hür olsun didikde mukırr-ı mezbûrın minvâl-i meşrûh üzere olan ikrârını mukarrun leh el-merkûm bi'l-muvâcehe tasdîk idicek mâ-hüve'l-vâki' gıbbe't-taleb ketb olundı.

Tahrîren fî evâsıt-ı Cemâziye'l-evvel min isneteyn ve selâsin ve elf.

<u>Şuhûdü'l-hâl</u>

Mehmed Efendi bin... Mustafâ, El-Hâc Muslı bin el-Hâc Behram, 'İvaz Beşe bin Süleymân,

Süleymân Çelebi bin el-Hâc Muslı, Mehmed bin Hamza, Menol veled-i İsteme,

Menol veled-i Andon ve gayruhum.

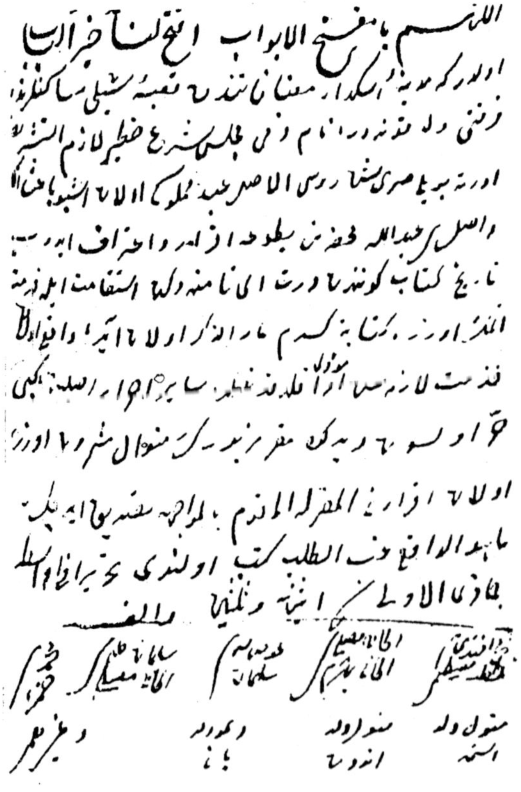

III- EFENDİNİN CÂRİYESİNDEN ÇOCUK SÂHİBİ OLMASI (İSTÎLÂD =ÜMM-İ VELED OLMA HALİ)

İslâm Hukukunun özellikle kadın kölelerin yani cariyelerin hürriyetlerine kavuşmaları için ortaya koyduğu müesseselerden biri de ümm-i veled veya istîlâd müessesesidir. İstîlâd, sözlük manası itibariyle çocuk taleb etmek demektir. Terim olarak ise, bir müslümana ait cariyenin, efendisinden çocuk sahibi olmasıdır.

Efendisinden çocuk sahibi olan cariyeye de ümm-i veled denilir. Önemle ifade edelim ki, daha sonra izah edeceğimiz üzere, efendi, her kadın köle ile karı-koca hayatı yaşayamaz. Karı-koca hayatı yaşayabildiği yani eski hukukumuzun tabiriyle istifrâş hakkının bulunduğu cariyeden çocuk sahibi olduğu takdirde, bu çocuğu tanıma yoluyla kabul ederse, o zaman cariyesinin kendi ölümüne bağlı olarak hürriyetini ilan etmiş demektir. İslâm Hukuku, cariye ile ilgili karı-koca gibi yaşama hakkını öylesine sıkı şartlara bağlamıştır ki, bu hükümlere riayet edildiği takdirde cemiyet içindeki bütün cariyelerin hür haline gelecekleri şekilde düzenleme yapmış bulunmaktadır[1]. Osmanlı Padişahları da, kendilerinden çocuk sahibi oldukları cariyelerini, hemen kadın efendi veya ikbal haline getirmişler ve vefâtlarından sonra da bu cariyeler hür sayılmışlardır. Harem bahsinde konu bütün ayrıntılarıyla anlatılacaktır.

Bir cariyenin ümm-i veled olmasının iki şartı olduğu görülmektedir:

Birincisi, firaş yani Efendi'nin cariye üzerinde istifrâş hakkının (karı-koca hayatı yaşama hakkının=teserrî hakkının) bulunmasıdır. Çünkü efendi, her cariye üzerinde bu hakka sahip değildir. Sadece hizmetçi olarak istihdâm edilen cariyeler de vardır.

İkincisi ise, di've yani Efendi'nin cariyeden doğan çocuğunu tanımasıdır. Efendi, tanımadan sonra bu tanımadan dönemez; artık ölümüne bağlı olarak cariyenin hürriyet hakkı sâbit olmuştur. Hz. Peygamber'in istifrâş hakkı olan cariyelerinden Mariye, oğlu İbrahim'i doğurunca ümm-i veled olmuş ve Resûlüllah da şöyle buyurmuştu: "O'nu çocuğu âzâd eyledi. Artık o ümm-i veleddir; satılamaz, hibe edilemez ve efendisi vefât edince hür olur."[2].

Cariyenin ümm-i veled olmasının iki önemli hukukî sonucu vardır: **Birincisi**, efendisinden doğan çocuk hür olarak doğar. **İkincisi**, çocuk do-

---

1 Damad, Mecma'ul-Enhür Fî Şerhi Mülteka'l-Ebhur, c. I, sh. 543 vd.; Kâsânî, Bedâyi'us-Sanâyi', c. IV, sh. 123 vd.

2 Kâsânî, Bedâyi'us-Sanâyi', c. IV, sh. 124, 129; Hamidullah, İslâm Peygai, II, sh. 745-746; Beyhakî, Es-Süne'ül-Kübrâ, X, sh. 342-343.

ğurduktan sonra efendisi kendisini âzâd etmese bile, efendisi vefat edince başka bir işleme gerek kalmadan çocuğun annesi olan cariye de hürriyetine kavuşur. Bu hürriyete kavuşma hadisesi, vefat eden Efendi'nin bütün terekesini bağlar. Vefât edinceye kadar eş gibi yaşamaya devam eder.

Genellikle İslâm tarihinde ve özellikle Osmanlı uygulamasında cariyesinden çocuk sahibi olan efendiler, cariyelerini âzâd etmişler ve onlarla nikâh akdi yaparak evliliklerini karı-koca olarak sürdürmüşlerdir. Osmanlı Devletindeki harem hayatında da durum böyledir. Buna daha sonra döneceğiz. Ümm-i veled olan cariyeyi, efendisi kendisi eş olarak beraber hayat yaşayabileceği gibi, evinde sadece istihdam etmesi de câizdir. Ayrıca başkasının yanında hizmetçi olarak çalıştırabilme hakkı da vardır. Bunun yanında kendi çocuğunu doğuran cariyeyi, kendisiyle olan alakasını kestikten sonra, başka bir köle veya hür erkekle evlendirme hakkı da vardır. Fakat bütün bu hakları, kendisi vefât edince sona erer ve ümm-i veled olan cariye vefatıyla kendiliğinden hürriyetine kavuşur[1]. Hemen kaydedelim ki, efendi çocuk sahibi olduğu ümm-i veled cariyesini, evlendirme veya başka bir yolla, hidâne müddeti yani çocuğun terbiye velayeti zamanı doluncaya kadar, çocuğundan ayıramaz. Bu yaş da erkeklerde en az 7 ila 9 ve kızlarda ise en az 9 ila 11 yaşlarıdır.

Kanunî Sultân Süleyman'ın meşhur hanımı Hurrem Sultân, ümm-i veled olduktan sonra nikâh akdi ile onun haremine giren kadınlardandır[2].

IV- ÖLÜME BAĞLI ÂZÂDLIK SÖZLEŞMESİ (TEDBÎR AKDİ= MÜDEBBER KÖLE)

Tedbîr, kelime anlamı itibarıyla arkasını dönmek ve bir şeyin sonu, arkası ve sırtı gibi manalar ifade etmektedir. Terim olarak ise, bir kimsenin ölümüne bağlı olarak kölesini âzâd etmesine denmektedir. Hakkında efendisinin "Ölümümden sonra hür olsun" veya "Ardımdan âzâdlısın" dediği kölelere müdebber köle adı verilmektedir[3].

İslâm Hukukunun kölelikten hürriyete geçiş için te'sis ettiği müesseselerden biri olan tedbîr yoluyla müdebber hale gelen erkek veya kadın köleler

---

1 Damad, Mecma'ul-Enhür Fî Şerhi Mülteka'l-Ebhur, c. I, sh. 542 vd.; Kâsânî, Bedâyi'us-Sanâyi', c. IV, sh. 129 vd.

2 Uluçay, M. Çağatay, Padişahların Kadınları Ve Kızları, sh. 34-35.

3 Damad, Mecma'ul-Enhür Fî Şerhi Mülteka'l-Ebhur, c. I, sh. 539 vd.; Kâsânî, Bedâyi'us-Sanâyi', c. IV, sh. 112 vd.

yani müdebber ve müdebbereler, bu muâmeleden sonra artık satılamazlar ve bağışlanamazlar. Cariye yani kadın kölenin müdebbere olması halinde, efendisi onu evlendirebilme yetkisine sahip olsa da, doğacak çocuklar da, babaları köle olması durumunda, müdebber köle olarak doğmuş sayılırlar. Tedbir muâmelesi, ta'lîk veya şarta bağlanabilir. Bu sebeple çeşitli tedbir nevileri mevcuttur. Ancak Hanefi hukukçuların da içinde bulunduğu çoğunluğun görüşüne göre, tedbîr muâmelesi Efendi'yi bağlayan bir muâmeledir; efendi artık dönemez[1].

Tedbîr muâmelesinin hukukî sonuçlarını bu muâmeleyi yapan Efendi'nin yani müdebbirin hayatına ve vefâtına göre ikiye ayırarak özetlemek mümkündür:

A) Müdebbirin yani Efendi'nin hayatında iken geçerli olan hükümler şunlardır: Herhangi bir şarta ve olaya bağlı olmayan mutlak tedbîr muâmelesinde, efendi bu muâmeleden dönemez. Dolayısıyla köleyi başkasına satamaz ve bağışlayamaz. Sadece onu istihdâm edebilir. Onunla mükâtebe sözleşmesi yapabilir.

B) Müdebbirin vefâtından sonraki hükümler ise şunlardır: Müdebbir vefât edince, köle terekesinin 1/3'ünden âzâd olur. Çünkü tedbîr muâmelesi bir çeşit vasiyet gibidir. Müdebbirin bu muâmeleden sonra ehliyetini kaybetmesi, müdebber köleye zarar vermez. Müdebbere kölenin çocuğu annesine tâbidir; yani efendisi kendisini bir köle ile evlendirdiğinde ondan doğacak çocuk da vâfir köle yani kınn değil müdebber köle olur[2].

Osmanlı Devletinde tedbîr muâmelesi ile âzâd edilen müdebber köleler sayıca ciddi bir yekûn tutmaktadır. Konu ile ilgili bir fetvâ şöyledir:

"Zeyd sıhhatinde yanında veledi olmayan cariyesi Hind için "Benden veled getürdi; ümm-i veledimdir" deyü ikrar ettikden sonra Zeyd fevt olsa, Hind, Zeyd'in cemî'-i malından âzâd olur mı?

El-Cevâb: Olur. **Dürrî-zâde Mustafa**." [3]

---

1 Damad, Mecma'ul-Enhür Fî Şerhi Mülteka'l-Ebhur, c. I, sh. 539-542 ; Kâsânî, Bedâyi'us-Sanâyi', c. IV, sh. 112 vd.; Öztürk, İstanbul Tereke Defterleri, sh. 195-196.

2 Damad, Mecma'ul-Enhür Fî Şerhi Mülteka'l-Ebhur, c. I, sh. 540-542.; Kâsânî, Bedâyi'us-Sanâyi', c. IV, sh. 120 vd.

3 Dürrî-zâde Es-Seyyid Mehmed Ârif Efendi, Netîcet'ül-Fetâvâ, sh. 122.

V- CU'L İLE KÖLE ÂZÂDI

Kitâbet akdinden farklı olarak cu'l ile yani Efendi'nin kölesine bir bedel karşılığında kendisini âzâd edeceğini söylemesi ve kölenin de bunu kabul etmesiyle, köle hürriyetine hemen kavuşur ve va'd edilen bedel kölenin zimmetinde bir borç olarak kalır. Efendi'nin köle ile olan bağları tamamen ortadan kalkar[1].

VI- ÂZÂD ETME ('ITK=İ'TÂK) YOLUYLA KÖLELERİ HÜRRİYETLERİNE KAVUŞTURMAK

1- Genel Olarak Itk (Âzâd Etme) Mefhumu

İslâm Hukuku, kölelikten gerçek manada hürriyete geçiş için mükâtebe, istîlâd ve tedbîr gibi hürriyet yollarını müesseseleştirmekle kalmamış, ayrıca doğrudan doğruya köle âzâdı için, mecbûrî ve ihtiyâri olmak üzere bazı yollar açmıştır. Doğrudan doğruya köle âzâdına biz 'ıtk veya i'tâk adını veriyoruz. Kelime anlamı kuvvetlenmek demek olan ıtk veya i'tâk, terim olarak bir kimsenin kölesini âzâd etmesi ve mülkiyetinden çıkararak hürriyetine kavuşturması manalarını ifade etmektedir. Efendi'nin köle üzerinde sahip olduğu mülkiyet hakkını ıskat etmesi, kölesini âzâd etmesi demektir. Itk da tıpkı talâk gibi, hak düşürücü hukukî bir muâmeledir[2].

İslâm hukuku, tedrîcî olarak kölelikten mutlak hürriyete geçişi planladığı için, birden bire köleliği ilga etmemiş; ancak köleliği ortadan kaldıracak bütün tedbirleri de almıştır. İşte köle âzâd etmeyi de bu zâviyeden incelediğimizde karşımıza çok manidâr bir manzara çıkmaktadır. Şöyleki; İslâm Hukukunun köle azâdı ile ilgili hükümleri tetkik edildiğinde, iki çeşit köle âzâdı olduğunu görüyoruz:

Birincisi, İslâm Hukukunun bazı suçların cezası olarak vaz' ettiği hukukî müeyyide şeklindeki köle âzâdıdır ki, buna mecbûrî köle âzâdı diyebiliriz. Biraz sonra anlatacağımız gibi, İslâm Hukuku bir kısım suçların işlenmesi durumunda birinci müeyyide yani ceza olarak, eğer suçlunun mülkiyetinde mevcut ise köle âzâd etmeyi emretmiş bulunmaktadır. Bu cezaların düzenli

---

1 Damad, Mecma'ul-Enhür Fî Şerhi Mülteka'l-Ebhur, c. I, sh. 536 vd.; Öztürk, İstanbul Tereke Defterleri, sh. 195-196.

2 Damad, Mecma'ul-Enhür Fî Şerhi Mülteka'l-Ebhur, c. I, sh. 513 vd.; Kâsânî, Bedâyi'us-Sanâyi', c. IV, sh. 45 vd.

bir şekilde tatbik edildiğini düşünürseniz, belli bir zaman sonra müslümanların elinde otomatikman köleler ya azalacak veya tamamen ortadan kalkacaktır. Nitekim öyle de olmuştur.

İkincisi ise, Kur'an, Sünnet ve diğer kaynaklarla köle âzâdının teşvik edilmesi ve köle âzâd edenlere manevî mükâfât müjdeleri verilmesidir. Bu, ihtiyârî bir âzâd yoludur.

Şimdi bu iki âzâd şekli hakkında da kısaca bilgi verelim:

2- Mecbûrî Olan Köle Âzâd Şekilleri

İslâm tarihi boyunca ve Osmanlı tatbikatında da en çok köle âzâd edilen yolların başında mecbûrî âzâd etme yolları gelmektedir. Zira müslümanların işledikleri suçlardan dolayı müeyyide olarak vaz' edildiğinden ve bütün Şer'iye Mahkemeleri de bu müeyyidenin icrâsı için vazifeli olduklarından, maddî ve manevî müeyyide olarak kölelerin azâd edilmesi sözkonusudur. Mecbûrî köle âzâd etmenin yolları, çeşitli keffâretlerdir ve sadece müslümanlar için vaz' edilmiş bir müeyyidedir. **Keffâret**den kasıt, müslümanın işlemiş olduğu günahı affettirmek ümidiyle bazı ibadet kabul edilen işleri yapmasıdır. İbâdet kabul edilen işlerden biri de, eğer varsa köle âzâd etmektir. İşin espirisi de buradadır. Zira İslâm hukuku, köle âzâd etmeyi, günahları affettirecek ibâdetler yani keffaretler arasında görmektedir. İslâm Hukukunda vaz' edilen mecbûrî köle âzâd etme yollarını kısaca zikretmekte yarar vardır:

A) Adam Öldürmenin Keffâreti Olarak Köle Âzâd Etme (Keffâret-i Katl)

İslâm Ceza hukukunda beş çeşit adam öldürme suçu anlatılmaktadır. Bunlardan üçünün cezalarından biri de keffaretdir. Adam öldürmenin keffâreti olarak ise, birinci derecede köle âzâd etme, bu şık mümkün olmazsa, iki ay aralıksız oruç tutma cezası vaz' olunmuştur.

a) Köle âzâd etme şeklindeki keffareti gerektiren adam öldürmelerden birincisi, kasda benzer adam öldürmedir (Katl-i Şibh-i Amd). Bunun aslî cezaları diyet ve keffârettir. Keffâret, kâtilin işlemiş olduğu bu büyük günahı affettirmek ümidiyle bir köle âzâd etmesidir. Köle âzâd edemeyen, bunun yerine iki ay oruç tutacaktır. Yaralayıcı âletle olmayan adam öldürmeler bu gruba girer[1].

b) Hatâen adam öldürmenin (Hatâen Katl) aslî cezaları da diyet ve keffarettir. Kur'an-ı Kerim, "hatâen bir mü'mini öldüren kimsenin, mü'min bir köle âzâd etmesi ve ölenin ailesine taslim edilmek üzere diyet vermesi gerekir. Meğer ki, ölenin ailesi o diyeti bağışlamış ola."[2]. Görüldüğü gibi, diyet affedilebilir olmasına rağmen köle âzâd etme cezasının affı mümkün değildir. Kölesi varsa mecburen âzâd edecektir[3].

c) Hatâ mecrasına cârî katlin cezası da tıpkı hatâen adam öldürme gibidir. Bu, bir insanın iradesi dışında vâki olan bir fiil ile meydana gelen öldürme olayına denmektedir. Uykuda iken bir başkasının üzerine düşerek onun ölümüne sebep olmak gibi[4].

Görüldüğü gibi, adam öldürmenin beş çeşidinden üçünün aslî cezaları arasında keffâret bulunmaktadır. Keffâretin de birinci müeyyidesi köle âzâd etmektir. Osmanlı Şer'iye Sicillerinde, öldürmenin cezası olarak köle âzâdına karar veren mahkemelerin kararları çokça bulunmaktadır.

B) Zıhâr Keffâreti Olarak Köle Âzâdı (Keffâret-i Zıhâr)

Zıhâr, yasak benzetme demektir. Kelime anlamı itibarıyla "sırt çevirmek" demek olan bu kelimeyi, terim olarak, kocanın karısını veya karısının bir mahrem uzvunu, aralarında mutlak evlenme engeli bulunan hısımlarından bir kadına veya onlardan birinin mahrem bir uzvuna benzetmesi manasını ifade eder. "Yemin ederim ki, sırtın annemin sırtı gibidir." demek gibi.

Zıhâr, bir boşanma değildir. Ancak yapıldığı andan itibaren koca, keffâretini vermedikçe karısı ile cinsi münâsebette bulunamaz. Hatta kadın, hâkime baş vurararak kocasının bu yoldaki arzularını engelleyebilir. Zıhâr keffâretinden kasıt, kocanın evvela bir köle âzâd etmesi demektir. Bu müm-

---

1 Akgündüz/Cin, Türk-İslâm Hukuk Tarihi, c. I, sh. 327; Ömer Hilmi, Mi'yâr-ı Adâlet, m. 16; Kâsânî, Bedâyi'us-Sanâyi', c. VII, sh. 256 vd.; Udeh, Abdülkadir, Et-Teşrî'ul-Cinâiyy'ül-İslâmî, II, sh. 92 vd; 172 vd.

2 Kur'an, Nisâ, 92.

3 Molla Hüsrev, Dürer ve Gurer, II, sh. 90-91; Akgündüz/Cin, Türk-İslâm Hukuk Tarihi, c. I, sh. 328; Ömer hilmi, Mi'yâr-ı Adâlet, m. 17, 22-24; Udeh, Abdülkadir, Et-Teşrî'ul-Cinâiyy'ül-İslâmî, II, sh. 200 vd.

4 Ömer Hilmi, m. 19, 22; Molla Hüsrev, Dürer ve Gurer, II, sh. 90-91

kün olmazsa 2 ay oruç tutacaktır; bu da mümkün olmazsa 60 fakiri doyuracaktır[1].

Netice itibariyle İslâm Hukuku, zıhâr keffâretinin birinci şıkkını bir köle âzâdı şeklinde tanzim ederek, mecbûrî köle âzâd etmenin bir yolunu daha belirlemiştir.

C) Yemin Keffâreti Olarak Köle Âzâdı (Keffâret-i Yemin)

Yemin keffâreti, yaptığı bir yemine ri'âyet etmeyip yeminini bozan bir müslümana lâzım gelen keffârettir. Bu durumda olan bir müslümanın yerine getirmesi icâbeden keffareti Kur'an-ı Kerîm şöyle açıklamaktadır: "Allah, kasıtsız olarak ağzınızdan çıkıveren yeminlerinizden (yemin-i lağv) dolayı sizi mes'ûl tutmaz. Fakat bilerek yaptığınız yeminlerden dolayı (yemin-i mün'akid) sizi sorumlu tutar. Bunun keffâreti de şudur: Ailenize yedirdiğiniz yemeğin orta hallisinden on fakire yedirmek yahut on fakiri giydirmek veyahut da (müslim veya gayr-i müslim) bir köleyi âzâd etmek."[2].

Görüldüğü gibi, yeminin keffâreti olarak da köle âzâdı düzenlenmiş bulunmaktadır.

D) Ramazan Orucunun Keffâreti Olarak Köle Âzâdı (Keffâret-i Savm)

Ramazan orucunu, kasden yemek ve içmek, kasden ilaç almak veya kasden cinsî münâsebette bulunmak gibi sebeplerden biriyle bozan oruçluya, bozduğu bu farz oruçdan dolayı hem kaza ve hem de keffâret icab etmektedir. Buna **keffâret-i savm** denilmektedir. Kasden Ramazan orucunu bozmanın keffâreti tıpkı zıhâr keffâreti gibidir. Yani birinci etapta bir köle âzâd edeceketir; eğer buna gücü yetmezse iki ay kesintisiz oruç tutacaktır. Buna da gücü yetmezse altmış fakiri doyuracaktır[3].

---

1 Akgündüz/Cin, Türk-İslâm Hukuk Tarihi, c. II, sh. 115; Damad, I, sh. 454-462; Molla Hüsrev, Dürer Ve Gurer, I, sh. 393 vd.

2 Kur'an, Mâide, 89; Damad, Mecma'ul-Enhür Fî Şerhi Mülteka'l-Ebhur, c. I, sh. 546 vd.; Bilmen, Ömer Nasuhi, Büyük İslâm İlmihali, sh. 306-307.

3 Damad, Mecma'ul-Enhür Fî Şerhi Mülteka'l-Ebhur, c. I, sh. 239 vd.

Buraya kadar zikredilen keffâret olarak köle âzâd etmelerden anlaşılacağı üzere, İslâm Hukuku, köleliğin ortadan kalkması için ortaya koyduğu yolların en müessiri olarak keffaretleri işletmiştir. Çünkü bunların yerine getirilmelerini takip etmek mahkemelerin de görev alanlarına girmektedir. Bir an için hayal ediniz; Bütün bu zikredilen günahları işleyenlerin sayısının ne kadar olabileceğini ve bunların keffâreti yerine getirirken evlerinde köle bulunması halinde mutlaka köle âzâdı şıkkını tercih etmeleri mecburiyetlerinin bulunduğunu. O zaman İslâm Hukukunun zamana bırakarak makul bir tarzda kölelikten hürriyete geçişin bütün hazırlıklarını yaptığını anlayacaksınız.

Mâlikî ve Hanbeli hukukçuların kabul ettiği bir hükme göre, efendiler kölelerine iyi muâmele etmek zorundadırlar. Eğer efendiler, kölelerine kötü muâmele ederler ve özellikle de onları döverlerse, Mâlikî ve Hanbeli hukukçulara göre, dövülen köleler hürriyetlerine kavuşurlar; kendiliklerinden hür olurlar[1].

3- İhtiyârî Olan Köle Âzâd Yolları

Buraya kadar yapılan izahlardan şunları anladık:

İslâm hukuku, cemiyet hayatında alabildiğine yerleşen ve birden bire ilgası hem hür insanlar ve hem de köleler açısından felâket olacak olan köleliği, kurduğu müseseseler ve mecbûrî âzâd etme yolları ile tere yağından kıl çekme kolaylığında bertaraf etmeyi planlamıştır. Kur'an, efendilere elleri altında bulunan ve cemiyette kendi müstakil hayatını devam ettiribilecek olan kölelerle âzâdlık sözleşmesi yapmayı tavsiye eylemiş (mükâtebe akdi); başkasıyla evli olmayan ve sadece efendisiyle karı koca hayatı yaşayan cariyelerden efendi çocuk sâhibi olursa, efendisinin ölümüyle otomatikman hürriyetine kavuşacağını hükme bağlamış (istîlâd); Efendi'nin ölümünden sonra hürriyetine kavuşmak üzere vasiyet tarzında hukukî muâmele yapmayı efendilere tavsıye eylemiş (tedbîr); bununla da kalmayarak, kasda benzer tarzda, hatâen veya hatâ mecrâsına câri olacak şekilde adam öldüren kimselere, karısını mahremlerine benzeten ve yasak benzetmede bulunanlara, yemin edip yemininde durmayanlara ve kasden orucunu bozan şahıslara keffâret olarak bir köle âzâd etmelerini mecbûr eylemiştir.

---

1 Şevkânî, Neyl'ül-Evtâr, c. III, sh. 207; Bilmen, Hukuk-ı İslâmiye, IV, sh. 33-34; Hanbeli hukukçular, bu hükmü, İmam Müslim'in rivâyet ettiği bir hadise dayanarak istinbât eylemişlerdir.

Peki bütün bunlardan sonra, mezkûr durumlardan biri yoksa, köle âzâd edilmeyecek midir? İşte burada ihtiyârî köle âzâd etmeyi teşvik ve bu fiili işleyenlere manevî mükâfat ve cennet tebşiri yapılmıştır.

Kur'an, köle âzâdını, insanın âhiret yolu üzerindeki sarp yokuşları aşmanın yollarından biri olarak tavsiye etmekte, yetimi doyurmak ve fakire sadaka vermekle eş tutmaktadır: "O (sarp yokuşu aşmak), köle âzâd etmek yahut sıkıntılı bir günde yetimi doyurmak veyahut da hiç bir şeyi bulunmayan fakir ve miskinlere yardımcı olmaktır."[1]. Kur'an-ı Kerim, özellikle kadın köleler yani cariyeler hususunda şu irengi noktaya dikkat çekmektedir: "Dünya hayatının geçici menfaatlerini elde edeceğiz diye namusu ile yaşamak istiyen cariyelerinizi aslâ fuhşa zorlamayın". Fuhşa zorlanan köle ve cariye hür olur[2].

Hz. Peygamber ise, çok sayıdaki hadisleri ile, müslümanları elleri altında bulunan köleleri âzâd etmeye teşvik eylemiştir. Bunlardan sadece bir iki tanesini aktaralım: "Hangi mü'min, bir köleyi âzâd ederse, Allah da âzâd ettiği kölenin her uzvuna karşılık kendisinin bir uzvunu cehennem ateşinden âzâd eder."[3].

Sahabenin birisi anlatıyor: Biz, Resûlüllah ile birlikte Tâif'de idik. O'nun şöyle buyurduğunu bizzat kulaklarımla duydum: "Kim Allah yolunda bir ok atarsa, onun için Cennet'de bir derece vardır. Kim gençliğini İslâmî dâirede geçirirse, gençliği kıyamet gününde onun için bir nur olur. Hangi müslüman erkek, müslüman bir köleyi âzâd ederse, her kemiği onun kemiklerini cehennemden koruyucu bir kalkan olur. Hangi müslüman kadın bir müslüman cariyeyi âzâd ederse, o da ona cehennem için bir kalkan olur."[4].

Berâ ibn-i Âzib'in anlattığına göre, bedevi bir Arab Rasûlüllah'a gelerek şöyle sordu: Ey Allah'ın Peygamberi! Bana bir amel öğret ki, beni Cennet'e götürsün. Resûlüllah buyurdu: "Köle âzâd eyle ve boyunların kölelik bağından çözülmelerini temin et." Dedi ki; ikisi aynı değil mi? Cevap verdi: "Hayır. Birincisi, tek başına köle âzâd etmendir. İkincisi ise, âzâd edilmek gayesiyle kimin olursa olsun kölelere yardım etmendir."[5].

Bunun uygulamaya nasıl yansıdığını da Osmanlı Döneminde verilen şu mahkeme kararından anlayalım:

---

1 Kur'an, Beled, 11-13

2 Kur'an, Nur, 33; Bilmen, Hukuk-ı İslâmiye, IV, sh. 33.

3 Buhari, Itk, 1, c. I, Cüz, 3, sh. 117; Müslim, Itk, No: 21 (1509), c. II, sh. 1147; Kâsânî, Bedâyi'us-Sanâyi', c. IV, sh. 45 vd.

4 Kâsânî, Bedâyi'us-Sanâyi', c. IV, sh. 45 vd.

5 Kâsânî, Bedâyi'us-Sanâyi', c. IV, sh. 45 vd.

İhtiyârî Köle Âzâd Etmekle İlgili Şer'îye Mahkemesi Hücceti[1] "Itıknâme An Gulâm-i Mehter Mustafa Ağa (Mehter Mustafa Ağa'nın Kölesine Dair Azad Belgesi)

Anadolu Vilâyeti'nde bulunan Amasya asıllı ve hâlâ Sultan Bayezid Mahallesi sâkinlerinden olan eski sadrazam rahmetli Ahmed Paşa'nın Enderûnî mehterlerinden Hacı Mehmed oğlu Mehter Mustafa Ağa, şerefli ve nurlu şer'î yargı meclisinde ve parlak din mahfelinde, kendisi köle olduğunu itiraf eden orta boylu, kara kaşlı, şehlâ gözlü ve yazılı belgenin sahibi Abdullah oğlu İbrahim'in huzurunda şöyle ikrarda bulundu:

Adı geçen ve vasıfları tayin edilen kölemi, sadece Yüce Allah'ın rızası rahmet sahibi Rabbim'in hoşnudluğu ve Allah'a selim kalp ile gelenler dışında mal, mülk ve evladın kimseye fayda vermeyeceği kıyamet gününün azabı korkusu için azad ettim. Bu azad işleminde Hz. Peygamber'in "**Kim bir mümin köleyi azad ederse, yüce Allah da onun her uzvu karşılığında sahibinin bir uzvunu cehennem ateşinden azad eder**" (Söyleyen seçkin insan çok doğru söylemiş) hadisine uymayı amaçladım ve bu kölemi asıl hürlere kattım. Bu günden sonra adı geçen şahıs, diğer asıl hürler gibi olup velâ hakkımdan (mirascılık hakkı) başka kendinde hiçbir hakkım kalmamıştır. Bu ikrar beyanı üzerine beyanı mahkemece tasdik edildi ve talep üzerine durum sicile kaydedildi.

11 Safer 1169/1755

<u>Şahitler</u>

Muhammed oğlu Molla Hasan,
Muhammed oğlu Abbas Beşe,
Mutasarrıf Ömer Efendi oğlu Mustafa Ağa,
Abdullah oğlu Kurşuncu Mustafa ağa,
Ömer Efendi oğlu Mehmed Efendi,
Mehmed Efendi oğlu Ahmed Efendi (Kâtip)
Küçük Kale Kalemi Kesedarı".

---

1 İMŞSA, Beşiktaş Mahkemesi, No: 23-127, sh. 47; Akgündüz/Heyet, Şer'cilleri, I, sh. 225-226.

İhtiyârî Köle Âzâd Etmekle İlgili Şer'îye Mahkemesi Hücceti

Itıknâme An Gulâm-i Mehter Mustafa Ağa

"Itıknâme an Gülâm-i Mehter Mustafâ Ağa;

Vilâyet-i Anadolu'da vâki' fi'l-asl Amasya Şehri'nden Sultân Bâyezid Mahallesi sâkinlerinden olup, sâbıkan sadr-ı a'zâm-ı merhûm Ahmed Paşa'nun, Enderûnî mehterlerinden Mehter Mustafâ Ağa ibn-i el-hâc Mehmed, meclis-işer'-i şerîf-i enver ve mahfel-i dîn-i Münîf-i ezherde kendüsi rıkkını mu'terif orta boylu, kara kaşlı şehlâ işbu hâfızu'l-kitâb İbrâhim ibn-i 'Abdullah mahzarında ikrâr-ı tam ve takrîr-i kelâm edüb mevsûf-ı mezbûrı hasbeten-lillahi'l-aliyyi'l-'azîm ve taleben li-mardâti Rabbi'r-Rahîm ve hereben min ukûbatin elîm yevme lâ yenfe'u malûn velâ benûn illâ men etallahu bi-kalbin selîm ve iktidâen bi kavlin-Nebiyyi'l-Kerîm **"Men e'taka rekAbeten mü'mineten a'taka Allahu Ta'alâ bi-külli uzvin minhâ uzven minhu fi'n-nâr"** sadaka kailuhul-muhtâr mâlından tahrîr ve i'tâk ve zümre-i harâir-i asliyyâta idrâc ve ilhâk eyledüm. Ba'de'l-yevm mevsûf-ı mezbûre sâir harâir-i asliyyâtdan olup üzerinde velâdan gayrı hakkum kalmadı didikde gıbbe't-tasdîki'ş-şer'i mâ vaka'a bi't-taleb ketb olundı.

Fi'l-yevmi'l-hâdiyâ aşare fî Saferi'l-hayr sene tıs'in ve sitîne ve mietin ve elf.

Şuhûdü'l-hâl

Molla Hasan ibn Muhammed,	Kurşuncu Mustafâ Ağa ibn-i 'Abdullah,	Abbas Beşe ibn-i Muhammed,
Fahrü'l-emsâl Mehmed Efendi ibn 'Ömer Efendi,	Fahrü'l-akrân Mustafâ Ağa ibn 'Ömer Efendi mutasarrıf,	Fahrü'l küttâb Ahmed Efendi ibn Mehmed EfendiKesedâr-ı kalem-i Küçük Kale

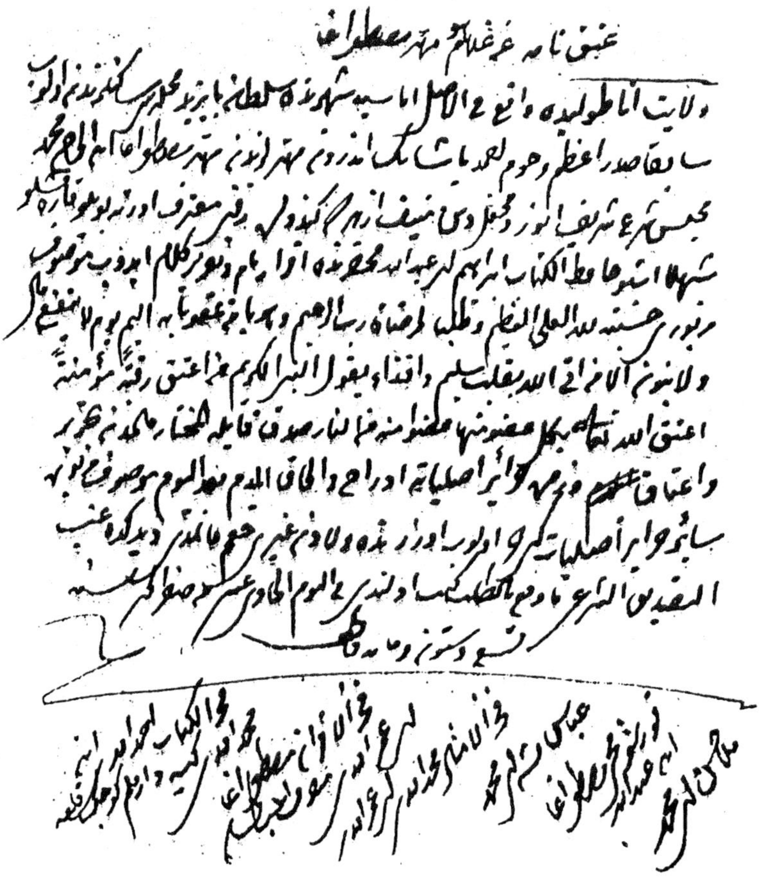
عتقنامه عن غلام مهتر مصطفى آغا

Kur'an ve Sünnet'ten dersini alan İslâm Hukukçuları da köle âzâdını teşvik ve Sünnet hükümlerini tatbik gayesiyle, şu kâideyi ısrarla vurgulamışlardır: Üç hukukî muâmelede, ciddî irâde beyânı ile şaka olan irâde beyânlarını aynı hükmü doğurur; Evlenme beyânı, Boşama beyânı ve Köle Azâd Etme beyânı. Bu üçünden birini, şaka ile de olsa söyleyen insan, açıkladığı beyânı ile bağlı hale gelmektedir.

Yine İslâm Hukukçuları, köleliğin tıpkı uyku, küçüklük ve benzeri sebepler gibi ehliyet arızalarından olduğunu ifade ederek, insanlıkta esas olanın hürriyet ve tam ehliyet olduğunu ifade etmek istemişlerdir.

Bütün bunlara köleliğin tek sebebi olduğunu ve tek sebep olan savaş neticesinde alınacak esirler için de beş ayrı alternatifli hüküm mevzubahis olduğunu; ülül-emrin ancak maslahat yani kamu yararı şartıyla bu beş şıkdan birisi olan köleliği tercih edebileceğini de ilâve etmek ve öylece düşünmek gerekecektir. Bu hükümleri inceleyen aklı başında bir insan, köleliğin insanlık tarihinden silinmesinin tek âmilinin İslâm hukukunun almış olduğu bu tedbirler olduğunu hemen idrak edecektir. Peşin fikirli olmamak şartıyla....

§. 5. İSLÂMİYET KÖLELERE OLAN MU'ÂMELEYİ MEDENÎ HALE GETİRMİŞ (EFENDİLER AÇISINDAN ZORLAŞTIRMIŞ) VE KÖLELER İLE CARİYELERİN HUKUKÎ DURUMLARINI AYRI AYRI TANZİM ETMİŞTİR

I- İSLÂMİYET KÖLELERE VE CARİYELERE İYİ VE GÜZEL MU'ÂMELEYİ EMR ETMİŞTİR

İslâmiyetin köleliği kaldırmak üzere aldığı tedbirlerden biri ve en önemlisi de, kölelere karşı olan muâmeleyi, efendiler açısından zorlaştırması ve köleler açısından ise, medenî ve insânî bir kalıba sokmasıdır. Zira muâmele ve yaşayış itibariyle İslâmiyette, efendi ile köle arasında uzun bir mesâfe ve ciddi bir farklılık olduğunu, şer'î hükümleri bilen kimse iddia edemez. Çünkü müslümanlar arasında kölelik, ar ve utanç vesilesi bir durum değildir. Köleler de, sosyal hayattan dışlanan ve toplum tarafından bir tarafa itilen ikinci sınıf insanlar topluluğu değildir.

Kur'an-ı Kerim, kölelere de normal insanlar gibi iyi ve güzel muâmele edilmesini özellikle emrederek muhtemel kötü davranışları ortadan kaldırmak istemiştir: "**Ana-babaya, akrabaya, yetimlere, miskinlere, yakın komşulara, uzak komşulara, yolculara ve ellerinizin altında bulunan köle,**

câriye ve benzerlerine iyilikle muâmele eyleyin; Allah, kendini beğenen ve böbürlenen kimseleri sevmez."[1].

Batı hukuk sistemlerinde köleler hakkında özel ve katı Karalar Kanunu çıkarılırken ve kölelere uygulanacak cezaî hükümler hürlere göre en az iki kat arttırılırken, İslâm Hukuku, kölelere tatbik edilecek hükümleri ve özellikle de cezâî hükümleri, en az yüzde elli hafifletmiştir. Bunun sebebi, kölelere yapılacak muhtemel zulümleri ortadan kaldırmak ve engellemektir. Kur'-an'dan buna misâl olarak şu âyeti vermek ve daima hatıralarda tutmak icabetmektedir: "Mü'min câriyeler, evlendikten sonra zina ederlerse, onlara şer'an hür kadınlara tatbik olunan had ve ta'zir cezalarının yarısı tatbik olunur."[2]

Kölelere karşı şefkat ve merhametle muâmele etme ile alakalı emirleri ve teşvikleri Hz. Peygamber'in sünnetinde de görüyoruz. Hz. Peygamber, değişik yollarla nakledilen bir hadislerinde "Namaz ve mülkiyetiniz altında bulunan köleler hususunda Allah'dan korkunuz" buyurmaktadır ve ölüm hastalığı sırasında söylediği son sözün de "namaz ve mülkiyetiniz altındaki köleler" ifadesi olduğu rivâyet edilmektedir. Hz. Peygamber'in şu hadisi de bu manayı perçinleştirmekte ve tarih boyu toplumlarda hakları çiğnenmiş iki grubu işaret ederek şöyle buyurmaktadır: "Toplum içinde zayıf görülen iki grup yani kadınlar ve köleler hakkında Allah'dan korkunuz.". Bir hadis-i şerifte ise, "Hz. Cibril, bana kölelere iyi muâmele konusunda öyle tavsiyelerde bulundu ki, zannettim ki, insanlar artık köle edinemeyecekler ve onları istihdam edemeyecekler.". Bazı rivâyetlerde ise, manidar ve İslâm hukukunun gayesini belirten bir ilâve daha vardır: "Belirli bir zaman sonra kölelerin hepsi hür olacaklar."[3].

Aileye hizmet eden kölelere, nasıl muâmele edileceği konusunda ise, yine Resûlüllah'ın hadislerinden bir kaç tanesini aktarmak yeterli olacağı kanaatindeyiz: Bir hadisde buyuruyor: "Biraderleriniz olan köleleriniz, sizin hizmetkârlarınızdırlar. Yüce Allah, onları sizin tasarrufunuza verdi. Bu sebeple eli altında köle bulunduran her insan, kölesine yediğinden yedirmeli ve giydiğinden giydirmelidir (Hatta sahibi mahrumiyet içinde yaşasa bile, kölesini mahrumiyet içinde yaşamaya mecbur edemez). Onlara tahammüllerinin üzerinde iş teklif etmeyiniz. Ayrıca onlara teklif ettiğiniz işlerde yardımcı olunuz."

---

1 Kur'an, Nisâ, 36

2 Kur'an, Nisâ, 24

3 Bu hadisleri toplu olarak görebilirmek için bkz. Şeyh Mansûr Ali Nâsıf, Et-Tâc El-Câmi' Lil-Usûl Fî Ahâdîs'ir-Resûl, Kahire 1961, II, sh. 269-271; Ahmed Şefik Beğ, Er-Rıkku Fil-İslâm, sh. 60-63.

Bir başka hadisde ise, bunun devamı mahiyetinde şöyle buyurmaktadır: "Yüce Allah onları sizlere köle eyledi. Eğer isteseydi, sizi onlara köle ederdi."[1].

Hz. Peygamber'in bu son söylediği başka hadislerle de teyid edilmiştir. Bu sebeple Avrupa'da görülen kölelerin ellerini ve ayaklarını kesmek ve benzeri işkencelere maruz bırakmak, İslâmiyette tamamen yasaklanmıştır. Hatta bu manada işkence edenlerin kölelerinin, şer'an âzâd kabul edildiklerini daha evvel nakletmiştik. Hatta kölesine zulm eden bir sahabinin durumu Hz. Peygamber'e ulaştığında, hemen Efendi'yi muhâsebeye çekmiş ve sonra da köleye, "Haydi git. Artık hürsün" talimatını vermiştir. Bunun üzerine köle, "Peki bundan sonra kimin kölesi olacağım?" şeklinde soru sorması üzerine de tarihî ve manidar olan şu cevabını vermiştir: "Allah ve Resulünün....". Bu cevabın manası, köleler maddi açıdan zor duruma düşmeleri halinde, onların nafakalarının devlet tarafından karşılanacağı ve bunların zillete düşmelerine müsaade edilmeyeceği şeklinde olsa gerektir[2].

İslâmiyette kölelere riâyet ve onların refah içinde hayatlarını devam ettirmelerinin yanında, küçük görülmemeleri ve efendileri tarafından tahkir olunmamaları için de çeşitli tedbirler alınmıştır. Hz. Peygamber'in "Kim kölesini tokatlar ve döverse, cezası kölesini âzâd etmektir." hadisini esas alan Hanbeli hukukçular, böyle bir hal vukuunda kölenin otomatikman âzâd olacağını bile ileri sürmüşlerdir. Diğer hukukçular ise, bunun ahlâkî bir düstur olduğunu ifade etmişlerdir. Diğer tarafdan yine Şanlı Peygamber'in şu sözleri, kölelere nasıl şefkatle muâmele edilmesi gerektiği hususunda mühim bir düsturdur: "Sizden hiç kimse, kölesine "Kölem ve câriyem" dememeli. "Oğlum, kızım, evlâdım" demeli. Çünkü hepiniz Allah'ın kullarısınız."[3]. Hz. Ali'nin "Allah, Rabbimdir diyen bir insanı köle edinmekte Allah'dan utanıyorum" şeklindeki sözü de bu manayı teyid eylemektedir.

Hz. Peygamber'in tavsiyelerine göre bir hizmetkâr, hür olsun köle olsun, efendisine yemek getirecek olursa, efendisinin onu beraber oturttup yemek

---

1 Kâmil Miras, Sahih-i Buhari Muhtasarı Tercümesi, c. VII, sh. 464 vd.; Buhari, Kitâb'ul-Itk, Bâb, 18; Ahmed Şefik Beğ, Er-Rıkku Fil-İslâm, sh. 63-64; Bu hadisleri toplu olarak görebilirmek için bkz. Şeyh Mansûr Ali Nâsıf, Et-Tâc El-Câmi' Lil-Usûl Fî Ahâdîs'ir-Resû, Kahire 1961, II, sh. 269 vd.

2 Bu hadisleri toplu olarak görebilirmek için bkz. Şeyh Mansûr Ali Nâsıf, Et-Tâc El-Câmi' Lil-Usûl Fî Ahâdîs'ir-Resû, Kahire 1961, II, sh. 269-276; Ahmed Şefik Beğ, Er-Rıkku Fil-İslâm, sh. 63-66

3 Kâmil Miras, Sahih-i Buhari Muhtasarı Tercümesi, c. VII, sh. 464 vd.; Buhari, Kitâb'ul-Itk, Bâb, 17; Ahmed Şefik Beğ, Er-Rıkku Fil-İslâm, sh. 67-68.

yemesi veyahut bir iki lokma da olsa ikramda bulunması gerekir. Bu tavsiyeler ve sözler, efendi ile köle arasındaki münâsebetlere en iyi delil değil midir?[1].

Bütün bu hükümlerin 1400 sene önce ne demek olduğunu anlamak istiyenler, Fransız ve İngiliz müstemlekelerindeki Karalar Kanununun hükümlerini karşılaştırmalıdırlar. Mezkûr kanun, kölelerin Paris'e ve Londra'ya gelmelerini bile yasaklarken, Hz. Peygamber, kölelerin eğitim ve öğretimlerinin dahi ihmâl edilmemesi için şu ikazda bulunmaktadır: "Kim sahip olduğu cariyenin eğitim-öğretimini yaptırır, ona güzel muâmelede bulunur ve evlendirerek hürriyetine kavuşturursa, onun için iki mükâfât vardır."[2].

Bütün bu nakledilen Kur'an âyetleri ve Resûlüllah'ın sünnetlerinin yanında, bunlar esas alınarak İslâm tarihinde yaşanan vâkıalar da mevcuttur. Asr-ı Sa'âdet'ten Emeviler devrine, Abbasilerden Karahanlılara, Selçuklulardan Osmanlılara kadar bütün İslâm tarihi boyunca, çok az suiistimaller dışında, kölelerle ilgili bu tavsiyelere uyulmuştur. Özellikle Osmanlı Arşivi ve Şer'iye Sicilleri Arşivleri, bu güzel muâmelelerin yazılı vesikaları ile lebaleb doludur. Merak edenleri arşiv belgeleri ile başbaşa bırakıyoruz. Tamamını zikretmemiz, ciltlerle kitap yazmamızı icabettirir. Ancak nazarî planda kabul edilenlerin tatbikatta da gözetildiğini göstermesi açısından bazı çarpıcı misalleri vermek istiyoruz:

Birinci Misâl, Hz. Ömer devrinde yaşanan ve dillere destan olan Kudüs'ün fethi sırasındaki hâdisedir. Bilindiği gibi, Hz. Ömer'in komutanı Ebu Ubeyde, Kudüs'ü muhâsara eder. Tazyike dayanamayan Kudüs Patriği Sofronios teslime razı olur; ancak şehrin teslimini bizzat Hz. Ömer'e yapmak ister. Teklifi kabul eden Hz. Ömer, bir kölesiyle birlikte Kudüs'e gelir. Ancak binmek için bir tek develeri vardır ve yolda Hz. Ömer ile kölesi nöbetleşe deveye binmek zorunda kalmışlardır. Şehre yaklaştıklarında deveye binme sırası kölenin olduğundan köle deveye biner, Halife de arkasında yaya olduğu halde Ebu Ubeyde'nin ordugahına ulaşırlar. Hz. Ebu Ubeyde, bu şekilde gelen Halife'yi Kudüslülerin hafife alacaklarından korkarak "Ey Halife! Sana layık olmayan bir halde bulunuyorsun. Halbuki herkesin gözü sendedir" mealinde sözler söyler. Hz. Ömer'in buna cevabı hem çok sert ve hem de bırakınız sadece köle hakları belki bütün insan hakları açısından ibretli ve manidardır: "Senden önce kimse bunu söylemedi. Biz, insanların en zelil ve en

---

1 Kâmil Miras, Sahih-i Buhari Muhtasarı Tercümesi, c. VII, sh. 464 vd.; Buhari, Kitâb'ul-Itk, Bâb, 18; Ahmed Şefik Beğ, Er-Rıkku Fil-İslâm, sh. 68.

2 Ahmed Şefik Beğ, Er-Rıkku Fil-İslâm, sh. 68-69

hakiri idik. Allah, bizi İslâm Dini ile aziz kıldı. Eğer biz başka bir yolla aziz olmayı istersek, Allah yine bizi zelil kılar."[1].

İslâm Tarihinde yaşanan benzeri olayları çoğaltmak mümkündür. Ancak özetle şu cümlelerle yetiniyoruz: Tarihten öğrendiğimize göre, Üsame bin Zeyd, Hz. Peygamber'in kölesi idi. Hz. Peygamber, onu küçük iken kucağına alıp torunu Hz. Hasan ile birlikte dizlerine oturturdu. Beraber oynardı. Her ikisini de öper, okşardı. Üsame büyüyünce, kabiliyetinden dolayı Filistin'i fethetmek üzere gönderilen orduya komutan tayin etmişti. Komutan olduğu ordu içinde Hz. Ebubekir, Hz. Ömer ve benzeri şahsiyetler de vardı[2].

İkinci Misâl: Osmanlı Devleti zamanındaki tatbikatttır. Daha sonraki izahlarımızda konuya ayrıca değineceğimiz için burada tek bir misâl ile yetinmek istiyoruz. Hatırlatalım ki, savaş esirlerinden elde edilenler, bilinen anlamıyla köleleştirilmeyen Osmanlı devletinde, savaş esirleri Acemi Ocakları ve Yeniçeri Ocağı vasıtasıyla islâma uygun bir muâmeleye tabi tutulurlar ve neticede yüzde doksanı bu güzel muâmeleden dolayı müslüman olurlardı. Osmanlı devletini, asırlarca zaferden zafere koşturanların önemli bir kısmı devşirmelerden veya savaş esirlerinden olup da sonradan müslüman olan ve Türkçe'ye Türklerden daha güzel konuşan kimselerden teşekkül ediyordu.

Osmanlı Devleti'nin en büyük mimarı Mimar Sinan, bu manada insanlardan olduğu gibi, asırlarca Osmanlı Denizcilğinin adını dünyaya duyuran Sokollu Mehmed Paşa da savaş esirlerinden ve devşirmelerdendi. Kısaca, savaş esiri sıfatı ile Osmanlı devletinin eline geçen insanlardan yüzlerce paşa, yüzlerce sancakbeği ve binlerce benzeri devlet makamlarını işgal etmiş insanların bulunduğunu görmek istiyenler, Mehmed Süreyya'nın Sicill-i Osmânî adlı dört ciltlik eserini mütalaa edebilirler[3]. Osmanlı Devletiyle alakalı daha fazla ayrıntılı bilgiyi şimdilik tehir ederek, kölelere muâmele konusunda İslâmın hükümlerine ayna olmuş çok sayıda hukukî olaydan birini, sadece misal olsun diye arz edelim:

Bugün müslüman milletlerin kendi dinini rahat yaşayamadığı ülkemizde ve dünyada, başörtüsü ve milletvekili yeminleri konusunda hangi olayların meydana geldiğini, okuyucular, bizlerden daha iyi bilmektedir. Müslüman bir Devlette başörtüsüne müdahele edilmektedir. Müslüman bir milletvekili dinine göre yemin edememektedir. Hele Hristiyan olan Avrupa devletlerinde ise, müslüman oldukları için Boşnaklara hayat hakkı tanınmamaktadır. Bu say-

---

1 Makrizî, El-Hitat'ul-Mısriyye, c. I, sh. 166

2 Ahmed Şefik Beğ, Er-Rıkku Fil-İslâm, sh. 71-75

3 Mehmed Süreyya, Sicill-i Osmânî (Tezkire-i Meşâhir-i Osmaniyye), 1308, I-IV.

dıklarımız, hukuk devletiyim diyen devletlerde ve hür dünyada, ayrıca hür insanlar için revâ görülen muâmelelerdir. Halbuki, Osmanlı Devletinde, bırakınız hür olan gayr-i müslimlerin hak ve hürriyetlerine müdâhele edilmeyi, köle ve cariye olan insanlar dahi İslâm Hukukunun kendilerine tanıdığı hakları ve hürriyetleri güzel bir hürriyet ortamı içerisinde yaşadıklarını gösteren, binlerce arşiv vesikası mevcuttur. Bunlardan, Hristiyan bir kölenin Şer'iye Mahkemesinde nasıl inancına ve dinine uygun yemin ettirildiği ile alakalı olayı kısaca özetleyeceğiz:

Hristiyan Kölenin Kendi İnancına Göre Yemin Etmesiyle Alakalı Hüccet-i Şer'iyye (İMŞSA, İstanbul Kadılığı, No: 1-89, sh. 649)

"Bu yazılı belge sâhibi Azûdi oğlu Lambo adlı şahıs, yüce şer'î yargı meclisinde, Abdullah oğlu Şaban huzurunda, bu şahsın aleyhinde şöyle iddia ve beyanda bulunudu: Bundan önce davalı Şaban'a pastırmalık iki baş sığırı 600'er akçeden 1200 akçeye sattım ve teslim ettim. O da kabûl ederek teslim aldı. Sonra bedelin 70 akçesini peşin aldım. Zimmetinde 1130 akce alacağım kalmış idi. Durumun soruşturularak, borçludan alacağımın alıverilmesini istiyorum.

Davacının bu iddiası üzerine durum soruşturuldu. Davalı Şaban iddiayı inkâr edince, davacı Lambo'dan iddiasını isbat edcrek kesin delil taleb olundu. Ancak davacı delil getirmek üzereyken davalı yeniden söze başlayarak şöyle bir defi'de bulundu: Gerçekten davacı Lambo'dan yukarıda zikri geçen iki baş sığırı iddia edildiği şekilde 1200 akçeye satın aldım. Semenleri olan söz konusu meblâğı tam olarak alacaklıya edâ ve ifâ eyledim idi. Davalının iddiayı inkâr etmesinden sonra davalı Şaban'dan cevabî iddiasını isbat edecek kesin delil talep olundu. Kesin delil getiremeyince, söz konusu iddiayı ikrâr ve i'tirâf ettiğinden, zikredilen meblağı davacı Lambo tam olarak teslim alamadığına dair davacıya yemin teklif olunmasını istedi. Davacı da istenilen tarzda "**İncil'i Hz. İsa'ya indiren Allah'a**" yemin edince, yemin gereği, söz konusu meblağı davacıya teslim etmesi için şer'i mahkeme tarafından davalı Şaban'a tenbih olundu. Ve durum talep üzerine sicile kaydedildi.

İbrahim Çelebi bin Şabân,	Mustafa oğlu Mehmed	Mübâşir'Abdi oğlu Ahmed
Bünyâd, oğlu Zülfikâr	Arslan Beşe	Mansûr oğlu Ali ve diğerleri"

Hristiyan Kölenin Kendi İnancına Göre Yemin Etmesiyle Alakalı Hüccet-i Şer'iyye[1]

"Sâhib-i hâze-l-kitâb Lambo Veled-i Az'udi meclis-i şer'-i şerîfde, Şabân bin 'Abadullah mahzarında üzerine da'vâ edüb bundan akdem mezkûr Şa'bân'a bastırmalık iki re's sığır altışar yüz akçeden bin ikiyüz akçeye bey' ve teslim edüb ol dahi iştirâ ve kabz ve tesellüm etdikden sonra yetmiş akçesin alup kabz etdim, zimmetinde bin yüz otuz akçe bâkî kalmışdı. Vâkî hâl suâl olunup alıverilmesi matlûbumdur dedikde gıbbe's-suâl merkûm Şa'bân husûs-ı merkûmu inkâr edicek müdde'î-i mezbur Lambo'dan da'vasına mutâbık beyyine talep olundukda ikâmet-i beyyine sadedinde iken mezbûr Şa'bân i'âde-i kelâm idüb fi'l-hakîka mezbûr Lambo'dan zikr olunan iki re's sığır minvâl-i muharrer üzere bin ikiyüz akçeye iştirâ idüb semenleri olan meblag-ı merkûmu bi't-tamâm mezbûr Lambo'ya edâ ve ifâ eyledim idi deyüb gıbbe'l-inkâr mezbûr Şabân'dan da'vâsına mutâbık beyyine taleb olundukda ikâme-i beyyineden 'âciz olub husûs-ı merkûma mukır ve mu'terif oldukdan sonra semen-i merkûmu içün mezbûr Lambo'yu bi't-tamâm istifâ ve kabz itmediğine istihalât itdikde ol dahi 'âlâ vefk-i mes'ûle **yemin-i billahi ellezi enzele'l-İncil'e 'âlâ 'İsa aleyhisselâm** edicek meblag-ı mezbûrun teslimi ile mezkûr Şa'bân'a kıbel-i şer'den tenbih olunub vâki' hâl bi't-taleb ketb olundı.

Tahrîren fi'l-yevm es-sâlis min saferü'l hayr sene isneyn ve 'işrîn ve elf

<u>Şühûdü'l-hal</u>

Şabân oğluİbrahim Çelebi	Mehmed bin Mustafa	Ahmed bin 'Abdi el-mübâşir,
Zülfikâr bin Bünyâd,	Arslan Beşe er-recül,	'Ali bin Mansûr ve gayruhüm"

1 İMŞSA, İstanbul Kadılığı, No: 1-89, sh. 649

Bu özetlemeden sonra şimdi de kölelerin ve cariyelerin hukukî durumlarıyla efendileriyle olan münasebetleri hakkında kısa bilgiler verelim.

II- İSLÂM HUKUKUNDA GENEL OLARAK KÖLELERİN HUKUKÎ DURUMLARI VE EFENDİLERİYLE MÜNASEBETLERİ

1- Şahsın Hukuku Açısından

İslâm Hukukunda kölelik, ehliyeti sınırlayan hallerden biri olarak kabul edilmektedir. Yani köle insan olarak kabul edilmekte, ancak muvakkat hükmî âcizlik durumu sebebiyle sınırlı ehliyete sahip olduğu ifade edilmektedir. İnsan olarak kabul edilen kölenin hak ve fiil ehliyeti vardır. Ancak bu ehliyetlerin gereğini yapmaktan hükmî bir âcizlik sözkonusudur. Malî konularda mülkiyet hakkından mahrum edilmiştir. Yani mâlik olamaz. Bunun dışındaki şahsî hakları mevcuttur[1]. Buna göre, kölenin de şahsiyet haklarına tecâvüz olunamaz; İslâm Hukukçularının verdiği garip bir misalle ifade edilecek olursa, "kölenin sakalını kesene karşı tazmînât davası açılır."[2].

Efendi'nin köle üzerindeki velâyet ve terbiye hakkı, kendi çocuğu üzerindeki velâyet ve terbiye hakkından fazla değildir[3]. Köleler, İslâm Hukukunda tam bir ibâdet hak ve hürriyetine sahiptirler. Hatta bugün bir çok devletlerin, hür insanlara tanımadığı ibâdet hürriyeti, tarih boyunca müslüman ve gayr-i müslim bütün kölelere İslâm Hukuku tarafından tanınmıştır. Bir kısım Padişah hanımları dahi belli bir süre kendi dinini yaşamaya devam etmiş ve daha sonra kendi rızasıyla İslâm Dinini tercih eylemiştir. Yalnız, kölelik sebebiyle zekât, fitre, Cuma namazı, Bayram namazı, hac ve umre gibi ibâdetlerden, hürriyet şartı sebebiyle veya mülkiyet hakkı konusundaki sınırlar nedeniyle köleler muâf tutulmuştur[4].

Köleler, İslâm hukukuna göre aslında mahcûr (kısıtlı) değillerdir. Zira bunlar, irâde sahibi mükellef insanlardır. Bu noktada hürlerden farkları yoktur. Ancak zilyedi oldukları mallar, efendilerine ait olduğundan, efendisinin

---

[1] Sava Paşa, İslâm Hukuku Nazariyâtı Hakkında Bir Etüd, Ankara 1958, II, sh. 339 vd; Molla Hüsrev, Mir'ât, sh. 611 vd.; Cin/Akgündüz, Türk-İslâm Hukuku Tarihi, II, sh. 27-29

[2] İbn-i Nüceym, Zeynüddin, El-Eşbâh Ven-Nezâir, Beyrut Ofset 1985, sh. 312.

[3] 1267 tarihli Ceza Kanunnâme-i Hümâyûnu, Fasıl 3, md. 19; Akgündüz, Mukayeseli İslâm ve Osmanlı Hukuk Külliyâtı, Diyarbakır 1986, sh. 830-831

[4] İbn-i Nüceym, Zeynüddin, El-Eşbâh Ven-Nezâri, Beyrut Ofset 1985, sh. 312 vd.; Molla Hüsrev, Mir'ât, sh. 611 vd

rızası olmadan tasarruf hakkına sahip değillerdir. Bu sebeble efendisinin malında keyfî tasarruflarda bulunmaması için, mahcur yani kısıtlı olmasını kabul etmişlerdir. Bu kısıtlama, âzâd oluncaya kadar devam eder. Buna göre, köleler, mutlak maslahatlarına olan lehlerine hibe ve vedîa gibi tasarrufları, efendilerinin izni bulunmasa da yapabilirler. Kölenin şahitlik ve velâyet gibi mutlak aleyhine olan tasarrufları ise, izin verilse de caiz değildir. Kölenin lehine veya aleyhine olabilecek tasarrufları ise, -alım-satım sözleşmesi, kira sözleşmesi ve benzerleri gibi-, efendisinin izni ve ruhsatı bulunmadan caiz değildir. Kölenin kısıtlılığı, âzâd olması veya efendisinin tasarruf izni ve ruhsatı vermesiyle ortadan kalkar. Kendisine tasarruf izni verilen köleye me'zûn köle denmektedir[1].

2- Aile Hukuku Açısından

Avrupalıların özellikle Ortaçağ'da kölelerle evlenen erkek ve kadınlar hakkında vaz' ettikleri cezaları ve müeyyideleri birazcık da olsa düşünen insanlar, insanlık adına ne gibi cinâyetler işlendiğini ve buna karşılık İslâm Hukukunun ortaya koyduğu hükümlerin her birinin birer hukuk inkılâbı olduğunu daha iyi anlarlar. Mesela Vizigotların konu ile ilgili kanun hükümleri öylesine zalimce idi ki, "Kölesiyle veya âzâd ettiği kölesiyle evlenen hür bir kadın, eşi ile birlikte diri diri yakılır" şeklindeki hüküm bunlardan sadece biri idi. Benzeri hükümlere, Karalar Kanunlarında da rastlamak mümkündür.

Buna karşılık, İslâm hukuku, âzâd edilen köle ve câriyelerle, evlenmenin kayıtsız ve şartsız caiz olduğunu ve artık hürriyetlerine kavuştuklarından dolayı diğer hür insanlardan farkları kalmadığını ısrarla vurgulamıştır. Hatta Hz. Peygamber, Kureyş'in ileri gelen âilelerinden ve kendisinin yakınlarından olan Cahş kızı Zeyneb ile âzadlı kölesi Zeyd bin Hârise'yi evlendirerek bu hükmü bizzat icrâ eylemiştir[2].

Henüz âzâd edilmemiş köle ve cariyelerle evlilik konusunda ise, genelde mübâh ve serbest olduğu esası baştan kabul edilmiştir. Ancak evlendikleri eşlerin durumlarına göre, bazı hüküm ayrılıkları mevcuttur. Konu ile alakalı Kur'an âyetini burada hatırlatıp sonra da bazı hukukî hükümleri özetleyelim: "İçinizden mü'mine hür kadınlar ile evlenmeye imkân bulamayanlar, ellerini-

---

1 Damad, Mecma'ül-Enhür, II, sh. 437 vd.; 445 vd.

2 Kur'an, Ahzâb, 37; Bediüzzaman Said Nursi, Mektûbât, 7. Mektûb; Engin, Nihat/Akyüz, Vecdi, Asr-ı Sa'âdet'te Kölelik ve Câriyelik, İstanbul 1994, sh. 493-511 (Bütün Yönleriyle Asr-ı Sa'âdet'te İslâm).

zin altında bulunan mü'mine cariyeleriniz ile evlensinler. Allah sizin imanınızı daha iyi bilmektedir. Hepiniz aynı kökten gelmektesiniz. Öyle ise iffetli yaşamaları şartıyla ve efendilerinin izniyle cariyeleri nikâhlayıp alın, mehirlerini de ma'ruf ölçüler içerisinde verin."[1].

Osmanlı devletinde de tatbik edilen Hanefi hukukçuların beyânına göre, efendisinin iznini almak ve müslüman olmak şartıyla, her çeşit köle ve câriyenin nikâh akdi geçerlidir. Efendisinin izinleri olmadığı takdirde, yapılan nikâh akdi, mevkûf yani tek taraflı bağlamazlık müeyyidesi ile Efendi'yi bağlamaz hale gelir. Ancak önemle ifade edelim ki, köle veya cariyenin evlenmesi için efendileri kasıtlı olarak izin vermiyorsa, Ebüssuud Efendi'ye göre mahkeme kararıyla izin vermeye cebr olunabilir[2].

Köle ve câriyelerin, hür kadın ve erkekler ile veya kendileri gibi köle olan kadın ve erkeklerle evlenmeleri ayrı ayrı hükümlere tâbi'dir. Ayrıntılı bilgiyi, câriyenin hukukî durumu başlığı altında vereceğimizden, burada kısa kesiyoruz. Sadece şunu ifade edelim ki, İslâm Hukuku, kölelerini istedikleri köle ve hürlerle evlendirme meselesinde efendilerine tam bir hürriyet vermiştir. "Kölelerinizinden ve câriyelerinizden evlenmeye uygun olanları evlendirin. Eğer onlar fakir iseler, Yüce Allah onları fazl u ihsâniyle zengin kılar."[3]. Evlendirdikten sonra, karı-kocayı ayırma hakkını efendilere değil, eşlere vermiştir. Ayrıca erkek bir kölenin arada nikâh akdi olmadan cariyeler ile karı-koca hayatı yaşamalarına da müsaade etmemiştir.

Köle ve câriyelerin evlenmelerinden doğan çocukların neseb durumları da önemlidir. İslâm hukukuna göre, meseleyi eşlerin durumlarına göre şöylece özetlemek mümkündür:

a) Eşlerin her ikisi de köle olmaları durumunda, doğacak çocukları da köle olarak doğar. Doğumla kölelikten kastedilen de budur.

b) Erkeğin köle ve kadının hür olması durumunda, doğan çocuk hür olan anneye tabi olarak hür kabul edilir. Burada hür bir kadının ancak evlenmek şartıyla kölesiyle karı-koca hayatı yaşayabileceğini de hatırlatmak icabeder.

c) Hür bir erkek ile cariyenin beraberliklerinden doğan çocukların durumunu ikiye ayırmak gerekmektedir;

---

1 Kur'an, Nisâ, 25

2 Damad, Mecma'ul-Enhür, I, 364-369; Ebüssuud Efendi, Fetâvâ, Süleymaniye Kütüphânesi, İsmihan Sultân, 223-225; Düzdağ, Ertuğrul, Ebüssuud Efendi Fetvaları, sh. 122-123, Fetva No: 556-557.

3 Kur'an, Nur, 32-33.

Birinci durum, cariyenin efendisi ile olan beraberliğinden doğan çocuklar (ümm-i veled meselesi), babalarına tâbi olarak hür olarak dünyaya gelirler. Bu çocuk, istifrâş edilen yani nikahsız olarak karı-koca hayatı yaşanılan hallerde hür kabul edildiği gibi, Efendi'nin cariyesi ile nikâhlı olarak yaşadığı hallerde de hür kabul edilir. Osmanlı Padişahlarının cariyelerinden doğan çocukları bunun en güzel misalidir ve önemli bir kısmı Padişah dahi olmuştur. Bu ayrıntıya, kitabımızın ilgili bölümünde gireceğiz.

İkinci Durum, cariyenin efendisinin izniyle köle veya hür bir erkek ile evlenmesi durumudur. Köle ile evlenmesi durumunda çocuğun da köle olacağını birinci şıkta izah eyledik. Ancak Efendi'nin izniyle hür bir erkek ile evlenen (zaten evlenme dışında beraberlik efendisi olmayan erkeklerle mümkün değildir) cariyenin doğan çocukları, nikâh akdinde aksine şart yoksa, anneye tâbi olarak köle kabul edilir[1].

3- Eşya Ve Borçlar Hukuku Açısından

Evvela şunu tekrar etmekte fayda vadır ki, köle ve cariyeler, insan olmaları hasebiyle sâhip oldukarı temel hak ve hürriyetlerden mahrum değillerdir. Belki bazı hak ve hürriyetleri sınırlanmış bulunmaktadır. İslâm hukukunda mülkiyet kavramı, mülk-i rakabe ve mülk-i menfaat diye ayırıma tâbi tutulduğundan ve kiralanan malın kullanımının dahi müstakil mülkiyet mevzuu olabileceği kabul edildiğinden, kölenin hizmeti de bu manada efendisinin mülkiyetine dâhil kabul edilmiş ve köleye fıkıh kitaplarında "**memlûk**" denmiştir. Bu, bildiğimiz manada mal demek değildir. Belki izah ettiğimiz anlamda bir mülkiyet hakkıdır[2].

Kölenin durumu bu şekilde özetlendikten sonra şimdi de kölenin mülkiyet hakkına sahip olup olmadığını inceleyelim. İslâm Hukukçuları bu mevzuda iki ayrı görüşe sahiptirler; Bir gruba göre (ki, İmam Malik ve bir görüşünde İmam Şafi'î ve bazı hukukçuların görüşüdür), kölelerin mülkiyet hakkına sahip olmaları için hiç bir engel yoktur. Hanefi hukukçuların başını çektiği ikinci ve çoğunluğu teşkil eden gruba göre ise, köle muvakkaten yani kölelikten kurtuluncaya kadar mülkiyet hakkına sahip değildir; kendisi efendisinin memlûküdür. Ancak bu görüş sahiplerinin beyân ettiği bazı önemli hususlar gözardı edilmemelidir. Hanefi hukukçulardan İmam Ebu Yusuf ve İmam Muhammed'e göre, kölenin elde ettiği gelir ve onun lehine yapılan bağışlar,

---

1 Bkz.Ansay, Hukuk Tarihinde İslâm Hukuku, sh. 36.

2 Bkz. Teftezânî, Hâ iyet'üt-Telvîh, II, sh. 171 vd.

efendisine ait değil kendisine aittir[1]. Bu ve benzeri hükümlerden hareket eden 1274/1858 tarihli Arazi Kanunu da, efendisinin rızası ile köleye mîrî arazinin tefvîz edilebileceğini hükme bağlamış bulunmaktadır. Efendi baştan izin verdikten sonra artık bu hakkı kölenin elinden alamaz ve kölenin ölümü ile arazi efendisine intikal etmez[2].

Kölenin boçlar hukuku açısından yapabileceği tasarruflar konusunda fıkıh kitaplarında yer alan şu tesbiti aktarmak yeterli olacaktır: Köleye hukukî tasarruflarda bulunmak üzere, izin ve ruhsat verilebilir. İzin verildikten sonra, köle insan olması hasebiyle eskiden beri var olan ancak kölelik sebebiyle hükmî âcizlik içinde bulunan kadim ehliyetiyle kendisini bağlayacak hukukî tasarruflarda bulunabilir. Yaptığı tasarruflar, efendisini bağlamaz. Köleye hukukî tasarruflar için verilen izin, belli bir zaman veya mekân ile sınırlanamaz[3].

4- Kamu Hukuku Açısından

Anayasa hukuku açısından zikredilmesi gereken hususlardan birisi, kölenin, hürriyet şartı bulunduğundan dolayı, halife olamayacağıdır. Bunun dışındaki devlet görevlerinin tamamına, kadılık gibi bazı istisnâî görevler dışında, köle getirilebilmektedir. Yani köleler, kadılık ve halifelik dışında bütün devlet makamlarına gelebilmektedirler. Nitekim bu hükümden istifade eden Osmanlı devlet adamları, bir kısım köle asıllı insanları, paşalığa ve sadrazamlığa kadar yükseltmişlerdir[4].

Ceza hukuku açısından getirilen hükümler, hep kölelerin lehine olarak tanzim edilmiştir. Konuyu ana başlıklarıyla özetlemekte fayda vardır.

Köleye karşı işlenen suçlar için tertip edilen cezâi müeyyidelerde, hür insanlar ile köleler arasında ciddi bir farklılık sözkonusu değildir. Köle, kasden öldürüldüğü takdirde, kâtil hür de olsa, Hanefi hukukçulara göre, kısâs cezasına çarptırılır. Bunun tek istisnası, kölenin efendisi tarafından öldürülmesidir. Babanın evladını öldürmesi halinde kısas uygulanmadığı ve diğer cezalarla yetinildiği gibi, Efendi'nin de kölesini öldürmesi halinde, kısas cezasının tatbik

---

1 Akgündüz, Karahanlıların Büyük Hukukçusu Ebu Zeyd Debbûsî Ve Mezheplerarası Mukayeseli Hukuka Tesirleri, SÜHFD, c. II, Konya 1989, sy. 2, sh. 100 vd.

2 1274 Tarihli Arazi Kanunnâme-i Hümâyûnû, md. 112; Aksi görüş için bkz. Cin, Halil, Mîrî Arazi Ve bu Arazinin Mülk Haline Dönüşümü, Konya , sh.

3 Damad, Mecma'ul-Enhür, II, sh. 445 vd.

4 Ebu Ya'lâ El-Ferrâ, El-Ahkâm'üs-Sultâniyye, sh. 4, 15-17; Cin/Akgündüz, Türk-İslâm Hukuk Tarihi, I, sh. 206, 229 vd.

edilmeyeceği ve diğer cezalarla cezalandırılacağı kabul edilmiştir. Başta Şafiiler olmak üzere, diğer İslâm hukukçuları ise, köleyi öldüren hür bir insanın kısas cezasına çarptırılmayacağını ileri sürmüşlerdir. Hanefi hukukçulara göre, müslümanın kanı, zimminin kanı ve kölenin kanı, hepsi de korunmaya müstahaktır ve kasden öldürüldüğü takdirde cezası da kısâsdır[1].

Buna karşılık, kölenin kasden adam öldürmesi halinde, kendisinin de kısâs cezasına çarptırılacağı kesindir. Ancak diyet gerektiren hususlarda, ödenecek diyet tazmînâtını köle değil efendisi ödeyecektir. Efendi'nin ödemekle mükellef olduğu diyet tazmînâtı, kölenin kıymeti kadardır; isterse kıymeti kadar diyet öder ve isterse köleyi terkederek diyet borcundan kurtulur[2].

Köleler için diğer suçlarda da ciddi hafifletmeler mevzubahistir. Kölenin hırsızlık etmesi halinde, unsurları mevcutsa, Hanefi hukukçularının çoğunluğuna göre, el kesme cezası tatbik edilir. Köle, zina suçundan dolayı, unsurları tam olmadığından recm cezasına çarptırılmaz. En önemlisi de, ister had cezası olarak ve ister tazir cezası olarak, koleye tatbik edilecek celd (sopa) cezaları, hürlere tatbik edilenin genelde yarısı kadardır. Kur'an'ın hükmüyle bu hafifleştirici hal sözkonusudur[3].

İslâm Hukukunun özellikle ceza hukuku ile alakalı konularda kölelere tatbikini emrettiği hükümler, hususan Avrupa'daki Karalar Kanunlarındaki cezâî hükümlerle mukayese edildiği zaman, her ikisinin farkı daha iyi anlaşılır. Bu cümle ile yetinmek istiyoruz.

Bu arada, kölenin efendisinin izni olmadan cihâd mükellefiyeti olmadığını belirtmek icabetmektedir.

Aslında buraya kadar anlattığımız ve erkek köleleri ilgilendiren bütün şer'î hükümler, çok az değişikliklerle kadın köle demek olan cariyeler hakkında da geçerlidir. Ancak cariyelerin özellikle efendileriyle münâsebetleri ve istifrâş hakkı dolayısıyla konuyu ayrıca ve ayrıntılı olarak açıklamak icab etmektedir.

---

1 Damad, Mecma'ul-Enhür, II, sh. 618 vd.; Kâsânî, Bedâyi', VII, sh. 235 vd.

2 Damad, Mecma'ul-Enhür, II, sh. 665 vd.

3 Damad, Mecma'ul-Enhür, II, sh. 665 vd.; El-Cessâs, Ahkâm'ül-Kur'an, c. II, 169.

III- İSLÂM HUKUKUNDA CÂRİYELERİN HUKUKÎ DURUMU VE EFENDİLERİYLE MÜNASEBETİ

1- Genel Olarak Cariyelerin Durumu

İslâm hukukunda bir kadının hangi şartlarla cariye yani köle statüsüne gelebileceği daha evvel açıklanmıştı. Kısaca hatırlatacak olursak, savaş neticesinde esir alınan kadınların cariye olabilmesi, İslâm Hukukunun devlet yetkililerine tanıdığı beş seçimlik haktan biriydi ve sıkı sıkıya âmme maslahatı şartına bağlıydı. Ayrıca halifenin kamu yararına göre verdiği karar bulunmadan bir esir kadının cariye olamayacağı da zikredilmişti. Câriyeden doğan kız çocuklarının tekrar cariye olmaları yani doğumla kölelik ise, çok az ve ağır şartlarda sözkonusuydu. Bunun için, her iki eşin de köle ve cariye olmaları veya cariyenin efendisi dışında bir hür erkekle evlendikten sonra çocukların hür olması şartının koyulmamış olması şartı aranıyordu. Yani İslâm hukuku, cariye statüsüne gelecek kadınların kaynağını böylece azaltmıştı ve hatta tabir yerinde ise kurutmuştu.

Şimdi asıl meseleye gelelim: Acaba, İslâm hukukunda cariyelerle efendileri sınırsız bir karı-koca münasebetine sahip midir? Cariyeler, bugünkü metresler gibi, her gücü yeten hür erkek ile yatıp kalkmakta mıdırlar? Cariyeler, cinsî zevkleri tatmin için kullanılan zevk âleti midirler? Maalesef cariyelik müessesesi denilince, bugün için kamu oyunda bu tür manalar akla geldiğinden, bu soruları sorararak konuya girme mecburiyetini hissettik. Aslında buraya kadar yaptığımız izahlar ve özellikle kölenin hukukî stasüsü ile ilgili hükümler, bütün bu soruların cevabının "Hayır" olduğunu haykırıyor. Cariye de köle olduğundan dolayı, yukarıda zikredilen hükümler kadın köle demek olan cariyeler için de geçerlidir. Ancak biz bu başlık altında özellikle cariyelerle efendileri arasındaki münâsebetleri ayrıntılı olarak takdim edeceğiz.

Cariye, kadın köle demektir. Cariyeler de diğer köleler gibi, İslâm Hukukunun köleler için tesbit ettiği hukukî statüye sahiptir.

İslâm Hukukundaki cariyelerin çoğunluğu, asrımızdaki işçi kadınlar veya evlere gelen hizmetçi kadınlar gibidirler. Değişen sadece isimleridir. Yani her cariye ile illa da karı koca münasebeti akla gelmemelidir. Başkalarının hanımı bulunan ve sadece efendisinin evindeki hizmetleri görmekle mükellef olan cariyelerin sayısı, belli şartlar çerçevesinde karı-koca hayatı yaşanılan cariyelere nisbetle en az on katıdır. Bugün hizmetli kadınlar ile işverenleri arasında hangi münâsebet varsa, İslâm hukukunda da cariye ile efendi arasında o münâsebet vardır. Kendisi ile Efendi'nin karı-koca hayatı yaşadığı cariyenin efendisiyle olan münâsebeti ise, çok az hükümler dışında hür kadın ile kocası arasındaki münâsebet gibidir.

Efendi'nin, cariyesi ile karı-koca hayatı yaşama hakkına istifrâş hakkı diyoruz. Efendi'nin köle veya cariye üzerinde sahip olduğu mülk-i menfaatten kaynaklanan onları çalıştırma hakkına ise istihdâm hakkı diyoruz. Cariye demek, Efendi'nin birinci derecede istihdam hakkı bulunan kadın köle demektir. Efendilerin istifrâş hakkına yani istedikleri zaman cinsî münasebet hakkına sahip oldukları cariyelerin hususî statüleri vardır.

Bu hususî statü incelendiğinde görülecektir ki, bugün gayr-ı meşru bir şekilde yürütülen ve adına metres, sevgili yahut aşk hayatı denilen gayr-i meşru ilişkilere göre, aranan şartlar altında cariye hayatını devam ettirmek zikredilenlere kıyasla evlilik kadar mükemmeldir. Nitekim bu manayı Kur'an da tesbit etmiş ve özellikle cariyeler üzerindeki eğer var ise, istifrâş hakkının şartları çerçevesinde ve fuhşa sevketmeyecek şekilde kullanılmasını ısrarla tavsiye etmiştir: "Şimdi cariyeleri efendilerinin izniyle nikâhlayın ve herhangi bir mazeret ileri sürmeden maruf bir şekilde mehirlerini verin; ancak iffet sahibi cariyelerle zinadan ve onları gizli dost hayatı yaşamaktan yani metres edinmekten şiddetle kaçınmak şartıyla."[1]. Fuhşa zorlanan cariyelerin Mâlikî ve Hanbelî hukukçulara göre hürriyetlerine kavuşacaklarını daha evvel izah ettik.

Diğer taraftan ise, Kur'an, cariyeleri mümkün mertebe evlendirmeyi ve onları aile hayatına kavuşturmayı tavsiye ve teşvik eylemektedir: "Câriyelerinizden evlenmeye uygun olanları evlendirin; eğer onlar fakir iseler de, Allah onları fazl u ihsânı ile zenginleştirir."[2].

Bu kısa genellemeden sonra şimdi de cariyelerin ayrı ayrı statülerini görelim: Yukarıdaki hükümlerden anladık ki, köle olan kadınlar yani cariyelerin iki ayrı statüsü vardır:

Birincisi; hizmetçi statüsündeki cariyeler.

İkincisi; bazı farkları ile birlikte istifraş hakkı bulunan eş statüsündeki cariyeler.

Bu her ikisini de öğrenmeden, **Beşinci Bölüm'de** ele alacağımız Harem konusunun anlaşılması çok zordur. Bu sebeple bazı konuları, yeri gelince tekrar etmekten de çekinmiyeceğiz.

---

1 Kur'an, Nisâ, 24

2 Kur'an, Nur, 32

2- Hizmetçi Statüsündeki Cariyeler

Bunlardan kasıt, efendilerinin kendileri üzerinde istifrâş hakkı bulunmayan yani cinsi münasebet hakkı olmayan, sadece istihdâm hakkı bulunan cariyelerdir. Bu tür cariyelerle efendisi dahil kimsenin cinsi münâsebet kurma hakkı yoktur. Bu cariyeler, İslâm hukukunun hükümlerine göre, efendilerinin iznini alarak hür veya köle başka erkeklerle evlenmişlerdir veya evlenebileceklerdir. Daha evvel zikrettiğimiz gibi, başka erkeklerle evlenmek için kasden Efendi'nin cariyesine izin vermemesi halinde, mahkeme yoluyla cebredilebilir. Biraz önce zikrettiğimiz âyet de bu manaya işaret etmektedir.

Cariyesi başkası ile evli ve nikâhlı olan Efendi'nin cariye üzerindeki istihdâm hakkı ortadan kalkmaz. Çünkü başkasının cariyesi ile evli olan hür veya köle bir erkeğin eşinin diğer eşlerden farkı da buradan kaynaklanmaktadır. Böyle bir cariye, kocasına karşı sorumlulukları olduğu kadar, bugünkü tabirle hizmetçisi ve o günkü tabirle cariyesi olması hasebiyle efendisi ile de bir iş münâsebeti vardır. Cariyenin kocasının tebvi'e hakkı yoktur. Tebvie hakkından kasıt, başkasıyla evli olan cariyenin kocasının evinde onunla birlikte olması ve efendisinin evinde veya işinde ona hizmet etmemesi demektir. Kocamla beraberim diyerek, efendisi olan insanın hizmetini ihmâl edemez. Ancak efendisi, bu hakkı cariyesine verebilir[1].

Bu durumdaki cariyenin, efendisi ile münasebeti, sadece iş münâsebetidir. Efendisine yemesinde, içmesinde, temizliğinde veya başka işlerinde hizmet edecektir. Kocası ile karı-koca hayatı yaşayayım diye efendisinin hizmetlerini ihmal eylemeyecektir. Kocası ile tebvie hakkını elde etmişse, efendisi artık nafakasını temin etmekten vazgeçer. Yani asıl olarak kocası ile yaşayan ve efendisine arada sırada uğrayıp bazı hizmetlerini gören cariyenin nafaka hakkı, kocası üzerinedir. Tebvie hakkı olmayan ve asıl itibariyle efendisinin hizmetleriyle meşgul olan cariyenin nafaka hakkı ise, efendisine aittir[2].

Tesbit ettiğimiz kadarıyla, bugün Türkiye'nin meşhur zenginlerinin birinin İstanbul Boğazındaki yalısında yirmiye yakın kadın hizmetçi vardır. Her halde bu hizmetçilerle, bunları hizmetçi olarak çalıştıran zenginimizin cinsî münâsebete girdiğini düşünemezsiniz. Bu hizmetçilerin görevleri, sabahtan gelip ve hatta bazıları köşkte gece de kalıp yalının yemek, temizlik ve benzeri hizmetlerini yürütmektir. Bu hizmetleri karşılığında işvereninden ücretini alacak-

---

1 Damad, Mecma'ul-Enhür, I, sh. 364-365.

2 Damad, Mecma'ul-Enhür, I, sh. 365-366

tır. Hizmetçi statüsündeki cariyelerin de bunlardan isim ve bazı hükümler dışında ciddi bir farkı yoktur.

Osmanlı Sarayı'nın Harem kısmında bazı tarihçiler tarafından verilen 60, 70 ve hatta 100 cariye vardı şeklindeki ifadelerden de, hizmetçi statüsündeki cariyeleri anlamak icabettiğini, kitabımızın Harem bölümünde ayrıntılarıyla anlatacağız. Ancak hemen şunu belirtelim ki, aşağıda vereceğimiz bir liste dahi, Harem'de çalışan cariyelerin % 90'ının hizmetçi statüsündeki câriyeler olduğunu açıkça göstermektedir.

Şimdi bununla ilgili bir örnek listeden bazı parçaları metne girelim:

"Neferât-ı Harem-i hümâyûn der Saray-ı Cedîd-i Âmire El-Vâki' Fî Şehr-i Şa'ban sene 1176

Berber Usta 100	Çaşnigir Usta 160	Vekil Usta 100	İkinci hazinedâr 120	İbrikdâr Usta 100	Kahveci Usta 100	Âlîcenâb 90	Mehrişah 80
Dilsiz Aişe 80	Pür Safâ 80	Zîbâ 80	Vekil Usta 100	Şerefî 60	Zeliha 60	Âmine 57	Nâzende 57[1]"

"**Topkapı Sarayı Hareminde Çalışan Kadın Neferler"** başlığını taşıyan listede 112 adet cariyenin olduğu kayıtlıdır. Kayıtlı olan bir husus da bunların gündelik olarak aldıkları maaşlar ve nerde çalıştıklarıdır. Yani tamamen Harem'de istihdam edilen hizmetli statüsündeki kölelerdir.

Listeye devam ediyoruz ve aynı tarihli belgeden bir başka liste daha okuyoruz:

"Neferât-ı Kiler der Saray-ı Cedîd-i Âmire-i Harem-i Hümâyûn

Kilerci Usta	Safiyye	Hüsn-i Şah	Ümmühan	Zeliha	Aişe	Hanife	Fâtıme
170	70	50	46	40	40	20	20
Zeyneb	Hanım	Fâtıme	Gülfem	Mâhitâb	Aişe	Ra'nâ	Mektûme
20	20	20	20	20	20	20	20[2]"

---

1 Topkapı Sarayı Merkez Arşivi (Bundan sonra TSMA şeklinde kısaltılacaktır), E. 53/2.

2 TSMA, E. 53/2

Sayıları 22'yi bulan ve Harem'in kiler'inde çalışan cariyeleri her halde koskoca bir Osmanlı devleti'nin Devlet Başkanlığı sarayındaki evi için çok değildir.

"Neferât-ı Nefs-i Külhan der Saray-ı Cedîd-i Âmire-i Harem-i Hümâyûn

Çeşmisiyah	Hanife	Hatice	Hanım	Zeyneb	Rüstem	Sadef	Fâtıme
60	40	40	20	20	20	20	20"

Harem'deki Hizmetçi Statüsündeki Cariyelerin Listesi (TSMA, E. 53/2)

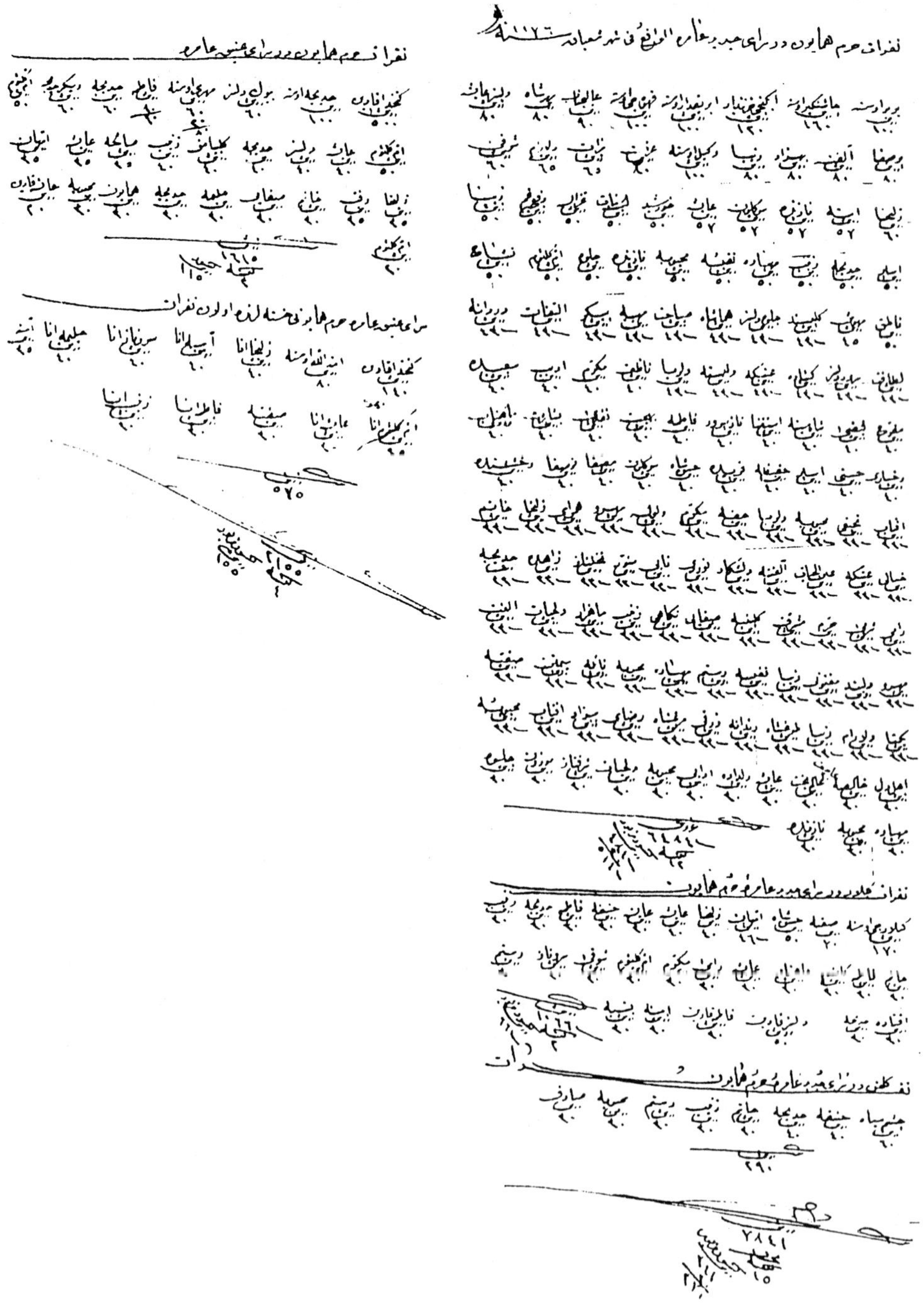

Böyle bir cariyenin, kocası olan hür veya köle erkek ile münâsebeti ise, tamamen karı-koca münâsebetidir. Ancak eş olarak münâsebetleri, efendisi ile olan iş münâsebeti sebebiyle sınırlandırılmıştır. Hatta bazı hukukçular, işini ihmal eder korkusuyla, kocasından çocuk sahibi olma konusunda efendisinin rızâsına baş vuracaktır demektedirler[1].

Hizmetçi statüsündeki cariyelerin, başkalarının hanımı olan hür kadınlardan ayrıldığı bir nokta da, efendisinin evinde ve işinde onun hizmetlerini ifa ederken, hür kadınlara göre daha serbest davranmasıdır.

Çok suiistimal edilmesi sebebiyle, evvela avret ve mahremiyet tabiri üzerinde durmak istiyorum. Avret, başkalarının görmesi haram olan yerlerdir. Başkalarının görmesi yasak olan vücudun bölgeleri, insanların erkek, kadın ve köle yahut cariye olmalarına göre değişmektedir. Mesela, erkeğin avreti yani görülmesi yasak olan vücud bölgeleri, göbeği ile dizleri arasındaki kısımdır. Hür bir kadının avret mahalli ise, yüzü, elleri ve bir görüşe göre ayakları dışındaki bütün vücududur. Halbuki bütün çeşitleriyle cariye yani kadın kölelerin avret mahalli, dizden yukarısından itibaren kollar ve baş hariç vücudunun bütün bölgeleridir. Yani cariyenin kolları, ayakları (dizlerine kadar) ve başı, avret mahalli sayılmamaktadır. Bütün bunların şartı, şehvetle bakmaya vesile olmaması ve şehvetle bakılmamasıdır. Şehvetle bakma söz konusu olmadığı takdirde, başını, kollarını ve dizden aşağı ayaklarını, efendisinin yanında açabilmektedir[2]. Zaten bir erkek, kendi mahremi olan kadınların (mesela annesi ve kız kardeşinin) ve de üzerinde istifrâş hakkı bulunmayan cariyelerin, şehvet hissi bulunmamak ve bu konuda emin olmak şartıyla, yüzlerine, başlarına, kollarına ve dizden aşağı olan ayaklarına bakabilmektedir. Sebebi de, hem mahremi olan kadınlara ve hem evinde çalışan ve şehvet duyguları açısından fazla çekici olmayan cariyelere karşı, şehvet duygularının insanlık gereği diğer kadınlar gibi kabarmamasıdır[3]. Tahrik sözkonusu ise, zaten normal hallerde câiz olanlar da haram hale gelmektedir.

"İnsan, hemşire ve anne gibi mahremlerine karşı, fıtraten şehvânî his taşıyamıyor. Çünkü mahrem kadınların simaları, yakınlık ve mahremiyet cihetindeki şefkat ve meşru muhabbeti ihsâs ettiği cihetle, nefsî ve şehvânî temâyülleri kırar. Fakat bacaklar gibi şer'an mahremlere de göstermesi caiz olmayan yerlerini açık saçık bırakmak, süflî nefislere göre, gayet çirkin bir hissin uyanmasına sebebiyet verebilir. Çünkü mahremin siması mahremi-

---

1 Damad, Mecma'ul-Enhür, I, sh. 366

2 Damad, Mecma'ul-Enhür, I, sh. 80-81

3 Damad, Mecma'ul-Enhür, II, sh. 538-539

yetten haber verir ve nâ-mahreme benzemez. Mesela, mahrem kadınlarınki ile başkalarının açık bacakları eşittir. Mahremiyeti haber verecek bir âlemt-i fârikası olmadığından, hayvânî bir nazar-ı hevesi, bir kısım süflî mahremlerde uyandırmak mümkündür. Böyle nazar ise, tüyleri ürpertecek bir sukût-ı insaniyettir." [1].

Hür bir kadın ile mahrem kadınlar ve cariyelerin avret mahallerinin farklı olması, fıkıh kitaplarında cariyelerin kol, ayak, yüz ve başlarına efendilerinin bakabilmesi şeklindeki hükmün yer alması, meseleyi bilmeyen çevreler tarafından, maalesef akıl almaz şekilde tahrif edilmiştir. Kitabımızın **Birinci Bölümünde** zikrettiğimiz bir misali buraya aynen almayı ve tekrar nazarlara vermeyi bir vazife addediyoruz:

Padişahların haremi ile alakalı olarak büyük bir tarihçimiz bile nasıl bilmeden hatalar işlediğini Cumhuriyet Devrinin en açık dönemlerini yaşadığımız 1994 yılının 10-16 Kasım'ında ve hem de Halil İnalcık gibi değerli bir tarihçinin dilinden okuyalım. Aslında Harem'i çok güzel anlatan cümleleri de bulunan Hocamızın makalesindeki aşağıda zikredeceğimiz cümleleri çok şaşırtıcıdır. "**Harem Fuhuş Yuvası Değil, Okuldu**" başlıklı yazıda bile, İslâm Hukukunun hükümleri bilinmediğinden dolayı çok ciddi hatalar yapılmıştır:

"Efendi, istediği sayıda cariye ile yatabilir. Cariye Efendisinden olan çocuk üzerinde velilik hakkı iddia edemez. Müslüman olmak, cariye ve gulamı esirlikten kurtarmaz. Cariye, müslüman kadın gibi "avret yerlerini örtme"ye mecbur değildir; Sultanın onları çıplak olarak havuza atıp oynaşmalarını seyretmekte dini bir sakınca yoktur"[2].

Hocamızın tarih bilgisine saygı duymamıza ve eserlerinden istifade etmemize rağmen, İslâm Hukukunu bilmediğinden dolayı, aynen batılılar gibi o da Harem'le ilgili bazı tesbit hataları yapabilmektedir. Zira İslâm hukukunda bir kaç çeşit avret kavramının bulunduğunu, cariyelerin efendileri yanında sadece el, kol ve başlarını açarak dolaşabileceklerini, bunun da iş zaruretinden meydana geldiğini; çırılçıplak havuza girip oynamalarının asla câiz görülmediğini; çünkü bir cariyenin bu manada diğer cariyelere bakamadığını daha sonraki izahlarımızda isbat edeceğiz. Mesele avret-i hafife ve avret-i galize terimlerinin bilinmemesinden, avret kavramının erkek, hür kadın, mahrem kadın ve cariye açısından ayrı manalar ifade ettiğinin anlaşılamamasın-

---

1 Bediüzzaman, Said Nursi, Lem'alar, 24. Lem'a, Üçüncü Hikmet, İstanbul 1990, Sözler Yayınevi, sh. 189.

2 İnalcık, Halil, Harem Bir Okuldu, Tempo 10-16 1994 Kasım Sy. 175, sh. 34.

dan ve bunlara dair şer'î hükümlerin sözkonusu edilmemesinden ileri gelmektedir. Kişi de, bilmediğinin düşmanıdır[1].

Hizmetçi statüsündeki cariyeler, kiminle karı-koca hayatı yaşarlar? sorusunu da kısaca izah etmek gerektir:

Birinci İhtimâl, bunlar, ya kendileri gibi köle olan bir erkek ile efendilerinin iznini alarak evlenebilirler. Havâss-ı Kostantıniyye Kanunnâmesi'nde cariyelerin kullar yani erkek kölelerle evlenmeleri konusunda ayrıntılı hükümler bulunmaktadır. Burada beytülmala ait hâssa kullar ile hâssa câriyelerin yani devlete ait olan cariyelerin hangi şartlarda ve nasıl evlenecekleri konusunda uzun bilgiler bulunmaktadır. Kendileri gibi köle erkeklerle evlenmeleri durumunda, doğacak çocukları da doğumla kölelik statüsüne sahip olurlar[2]. Önemle ifade edelim ki, köleler, Hanefi hukukçulara göre en fazla iki cariye ile evlenebilirler. Yani onlarda birden fazla evliliğin sınırı, ikidir. Mâlikî Hukukçular, tıpkı hür erkekler gibi dört cariye veya hür kadınla evlenebileceklerini kayd etmektedirler.

Osmanlı Hukukunda zikr edilen şer'î hükümlerin aynen tatbik edildiğini gösteren **Havâss-ı Kostantınıyye'nin** 19-25. maddeleri açıkça isbât eylemektedir. Bu maddelere göre, hanımı vefât eden kullar veya hizmete yeni girmiş mücerred yani bekâr kullar, cariyelerle evlenirler. Eğer cariyeler, onlarla evlenmeyi reddeder ve hâricden hür erkeklerle evlenmeyi isterlerse, kullar da zaruret gereği gayr-i müslim hür kadınlar ile evlenebilirler. Ayrıca müslüman kullarla cariyelerin birbiriyle evlenmeleri için cebredilmemesi şer'an tavsiye edilmektedir. Kulların hür kadınlarla evlenmesi durumunda, çocuklarının hür olması durumu Kanunnâme'de özellikle belirtilmektedir ve hatta bir çok kölenin bu yolla neslini hür hale getirdiği de ifade edilmektedir. Dikkatimizi çeken noktalardan biri de gerdek resminin hür kadınların bâkire olanları için 60 akçe ve dul olanları için 30 akçe olmasına rağmen, cariyelerden evleneceklerin bâkire olanlarına 30 ve dul olanlarına 15 akçe gerdek resmi veya resm-i arûs denilen verginin takdir edilmiş olmasıdır[3].

İkinci ihtimâl, cariyelerin hür erkekler ile evlenmeleri halidir. Kur'an-ı Kerim, hür erkeklerin cariyelerle nikâh yaparak evlenmelerini, müslüman hür kadınlarla ile evlenebilme gücü ve imkânı bulunmama şartına bağlamaktadır. Bu şart gerçekleşmesi halinde de, ayrıca câriyelerin müslüman veya ehl-i

---

1 Lütfen tekrar bkz. Damad, Mecma'ul-Enhür, I, sh. 80-81; II, sh. 538-539.

2 Akgündüz, Osmanlı Kanunnâmeleri, c. II, sh. 311 vd.; Damad, Mecma'ul-Enhür, I, sh. 364 vd.

3 Akgündüz, Osmanlı Kanunnâmeleri, c. II, sh. 311-312.; Damad, Mecma'ul-Enhür, I, sh. 364 vd.

kitap olmaları şartı aranmaktadır[1]. Hanefi hukukçular, hür bir erkeğin cariye ile evlenebilmesi için, hür bir kadınla evlenmeye imkânının bulunmamasını, aksi takdirde evlenmenin gayr-ı sahih ve bazılarına göre de mekrûh görüldüğünü beyân etmektedirler.

Bir kısım hukukçular, bu durumun hür erkeğin birinci Hanım'ının hür bir kadın olması halinde sözkonusu olduğunu, halbuki hür bir kadınla evlenme imkânı varken, önceden hür bir kadınla evli olmamak şartıyla, cariye ile evlenmesinin sahih ve caiz olduğunu ifade etmektedirler. Fetvâya esas olan da bu olduğundan dolayı, Osmanlı Padişahları, hür bir kadınla evlenme imkânları bulunmasına rağmen, cariyelerle evlenmeyi âdet haline getirmişlerdir. Osmanlı Devletinin resmî Kanun-ı Umûmîsi sayılan Mültekâ'daki ifade aynen şöyledir: "Hür bir erkeğin, daha evvel evlendiği hür bir kadın yoksa, ehl-i kitap veya müslüman olan bir câriye ile evlenmesi, hür bir kadınla evlenme imkânı bulunsa dahi, sahih ve caizdir. Hür bir kadınla evli olan hür erkeğin bir cariye ile evlenmesi ise sahih değildir. Zira Hz. Peygamber, "Hür bir kadın üzerine cariye ile evlenmek sahih olmaz" buyurmuşlardır. Bu hususda İmâm Mâlik, hür kadının rızâsıyla böyle bir evlliğin câiz olacağını ifade ederken, İmâm Şâfi'î de kocanın köle olması halinde böyle bir evliliğin caiz olduğunu söylemektedir"[2].

II. Bâyezid döneminde tedvîn edilen Havâss-ı Kostantıniyye Kanunnâmesinde konuyla ilgili tatbikattan örnekler yer almaktadır[3]. Yukarıda da belirttiğimiz üzere, böyle bir evllikte, nikâh akdinde aksine şart yoksa ve câriyelerin evlendikleri erkekler kendi efendileri değilse, doğan çocuklar, anneye tabi olarak, köle statüsünde doğarlar. Efendi kendi cariyesiyle evlenmesi durumunda ise, doğan çocukların hür olacaklarını ve ümm-i veled müessesesinin devreye gireceğini daha evvel ifade etmiştik. Bu sebeple, câriyeler, kendi efendileri ile evlenmeyi isterler veya ondan çocuk sahibi olmayı arzu ederler. Ayrıca erkek kölelerin, genellikle hür kadınlar ile evlenmeyi istemeleri de nesebierinin hür olarak devam etmesi arzularındandır[4].

---

1 Kur'an, Nisâ, 25

2 Damad, Mecma'ul-Enhür, I, sh. 328-331

3 Akgündüz, Osmanlı Kanunnâmeleri, c. II, sh. 311 vd.; Damad, Mecma'ul-Enhür, I, sh. 328 vd.

4 Akgündüz, Osmanlı Kanunnâmeleri, c. II, sh. 311 vd.

Câriyelerin Erkek Köle İle Ve Hür Erkeklerle Evlenmeleri Ve Çocuklarının Durumu İle Alakalı Havâss-ı Kostantınıyye Kanunnâmesinden Bazı Hükümler (Akgündüz, Osmanlı Kanunnâmeleri, II, 311-312, 322-232)

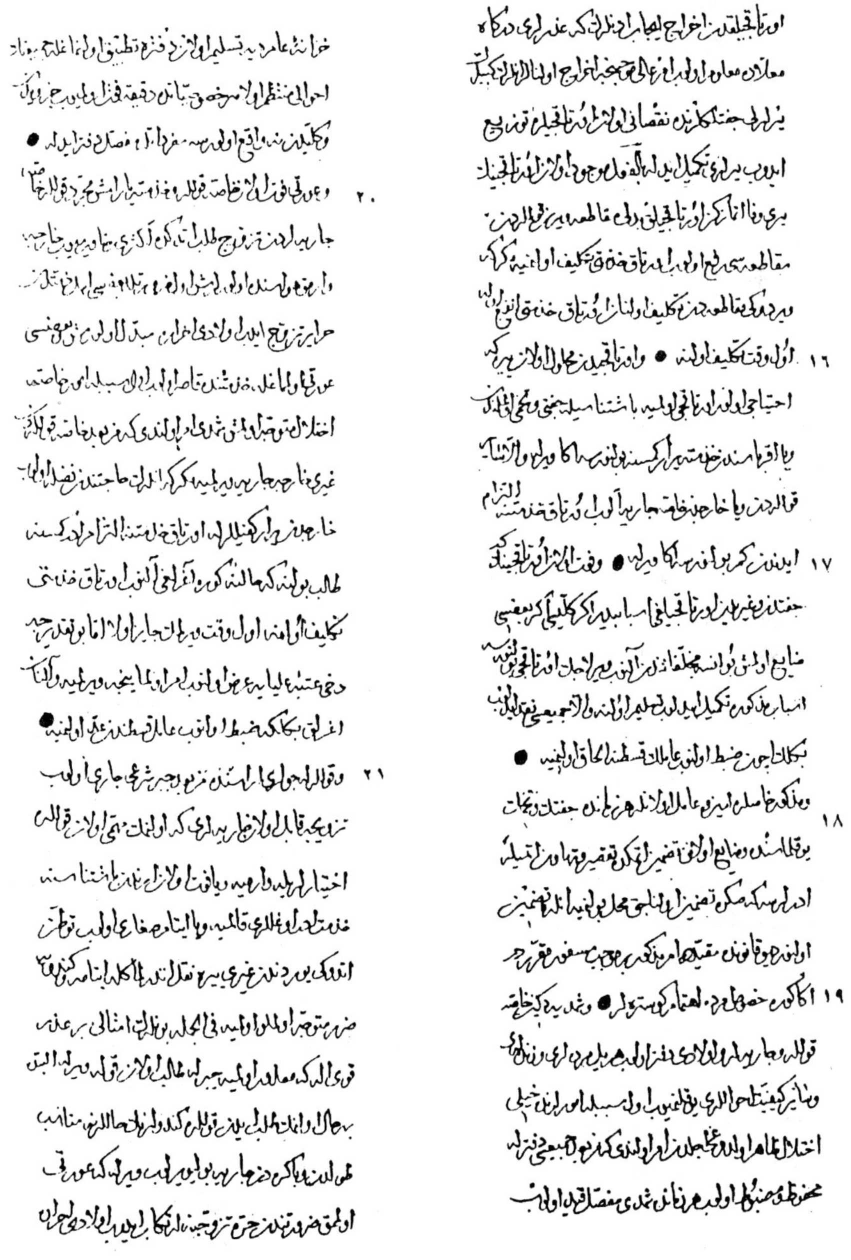

3- Eş Statüsündeki Cariyeler Veya İstifrâş Hakkı Bulunan Câriyeler

İslâm Hukukunun cariye kabul ettiği kadın kölelerin ikinci statüsü, eş statüsündeki veya istifrâş hakkı bulunan câriyeliktir. Bu tesbitten de anlaşılacağı üzere, köle veya hür başka erkekler ile evli olmayan câriyeler, iki şekilde efendileriyle karı-koca hayatı yaşayabilirler:

Birincisi; Efendi'nin eli altındaki câriyesi ile nikâh akdi yaparak evlenmesidir. Bu da iki şekilde olur;

A) Efendi evlenmeden önce cariyesini âzâd eder yani hürriyetine kavuşturur ve bu durumda hür bir kadınla evlenmiş olur. Böyle bir evlilik halinde, daha evvel hür bir kadınla evli olması, dört kadınla evlilik sınırını aşmamış olmak şartıyla, cariyesini âzâd ederek evlenmesine mâni teşkil etmez. Bu durumda, âzâd ederek evlendiği câriye ile hür olarak evlendiği diğer hanımları arasında hiçbir hüküm ve statü farkı mevcut değildir. Osmanlı Padişahları, bu yolu çok az tercih etmişlerdir.

Misal olarak sadece Sultân İbrahim'in Telli Haseki diye meşhur olan Kadın Efendisi Hüma Şah'ı buna misâl verebiliriz. Sultân İbrahim'in Hümaşah ile hem de debdebeli bir düğün merasimi icra ederek evlendiği ve bu konudaki geleneği bozmak istediği doğrudur. Ancak âzâd ettikten sonra mı nikâhını yaptırdığı yoksa cariye olarak mı nikâhı altına aldırdığı belli değildir[1]. Kuvvetle muhtemel olan âzâd ettikten sonra evlendiği görüşüdür.

B) Câriyesi cariye statüsünde kalmakla beraber, efendi nikâh akdiyle onunla evlenir. Bu durumda yukarıdaki hüküm gündeme gelecektir. Yani efendi daha evvel hür bir kadınla evli ise, bazı hukukçular cariye ile olan nikâh akdinin, Nisâ Sûresindeki âyetin hükmü gereği mekrûh olacağını ve bir kısım hukukçular ise bu akdin sahih olmayacağını ifade etmişlerdir. Eğer efendi hür bir kadınla evli değilse, o zaman ehl-i kitap veya müslüman olmaları şartıyla cariyesiyle nikâh akdiyle evlenebilecektir. Her iki halde de evlilik sahihdir ve hukukî sonuçlarını doğurur. Her ikisinde de doğan çocukları hür olarak doğar[2].

Osmanlı Padişahlarından bazıları, cariye statüsünde kalmakla birlikte, bazı cariyeleri ile nikâh akdi yaptırmışlardır. Özellikle Kadınefendilerin ço-

---

[1] BOA, İbnül-Emin Tasnifi, Saray, No: 939; Ahmed Refik, Kadınlar Saltanatı, c. III, sh. 16-17, 37-39, 131 vd; Uluçay, Padişahların Kadınları Ve Kızları, sh. 61-62.

[2] Akgündüz, Osmanlı Kanunnâmeleri, c. II, sh. 311 vd.; Damad, Mecma'ul-Enhür, I, sh. 364 vd.; 328 vd.

ğunluğunun nikâhlı oldukları da bazı tarihçiler tarafından ifade edilmektedir. Mesela Kanunî Sultân Süleyman'ın meşhur ve kudretli Kadın Efendisi, Hurem Sultân, nikâh ile Kadın Efendi olmuştur. Cariye statüsünün devam ettiği ise, aralarında meydana gelen mektuplardan anlaşılmaktadır. Zira evlendikten ve çocuk sahibi olduktan sonra dahi, mektubunu **Câriyeniz** diye bağlamaktadır[1].

Nikâh ile alınması halinde, yine nikâhlı kadın sayısının son sınırı, dörttür. Nikâhlı olması halinde dörtten fazla kadınla, aynı anda hayatını devam ettiremez. Dört kadınla olan sınırlamada, nikâh edilen kadınların hür veya cariye olması farketmez. Ancak ölüm ve boşama gibi sebeplerle, bunlardan biri ile olan evlilik son bulursa, o zaman yerine başka bir cariyeyi nikâhlayabilir[2].

İkincisi; İslâm hukukuna göre, efendi, köle veya hür, başka bir erkek ile evli olmayan bir câriyesi ile herhangi bir nikâh akdi olmadan karı-koca hayatı yaşayabilir. Efendi için sâbit olan bu hakka istifrâş hakkı denmektedir. Asıl cariye hukuku burada sözkonusudur. Ancak önemle belirtelim ki, bu istifrâş hakkı da, Kur'an'ın ifadesiyle zinâya yol açmaması ve gizli metres hayatına dönüşmemesi için önemli kaidelere bağlanmıştır.

Hatta öylesine kâideler konulmuştur ki, hür ve evli bir kadın ile istifrâş hakkına dayanılarak karı-koca hayatı yaşanan cariye arasındaki tek fark, cariyenin efendisinin mirasından istifâde edememesidir. Miras münâsebetinin dışında bazı farklar da vardır. Mesela istifrâş hakkı ile bir câriye ile karı-koca hayatı yaşama poligami=birden fazla kadınla evlilik sınırına tâbi olmama, iddet ve boşamada bekleme sürelerinin yarıya indirilmesi ve daha önce de ifade ettiğimiz gibi cariyenin örtünme konusunda hür kadınlar gibi olmaması gibi farklar, aile içerisindeki statüyü fazla etkilemeyen hallerdir[3].

Önemle ifade edelim ki, biraz önce de işaret olunduğu gibi, efendi, cariye ile nikâh akdi yaptığı takdirde birden fazla evlenmenin sınırına riâyet edecektir. Ancak istifrâş hakkı ile karı-koca hayatı yaşaması halinde, böyle bir sınır mevzubahis değildir. Efendi'nin istifrâş hakkına dayanarak cariyesi ile karı-koca hayatı yaşamasına teserrî de denmektedir[4]. Osmanlı Padişahları bir kısım câriyeleri ile nikâh akdi yapmasına karşılık, istifrâş hakkı bulunan bir kısım câriyeleri ile de teserrî yani nikâh olmadan karı-koca hayatı yaşamıştır.

---

1 Ahmed Refik, Kadınlar Saltanatı, c. I, 50 vd.; Uluçay, Padişahların Kadınları Ve Kızları, sh. 34-35.

2 Damad, Mecma'ul-Enhür, I, sh. 329.

3 Akgündüz, Osmanlı Kanunnâmeleri, c. II, sh. 311 vd.; Damad, Mecma'ul-Enhür, I, sh. 329 vd.

4 Damad, Mecma'ul-Enhür, I, sh. 329 vd.

Bu sebeple birden fazla evlenme konusundaki sınıra riâyet edilmeye ihtiyaç kalmamıştır. Yeri gelince ayrı ayrı inceleyeceğiz. Osmanlı Padişahlarının ikbal, gözde, peyk ve has odalık tabir edilen cariyelerle olan münâsebetleri bu şıkka girmektedir. Kadın Efendilerin ise, çoğunluğu ile nikâh akdi yapılmıştır. Yapılmayan kadın efendiler de vardır.

Gelelim istifrâş hakkının ve buna dayanılarak teserrî yani cariye ile karı-koca hayatı yaşamanın hukukî statüsü ve sınırlarına:

Savaştan sonra esir alınan bir kadının bu manada cariye olması için, yukarıda anlatılan hükümler dışında ayrıca ganimet taksiminin halife tarafından yapılmış olması ve resmî statünün tamamlanması şartı da aranır. Bunun yanında efendisi ile istifraş hakkı ile yaşayabilmesi için mutlaka iddet süresine riâyet edilmesi gerekir. Bütün bu şartlardan sonra efendisi ile karı-koca hayatı yaşayan câriye, efendisinin karısı gibi olur. Efendisi dışında kimse ile karı-koca hayatı yaşayamaz. Hanefi hukukçulara göre, efendi, müslüman veya ehl-i kitap olan cariye ile istifrâş hakkına dayanarak karı-koca hayatı yaşayabilir. Şafi'î hukukçular, bu konuda Yahudi ve Hristiyanları ehl-i kitap saymadıklarından daha sert hükümlere taraftardırlar[1].

Böyle bir câriyenin efendisi ile yaşadığı karı-koca hayatının sonuçlarını de ikili bir ayırıma giderek izah edelim:

a) İstifrâş hakkına dayanarak karı-koca hayatı yaşadığı cariyesinden efendi çocuk sâhibi olunca, cariye de **ümm-i veled** statüsüne geçer. Bu durumda, Efendi'nin cariyeden doğan çocuğu hür olarak dünyaya gelir. Ayrıca Efendi'nin ölümüne bağlı olarak annesini de hürriyetine kavuşturur. Hz. Peygamber'in Mariye isimli cariyesinden İbrahim adındaki oğlu doğunca "Onu, çocuğu azad etti" buyurmuştur. istîlâd'ın tecezzi kabul etmediğini yani ümm-i veled olan câriyenin üzerinde başkasının hissesi varsa, efendisinin bu hisseyi satın alma mecburiyetinin doğacağını burada tekrar etmekte yarar vardır.

Kısaca ifade etmek gerekirse, İslâm hukuku, cariye statüsünü bile köle kadınların hürriyetlerine kavuşmaları için vesile kılmıştır[2].

b) Efendi, karı-koca hayatı yaşadığı cariyesinden çocuk sahibi olmayabilir. Bunun yolu azldir. Çocuk sahibi olmadan karı-koca ilişkisini devam ettirebilir. Ancak bunun da bazı kaideleri vardır. Efendi, iki kız kardeşi cariye olarak eli altında ve bu statüde bulundaramaz. Bununla birlikte böyle bir cariyenin başka biriyle karı-koca münasebetine girişmesi zina sayılır. En önemlisi

---

1 Akgündüz, Osmanlı Kanunnâmeleri, c. II, sh. 311 vd.; Damad, Mecma'ul-Enhür, I, sh. 328 vd.

2 Damad, Mecma'ul-Enhür, I, sh. 542 vd.

de, böyle bir cariyeyi başka bir efendiye satabilmesi ve Efendi'nin istifraş hakkını elde edebilmesi için, ayrılığın üzerinden iki hayız müddetinin geçmesi gerekir. Şayet cariye hamile ise, birinci şıkta belirttiğimiz ümm-i veled hükümleri devreye girer. Hamile değilse, bekleme süresi bitince yeni efendi ile karı-koca hayatı yaşamaya başlayabilir. Hz. Peygamber, bu durumda bulunan cariyelerin dahi mümkünse evlendirilmelerini ve cariyelerin eğitimlerine dikkat edilmesini tavsiye etmektedir: "Kimin bir cariyesi varsa, ona bir eğitim, fakat iyi bir eğitim versin. Cariyesini hür bir kadın olarak evlenebilmesi için efendisi onu azâd etsin. Böyle yapan efendiler, Allah tarafından iki ecirle mükâfâtlandırılacaktır."[1].

Hanefi hukukçularına göre, efendi, kendisiyle mükâtebe akdi yani âzâdlık sözleşmesi yaptığı cariyesi ile karı-koca hayatı yaşayamaz. İstifrâş ederse mehrini ödemek mecburiyetinde kalır[2].

Burada zikredilmesi gereken bir husus da, erkek kölelerin, câriyeler ile istifrâş hakkına dayanarak karı-koca hayatı yaşama haklarının bulunmadığı hususudur. Osmanlı uygulamasında da bu esas aynen kabul görmüştür. Zaten Osmanlı Devleti'nin, resmî hukuk kodu olarak İslâm Hukukunu tatbik ettiğini defalarca belirtmiş ve belgelerle isbât etmiş bulunmaktayız.

---

1 Buhari, Itk, 49.

2 Damad, Mecma'ul-Enhür, II, sh. 413 vd.; İbn-i Receb, El-Kavâid, sh. 41, Kâide 32.

DÖRDÜNCÜ BÖLÜM

OSMANLI UYGULAMASINDA KÖLELİK VE CARİYELİK İLE İLGİLİ BAZI MÜESSESELER

§. 1- KÖLELERİN TAKSİMİ; KAMUYA VE ŞAHISLARA AİT KÖLELER

Bilindiği gibi İslâm Hukukunda köleliğin iki temel kaynağı vardı. Bunlardan birisi savaş esirleri ve diğeri de doğum ile kölelik idi. Bu iki yol ile kölelik statüsüne geçen köleler ve cariyeler de iki ayrı statüye sahip olabilirlerdi: **Birincisi**; Devlete ait müesseselerde ve beytülmala ait olmak üzere köle ve cariye olarak kullanılırlar ki, bunlara devlete ait köleler diyebiliriz. **İkincisi** de şahıslara ait kölelerdir. Bu ayırım İslâm hukukunun hükümlerinden kaynaklanmaktaydı. Şöyle ki:

İslâm Hukukçularına göre, savaş yoluyla gayr-i müslimlerden alınan menkul ve gayr-ı menkul mallara **ganimet** ve savaş olmadan alınan mallara da **fey'** denmektedir. İkisine birden **mal-i mukâtele** de denmektedir. Ganimet ve fey' grubuna giren diğer mallar gibi, savaşta elde edilen esirler de, iki ana gruba ayrılır:

Birinci grup, savaşa katılan gazilere taksim edilen bölümdür ki, ganimet ve fey' mallarının beşte dördünü teşkil eder. Bu beşte dörtlük kısım gazilere taksim olunur. Ancak âmme maslahatı icabettiği zaman bu kısımdan da Halifenin tasarrufda bulunabileceği ve müslümanların maslahatlarına özellikle fey' grubuna giren eser ve mallardan harcayabileceği İslâm Hukukçularının bir kısmı tarafından izah edilmiştir[1]. Hatta Halife ve Sultân'ın kendi çocuklarına dahi fey' kabul edilenden pay ayırmasının câiz olduğu bir kısım hukukçular tarafından ifade edilmiştir[2].

İkinci Grup ise, Kur'an'ın beyânı doğrultusunda beşte biri yani fıkıh kitaplarındaki ifadesiyle hums'u Hz. Peygamber'e, yakın akrabalarına, yetimlere, miskinlere ve yolda kalanlara taksim edilecektir. Devlet reisi, beşte birlik kısmı, bu sayılanlardan birine verebileceği gibi her sınıfa da ayrı ayrı dağıtabilir. İslâm Hukukçuları, Resûlüllah'a ait olan payın vefâtından sonra müslümanların maslahatına sarfedilebileceğini ve dolayısıyla beytülmala ait bir pay olarak kaldığını açıklamışlardır[3].

---

[1] Ebu Ya'lâ, El-Ahkâm'üs-Sultâniyye, sh. 120-123, 235-237; Kâsânî, Bedâyi', VII, sh. 124 vd.; Damad, Mecma'ul-Enhür, I, sh. 647 vd., 653 vd.

[2] Ebu Ya'lâ, El-Ahkâm'üs-Sultâniyye, sh.123, 235-237.

[3] Kur'an, Enfâl, 41; Krş. Ebu Ya'lâ, El-Ahkâm'üs-Sultâniyye, sh. 120-123, 235-237; Kâsânî, Bedâyi', VII, sh. 124 vd.; Damad, Mecma'ul-Enhür, I, sh. 647 vd., 653 vd.

İşte Osmanlı Devleti, Kur'an'ın belirlediği **hums** adı altındaki beşte birlik payı, Farsça ifadesiyle **penç-yek** ve halkın dilinde aldığı şekliyle **pençik** adı altında beytülmala tahsis etmiş ve elde edilen esirlerin beşte birini de devlete ait köleler haline getirmiştir. Tursun Bey Tarihinde yer alan şu ifadeler de dediklerimizi tasdik etmektedir: "Fâtih, kılıçla fethettiği Memâlik-i Küffârdan sebâyâ ü üsârâ getürüb etrâf-ı İstanbul'a kondurub köyler ve mezâri' vaz' etti. Şöyle ki, hâlî yer kalmayub tamam ma'mûr eyledi."[1]. Tevârîh-i Âl-i Osman'da geçen şu ifadeler de fıkıh kitaplarındaki hükümleri tasdik eder mahiyettedir: "Andan sonra Sultân Mehmed Laz Eli'ne vardı. Sivrice Hisâr'ı ve Umut Hisâr'ını feth edüb vilâyetin yağma eyledi. Andan sonra çıkan esirlerin hesâbın Allah bilir; İstanbul dâiresinde olan kafirlerin ekseri andan çıkanlardır. Hicretin 858 yılında feth olundu"[2].

Bu arada şunu da belirtmekte yarar vardır ki, Osmanlılarda devlete ait köleler, sadece bu beşte birlik pay değildir. Devlet adamları, âmme maslahatının icabettiği zamanlarda, özel şahıslara ait olan köleleri de devlet işlerinde veya devlete ait olan müesseselerde satın alarak istihdâm edebilmektedir[3]. Bu sebeple, biraz sonra izah edeceğimiz devlete ait kölelerin kaynağını, sadece savaş esirlerinin beşte biri olarak düşünmemek gerekmektedir. Kurulan esir pazarlarından özel şahıslar kadar, devletin yetkili makamları da ihtiyaçlarını karşılamak üzere köle ve cariye satın alabilmektedir. Zengin bir şahıs kendine ait tarla ve bahçelerde iş yapmak üzere köle ve cariye satın aldığı gibi, geliri Beytül-Mal-i Hâssaya ait olan Havâss-ı Hümâyûn'da çalıştırılmak üzere devlet de köle ve cariye satın alabilir. Ve yine Saray'da hizmet etmek üzere de bu manada köle ve cariye satın almak her zaman mümkündür.

Şimdi sırasıyla Osmanlı Devletinde görülen özel şahıslara ait köleler ile devlete ait köleler hakkında biraz daha ayrıntılı bilgi verelim:

---

1 Tursun Bey, Târih-i Ebül-Feth, İstanbul 1330, sh. 67

2 Tevârîh-i Âl-i Osman, Breslave 1922, sh. 111; Krş. Barkan, Türkiye'de Toprak Meselesi, sh. 593

3 Akgündüz, Osmanlı Kanunnâmeleri, II, sh. 128 vd.; Molla Hüsrev, Dürer ve Gurer, I, 285-286; Uzunçarşılı, İsmail Hakkı, Kapıkulu Ocakları, I, sh. 6 vd.

§. 2- OSMANLI DEVLETİNDE ÖZEL ŞAHISLARA AİT KÖLELER

I- GENEL OLARAK

Önemle ifade edelim ki, Osmanlı toplumunda görülen özel şahıslara ait köleler ile daha önceki bölümde incelenen İslâm Hukukundaki kölelerin statü açısından hiç bir farkları yoktur. Aynı şer'î hükümler, Osmanlı Devletinde de tatbik edilmiştir. Şer'iye Sicillerindeki mahkeme kararları, Osmanlı Arşivindeki uygulama belgeleri ve konu ile alakalı hukukî düzenlemeler, açıkça bunu göstermektedir.

Osmanlı tatbikatından anladığımıza göre, devletin dışındaki şahıslara ait köleleri iki kısma ayırmak mümkündür: Bunlardan *birincisi*, gerçek şahıslara ait olan kölelerdir. Genellikle gerçek şahıslara ait kölelerin, özel şahısların çobanlığını yaptıkları, ev, tarla ve bahçe gibi ticârî ve sınâ'î hayatta istihdâm edildikleri görülmektedir. Özel şahıslara ait cariyelerde de hizmetçi olarak istihdâm edilenlerle eş olarak el altında bulundurulanlar arasında fark gözeltildiği ve bu konudaki şer'î hükümlere aynen uyulduğu, elimizdeki belgelerden anlaşılmaktadır. İslâm Hukukundaki kölelik ve cariyeliğ'i anlatırken uygulama misâllerini genellikle Osmanlı tatbikatından verdiğimizden, burada tekrara girmek istemiyoruz. *İkincisi* de, vakıflara ve benzeri yarı resmî müesseselere ait olan kölelerdir.

Osmanlı devletinde erkek köleye kul ve kadın köleye de cariye denirdi. Her ikisine birden esir dendiği de olurdu. Köle ve cariyeler, Esir Pazarı denen yerlerde alınır satılırdı. İstanbul'daki Esir Pazarı, Tavuk Pazarı civarındaydı. Taşrada da esir pazarlarının bulunduğunu elimizdeki hukukî düzenlemelerden anlıyoruz. Esir alıp satmayı kendilerine san'at edinenlere esirci veya esirci esnafı denirdi. Esirci esnafı kendilerine ait olan esirleri istedikleri fiyata alıp satmaktaydılar.

Esir Pazarlarında genellikle iki resmi görevlinin bulunduğunu müşahede ediyoruz; Bunlardan birisi, köle ve cariye satışıyla alakalı teşekkülün reisi olan esirciler şeyhidir. Diğeri ise, bunun yardımcısı durumunda bulunan esirciler kethüdâsıdır. Her ikisi de ruûs-ı hümâyûn ile tayin olunurlardı. Meşhur Itrî Efendi, Avcı Mehmed tarafından Esirciler Şeyhi olarak tayin edilmişti. Osmanlı Kanunnâmeleri arasında neşrettiğimiz Bursa Esîr Pazarı Kanunnâmesinde konuyla ilgili ayrıntılı bilgiler bulunmaktadır[1].

---

[1] Pakalın, Tarih Deyimleri, I, sh. 552-554; Krş. Akgündüz, Osmanlı Kanunnâmeleri, c. II, sh. 235 vd.

II- OSMANLI DEVLETİNDE KÖLELERLE İLGİLİ BAZI RAKAMLAR VE TESBİTLER

Konu ile ilgili olarak, XVII. Yüzyıl Şer'iye Sicillerinde 1000 tereke yani 1000 Osmanlı vatandaşının vefâtından sonra miras olarak geride bıraktığı malvarlığının taksimi ile alakalı kayıtları inceleyen bir araştırmacının vardığı sonuçları özetlemek istiyoruz:

Tedkik edilen 1000 kişiye ait muhallefat (tereke) listelerinden 241 kişinin mal varlıklarını meydana getiren kalemler içerisinde köle ve cariyeleri bulunmaktadır. Yani İstanbul'da oturan ve varlıklı olan 1000 ailenin % 24'inin kölesi bulunmaktadır. Köle ve cariye bulunan terekelerin toplam terekeler içindeki yeri %24.1'dir. Çeşitli nedenlerle kaydedemediklerimiz de hesaba katılırsa bu rakam biraz daha yükselecektir.

1000 kişiye ait terekeler içinde 102 kişinin kölesi, 199 kişinin ise cariyesi bulunmaktadır. Köle sahibi olan sadece 2 kadın vardır. Köle sahibi erkelerin sayısı 100'ür.

1000 tereke içinde geride bıraktığı miras malı içinde cariyesi olan 199 kişiden 159'u erkek, 40'ı kadındır.

Köle sahibi 100 erkeğin altmış üçünün her birinin 1, yirmi birinin 2, onunun 3, birinin 4, üçünün 5, birinin 7, birinin 8 kölesi vardır. Köle sahibi iki kadının ise birer kölesi bulunmaktadır.

Cariyesi olan 159 erkeğin doksan birinin herbirinin 1, kırk ikisinin 2, ondördünün 3, sekizinin 4, ikisinin 5, birinin 7, birinin 12 aded cariyesi vardır. Cariye sahibi 40 kadın içinde yirmi üçünün herbirinin 1, onunun 2, yedisinin 3'er aded cariyesi olduğu tespit edilmiştir.

Köle sahibi yüz erkeğin toplam 169 adet köleleri bulunmaktadır. Köle sahibi 2 kadının sahib olduğu köle sayısı ise 2'dir.

Cariyesi olan 159 erkeğin toplam cariyeleri sayısı 278, cariye sahibi 40 kadının sahib olduğu cariye sayısı ise 64'dür. Cariyelerin içinde hizmetçi statüsünde olanlar da istifrâş hakkına sahip olunanlar da vardır.

Muhallefatı içinde köle ve cariye bırakan 241 kişiden 201'ini (%83. 4) erkekler, 40'ını (%16. 6) kadınlar meydana getirmektedir.

1000 kişi içerisinde 241 kişinin miras olarak bıraktığı toplam 513 köle ve cariye içerisinde, kölelerin sayısı 171 (%33. 3) cariyelerin sayısı ise 342 (66. 6)'dır.

Askeri zümre yani mülkî, askerî ve ilmiye mensupları içerisinde cariye istihdam oranı köle istihdam oranından daha yüksek olduğu görülmektedir. Köle ve cariyesi olanların arasında cariye istihdam edenlerin oranı 2/3, köle istihdam edenlerin oranı 1/3 düzeyindedir. Kadınlar arasında köle istihdamı hemen hemen hiç yok gibidir. 40 kadın içerisinde sadece 2 kadın köle istihdam etmektedir.

Köle ve cariylerin sayıları bakımından köleler 1/3, cariyeler ise 2/3 oranındadır.

Görüldüğü üzere toplumun meyli köleden ziyade cariyeye yönelmiştir. Köle sahibi erkekler içinde tek kölesi olanlar %63, cariye sahibi erkekler içinde tek cariyesi olanlar ise %57'dir. Kadınlar içinde tek cariyesi olanların oranı da %55'dir. Köle ve cariye istihdam etme ihtiyacı duyanların %60'ının tek köle veya cariye ile yetindikleri anlaşılmaktadır. Netice itibariyle İstanbul gibi bir şehirde, zengin ve rütbe sahibi aileler arasında, köle ve cariye sahibi olanların nisbeti, % 24.1'i geçmemektedir[1].

Bu kayıtlar incelendiğinde görülmektedir ki, Osmanlı toplumunda, İslâm Hukukunun aldığı tedbirler neticesinde, kölelik ve cariyelik müessesesi, bir nevi zengin ailelere ve konaklara has bir âdet olarak devam etmiştir ve şehirlerde ancak köleler ve cariyeler görülür olmuştur[2]. Devam eden köleler ve cariyeler için de, tamamen İslâm Hukukunun daha önce anlattığımız hükümleri esas alınmıştır.

III- OSMANLI DEVLETİNDE KÖLENİN TEMİNİ VE KÖLE TİCARETİ

Osmanlı Devletinde kölelik sebeplerinin İslâm Hukukundaki kölelik sebepleri olduğunu daha evvel belirtmiştik. Gerçekten Osmanlı toplumunda köle temin edilen yollar ikidir: Birincisi, savaşta esir alma yoluyla köle teminidir ki, bunun şartlarını daha evvel anlatmıştık. Bir çeşit savaş olan akınlar da buna dahildir. Bazı yazarların akınları kaçırma yoluyla aynı tutup Osmanlı Devletinin köle temin yollarından birisi olarak kaçırma ve akınları göstermesi, meseleyi yanlış değerlendirmekten kaynaklanmaktadır[3]. İkincisi satın alma

---

[1] Said Öztürk, İstanbul Tereke Defterleri, İstanbul 1995, Osmanlı Araştırmaları Vakfı Yayınları, sh. 201-209.

[2] Pakalın, Tarih Deyimleri, I, sh. 554-555; Ehud R. Toledano, Osmanlı Köle Ticareti 1840-1890, sh. 12 vd..

[3] Pakalın, Tarih Deyimleri, I, sh. 554-555; Ehud R. Toledano, Osmanlı Köle Ticareti 1840-1890, sh. 12 vd.

yoluyla köle teminidir. İslâm Hukukuna göre, zorla bir insanın köle olarak satılmak üzere alınması caiz değildir. Ancak özellikle XVIII. yüzyıldan itibaren Afrika toplumlarından farklı din ve milletlere mensup tüccarların getirdikleri ve esir pazarlarında sattıkları siyah köleler ile Kafkaslardan gelen Çerkes, Rus ve Gürcü köleler, İstanbul başta olmak üzere Osmanlı Şehirlerindeki esir pazarlarında satılmış ve alınmıştır. Nitekim Osmanlı Kanunnâmelerinde de konuyla ilgili yani esir pazarları ile alakalı hükümler bulunmaktadır[1].

Yalnız bir araştırmacının bahsettiği haksız vaz'ul-yedden kısaca bahsedilebilir: *Haksız Vaz'u'l-yed,* Haksız olarak azad edilen bir köle veya cariyeye yahut da aslında hür olan bir insana köle diye elkoymak bunların hala eski statülerinde veya köle oldukları kanaati ile yapılmaktadır. Hayatında köle veya cariyeyi azad eden ya da tedbir-i mutlak veya tedbir-i mukayyed ile müdebber eden kişinin varisi varsa varisleri veya varislerinin vasisi, varisi yoksa Beytülmal Emini müteveffânın azadlı köle ve cariyelerinin azadlı olup olmadığı, müdebber ise müdebberliği açıklığa kavuşuncaya kadar terekeden addederek elde edecekleri mirasın ziyade olmasını sağlamaya çalışmaktadırlar. Azad edilen ya da efendisinin ölümüyle hürriyetini elde etmesi gereken müdebber köle ve cariye bu gibi durumlarda elinde ıtaknamesi varsa, ıtakn,-mesini beyan eder. Yoksa azad olduğuna dair iki şahid göstererek ispat ederdi. Sahibi tarafından tedbir-i mutlak veya tedbir-i mukayyed ile müdebber kılınan köle/cariye de buna dair iki şahid göstererek sahibinin ölümünden dolayı azadlıklarını elde eder ve böylece Beytülmal Emini veya varislerin elinden köle/cariye muamelesi görmekten kurtulurdu. Abd-i âbık (kaçkun köle) zanniyle Beytülmal Emini tarafından azadlıklarını elde etmiş köle asıllı kişilere el konduğu da olurdu. Kitabete kesilen köle/cariyenin kitabetini, mirasçıların tanımayarak satmak istedikleri ve sahibi ölünce hürriyetini elde etmesi gereken ümm-i veled bir cariyeye, cariye zannıyla el konduğuna ilişkin belgeler de bulunmaktadır[2].

---

1 Öztürk, İstanbul Tereke Defterleri, sh. 193-194; Ehud R. Toledano, Osmanlı Köle Ticareti 1840-1890, sh. 15 vd.; Pakalın, Tarih Deyimleri, I, sh. 554-555; Leyla Hanım, Harem Ve Saray Âdât-ı Kadîmesi, Vakit Gazetesi 1332.

2 Öztürk, İstanbul Tereke Defterleri, sh. 200; Bkz. Beytülmal Eminin abd-i âbık zanniyle el koyduğuna ilişkin belge örnekleri: İstanbul Müftülüğü, Kısmet-i Askeriye Mahkemesi, 1/48-a, 1/149-b, 2/97-b, 3/12-b, 3/34-a, 4/14-a, 4/39-a, 4/64-b, 4/97-a, 4/97-b, 5/47-a, 6/76-a. Varislerin veya varislerin vasisinin köle/cariye zaniyle el koyduğuna ilişkin örnekler: 2/89-a, 2/102-a, 2/109-b, 2/115-a, 3/4-b, 3-49-a, 3/76-b, 3/102-a, 3/116-b, 4/61-b, 5/10-a, 5/18-b, 5/32-b, 5/54-a, 5/61-b, 5/62-b, 5/80-b, 5/113-b, 5/133-b, 5/135-b, 5/136-a, 5/165-b, 6-1-b, 6-4-a, 6-76-a, 6/78-b, 6/83-b, 6/90-b, 6/130-a, 6/158-b, 6/172-b.

Osmanlı toplumunda Batı ve Amerika'da olduğu gibi profesyonel bir köle ticâreti mevzubahis değildi ve köle mafyası yoktu. Bir sene içinde Afrika'dan Osmanlı şehirlerine gelen köle sayısının yaklaşık 15-20 bin civarında olduğu söylenirse, aynı tarihlerde Batı'da telaffuz edilen 200-500 bin rakamlarının yanında fazla olmadığı görülecektir[1].

IV- OSMANLI DEVLETİNDE KÖLE TİCARETİNİN YASAKLANMASI VE GELİŞEN OLAYLAR

Önemle ifade edelim, dünyada köle ticaretinin yasaklanması ve köleliğe karşı alınan tedbirler, başlangıçta Osmanlı Devleti başta olmak üzere müslümanları ilgilendirmiyordu. Zira İslâm Hukukunda kölelerin durumu Batı ülkeleri ve Amerika'daki hür olan beyazlar dışındaki insanlardan çok daha iyiydi. Ancak köleliğin vahşet manasına alındığı Batı'da ve Amerika'da köle ticareti XIX. yüzyıldan itibaren yasaklanmaya başlayınca, hem zayıf durumdaki Osmanlı Devletini o açıdan hırpalamak ve hem de sanki köle ticaretini dünyada yapan tek milletin müslümanlar ve tek devletin de Osmanlı Devleti olduğunu göstermek için, başta İngiltere olmak üzere, Batılı devletler, Osmanlı Devletine baskı yapmaya başladılar. Batılı bir muâsır yazarın ifadesiyle "Osmanlı'da köleliğin sosyal ve bir ölçüye kadar da ekonomik önemi, ılımlı yapısı ve İslâmca onaylanması, Osmanlı'da bu kurumu kaldırmak için istek ortaya çıkarmamıştı."[2].

Buna rağmen her konuda Avrupalı devletlerin emrine giren Osmanlı Devleti, Ocak 1847 tarihli bir Ferman'la köle ticaretini yasaklayan hukukî bir düzenleme ortaya koydu[3]. 1847 yılında Sultân Abdülmecid'in İrâde-i Seniyye'si ile İstanbul Esir Pazarı kaldırıldı[4]. 1857 tarihli Ferman'la da Afrikalı

---

1 Pakalın, Tarih Deyimleri, I, sh. 554-555; Ehud R. Toledano, Osmanlı Köle Ticareti 1840-1890, sh. 46-76; Bu son kitapta Osmanlı'daki köle ticaretinin hacmını veren kaynaklar arasında Osmanlıya has bir kaynak mevcut değildir ve sadece Afrika'dan ve Hindistan'dan yapılan köle ticaretinin hacmi esas alınmıştır. Halbuki buralardan yapılan köle ticareti tamamen Osmanlı Devletine mal edilemez. Dolayısıyla bu kaynağın ihtiyatla karşılanması gerekir.

2 Ehud R. Toledano, Osmanlı Köle Ticareti 1840-1890, sh. 77 vd.

3 BOA, Mesâil-i Mühimme, İngiltere, 822, 828, 829; Ehud R. Toledano, Osmanlı Köle Ticareti 1840-1890, sh. 77 vd.

4 BOA, Cevdet- Maliye, No: 3177; Ehud R. Toledano, Osmanlı Köle Ticareti 1840-1890, sh. 90-91.

köle ticareti bütün Osmanlı Ülkesinde tamamen yasaklandı[1]. 1880'de Köle Ticâretinin İlga edilmesi İçin Osmanlı-İngiliz Andlaşması imzalandı ve dolayısıyla Osmanlı Devleti de milletlerarası köle ticareti yasağına katılmış oldu[2].

V- OSMANLI DEVLET ADAMLARININ EVLERİNE HAREM VE OTURDUKLARI YERLERE KONAK DENİRDİ; DEVLET ADAMLARININ VE ZENGİNLERİN EVİ KÜÇÜK BİRER HAREM GİBİYDİ

Şunu ifade etmekte yarar görüyoruz ki, biz, her ne kadar Padişah'a ait Harem-i Hümâyûn'u ilerde anlatacak isek de, Osmanlı Devlet adamlarının, zenginlerin ve durumu müsait olanların evleri, birer küçük haremdi ve zaten ilerde anlatacağımız sebeplerle her müslümanın evine de harem denmekteydi. Bu sebeple devlet büyüklerinin ve zenginlerin haremlerinin oturduğu konaklarında hadım kölelerden seçilen harem ağaları, ağaların hizmetçileri demek olan zobular, konakların ışıklandırmasından sorumlu Kandilci Kalfalar, konakların iç idaresini yürüten Kâhya Kadınlar, yaşını başını almış Musâhibeler ve Nedime Hanımlar ve de bunlara benzer hizmetçi statüsündeki cariyeler mevcuttu. Biz, harem esas olmak üzere, Harem-i Hümâyûn'u müstakil bir bölümde kaleme alacağımızdan dolayı, burada ayrıntıya girmek istemiyoruz[3].

§. 3- OSMANLI DEVLETİNDE DEVLETE VE KAMUYA AİT KÖLELER VE ÇEŞİTLERİ

Bir kısım tarihçiler ve hukukçular tarafından ısrarla, Osmanlı Devletinde bütün vatandaşların Padişahın ve diğer devlet yetkililerinin köleleri oldukları ve Osmanlı Topraklarında yaşayan insanlar arasında nerdeyse hür insanın çok az sayıda bulunduğu tarzında iddialar mevcuttur. Bu iddiaların temelini, Osmanlı Devlet yapısını ve İslâm hukukunu bilmemek teşkil etmektedir. Hatta Osmanlı Devletinde vatandaşa ra'iyyet dendiğinden dolayı, sanki Padişah'ın sürü kabul edilen vatandaşların çobanı olduğu tarzındaki iddialar da, benzeri bir fikrin ürünüdür.

---

[1] BOA, İrâde, Meclis-i Vâlâ, No: 16623, Ek 70; Ehud R. Toledano, Osmanlı Köle Ticareti 1840-1890, sh. 114 vd..

[2] Ehud R. Toledano, Osmanlı Köle Ticareti 1840-1890, sh. 193.

[3] Abdülaziz Bey, Osmanlı Âdet, Merâsim Ve Tabirleri, I, sh. 170-195.

Osmanlı hukukunda halka "raiyye" veya bunun çoğulu olan "re'âyâ" denmektedir. Bu kelimenin halk için kullanılmasına sebep Hz. Peygamber'in bir hadisidir. Hz. Peygamber, edebî bir benzetme ile her konuda reislik sıfatını hâiz olanlara şöyle bir ihtarda bulunmuştur. "Hepiniz birer çobansınız ve emriniz altındakilerden (raiyyetinizden) çobanın sürüsünden mes'ul olduğu gibi sorumlusunuz. Koca ailesinin çobanıdır ve onlardan sorumludur. Kadın evinin ve çocuklarının çobanıdır ve onlardan sorumludur. Devlet adamı (emir) da insanların çobanıdır ve raiyyetinden sorumludur". İşte bu hadisin manasını unutturmamak için dinî bir gelenek olarak halka "**raiyyet**" denmiştir. Yoksa eski hukukumuzda halka "sürü" nazarıyla bakıldığı için bu ad verilmemiştir[1].

Bu tür iddaları ber taraf etmek üzere Osmanlı Devletindeki köle ve câriyelerin kamuya ait olanlarını tasnif ederek, vatandaşın Osmanlı Padişahının kölesi olup olmadığını kısaca vuzuha kavuşturmak ihtiyacı ortaya çıkmıştır.

I- ORTAKÇI KULLAR

Feodalite nizâmı ile Osmanlı devletindeki timar sistemini mukayese ederken belirttiğimiz gibi, bazı çevrelerin iddia ettiği tarzda, Osmanlı Devletindeki re'âyâ denilen vatandaşlar ile, Feodalite rejiminde görülen serfleri birbiriyle mukayese etmek mümkün değildir. Osmanlı Devletinde bütün vatandaşlar, Padişahın kulu ve kölesidir şeklindeki iddia da tamamen mesnedsiz bir iddiadır. Ancak harplerde elde edilen esirlerin beşte birinin Devlete kalmış olması veya ihtiyaç halinde satın alma yoluyla devletin müesseselerine veya devlet vakıflarında istihdam için köle alınması yollarıyla kamuya ait köleler olarak karşımıza çıkan ve kul adı verilen bir grup elbetteki vardır. Bunları, re'âyâ ile karıştırmak tamamen hatalıdır.

---

1 Cin/Akgündüz, Türk Hukuk Tarihi, İstanbul 1990, I, sh. 189; Üçok/Mumcu, Türk Hukuk Tarihi, 205 vd.

Bu arada Osmanlı Devletinde şahıslara ait köleler için daha ayrıntılı bilgi almak üzere bkz. Sahillioğlu, Halil, Onbeşinci Yüzyılın Sonu İle Onaltıncı Yüzyılın Başında Bursa'da Kölelerin Sosyal Ve Ekonomik Hayattaki Yeri, ODTÜ, Gelişme Dergisi, 1979-1980, Özel Sayı, sh. 74; Öztürk, İstanbul Tereke Defterleri, sh. 189-195; **Abdülaziz Bey**, Osmanlı Âdet, Merâsim Ve Tabirleri (Âdât Ve Merâsim-i Kadîme, Tabirât Ve Muâmelât-ı Kavmiyye-i Osmâniyye), Tarih Vakfı Yayınları, İstanbul 1995.

İşte kamuya ait köleler diye ifade edebileceğimiz bu köleler grubundan birisi, devlete ait hâssa çiftliklerde çalışan ortakçı kullardır[1]. Genel olarak ortakçı, beylikten, vakıf idaresinden veya toprak sahibi hususî şahıstan aldığı tohumu, ekseriya işletme sermayesi de toprak sahibine ait olmak üzere eken biçen ve mahsulden tohum ve öşür çıkarıldıktan sonra geriye kalan kısmı beğlikle, vakıf idaresiyle veya toprak sahibi olan hususi şahısla ortaklaşa yahut ikili birli, ikili üçlü bir şekilde paylaşan kul veya hür toprak işçisidir. Bizim burada kasdettiğimiz kul ortakçılardır. Bu ortakçı kulları anlatmak üzere, İstanbul Haslar kazasındaki ortakçı kulları örnek olarak alacağız ve bunlarla ilgili Havâss-ı Kostantınıyye Kanunnâmesini esas kabul edeceğiz. Bu hassa çiftliklere, içinde kul taifesinin işçi olarak çalışmaları sebebiyle **kulluklar** adı da verilmektedir.

Bilindiği gibi, Osmanlı devletinde mîrî arazi üçe ayrılıyordu: Timar, ze'âmet ve hâs. Bunlardan özellikle Padişahlara ait olan ve vergi geliri 100.000 akçeden fazla bulunan çiftliklere hâss-ı hümâyûn denmekteydi. İşte bu hâss-ı hümâyûn veya bunun çoğulu olarak havâss-ı hümâyûn denilen çiftlikler, iki grup insan tarafından işletilmekteydi:

Birincisi, re'âyây-ı zirâ'at-sâzân denilen hür köylülerdi. Bunları **ortakçı çiftçiler** diye ifade etmek mümkündü. Bunların kullukla veya kölelikle alakaları yoktu. Belli bir bedel veya kira karşılığında hassa çiftlikleri ekip biçiyorlardı. Bunlardan ne kadar vergi veya ürün alıncağı Hâssa Kanunlarında belirtilmekteydi. Nitekim Havâss-ı Kostantınıyye kanunnâmesinde bunlar teker teker izah edilmektedir[2].

İkincisi, imâ ve abîd-i enbâzân adı verilen **ortakçı kullar**dı. Bunlar, savaşlarda esir alınan veya köle pazarlarından satın alınan kölelerdi. Ancak bildiğimiz manada köle olarak çalıştırılmak yerine Padişah Haslarına çiftçi olarak yerleştirilmişlerdi. Bunlara toprağa yerleştirilmiş köleler veya kullar demek mümkündü. Aralarında köle veya cariyeler bulunmaktaydı[3].

---

[1] Akgündüz, Osmanlı Kanunnâmeleri, II, 305 vd.; Barkan, XV. ve XVI. Asırlarda Osmanlı İmparatorluğunda Toprak İşçiliğinin Organizasyon Şekilleri, Toprak Meselesi, I, sh. 575 vd.

[2] Akgündüz, Osmanlı Kanunnâmeleri, II, 307 vd.; Barkan, XV. ve XVI. Asırlarda Osmanlı İmparatorluğunda Toprak İşçiliğinin Organizasyon Şekilleri, Toprak Meselesi, I, sh. 577 vd.

[3] Akgündüz, Osmanlı Kanunnâmeleri, II, 307 vd.; Barkan, XV. ve XVI. Asırlarda Osmanlı İmparatorluğunda Toprak İşçiliğinin Organizasyon Şekilleri, Toprak Meselesi, I, sh. 577 vd.

İşte İstanbul Hâslar kazasında yer alan Padişah haslarında çalışan bir kısım ortakçılar, ortakçı kul durumundaydı. Tursun Bey Tarihinde yer alan "Fâtih, kılıçla fethettiği Memâlik-i Küffârdan sebâyâ ü üsârâ getürüb etrâf-ı İstanbul'a kondurub köyler ve mezâri' vaz' etti. Şöyle ki, hâlî yer kalmayub tamam ma'mûr eyledi"[1] tarzındaki ifadelerden ve Tevârîh-i Âl-i Osman'da geçen "Andan sonra Sultân Mehmed Laz Eli'ne vardı. Sivrice Hisâr'ı ve Umut Hisâr'ını feth edüb vilâyetin yağma eyledi. Andan sonra çıkan esirlerin hesâbın Allah bilir; İstanbul dâiresinde olan kafirlerin ekseri andan çıkanlardır. Hicretin 858 yılında feth olundu."[2] şeklindeki beyânlardan, bu hâssa çiftliklere yerleştirilen kullar ve cariyelerin İslâm hukukunun meşru kabul ettiği yollarla devlete kalan veya devletçe satın alınan kullar olduğunu anlıyoruz[3]. Ortakçı kulların özellikle harp esirleri arasından ayrılmış olduklarını ve bu itibarla resmen âzâd edilmedikleri müddetçe sahiplerinin köleleri kalmakta devam ettiklerini görüyoruz.

Ancak hâssa çiftliklerde ortakçı olarak çalışan ve hür olan köylülerin ise bunlara karıştırılmadığını, tapu-tahrir defterlerindeki kayıtlarda kölelerin üzerine ortakçı kul ve hür köylülerin üzerine ise, ra'iyyet kaydının ehemmiyetle düşüldüğünü görüyoruz. Hatta bu iki sınıf birbirine karıştırıldığı zaman yapılan teftişlerle bunun önlendiğini şu kayıttan idrâk ediyoruz: "Mezkûr karyenin ortakçıları ehl-i zimmetüz; Köhne Defterde ortakçı kayd olmak hilâf-ı vâki'dir deyü taleb ettükleri arz olub emr olundu ki, ihtimâmla teftiş olunub şer'an hürriyetleri sabit olan ol muceble kayd oluna"[4].

Osmanlı Kanunnâmeleri adlı eserimizde tamamını neşrettiğimiz Hâslar Kanunnâmesinden anladığımıza göre, Hâslarda iskân edilen ortakçı kullar veya hâriçden gelip bu kulluklardaki cariyelerle evlenmek suretiyle ortakçılığı kabul etmiş bulunan ortakçı köylüler, her sene birer müd (yirmi kile) buğdayla yarımşar müd arpa ve yulafı ekip biçmekle mükelleftirler. Elde edilen ürün, tohum çıkarıldıktan sonra hâs sahibi devlet ile ortakçı kul ve hür köylüler ara-

---

1 Tursun Bey, Târih-i Ebül-Feth, İstanbul 1330, sh. 67

2 Tevârîh-i Âl-i Osman, Breslave 1922, sh. 111; Krş. Barkan, Türkiye'de Toprak Meselesi, sh. 593

3 Barkan, Toprak Meselesi, XV. ve XVI. Asırlarda Osmanlı İmparatorluğunda Toprak İşçiliğinin Organizasyon Şekilleri, I, sh. 582-584.

4 Atatürk Kitaplığı, M. C., O.77, Vrk. 82; Barkan, Toprak Meselesi, XV. ve XVI. Asırlarda Osmanlı İmparatorluğunda Toprak İşçiliğinin Organizasyon Şekilleri, I, sh. 585-587.

sında taksim olunmaktadır. Ancak ortakçının eline geçen hisseden ayrıca sâlârlık adı altında bir vergi alınmaktadır[1].

Bu çiftliklerde yaşayan köleler, kendi aralarında yani köleler cariyelerle evlenmek durumundadırlar. Çiftlikteki huzurun bozulmaması için hâriçten gayr-ı müslim hür erkeklerle evlenmemeleri âmme maslahatı gereğidir. Yani bu çiftliklerdeki erkek ve cariyelerin köle olması demek, yukarıda bahsettiğimiz gibi her şeyleriyle Padişah'a veya efendilerine ait olmaları demek değildir. Bunlar, kendi aralarında evlenebilirler, çoluk çocuk sahibidirler[2]. Ayrıca Kanunnâmeden anladığımıza göre, bu çiftliklerde çalışan ortakçı kullar vefat ettikleri zaman, muhallefât tabir edilen terekeleri yani geride bıraktıkları mallar, devlete veya efendilerine kalmaktadır. Zaten İslâm hukukunun emri de budur.

Netice itibariyle Havâss-ı Kostantıniyye de denilen Padişah haslarında ve hâssa çiftliklerde çalışan ortakçıların dahi tamamı köle ve cariye değildir. Burada çalışan çiftçciler bile ortakçı kullar ve ortakçı çiftçiler olmak üzere ikiye ayrılmaktadır. Ortakçi kullar hakkında tamamen fıkıh kitaplarında anlatılan ve bizim de bir öncemki bölümde tatbik edilen kölelik ve cariyelik ile ilgili şer'î hükümler uygulanmaktadır. Ortakçı çiftçiler hakkında ise, hür insanlar için uygulanan hukuk kaideleri tatbik olunmaktadır. O halde Osmanlı ülkesinde yaşayan bütün insanları Padişahların kulu ve kölesi olarak gösterenlerin delil olarak ileri sürdükleri Hâssâ Çiftliklerin durumu kısaca bundan ibarettir. İleri sürdükleri iddiaları destekleyecek tek bir hüküm dahi bulunmamaktadır.

---

1 Akgündüz, Osmanlı Kanunnâmeleri, II, 307-311, md. 1-19.; Barkan, Toprak Meselesi, XV. ve XVI. Asırlarda Osmanlı İmparatorluğunda Toprak İşçiliğinin Organizasyon Şekilleri, I, sh. 587-590.

2 Akgündüz, Osmanlı Kanunnâmeleri, II, 311, md. 20-22; Barkan, XV. ve XVI. Asırlarda Osmanlı İmparatorluğunda Toprak İşçiliğinin Organizasyon Şekilleri, Toprak Meselesi, I, sh. 590-591

İstanbul Hâslarındaki Ortakçı Kulların Statüsünü Belirleyen Havâss-ı Kostantınıyye Kanunnâmesinden Birinci Sayfa (Atatürk Küt. M.C., O.77, Vrk. 1)

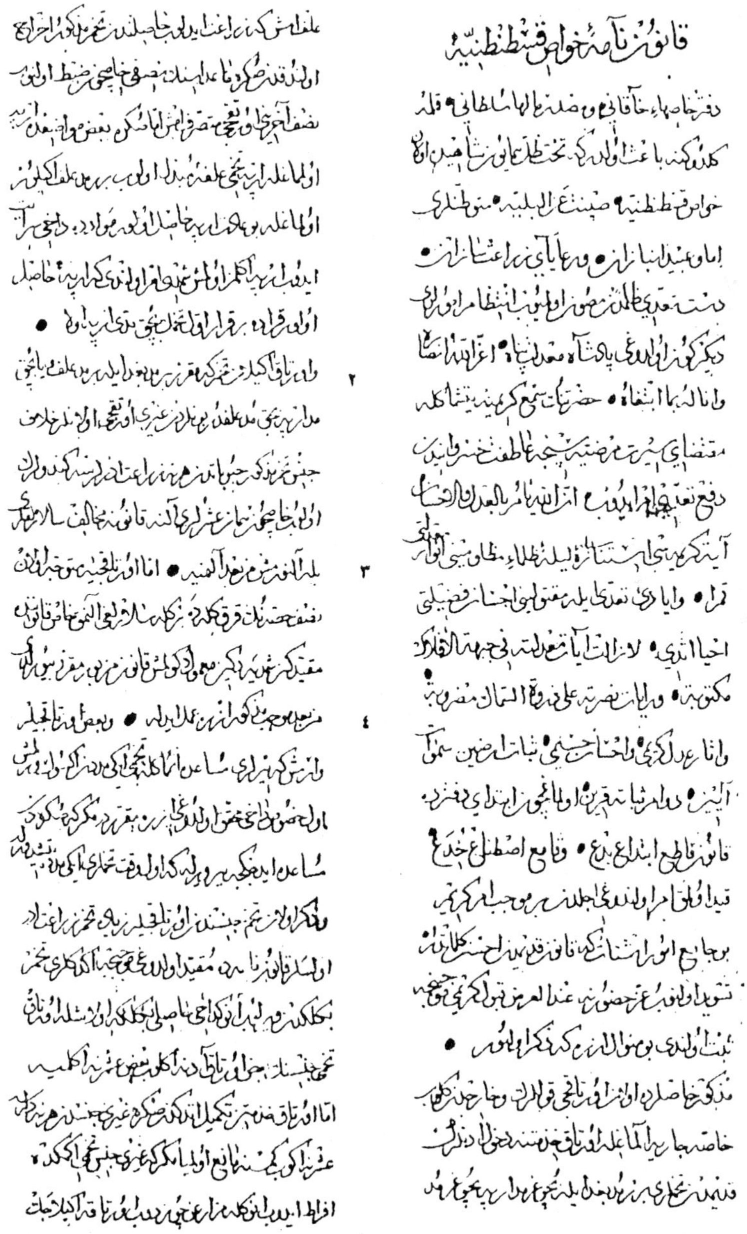
قانوننامۀ خواص قسطنطنیه

II- KUL KESİMCİLER

İstanbul Hâslarında ortakçı kullar adıyla gördüğümüz devlete veya bazı vakıflara ait ortakçı kulların bir benzerini de, Bursa ve Biga tarafındaki bazı çiftliklerde, mâlikânelerde ve vakıf arazilerinde **kesimci** veya **ellici** adıyla görüyoruz. Ortakçıyla kesimci arasındaki fark, esas itibariyle fazla değildir. Ortakçı, beylikten, vakıf idareşinden veya toprak sahibi hususî şahıstan aldığı tohumu, ekseriya işletme sermayesi de toprak sahibine ait olmak üzere eken biçen ve mahsulden tohum ve öşür çıkarıldıktan sonra geriye kalan kısmı beğlikle, vakıf idaresiyle veya toprak sahibi hususi şahısla ortaklaşa yahut ikili birli, ikili üçlü bir şekilde paylaşan kul veya hür toprak işçisidir. Kesimci ise, zirâi işletmesi içinde daha çok istiklal sahibi bir işçi durumundadır. Ne ekerse eksin, az çok, kıt bol, her sene belli bir maktû (kesim) ürünü vermeyi taaahüt etmiştir.

Kesimciler de kul olan ve olmayan olmak üzere ikiye ayrılırlar. Özellikle Bursa ve Biga'daki bazı çiftliklerde bulunan kesimciler, Tapu-Tahrir Defterlerindeki kayıtlara göre, "Sultân Orhan'ın kullarıdır". Bazı yerlerde ise, vakfın kulları vardır. Bazı kul kesimciler de, vakıf idaresi tarafından istihdam edilmek üzere satın alınmış kullardır. Bu tür çiftlik veya mâlikânelerde kesimci olan hürlerin ise, buralardaki cariyelerle evlenmek suretiyle kesimci olmuş Hristiyan kesimciler olduğunu belirtmek icabeder. Ayrıca bunların arasında âzâd edilmiş köle ve câriyeler de bulunmaktadır.

Netice itibariyle, kesimcilerin bir kısmı da kul veya cariye kesimcilerdir. Bunlar, İslâm Hukukundaki hükümler gereği, harpte esir alınma yahut da satın alınma veyahut da cariye anadan doğma yoluyla kölelik statüsüne geçmiş insanlardır. Kesimcilerin tamamı da köle veya cariye değildir. Bunlar arasında, ra'iyyet diye kayıt düşülen hür kesimciler bulunduğu gibi, âzâd edilmiş köle veya cariyeler de vardır. Yani kesimcilerin tamamı da kul değildir[1]. Bir de bu bölgelere sürgün edilen sürgün kâfirler denilen hür insanlar vardır. Bu insanları da kul kesimcilerle karıştırmamak icabetmektedir. Bunları birbirine karıştırararak Osmanlı vatandaşlarının tamamını Padişahın kulları diye vasıflandırmak akıl kârı değildir.

---

[1] Barkan, Barkan, XV. ve XVI. Asırlarda Osmanlı İmparatorluğunda Toprak İşçiliğinin Organizasyon Şekilleri, Toprak Meselesi I, sh. 611-624.

III- SIĞIRCI KULLAR VE KOYUN KÂFİRLERİ

Bir kısım harpte esir alınarak devlete ait köle durumuna getirilen kul ve cariyeler de, Bursa ve çevresinde görüldüğü gibi, Hâss-ı Hümâyûnlarda devlete ait olarak beslenen sığırların veya koyunların korunması, bakımı ve otlatılması için istihdam edilmişlerdir. Bunlara **sığırcı kullar** veya **koyun kâfirleri** denmektedir. İçlerinde harâc veren hür gayr-i müslimler de vardır. Yani bunların da tamamı köle statüsünde değildir. Bunlarla ilgili hukukî düzenlemelerden anladığımıza göre, her köyden Subaşı hesabına birer kile tohum ekilmesi, kâfirlerin bayramları olduğu zaman her evden akçe, çorek ve tavuk gibi bazı hediyelerin subaşına verilmesi gibi hürlere tatbik edilmeyen bazı mükellefiyetlerin bulunduğu görülmektedir[1].

Bunların dışında **elliciler** adıyla anılan grubun arasında, hâssa bağları işleten bağbân kâfirler arasında ve benzeri sınıflar beyninde de, kamuya veya vakıflara ait kulların ve cariyelerin bulunması mümkündür. Bütün bunlar, cariye de olsalar, kendi aralarında evlenen ve bir nevi bugünün işçileri gibi bir statüye sahip olan harp esirleri yahut esir pazarlarından satın alınmış köle veya cariyelerdir. Bu sebeple daha fazla uzatmıyoruz[2].

IV- KAPI KULLARI: PENÇİK OĞLANI VE DEVŞİRME SİSTEMİNİN TARİHÎ VE HUKUKÎ ESASLARI

Bugün Avrupalılar kadar memleketimizde de en çok merak edilen ve meselenin esası bilinmeden değişik yorumlar yapılan ve çarpıtılan konulardan biri de KAPI KULLARI VE BUNUN KAYNAĞINI TEŞKİL EDEN devşirme usulüdür. Bu sebeple özellikle devşirme usulünün hukukî ve tarihî gerekçelerini bilmek icabeder. Kapı kulları tabirini bahane ederek, bütün devlet memurlarının Padişahın köleleri olduklarını ileri sürenler ise, bu meselenin izahını zaruri hale getirmektedirler.

Önemle ifade edelim ki, Osmanlı Devletinde pençik oğlanı, acemi oğlanı veya devşirme oğlanı ifadeleriyle anlatılan ve halk ila Batılılıar arasında Hristiyan ailelerin çocuklarının zorla alınarak önce köle yapılması, sonra da

---

1 Barkan, XV. ve XVI. Asırlarda Osmanlı İmparatorluğunda Toprak İşçiliğinin Organizasyon Şekilleri, Toprak Meselesi, I, sh.631-638; BOA. Vakıf Defteri, No: 1049, Vrk. 239-240, 262

2 Daha geniş bilgi için bkz. Barkan, XV. ve XVI. Asırlarda Osmanlı İmparatorluğunda Toprak İşçiliğinin Organizasyon Şekilleri, Toprak Meselesi, I, sh. 638-716.

Osmanlı ordusunda görev verilmesi ve çocukları eliyle ana ve babalarının öldürülmesi şeklinde takdim edilen askerî müessese, Yeniçeri Teşkilâtıdır. Bu tür anlayışın nasıl hatalı olduğu, biraz sonraki izahlardan daha iyi anlaşılacaktır.

Herkesin bildiği gibi, Kapı Kulu Ocakları ve bunların başında gelen Yeniçeri Teşkilâtı, Osmanlı devletinin merkezî ordusundaki vurucu güçtür ve bu sebeple de Kapıkulu Ocakları denilen askerî teşkilâtın çekirdek kısmıdır. Yeniçerilerin sahip oldukları iktisâdî, sosyal ve idârî imtiyâzlardan dolayı, devletin yükselme devirlerinde, Osmanlı Devletinin Yeniçeri Teşkilâtında görev almak, müslüman ve gayr-i müslim herkes için bir şerefdir. Zira devletin askerî ve mülkî erkânının çoğu da bu ocaktan yetişmedir.

Osmanlı devletinde Yeniçeri Ocaklarına asker temin eden iki önemli kaynak vardır:

1- Pençik Oğlanları Ve Acemi Ocakları

Birincisi; I. Murad'dan Fâtih Sultân Mehmed zamanına kadar Yeniçeri Teşkilâtının ihtiyâcı olan gençleri temine yarayan pençik oğlanlarıdır. **Pençik oğlanları** ne demektir ve nasıl devşirilir? Bunu biraz izah etmeliyiz.

Bilindiği ve daha önce izah edildiği gibi, İslâm'a göre savaş esirleri ganimetlerden sayılmaktadır. Ganimetin beşte biri ise, Kur'an'ın emriyle devlete aittir. Devlet, bu beşte birlik hakkında, kamu yararına uygun olarak istediği gibi tasarrufda bulunur. İşte genel olarak Osmanlı hukukunda devletin bu beşte birlik Kur'an'la sâbit olan hakkına Farsça olarak penç-yek (1/5) ve halk dilindeki ifadesiyle pençik adı verilmiştir. İslâm hukukuna göre, savaşlarda elde edilen esirler hakkında yapılacak muâmele hususunda müslüman devlet idaresi, yine daha evvel izah olunduğu üzere, en azından şu seçimlik haklara sahiptir: *1)*Savaş hukukunun gereği ve islâmiyeti yaymak gâyesiyle gerekiyorsa devlet reisi onları öldürtebilir. *2)*Müslümanlara hizmet etmeleri için onları köle olarak kullandırabilir. *3)*Onlarla zimmîlik anlaşması yapabilir. *4)*Hanefi mezhebinde tartışmalı olmakla birlikte, bedel (fidye) karşılığı onları salıverebilir.

İşte I. Murad Hüdâvendigâr, büyük hukukçu Karamanlı Rüstem'in teklifi ve Çandarlı Kara Halil Efendi'nin meşrûiyetinin izahı üzerine, harpte esir alınan erkeklerden beşte birini devlet hesâbına ve asker ihtiyacını karşılamak üzere almayı kanun haline getirmiş ve bu tarihden sonra, bu usule yanlış telâffuzla **pençik** adı verilmiştir. Devlet, askerliğe elverişli olmayanlardan da pençik resmi almış, asker olarak alınanlara pençik oğlanı denmiştir.

Toyca denilen akıncı subaylarının ve akıncıların aldığı esirler, pençikçi denilen bir memur tarafından toplanıyordu. Acemi ocağının temelini bu pençik oğlanları teşkil ediyordu. Pençik oğlanları adıyla toplanan bu savaş esiri gençler, bir nevi devletin köleleri statüsüne sahip oluyor; ancak kendilerine köle muâmelesi yapılmıyordu. Evvela Gelibolu'da ve sonra da İstanbul'da teşkil olunan Acemi Ocaklarına verilmeden evvel müslüman ve Türk ailelerin yanına veriliyordu. Müslüman olup Türk terbiyesi aldıktan sonra da Acemi Ocaklarında askerî eğitim görüyorlardı. Burada askerî eğitim gören ve dolayısıyla hürriyetine de kavuşan bu gençler, asırlarca Osmanlı Devletinin vurucu gücünü teşkil eden Yeniçeri Ocağının çekirdeğini oluşturmuşlardır.

Osmanlı Devleti, esirleri köle yapmak veya Avrupalılar gibi satmak yerine, hem onlara bir nevi yarı hürriyetlerini kazandırmış, hem de kendi rızalarıyla müslüman olmalarını sağlamıştır. Bu şekilde devşirilen pençik oğlanlarının, zulümle veya haksızlıkla alakası yoktur. Bunun Kanunnâmesini neşretmiş bulunuyoruz[1].

Kanunla düzenlenen bu mevzuyu merak edenler, Osmanlı Kanunnâmeleri adlı eserimizde neşrettiğimiz Devşirme ve Pençik Kanunnâmelerini tetkik edebilirler.

---

1 Akgündüz, Osmanlı Kanunnâmeleri, II, Devşirme Kanunnâmesi, sh. 123-127; Pençik Kanunnâmesi, 128-134.

II. Bâyezid Devrinde Hazırlanan Pençik Kanunnâmesinin Birinci Sayfası

2- Devşirme Usûlü Ve Acemi Oğlanları

Yıldırım Bayezid'in Ankara mağlûbiyetinden sonra fetihlerin duraklaması, hattâ muvakkaten gerilemesi sebebiyle yeniden esir elde edilememesi Acemi oğlan ihtiyacını arttırmıştır.

Ayrıca bugün Amerikan ordusunda asker olmak için can atan çok sayıda üçüncü dünya ülkesi vatandaşı insanların mevcut olduğu inkâr edilemediği gibi, o günün tek süper gücü olan Osmanlı Devletinin en önemli ordusu olan Yeniçeri Teşkilâtında görev almak için müslüman ve hristiyan her çevreden talepler gelmeye başlamıştır.

Bir diğer önemli sebeb de gayr-i müslimlerin askerlik edemeyişleri ve buna karşı cizye vergisi ödemeleri sözkonusu olduğundan, gayr-i müslimlerden ve özellikle Osmanlı hayranı Bulgar, Arnavut, Bosnalı ve Ermenilerden Osmanlı Ordusunda görev alma arzuları gittikçe artış göstermiştir.

İşte bütün bu sebeblere dayanan Osmanlı Devleti, belli bir kanun ve kâide çerçevesinde, sadece gayr-i müslim Bulgar, Arnavut, Bosna yerlileri ve Ermenilerden, hem rızâları dahilinde olmak ve hem de belli bir kaide dâhilinde yapılmak şartıyla, her kırk hâneden bir tane 14 ila 18 yaş arasında genci, Osmanlı Ordusunun temelini teşkil eden Yeniçeri Teşkilâtına girmek veya Saray'da önemli vazifeler yapmak üzere devşirmeye başlamıştır. Bu usule **devşirme** adının verildiğini ve bunun Kanunnâmesinin hazırlandığını görüyoruz.

Usûl hakkında bilgi vermeden evvel şu bir kaç hususun bilinmesinde zaruret olduğu kanaatindeyiz:

A) Yeniçeri teşkilâtına girmek veyla Saraya girmek önemli bir şeref olmasından ve hatta bu yolla Yeniçeri olan yahut Saray'a girenler, belli bir müddet sonra önemli mülkî ve askerî makamlara geldiklerinden dolayı, gayr-i müslim gençler ve ailelerin bunu arzuladıklarını açıkça görüyoruz. Diyârbekir Beğlerbeği ve sonradan da Mısır Beğlerbeği olan Hüsrev Paşa bu yükselenlere verilecek en bâriz misâldir. Hatta müslüman Boşnaklar, müslüman olduklarından dolayı kendi çocukları devşirilmeye tâbi tutulmadığından, ısrarla bu kanun gereği çocuklarının toplanmasını kendileri arzu etmişlerdir. Israrlı arzuları üzerine, müslümanlardan sadece Boşnaklar devşirme kanununa tabi olmuşlardır. Bunlara Poturoğulları denmektedir[1].

---

[1] Sertoğlu, Osmanlı Tarih Lügati, Devşirme ve Boşnak Maddeleri.

B) Bu devşirmeden kasıt, rızâsı dairesinde kalmak şartıyla önce müslüman Türk ailelerin yanına verilerek müslümanlaştırmak ve Türkleştirmektir. Ancak bunun zorla ve cebirle yapıldığına dair bir şikâyet sözkonusu değildir. Belki devşirmeye tâbi olmayan Yahudi, Rus ve Rumlardan neden bizden de almıyorsunuz? şeklinde sitemli arzuları vardır.

C) Biraz sonra zikr edeceğimiz gibi, Avrupalıların anlattığı tarzda, küçük çocuklar ana ve babalarından zorla alınıyor değildir. Belki 14-18 yaşları arasındaki delikanlılar alınmaktadır.

D) En önemlisi de devşirme yoluyla Acemi Ocağına çocuğunu veren gayr-i müslimler belli vergilerden muaf tutulduklarından, kendi elleriyle ve hile yaparak ve hatta devşirme memuruna rüşvet vererek çocuğunu Acemi Oğlanı yapmaya çalışmışlardır.

E) Bütün bunların yanında insan unsurunun girdiği hiç bir işte suiistimal olmaması mümkün görülmediğinden, bu konuda da bazı suiistimaller olmuş olabilir.

Şimdi de devşirme usulü hakkında kısa bilgi verelim:

İhtiyaca göre üç beş senede bir ve bazan daha uzun fasılalarla Hiristiyanlarda 14-18 yaş arasındaki çocukların gürbüz ve sağlam olanları alınırdı. Evvelâ, Arnavutluk, Yunanistan, Bulgaristan'dan, daha sonraları Sırbistan ve Bosna-Hersek'ten ve Macaristan'dan XV. Yüzyılın sonlarından itibaren yavaş yavaş Anadoludaki Hiristiyan tebadan, XVII. Yüzyılda ise umumi olarak bütün Osmanlı memleketlerindeki Hıristiyan tebaadan devşirme alındı.

Devşirmeye lüzum hâsıl olunca Yeniçeri Ağası Divana baş vurarak ihtiyaç miktarını bildirir ve devşirmeye gidecek olan Ocak Ağalarını seçerdi. Bunun üzerine devşirilecek mıntıkalara emirler gönderilerek Sancakbeği, Kadılar ve Topraklı süvarilerin yardımı temin olunur, ayrıca Ocaktan bir Devşirme emini ile bir Devşirme memuru tâyin edilirdi. Devşirme Ağası da denilen Devşirme memurunun eline fermandan başka aynı şeyleri bildiren bir Yeniçeri Ağası mektubu verilirdi. Fermanda, her mıntıkadan alınacak oğlan adedi kazalara göre tesbit edilmişti. Devşirme memuru bu mıntıkaları bizzat gezerek evsafı haiz çocuklardan kırk evden bir oğlan hesabıyla devşirirdi. I4-18 yaş arasında olanlar tercih olunur ve evliler alınmazdr. Devşirilen oğlanın köyü, kazası, sancağı, baba ve anasının ve sipahinin isimleri, yaşı, bütün eşkâli ve Sürücü denilen sevk memurunun adı bir deftere yazılır, bu defter iki nüsha olur, biri Devşirme memurunda, biri Sürücü denilen görevlide bulunurdu. Kanun mucibince çocukların en asilleri, papaz çocukları, iki çocuğu olanın biri birkaç çocuğu olanın en güzeli ve sıhhatlisi seçilirdi. Bir oğlu olanın çocuğu alınmazdı. Alınacak olanların orta boylu olmasına dikkat edilirdi. Uzun boylulardan ise vûcudu mütenasip olanlar saray için devşirilirdi. Yahudiler hiç alınmazdı. Rus, Çingene ve Acemlerden oğlan devşirmek katiyen yasak idi.

Devşirilen çocuklar, hükümet merkezine sevk olunurdu. Çocukların devşirildiği yerden sevk masrafı ve Kızıl aba ile Sivri külah'dan ibaret elbise paraları için beher oğlan başına Hil'atbaha veya Kul akçesi adıyle bir miktar para alınırdı. Bu para ilk zamanlar yüz akçe kadarken XVII. Yüzyılda 600 akçeye kadar çıkmıştı.

Tek oğul, Yahudi ve evlilerden başka köy kethüdası oğlu, çoban ve sığırtmaç, köse, kel, doğuştan sünnetli, Türkçe bilen, sanat sahibi, İstanbul'a gelip gitmiş, çok uzun veya çok kısa boylu olanlar da devşirilmezdi. Yalnız Bosnalı olan ve Poturoğulları denilen Müslüman çocuklarının saray ve Bostancı Ocağı için devşirilmelerine müsaade edilmişti. Trabzon Hıristiyanlarından da oğlan devşirilmezdi.

Yavuz Selim devşirme usulünü kaldırmışsa da, XVI. Yüzyılın sonlarında gene konmuştu.

İstabl-ı âmireye ait çayırları biçtikleri, muhafaza ettikleri, atlara bakıp daha bazı hizmetler gördükleri için İstanbul civarında Kartal ve Kadıköy Hıristiyanları da devşirme vermekten muaf tutulmuşlardı.

Devşirilen oğlanlar devlet merkezine gelince iki üç gün istirahat eder, oğlanlara şehadet getirtilip Müslüman edilirdi. Sonra Yeniçeri Ağası tarafından teftiş olunur, içlerinde sünnetli bulunup bulunmadığına bakılır, uygun çıkanlar eşkâl defterine kaydolunup Acemi Ocağı cerrahı tarafından sünnet edilirlerdi. Bunu müteakip becerikli ve seviyeli olanlar saray için, gürbüzceleri Bostancı Ocağı için ayrılır, öbürleri Anadolu ve Rumeli ağaları vasıtasıyla Türk köylülerine dağıtılırdı. Buna Türke vermek denirdi. Orada muayyen bir müddet hizmet ettikten ve hem İslâmı ve hem de Türkçeyi öğrendikten sonra eşkali yoklanıp Acemi Oğlanı yazılırlardı. Bu yazılmaya Torba yazısı, yazılanlara da Torba oğlanı denirdi.

Acemi Ocağında askerî ve meslekî eğitim görenler, kabiliyetlerine göre Yeniçeri Teşkilâtına, Enderun Mektebine veya başka yerlere alınırdı. Bunlardan sadrazam, paşa, sancakbeği ve benzeri mülkî ve askerî makamlara yükselenler çoğunluktaydı.

İşte Yeniçeri Teşkilâtının iki önemli kaynağı bunlardı. Bu iki kaynak suiistimal ile bozulunca Yeniçeri Teşkilâtı ve Devlet Teşkilâtı da bozulmuştu.

Şimdi Yeniçeri Teşkilâtını da kapsayan Kapı Kulu Askerlerini daha yakından özet bir şekilde görelim:

3) Kapı Kulu Askerleri Ve Yeniçeri Ağası

Devlet reisi demek olan padişaha bağlı olmak üzere daimî ve maaşlı (ulûfeli) bir yaya ve atlı ordusu demek olan kapı kulu askerleridir. Bunlara kapı kulu denmesinin sebebi şudur: Daha evvel de açıkladığımız gibi, İslâm hukukuna göre savaşlarda elde edilen esirler hakkında yapılacak muâmele hususunda devlet başkanı şu seçimlik haklara sahiptir:

a) Savaş hukukunun gereği ve İslâmiyeti yaymak amacıyla gerekiyorsa devlet reisi onları öldürtebilir.

b) Müslümanlara yararlı olması için onları köle olarak kullandırabilir.

c) Onlarla zimmilik andlaşması yapabilir.

d) Hanefi mezhebinde tartışmalı olmakla birlikte, bedel karşılığı onları salıverebilir[1].

İşte I. Murad, bizzat kendisi ve başta Gazi Evranos Bey olmak üzere değerli beyleri tarafından yapılan fetihler sonucu çok sayıda esır elde edilince, "ganimet malının beşte biri devlete aittir" kaidesinin işletilmesinde bir mahzur görülmemiş, her esirden 25 akçe pençyek (bir çeşit fidye, 1/5 anlamında) alınmış ve her beş esirden birisi de devlet adına zaptedilmiştir (732/1323). Biraz önce zikredilen seçimlik haklardan ikincisi kullanılarak devlet adına zaptedilen bu esirler, Türkleştirilmeleri ve müslümanlara hizmet ederek İslâmî gelenekleri öğrenmeleri için, müslüman ailelerin yanına verilmişlerdir. Sonra devşirilip başta Gelibolu ve İstanbul Acemi Ocağı olmak üzere Acemi Ocaklarında yetiştirilip, Çandarlı Kara Halil'in gayretleriyle Yeniçeri adıyla padişahın daimî hassa ordusu haline getirilmişlerdir. Zamanla devletin en önemli vurucu gücü haline gelen bu askerî grubun ilk çekirdeği "esirlerin müslümanlar yararına kul (köle) olarak istihdamı" şeklindeki şer'î hükümden kaynaklandığı için[2] **kapıkulu askerleri** adını almışsa da, daha sonraki dönemlerde bunlara köle muâmelesi yapılmadığı gibi, aynı zamanda fethedilen ülkelerin müslümanlaştırılması ve Türkleştirilmesine hizmet eden devşirme usulüyle, esir olan ve olmayan hıristiyan çocukları da Yeniçeri Ocağı'nın önemli kaynağı haline gelmişlerdir. Ulûfeli askerler de denen kapı kulu askerleri yayalar ve süvariler diye ikiye ayrılmıştır.

aaa) Yayalar: Bunların en önemlileri;

Acemi Oğlanları: Rumeli ve Anadolu eyâletlerinden devşirilen yarar oğlanlar, devlet erkânının hizmetine ve acemi ocaklarına tevzi edilirdi. Belli

---

[1] Molla Hüsrev, Dürer-ül-Hükkâm, I/285-286.

[2] Molla Hüsrev, I/285; Hezarfen, Telhis'ül-Beyan, Vrk. 79/A vd.

bir hizmet müddetinden sonra acemi oğlanı olur ve yeniçeriliğe geçmeye hak kazanırlardı.

Yeniçeriler: Bunlar Osmanlı ordusunun temelini teşkil ediyordu. Kendi aralarında cemaat ortaları (ser piyadegân), ağa bölükleri ve sekbanlar diye üçe ayrılmışlardı.

Cebeciler: Orduya harp malzemelerini temin eden bir askerî sınıftı.

bbb) Süvariler: Bunlar da Sipah (kırmızı bayrak bölüğü), Silahdar (sarı bayrak bölüğü), Azep (hafif piyade) ve Akıncılar gibi kısımlara ayrılmışlardı. Yaya, yörük ve müsellem gibi gruplar artık üçüncü plândaydı[1].

Kapıkulu askerlerinin temelini teşkil eden Yeniçerilerin âmiri Yeniçeri Ağasıdır (Ağay-ı Yeniçeriyân-ı Dergâh-ı Ali). Yençeri ağası, Yeniçerı ocağı ve Acemi ocaklarından sorumlu tek yetkilidir. Vezirlik rütbesine sahip olan Yeniçeri Ağaları, Divan-ı Hümâyûn'un üyesidirler. Ayrıca divanda görevli olan ve Rikab-ı Hümâyûn veya Özengi Ağaları denen ağaların reisidir. En önemli yetki ve vazifeleri şunlardır: İstanbul'da ve çevresinde şer'e ve kanuna aykırı gördüğü şeyleri yasaklar; suçluları eğer bağlı bulundugu bir daire varsa yetkililere teslim eder, yoksa bizzat şer'î cezalarını verir.. Şehrin âsayişini temin için daima kol dolaşıp gezer. Tutukladığı suçlular Yeniçeri ocağından değilse ve cezaları idam ise sadrazama gönderir. Ocaktan ise sadrazamdan izin almak şartıyla ölüm cezasını da kendisi verir. Bu açıdan Yeniçeri Ağasının askerî yargı yetkisi de olduğu görülmektedir. Yeniçeri ağası, ocağın bütün idarî işlerini yürütmeye ve tayinleri yapmaya da yetkilidir. Bu hususlarda padişahın vekilidir. Ancak önemli meseleleri sadrazama arzetmekle memurdur. Bunun için her Çarşamba sadrazama gelir[2]. Yeniçeri ağası, ocağın işlerine, yeniçerilerin maaş ve terfilerine, ocak güvenliğine ve yeniçeriler arasındaki davalara bakan ve şikâyetleri dinleyen Ağa Divanının da reisidir. Divanın üyeleri arasında Sekbanbaşı, Kul Kethüdası ve İstanbul Ağası gibi zâbitler bulunmaktadır. Divan, Ağa Kapusu denen yerde toplanır ve dava, şer'î bir meseleye taalluk ediyorsa kadıya havale olunurdu. Bu bir çeşit askerî mahkemeydi[3].

---

1 Hezarfen, Telhis'ül-Beyan, Vrk. 79/A vd.; Uzunçarşılı, Kapıkulu Ocakları, I, Ankara 1984, sh. 1 vd.

2 Tevkiî Kanunnâmesi, MTM, 1/524-527; Hezarfen, Telhis'ül-Beyan, Vrk. 79/B vd.; Uzunçarşılı, Kapıkulu Ocakları, I/177 vd.

3 Uzunçarşılı, Kapıkulu Ocakları, I/379 vd.

Osmanlı Devletinin önce genişlemesine ve sonra da bozulmasına vesile olan Yeniçeri Ocağı, 464 yıllık uzun bir ömürden sonra,1241/1826 yılında ilga edilmiştir ve ilga edilişine vak'a-i hayriye adı verilmiştir[1].

Özetlemek gerekirse, Osmanlı ordusunun ilk kısmını teşkil eden ulûfeli yani millî ve profesyonel askerler üç kısımdı;

Birincisi, Kapıkulu askerleriydi.

İkincisi, saray halkı ve iç halkı da denen saray askerleriydi.

Üçüncüsü de, kaptan-ı deryanın emrindeki tersane halkıydı [2].

Netice olarak, devşirme sistemi, pençik oğlanı ve kapı kulu askerlerinin durumu hakkında kısaca bilgi sahibi olduktan sonra, sayıları sınırlı ve genellikle harp esirlerine yahut diğer meşru kölelik kaynaklarına dayanan, ancak köle gibi muâmele edilmeyip de devletin vurucu gücü haline getirilen bir çeşit kamuya ait bu kölelere kul denilmesinin, bütün Osmanlı vatandaşlarının Padişahın kulu olması iddiasıyla uzaktan yakından bir alakasının olmadığını anlamış bulunuyoruz.

Burada bir hususu daha hatırlatmak icabetmektedir: Şu anda Azerbaycan'da bir tabir kullanılmaktadır: "Kulluğun edeyim." Yani gelen misafire ilk sorulan soru şudur: Ne kulluğun varsa edeyim? Buradaki kulluk mecaz anlamıyla hizmet etmek manasına kullanılmaktadır. İşte bu manada Osmanlı tarihinde de kul ve kulluk tabiri, bazan hizmet ve vatandaşlık görevi manasında kullanılmıştır. Mesela, re'âyânın verdiği vergilerden çift resminin bir kısmı, Fâtih devrinde kulluk adı altında ifade edilmiştir. Bunu karıştırmamak gerekmektedir.

---

1 Uzunçarşılı, Kapıkulu Ocakları, I/548 vd.

2 Hezarfen, Telhis'ül-Beyan, Vrk. 79/A.

BEŞİNCİ BÖLÜM
OSMANLI'DA HAREM

§. 1- GENEL OLARAK HAREM VE SARAY NE DEMEKTİR?

Osmanlı Devletinde harem'den söz edilince akla hemen Topkapı Sarayı gelmektedir. Topkapı Sarayı'nın tamamen Padişahların evi ve eğlence yeri olduğu çok kişi tarafından ifade edilmekte ve hatta aksine fikirler kabul dahi görmemektedir. Turist rehberleri, Topkapı Sarayının görevlileri ve hatta kasıtlı olan bir kısım ilim ve fikir adamları dahi, Topkapı Sarayı'nı, Osmanlı Padişahlarının eğlence sarayı olarak nitelendirmekte ve daha da ileri giderek bir de bu nitelendirmeleri yaparken "**Amma da ihtişamlı hayat sürmüşler**" ifadesini de eklemekten kendilerini alı-koyamamaktadırlar.

Bu çalışmaya koymak üzere, Harem'den bazı dia çekimleri yapmak gayesiyle Harem Dairesine girdiğimizde, Padişahların eğlence ve hatta cariyelerle alemler yaptığı yer olarak bilinen Hünkâr Sofası denilen salonu ben diacılara anlatmaya çalıştım ve özellikle aile hayatı ve terbiye ile alakalı bazı âyetlerin ve hadislerin nasıl duvarlara nakşedildiğini anlattım. Bunu dinleyen görevlilerden birisi, "Hocam, biz bu yazıları Padişahların cariyeler ve güzel kadınlar için yazdığı tahrik edici aşk şiirleri olduğunu söylüyorduk. Gerçekten bunlar âyet ve hadis midirler?" diye sordu ve benden evet cevabını alınca da ağlamaya başladı.

Biraz sonra Topkapı Sarayı'nı örnek alarak meseleyi bütün yönleriyle anlatacak isek de, bir iki paragrafla da olsa, başlangıçta şu gerçeklerin bilinmesini arzu ediyoruz:

Evvela ister Topkapı Sarayı isterse Yıldız Sarayı olsun, Saray denilince, sadece Padişahların evleri ve aileleriyle beraber oturdukları kâşâneler ve köşkler akla gelmemelidir. Zira bu saraylar, bugün Cumhurbaşkanlığı Köşkü, Başbakanlık Konutu ve bakanlıklar gibi devlet daireleridir. Bu saraylarda, Padişahın yani bugünkü anlamıyla Cumhurbaşkanının lojmanı veya konutu demek olan mekânlar, sadece Harem denilen yerlerdir. Bu Harem denilen yerler incelendiğinde, bugünkü devlet adamlarımızın evlerinden daha çok ihtişamlı olduğu söylenemez.

Sâniyen, Harem, girilmesi yasak olan yer manasınadır. Mekke-i Mükerreme'nin sınırları belli yerlerine ihramsız girmek yasak olduğundan Harem-i şerif denildiği gibi, Hem Mekke ve hem de Medine'ye gayr-ı müslimler giremediğinden dolayı her ikisine birden HAREMEYN adı verilmektedir.

Aynı manadan hareketle, kadınların ikamet ettikleri ve yabancı erkeklerin girmesi yasak olan evlere de İslâm âleminde harem adı verildiği gibi, yabancı erkeklere haram olan kadınlara da harem adı verilmektedir. Osmanlı zamanında evler ve devlet adamlarının konutları demek olan saraylar, **haremlik** ve **selamlık** diye ikiye ayrılmıştı; girilmesi yasak olan harem kısmı kadınların ikametine tahsis edilmişti.

İşte Osmanlı Padişahlarının hanımlarına da harem denildiği gibi, bunların yaşadığı mekânlara da Padişah Haremi veya Padişah Evi manasına Harem-i hümâyûn adı verilmişti. Aslında Osmanlı Devleti tarihinde Padişahın evine Dâr'üs-Sa'âdet yani sa'âdet evi adı verilmekteyse de, Harem-i hümâyûn yahut sadece Harem kelimesi kullanılmıştır[1].

Bu kısa girişten sonra meseleyi daha iyi takdim edebilmek için, hem Osmanlı Sarayları ve bunların içinden de örnek olarak Topkapı Sarayı ve hem de Sarayların yanında Padişah Konutu olarak görev ifa eden Harem daireleri hakkında bilgi vereceğiz.

§. 2- OSMANLI DEVLETİNDE KURULUŞTAN YIKILIŞA KADAR PADİŞAHLARIN DA İKAMET ETTİĞİ DEVLET SARAYLARI

Osmanlı Padişahlarının hem devlet işlerini yürüttükleri ve hem de ikamet ettikleri binalar demek olan Saraylar, 600 senelik tarih boyunca çok değişik yerlerde ve mekânlarda inşâ edilmiş bulunmaktadır. Bu devlet binaları ve Padişahların ikamet ettikleri konutlar, hakkında kısaca tanıtmakta yarar görüyoruz:

I) Osmanlı Devleti'nin ilk devlet merkezi Bursa'dır. Osman Gazi vefât ettiği zaman henüz beylik tam kurulmadığından devlete ait bir saraydan bahsetmek çok zordur. Ancak Evliya Çelebi'nin verdiği bilgilere bakılırsa, Bursa'nın iç kalesinde Osmanlı Devleti'nin ilk devlet sarayı yapılmış ve Fâtih Sultan Mehmed'e kadar burası devlet sarayı olarak Bursa'da fonksiyonunu ifa etimiştir[2].

II) Osmanlı Devleti'nin ikinci büyük sarayı Edirne'de kurulmuştur. Gerçekten 1365 yılında I. Murad tarafından ilk defa olarak Edirne'de Kavak Meydanında Cihannümâ Kasrı adıyla bir saray inşa ettirilmiş ve daha sonra burası Yıldırım Bâyezid'in oğlu Musa Çelebi tarafından genişletilerek etrâfı sur-

---

1 Uzunçarşılı, Saray Teşkilâtı, sh. 147; Uluçay, Çağatay, Harem II, sh. 7 vd.; Pakalın, Tarih Deyimleri, I, sh. 742-747.

2 Uzunçarşılı, Saray Teşkilâtı, sh. 9; Uluçay, Çağatay, Harem II, sh. 1 vd.

larla çevrilmiştir. Padişahlardan I. Murad, Yıldırım Bâyezid ve II. Murad, devlet sarayı olarak burasını kullanmışlardır.

Sonradan II. Murad'ın 1447 yılında Tunca Nehri kıyısında bir köşk yaptırdığını ve Fâtih Sultân Mehmed'in de burasını genişleterek bir saray haline getirdiğini biliyoruz. Bu tarihden itibaren I. Murad'ın inşâ ettirdiği birinci saraya Saray-ı Atîk yani Eski Saray, Fâtih'in genişleterek Saray haline getirdiği ikinciye ise Saray-ı Cedîd-i Âmire yani Yeni Saray adı verilmiştir. Bu Saray'a Hünkârbahçesi Sarayı da denirdi.

1457 yılındaki Edirne Yangınında yanan Yeni Saray, daha sonra Fâtih tarafından yeniden inşa ettirilmiştir. Edirne Sarayı'nın, zamanla içinde üç bine yakın personeli bulunan bir devlet merkezi haline geldiğini kaynaklar kaydetmektedirler. Bu sebeple Padişahlardan IV. Mehmed, II. Süleyman ve II. Ahmed, hemen hemen Padişahlıklarını burada geçirmişlerdir. II. Ahmed, II. Mustafa ve III. Ahmed'in tahta oturuşları da Edirne Sarayı'ndadır. Şu anda Edirne Sarayı'nın bulunduğu yere Sarayiçi denmektedir[1].

III) Belgelerde Saray-ı Atîk-i Ma'mûre diye anılan ve İstanbul'un fethinden sonra Fatih tarafından bugün üniversite merkez binasının bulunduğu yerde yaptırılan saraydır. Bir adı da **Saray-ı atîk** veya **Saray-ı atîk-i mâ'mure** idi. Sonra burada oturulmayarak Topkapı Sarayı yapılmış ve Eski Saray, vefat eden padişahların valide ve zevcelerine tahsis olunmuştur.

Eski sarayda hem hizmet ve hem muhafaza vazifesiyle mükellef olarak bir hayli Harem Ağası, Kapı ağası, Kapıcı, Baltacı ve saire vardı. Bayramın üçüncü günü hükümdarların Eski Saraya gelerek oradaki kadınlarla ağaların tebriklerini kabul etmeleri âdetti.

Eski Sarayın havi olduğu bütün binalar topluluğu, yüksek ve kalın duvarlarla çevrili bulunup bu surların harice açılan üç kapısı da kapıcıların nezaretinde idi. Bu kapılardan doğu tarafındaki **Divan Kapısı** (Mercan Kapısı), güneydeki **Bayezıd Kapısı** ve batıdaki **Süleymaniye Kapısı** diye anılırdı. Eski saray ilk defa 1540 senesinde bir yangın sonunda tamamen yandığı için Kanuni tarafından Mimar Sinan'a yeniden yaptırılmış. 1715 yılında yine kısmen yandığı gibi, 1726 yılında Baltacılar (Saray'da hizmet edenlere baltacı denmektedir) dairesi de yandığından bu kısımlar ertesi yıl genişletilerek bir de muhteşem hamam ilâvesiyle tekrar inşa ettirilmiştir.

---

1 Dr. Rifat Osman, Edirne Sarayı, Ankara 1989, sh. 3 vd.; Uzunçarşılı, Saray Teşkilâtı, sh. 10-12; Uluçay, Çağatay, Harem II, sh. 1-2; Ünver, A. Süheyl, Edirne Fâtihinin Cihânnümâ Kasrı, İstanbul 1953.

1826 yılında Yeniçeri Ocağının ilgası üzerine içinde bulunan kadınlar kısmen Topkapı Sarayına ve kısmen **Çiftesaraylar'a** nakledilmişlerdir. (Çifte Saraylar, bugünkü İstanbul Lisesinin deniz tarafına düşmekteydi. Hâlâ mevcut olan arsası Çiftesaraylar diye anılır). Boşalan eski saray ise **Serasker Kapısı (Genelkurmay Başkanlığı)** ittihaz olunmuş, sonradan bu bina yandığından yerine 1870 yılında bugünkü üniversite merkez binası olan yer yapılıp 1922 yılına, yani İmparatorluğun sonuna kadar **Harbiye Nezareti** olarak kullanılmışlardır.

Harem'in Eski Saray'dan Topkapı Sarayı'na taşınma tarihi, bazı tarihçiler tarafından 1541 yılı ve bazıları tarafından da 1550 yılı olarak ifade edilmiştir. Yani her iki halde de Kanunî zamanında naklin yapıldığı kesindir. Osmanlı padişahları ise, III. Murad zamanına kadar Eski Saray'ı tam olarak terk etmemişlerdir[1].

IV) Yeni Saray veya Topkapı sarayı da denilen Saray, hâlâ Osmanlı Devleti'nin sembolü halindedir. Harem dairesini tanıtırken burayı esas alacağımızdan, Topkapı Sarayı'nı ayrıca tanıtacağız ve ne maksatlar ile kullanıldığını anlatmaya çalışacağız. Ancak şunu ifade edelim ki, bu Saray, 1478 yılında tamamlanmış, III. Murad'dan itibaren tamamen buraya taşınılmış ve 1853 yılında Dolmabahçe Sarayı'na taşınılıncaya kadar Osmanlı devleti buradan idare edilmiş ve Osmanlı Padişahları da burada yaşamışlardır. Bu sebeple Harem denilince, Topkapı Sarayı akla gelmektedir.

V) 1853 yılında Dolmabahçe[2] sarayına taşınıncaya kadar Topkapı Sarayı önemini kısmen de olsa devam ettirdi. Gerçi I. Ahmed'in (1603-1617) Beğlerbeği'nde İstavroz Sarayı adıyla inşa ettirdiği, Büyük Oda, Kiler, Hazine ve Hasoda gibi kısımlarının da bulunduğu Saray, Enderun Halkı için ikinci bir saray hükmündeydi. Özellikle IV. Murad'ın (1623-1640) buraya iltifat ettiğini görmekteyiz[3]. III. Ahmed'in yaptırdığı Çırağan Sarayı ve Sadabad Kasrı da Topkapı Sarayının önemini azaltan saraylar olmuştur. Özellikle Harem halkı buraya itibar etmiştir. XIX. yüzyıl Padişahlarından II. Mahmud'un Beşiktaş ve çırağan Saraylarını yeniden yaptırması, Topkapı Sarayı'nın itibarını tamamen sarstı. Nihâyet 1853 yılında Sultân Abdülmecid Dolmabahçe Sarayı'nı yaptırınca Saray ve harem halkını tamamen buraya nakletti. Kendisinden sonra gelen Sultân Abdülaziz ise, Beylerbeyi Sarayı ile Çırağan Sarayını yeniden canlandırdı.

---

1 Pakalın, Tarih Deyimleri, I, sh. 555-556; Sertoğlu, Midhat, Osmanlı Tarih Lügati, sh. 102-103; Uzunçarşılı, Saray Teşkilâtı, sh. 13-14; Uluçay, Çağatay, Harem II, sh. 2-3.

2 Pakalın, Tarih Deyimleri, I, sh. 471-473.

3 Uzunçarşılı, Saray Teşkilâtı, sh. 14.

1876 yılında II. Abdülhamid'in Yıldız Kasrını inşa ettirmesi diğer sarayları gözden düşürdü ve Osmanlı devleti'nin yıkıldığı güne kadar bütün Padişahlar bu sarayı mekân olarak kullandılar. Saray'ın iç alemini yansıtmak üzere kitabımızın son bölümü halinde özetleyeceğimiz Saray Muallimesi Sâfiye Ünüvar'ın hâtırâtı aynı zamanda bu Sarayın da anlatımı tarzında olacaktır. Şimdi biz, 300 küsur yıl Osmanlı devletinin merkez binası ve Padişahların konutları olarak kullanılan Topkapı Sarayı'nı kısaca anlatalım.

§. 3- TOPKAPI SARAYI (SARAY-I CEDÎD-İ ÂMİRE) VE İFA ETTİĞİ FONKSİYONLAR

I- GENEL OLARAK TOPKAPI SARAYI

Bu başlığı atmamızın sebebi, bugüne kadar anlatılan yanlış tanıtımlarda ifade edildiği gibi, Topkapı Sarayı'nın sadece Padişahların zevk ve eğlence mekânı ve hatta onlara has bir köşk olmayıp, aynı zamanda 300 yıllık dönemde Osmanlı Devleti'nin merkez ve temel devlet sarayı olduğunu anlatmak içindir. Bu sebeple, bu zamana kadar çoğunlukla yanlış tanıtılan Topkapı Sarayı'nı, sadece fizikî açıdan değil aynı zamanda ifa ettiği fonksiyonlar açısından da anlatmaya çalışacağız.

1478 tarihinde inşası tamamlanan Topkapı Sarayı'nın diğer adı Saray-ı Cedîde-i Ma'mûre veya Yeni Saray'dır. İstanbul alındığı zaman ilk önce bugün Üniversite merkez binasının bulunduğu yerdeki saray yapılmış, sonra burada oturulmayıp Sarayburnu'na yakın ve sonradan Topkapı Sarayı denilen saray inşa olunmuş, ilk yapılan saray bundan sonra **Eski Saray** ve sonradan yapılanı ise **Yeni Saray** diye anılmışlardır. 1853 yılına kadar Saray Erkânı ile Harem Halkının ikamet mahalli olmuştur. Saray Erkânı ile Harem Halkının kimler olduğunu daha iyi anlayabilmemiz için, önce Saray'ı tanımamız gerekiyor[1].

Bir adı da Saray-ı Cedide-i Mâmure olan Topkapı Sarayı, İstanbul'un en güzel yerinde, hem Marmara denizine, hem de Boğaz'a ve Haliç'e nezareti olan mahalde inşa edilmiştir. Bu yerin denize doğru çıkıntılı olan ucuna da Sarayburnu denir. Gene deniz kıyısında olup vaktiyle yerinde ahşap bir saray bulunan kapılardan birisi Topkapı adını taşıdığından bu isim Yeni Saraya alem olmuştur.

---

1 Pakalın, Tarih Deyimleri, I, sh. 554-555; III, 515-519.

Yeni Sarayın inşasına 1465 yılında başlanmış ve 1478'de sona ermiştir. Geniş bahçeler içinde birçok binalardan mürekkeb olup her tarafı surla çevrilidir. Yeni Saray, Bîrun, Enderun ve Harem olmak üzere başlıca üç kısımdan ibarettir. Birun kısmında sarayın bostancı, baltacı, Has ahır mensupları, müteferrika, çaşnigir, kapıcı, solak, peyk, şatır ve mehterler, matbah mensupları, özengi ağaları, şehremini, arpa emini, darphane emini, hekimbaşı, müneccimbaşı ilh.. gibi hizmetliler bulunurdu. Bunların yeri, sarayın Ayasofya camii yanındaki Bâb-ı Hümâyun diye anılan birinci kapısından, Bab'üs-Saade diye anılan üçüncü kapısına kadar olan saha idi. Üçüncü kapıdan enderun başlar ve buradan da hareme geçilirdi.

Topkapı sarayının muhtelif kısımları muhtelif zamanlarda yanmış, tamir olunmuş, yeniden yapılmış olduğu gibi bir çok padişahlar da ayrı kısımlar ve köşkler ilavesiyle genişletmişleridir. IV. Murad'ın Revan ve Bağdad Köşkü, II. Osman Köşkü, III. Selim'in validesi için deniz tarafında yaptırdığı köşk, Abdülmecid'in yaptırdığı Mecidiye Köşkü ve saire gibi. Bundan başka Sinan Paşa Köşkü, Kara Mustafa Paşa köşkü gibi vezirlerin himmetiyle vücuda gelen ve onların adıyla anılan kısımları da vardır[1].

Bu kısa tarifden sonra daha yakından Topkapı Sarayını görelim:

Topkapı Sarayı, temel olarak üç kısma ayrılır: **Bîrûn**, **Enderûn** ve **Harem**. Orta Kapı'dan itibaren harem'in de dahil olduğu bölgeye Dâire-i Harîm de denmektedir.

II- BÎRÛN KISMI (BİRİNCİ VE İKİNCİ YERLER)

Bîrûn kelimesi, manası **Dış** demek olan farsça bir kelimedir. Umumiyetle sarayların ve konakların dış hizmetlere mahsus kısmına bu isim verilir ve buralarda çalışanlara **Bîrun halkı** veya **Dış halkı** denirdi. Topkapı sarayının birinci kapısı olan Bâb-ı Hümâyun ile üçüncü kapısı olan Bâbüssaade arası yani Birinci ve İkinci Yerler Bîrun diye anılırdı.

Bîrûn kısmına **Bâb-ı Hümâyûn** ile girilirdi. Bu Kapı, Fatih'in yaptırdığı Saray-ı Cedid-i Âmire (Topkapı Sarayı) yi şehirden ayıran ve yine aynı padişah tarafından yaptırılan Sur-u Sultanî üzerindeki kapılardan biridir. Ayasofya Camii ile III. Ahmed çeşmesi karşısındadır.

---

[1] Pakalın, Tarih Deyimleri, I, sh. 554-555; III, 515-519; Abdurrahman Şeref, Topkapı Saray-ı Hümâyûnu, Tarih-i Osmânî Encümeni Mecmuası, Cüz, 5, sh. 265-274; Uzunçarşılı, Saray Teşkilâtı, sh. 15 vd.

Saltanat kapısı adını da taşıyan bu yer, 1478 yılında sarayın son olarak inşa edilen kısımlarındandır. Alaylarda ve protokol girişlerinde bu kapı kullanılırdı. Kapının üzerinde en üstde besmele-i şerife ve onun altında da şu âyet-i kerîme yazılıdır[1]:

بسم الله الرحمن الرحيم

ان المتقين في جنات و عيون

ادخلوها بسلام امنين

Bâb-ı Hümâyun iç içe iki kapı olup bunların arasında sağlı sollu kapıcılara mahsus odalar vardır. Bazı kaynaklarda Yavuz'un Mısır'dan getirdiği sanatkârlara ayrılan ve sonradan mahzurlu görüldüğünden uzaklaştırıldıkları odalardan da bahsedilmektedir.

Bu kapının üzeri geniş bir terasa benzer. Eskiden burada Fâtih'in bir köşkü vardı. Rumî 1283/1868'de yanmıştır. Kapı müştemilâtı son olarak Abdülâziz devrinde tamir edilmiş ve bir hayli değiştirilmiş, şimdiki çeşmeler o zaman yapılmıştır. 1922'de kapının üzerindeki kubbe ve müştemilâtı Fransız Senegal askerlerinin sebep oldukları bir yangında harap olmuş, bugünkü hale gelmiştir.

Sarayın bu kapıları eskiden **Bevvâbîn-ı Bâb-ı Hümâyun** denilen kapıcılar tarafından korunurdu. Bununla beraber daha XVI. Yüzyılın başından beri bu kapıdan giriş aşağı yukarı serbest gibiydi[2].

---

1 Kur'an, Hıcr, Âyet, 45-46; Âyet-i Kerimenin manası da şöyledir: "Hiç şüphe yoktur ki, ehl-i cennet olanlar, cennetler ve cennetlerdeki çeşmelerde olacaklardır. Kendilerine, Cennet sekenesi tarafından "Buyurunuz cennete, emniyet ve selâm içinde buyurunuz" denilecektir."

2 Abdurrahman Şeref, Topkapı Saray-ı Hümâyûnu, Tarih-i Osmânî Encümeni Mecmuası, Cüz, 5, sh. 274 vd.; Uzunçarşılı, Saray Teşkilâtı, sh. 15 vd.; Mehmed İpşirli, Bâb-ı Hümâyûn, DİA, IV, sh. 361-362.

Topkapı Sarayı'nın Birinci kapısı Olan Bâb-ı Hümâyûn'un Dışarıdan Görünüşü

Fâtih tarafından yapılan ve üzerinde Kur'an'dan önemli bir âyet bulunan Bâb-ı Hümâyûn, Topkapı Sarayı'nın Ayasofya Cami'i yanından girilen ilk kapısıdır. Birinci Yer'e bu kapı ile girilir, alaylarda ve protokol girişlerinde bu kapı kullanılır. Avrupa Krallarının saraylarının kapıları üzerine kadın heykelleri dikilirken, Bâb-ı Hümâyûn'unun üzerinde insana âhireti ve cenneti hatırlatan Kur'an âyeti mevcuttur. Âyet-i Kerimenin manası da şöyledir: "Hiç şüphe yoktur ki, ehl-i cennet olanlar, cennetler ve cennetlerdeki çeşmelerde olacaklardır. Kendilerine, Cennet sekenesi tarafından "Buyurunuz cennete, emniyet ve selâm içinde buyurunuz" denilecektir" . İşte Osmanlı Padişahları her saraya girişde bu Kur'an Âyetini okuyarak girmektedirler. (Kur'an, Hıcr, Âyet, 45-46)

Topkapı Sarayı'nın Bîrûn denilen kısmı, orta kapı ile iki ayrı sahaya ayrılmıştır:

Birinci Saha: Birinci Yer (Bâb-ı Hümâyûn İle Orta Kapı Arasındaki Saha=Birinci Avlu):

Topkapı sarayının **Bâb-ı Hümayun** denilen birinci kapısıyla Bâb'üs-Selâm veya Orta Kapı arasında bulunan alana denmektedir. Bu birinci yer'de devletin çok önemli kamu hizmetlerini ifa eden bakanlıklar ve devlet daireleri bulunmaktadır. Bâb-ı hümâyundan buraya girilince sağ tarafta daha önce var olup 1886 yılında yanan **Maliye Hazinesi** ve sonra **Maliye nezareti** diye anılan binanın arsası bulunur. Yani Osmanlı devleti'nin maliye bakanlığı 300 küsur yıl burada hizmet vermiştir ve binaları da buradadır.

Bundan sonra sağa, aşağıya doğru inen yolun başında şimdi mevcut olmayan **Çizme Kapısı** vardı. Bu yoldan **Cebe-hane** meydanına inilirdi. Çizme kapısından sonra Limonluk bahçesi, Saraya ait hastahane, Has fırın ve Fodla fırını vardı. Orta kapıya yakın bir yerde ise, şer'î hükümler çerçevesinde had cezalarının ve kısas cezalarının tatbik edildiği **Siyaset çeşmesi** veya **Cellat Çeşmesi** bulunuyordu. Şer'iye Mahkemeleri bir suçlunun cezalandırılmasına karar verdikten ve verilen cezalar da Sadrazam veya Padişah tarafından tasdik edildikten sonra burada siyâset edilir yani tatbik olunurdu. Tam Orta kapının önünde bulunan kesik başların teşhir edildiği **Seng-i İbret** adlı meşhur ibret taşı Tanzimattan sonra kaldırılmıştır. O halde Osmanlı devletinin ceza infaz genel müdürlüğü de Birinci Yer denilen bu mekândaydı.

Birinci Yer'in sol tarafında ise sıra ile Simkeşhâne'nin yerinde bulunan ve 1716 yılında buraya naklonulan Darphane, sonra Soğuk Çeşme tarafına inen yolun başında **Darphane Kapısı** ve evvelce silâh deposu, daha sonra Askerî müze binası olarak uzun yıllar kullanılan Ayairini kilisesi, bununla sur arasında **Sim Sakalar Ocağı** ve **Hasırcılar Koğuşu** bulunmaktaydı. Burada önemle ifade etmek gerekir ki, Osmanlı devleti ve onun şanlı Padişahı Fatih Sultân Mehmed, Bizans'dan kalma bir Kilise olan **Aya İrini Kilisesi'**ni hemen tahrip etmemiştir. Bu binayı asırlarca **Cebe-hâne** yani silah anbarı olarak kullanmıştır. Burasını Kilise olarak devam ettirdiği manası asla çıkarılmamalıdır. Bu tür iddaların hakikatle ilgisi yoktur.

Bundan sonra Orta Kapı'ya doğru gidilirken **Deâvi Kasrı (yani bir nevi icra memurluğu ve Adalet bakanlığı)** denilen ve Divan toplantısı sırasında her gün Kubbe vezirlerinden birinin, verilen dilekçeleri toplamak ve dâvacıları dinleyip dâvalarını Divana sunmak üzere kısaltmak ve sıraya koymak için oturduğu köşk vardı.

Yine, aynı kasrın yanında bugün Sayıştay diye bildiğimiz ve devletin gelir ve giderlerini kontrol eden malî bir mahkeme mahiyetinde bulunan Başbakikulu dairesi, İstanbul belediye teşkilatı demek olan Şehremini dairesi, Kızlarağası kâtibinin dairesi, Birinci imrahor dairesi hep bu tarafdaydı.

Orta kapı hizasında ve sol tarafta küçük bir demir kapı vardı ki, **Meyyit** (ölü) **kapısı** diye anılırdı. Buradan İstabl-ı Âmire'ye geçilirdi. Sarayda padişahtan başka ölenlerin cenazesi bu kapıdan çıkarılırdı.

Görüldüğü gibi Topkapı Sarayı'nın Bîrûn Bölümünün Birinci yer denilen sahası, bugün bir kaç bakanlık olarak ifade edebileceğimiz devlet teşkilâtlarının binalarıyla doluydu[1]. Bir kısım insanlar, Padişahların evlerinin giriş kapısı olarak Bâb-ı Hümâyûn'u ve bahçelerinden biri olarak da Birinci Yer'i göstermektedirler ki, bunların gerçeklerle bir ilgisi yoktur.

---

1 Abdurrahman Şeref, Topkapı Saray-ı Hümâyûnu, TOEM, Cüz, 5, sh. 274-299; Uzunçarşılı, Saray Teşkilâtı, sh. 23-27

Bâb-ı Hümâyûn Ve Birinci Avlunun Hünernâme'den Alınan Manzaraları

İkinci Saha: İkinci Yer (Orta Kapı (Bâb'üs-Selâm ile Bâb'üs-Sa'âde Arasındaki Saha=İkinci Avlu): Topkapı sarayında Bâb'üs-saade ile Bâb'üs-selâm arasındaki sahaya denmektedir.

Buraya Bâb'üs-selâm ile girilirdi. Kapının başında çok güzel bir celî hatla Kelime-i Tevhîd yazılıdır. Topkapı sarayının ikinci kapısı olup daha ziyade **Orta Kapı** diye anılırdı. Bugün Topkapı Sarayı müzesinin giriş kapısıdır. Bunun iki tarafında iki kule vardır. Bunların altında koruyucu kapıcılara mahsus odalar vardır. Bâbüsselâm, iç içe iki kapıdan ibarettir. Ortasına **Kapı Arası** denirdi. Sadrazamlarla bazı devlet erkânı ekseriyetle saraydan çıkışları sırasında ve saraya gelirken tevkif olunurlarsa burada hapsedilirlerdi. Kapı arasında bir de çeşme vardı. Bu kapının dışı **Birinci yer** ve içi **İkinci yer** diye anılırdı. Orta kapıyı Bevvâbîn-ı Dergâh-ı Âli denilen kapıcılar korurlardı. Buradan, hükümdarlardan başka hiç kimse at sırtında geçemezdi.

İkinci Yer, 160 m uzunluğunda ve 130 m genişliğinde bir dikdörtgen sahadır. Bayram ve ulûfe alayları da burada yapıldığı için bir adı da **Alay Meydanı** idi. Bu meydanın dört tarafı, Divan-ı Hümâyun binasının bulunduğu yer hariç, mermer direkli ve revaklıdır. Burada, Orta kapıya yakın yerde bir çeşme vardır. Meydanın sağ tarafında Matbah-ı Âmire denilen saray mutfağı bulunurdu. Sola dönülünce sarayda bir vefat vaki olduğu zaman cenazenin çıkarılmasına mahsus **Meyyit Kapısı** vardı. Akşamları Orta kapı erkenden kapandığından bilâhare girip çıkmak lâzım gelse buradan işlendiğinden **Koltuk Kapısı** diye anılırdı[1].

---

[1] Abdurrahman Şeref, Topkapı Saray-ı Hümâyûnu, TOEM, Cüz, 5, sh. 274-299; Uzunçarşılı, Saray Teşkilâtı, sh. 23-27

Bâb'üs-selâm Veya Orta Kapı Denilen Yerin Bugünkü Hali

Eski adıyla Bâb'üs-Selâm yani selâmet ve sa'âdet kapısı ve yeni adıyla Orta Kapı, Topka-pı sarayı'nın İkinci Yer'ine girilen Kapısıdır. Bugün ziyaretçiler biletle bu kapıdan girmektedirler. Divân-ı Hümâyûn gibi Osmanlı Devleti'nin Şûrâ Meclisinin yer aldığı kısma bu kapıdan girilir. Üzerinde çok güzel celî bir hatla Kelime-i Tevhîd yazılıdır. Kelime-i Tevhî-d'in hemen altındaki tuğra Sultân II. Mahmud'a aittir. Yan taraflarda görülen Tuğralar ise Sultân Mustafa'ya aittir. Sağ tarafdakinin altında yazılı bulunan şu cümle manidardır: "Hâfız-ı adl ü şerî'at Hazret-i Zıll-i Hodâ" yani şerî'at ve adaletin koruyucusu, Allah'ın şer'î hükümleri icra etmesi sebebiyle yeryüzündeki gölgesi. Kapının iç yüzünde ise, çok manalı kasîdeler yazılmıştır. Rabibmizden niyâzımız, üzerinde dalgalanan bu şanlı bayrağımızın Kıyamete kadar dalgalanmaya devam etmesi, i'lây-ı Kelimetüllah'a vesile olmasıdır.

Bundan sonra Kızlar ağalarından Hacı Beşir Ağanın yaptırdığı Mescit ve nihayet hamam dairesi göze çarpar. Mescidin karşısındaki uzun bina Has Ahır kâtip ve memurlarına mahsustu. Bilâhare Harem ağaları hastahanesi, Bahçevanlar koğuşu ve Yakalı Baltacılar Ocağı olarak kullanılmıştır. Soldaki revakların sonunda Harem dairesinin ve yanında Zülüflü baltacılar koğuşunun kapıları vardır.

İkinci yerin en mühim binası ise, Divan-ı Hümâyundur. Yani Osmanlı devleti'nin Başbakanlık binası demek olan Sadâret, bakanlar kurulu demek olan Divân-ı Hümâyûn ve bakanlar demek olan vezirlerin makamları, asırlarca Topkapı sarayı'nın ikinci yer tabir edilen bu sahasındaydı. Divân-ı Hümâyûnun aynı zamanda Yargıtay ve Danıştay olarak vazife ifa ettiğini de burada zikretmek icabetmektedir. O halde Topkapı Sarayı'nın Bîrûn Kısmının İkinci yeri de devlete ait merkez teşkilât binalarıyla doluydu[1].

Devletin önemli fonksiyonlarını ifa eden organlarının yer aldığı Bîrûn'da çalışan personele **Bîrûn Halkı** dendığını daha evvel belitmiştik. Sarayın Bîrun halkı yani personeli kendi arasında altı kısma ayrılmaktaydı:

1- *Ulema sınıfı:* Padişah hocası, Hekimbaşı, Cerrahbaşı, Kehhalbaşı, Müneccimbaşı, Hünkâr imamı.

2- *Ümera Sınıfı:* Şehremini, Arpa Emini, Matbah emini, Darphane Emini, Kağıt Emini.

3- *Özengi veya Rikab Ağaları:* Emir-i âlem, Kapıcıbaşı, Kapıcılar kethüdası, Çavuşbaşı, Şikâr ağaları diye anılan Çakırcıbaşı, Şahincibaşı ve Atmacacıbaşı, İmrahor, Yeniçeri ağası, Cebeci başı, Topçu başı, Arabacıbaşı, altı bölük Kapıkulu Süvarileri ağaları.

4- *Müteferrikalar.*

5- *Baltacılar.*

6- *Müteferrik hizmetliler:* Peykler, Solaklar, Şatırlar, Mehterler, Sakalar, Hizmet bölükleri efradı yani Çamaşırcı, Aşçı, Ekmekçi, Terzi vesaire, sanatkârlar yani Hattatlar, Hakkâklar, Kuyumcular, Demirciler, Silahçılar ve başkaları...

Kısaca Osmanlı Devletinin siyâsî, askerî ve malî beyni Bîrûn Halkı denilen personelden oluşuyordu. Ayrı ayrı tanıtılması konuyu uzatacağından dolayı, ayrıntıya girmiyoruz.

---

[1] Abdurrahman Şeref, Topkapı Saray-ı Hümâyûnu, TOEM, Cüz, 6, sh. 329-364; Uzunçarşılı, Saray Teşkilâtı, sh. 27-30.

III- ENDERÛN (ÜÇÜNCÜ YER VE DÖRDÜNCÜ YER=BÂB'ÜS-SA'ÂDE DÂHİLİ=DEVLET BAŞKANLIĞI KÖŞKÜ) VE İÇ OĞLANLAR MESELESİ

1- Enderûn Ve Devlet Başkanlığı Sarayı

Topkapı Sarayı'nın üçüncü kapısı olan Bab'üs-saade veya Akağalar kapısından sonra başlıyan kısmına Üçüncü yer veya Enderûn denilirdi. Kapının ön kısmında mermer sütunlara dayanan bir revak vardır. Cülûslarda, Ayak Divanı denilen fevkalâde divanlarda, hükümdarla bayramlaşmalarda Padişahın tahtı buraya kurulurdu. Bayramlaşmaların burada oluşu Abdülâziz devrine kadar devam etmiştir.

Arz kapısı ve Taht kapısı da denilen ve Sarayın üçüncü kapısı olan Bâb'üs-Sa'âde'nin girişde üzerinde

انه من سليمان و انه بسم الله الرحمن الرحيم

âyeti[1] yazılıdır. Enderun ve Birun'u birbirinden bu Kapı ayırırdı. Bir adı da **Akağalar Kapısı** idi. Burası iç içe iki kapı olup ön kısmında mermer sütunlara dayanan bir revak vardır. Padişahlar tahta otururken veya çıkarken, ayak divanlarında ve bayramlaşma törenlerinde padişahların tahtı burada kurulurdu.

Abdülaziz'in ilk saltanat yıllarına kadar sarayın bayramlaşma törenleri de burada yapılmıştır. Yine, herhangi bir sebeple Sancak-ı Şerif çıkarılacak olsa, bu kapının önünde üstü başka zamanlarda mermer bir kapakla örtülü duran deliğe dikilirdi. Yine bu kapının sağ tarafındaki çınarın altında padişahların cenaze namazı kılınırdı. İki kapı arasının sağında dört beş odalı Kapı Ağası dairesi, solda ise Akağalar koğuşu vardır.

Enderûn da kendi arasında Üçüncü yer ve Dördüncü yer diye iki sahaya ayrılmaktadır:

Üçüncü Yer: Bu kapıdan sarayın Üçüncü Yeri de denilen Enderun kısmına girilir. Hemen karşısında Arz odası vardır. Burası, Padişahların arz günlerinde, elçi kabülünde ve Sadrâzam değişikliklerinde Vezirleri, Kazaskerleri, Defderdarları ve bundan başka mühim vazife alan devlet ricalini kabul ettiği salondur.

---

[1] Kur'an, Neml, Âyet, 30; Meali kısaca şöyledir: "Şüphesiz o mektup Süleyman'dan gelmektedir ve "Rahmân ve Rahîm olan Allah'ın adıyla diye başlamaktadır".

Bâb'üs-Sâ'âde (Ak Ağalar Kapısı)'nın Bugünkü Hali

Osmanlı Devleti'nin Bakanlar Kurulu veya Şûrâ Meclisi mahiyetinde olan Divân-ı Hümayûn unn aldığı kararlar bu kapıdan girilince karşıda yer alan Arz Odasında Padişah'a tasdik ettirildiği için Arz kapısı ve Padişah'ın Köşkü veya Mâbeyn denilen Köşkün yer aldığı Enderûn'a buradan girildiği için Taht Kapısı denilen Bâb'üs-Sa'âde'nin üzerinde

انه من سليمان و انه بسم الله الر حمن الرحيم

âyeti yazılıdır. Meali kısaca şöyledir: "Şüphesiz o mektup Süleyman'dan gelmektedir ve "Rahmân ve Rahîm olan Allah'ın adıyla diye başlamaktadır". (Kur'an, Neml, Âyet, 30). Enderun ve Birun'u birbirinden bu Kapı ayırırdı. Bir adı da Akağalar Kapısı idi. Resûlüllah'ın "Her iş ki, Bismillah ile başlamaz, onun neticesi kadüktür ve hayrısızdır" hadisini bilen Osmanlı devlet adamları, Devlet Başkanlığı Sarayına girerken bu manayı düşünmek istemişlerdir. Bu Kapının önünde Sancağın dikildiği delik bulunmaktadır. Bu deliğe dikilen Osmanlı Sancağı, asırlarca 24 milyon km^2'lik topraklara hâkim olmuştur.

Arz odasının arkasında III. Ahmed'in yaptırdığı kütüphane bulunmaktadır. Buna bakan tarafta Osmanlı padişahlarının altın yaldızla yazılmış isimlerini taşıyan üç büyük levha vardır. Babüssaadeyi, Kapı ağası denilen Bâbüssaade ağasının gözetimindeki ağalar beklerdi. Bu yüzden bir adı da **Akağalar Kapısı** idi.

Üçüncü yer, bir dikdörtgen şeklindedir. Bunun ön kenarında Akağalar kapısı, sağ kenarında **Seferli koğuşu** ve **Büyük Oda** ile **Hazine-i Hümayun,** karşı kenarında **Kiler Koğuşu** ile **Hazine Koğuşu** ve aralarında **Dördüncü Yer**'e giden üstü kapalı, merdivenli yol, sol kenarında **Hırka-i Saadet** ve sair mukaddes emanetlerin durduğu **Has Oda** ve Enderun ağalarının mescidi, **Küçük Oda** ile **Kuşhane** denilen Padişahların hususi mutfağı ve asıl harem dairesine geçilen kapı vardır. Önemle ifade edelim ki, Osmanlı devyleti'nin maddi hazinesi demek olan Hazine-i Hümâyûn, Enderûn Mektebi ve de manevî hazinesi demek olan Hırka-ı Sa'âdet buradadır.

Dördüncü Yer: Tamamen Boğaziçine ve Marmara'ya nâzırdır. Cumhurbaşkanlığı Köşkü Makamındadır. Bağdad Köşkü, Revan Köşkü, Kara Mustafa Paşa Köşkü, Mecidiye Köşkü ve lâle bahçesi buradadır. Ayrıca set üzerinde Sultan İbrahim'in yaptırdığı **Sünnet Odası** ve **İtfaiye Köşkü** bulunmaktadır[1].

2- Enderûn'da Çalışan Devlet Başkanlığı Personeli Ve İç Oğlan Kavramı İle İlgili Çarpıtmalar

A) Kelimelerin Manaları Çarpıtılmaktadır

Bilindiği gibi, "**Herkes kendi aynasının müşâhedâtına tâbi'dir**". Bazı köşe yazarları, Osmanlı Padişahlarını veya bazı Osmanlı Devlet adamlarını, sapık ilişkiler içine girdiklerini zannederek, Osmanlı Tarihçileri tarafından uzun uzadıya incelenen içoğlan meselesini dillerine dolamışlardır. İçoğlan, Topkapı sarayını teşkil eden üç kısımdan birisi olan Enderun'da yani İç Saray'da çalışan devşirme görevlilere, enderûn personeline veya diğer bir ifadeyle Devlet başkanlığı personeline denmektedir. Ayrıca Yeniçeri Ocağında

---

1 Abdurrahman Şeref, Topkapı Saray-ı Hümâyûnu, TOEM, Cüz, 7, sh. 393 vd.; Sertoğlu, Osmanlı Tarih Lügati, sh. 142-143; Uzunçarşılı, Saray Teşkilatı, 297-339; Bkz. Hızır bin İlyas, Letâif-i Enderûn (Tarih-i Enderûn), İstanbul 1276; Ülkü Akkutay, Enderûn Mektebi, Ankara 1974.

da bir gurup için bu tabir kullanılır. Merak edenler, İsmail Hakkı Uzunçarşılı'nın Kapı Kulu Ocakları adlı iki ciltlik Kitabını inceleyebilirler[1].

İç oğlan kelimesini rezil hallere ve cinsî sapıklıklara yorumlayanlara, burada kısaca cevap vermek icabedecektir.

Bir kısım yazarlar, Padişahların Enderun denilen İç Saray'da kendileriyle gayr-i meşru münâsebette bulundukları iç oğlanları denilen genç ve güzel delikanlıları bulundurduklarını ve hatta bunları başkalarından kıskandıklarından dolayı bazılarının yüzlerini dahi örttürdüklerini; bazı Osmanlı Padişahlarının ise tamamen erkek düşkünü olduklarını utanmadan kaleme almaktadırlar[2]. Ayrıca Kâbûsnâme ile ilgili iddialar da bunun gibi saçmadır.

Şimdi iddia sahiplerinin delil olmak üzere Kâbusnâme'den ve Yavuz Sultân Selim'in kızı Fatma Sultân'a ait bir mektuptan nakledilen cümleleri ve bunları nasıl çarpıttıklarını gözler önüne sererek, diğer çarpıtmaların da bunlar gibi olduğunu okuyucuya anlatmak istiyoruz:

İddia sahiplerine göre, Osmanlı Hareminde bütün çarpık ilişkilerin yanında Padişahların ve Enderûn halkının erkeklerle ve hem de iç oğlan denilen Saray Hizmetlisi olan erkeklerle çarpık ilişkileri vardı. IV. Murad bunlardan biriydi. "**Bâtılı tasvir, sâfi zihinleri iyice tadlîl yani sapıtacağından**", biz tasvir yerine bunların iki iddiasına cevaplandırmak istiyoruz. **İddialarını isbat için getirdikleri önemli bir delil şu**:

Ziyar Oğullarından Emîr Keykavus tarafından 475/1082 tarihinde oğlu için Nasihatnâme tarzında telif edilen **Kâbûs-nâme** adlı bir kitabdan alınan bir cümledir. İddiaya göre, Osmanlı Padişahları tarafından da benimsenen bu Kitap'taki öğütlerden kadınlarla cinsî münâsebetle ilgili olanlarından birisi şudur: "Ve yaz olunca avretlere meylet, kışın oğlanlara ki, sağlık ve esenlik içinde olasın. Çünkü oğlan teni sıcaktır, yazın iki sıcak bir araya gelirse sağlığa zarar verir. Ve avret teni soğuktur, kışın iki soğuk bir araya gelirse teni kurutur"[3]. Bunlardan bazıları, başta IV. Murad olmak üzere, bazı Osmanlı Padişahlarının yazları kadınlarla ve kışları da erkeklerle beraber olduklarını iddia etmektedirler. Kâbûsnâme'nin XIV. yüzyıl yani Fâtih'in babası II. Murad zamanında Mercimek Ahmed tarafından yapılan tercüme olduğunu ve o zamanki ifadeler kullanıldığını kendileri de kabul etmektedirler.

---

1 Uzunçarşılı, Kapı Kulu Ocakları, c. I-II.

2 Mesela bkz. Tokmakçıoğlu, Erdoğan, Osmanlı Kadın Alemleri, İstanbul 1991; Meral Altındal, Osmanlıda Harem, İstanbul 1993, sh. 163-165; Hiçyılmaz, Ergun, Eski İstanbul'da Muhabbet, İstanbul 1989.

3 Altındal, Meral, Osmanlı'da Harem, sh. 163; Krş. 37-40.

Daha da ileri giderek, bu işin Osmanlı damadlarına kadar uzandığını ve hatta Yavuz'un kızı Fatma Sultân'ın bu yüzden ilk kocası Antalya Sancak Beği Mustafa Paşa'dan şikâyet etmektedir. Fatma Sultân'ın kime yazıldığı belli olmayan bir mektubundan aldıkları şu cümleyle iddialarını isbât etmeye kalkışırlar. Cümle şudur: "Benim Devletlü Sultân Babam, Dirliğim yoktur. Bir kişiye düştüm ki, beni bir kelb (Köpek) hesabına saymaz. Elin oğlanların zulüm ile atasından ve anasından alur; hemen işi gücü oğlanlar derdinedir"[1]. Bu cümleler ile de kasdedilen Osmanlı beylerinin erkekler ile ilişki kurduklarını isbat etmektir. Ancak bu mektubun XV. yüzyıla ait olduğunu kendileri de kabul etmektedirler. Bu arada şunu da ifade edelim ki, konuyla ilgili çarpıtmaların başına bir yazarın "Çünkü siz kadınları bırakıp şehvetle erkeklere yaklaşmaktasınız" mealindeki ayeti koyması ve dipnotta da 80-84. âyetleri vermesi çok manidardır[2].

Şimdi gelelim meselenin izahına:

Önce bir konunun izahı gerekiyor: Kur'an'dan nakledilen âyet, Hz. Lut'un livâta günahını işleyen kendi milletine söylediği bir sözün parçasıdır. Tamamı şöyledir: "Siz, sizden evvelki insanların işlemediği bir fuhşu ve büyük günahı mı işliyeceksiniz? Çünkü siz, kadınları bırakıp şehvetle erkeklere yaklaşmaktasınız. Gerçekten de siz aşırılıklar içine giren bir milletsiniz"[3]. Kur'an Hz. Lut'un bu sözlerinden sonra kavminin kendisini memleketten çıkarmak üzere harekete geçtiklerini ve ancak Yüce Allah'ın böylesine aşırılığa giderek livâta suçunu işleyen Lut Kavmini şiddetli bir azapla azaplandırdığını beyân buyurmaktadır. Nakledilen âyet meali ile konunun hiç bir müsbet alakası olmadığı açıkça görülmektedir.

Gelelim ikinci hususa; Bilindiği gibi, her zamanın bir lehçesi ve konuşma terimleri vardır. Yani kelimeler farklı zamanlarda farklı manalarda kullanılmaktadır. Erzurumlular, "*Misafiri yola vurmak*" tabirini kullanırlar; herhalde bundan maksat, misafiri kaldırıp yola çarpmak değil, uğurlamak manası anlaşılmalıdır. Azeriler, "*Kulluğun edeyim*" demektedirler; bunun manası da senin kölen olayım değil; sana nasıl yardımcı olabilirim manasına olduğu açıktır.

İşte hem Kâbusnâme'de ve hem de Fatma Sultân'ın mektubunda geçen oğlan kelimesinin de manası çarpıtılmaktadır. Zira XIV. ve XV. asır Türkçe metinlerde oğlan kelimesinin manası, bugün kullanılan manadan önemli de-

---

1 Altındal, Meral, Osmanlı'da Harem, sh. 163-164, 37-40

2 Krş. Uluçay, Osmanlı Saraylarında Harem Hayatının İç Yüzü, İstanbul 1959, sh. 76-78; Altındal, Meral, Osmanlı'da Harem, sh. 37-40; Bkz. Kur'an, A'râf, Âyet, 80-84

3 Kur'an, A'râf, Âyet, 80-81

recede farklıdır. Temel kaynaklardan anladığımıza göre, bu asırlarda "oğlan" kelimesinin iki temel manası vardır: "**oğlan" kelimesinin birinci manası**, cins ayırt etmeksizin "çocuk", **ikinci manası ise,** yine erkek olsun kız olsun "genç" demektir. Bu kelimenin sırf erkek cinsi karşılamaya başlaması, bundan sonraki devirlerde söz konusudur[1].

Buna delil çok ise de, en güzel delil, Erzurum'lu Mustafa Darir'in XIV. yüzyılda yani Kâbusnâme'nin Türkçe'ye tercüme edildiği asırda kaleme alınan Yüz Hadis Tercümesindeki şu ifadedir: "Bu kez Resûl Hazreti cevâb verdi, buyurdı kim, "**Evlenün şunun bigi avretler ile kim, erden kaçmaz ola, oğlan doğurgan ola, ümmetim çok ola kim, ben ümmetimin çokluğu ile fahrlanurum yarın kıyamet gününde"[2].** Yani "çocuk doğuran ve erkeğinden kaçmayan hanımlarla evlenin." [3].

---

[1] Bu kıymetli özet, eserin birinci baskısını inceleyen ve çok önemli kabul ettiğim bir değerlendirme yazısı gönderen, değerli meslekdaşım Dr. Musa Duman'a aittir. Ayrıntılı bilgi için bkz. Duman, Musa, Oğlan Kelimesi Ve Gençlik Kavramı Üzerine, Türkiyât Mecmuası, Sy. XX.

[2] Ma'kıl bin Yesâr adlı sahabenin naklettiğine göre, bu Hadis-i Şerifin tamamının bahsettiğimiz asırdaki Türkçe'ye tercümesi şöyledir ve bizim iddilarımızı isbât edecek çok sayıda kelime geçmektedir:

"Resûl Hazretine -Sallellâhu Aleyhi Ve Sellem- bir kişi geldi. Eydür: **Yâ Resûlellah! Bir avret buldum, gökçek, hem aslı hoş, illâ oğlan eylemez (yani çocuk doğurmaz).** Evlenürin, ne buyurursan? dedi. Resûl Hazreti buyurdu: Ol avreti alma. Bir zamandan sonra ol kişi yine geldi kim, ol avretti alayım mı Yâ Resûlellah? dedi. Yine destûr vermedi. Üçüncü kez ol kişi yine geldi. Alayım mı Yâ Resûlellah? dedi. Bu kez Resûl Hazreti cevab verdi, buyurdu kim:

"Evlenün şunun bigi avretler ile kim, erden kaçmaz ola; **oğlan doğurgan ola, ümmetim çok ola kim, ben ümmetim çokluğuyla fahlanurın, yarın kıyâmet günündedir**"

Mustafa Darir bin Yusuf, Yüz Hadis Tercümesi, Millet Kütüphânesi, Ali Emirî, Şer'îyye Bölümü, No: 1287/I, Vrk. 24/B-25/A; Tarama Bözlüğü, Türk Dil Kurumu, V, sh. 2923-2926

[3] Ayrıntılı bilgi için bkz. Duman, Musa, Oğlan Kelimesi Ve Gençlik Kavramı Üzerine, Türkiyât Mecmuası, Sy. XX. Değerli meslektaşımızın şu tesbitleri de çok önemlidir: "Edebiyat Fakültesi öğrencisi olduğum yıllardan beri zaman zaman duyduğum ve okuduğum, Divan Edebiyatında bir kısım şâirlerin **oğlancı** oldukları suçlaması karşısında, ta o zamanlar bir şüphe ve bu şüpheyi bertaraf edecek çalışma konusunda bir sorumluluk duygusu kaplamıştı içimi. Akademik hayatımın ilk yıllarından itibaren, böyle bir şeyin gerçeğini öğrenmek için araştırmaya başladım. Neticede, "oğlan" kelimesinin anlamıyla ilgili olarak sizin açıklamanız ve yorumunuzla benim tarih kaynaklardan faydalanarak vardığım sonuç birbirine mutâbıktır."

Birinci Bölüm'de de ifade ettiğimiz gibi, tesbitlerimizi pekiştiren bir husus da, Kâbus-nâme'yi tercüme eden mütercim ile Yüz Hadis Tercümesini yapan mütercimin aynı asırda yani Fâtih Sultân Mehemd'in babası II. Murad zamanında yaşamış olmalarıdır. Zaten Tarama Sözlüğü başta olmak üzere, filolojik kaynaklar da bu dediklerimizi doğrulamaktadır. Ancak kelime oyunlarıyla tarihi ve İslâmiyeti kötülemek istiyenlere, elbetteki diyebileceğimiz fazla bir şey yine de bulunmamaktadır. Bizi asıl üzen husus ise, Uluçay gibi bir araştırmacının da aynı dedikodulara önem vermesidir ve hatta Harem II Kitabında yalanladığını Harem Hayatının İç Yüzü adlı eserde doğrulama veya sadece nakilde bulunma yoluna girmesidir.

XIV. Asırda Oğlan Kelimesinin Genç Kız Ve Erkek Manasına Geldiğine Dair Hadis-i Şerif'in Tercümesi (Mustafa Darir bin Yusuf, Yüz Hadis Tercümesi, Millet Kütüphânesi, Ali Emirî, Şer'îyye Bölümü, No: 1287/I, Vrk. 24/B-25/A)

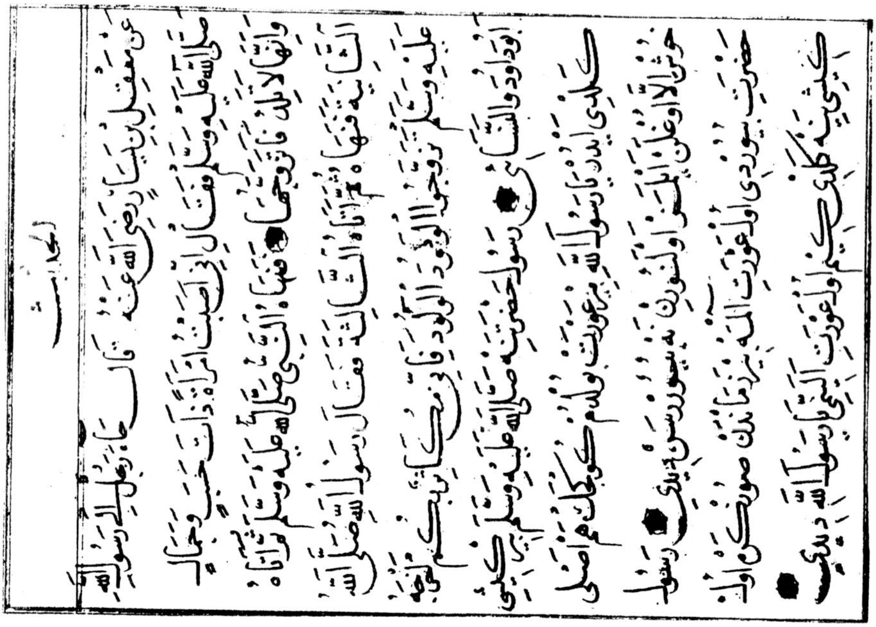

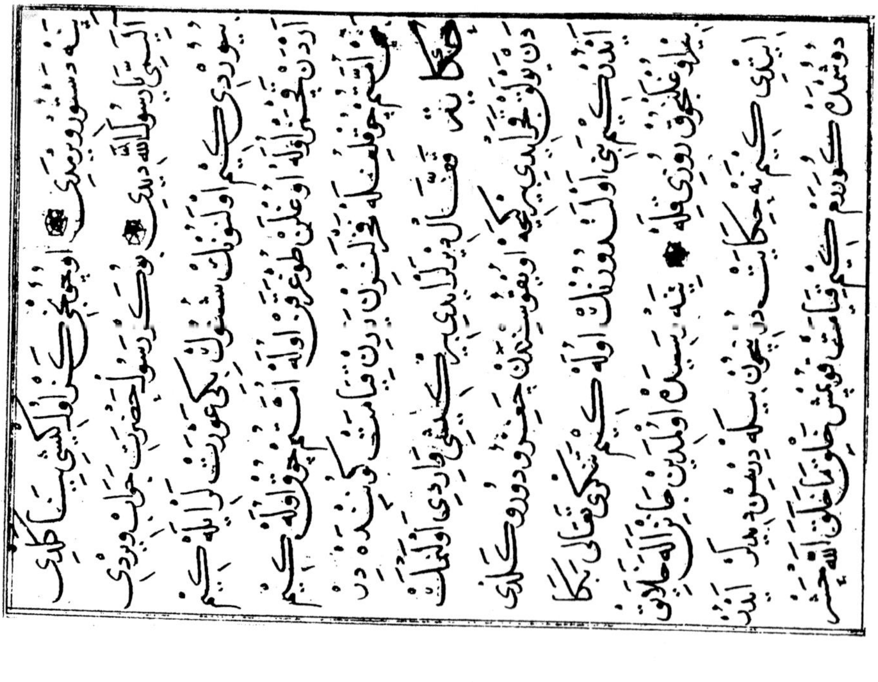

Ayrıca şu cümle de bu konuda açıktır: "**Eğer oğlan kızsa, kız doğurmuş avrat südün emzireler; eğer er ise er oğlan doğurmuş avrat südün emzireler.**" [1]. O halde XIV. ve XV. asırlarda oğlan tabiri genç kız ve erkekler için ve avrat tabiri ise yaşlı kadınlar için kullanılmaktadır. Nitekim Kâbûs-nâme'nin asıl dili olan Farsça'daki oğlan kelimesinin karşılığı olan gulam kelimesinin de manası böyle zikredilmiştir: "Gulâm; Çocuk ve genç demektir. Doğuştan gençlik dönemine kadarki safha"[2]. Bugün de "kız oğlan kız" ifadesinden bikri zâil olmamış (evlenmemiş,sebette bulunmamış) genç kızlar manası anlaşılmakta ve kasdedilmektedir.

Bu girişten sonra Kâbûsnâme'deki ve Fatma Sultân mektubundaki ifadeler daha iyi anlaşılmaktadır:

Kâbus-nâme, biraz evvel de belirttiğimiz gibi, bir Nasihat-nâme mahiyetindedir. Her konuyu âyet ve hadislerle veya eski devlet büyüklerinin ahlakî esaslarıyla süsleyerek evladına nasihatta bulunan bir devlet adamının nasihatları durumundadır. İşte Kâbûsnâme'nin 15. Kitabı, ahlakî bir konu olan Karı-Koca Münâsebeti hakkındaki tavsiyeleri ihtiva eylemektedir. Buradaki tavsiyelerden biri de, birden fazla hanımı bulunan ve cariyeleri de var olan oğluna yaptığı şu tavsiyedir: "**Ve yaz olıcak avretlere meylet ve kışın oğlanlara; ta ki, ten-dürüst olasın. Zira ki, oğlan teni ıssıdur, yazın iki ıssı bir yere gelse teni azıdur ve avret teni sovuktur, kışın iki sovuk bir yere gelse teni kurudur. Vesselam.**"[3]. Yani birden fazla kadınların olması halinde, yazın kısmen yaşlı kadınlarla ve kışın da genç kadınlarla beraber ol ki, sağlık ve esenlik içinde olasın. Çünkü genç kadının teni sıcaktır, yazın iki sıcak bir araya gelirse sağlığa zarar verir. Ve genç olmayan kadının teni soğuktur, kışın iki soğuk bir araya gelirse teni kurutur. Şimdi bu manayı çarpıtarak, erkeklerle beraber olmayı tavsiye manasını çıkarmak, ilimden ve dilden haberdar olmamak demektir.

Fatma Sultân da, kocasının, genç cariyelerle beraber olup kendisine iltifat etmediğini yazmaktadır. "Benim Devletlü Sultân Babam, Dirliğim yoktur. Bir kişiye düştüm ki, beni bir kelb (Köpek) hesabına saymaz. Elin oğlanların zulüm ile atasından ve anasından alur; hemen işi gücü oğlanlar derdinedir". Bu cümlelerle kendisini bir köpek yerine bile koymadığını, anasından baba-

---

1 Eşref bin Mehmed, Hazâin'üs-Sa'âdât, Topkapı Sarayı Kütüphânesi, III. Ahmed, No: 557, Vrk. 10/B; Tarama Bözlüğü, Türk Dil Kurumu, V, sh. 2923-2926.

2 Aga Seyyid Muhammed Ali, Ferheng-i Nizâm, c. III, Haydarabad 1934, sh. 737.

3 Emir Keykavus, Kâbûs-nâme (Terc. Mercimek Ahmed, II. Murad'ın emriyle, Neşre Hazırlayan, Orhan Şaik Gökyay), Ankara 1974, sh. 112-113

sından zorla cariye diye aldığı genç kadınlarla beraber olduğunu Osmanlı Padişahına şikâyet etmektedir. Genç kız cariyeler ile beraber olmak demek olan "işi gücü oğlanlar derdinde olmak" manası nerede? Erkeklerle beraber olmak manası nerede?[1]. Bu iddiaları ileri süren yazarlar da biliyor ki, bırakınız bir Osmanlı damadının çarpık ilişki kurmasını, Sultânlar ile evli iken başka kadınlar ile evlenmeleri dahi fiilen yasaklanmıştır. Ancak sözkonusu mektubun manasını anlamıyanlar, bir kısım ifadeleri kendilerine göre yorumlamaya kalkışmışlardır[2]. İleride sultânların evlenmeleri konusunda meseleyi inceleyeceğiz.

B) Osmanlı Tarihi'ndeki İç Oğlan Meselesi Bilinmeden Konuşuluyor Ve Yazılıyor

Bütün bu iddialara şimdi de Osmanlı Devlet Teşkilâtındaki İçoğlan Meselesi açısından, kısa şekilde cevap vermek zarûret haline gelmiştir:

Evvelâ, içoğlan kelimesini tarif etmek gerekmektedir. İçoğlanı, Enderûn denilen İç Saray'da çalışan özenle ve dikkatle seçilmiş saray görevlilerine denmektedir. Osmanlı tarihinde, Topkapı, Galata, İbrahim paşa ve Edirne Saraylarında yetiştirilen ve zamanla muhtelif devlet hizmetlerine çıkan devşirmeler olarak tarif edilmektedir. Bunlara Saray Acemi Oğlanları veya Celeb de denmektedir. Bir de Yeniçeri Ocağının acemileri vardır; aslında bunlara da iç oğlanı dense de, bunları Saraydakilerden ayırmak için Şadi adı verilmektedir[3].

O halde iç oğlanı, bir terimdir. Oğlan denilmesi, illa da kötü niyetle seçilmiş genç çocuk manasına gelmez. Belki Enderun denilen İç Saray'da istihdâm edilmek üzere esirler arasından seçilenlere ve hususî olarak getirilen devşirmelere denmektedir. İç oğlan denmesi, İç Saray'da istihdâm edilmelerinden kaynaklanmaktadır. Ayrıca burada istihdâm edilecek devşirmeler, Enderûn Mektebinde yetişmektedirler. Yani Enderûn aynı zamanda devlet ada-

---

[1] Bkz. Uluçay, M. Çağatay, Padişahların Kadınları Ve Kızları, sh. 31, Maalesef, Harem konusunu derinlemesine inceleyen Uluçay da aynı hataya düşmüş ve Fatma Sultân'ın beyi Mustafa Paşa'yı cinsî sapık olarak vasıflandırmıştır. Halbuki Mustafa Paşa, genç cariyelerle beraber olup Fatma Sultân'ı ihmâl ettiğinden ondan ayrılmışlardır; Bkz. Uluçay, Harem'den Mektuplar, sh. 44-47; Krş. Altındal, Meral, Osmanlı'da Harem, sh. 163-164, 37-40

[2] Bkz. Uluçay, M. Çağatay, Osmanlı Saraylarında Harem Hayatının İç Yüzü, sh. 49 vd.

[3] Sertoğlu, Osmanlı Tarih Lügati, sh. 159; Uzunçarşılı, Saray Teşkilatı, 297 vd.

mı yetiştiren bir fakülte durumundadır. Nitekim buradan yetişen devlet adamları arasından paşalar, beğlerbeğiler ve sancakbeğleri çokça çıkmıştır.

İkinci olarak, bazı yabancı seyyâhların ve bir kısım İslâm düşmanı tarihçilerin anlattıkları gibi, Enderun yani İç Saray'da çalışmak üzere yetiştirilen İç Oğlanlarının yakışıklı olması, Padişahların gayr-i meşru arzularını tatmin için değildir. Belki İç Saray'da yani Osmanlı Devleti'nin en geniş sınırlara ulaştığı dönemlerde toprak alanı 24 milyon km^2yi bulan bu muhteşem devletin Devlet Başkanlığı sarayı demek olan bu mahalde çalışacak personel dikkatle seçilmeliydi. Bugün bile başbakanlık ile cumhurbaşkanlığı Köşkünde çalışan personel ile normal bir devlet dairesinde çalışan personelin aynı özelliklere sahip olmadığını, aslında bu iftiraları kitaplarına alanlar da bilirler. Gerçekten İç Saray'da çalışacak personel, sır tutmalı, eli ayağı düzgün olmalı, yalancı olmamasına gayret göstermeli ve hâin insanlar olmamalıydı. İşte bütün bu özelliklere sahip devşirmeleri iç oğlanı adıyla tesbit edebilmek için bugün Krimonoloji veya benzeri ilimlerin yerine Osmanlı döneminde de İlm-i Sîmâ veya İlm-i Kıyâfet denilen bir ilim dalı vardı. Elinin ayağının gözünün kulağının özelliklerine göre, bir insanın ahlaki yapısı az çok tesbit edilmekteydi. İşte Enderûn denilen İç Saray'da çalışacak iç oğlan adı verilen personel, bu konuda uzman olan kişilerce seçilmekteydi. Gılmân veya İç oğlan denilmesinin bir sebebi de, burada bugünkü gibi kadın personel çalıştırılmamasındandır. İşte İlm-i Simâ veya İlm-i Kıyâfet tabir edilen bu ilimle ilgili Kâbûs-nâme'den bazı tesbitler:

"İnsan satın almak kuvvetli ilimdir. Çünkü onların içerdeki aybı dışardaki aybından çok olur. Hem çok kullar vardır ki, alırken bir bakışta güzel görünür; ama ferâsetle bakarsan çirkin görünür.

Geldik imdi akıllı, devletli ve talihli olan kulun nişanlarına... Boyu doğru olsun, boynu düşük ya da kambur olmasın. Şişmanlıkta ve zayıflıkta orta olsun. Saçı da orta olsun, yani ne çok sert ne çok yumuşak olsun. Yüzünün renginini akı ak, kızılı kızıl olsun. Ayası yassı, parmaklarının arası açık ve gözleri elâ olsun. Açık gönüllü, güleç yüzlü olsun. Bu dediğim nişanların olduğu her kulu, ilim öğretmeye, yazıcılığa, kâhyalığa, hazinedarlığa ve her ne işe koyarsan koy, gayet inanılır ve güvenilir olur"[1].

Bu arada hadım alırken de İlm-i Simâ denilen ve insanların fizikî özelliklerinden onların ruh hâletlerini ortaya çıkarmaya yarayan bazı özellikler arandığını, Saraya alınan hadımların çok eskiden beri bu ilmi bilen insanların elemelerinden geçtiğini, Kâbus-nâme'deki şu tavsiyelerdan anlıyoruz:

---

[1] Keykavus, Kâbûs-nâme (Tercüme, Mercimek Ahmed, Sadeleştirme, Atilla Özkırımlı, c. I, İstanbul, 1001 Temel Eser, sh. 219-221; Orhan Şaik Gökyay Neşri, sh. 144 vd.

"Geldik imdi hadım olarak istihdâm etmek için alacağın kulun nişanlarına... Gayet kara ve ekşi yüzlü ve yüzü buruş buruş olsun. Gövdesi zayıf, derisi kuru, saçı yufkacık, dişleri seyrek, sesi incecik ve baldırı ince olsun. Dudağı kalın, burnu yassı, parmakları kısacık, boyu büğrü ve boynu ince olsun. Bu dediğimi gibi olunca sarayda hadım olmaya yarar. Amma sarayda ak hadım olması gerekmez. Hele ki benzi kızıl olursa. Sonra gayet sakın sarışın hadımdan, çok çekin bu cinsten. Hele saçı yoluk, gözü sulanır, çapaklı ve yaşarır olursa. Derler ki, kendi sever avreti ya da başkasına sevdirmek için pezevenklik eder. Hâsılı bunun gibiden hayır gelmezmiş."[1].

Bütün bu söylenenleri İbrahim Hakkı Hazretlerinin Ma'rifet-nâmesi'nden seçtiğimiz şu beyitler tasdik eylemektedir:

Eğri omuzlu kişi — **Eğrilik olur İşi**
Sadrı çıkık olanın — **Hulkı da beddir anın.**
Arkası yassı kişi — **Oldu sefâhet işi.**
Ayağı enli kişi — **Cevr ü cefâdır işi[2].**

Günümüzde özellikle Hukuk Fakültelerinde okutulan Kriminoloji ilmi de bu esaslar üzerinde kurulmuştur ve suçluyu tesbite yaramaktadır.

Üçüncü Olarak, İç Saray'da çalışan iç oğlanları yakışıklı gençlerden oluşması sebebiyle, Padişah açısından değil, kendi aralarında muhtemel bir gayr-i meşru durumdan sakınmak için çok dikkat çekenlerin yüzlerine peçe örtmesinin emredilmesi doğru olabilir. Ancak bu Padişahın onları başkalarından kıskanmalarından dolayı değil, bu konudak şer'î bir hükmün tatbikinden ileri gelmektedir. Gerçekten İslâm hukukunda bir hüküm vardır: "Genç bir hoca veya terbiyeci, genç ve bıyığı bitmemiş çocuklarla, fazla yalnız kalmasın; zira nefis insanı kötülüklere sevkedebilir. Hatta bu tür gençler, yüzlerine peçe bile örtebilirler. Bu tür gençlere şâbb-ı emred denilir"[3]. Fevkalade bir edeb kaidesi olan bu hükme, bazı Osmanlı Padişahları uymuşlar ve bir kısım İç saray görevlisi içoğlanlarına yüzlerini peçe ile örtmelerini emretmişlerdir. Şimdi soruyoruz, Kur'an'ın emrine uymak için gösterilen bu hassasiyet nerede? Bunu Hammer gibi bir Hristiyan tarihçinin iftirasına uyarak tamamen edeb dışı yorumlara gitmek nerede?

---

1 Keykavus, Kâbûs-nâme (Tercüme, Mercimek Ahmed, Sadeleştirme, Atilla Öz Kırımlı, c. I, İstanbul, 1001 Temel Eser, sh. 222; Orhan Şaik Gökyay Neşri, sh. 144 vd.

2 İbrahim Hakkı, Ma'rifetnâme, İstanbul, Sultan Reşad Dönemi Basıkısı, sh. 212-213

3 İbn-i Âbidin, Redd'ül-Muhtâr, c. VI; Krş. Pakalın, Tarih Deyimleri, II, sh. 28-29.

Dördüncü olarak bir hususa daha dikkat çekmek istiyoruz: Biraz sonra anlatacağımız gibi, iç oğlanlar, değişik hizmetleri görmektedirler. Bu hizmetlerden biri de Has Oda'nın hizmetleridir. Has Oda, Padişahın iç oğlanlar ile beraber olduğu ve gayr-i meşru hayat yaşadığı bir mekân değildir. Biraz sonra Has Oda'nın mahiyetini öğrenince böyle bir iddiadan titrememek mümkün değildir. Gerçek Has Oda, Enderun odalarının birincisi ve en itibarlısı olup Fâtih tarafından personel mevcudu otuz kişi olmak üzere kurulmuştur. Daha sonra diğer Padişahlar tarafından genişletilmiştir. Harem'de değil Enderun'da yer almaktadır. Has Oda'da Hırka-ı Sa'âdet ve diğer mukaddes emânetler bulunmaktadır. Has Odalıların asıl vazifeleri de Hırka-ı Sa'âdet Dâiresini süpürmek, tozunu almak, mübârek gecelerde güzel kokularla donatmak ve gül suyu serpmek, Kur'an-ı Kerim okumak, Padişaha ait hizmetleri görmek yani Saray içinde Padişahın hususî personeli olmaktır. Şimdi bu mana ile, ileri sürülen iftiralar arasında ne münasebet olabilir? Böylesine ulvî gayelerle istihdam edilen personeli Padişahın erkek cinsel arkadaşları diye takdim etmek, şeytanın dahi aklına zor gelen bir iftirâdır[1].

Kısaca, Üçüncü ve dördüncü yerde hizmet eden personele İçoğlanlar, **Enderun ağaları, Gılmânân-ı Enderun** veya kısaca **Enderunlular** denirdi. Bu devlet başkanlığı Sarayında çalışanlara da iç oğlanları denmekteydi.

Enderun'a alınacak devşirmeler, Edirne Sarayı, Atmeydanı veya İbrahim Paşa Sarayı ve Galatasaray İçoğlanları arasından ve bazan bizzat hükümdar tarafından seçilirdi. Maamafih bazan da bunların haricinde esir edilen asilzade çocukları, Boşnak ve Arnavut devşirmeleri ve hükümdarların şahsen beğenip seçtikleri kimseler de Enderuna alınırdı.

Enderunda içoğlanlarına mahsus altı oda veya koğuş vardır ki, derece sırasiyle şunlardır:

1- Has Oda

2- Hazine Odası.

3- Kiler Odası.

4- Seferli Koğuşu.

5- Doğancı Koğuşu.

6- Büyük ve Küçükodalar.

Hepsine birden **Yeni Saray İçoğlanları** da denilen Enderunlular **Dolamalı** ve **Kaftanlı** olmak üzere iki kısımdılar. Büyük ve Küçük odalılara dola-

---

1 Abdurrahman Şeref, Topkapı Saray-ı Hümâyûnu, Tarih-i Osmânî Encümeni Mecmuası, Cüz, 7, sh. 393 vd.; Sertoğlu, Osmanlı Tarih Lügati, sh. 142-143; Uzunçarşılı, Saray Teşkilatı, 322-335.

malı, öbürlerine kaftanlı denirdi. Bu da, giydikleri elbiseden ötürü idi. Yeni Saray İçoğlanlarının maaşından başka, bütün giyecek ve yiyecek ihtiyaçları da saray tarafından temin olunurdu.

Hane-i kebir ve Hane-i sagir diye de anılan Büyük ve Küçük odalara, Acemioğlanı yetiştiren saraylardan ilk gelenler verilirlerdi. Burada müteaddit hocalardan ders görürler, Türk-İslam kültür ve akidesiyle yetişirlerdi. Bundan başka, güreş, atlama, meç, ok gibi talim ve sporlarla da meşgul olurlardı. En yaşlıları on beş yaşında bulunurdu. Bu oda oğlanları zamanı gelince, **Seferli Koğuşu'**na naklolurlar, buraya geçemiyenler **Çıkma**'larda sekiz ile yirmi akçe yevmiye ile Süvari Ocaklarının Sipah veya Silahdar bölüklerine çıkarlardı. Bu odalar 1675 yılında lağvolunmuştur. Seferli koğuşu kırk kişilik idi. IV. Mehmed zamanında ilga edilmiş olduklarından sonraları ismine rastlanmamaktadır. Bunların âmirine **Doğanbaşı** denirdi.

Seferli koğuşunun bir ismi de **Hane-i seferli** idi. IV. Murad Revan seferine giderken, 1635 tarihinde bir kısım büyük oda oğlanlarını ayırıp burasını teşkil etmişti. Burada tahsil seviyesi yüksek olup ayrıca musikişinaslar, hanendeler, kemankeşler, tellâklar, çamaşırcılar buradan yetişir. Dilsiz, cüceler, soytarılar da bu koğuşa mensup idiler. Buradan birçok alimler de yetişmiştir. Mevcutları yüz kadar olup âmirleri **Saray Kethüdası** idi. Kıdemlileri Kiler odasına geçer veya en az yirmi, en çok 35 akça yevmiye ile Sipah bölüğüne çıkarlardı. Bu koğuş, 1831 yılında ilga olmuştur.

Kiler koğuşu Fatih devrinde kurulmuştur. Âmiri **Kilercibaşı** veya **Ser kilâri-i hassa** denilen kimse idi. Vazifesi Padişahın yemeğini önüne koymaktı. Kilerkoğuşu içoğlanları, hükümdarın ve harem halkının ekmek, et, yemiş, tatlı, şerbet ve saire gibi şeylerini hazırlar ve saklarlardı. Adetleri otuz kadardı. Bu koğuşta bir de küçük revir vardı. Kiler koğuşunun en kıdemli oğlanı terfi ederse **Has odaya**, öbürleri ise hazine odasına geçerlerdi.

Hazine koğuşu veya odası, Fatih devrinde kurulmuştur. Mevcudu 60 kadar iken XVIII. Yüzyılda yüze, hattâ yüzelliye çıkmıştır. Âmirleri **Serhâzin-i Enderun** denilen **Hazinedarbaşı** idi. Hazineliler, Enderun hazinesini muhafazaya memurdurlar. Odanın en kıdemlileri terfi ederse Hasodaya geçer, dışarı çıkarlarsa **Müteferrika** olurlardı. Öbür oğlanlar, çıkmalar da nadiren Müteferrika, daha ziyade, **Çaşnigir** olurlardı. Kıdemsizleri Kapıkulu Süvari bölüklerinden Sipahi bölüğüne verilirlerdi.

Hasodayı da Fatih yaptırmış ve teşkilâtını o kurmuştur. Enderunun en muteber birinci odasıydı. Bir adı da Hane-i hastı. Buradaki oğlanların sayısı otuz ile kırk arasında değişirlerdi. Has odanın âmiri **has odabaşıydı.** Ondan sonra sırayla Silâhdar, Çuhadar, Rikabdar, Tülbent Gulâmı, Miftah Gulâmı

Bunların ilk dördüne **arz ağaları** veya **Çar erkân-ı havass-ı cüvani** denirdi. Altı ağaya birden ise Erkân-ı Havass-ı Cüvani adı verilirdi.

Has odaya, Hazine, Kiler ve Seferli odalarından geçilirdi. Bir de padişahın emriyle defaten bu odaya alınmak mümkün idi. Hasodalıların asıl vazifesi **Hırka-i Şerif** odasının süpürülmesi, tozunun alınması, muayyen ve mübarek gecelerde öd ağacı yakılıp gül suyu serpilmesi, Kur'an-ı Kerim okunmasıydı. Gene, İbriktar, Berberbaşı, Kahvecibaşı, Sır Kâtibi, Hünkâr müezzini gibi hizmetliler de Hasoda efradı arasındaydı.

Çıkmalarda Hasodalıların altı büyük ağadan gayrı kıdemlileri **Müteferrika,** acemileri **Çaşnigir** olurlardı. Bazan bunlara sancak beyliği de verildiği olurdu.

Enderunda bu koğuşlar halkından başka iç oğlanı olarak seyyar hizmette kullanılan bir de Zülüflü Baltacılar vardı.

Enderunun birinci koğuşu olan Has Odanın altıbüyük ağası, büyük devlet memuriyetleriyle çıktıkları ve daha aşağı derecelerle çıkanlar da zamanla bu cins vazifelere namzet oldukları için Enderun uzun zaman devlet ricali yetiştiren bir mektep vazifesini görmüştür. Bundan başka birçok hattat, nakkaş, musikişinas, kemankeş, âlim şair ve sanat sahibi kimseler bu ocaktan yetişmişlerdir. Enderunlular, birbirlerini çok tutarlar ve dış hizmetlerde de bu rabıtayı muhafaza ederek birbirlerini korurlar, görüp gözetirler ve kayırırlardı. Sarayda bulundukları müddetçe evlenemezler ve geceleri dışarıda kalamazlar, esasen hususî müsaade olmadıkça saraydan ayrılamazlardı[1].

---

1 Abdurrahman Şeref, Topkapı Saray-ı Hümâyûnu, Tarih-i Osmânî Encümeni Mecmuası, Cüz, 7, sh. 393 vd.; Sertoğlu, Osmanlı Tarih Lügati, sh. 142-143; Uzunçarşılı, Saray Teşkilatı, 297-339; Krş. Pakalın, Tarih Deyimleri, I, sh. 533-540

Topkapı Sarayı'nın 1840'lı Yıllarda Bâb-ı Hümâyûn'dan Görülen Manzarası (Başbakanlık Osmanlı Arşivi, Sultan Abdülaziz Albümü)

Sultân Abdülaziz zamanındaki Topkapı Sarayının halini görüntüleyen bu resimde, ilk görülen kapı, Bâb-ı Hümâyûn'dur. Kapının arkasında sağda görülen binâ ise, Maliye Nezâreti'inin ilk binalarıdır. Maliye Nezâreti'nden sonra uzanan bir katlı binalar ise, Saray'a ait hastahane ve fodla fırınlarıdır. Birinci Yer denilen ve resimde genişçe yer alan meydanda Cebe-hâne yani silah deposu olarak kullanılan Aya İrini Klisesi, Ayos Siemos Sütunu, bazı temel ve setlerden başka Bizans Devrinden kalma hiç bir şey bulunmamaktadır. Resmin daha ilerisinde Orta Kapı veya Bâb'üs ve arkada da Topkapı Sarayı'nın İkinci ve Üçüncü Yerleri genel olarak görülmektedir. İşte Osmanlı Devletinin 300 sene idare edildiği, devlet binalarının önemli ve büyük ekseriyetinin yer aldığı Topkapı Sarayı'nın orijinal hali böyledir. Dikkatimizi çeken nokta, o dönemde Topkapı ve çevresinin sahip olduğu düzendir. Maalesef bugün, bu düzen kalmadığı gibi, bir tarafdan da Osmanlı eserleri yok edilirken, Bizans eserlerinin yeniden ihyâsına çalışılmaktadır.

Topkapı Sarayı'nın Haritası (TOEM, Abdurrahman Şeref)

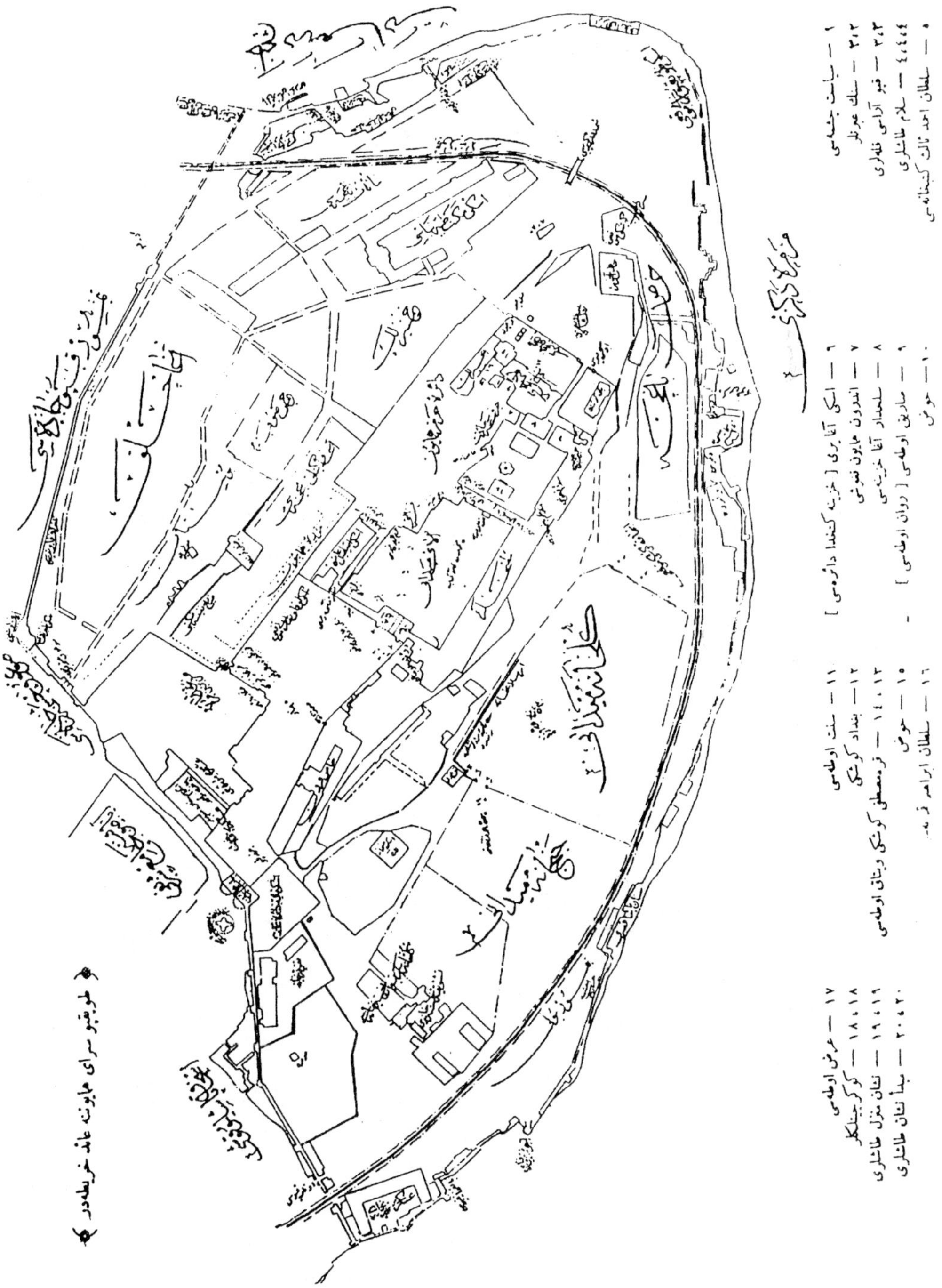

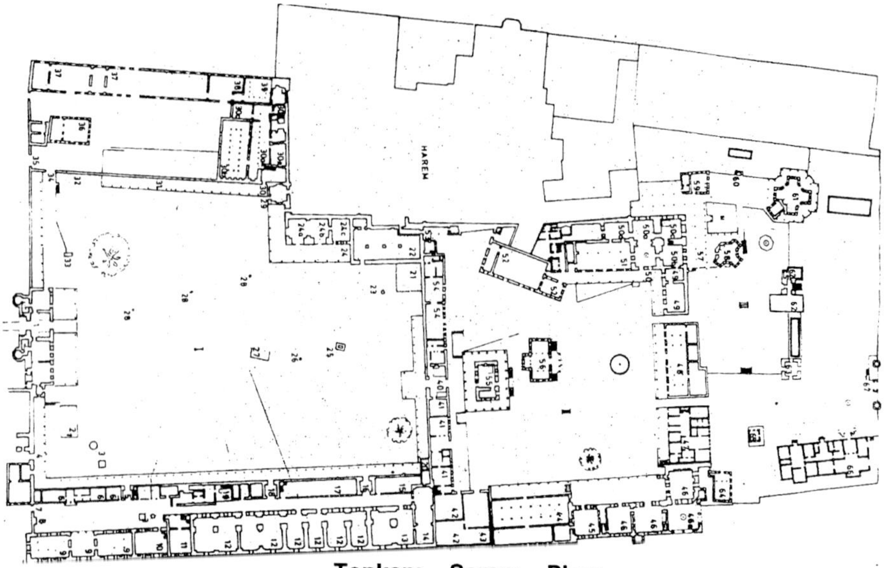

Topkapı Sarayı Planı

1. Bâb'üs-Selâm, Orta Kapı

24. Divân-ı Hümâyûn (Kubbealtı

24a. Divan Yeri

24b. Divan-ı hümâyûn Hocalarının Yeri

24c. Defter-hâne

40. Bâb'üs-Sa'âde, Ak Ağalar Kapısı

41. Bâb'üs-Sa'âde Ağası Dairesi

55. Arz Odası

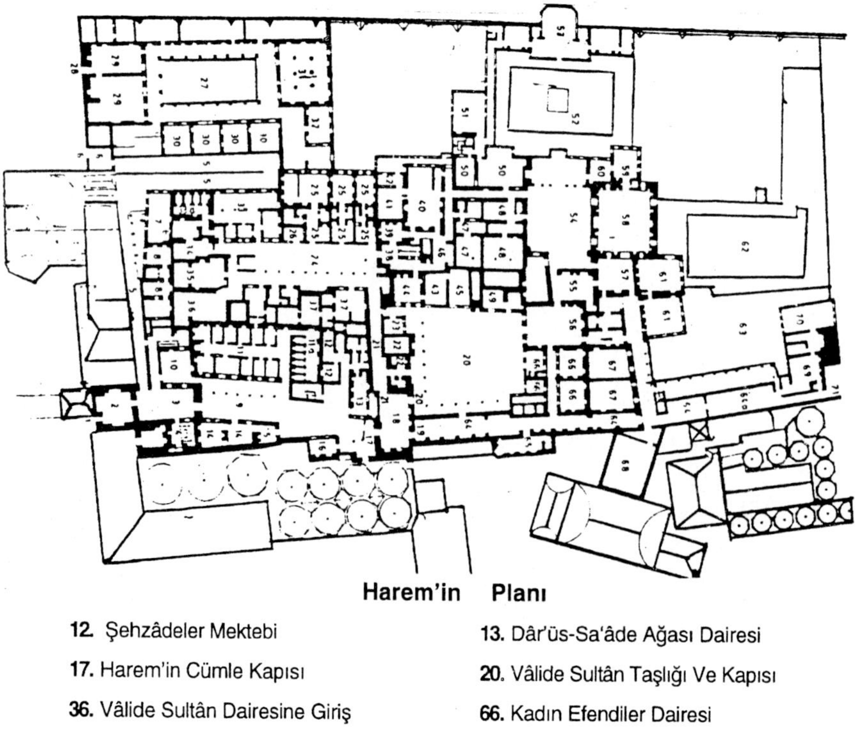

Harem'in Planı

12. Şehzâdeler Mektebi

13. Dâr'üs-Sa'âde Ağası Dairesi

17. Harem'in Cümle Kapısı

20. Vâlide Sultân Taşlığı Ve Kapısı

36. Vâlide Sultân Dairesine Giriş

66. Kadın Efendiler Dairesi

69. Mâbeyn (Padişah Köşkü).

§. 4- HAREM-İ HÜMÂYÛN DÂİRESİ (PADİŞAHIN EVİ)

Şimdi hakkında çok dedikodular yapılan ve Osmanlı düşmanları tarafından bir gayr-i meşru zevk âlemi diye tanıtılmaya çalışılan Harem dâiresini yani Padişahların ailelerinin kaldığı konutu tanıtacağız. Bu tanıtacağımız Harem dairesi, 300 yıl boyunca Topkapı Sarayı'nda Padişahların ikamet ettiği mekândır. Bu tanıtmayı yaparken, bir kısım turist rehberlerinin ve hatta bazı görevlilerin harem dairesi ile alakalı ahlaksız tasvirlerine de yer yer değinecek ve onların yalan ve iftiradan ibaret olduğunu görmeyen gözlere göstermeye çalışacağız. Anlattıklarımızın havada kalmaması için, Harem Dairesini adım adım gezdik ve usta bir el ile Harem'de mutlaka hatırlarda tutulması gereken bazı fotoğrafları aldık. Bunları da yeri geldikçe kitabımıza ve koyacağız. Nazarî açıdan en önemli kaynağımız Abdurrahman Şeref'in TOEM'deki makalesidir[1].

Harem'in Kapısı: Harem-i Hümayunun veya harem dairesinin başlıca kapısı İkinci yer denilen meydanda Kubbealtı ile Zülüflü baltacılar koğuşunun kapısının arasında bulunan **Araba Kapısı**'dır. Saraya gidip gelen kadınlar bu kapıdan araba ile girip çıktıkları için bu ismi almıştır. Harem'in bundan başka kapıları da vardır. Nitekim Üçüncü Yerin sonunda yer alan **Kubbeli Kapı** da bunlardan biridir. Araba Kapısının üzerinde III. Murad'ın 996/1588 tarihli uzun bir kitâbesi mevcuttur. Kitâbe'de "*Harîm-i Cennet-i Âlî'de Bâb-ı Sultânî*" diye vasıflandırılan Kapı, Harem'in en önemli girişini teşkil etmektedir. Araba Kapısının iç yüzünde tahta bir levha üzerinde güzel bir besmele ile birlikte şu satırlar yazılıdır: "Medine-i Münevvere'de Hazret-i Peygamber'in ravza-i mutahhara ve hücrelerinin pencerelerinin şallarıdır".

Osmanlı Padişahlarının, harem-i hümâyûn denilen evlerinin girişlerini dahi manevî bir havaya sokmak istemeleri, dikkat çeken hususlardandır.

---

1 Abdurrahman Şeref, Topkapı Saray-ı Hümâyûnu, Tarih-i Osmânî Encümeni Mecmuası, Cüz, 8, sh. 457 vd.; Sertoğlu, Osmanlı Tarih Lügati, sh. 136-137; Uzunçarşılı, Saray Teşkilatı, 34 vd.; Uluçay, Harem II, 7 vd.; Pakalın, Tarih Terimleri, I, 747.

Harem-i Hümâyûn'un Araba Kapısı

Padişahların evlerinin kapılarından biri. Mualla Anhegger'in de deyimiyle Harem'in mimarî yapısı da İslâmî bir aile hayatının yaşanmasına uygun olarak tasarlanmış. Harem-i Hümayunun veya harem dairesinin başlıca kapısı, İkinci yer denilen meydanda Kubbealtı ile Zülüflü baltacılar koğuşunun kapısının arasında bulunan Araba Kapısı'dır. Saraya gidip gelen kadınlar bu kapıdan araba ile girip çıktıkları için bu ismi almıştır. Harem'in bundan başka kapıları da vardır. Nitekim Üçüncü Yerin sonunda yer alan Kubbeli Kapı da bunlardan biridir. Araba Kapısının üzerinde III. Murad'ın 996/1588 tarihli uzun bir kitâbesi mevcuttur. Kitâbe'de "*Harîm-i Cennet-i Âlî'de Bâb-ı Sultânî*" diye vasıflandırılan Kapı, Harem'in en önemli girişini teşkil etmektedir. Araba Kapısının iç yüzünde tahta bir levha üzerinde güzel bir besmele ile birlikte şu satırlar yazılıdır: "Medine-i Münevvere'de Hazret-i Peygamber'in ravza-i mutahhara ve hücrelerinin pencerelerinin şallarıdır". Osmanlı Padişahlarının, harem-i hümâyûn denilen evlerinin girişlerini dahi manevî bir havaya sokmak istemeleri, dikkat çeken hususlardandır.

Harem'in Medhali (Antresi): Topkapı Sarayı Bîrûn, Enderûn ve Harem adıyla üç ana kısımdan teşekkül ettiği gibi, Harem-i Hümâyûn da Harem'le ilgili hâricî hizmetleri gören görevlilerin ikamet ettikleri Antre (Medhal) ile asıl Harem-i Hümâyûn olan kısımdan meydana gelmektedir. Önemle ifade edelim ki, harem-i hümâyûn'a yiyecek, içecek ve benzeri şeyler temin eden ve haricî işleri yürüten hadım ağaları ve benzeri erkek görevliler, asıl harem-i hümâyûna asla girmeye yetkili değildirler. Harem'in dahilindeki hizmetleri tamamen kadın olan cariyeler ifa etmektedir. Bu yüzden kendilerine Harem Ağası veya Kızlar Ağası denmektedir. Zira bunlar, harem'deki kadınların hâricî hizmetlerini görmektedirler. Önemle ifade edelim ki, erkek olan hiç kimse, asıl hareme girememektedir. Zaten asıl Harem'in kapısının üzerinde "**Başkalarının haremlerine (evlerine) size izin verilmeden girmeyiniz**" [1] mealindeki âyet yer almaktadır. Bu konuya tekrar döneceğiz.

Araba Kapısından girilince birinden öbürüne geçilen üç kısmı havi antreye (medhal'e) dahil olunur. Harem'in iki mühim kısmından birisi olan **Medhal (Antre)**, uzun bir yol ve etrafında birden fazla binalar bulunan bir dehlizden ibarettir. Bir taraftan Kubbealtı ve Ak Ağalar Dâiresi ile ve diğer taraftan da asıl Harem ile çevrilidir. Bu medhal (antre), birbirine bitişik Dolap Kapısı (Birinci kısım) ile "**Kule Kapısı Hademe Nöbet Mahalli**" (İkinci kısım) adlı iki kapı arası ile Dâr'üs-saade Ağası ve Başkapıgulâmı dairelerini (üçüncü kısım) havi kısımlardır. Bu iki dairenin arasındaki sahanın sağ kısmında sonradan papuçluk denilen Ortanca Tevkifhanesi vardır. Ortanca rütbesindeki harem ağaları neferlikten ortancalığa Ramazanın onbeşinci günü terfi ederler ve terfi iradesi gelinceye kadar burada alıkonurlardı.

Harem'in medhalini simgeleyen bu üç kapıdan Araba kapısına birinci kapı, Dolap kapısına ikinci kapı ve Kule Kapısına da üçüncü kapı diyeceğiz.

Araba kapısından girildiğinde on adım kadar ilerde ikinci kapı göze çarpar. Çok güzel bir yazı ile üzerinde

اللهم يا مفتح الابواب افتح لنا خير الباب

"Ey Allahımız ve ey bütün kapıları açan Rabbimiz! Bize de en hayırlı kapıları açıver." manasındaki dua yazılı olan bir levha vardır. Birinci kapı ile ikinci kapı arasında 10 m^2 genişliğinde kare şeklinde bir mekân vardır. Bu mahallin dört tarafında dolaplar bulunduğundan ikinci kapıya **dolap kubbesi** adı verilmektedir.

---

1 Kur'an, Nûr, Âyet 27.

İkinci kapıdan girilince hemen üçüncü kapı ile karşılaşılır. Bu iki kapının arası yaklaşık 20 x 8 m büyüklüğünde bir dikdörtgen tarzındadır. Sağ tarafında kapıya adını veren Büyük Kulenin kaidesi ve sol tarafında da Ağalar Mescidi vardır. Harem'de hizmet eden hadım ağaları burada ibadetlerini ifa edeceklerdir. Bu mahal, bir kemer ile ikiye bölünmüştür. Birinci bölüm kubbeli ve ikinci kısım ise tavanlıdır. Baş kapı gulamı neferlerinin bir kısım odaları bunların üzerindedir. Üçüncü Kapının üzerinde güzel bir hat ile Kelime-i Tevhid yer almaktadır. Ayrıca "**Bir saat adâletle hareket etmek, yetmiş sene nafile ibâdetten daha hayırlıdır**" manasını taşıyan hadis-i şerif bu kapının üzerine yazılmıştır.

Üçüncü kapıdan girildiğinde ise, asıl Harem kapısına kadar uzanan üçüncü saha başlar. Burası yaklaşık 60 x 8 ila 12 m genişliğinde bir koridordur. Genişliğinin farklı olması sağ tarafda bulunan binaların aynı sırada olmamalarından kaynaklanmaktadır. Bu koridorun iki ucunda iki ayrı kubbe vardır ve harem tarafındaki kubbe tek kemerli ve câmekânlıdır. Bu 60 m uzunluğundaki koridorun sağ tarafında altlı üstlü odalar bulunmaktadır ve bu odalar Baş Kapı Gulamı ağalara mahsustur. Buraya **Harem Ağaları Koğuşu** da denmektedir. Baş Kapı Oğlanı Dâirelerinin iki kapısı vardır; birisinin üzerinde Besmele ve diğerinin üzerinde de

اللهم يا مفتح الابواب افتح لنا خير الباب

"Ey Allahımız ve ey bütün kapıları açan Rabbimiz! Bize de en hayırlı kapıları açı-ver." manasındaki dua yazılı olan bir kitâbesi vardır. Bu dairenin yanında zemin katda Harem Ağalarının Nöbetçi Odası bulunmaktadır. Haremin kapısına nâzırdır. Nöbet bekleyen harem ağaları tenbihat ve talimatları buradan alırlar imiş. Nöbet odasının üzerinde olan odalar da harem ağalarına ait olup Nöbet Odasının yanındaki merdivenlerden buralara çıkılır.

Aynı koridorun sol tarafında yine baş kapı gulamına ait bir daire mevcuttur. Kapısı üzerinde hareme bakan tavaşilerin (harem ağalarının ve hizmetkârların) aralarında iyi geçinmeleri için yazılmış anlamlı bir âyet-i kerîme mevcuttur:

انما المومنون اخوة فاصلحوا بين اخويكم

"Hiç şüphesiz bütün müminler kardeştir. Bir anlaşmazlık olduğunda anlaşamayan kardeşlerinizin arasını bulun ve sulh yapın."[1]. Ayrıca çiniler üzerine celi hatla yazılmış ve evlere asılması âdet haline gelen Kaside-i Bürde

---

1 Kur'an, Hucurât, Âyet, 10

veya Bür'e mevcuttur. Bu sol tarafdaki binâ üç kattır. Zemini baş kapı gulamına, orta kat neferlere ve üst kat da ortanca denilenlere mahsustur[1].

Baş kapı gulamı harem ağalarının Bâb'üs-Saade Ağasından sonra gelen ikinci rütbelisidir. Harem'deki kadınların muhâfazası, haricî hizmetlerinin görülmesi ve benzeri vazifeleri ifa ederler. Önemle tekrar ifade edelim ki, asıl harem kapısından içeri bunlar da giremezler. Bunların istihdâmlarının şer'-i şerife uygunluğu ve hadım ağalarının istihdâmı meselesi daha sonra tekrar ayrıntılarıyla ele alınacaktır. Ayrıca harem ağalarının asıl hareme giremeyecekleri ve bununla ilgili sonradan çıkarılan talimatlara da daha sonra değinilecektir.

---

1 Abdurrahman Şeref, Topkapı Saray-ı Hümâyûnu, Tarih-i Osmânî Encümeni Mecmuası, Cüz, 8, sh. 458-480.; Sertoğlu, Osmanlı Tarih Lügati, sh. 136-137; Uzunçarşılı, Saray Teşkilatı, 34 vd.; Uluçay, Harem II, 7 vd.

Baş Kapı Gulamı Dairesinin Soldaki Kısmı Ve Kapısı

Araba Kapısından Harem'e girildiğinde, üç kapı ile karşılaşırsınız. Üçüncü kapıdan girildiğinde ise, asıl Harem kapısına kadar uzanan üçüncü saha başlar. Burası yaklaşık 60 x 8 ila 12 m genişliğinde bir koridordur. Bu 60 m uzunluğundaki koridorun sol tarafında,Harem Ağalarının ikinci reisi durumunda olan baş kapı gulamına ait bir daire mevcuttur. Kapısı üzerinde hareme bakan tavaşilerin (harem ağalarının ve hizmetkârların) aralarında iyi geçinmeleri için yazılmış anlamlı bir âyet-i kerîme bulunmaktadır:

انما المومنون اخوة فاصلحوا بين اخويكم

"Hiç şüphesiz bütün müminler kardeştir. Bir anlaşmazlık olduğunda anlaşamayan kardeşlerinizin arasını bulun ve sulh yapın." (Kur'an, Hucurât, Âyet, 10). Ayrıca çiniler üzerine celi hatla yazılmış ve evlere asılması âdet haline gelen Kaside-i Bürde'nin ilk beyitleri okunmaktadır. Daha sonra da geleceği üzere, Kaside-i Bürde, Resûlüllah'a âşık olan İmam Busirî'nin O'nu medh etmek için kaleme aldığı meşhur bir kasidedir. Bu sol tarafdaki binâ üç kattır. Zemini baş kapı gulamına, orta kat neferlere ve üst kat da ortanca denilenlere mahsustur

Baş Kapı Gulamı Dairesinin Sağdaki Kısmı Ve Kapısı

Bu 60 m uzunluğundaki koridorun sağ tarafında altlı üstlü odalar bulunmaktadır ve bu odalar, yine Baş Kapı Gulamı ağalara mahsustur. Buraya Harem Ağaları Koğuşu da denmektedir. Baş Kapı Oğlanı Dâirelerinin iki kapısı vardır; birisinin üzerinde Besmele ve diğerinin üzerinde de

اللهم يا مفتح الابواب افتح لنا خير الباب

"Ey Allahımız ve ey bütün kapıları açan Rabbimiz! Bize de en hayırlı kapıları açı-ver." manasındaki dua yazılı olan bir kitâbesi vardır. Bu dairenin yanında zemin katda Harem Ağalarının Nöbetçi Odası bulunmaktadır. Haremin kapısına nâzırdır. Nöbet bekleyen harem ağaları tenbihat ve talimatları buradan alırlar imiş. Nöbet odasının üzerinde olan odalar da harem ağalarına ait olup Nöbet Odasının yanındaki merdivenlerden buralara çıkılır.

Üçüncü kapıdan girince karşımıza çıkan 60 küsur metrelik koridorun sağ tarafından Baş kapı Gulamı Dairesinden sonra Dâr'üs-saade Ağasının dairesi gelmektedir. Darüs-sa'âde ağasının diğer adı, kızlar ağasıdır. Harem ağalarının reisidir. Bu ağalık bazan ak hadım ağalarının elinde ve bazan da zenci hadımağalarının elinde kalmıştır. Darüs-saade ağaları aynı zamanda Haremeyn vakıflarının da nazırlarıdır. Bu ağalara ait bina kârgir olup iki kattır. Kapıdan girince sağ tarafta Dâr'üs-saade Ağasının ve solda Hazinedar ağanın dairesi vardır. Hazinedar Ağa, harem ağalarının bir vekil-i harcıdır. Harem'in masraflarına bakar. Dâr'üs-saade Ağası dairesinin üstü ise Şehzade mektebidir.

Dar'üs-Saade Ağalığına girilen kapının üzerinde

سلام عليكم طبتم فادخلوها خالدين

"Sizlere selâm olsun. Hoş geldiniz ve ebediyyen orada kalınız." mealinde bir âyet-i kerime vardır[1].

Asıl Harem Kısmına Giriş: Buradan içeri geçilince Antrenin (Medhal'in) sol kısmının nihayetinde asıl harem dairesinin kapısı göze çarpar. Bu asıl harem kapısının yanındaki küçük kapıdan Kuşhane Meydanı'nın (Arz Odasının bulunduğu yere doğru haremden açılan kapıdan sonraki küçük meydanın) antresine geçilir. Burası loş ve kubbeli bir yerdir. Kuşhane meydanına geçince iki daire görülür: Bunlardan biri hükümdarların şahsına mahsus yemeklerin piştiği Kuşhane Matbahı, öbürü ise hastahanedir. Kuşhane meydanının öbür ucundaki kapı üçüncü yer'e, eskiden Akağalar mescidi olan ve bugün Topkapı Sarayı Kütüphanesi olarak kullanılan tarafa açılır[2].

---

1 Âyet için bkz. Kur'an, Zümer, 73; Diğer bilgiler için bkz. Abdurrahman Şeref, Topkapı Saray-ı Hümâyûnu, Tarih-i Osmânî Encümeni Mecmuası, Cüz, 8, sh. 480-483; Sertoğlu, Osmanlı Tarih Lügati, sh. 136-137; Uzunçarşılı, Saray Teşkilatı, 34 vd.; Uluçay, Harem II, 7 vd.

2 Abdurrahman Şeref, Topkapı Saray-ı Hümâyûnu, Tarih-i Osmânî Encümeni Mecmuası, Cüz, 8, sh. 483.; Sertoğlu, Osmanlı Tarih Lügati, sh. 136-137; Uzunçarşılı, Saray Teşkilatı, 34 vd.; Uluçay, Harem II, 7 vd.

Dârüs-Sa'âde Ağa'nın Dâiresi Kapısı

Araba Kapısından Hareme girilince arka arkaya iki kapı daha gelir. üç kapıdan Üçüncüsünden girince de, 60 küsur metrelik koridorun sağ tarafında yer alan Baş kapı Gulamı Dairesinden sonra Dâr'üs-saade Ağasının dairesi gelmektedir. Darüs-sa'âde ağasının diğer adı, kızlar ağasıdır. Harem ağalarının reisidir. Darüs-saade ağaları aynı zamanda Haremeyn vakıflarının da nazırlarıdır. Bu ağalara ait bina kârgir olup iki kattır. Kapıdan girince sağ tarafta Dâr'üs-saade Ağasının ve solda Hazinedar ağanın dairesi vardır. Dâr'üs-saade Ağası dairesinin üstü ise Şehzade mektebidir. Kızlarağası, bir kısım insanların zannettiği gibi, Saray'daki cariyelerle gayr-i meşru hayat yaşayan birisi değildir. Hacı Beşir Ağa gibi, kurduğu Kütüphâne günümüze kadar gelen âlim ve fâzıl insanlar, bunlar arasından yetişmiştir. Zaten Dar'üs-Saade Ağalığına girilen kapının üzerinde

سلام عليكم طبتم فادخلوها خالدين

"Sizlere selâm olsun. Hoş geldiniz ve ebediyyen orada kalınız." mealinde âyet-i kerime vardır.

Asıl Harem: Üçüncü Kapıdan sonra girilen üçüncü sahanın sonundaki kubbenin altında Harem-i Hümâyûn Kapısı vardır. Bu kapıdan önce de duvarları çinili ve üçüncü sahadan duvarla ayrılmış 3x3 m^2 alanında bir yer vardır. Bu duvardaki levhalardan büyüğünün üzerinde Harem'e aileden olan erkeklerin dışında kimsenin izinsiz giremiyeceğine dair şer'î hükmü ifade eden Âyet-i Kerime yer almaktadır:

يا ايها الذين امنوا لا تدخلوا بيوتا
غير بيوتكم حتي تستانسوا و تسلموا علي اهلها

"Ey iman edenler! Evleriniz dışındaki evlere izin istemeden ve orada sâkin olanlara selam vermeden girmeyiniz. Böyle hareketiniz sizin için daha hayırlıdır."[1].

Şimdi düşünmek gerekmez midir ki; Girişine Kur'an âyetlerinin ilgili olanları yazılan böyle bir evde Kur'an'ın reddettiği kadın âlemlerinin yapılması mümkün mü? Maalesef bu âyetleri aşk şiirleri diye anlatan bazı turist rehberleri ve hatta turistlere verilen rehber kitaplar bulunmaktadır[2]. Asıl Harem kapısı bu büyük kapının tam karşısındadır ve bunun üzerinde de Kelime-i Şahâdet yazılı ve 1078 tarihli bir levha mevcuttur. Asıl harem-i hümâyûn kapısının her iki tarafına nöbetçi harem ağalarının kullandıkları tokmaklar ile sahura kaldırmak için Ramazan gecelerinde çalınan davul asılı bulunmaktadır.

Haremin Cümle kapısı da diyebileceğimiz bu kapı, Padişah ailesi ve cariyelerin yaşadığı asıl Harem'i harem ağalarının yani erkek hizmetçilerin yaşadığı bölümden ayırır. Kapı, harem'in üç ana bölümünün bağlandığı nöbet yerine açılır. Nöbet mekânının solundaki kapı cariye koridoru ile cariye ve kadınefendiler taşlığına; ortadaki kapı Vâlide taşlığına ve sağdaki kapı ise Altın Yol ile Padişah Dairesine açılır.

Eğer dikkat edilirse Padişah'ın cariyeleri ve kadınefendilerin taşlığına giden koridorun sol tarafından yemek kablarının ve benzeri ihtiyaçların bırakılacağı taş mahaller mevcuttur. Zira sarayın müstahdemi demek olan cariyeler bile, izinsiz olarak bu mahalden öteye geçemezler.

---

1 Kur'an, Nur Sûresi, 27

2 Mesela bkz. Hiçyorulmaz, Eski İstanbul'da Muhabbet; Bardakçı, Murat, Osmanlı'da Seks, İstanbul 1992.

Asıl Harem Kapısı ve Üzerinde Evlere Girilme Âdâbını İfade Eden Kur'an Âyeti

Harem'in asıl kapısı ve üzerindeki Kur'an âyeti. Düşünmek gerekmez midir ki; Girişine Kur'an âyetlerinin ilgili olanları yazılan böyle bir evde Kur'an'ın reddettiği kadın âlemlerinin yapılması mümkün mü? Maalesef bu âyetleri aşk şiirleri diye anlatan bazı turist rehberleri ve hatta turistlere verilen rehber kitaplar bulunmaktadır. Halbuki yabancı seyyâh ve yazarlar da Harem'e dinen girişi meşru' kabul edilen erkeklerin dışında kimsenin alınmadığını hâtıralarında nakletmektedirler. Bu duvardaki levhalardan büyüğünün üzerinde Asıl Harem'e aileden olan erkeklerin dışında kimsenin izinsiz giremiyeceğine dair şer'î hükmü ifade eden Âyet-i Kerime yer almaktadır:

يا ايها الذين امنوا لا تدخلوا بيوتا
غير بيوتكم حتي تستانسوا و تسلموا علي اهلها

"Ey iman edenler! Evleriniz dışındaki evlere izin istemeden ve orada sâkin olanlara selam vermeden girmeyiniz. Böyle hareketiniz sizin için daha hayırlıdır." (Kur'an, Nur Sûresi, 27).

Cümle Kapısından Girilen Nöbet Yeri Ve Cariye Koridoru ile Cariye ve Kadınefendi Taşlığına Açılan Kapı

Harem'in erkek personeli, nöbet yeri tabir edilen bu küçük odaya kadar gelebiliyor. Burada nöbet tutan görevlilerin, duvarda asılı tokmakları ve davulları var. Harem sâkinlerini buradan sahura kaldırıyorlar. Ayrıca resimde sağ tarafda görülen kapı, cariyeler ve kalfalar taşlığına giden yol. Nöbet yerindeki büyük ayna da dikkat çekmektedir. Dikkat edilirse, üzerinde

اللهم يا مفتح الابواب افتح لنا خير الباب

"Ey Allahımız ve ey bütün kapıları açan Rabbimiz! Bize de en hayırlı kapıları açı-ver." manasındaki dua yazılı olan bir levha bulunan kapı var ve kapıdan öte, dışarıdan gelen yiyecek ve içeceklerin bırakıldığı taştan dolaplar yer almaktadır. Yani haremin erkek personeli, bu koridora kadar yiyecek ve içecekleri getirmekte ve buradan ileriye girememektedir. Bilenlerin de tarif ettiği gibi, Harem'in mimarî yapısı ve planı, bir kısım iftirâcıların anlattığı gibi, gayr-i meşru işler yapmaya müsait değildir ve tamamen haremlik ve selâmlık esasına göre yapılmıştır.

Bu kapıdan kısmen tavanlı ve kısmen kubbeli bir yere girilir. Bunun sağ tarafında **Altın Yol** denen uzun koridora açılan büyük kapı vardır. Bu uzun yol taş döşelidir ve Hırka-i saadet dairesine bitişik olup I. Selim tarafından inşa edilen daireye kadar devam eder. 46 metre uzunluğunda ve 4 metre genişliğinde olan Altın Yol'a bu ismin verilmesinin sebebi, yeni Padişah olan şehzâde buradan geçerken kadın efendilerin, ikballerin ve cariyelerin bu yolda sağlı sollu dizilmeleri ve Yeni Padişah'ın bunlara altın saçmasıdır. Hatta II. Mahmud'a bu bahsi geçen Altın Yol'da ölüm tuzağı kurulduğu ve bu tuzaktan Kalfalar Dairesine kaçarak kurtulduğu anlatılmaktadır[1]. Bunun ortasında Kadınefendilerin dairesine çıkan taş merdiven vardır.

Nöbet mekânının solundaki kapı cariye koridoru ile cariye ve kadınefendiler taşlığına ulaşır.

Nöbet mahallindeki Altın yola açılan kapının yanındaki başka bir kapıdan ise yedi sekiz metrekare taş döşeli bir meydana girilir. Burası **Vâlide Taşlığı**'dır. Vâlide Taşlığı denilen bu meydanın sağ tarafı Altın Yol, sol tarafı Vâlide Dairesidir. Girilen tarafda Cariyeler dairesinin kapısı vardır. Girilen kapıdan bakınca tam karşıda ve taş yolun takip ettiği yönde **Taht Kapısı** vardır. Bunun yanındaki binek taşından padişahlar kılıç alayına giderken ata binerlerdi. Taht Kapısının bulunduğu kısım, Kadın Efendiler Dairesi ve Ocak Sofasıdır.

Vâlide Taşlığı denilen meydanın sağ tarafından Altın Yol'a çıkan bir kapı mevcuttur. Taht Kapısı ile Altın Yola çıkan kapı arasında kiler ve benzeri ihtiyaç yerlerine çıkan kapılar vardır.

Taht Kapısından **Ocak Sofası**'na girilirdi. Ocak Sofası denmesinin sebebi burada mükellef bir ocağın bulunmasındandır. Bunun sağında kadınefendiler dairesi, solunda Hünkâr Sofa'sına giriş olan **Çeşme Sofası** bulunurdu. Kapının karşısındaki duvarın arka tarafı Şehzadeler Dairesi idi. Ocak sofasından mermer bir merdivenle Hazinedarlar Dairesi'ne çıkılırdı.

Hünkâr Sofası Ve Çirkin İftirâlar: Harem Dâiresinin en çok yanlış tasvir edilen kısmı, Hünkâr Sofası denilen yerdir. Önce tanıtalım, sonra da bu salonla ilgili bazı çarpıtmaları tashih edelim: Çeşmeli Sofa'dan girilince Harem'in en muhteşem yerlerinden biri olan Hünkar Sofası karşımıza çıkar. Hünkâr Sofası, fevkalâde muhteşem yaldızlı ve süslü, dikdörtgen şeklinde olup Harem'in oturma salonu vazifesini görüyordu. Burada hükümdarların oturmasına mahsus gölgelik bir taht vardı. Tabir caiz ise Harem dairesinin

---

[1] Uluçay, Osmanlı Saraylarında Harem Hayatının İç Yüzü, sh. 41-45

misafir ağırlanan salonu burası idi. En önemli özelliği, duvarlarının tamamının, güzel çinilerle ve san'at eserleriyle süslendiği kadar, aynı duvarların aile hayatı, çocuk terbiyesi ve benzeri ulvî meselelere ait âyet, hadis veya kasidelerle süslenmesiydi.

Hünkâr Sofası ile alakalı çarpıtmaları tashih etmeden evvel konuyla ilgili bir hatıramı nakletmek istiyorum: 1993 yılının bir kış günüydü. Göztepe'deki evime bir sohbet sebebiyle gece saat 24'e doğru ancak gelebilmiştim. Eve girdim. Hemen çalan telefonda bir ehl-i imanın şu cümleleri yansıyordu. "Hocam, filan televizyon kanalında Osmanlı ile ilgili bir film oynatılıyor. Bunlar doğru mu? Allahaşkına söyleyin." Gerçekten bu ikaz üzerine televizyonu açtığımda, bir özel televizyon kanalında, sonradan Kültür Bakanlığının izniyle çekildiğini esefle öğrendiğim bir filim oynatılıyordu. Filmin adının sonradan "**Gözde**" olduğunu öğrendim. Açar açmaz gördüğüm manzara dehşetli idi. Zira bir kadın ile bir erkek anadan doğma halde çıplak olarak birbirine sarılmıştı. Beni şaşırtan bu manzara değildi; asıl beni şaşırtan yanlışlıkla açtığım bu özel tv'nin ekranlarında bir iki saniye içinde seks alemi yapan bu kadın ile erkeğin çıplak bacakları arasından bu çirkin işi yaptıkları odanın duvarlarındaki bazı Kur'an âyetlerini görmem idi. Çarpıldım ve dehşete kapıldım. Sonra öğrendim ki, burası Hünkâr Sofası imiş ve o erkek ile kadın da Harem'de padişah'ın bir cariyesi ile olan seks alemini canlandırıyormuş. O gece uyuyamadım. Sabahleyin Topkapı Sarayı'na gittim. Akşam gösterilen ve seks alemi yapıldığı iddia edilen Hünkâr Sofasına vardım. Gördüklerim doğruydu ve Hünkâr Sofasının duvarları Kur'an Âyetleri, hadisler ve Kaside-i Bürde'nin beyitleriyle doluydu. Filimde oynayan kadınla erkeğin bacakları arasından görülen ve okunabilen âyetlerin başlangıcı şuydu ve Hz. İbrahim'in Nemrud'a verdiği tevhid dersini konu edinen âyetlerle devam ediyordu:

الله ولي الذين امنوا يخرجهم من الظلمات
الي النور والذين كفروا اولياوهم الطاغوت
يخرجونهم من النور الي الظلمات

"Hiç şüphesiz ki, Allah, iman edenlerin sahibi ve dostudur; Allah, onları zulmetlerden nura çıkarır. Ve yine hiç şüphe yok ki, küfredenlerin sahibi ve dostu, tâğûttur; onları nur'dan zulmetlere çıkarır."[1].

Öteki duvarda ise, insanı, ailesini ve yurdunu maddi ve manevî musibetlerden koruduğuna inanılan İmam Busirî'nin Kaside'-i Bürde'si besmele'den sonra çok güzel celî bir hatla yazılmıştı.

---

1 Kur'an, Bakara, 257

İslâm Ve Osmanlı Düşmanlarının Padişahların Eğlence Yerleri Olarak Tarif Etmeye Çalıştıkları, Ancak Gerçekte Duvarları Âyet Ve Hadislerle Dolu Olan Harem'in Misafir Ve Oturma Salonu (Hünkâr Salonu)

Hünkâr Sofası denilen ve bir kısım iftirâcılar tarafından Harem'in eğlence yeri diye anlatılan salondan bir manzara seyrediyorsunuz. Kapının üzerinde ve pencerelerin altında bir kemer halindeki yazıyı okumaya çalışırsanız, bunların Bakara Sûresinin 257-263. âyetleri olduğunu görürsünüz. Gerçekten Salonun duvarları, dünyanın fâniliğini, hayatın da memâtın da Allah'ın elinde olduğunu, iman edenlerin kârda ve imansızların ise zararda olacaklarını anlatan ve bu konuda Uzeyr Peygamber ile Hz. İbrahim'den misâller veren âyetlerle süslenmiştir.

Acaba böyle güzel bir salonun duvarlarındaki kitaplıkları, Kur'an ve tefsirleri ile süsleseniz; salon'daki masaların üzerine Kur'an sayfalarını açsanız; sonra da her tarafı Kur'an âyetleriyle süslenen böyle bir salona memleketin veya dünyanın en ahlaksız ve rezil fâhişe bir kadını ile en hovarda bir erkeğini davet etseniz; salona geldiklerinde kendilerine bu Kur'an âyetlerini gösterdikden sonra salonda kadın alemi yapmalarını teklif etseniz, acaba dünyanın en ahlaksızı olan bu iki kişi böyle bir teklifi kabul ederler mi? Benzerlerini bugün dahi bulamadığmız bu insanlara, asırlarca İslâmın bayraktarlığını yapmış olan Osmanlı Padişahlarını nasıl kıyaslayabilirsiniz?

Üzülerek ifade edeyim ki, çoğu kaynaklarda burası Harem'in eğlence yeri olarak tarif edilir. Hedefi Osmanlıyı ve İslâmı kötülemek olan kaynaklarda ise, burası Padişahların kadın alemi yaptıkları yerler olarak tavsif edilir. Şu ilimden uzak tesbitler, bu tür iftiraların en basitleri arasında yer almaktadır: "Hünkâr Sofasında ünlü ve yetenekli müzisyenler seçkin fasılllarla müzik yaparken, güzel sesli, güzel yüzlü, güzel vücutlu genç kızlar, tatlı ezgilerle Padişahın canına can katar, o da yumuşak yastıklar içinde yarı yatmış vaziyette oturup rakı içerdi....." [1].

Bütün bu iddialara cevap vermek yerine ve hatta bunların iddialarını tekrarlamak yerine, bu kitabı okuyanların vicdanlarına şu soruyu sormayı yeğliyorum:

Acaba güzel bir salonun duvarlarındaki kitaplıkları, Kur'an ve tefsirleri ile süsleseniz; salon'daki masaların üzerine Kur'an sayfalarını açsanız; sonra da her tarafı Kur'an âyetleriyle süslenen böyle bir salona memleketin veya dünyanın en ahlaksız ve rezil fâhişe bir kadın ile en hovarda bir erkeğini davet etseniz; salona geldiklerinde kendilerine bu Kur'an âyetlerini gösterdikden sonra salonda seks alemi yapmalarını teklif etseniz ve bu rezil iş karşılığında kendilerine bir de önemli sayılabilecek bir para teklif etseniz, acaba dünyanın en ahlaksızı olan bu iki kişi böyle bir teklifi kabul ederler mi? Veya diğer bir ifadeyle bu teklifi kabul edecek iki ahlaksızı dünyada bulmak mümkün müdür? Tabii ki vicdani ve fıtratı bozulmuş olanlar bu kaidenin dışındadırlar.

Bizim kanaatimize göre, aklı başında olan her insan, bu soruya hayır diyecektir. Peki, böylesine rezil teklifi dünyanın en ahlaksızı olan iki erkek ve kadın yapmaz da, asırlarca İslamı temsil eden Osmanlı padişahları mı yapar?

Burada şunu da hatırlatmak icabedecektir: Peki böylesine bir iftirayı bazı turist rehberleri olan Türkler ve çoğu da müslüman olan insanlar ve özellikle de bazı Topkapı Sarayı görevlileri, nasıl oluyor da gelenlere utanmadan anlatmaktadırlar? Veya Devletin yetkili makamları, bu mekânları gayelerinden saptırarak anlatmaya ve bunu filim haline getirmeye çalışan yabancı para destekli filimlerin çekimine nasıl izin vermektedir?

Bunun cevabı da çok acıdır. Daha evvel de ifade ettiğimiz gibi, bu Hünkâr Sofasında çekim yaparken, ben duvarlardaki âyetleri okudukça ve manasını anlattıkça yanımdaki görevli hıçkırıklarla ağlamaya başladı. Neden ağlıyorsun? diye sorduğumda söylediği sözler daha da dehşet vericiydi: Hocam, biz bu Hünkâr Sofasını anlatırken bu tahtta ve bazan da üst katta Padişahın

---

[1] Dündar, Cemal, Osmanlı Sarayından Erotik Oyunlar, Playman, sh. 85-87.

oturduğunu, salonda çıplak cariyelerin oynadığını ve duvarlardaki yazıların Padişahın cariyelere ve cariyelerin de Padişahlara yazdıkları aşk ve seks şiirleri olduğunu anlatıyoruz. Şimdi bunların Kur'an âyetleri mi olduğunu söylüyorsunuz?

Hünkâr sofasını tanımaya devam edelim: Hünkâr Sofasının bahsettiğimiz giriş kapısı dışında, yanındaki hamama ve hamam koridoruna, III. Murad'ın Dairesine ve önündeki aralığa açılan kapıları da vardır[1].

Şunu da ifade edelim ki, bu salonda aile toplantıları yapılması, yabancı kadınlar bulunmamak kaydıyla ailenin yani padişahın, kadınefendilerinin, çocuklarının, cariyelerinin ve benzeri haram olmayan kimselerin de bulunduğu meclislerde İslâma aykırı olmayacak şekilde ilahiler söylenmesi, sazlar çalınması ve hatta meşru dairede gülünüp eğlenilmesi elbetteki inkâr edilemez. Zaten biz de bu salonu, Harem'in oturma odası ve misafir ağırlama salonu diye tarif ettik. Burada ne gibi eğlencelerin yapılabileceğini Sâfiye Ünüvar'dan nakledeceğimiz kısa harem hayatından anlamak mümkündür[2]. Ayrıca Kitabımızın başında anlattığımız gibi, İdris-i Bitlisi, Padişahlar için mümkün olan meşru eğlenceleri teker teker anlatmıştır. Bediüzzaman'ın ifadesiyle "Helâl dairesi keyfe kâfidir; harama girmeye hiç lüzum yoktur."

---

1 Abdurrahman Şeref, Topkapı Saray-ı Hümâyûnu, Tarih-i Osmânî Encümeni Mecmuası, Cüz, 9, sh. 521-527; Sertoğlu, Osmanlı Tarih Lügati, sh. 136-137; Uzunçarşılı, Saray Teşkilatı, 34 vd.; Uluçay, Harem II, 7 vd.

2 Sâfiye Ünüvar, Saray Hâtıralarım, İstanbul 1964.

Eğlence Yeri Olarak Vasıflandırılan Hünkâr Sofasından Bir Başka Manzara

Harem'in misâfir salonu demek olan Hünkâr Sofasından bir köşe manzarası daha. Hem sanatıyla, hem hattaki güzelliğiyle ve hem de seçilen âyetin manasıyla gönülleri açıyor. Gördüğünüz bu resimdeki Kur'an âyeti, yine Bakara Sûresinden ve Hz. İbrahim'in Nemrud ile olan tevhîd mücâdelei gündeme getiren 258. Âyet. Nemrud'a karşı Kur'an'ın tevhid dersini, duvarlarına yazdıran devlet adamları, Nemrudlar gibi hayat yaşarlar mı? Bu manzarayı, tarihi çarpıtanların suratlarına çarpmak gerekmiyor mu? Buraya alınan Kur'an âyetinin ifadesiyle "Allah, aziz ve hakîmdir." Yani hem Aziz'dir, kendisine ve kendini sevenlere düşman olanların haklarından gelir ve hem de Hakîm'dir, herşeyi hikmetle idare eder. Her halde 500 sene İslâmın bayraktarlığını yapmış olan insanların intikamını da meseleyi çarpıtanlardan mutlaka alacaktır.

Kadın Efendi Dâireleri, Haremin Yatak Odaları Ve Şeh-zadeler Dairesi: Hünkâr Sofasını esas alarak bu kısımları tanıtmaya devam edelim. Ocaklı Sofa'daki mermer merdivenlerden Hazinedârlar Dairesine çıkıldığını daha evvel ifade etmiştik. Hazinedârlar Dairesi tamamen Vâlide Sultân Dâiresi'nin üzerindedir.

Ocaklı Sofada bulunan Kadın Efendiler Dairesi kapısından girildiğinde ise, Altın Yol'da son bulan dar bir koridora çıkılır. Ocak Sofası tarafındaki kısmı Baş Kadın Efendi'ye ve Altın Yol cihetindeki kısmı diğer Kadın Efendiye aittir. Kadın Efendilerin hazine, yatak ve cariyelerine mahsus odalarla burası arasında bir irtibat yoktur. Cariyelerin bulunduğu yere Altın Yol'daki taş merdivenden çıkılır. Bunun sebebi, İslâm'daki mahremiyyete riâyettir[1].

---

1 Abdurrahman Şeref, Topkapı Saray-ı Hümâyûnu, Tarih-i Osmânî Encümeni Mecmuası, Cüz, 10, sh. 585-594; Sertoğlu, Osmanlı Tarih Lügati, sh. 136-137; Uzunçarşılı, Saray Teşkilatı, 34 vd.; Uluçay, Harem II, 7 vd.

Harem'in İkinci Taşlığından Kadın Efendi Dairelerinin Görünüşü

Kadın efendiler, Padişahların zevceleridirler. Bir kısmı nikâhlı eş durumundadırlar. Bir kısmı ise, Padişah'dan çocuk sahibi olan cariye (ümm-i veled) durumundadırlar. Bunlar, nikâhlı oldukları zaman, sayıları en fazla dördü bulmuştur. Yani İslâm'ın bu konudaki emrine harfiyyen ri'âyet edilmiştir. Her Padişah'ın mutlaka dört tane kadın efendisi olacak demek te değildir. Bazı Padişahların bir, bazılarının iki veya üç tane kadın efendisi vardır.

İşte Padişahların hanımlarının kendilerine tahsis edilen Kadın Efendi Dâireleri'nin Harem'in İkinci Taşlığı dediğimiz yerden görülen manzarası yukarıda görülmektedir.

Ocaklı Sofadaki Ocağın dayandığı duvarın arkası Şehzâdegân Dairesi'dir. Şehzadeler dairesi de altlı üstlü iki kısımdır. Alt kısım küçük, lakin süslü olup veliahtlere mahsustu. Üst kısım daha geniş, lâkin sadedir ve öbür şehzadelere tahsis olunmuştu. Burada şunu da belirtmekte yarar görüyoruz ki, maalesef şehzâdelerin de haremdeki gayr-i meşru hayatın bir parçası oldukları utanılmadan bazı yazarlar tarafından kaleme alınmaktadır. Halbuki şehzâdelerin kaldığı dairelerin de duvarları, ya Kasîde-i Bürde'den beyitlerle ya Besmele ve Kelime-i Tevhidler ile ya da Kur'an'dan âyetlerle süslenmiştir. Bunlardan Kaside-i Bürde ile bezenmiş olan bir fotoğrafı buraya aynen almak istiyoruz. Ancak gençlikleri döneminde bunların da beraber oldukları meşru dairede cariyeleri olduğunu elbetteki belirtmek icabeder[1].

Şehzâdeler Dairesinin duvarlarında yazılı olan Kasîde-i Bürde'den bir beyti buraya alalım:

امن تذكر جيران بذي سلم

مزجت دمعا جري من مقلة بدم

Bilindiği gibi, maddi ve manevî hastalıklara şifâ olarak kabul edildiği için Kaside-i Bür'iyye veya Ka'b bin Züheyr'in Kaside-i Bürde'sine kıyasla Kasîde-i Bürde, İmam Busirî isimli İslâm âlim, sufî ve şâirinin Resûlüllah'ı medih ve senâ için yazdığı uzun bir kasidedir. Buraya aldığımız beytin manası şöyledir ve Kasidenin başlangıç beytidir:

"Huzur, sa'âdet ve selâmet kaynağı dostları (Veya Selem'deki dostları) ve yakınları hatırladığımdan mıdır?

Ey dost, seni hatırlamam bile gözden akan yaşlar ile kanları birbirine katı-verdi.

Gözlerminin yaşlarını ve cismimin hastalığını gördükten sonra;

Sana olan muhabbetimi inkar edecek birisi bulunabilir mi?

İki cihân Seyyidi, ins ve cin Muhammed'i;

Hak O'na bende eyledi bütün Arab Acem'i." [2].

---

[1] Abdurrahman Şeref, Topkapı Saray-ı Hümâyûnu, Tarih-i Osmânî Encümeni Mecmuası, Cüz, 10, sh. 585-594; Sertoğlu, Osmanlı Tarih Lügati, sh. 136-137; Uzunçarşılı, Saray Teşkilatı, 34 vd.; Uluçay, Harem II, 7 vd.

[2] İmam Bûsırî, Kaside-i Bürde, İstanbul 1297, sh. 18- 22

Şehzâdegân Dairelerinin Görünüşü

Maalesef şehzâdelerin de haremdeki gayr-i meşru hayatın bir parçası oldukları utanılmadan bazı yazarlar tarafından kaleme alınmaktadır. Halbuki şehzâdelerin kaldığı dairelerin de duvarları, ya Kasîde-i Bürde'den beyitlerle ya Besmele ve Kelime-i Tevhidler ile ya da Kur'an'dan âyetlerle süslenmiştir. Şehzâdeler Dairesinin duvarlarında yazılı olan ve yukarıda gördüğünüz Kasîde-i Bürde'den bir beyti buraya alalım:

امن تذكر جيران بذي سلم

مزجت دمعا جري من مقلة بدم

Bilindiği gibi, maddi ve manevî hastalıklara şifâ olarak kabul edildiği için Kaside-i Bür'iyye veya Ka'b bin Züheyr'in Kaside-i Bürde'sine kıyasla Kasîde-i Bürde, İmam Busirî isimli İslâm âlim, sufî ve şâirinin Resûlüllah'ı medih ve senâ için yazdığı uzun bir kasidedir. Buraya aldığımız beytin manası şöyledir ve Kasidenin başlangıç beytidir:

"Huzur, sa'âdet ve selâmet kaynağı (Veya Selem'deki) dostları ve yakınları hatırladığımdan mıdır?

Ey dost, seni hatırlamam bile gözden akan yaşlar ile kanları birbirine katıverdi.

Çeşme Sofasından Sultan Murad dairesine geçilirdi. Burada III. Murad'ın yatak odası ile I. Ahmed'in okuma ve III. Ahmed'in Yemek odaları vardır. İki tarafı binâdan hâli olup, bir tarafı Hünkâr Sofasına ve diğer tarafı da Şehzâdegân Dairesine bitişiktir. Sultân Murad Dairesinin önünde bir medhal vardır ve bu medhalin Çeşme Sofasındaki kapıdan başka Şeh-zâdegân Dairesi aralığına ve koridoruna ve Hünkâr Sofasına ayrı ayrı kapıları mevcuttur. I. Ahmed'in Odasındaki bir kapıdan III. Ahmed'in Yemiş Odası adı verilen küçük ve basık tavanlı Yemek Odasına girildiği gibi, bunun bir diğer kapısı da Hünkâr Sofasındaki Şirvan altına açılır.

Sultân Murad'ın yatak odası, Harem'in en muhteşem olan yerlerinden biridir. Harem-i hümâyûn'un bu kısmı, III. Murad'dan III. Ahmed'in saltanatının sonuna kadar Osmanlı Padişahlarının en çok önem verdikleri yerler olmuştur[1].

Harem dairesine bitişik bir de Sultan Osman köşkü denilen meşhur köşk vardır ki, Topkapı Sarayının Gülhane Parkı ve Demirkapı tarafına bakan yüksek duvarları üstüne rastlar.

Şunu da ifade edelim ki, Harem-i hümâyûn kapısını takip eden aralığın kapılarından birisi de Altın Yol denilen koridora açılmaktaydı. Bu koridor, aralarında inşa edilen kapılarla dörde bölünmüştür. Son kapıdan sonra girilen yer tavanlıdır. Solunda evvela Kadın Efendiler dairesi, sonra şehzâdegân dairesi yer alır. Koridorların sonunda İkinci taşlık diye ifade edilen ve hususî bir ismi bulunmayan geniş meydana çıkılır. Koridorun sonunda bulunan iki kapıdan sağdaki Hırka-i Sa'âdet'e giden aralığa ve soldaki de I. Selim Dairesine gider[2].

I. Abdülhamid, bu ikinci taşlığa bakan yerde İkballer ve gözdelerin kaldığı **İkballer Ve Gözdeler Dairesini** inşâ ettirmişti. İkballer ve gözdeler, Osmanlı Devletinin son dönemlerinde bir iki Padişah için mevzubahis olduğundan, burada ayrıntıya girmedik ve yeri gelince bunlar hakkında daha ayrıntılı bilgileri vereceğiz.

---

[1] Abdurrahman Şeref, Topkapı Saray-ı Hümâyûnu, Tarih-i Osmânî Encümeni Mecmuası, Cüz, 11, sh. 649-657; Sertoğlu, Osmanlı Tarih Lügati, sh. 136-137; Uzunçarşılı, Saray Teşkilatı, 34 vd.; Uluçay, Harem II, 7 vd.

[2] Abdurrahman Şeref, Topkapı Saray-ı Hümâyûnu, Tarih-i Osmânî Encümeni Mecmuası, Cüz, 12, sh. 726-730; Sertoğlu, Osmanlı Tarih Lügati, sh. 136-137; Uzunçarşılı, Saray Teşkilatı, 34 vd.; Uluçay, Harem II, 7 vd.

İkinci Taşlık Ve İkballer Ve Gözdeler Dairesi

I. Abdülhamid, bu ikinci taşlığa bakan yerde İkballer ve gözdelerin kaldığı İkballer Ve Gözdeler Dairesini inşâ ettirmişti. İkballer ve gözdeler, Osmanlı Devletinin son dönemlerinde bir iki Padişah için mevzubahistir ve Padişah'ın Kadın Efendisi olmaya namzet cariyeler manasına gelmektedir. Bu cariyelerin eş statüsündeki cariyelerden olduğunu ve sayılarının çok sınırlı tutulduğunu arşiv belgelerinden anlıyoruz.

Hamamlar, Vâlide Sultân Dairesi: Hünkâr Sofasının bir kapısı da Hamam Koridoruna açılmaktaydı. Vâlide Sultân Dairesine kadar uzayan bu koridorun sonundaki kapıdan Vâlide Sultân Dâiresine çıkılır. Bu koridorda bulunan hamamlardan biri Padişahlara ve diğeri de Vâlide sultân hanımlara mahsustur ve her ikisi de, koridor içinde dahi birer kapı ile birbirinden ayrılmıştır. Hamamlar, tamamen İslâmî kaidelere uygun olarak inşâ edilmiştir. Bir kısım araştırmacıların anlattıkları hamam safalarının aksine, her hamamın içinde İslâmî usullere göre çıplak olarak yıkanılabilecek ayrıca bölmeler vardır. Yani bırakınız, hamamda cariyelerle çıplak olarak yıkanmayı, kendi kadın efendisiyle veya cariyesiyle beraber olduğu zamanda dahi, tamamen soyunup vücudun her yerini yıkamak icabettiğinde kadın ve erkeğin ayrı bölmelerde yıkanabilmeleri için şer'-i şerifin verdiği ölçülere uygun küçük bölmeler yapılmıştır[1]. Hamamların köşelerinde yer alan küçük bölmeler bunun delilidir.

Hamam koridorunun sağ tarafı III. Selim Dairesidir. Bu daire iki katlı ve dört odadır. III. Osman ve I. Abdülhamid Han'ın da burayı yatak Odası olarak kullandığı kitâbelerinden anlaşılmaktadır. Çok güzel, süslü ve bezekli bir dairedir. Vâlide Taşlığından Harem Bahçesine kadar devam eden kısım ise, Valide Sultân Dâiresidir. Bir tarafında cariyeler dairesi ve diğer tarafında da hamam koridorunun bitişiği olan uzun bir aralık vardır. Tamamen birinci kattadır. Üstü Hazinedar Dairesi ile III. Selim Dairesinin bir kısmıdır. Vâlide Sultân Dairesinin duvarları ve kapıları da çok güzel levhalar ve celî yazılarla bezenmiş ve süslenmiş durumdadır.

Kalfalar Ve Cariyeler Dairesi Taşlığı: Haremin asıl kapısından girildikten sonra mevcut olan nöbet mahallinin solundan girilen koridor, Cariyeler Dairesine çıkar. Cariyeler Dairesi, Harem'in en sonunda olup Vâlide Sultân Dâiresi, Harem Bahçesi, Baş Kapı Gulamı ve Darüs-Sa'âde Ağası Daireleri ile sınırlıdır. Yalnız Vâlide Dairesine bir kapısı vardır. Bu nokta önemlidir. Merkezinde büyük bir taşlık bulunmaktadır. Sağ tarafda ocaklı ve ortanca kalfaların, vekil ustanın, saray ustasının ve hastalar kahyasının daireleri mevcuttur. Solda hastalar ustası dairesi, hamam ve saire bulunmaktadır. Cariyelerin taksimatı harem ağalarınınkine benzer. Harem'deki bütün cariyelerin âmiri Hazinedar Usta'dır[2]. Bu konuyu daha sonra inceleyeceğiz.

---

1 Abdurrahman Şeref, Topkapı Saray-ı Hümâyûnu, TOEM, Cüz, 12, sh. 713 vd.; Sertoğlu, Osmanlı Tarih Lügati, sh. 136-137; Uzunçarşılı, Saray Teşkilatı, 34 vd.; Uluçay, Harem II, 7 vd.

2 Abdurrahman Şeref, Topkapı Saray-ı Hümâyûnu, TOEM, Cüz, 12, sh. 714-726 Sertoğlu, Osmanlı Tarih Lügati, sh. 136-137; Uluçay, Harem II, 7 vd.

Harem'de En Çok İstismâr Edilen Hamamlardan Bir Görünüş

Hünkâr Sofası'nın bir kapısı da Hamam Koridoruna açılmaktaydı. Vâlide Sultân Dairesine kadar uzayan bu koridorun sonundaki kapıdan Vâlide Sultân Dâiresine çıkılır. Bu koridorda bulunan hamamlardan biri Padişahlara ve diğeri de Vâlide Sultân Hanımlara mahsustur ve her ikisi de, koridor içinde dahi birer kapı ile birbirinden ayrılmıştır.

Hamamlar, tamamen İslâmî kaidelere uygun olarak inşâ edilmiştir. Bir kısım araştırmacıların anlattıkları hamam safalarının aksine, her hamamın içinde İslâmî usullere göre çıplak olarak yıkanılabilecek ayrıca bölmeler vardır. Yani bırakınız, hamamda cariyelerle çıplak olarak yıkanmayı, kendi kadınefendisiyle veya cariyesiyle beraber olduğu zamanda dahi, tamamen soyunup vücudun her yerini yıkamak icabettiğinde kadın ve erkeğin ayrı bölmelerde yıkanabilmeleri için şer'-i şerifin verdiği ölçülere uygun küçük bölmeler yapılmıştır.

Cariyeler, Ustalar Ve Kalfalar Dairelerinin Bulunduğu Taşlık

Saray'ın hizmetlileri demek olan cariye, kalfa ve ustaların kaldıkları dairelerin açıldığı taşlık. Alt katta cariyeler ve üstte ise usta ve kalfalar oturmaktadır.

Biraz sonraki sayfalarda anlatacağımız üzere, Osmanlı Harem'indeki cariyeler iki kısımdır. Bu iki kısımdan birinci kısmı, hizmetçi statüsündedir. Bunların rütbelilerine kalfalar ve ustalar denmektedir. Bunların vazifesi Harem'deki ev işlerini yapmaktır. Nasılki günümüzde de devlet başkanlığı saraylarında ve köşklerde sayıları epeyce kabarık olan kadın hizmetçiler bulunuyorsa ve bunlar ile devlet başkanı veya cumhurbaşkanı olan insanlaca hayatı yaşamıyorsa, Osmanlı Hareminde olan ve hizmetçi statüsünde bulunan cariyeler de böyledir. Kahveci Usta ve Hünkâr Kalfaları gibi.

Harem'in İkinci Taşlığı'ndan Genel Bir Harem Manzarası

Topkapı Sarayı'nın dillere dolanan Harem kısmının İkinci Taşlık'tan bir manzarasıdır. Harem, Padişahın dilediği kadınla yatması için düzenlenmiş bir kurum değil. Mimarisi bile buna göre düzenlenmemiş. Padişahın cariyeleri görebilmesi ve aralarından birini seçebilmesi mümkün değil. Kapılar, daireler, geçişler buna göre planlanmamış. Cariyeler 25 kişilik koğuşlarda yatıyor, üst katta yatan kalfaların sıkı denetimi sözkonusu. Padişahın annesi kendi bölümünde, padişahın kadınları kendi bölümlerinde, padişah ise kendi dairesinde. Kısaca Harem, Osmanlı Padişahlarının evi. Elbetteki bu evin hizmetlileri de var ve bunların da kalacakları yerler var Harem'de.

§. 5- HAREM'DE YAŞAYAN İNSANLAR: PADİŞAH'IN AİLESİ VE HAREM PERSONELİ (HAREM TEŞKİLÂTI)

I- YANLIŞ BİLİNEN BİR HUSUSUN TASHİHİ: HAREM'DEKİ HER CARİYE PADİŞAH'IN KARI-KOCA HAYATI YAŞADIĞI KADIN DEMEK DEĞİLDİR

Bu zamana kadar harem hayatı ile ilgili yerli ve yabancı yazarların yalan yanlış izahlarından dolayı, Osmanlı Padişahları ve harem hayatı hakkında şu fikir ve kanaat oluşmuş bulunmaktadır: Padişah, Harem'de yaşayan yüzlerce cariye ile yatıp kalkmıştır. Hatta III. Murad vefât ettiği zaman, Harem'de 100'den fazla beşiğin sallandığı nakledilir. Halbuki belgeler ve tarih bilgileri, bu iddiaların hiçbirinin doğru olmadığını ve bu iddialara inananların Harem hayatını bilmediklerini ortaya koymaktadır[1].

O halde Harem'de kimlerin yaşadığını iyice öğrenmek ve Saray'da istihdam edildiği belirtilen, ilk dönemlerde sayıları 50 ve 60'ı bulan ve III. Murad'dan itibaren sayıları artan ve hatta bazan 450'ye kadar yükselen cariyelerin, ne gibi maksatlarla Harem'de bulundurulduklarını belgeleriyle ortaya koymak icabetmektedir.

Şunu önemle hatırlatalım ki, bilindiği üzere, Osmanlı harem'ini fiziki açıdan ikiye ayırmıştık:

Birinci kısım, asıl harem kapısına kadar olan **Hareme Medhal (Antre)** kısmıdır ki, burada Dârüs-Sa'âde Ağası ve Harem Ağalarının emri altındaki erkek köleler istihdam olunmaktadır. Bu bölümde çalışan bir tek kadın köle yani cariye bulunmadığı gibi, izin alınmadan bu bölümde çalışan tavaşilerden kimsenin asıl hareme girmeleri de mümkün değildir. Bu kısmı **Harem'deki Erkek Personel** başlığı altında inceleyeceğiz.

İkinci kısım, asıl harem'de yaşayan Kadın Efendilerin, Şehzâde haremlerinin, padişahların ve Padişah ailesi mefhumu içine giren herkesin hizmetçisi durumunda olan cariyelerdir. Bunlar, Harem'in işçi personeli durumundadır. Reisleri de Hazinedâr Usta denilen cariyedir. Bunların Padişahların karı-koca hayatı ile ilgileri yoktur.

Üçüncü kısım, asıl harem'de yaşayan ve Padişah'ın ailesi kavramı altında toplanan Kadın Efendiler, vâlide sultânlar, şehzade haremleri ve ken-

---

1 Krş. Uluçay, Harem II, sh. 59.

dileri ile karı-koca hayatı yaşanan cariyelerdir. Bu grubun reisi, zaman içinde değişmekle birlikte bazan Baş Kadın Efendi ve bazan da Vâlide Sultan olmuştur. Şimdi bu üç kısmı ayrı ayrı inceleyeceğiz.

Bu üç kısmı incelemeden evvel çok önemli olan bir hususu tekrar hatırlatalım:

Acaba, Osmanlı Hareminde cariyelerle Padişahlar sınırsız bir karı-koca münasebetine sahip midirler? Cariyeler, bugünkü metresler gibi, her gücü yeten Padişah veya şehzade ile yatıp kalkmaktadırlar mı? Cariyeler, cinsî zevkleri tatmin için kullanılan zevk âleti midirler?

Maalesef cariyelik müessesesi denilince, bugün için kamu oyunda bu tür manalar akla geldiğinden, bu soruları sorararak konuya girme mecburiyetini hissettik. Aslında daha önceki bölümlerde yaptığımız izahlar ve özellikle kölenin hukukî stasüsü ile ilgili hükümler, bütün bu soruların cevabının "Hayır" olduğunu haykırıyor. Cariye de köle olduğundan dolayı, yukarıda zikredilen hükümler kadın köle demek olan cariyeler için de geçerlidir.

Şunu tekrar ifade edelim ki, cariye, kadın köle demektir. Cariyeler de diğer köleler gibi, İslâm Hukukunun köleler için tesbit ettiği hukukî statüye sahiptir.

Yine önemle ifade edelim ki, İslâm Hukukundaki cariyelerin çoğunluğu, asrımızdaki işçi kadınlar veya evlere gelen hizmetçi kadınlar gibidirler. Değişen sadece isimleridir. Yani her cariye dedikçe illa da Padişah ile karı koca münasebeti olan kadın manası akla gelmemelidir. Padişah'ın Harem'indeki hizmetleri, aldığı belli bir ücret mukabilinde cariye olarak bulunan cariyelerin sayıları, karı-koca hayatı yaşanılan cariyelere nisbetle en az on katıdır. Bugün hizmetli kadınlar ile işverenleri arasında hangi münâsebet varsa, Osmanlı haremindeki bu tür cariyeler ile Padişahlar arasında o münâsebet vardır. Kendisi ile Padişahın veya bir şehzâdenin karı-koca hayatı yaşadığı cariyenin efendisiyle olan münâsebeti ise, çok az hükümler dışında, hür kadın ile kocası arasındaki münâsebet gibidir. Kadınefendilerin, ikballerin ve gözdelerin durumu böyledir.

Bilindiği gibi, Efendi'nin, cariyesi ile karı-koca hayatı yaşama hakkına **istifrâş hakkı** diyoruz. Köle veya cariye üzerinde sahip olduğu mülk-i menfaatten kaynaklanan onları çalıştırma hakkına ise **istihdâm hakkı** diyoruz. Cariye demek, Efendi'nin birinci derecede istihdam hakkı bulunan kadın köle demektir. Efendilerin istifrâş hakkına yani istedikleri zaman karı-koca hayatı yaşama hakkına sahip oldukları cariyelerin ise, hususî statüleri vardır.

Bu hususî statü incelendiğinde görülecektir ki, bugün gayr-ı meşru bir şekilde yürütülen ve adına metres, sevgili yahut aşk hayatı denilen gayr-i meşru ilişkilere kıyaslandığında, aranan şartlar altında cariye hayatını devam ettirmek, evlilik kadar mükemmeldir. Nitekim bu manayı Kur'an da tesbit etmiş ve özellikle cariyeler üzerindeki, eğer var ise, istifrâş hakkının şartları çerçevesinde ve fuhşa sevketmeyecek şekilde kullanılmasını ısrarla tavsiye etmiştir: "Şimdi cariyelerinizi efendilerinin izniyle nikâhlayın ve herhangi bir mazeret ileri sürmeden maruf bir şekilde mehirlerini verin; ancak iffet sahibi cariyelerle zinadan ve onları gizli dost hayatı yaşamaktan yani metres edinmekten şiddetle kaçınmak şartıyla."[1].

Diğer taraftan ise, Kur'an, cariyeleri mümkün mertebe evlendirmeyi ve onları aile hayatına kavuşturmayı tavsiye ve teşvik eylemektedir: "Câriyelerinizden evlenmeye uygun olanları evlendirin; eğer onlar fakir iseler de, Allah onları fazl u ihsânı ile zenginleştirir."[2].

Bu kısa genellemeden sonra şimdi de Harem'de yaşayan cariyelerin ayrı ayrı statülerini görelim: Yukarıdaki hükümlerden anladık ki, köle olan kadınlar yani cariyelerin iki ayrı statüsü vardır:

Birincisi; hizmetçi statüsündeki cariyeler. Hazinedâr Usta'nın riyaseti altında Osmanlı Harem'inde hizmet gören bütün cariyelerin durumu böyledir.

İkincisi; bazı farkları ile birlikte istifraş hakkı bulunan eş statüsündeki cariyeler. Kadınefendilerin, şehzâde haremlerinin, ikballerin ve gözdelerin durumu böyledir.

1- Hizmetçi Statüsündeki Cariyeler: Hazinedâr Usta'nın Emri Altında Sarayın Hizmetlerini Gören Cariyeler

Bunlardan kasıt, efendilerinin kendileri üzerinde istifrâş hakkı bulunmayan yani cinsi münasebet hakkı olmayan, sadece istihdâm hakkı bulunan cariyelerdir. Bu tür cariyelerle efendisi dahil kimsenin cinsi münâsebet kurma hakkı yoktur. Bu cariyeler, İslâm hukukunun hükümlerine göre, efendilerinin iznini alarak hür veya köle başka erkeklerle evlenmişlerdir. Daha evvel zikrettiğimiz gibi, başka erkeklerle evlenmek için kasden Efendi'nin cariyesine izin vermemesi halinde, mahkeme yoluyla efendisi cebredilebilir. Biraz önce zikrettiğimiz âyet de bu manaya işaret etmektedir.

Cariyesi başkası ile evli ve nikâhlı olan Efendi'nin cariye üzerindeki istihdâm hakkı ortadan kalkmaz. Çünkü başkasının cariyesi ile evli olan hür veya köle bir erkeğin eşinin diğer eşlerden farkı da buradan kaynaklanmaktadır.

---

1 Kur'an, Nisâ, 24

2 Kur'an, Nur, 32

Böyle bir cariye, kocasına karşı sorumlulukları olduğu kadar, bugünkü tabirle hizmetçisi ve o günkü tabirle cariyesi olması hasebiyle efendisi ile de bir iş münâsebeti vardır. Cariyenin kocasının tebvi'e hakkı yoktur. Tebvie hakkından kasıt, başkasıyla evli olan cariyenin kocasının evinde onunla birlikte olması ve efendisinin evinde veya işinde ona hizmet etmemesi demektir. Kocamla beraberim diyerek, efendisi olan insanın hizmetini ihmâl edemez. Ancak efendisi, bu hakkı cariyesine verebilir[1].

Burada şunu kaydetmek gerekir ki, harem'in gizli sırlarının dışarıya çıkmaması için, Harem'den çıkıncaya kadar işçi statüsündeki cariyelerin evlenmesine pek müsaade edilmez. Bu sebeble bunların arasından birisini Padişah veya şehzadelerden birisi sever ve beğenirse, hizmetçi grubundan diğer gruba geçerler.

Hizmetçi statüsündeki cariyenin, efendisi ile münasebeti, sadece iş münâsebetidir. Efendisine yemesinde, içmesinde, temizliğinde veya başka işlerinde hizmet edecektir. Zaten ibriktar usta, kahveci usta, kilerci usta ve benzeri isimlerle anılmaları da bunu göstermektedir. İstisna olsa bile evli olmaları halinde, kocası ile karı-koca hayatı yaşayayım diye efendisinin hizmetlerini ihmal eylemeyecektir. Kocası ile tebvie hakkını elde etmişse, efendisi artık nafakasını temin etmekten vazgeçer. Yani asıl olarak kocası ile yaşayan ve efendisine arada sırada uğrayıp bazı hizmetlerini gören cariyenin nafaka hakkı, kocası üzerinedir. Tebvie hakkı olmayan ve asıl itibariyle efendisinin hizmetleriyle meşgul olan cariyenin nafaka hakkı ise, efendisine aittir[2]. Bu durumda olan cariyelerin zaten harem'le olan ilişkileri kesilir ve çırağ edilirler.

Tesbit ettiğimiz kadarıyla, bugün Türkiye'nin meşhur zenginlerinin birinin İstanbul Boğazındaki yalısında yirmiye yakın kadın hizmetçi vardır. Her halde bu hizmetçilerle, bunları hizmetçi olarak çalıştıran zenginimizin cinsî münâsebete girdiğini düşünemezsiniz. Bu hizmetçilerin görevleri, sabahtan gelip ve hatta bazıları köşkte gece de kalıp yalının yemek, temizlik ve benzeri hizmetlerini yürütmektir. Bu hizmetleri karşılığında işvereninden ücretini alacaktır. Hizmetçi statüsündeki cariyelerin de bunlardan isim ve bazı hükümler dışında ciddi bir farkı yoktur.

Burada Rahmetli Cumhurbaşkanı Turgut Özal ile olan bir hatıramızı nakletmek münâsip olur kanaatindeyim. Vefâtından bir kaç ay evvel kendisini ziyaret ettiğimde, sorduğu suallerden birisi de Harem oldu. Kendisi, "Osmanlı Padişahlarının Hareminde 200-300 kadının olacağına inanmadığını ve

---

1 Damad, Mecma'ul-Enhür, I, sh. 364-365

2 Damad, Mecma'ul-Enhür, I, sh. 365-366

İslâmiyetteki evlillik hukukunun buna müsaade edemeyeceğini ve ancak bazı tarihçilerin Harem'de bu kadar sayıda cariyenin yaşadığını belgelerle ortaya koyduklarını" ifade ettiler. Bunun üzerine ben de kendisine bazı sorular tevcih ettim:

"Sayın Cumhurbaşkanım, acaba Cumhurbaşkanlığı Köşkünde Yani Çankaya Köşkünde kaç tane erkek ve kadın hizmetçi çalışıyor?" Cevabı, "Epeyce fazla." şeklinde oldu. İkinci sorum şöyleydi: "Gelen misafirlerinize takdim edilen yemek ve pastaları hanımefendi mi yapıyor?" "Hayır olamaz. Görevliler yapar" dedi. Peki "Temizlik işlerini de Hanımefendi mi yapıyor?" diye sordum. Buna da hayır cevabını verdi.

Son sorum dehşet vericiydi ve onu da şoke etmişti: "Sayın cumhurbaşkanım, Köşk'de temizlik yapan, yemek pişiren ve benzeri hizmetleri yürüten kadın hizmetlilerle karı koca hayatı yaşıyor musunuz?". Bu soru üzerine önce bir şok geçirdi ve sonra da "Şimdi Osmanlı Sarayı'ndaki sayıları 100'ü bulan cariyelerin sırrını anladım" dedi. Ben de ilâve ettim: "Osmanlı Harem'inde, bugün olduğu gibi erkek hizmetçi istihdâmı yasaktır. Bütün hizmetçiler, kadın cariyelerden seçilir. Bu hizmetçi cariyelerle Padişahların karı-koca hayatı yaşaması, sizin Köşk'deki kadın hizmetçilerle karı koca hayatı yaşamanız kadar gayr-ı makul ve mantıksızdır. Ancak Harem'de elbetteki Padişahların bugünkünden farklı olarak birden fazla Hanımefendi ile veya has odalık denilen cariyelerle hayatlarını yaşadıkları bir vâkıadır."

Osmanlı Sarayı'nın Harem kısmında bazı tarihçiler tarafından verilen 60, 70 ve hatta 100 cariye vardı şeklindeki ifadelerden de, hizmetçi statüsündeki cariyeleri anlamak icabettiğini, biraz sonra daha iyi anlayacağız.

Ancak hemen şunu belirtelim ki, aşağıda vereceğimiz bir liste dahi, Harem'de çalışan cariyelerin % 90'ının hizmetçi statüsünde cariyeler olduğunu açıkça göstermektedir.

İşte harem'de çok cariye bulunduğu dönemlere ait bir belgeden misâller:

"Neferât-ı Harem-i hümâyûn der Saray-ı Cedîd-i Âmire El-Vâki' Fî Şehr-i Şa'ban sene 1176

Berber Usta 100	Çaşnigir Usta 160	Vekil Usta 100	İkinci hazinedâr 120	İbrikdâr Usta 100	Kahveci Usta 100	Âlîcenâb 90	Mehrişah 80

Dilsiz Aişe	Pür Safâ 80	Zîbâ	Vekil Usta	Şerefî	Zeliha	Âmine 57	Nâzende
80		80	100	60	60		57[1]"

"**Topkapı Sarayı Hareminde Çalışan Kadın Neferler**" başlığını taşıyan listede, 112 adet cariyenin olduğu kayıtlıdır. Kayıtlı olan bir husus da bunların gündelik olarak aldıkları maaşlar ve nerde çalıştıklarıdır. Yani listedeki cariyeler, tamamen Harem'de istihdam edilen hizmetli statüsündeki kölelerdir.

Listeye devam ediyoruz ve aynı tarihli belgeden bir başka liste daha okuyoruz:

"Neferât-ı Kiler der Saray-ı Cedîd-i Âmire-i Harem-i Hümâyûn

Kılerci Usta	Safiyye	Hüsn-i Şah	Ümmühan	Zeliha	Aişe	Hanife	Fâtıme
170	70	50	46	40	40	20	20
Zeyneb	Hanım	Fâtıme	Gülfem	Mâhitâb	Aişe	Ra'nâ	Mektûme
20	20	20	20	20	20	20	20[2]"

Sayıları 22'yi bulan ve Harem'in kiler'inde çalışan cariyeleri, her halde koskoca bir Osmanlı Devleti'nin Devlet Başkanlığı sarayındaki evi için çok görmezsiniz.

1 TSMA, E. 53/2

2 TSMA, E. 53/2

Harem'deki Hizmetçi Statüsündeki Cariyelerin Listesi (TSMA, E. 53/2)

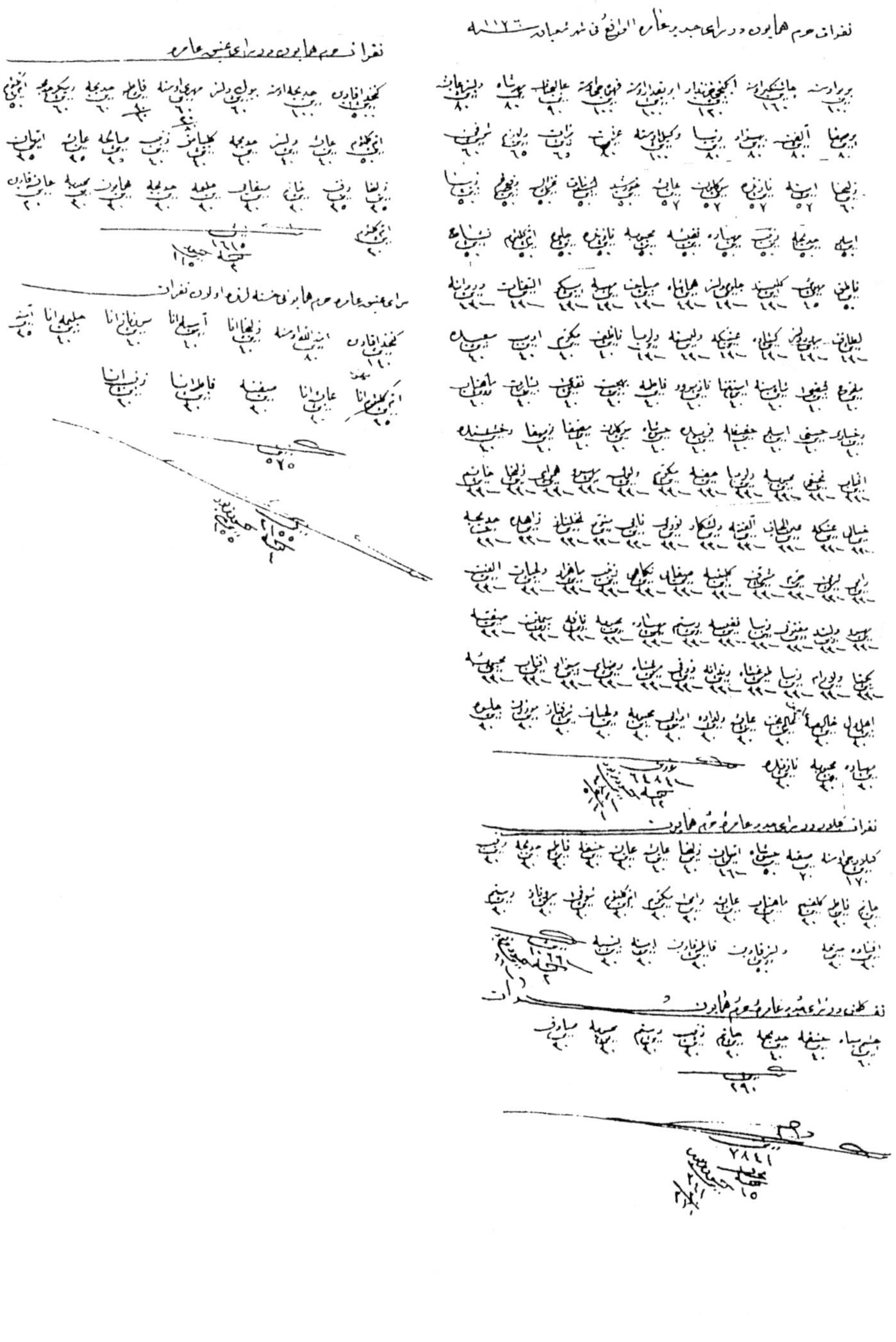

Padişahlar ile cariyelerin Haremde ve Harem'in bahçesi ile havuzunda çıplak olarak beraber olmaları gibi gülünç ve yalan iddialar sebebiyle, konuyu daha önce izah etmemize rağmen burada da bir hususu tekrar etmek istiyoruz:

Evvela, avret tabiri üzerinde durmak istiyoruz. Avret, başkalarının görmesi haram olan yerlerdir. Başkalarının görmesi yasak olan vücudun bölgeleri, insanların erkek, kadın ve köle yahut cariye olmalarına göre değişmektedir. Mesela, erkeğin avreti yani görülmesi yasak olan vücud bölgeleri, göbeği ile dizleri arasındaki kısımdır. Hür bir kadının avret mahalli ise, yüzü, elleri ve bir görüşe göre ayakları dışındaki bütün vücududur. Halbuki bütün çeşitleriyle cariye yani kadın kölelerin avret mahalli, dizden yukarısından itibaren kollar ve baş hariç vücudunun bütün bölgeleridir. Yani cariyenin kolları, ayakları (dizlerine kadar) ve başı, avret mahalli sayılmamaktadır. Bütün bunların şartı, şehvetle bakmaya vesile olmaması ve şehvetle bakılmamasıdır. Şehvetle bakma sözkonusu olmadığı takdirde, başını, kollarını ve dizden aşağı ayaklarını, efendisinin yanında açabilmektedir[1]. Zaten bir erkek, kendi mahremi olan kadınların (mesela annesi ve kız kardeşinin) ve de üzerinde istifrâş hakkı bulunmayan cariyelerin, şehvet hissi bulunmamak ve bu konuda emin olmak şartıyla, yüzlerine, başlarına, kollarına ve dizden aşağı olan ayaklarına bakabilmektedir. Sebebi de, hem mahremi olan kadınlara ve hem evinde çalışan ve şehvet duyguları açısından fazla çekici olmayan cariyelere karşı, şehvet duygularının insanlık gereği diğer kadınlar gibi kabarmamasıdır[2]. Padişahların ve şehzadelerin de haremi olmayan cariyelerle olan münasebetini bu şer'î hükümler düzenlemektedir.

İşte hür bir kadın ile mahrem kadınlar ve cariyelerin avret mahallerinin farklı olması, fıkıh kitaplarında cariyelerin kol, ayak, yüz ve başlarına efendilerinin bakabilmesi şeklindeki hükmün yer alması, meseleyi bilmeyen çevreler tarafından akıl almaz şekilde tahrif edilmiştir. Kitabımızın başında zikrettiğimiz bir misali buraya aynen almayı ve tekrar üçüncü defa nazarlara vermeyi bir vazife addediyoruz:

Padişahların haremi ile alakalı büyük bir tarihçimiz bile nasıl bilmeden hatalar işlediğini Cumhuriyet Devrinin en açık dönemlerini yaşadığımız 1994 yılının 10-16 Kasım'ında ve hem de Halil İnalcık gibi değerli bir tarihçinin dilinden okuyalım:

---

1 Damad, Mecma'ul-Enhür, I, sh. 80-81

2 Damad, Mecma'ul-Enhür, II, sh. 538-539

"Harem Fuhuş Yuvası Değil, Okuldu" başlıklı yazıda bile, İslâm Hukukunun hükümleri bilinmediğinden dolayı çok ciddi hatalar yapılmıştır:

"Efendi, istediği sayıda cariye ile yatabilir. Cariye Efendisinden olan çocuk üzerinde velilik hakkı iddia edemez. Müslüman olmak, cariye ve gulamı esirlikten kurtarmaz. Cariye, müslüman kadın gibi "avret yerlerini örtme"ye mecbur değildir; Sultanın onları çıplak olarak havuza atıp oynaşmalarını seyretmekte dini bir sakınca yoktur."[1].

Bu cümleler kendisine ait olan Hocamızın tarih bilgisine saygı duymamıza rağmen, İslâm Hukukunun hükümleri tam tetkik edilemediğinden dolayı, o da ciddi hatalar yapabilmektedir[2]. Zira İslâm hukukunda iki üç çeşit avret kavramının bulunduğunu, cariyelerin efendileri yanında sadece el, kol ve başlarını açarak dolaşabileceklerini, bunun da iş zaruretinden meydana geldiğini; çırılçıplak havuza girip oynamalarının asla câiz görülmediğini; çünkü bir cariyenin bu manada diğer cariyelere bakamadığını daha ayrıntılarıyla kitabımızda izah edeceğiz. Mesele, avret kavramının erkek, hür kadın, mahrem kadın ve cariye açısından ayrı manalar ifade ettiğinin anlaşılamamasından ve bunlara dair şer'î hükümlerin sözkonusu edilmemesinden ve bilinmemesinden ileri gelmektedir. Kişi de, bilmediğinin düşmanıdır[3]. Buna son örnek de, hem de bir ilahiyat hocası olan Prof. Dr. Neş'et Çağatay'ın, **"İslâm'da Ve Osmanlı'da Kölelik ve Câriyelik"** adıyla neşrettiği röportajıdır. Bu yazıda dile getirilen görüşlerin önemli bir kısmının, İslâm Hukuku ile ilgisi yoktur[4].

2- Eş Statüsündeki Cariyeler Veya İstifrâş Hakkı Bulunan Câriyeler

Bu konuyu daha evvel genel olarak İslâm Hukuku açısından izah etmiştik. Ancak meseleyi tekrar özetlemekte yarar vardır. İslâm Hukukunun cariye

---

1 İnalcık, Halil, Harem Bir Okuldu, Tempo 10-16 1994 Kasım Sy. 175, sh. 34

2 Prof. Dr. Halil İnalcık, Osmanlı Tarihini en doğru tarzda Dünya efkar-ı umumiyesine aktarmayı başarmış bir hocamızdır. Ancak kendisinin de yerinde ifadesiyle, İslam Hukukunu bilmeyen bir ilim adamının, Osmanlı müesseseleri hakkında tatmin edici izahlar getirmesi ve özellikle de, Harem gibi bir konuda doğra yorumlar yapması çok zordur. Bizim ilk baskılardaki ifadelerden kasdettiğimiz mana budur; yoksa eserlerinden çokça istifade ettiğimiz hocamıza olan hürmetimize, mezkûr ifadelerimiz mani değildir.

3 Bkz. Damad, Mecma'ul-Enhür, I, sh. 80-81; II, sh. 538-539

4 Çağatay, Neş'et, İslâm'da Ve Osmanlı'da Kölelik ve Câriyelik, Bilim ve Ütopya, Ocak 1996, sh. 1, 6-7.

kabul ettiği kadın kölelerin ikinci statüsü, eş statüsündeki veya istifrâş hakkı bulunan câriyeliktir. Bu tesbitten de anlaşılacağı üzere, köle veya hür başka erkekler ile evli olmayan câriyeler, iki şekilde efendileriyle karı-koca hayatı yaşayabilirler:

Birincisi; Padişahın eli altındaki câriyesi ile nikâh akdi yaparak evlenmesidir. Bu da iki şekilde olur;

A) Efendi evlenmeden önce cariyesini âzâd eder yani hürriyetine kavuşturur ve bu durumda hür bir kadınla evlenmiş olur. Böyle bir evlilik halinde, daha evvel hür bir kadınla evli olması, dört sınırını aşmamış olmak şartıyla, cariyesini âzâd ederek evlenmesine mâni teşkil etmez. Bu durumda, âzâd ederek evlendiği câriye ile hür olarak evlendiği diğer hanımları arasında hiçbir hüküm ve statü farkı mevcut değildir. Osmanlı Padişahları, bir kısım kadınefendilerini, bu şekilde âzâd ettikten sonra, nikâhları altına almışlardır. Ancak Osmanlı Padişahları, bu yolu çok az tercih etmişlerdir.

Hatta misal olarak sadece Sultân İbrahim'in Telli Haseki diye meşhur olan Kadın Efendisi Hüma Şah'ı buna misâl verebiliriz. Sultân İbrahim'in Hümaşah ile hem de debdebeli bir düğün merasimi icra ederek evlendiği ve bu konudaki geleneği bozmak istediği doğrudur. Ancak âzâd ettikten sonra mı nikâhını yaptırdığı yoksa cariye kalmakla beraber mi nikâhı altına aldırdığı belli değildir[1]. Kuvvetle muhtemel olan âzâd ettikten sonra evlendiği görüşüdür.

B) Câriyesi cariye statüsünde kalmakla beraber, Padişah nikâh akdiyle onunla evlenir. Bu durumda yukarıdaki hüküm gündeme gelecektir. Yani efendi daha evvel hür bir kadınla evli ise, bazı hukukçular cariye ile olan nikâh akdinin, Nisâ Sûresindeki âyetin hükmü gereği mekrûh olacağını ve bir kısım hukukçular ise bu akdin sahih olmayacağını ifade etmişlerdir. Eğer efendi hür bir kadınla evli değilse, o zaman ehl-i kitap veya müslüman olmaları şartıyla cariyesiyle nikâh akdiyle evlenebilecektir. Her iki halde de evlilik sahihdir ve hukukî sonuçlarını doğurur. Her ikisinde de doğan çocukları hür olarak doğar[2].

Osmanlı Padişahlarının bir kısmı, cariye statüsünde kalmakla birlikte, bazı cariyeleri ile nikâh akdi yaptırmışlardır. Özellikle Kadınefendilerin çoğunluğunun nikâhlı oldukları da bazı tarihçiler tarafından ifade edilmektedir. Mesela Kanunî Sultân Süleyman'ın meşhur ve kudretli Kadın Efendisi,

---

1 BOA, İbnül-Emin Tasnifi, Saray, No: 939; Ahmed Refik, Kadınlar Saltanatı, c. III, sh. 16-17, 37-39, 131 vd; Uluçay, Padişahların Kadınları Ve Kızları, sh. 61-62.

2 Akgündüz, Osmanlı Kanunnâmeleri, c. II, sh. 311 vd.; Damad, Mecma'ul-Enhür, I, sh. 364 vd.; 328 vd.

Hurrem Sultân, nikâh ile Kadın Efendi olmuştur. Cariye statüsünün devam ettiği ise, aralarında meydana gelen mektuplardan anlaşılmaktadır. Zira evlendikten ve çocuk sahibi olduktan sonra dahi, mektubunu **Câriyeniz** diye bağlamaktadır[1].

Nikâh ile alınması halinde, yine nikâhlı kadın sayısının son sınırı, dörttür. Nikâhlı olması halinde dörtten fazla kadınla, aynı anda hayatını devam ettiremez. Dört kadınla olan sınırlamada, nikâh edilen kadınların hür veya cariye olması farketmez. Ancak ölüm ve boşama gibi sebeplerle, bunlardan biri ayrılırsa, o zaman yerine başka bir cariyeyi nikâhlayabilir[2].

İkincisi; İslâm hukukuna göre, efendi, ister köle ister hür, başka bir erkek ile evli olmayan bir câriyesi ile herhangi bir nikâh akdi olmadan karı-koca hayatı yaşayabilir. Efendi için sâbit olan bu hakka istifrâş hakkı denmektedir. Asıl cariye hukuku burada sözkonusudur. Ancak önemle belirtelim ki, bu istifrâş hakkı da, Kur'an'ın ifadesiyle zinâya yol açmaması ve gizli metres hayatına dönüşmemesi için önemli kaidelere bağlanmıştır. Hatta öylesine kâideler konulmuştur ki, hür ve evli bir kadın ile istifrâş hakkına dayanılarak karı-koca hayatı yaşanan cariye arasındaki tek fark, cariyenin efendisinin mirasından istifâde edememesidir. Miras münâsebetinin dışında bazı farklar da vardır. Mesela istifrâş hakkı ile bir câriye ile karı-koca hayatı yaşama poligami=birden fazla kadınla evlilik sınırına tâbi olmama, iddet ve boşamada bekleme sürelerinin yarıya indirilmesi ve daha önce de ifade ettiğimiz gibi cariyenin örtünme konusunda hür kadınlar gibi olmaması gibi farklar, aile içerisindeki statüyü fazla etkilemeyen hallerdir[3]. Önemle ifade edelim ki, efendi cariye ile nikâh akdi yaptığı takdirde birden fazla evlenmenin sınırına riâyet edecektir. Ancak istifrâş hakkı ile karı-koca hayatı yaşaması halinde, böyle bir sınır mevzubahis değildir. Efendi'nin istifrâş hakkına dayanarak cariyesi ile karı-koca hayatı yaşamasına teserrî de denmektedir[4].

Osmanlı Padişahlarının ikbal, gözde, peyk ve has odalık tabir edilen cariyelerle olan münâsebetleri bu şıkka girmektedir. Kadın Efendilerin ise, çoğunluğu ile nikâh akdi yapılmıştır. Yapılmayan kadın efendiler de vardır.

Bu girişten sonra şimdi de Harem Halkı denen ve Harem'de yaşayan insanları tanıyalım.

---

1 Ahmed Refik, Kadınlar Saltanatı, c. I, 50 vd.; Uluçay, Padişahların Kadınları Ve Kızları, sh. 34-35.

2 Damad, Mecma'ul-Enhür, I, sh. 329.

3 Akgündüz, Osmanlı Kanunnâmeleri, c. II, sh. 311 vd.; Damad, Mecma'ul-Enhür, I, sh. 329 vd.

4 Damad, Mecma'ul-Enhür, I, sh. 329 vd.

II- HAREM TEŞKİLATI'NIN ERKEK PERSONELİ

1- Genel Olarak Hadım Ağaları

Daha önce de izah edildiği gibi, Harem'in **Asıl Harem Kapısı**'na kadar olan kısmına **Hareme Medhal (Antre)** denir ki, burada Dârüs-Sa'âde Ağası ve Harem Ağalarının emri altındaki erkek hadım köleler (tavâşîler) istihdam olunmaktadır. Bu bölümde çalışan bir tek kadın köle yani cariye bulunmadığı gibi, izin almadan bu bölümde çalışan tavaşilerden kimsenin asıl hareme girmeleri de mümkün değildir.

Bu konuyu Batılı bir yazar şöyle tasvir etmektedir: "Doktorlardan başka hiç bir erkek hareme ayak basamaz. Onlar bile Padişahın özel izni ile ve harem ağalarının eşliğinde girerler. Hasta kadın ve çevresindekiler, uzun şallara bürünürler. Doktor nabzına bakmak isterse, hastanın bileği bir tülle örtülür; dilini veya gözlerini görmek istiyorsa, yüzün kalan kısımları tamamıyle örtük olmak şartıyla gösterebilir. Kızlarağası bile haremdeki kadınlardan birine dikkatlice bakamaz."[1].

Osmanlı Devletinde harem teşkilâtının Fâtih Sultân Mehmed'in İstanbul'u fethinden sonra başladığı, araştırmacılar tarafından kabul edilmektedir. Enderûn teşkilâtına benzeyen Harem'de XV. yüzyıldan itibaren devşirme usûlüne benzer bir usul uygulandığını görmekteyiz. Nasıl devşirilen erkek çocuklar, devletin en yüksek memurluklarına kadar çıkabilmişler ise, hareme çeşitli yollardan alınan hizmetçi erkek köle ve cariyelerin de kendi aralarında belirlenen belli makamlara yükseldiklerini görüyoruz. Bu arada Harem'in Bizans'dan veya başka yerlerden alındığını iddia eden ve meseleyi farklı şekillerde yorumlayan yabancı yazarların da bulunduğunu ifade etmek gerekir[2].

Haremin ve harem halkının başı durumunda olan Bab'üs-Sa'âde Ağası, Kızlar Ağası veya Kapı Ağası diye de bilinen Ağanın reisliği altında Harem'e ait işleri yürüten teşkilatı daha yakından tanımadan evvel, bunların yani Ha-

---

1 d'Ohson, Ignatius Mouradja, Tableau General de l'Empire Othoman, Paris 1790, c. III, Harem-i Hümâyûn (Türkçeye Çeviren: Ayda Düz, İstanbul 1972, Hayat Tarih Mecmuası İlâvesi), sh. 10

2 Penzer, N. M., The Harem, London 1936, sh. 177 vd.; Ziya Ergnis, Osmanlı Haremi Ne Zaman Kuruldu? Tarih Dünyası I, İstanbul 1950; Uluçay, M. Çağatay, XVIII. Asırda Harem, Tarih Dergisi, XVII, İstanbul 1963, sh. 269 vd.

rem'de çalışan erkek personelin müşterek özelliği olan hadımlık müessesesi üzerinde kısaca durmak istiyoruz.

2- Harem'de Çalışan Erkek Personelin Ortak Özelliği: Hadımlık

Bilindiği gibi, **hadımlık** veya bir diğer ifadeyle **tavaşilik**, doğuştan veya sonradan yapılmış bir ameliye yüzünden erkeklik özelliğinin kaybedilmesi manasını ifade etmektedir. Hadım etme ameliyesinin nasıl yapıldığına dair ayrıntılı bilgilere sahip değiliz. Bir insanı, cinsî hayatından mahrum etmek demek olan hadımlık, İslâm hukukunda câiz görülmemiştir. Hadımlığa **hisâ** veya **ihtisâ** denilmektedir. Hatta bütün Osmanlı Şeyhülislamları hadımlığın câiz ve meşru bir fiil olamayacağına dair kesin fetvâlar vermişlerdir. İslâm Hukukunda erkeğin cinsel organının kesilerek hadım edilmesi tamamen yasaklandığı gibi, hayaları kesilerek veya tesirsiz hale getirilerek hadım edilme de yasaklanmıştır. Bu ikinciye ihtisâ denmektedir. Konuyla ilgili bir hadis-i şerifi buraya almak istiyoruz:

Ebû Hüreyre (RA), Hz. Peygamber'e çıkarak, "Yâ Resûlellah! Yaşım çok genç, zinaya düşmekten korkuyorum. Evlenmek için gerekli maddi imkana da sâhip değilim. Müsâade ederseniz, husye bezlerimi aldırayım." Dört defa sorması karşısında sükûtla cevap veren Allah'ın Peygamberi, sonuncuda biraz da kızgınlıkla "Ey Ebu Hüreyre! Senin kavuşacağın mukadderâtı yazan kalemin mürekkebi kurumuştur. Durum böyle olunca ister hadımlaş ve ister hadımlaşma, müsâvidir". Burada Ebu Hüreyre sadece muhayyer bırakılmamaktadır; belki azarlanmakta ve Allah'ın kaderini değiştirmeye yeltenmekle suçlanmaktadır[1].

İnsanları hadım etmenin İslâmiyette caiz olmamasının asıl delili ise, Kur'an'daki şu âyettir ve bütün Osmanlı Şeyhülislâmları hadımlığı yasaklayan fetvâlarını bu âyete dayanarak vermişlerdir: " (Şeytan devamla şöyle der): Onlara emirler vereceğim, ta ki, Allah'ın yarattığını değiştirmeye kalkışacaklar. Kim Allah'ı bırakıp da şeytanı dost edinirse, açık ve büyük bir hüsrana maruz kalır"[2].

Bu âyet-i kerîmeyi değerlendiren İslâm Hukukçuları, hadımlık konusunda şu görüşü açıklamışlardır: İnsanın hadım edilmesi, haramdır; ancak bir

---

1 İbrahim Canan, Kütüb-ü Sitte, İstanbul 1995, II, sh. 210-211; Bu hadis, Buhari tarafından naklolunmuştur.

2 Kur'an, Nisâ, Âyet, 119

menfaat ve maslahat için olursa insanlar dışındaki canlıların mesela atın ve öküzün hadım edilmeleri câiz olur[1]. Hatta İslâm Hukukçuları ve Osmanlı Şeyhülislâmları, hadım fiilini teşvik edeceğinden dolayı, başkaları tarafından hadım edilmiş insanların istihdâmının dahi mekrûh olduğunu ifade etmişlerdir. Mekrûh ile haram arasındaki fark malumdur[2].

Bu konuda Osmanlı Şeyhülislâmı Dürrî-zâde Es-Seyyid Mehmed Ârif Efendi'nin verdiği şu fetvâ yeterlidiri zannederim:

"Habeş ve zenci tâifesinden Mısır ve havâlisinden celb olunan ricâl ve sıbyânın ba'zılarının 'âlet-i tenâsüllerini kat' edüb mecbûb (erkeklik organı kesik) yahud hasy (hayaları hadım eylemek) etmek şer'an câiz olur mu?

El-Cevâb: Harâmdır.

و لامرنهم فليغيرن خلق الله و من يتخذ
الشيطان وليا من دون الله فقد خسر خسرانا مبينا

nass-ı celîlinin mazmûnunda E'imme-i tefsir hisâ münderic olduğunu tasrih etmişlerdir. Şerh-i Kenz'de nakl edüb ol fi'lin hürmetini Fetâvây-ı Feyziye'de ve gayrıda tasrîh etmişlerdir . Ol makûle umur-i şenî'a (bu türlü çirkin işlere) tasaddi edenler, Şeytân-ı Aleyhillâ'ne'nin emrine ittiba' edüb Şeytanı veli ittihaz etmeleriyle âyetin va'îdinde dâhiller olub ism-i azîm ile âsimler olurlar."

"Bu sûretde bu makûle ricâl ve sıbyânın bazılarının ol tarikle katillerine ve bazılarının inkıtâ'-ı nesillerine (ölümlerine veya nesillerinin kesilmesine) bâ'is olan fi'l-i muharremi i'tibâr edenlere şer'an ne lâzım gelür?

El-Cevâb: Ta'zîr-i şedîd ve habs-i medîd ile zecr olunub ol emr-i münkerin def'inde hükkâm (hâkimler) müsamaha ve iğmâz-ı ayn ederler ise âsimler olub azle müstahak olurlar."[3]

İslam hukukunun caiz görmemesine rağmen, başka eller tarafından hadım haline getirilen veya doğuştan hadım olan insanlarda, aynı zamanda bir takım ruhî bozuklukular ortaya çıkmaktadır. Bu sebeple hadım erkekler, huysuz, çocuksu ve sinirli olmanın yanında basit, saf, zararsız, iki yüzlü insanlardır.

---

1 Haskefî, Dürr'ül-Münteka Şerh'ül-Mülteka, II, 553 (Damad Şerhi kenarında); Damad, Mecma'ül-Enhür, II, sh. 553;

2 Haskefî, Dürr'ül-Münteka Şerh'ül-Mülteka, II, 553 (Damad Şerhi kenarında); Damad, Mecma'ül-Enhür, II, sh. 553;

3 Dürrî-zâde Es-Seyyid Mehmed Ârif Efendi, Netîcet'ül-Fetâvâ, Dersa'âdet 1226, sh. 580-581

Bütün bu şer'î hükümlere rağmen, Osmanlı Devlet adamları, Padişahlardan paşalara kadar, kendileri, insanları aslâ hadım etmemişlerdir. Ancak, hadım olarak Afrika'dan getirilen köleleri, evlerinde ve bu arada Harem'de istihdâm etmek üzere satın almışlar ve hizmetçi olarak kullanmışlardır. Bu fiilin haram değil, sadece mekrûh olduğunu daha evvel açıklamıştık.

Bu arada Harem'e hadım hizmetçi alırken de İlm-i Simâ veya ilm-i kıyâfet denilen ve insanların fizikî özelliklerinden onların ruh hâletlerini ortaya çıkarmaya yarayan bazı özellikler arandığını, Saraya alınan hadımların çok eskiden beri bu ilmi bilen insanların elemelerinden geçtiğini, Kâbusnâme'deki şu tavsiyelerdan anlıyoruz:

"Geldik imdi hadım olarak istihdâm etmek için alacağın kulun nişanlarına... Gayet kara ve ekşi yüzlü ve yüzü buruş buruş olsun. Gövdesi zayıf, derisi kuru, saçı yufkacık, dişleri seyrek, sesi incecik ve baldırı ince olsun. Dudağı kalın, burnu yassı, parmakları kısacık, boyu büğrü ve boynu ince olsun. Bu dediğimi gibi olunca sarayda hadım olmaya yarar. Amma sarayda ak hadım olması gerekmez. Hele ki benzi kızıl olursa. Sonra gayet sakın sarışın hadımdan, çok çekin bu cinsten. Hele saçı yoluk, gözü sulanır, çapaklı ve yaşarır olursa. Derler ki, kendi sever avreti ya da başkasına sevdirmek için pezevenklik eder. Hâsılı bunun gibiden hayır gelmezmiş."[1]

Hayaları veya erkeklik uzuvları kesilen hadımların, tamamında olmasa bile bir kısmında, sonradan erkeklik uzvunun yeniden geliştiği ve hatta cinsi hayata hazır hale geldiği de araştırmaların ve tarihî olayların ortaya koyduğu bir gerçektir. Osmanlı devlet adamlarının bizzat hadım işini yapmadıklarını biraz sonra ayrıntılarıyla anlatacağız. Ancak bu konuda gerçek olan bir husus da Osmanlı Harem'ine hizmetçi olarak alınan hadımların erkeklik hayatının yeniden başlaması ve ortaya çıkması halinde, muhtemel fitnelerin hemen bertaraf edilmesi için şu tedbirlerin alınmış olmasıdır:

A) İslâmın hükümlerine uyularak, hadım olan hizmetçiler, Harem'in antresinin dışında serbest dolaştırılmamışlar ve asıl harem'e ancak izinle ve ailenin nezareti altında alınmışlardır. Nitekim asıl haremin kapısının başında yazılı olan konuyla ilgili Kur'an âyetini daha evvel zikretmiştik. Bu konuyu teyid eden ve harem ağalarının hareme girmelerini yasaklayan bir yasak da IV. Mehmed'in tahta geçtiği yıllara rastlayan Kösem Sultân'a aittir. Şöyle ki:

"Ba'del-yevm kendü halinize olasız. Gerek harem umuruna ve gerek taşra umuruna karışmayasız. Cümleniz âzâdsız kölesiz. Ancak harem kapısı

---

[1] Keykavus, Kâbûs-nâme (Tercüme, Mercimek Ahmed, Sadeleştirme, Atilla Özkırımlı, c. I, İstanbul, 1001 Temel Eser, sh. 222.

önünde oturmaktan gayrı işiniz yoktur. Size tayin olunan harem kapısı önünde olan odalardır. Eğer harem kapısından içeri bir adım duhûlünüz tezkire irsâl eylediğiniz mesmû'um olur ise, bilâ emân velâ te'hir katl olunursunuz. Eğer umûr-ı mühimme olub tarafımıza bildirmek iktizâ eder ise, bir tezkire ile Kethüdâ Kadına ifade edesiz. Ol dahi bize ifade eder."[1]

B) Batı ve Çin saraylarında meydana gelen ahlaksızlıklar hesaba katılarak, Osmanlı haremine alınan hadımların erkeklik organlarının tamamıyle kesilmiş olduğuna dikkat edilmiştir. Ayrıca alınan hadımların çirkin olmaları da dikkat edilen hususlar arasındadır.

C) istisnâi olarak hareme alınan hadımlarda sonradan erkeklik organının oluşması halinde, bunların belli bir maaş bağlanarak hemen haremden çıkarıldıkları görülmektedir. II. Mahmud döneminde yaşanan bir olayı kısaca nakledelim. II. Mahmud'a şöyle bir takrir gönderilmiştir: "Bab'üs-Sa'adet'ül-Aliyye neferâtından Gebzeli İbrahim Ağa ve Geyveli Ali Ağa ve Rumelili Abdullah Ağa kullarına recüliyyet ârız olmaktan nâşi...". Bu takrire II. Mahmud'un cevabı ise şöyle olmuştur: "Manzûrum olmuştur. Üç neferin beherine mahiye ellişer kuruş verilip mahalline masraf kayd oluna."[2].

Burada önemle ifade edelim ki, bütün bu tedbirlerin yanında, elbetteki hem cariyelerden ve hem de hadım ağalarından tedbirlere rağmen bir kısım fitnelere sebep olanların çıkabileceğini, bu fitneleri şeytanın devamlı teşvik edeceğini ve hatta bazı çirkin olayların da olduğunu inkâr edemeyiz. Zira insan unsurunun bulunduğu ve hele de erkek ile kadının beraber olabileceği mekânlarda bu tür fitnelerin tamamen olmadığını iddia etmek de mümkün değildir. Ayrıca başta Dâr'üs-Sa'âde Ağası olmak üzere, Osmanlı tarihi içinde

---

[1] Derviş Abdullah, Risâle-i Teberdâriyye F Ahvâl-i Ağay-ı Dârüs-Sa'âde, Köprülü Kütp. No: 233, Vrk. 59

[2] Uluçay, Harem II, sh. 128-131; Lebib Muammer, Harem ve İç Yüzü, Tarih Dünyası, İstanbul 1950, sh. 67; Önemle ifade edelim ki, hem bu yazar ve hem de bu konuyla ilgili bazı kalem oynatanlar, hadım erkeklerin Çin ve Avrupa saraylarında işledikleri rezaletleri zikrederek ve bu olanları Osmanlı Haremine de tatbik ederek, kendilerine göre harem'in islâmî yüzünü kirletmek istemişlerdir. Bkz. Osman Nuri, Abdülhamid-i Sânî ve Devr-i Saltanatı, İstanbul 1326'da zikredilen olaylar ise, kitabımızın başında aynı kitabdan Sultân Abdülhamid ile alakalı yaptığımız iktibaslardan anlaşılacağı üzere çoğunluğu iftira olan yalan yanlış tasvirlerdir.

Halbuki Lebib Mu'ammer, aynı makalesinin sonuna doğru şu tesbitleri yapmadan geçememiştir: "Köprülü Kütüphânesinde bulunan yazma bir eser (bir sonraki dipnotta zikr edeceğimiz eseri kasdetmektedir), zenci hadım ağalarına hücum ederek bunlardan çoğunun hakikatte hadım olmadıklarını ve Harem'de bir çok rezâletlere sebep olduklarını kaleme almaktadır. Bu eserin çok tarafgirâne yazılmış olduğuna şüphe yoktur.", sh. 69.

bazı ağalarda hadım olma şartı aranmamış ve cariyelerle evlenmelerine ve odalık cariyelere sahip olmalarına müsaade edilmiştir. Mesela Baş Musâhib Rasim Ağa'nın odalıkları, Bâb'üs-Sa'âde Ağası Hayrullah Ağa'nın da nikâhlı haremi vardır[1].

Osmanlı haremine alınan hadım erkek hizmetçiler (tavaşiler) iki gruba ayrılmaktaydı:

Birincisi; Ak Hadımlardır. İslâm hukukunda erkeklerin hadım edilmesi yasaklandığından dolayı, Osmanlı devletinin genişleme yıllarında, İstanbul'a çok sayıda Macarlar'dan, Almanlar'dan ve Slavlar'dan esir getiriliyordu. İlk ak hadımlar bunlar arasından temin ediliyordu. Daha sonraları Gürcü, Ermeni ve Çerkezler'den hadım olanlar satın alınarak temin edilmeye başlandı. Osmanlı hareminde istihdam edilen bu ak hadımlara **ak ağalar** adı verilmekteydi. III. Murad'ın 1582 tarihinde Bab'üs-Sa'âde Ağalığını yani kızlar ağalığını zenci kızlar ağası Habeşi Mehmed Ağa'ya tesilm edişine kadar, kızlar ağası ak ağalardan seçilirdi. Akağaların en önemli görevi, Padişahın mâbeyn dâireleri ile harem dairesini korumak ve gerekli hizmetleri görmekti. Dış göreve atandıklarında vezâret payesi verilir ve genellikle Mısır Valiliğine gönderilirlerdi[2].

İkincisi; Siyah Hadımlardır. Hem fitneye daha çok yol açma ihtimali, hem teminindeki güçlük ve hem de hadım edilmelerinin zorluğu ve dayanıksız olmaları sebebiyle, özellikle III. Murad zamanında Osmanlı Hareminde ak hadımların yerini zenci olan siyah hadımlar alınmaya başlandı. Bunun üzerine esir tüccarları, Mısır, Habeşistan ve Orta Afrika'ya kadar giderler, türlü yollarla elde ettikleri zenci çocuklarını hadım ettirdikden sonra başta Mısır ve İstanbul olmak üzere Akdeniz limanlarında satarlardı.

Bu yollarla Harem'e alınan zenci hadımlardan bir ocak kuruldu ve adına da ağalar ocağı dendi. Ağalar ocağına alınan zenci çocukları, kendilerinden daha büyük hadım ağalarınca yetiştirilirdi. Bunlara Türkçe öğretilir ve güzel isimler takılırdı. Sarayın ve haremin âdâbı hem nazarî ve tatbiki olarak öğretilirdi. Enderun okulunda olduğu gibi, harem de bir okuldu. Belli bir yaşa kadar eğitilen ve eğitimlerini tamamlayan hadımlar, daha sonra Harem'deki hizmetlere tevzi edilirlerdi[3].

---

1 Bkz. Derviş Abdullah, Risâle-i teberdâriyye Fî Ahvâl-i Ağay-ı Dârüs-Sa'âde, Köprülü Kütüphânesi, Kısım II, No: 233, Vrk. 91; Leyla Saz, Saray ve Harem Hatıraları, Yeni Tarih Dergisi, II, İstanbul 1958, sh. 430 vd.; Ünüvar, Saray Hâtıralarım, sh.78; Penzer, The Harem, 140-149

2 Uzunçarşılı, Saray Teşkilâtı, sh. 172 vd.; Uluçay, Harem II, sh. 127 vd.; Penzer, The Harem, 118; Sertoğlu, Osmanlı Tarih Lügati, sh. 10-11

3 Uluçay, Harem II, sh. 118,119; Penzer, The Harem, 139 vd.

Harem'in Medhalinde görev yapan hadımağaları veya bir diğer adla harem ağalarının sayıları, Fâtih zamanında 20'yi, 1517 tarihinde 40'ı, 1537 tarihnde 20'yi ve nihâyet 100'ü geçmemesine rağmen, batılı kaynaklar, bu sayıyı 500, 600 ve hatta 800 olarak ifade etmişler ve karalamak istemişlerdir[1]. Bu hususta Batıl yazar ve seyyâhların verdikleri rakamlar ise, tamamen hayale ve özellikle müslüman bir devlet olan Osmanlı Devleti'ni karalamaya yöneliktir.

3- Hadım Ağalarının (Harem Ağalarının) Reisi: Kızlar Ağası= Bâb'üs-Sa'âde Ağası

Sarayda bulunan haremağalarının başı ve en büyük âmiri **Kızlar Ağası, Bâb'üs-Sa'âde Ağası veya Kapı Ağası** da denilen âmirleriydi. Resmi ünvanı Dârüs-saade ağası idi. Kızlar ağası, Osmanlı sarayı'nın ve bütün iç ve harem halkının başı idi. Derecesi sadrazam ve şeyhülislâmdan sonra gelirdi. İşlerini emrindeki harem ağalarına gördürürdü. En önemli görevleri ise, Padişahın haremini korumak, harem için gereken cariyeleri temin etmek, harem'de bulunan cariye ve hadımların terfi ve cezalandırma işlemlerini Padişah'a arzetmek, surre alaylarını düzenlemek, haremin bütün haricî ihtiyaçlarını harem ağalarına yaptırmak, kendine bağlı bulunan personelin tayinlerini yapmaktır.

1582 yılına kadar kızlar ağalığı, saray ak hadımlarının başı olan ve Bâb'üs-saade ağası da denen Kapı ağalarına mahsus idi. XVI. yüzyılın sonuna kadar devam eden ak ağaların hâkimiyetindeki kızlarağalığının altında ise şu ağalıklar vardı (rütbe sırasıyla): Has odabaşı, Hazinedârbaşı, Kilercibaşı, Saray ağası ve Saray Kethüdâsı. Bunlardan sonra ise, Köşebaşı, Baş Eski Ağa ve iki Özengi Ağası gelir.

1582 yılında III. Murad'ın kızlarağalığını Habeşi Mehmed Ağa'ya teslim etmesinden sonra, kızlarağalığı zenci haremağalarına geçmiştir. III. Murad'ın ölümünden itibaren yeniden akağalara geçmişse de 1594'ten sonra kat'î olarak yeniden zencilere intikal etmiştir.

Kapı Ağalarının yani kızlarağasının geniş yetkileri sonraları büsbütün daraltılmış ve III. Ahmed zamanında bir ara saray âmirliği silâhdarlara bile verilmiştir. Hatta III. Ahmed'in sadrâzamı olan Şehid Ali Paşa zamanında 1715 senesinde Mısır havalisindeki habeşîlerin hadım edilmemeleri hakkında Mısır

---

[1] Uluçay, Harem II, sh. 119; Miller, B., Beyond The Sublime Porte, Yale 1931, sh. 91 vd.

valisine bir hüküm gönederilmişse de kısa zaman sonra onun şehid olması üzerine bu hüküm tatbik olunmamış ve bu usul devam etmiştir.

Zenci haremağalarından Yenisaray Baş Kapı Gulamlığı derecesine erenler, sonra Eski Saray ağası ve münhal vukuunda Dârüs-saade ağası olurlardı. Sarayda, maiyyetlerinde cariye bulundurmaya yalnız onlar izinli idiler. XVII. Yüzyıldan itibaren bilhassa nüfuzları artmış ve padişahların üzerinde çok müessir olmuşlardır. Azl olundukları zaman Mısır'a gönderilirler ve orada **azadılk** ismi verilen bir maaşla yaşarlardı.

Dârüs-saade ağaları, aynı zamanda Haremeyn-i şerifeyn denilen Mekke ve Medine'ye ait vakıfların nazırı idiler. Bundan başka, hükümdar namına olarak selâtin evkafının idaresine de bakarlardı. Bütün bu işleri görmek için her çarşamba günü sarayda, Orta kapının dışındaki Has Ahır kapısı tarafında Dârüs-saade yazıcısının dairesi tarafındaki köşkte bir divan akdederlerdi. Bu divanda evkaf müfettişi, haremeyn evkafı muhasebecisi ve mukataacısı, ruznameci, başhalife, ağa yazıcısı ve saire bulunurlardı.

Bundan başka gerek sarayda ve gerekse hariçte bulunan sultanların maaşları Dârüs-saade ağalarının tertib ettiği cetvele göre dağıtılırdı. Her yıl yapılan surre alayı gene bunların nezaretinde olurdu. Sarayın enderun ve Harem kısmının en büyük ağası ve âmiri olmak dolayısiyle resmî teşrifatta sıraları sadrazam ve şeyhülislâmdan sonra gelirdi[1].

4- Diğer Harem Ağaları

Harem'in Medhalinde kendilerine ayrılan yerlerde vazife gören erkek hadım (tavaşi) kölelere, Harem-i Hümâyunda yani sarayın kadınlara mahsus kısmında hizmet, muhafaza ve nezârette bulunduklarından kendilerine harem ağası denmiştir. Kızlarağasının dışında kalanlar, hadım ağaları, ak ağalar, siyah ağalar veya harem ağaları diye anılırlar.

Harem-i Hümayuna alınan hadım ağaları ilk defa en aşağı ünvanıyla yad olurulardı. Sonra sırasıyla Acemiağa, Nöbet kalfası, Ortanca ve Hasıllı (veya Hasırlı) olurlardı. En eski hasıllı terfi ederse Yaylâbaşı gulâmı ve sonra Yeni Saray Baş Kapı Gulâmı olurdu. İçlerinden talihli olanlar Eski Saray ağalığına ve en nihayet Kızlarağalığına kadar yükselirlerdi.

---

[1] Ayşe Osmanoğlu, Babam Sultan Abdülhamid, sh. 91-93; Ünüvar, Saray Hâtıralarım, sh. 76-77; Uluçay, Harem II, 119-128; Uzunçarşılı, Saray Teşkilatı, 172 vd.

Harem Ağalarının kendi aralarındaki rütbeleri, Osmanlı Tarihinin değişik dönemlerinde ve hatta ak ağalar yahut siyah ağaların kızlarağalığını ellerine geçirdikleri dönemlere göre, az da olsa farklılık arzetmiştir.

A) XVI. yüzyılın sonlarına kadar kızlarağalığının altında sırasıyla şu ağalıklar vardı (Rütbe sırasıyla): Has Odabaşı, Hazinedâr Başı (Harem-i Hümâyûnun masraflarına bakan ağa ki, Harem'deki cariyelerin başı demek olan Hazinedar Usta ile karıştırılmaması icabeder), Kilerci Başı, Saray Ağası ve Saray Kethüdâsı. Bunlardan sonra ise, Köşebaşı, Baş Eski Ağa ve iki Özengi Ağası gelir.

B) Daha sonra ise, ak ağalar ve siyah ağaların iktidarı ele geçirmelerine göre şöyle bir sıralama ve izah mümkündür:

- **Kapı Ağası (Kızlar Ağası):** Harem Ağalarının reisi.

- **Saray Ağası:** Ak hadım ağasıdır. Kızlar ağasının birinci yardımcısıydı. Hazinedâr başı ak hadımlardan ise, kızlarağasından sonra o gelir; yoksa bu gelirdi. Sarayın temiz tutulması ve tamirinden sorumluydu. Kilerci başı da hadımlardan olması halinde bunun önüne geçerdi. Ancak hadımlardan değilse, saray ağası tekaddüm ederdi. Hazinedar başı ve kilercibaşının hadımlardan olması nadirdi.

- **Saray Kethüdâsı:** Ak hadımların saray ağasından sonra gelen âmirleri idi ve Kapı Oğlanı Kethüdâsı diye de adlandırılırdı. Kapıyı bekleyen ak hadımların idare ve inzibatından doğrudan sorumluydu.

Zenci hadım ağalarında kızlar Ağasından sonra gelen bu iki mertebe yoktu.

- **Baş Kapı Gulamı:** Bunlar, zenci hadımağalarında kızlarağasından sonra gelen makam sahipleriydiler.

- **İkinci Baş Kapı Gulamı:** Biraz öncekinin yardımcısıydı.

- **Ortanca:** Yani Binbaşı rütbesindeki ağa demekti. Besim Ağa bunlardandı.

- **Nâbit Kalfa:** Umum nefer oğlanlarının zabiti ve sorumlusu olan bir ağa idi.

Maamafih, Valide Sultan ağaları ile şehzadelerin muhafızı olan ağalar ve saray kadınlarının namaz kıldıkları mescidin imamı ve müezzini olan ağalar da itibarlı ağalardandı. Dikkat edilirse, Harem'in irtibatlı bulunduğu Cami ve Mescidlerin imam ve müezzinleri dahi harem ağalarından seçilirdi. Harem-i Hümayun masraflarına bakan Hazinedar Ağa, Oda lalası, Vâlide Sultân Ağa, Hazine kethüdası ve vekili de ağaların ileri gelenlerindendir.

Harem ağaları arasında yer alan önemli bir grup da musahiblerdir. Baş, ikinci ve üçüncü musâhibler adıyla bizzat Padişahlar tarafından tayin edilen bu insanlar, Padişahların odaları önünde nöbet tutarlar ve Sultanın emirlerini harem halkına ve divan azalarına duyururlardı. Sultân Hamid'in 12, Sultan Reşad'ın 6 ve Sultân Vahidüddin'in de 4 musâhibi bulunduğu nakledilmektedir [1].

5- Kızlar Ağalarının Devlet İdaresine Müdâheleleri

Kızlar Ağalarının genellikle Saray Ağalığı veya Hazinedar Başılıkdan bu makama geldikleri bilinmektedir. Ancak bu kesin bir kaide değildir. Server Ağa ve Behram Ağa, saray ağalığından; Yusuf Ağa ve Ali Ağa da Hazinedar'lıktan; Osman Ağa ve Süleyman Ağa da Vâlide Sultân Ağalığından bu makama gelenler arasındadır. Kızlar ağalarından bazıları uzun süre bu görevde kalabilmişlerdir: Mesela, Hacı Beşir Ağa 30, Habeş Mehmed Ağa 17, İdris Ağa 16, Yusuf Ağa 16 ve Hacı Mustafa Ağa 15 yıl bu vazifeyi sürdürmüşlerdir. Kızlar ağaları azledildiklerinde İstanbul'dan ayrılırlar; Mısır'a gidip orada otururlardı. Limni'ye ve Kıbrıs'a gönderilenler de vardır.

Zenci hadım ağaları, 1582 yılından itibaren ağalığı ele geçirince devlet idaresinde de müessir olmaya başladılar. Mesela I. Ahmed, I. Mustafa ve II. Osman zamanında kızlar ağalığı yapan Hacı Mustafa Ağa, ulemâ ve devlet ricali arasında büyük şöhrete sahipti. Kızlar Ağalarının en meşhurları arasında yer alan Hacı Beşir Ağa (Süleymaniye Kütüphânesinde bulunan kıymetli Kitap Koleksiyonu ile meşhurdur) ve Beşir Ağa, Sadrazamlığa kendi adamlarını getirecek kadar Saray'da müessir olmuşlardır. I. Mahmud'a yakın olan Hacı Beşir Ağa, devlet hayatında da müessir olmuştu. Bundan sonra göreve getirilen Beşir Ağa ise, bu yakınlıktan istifade ederek bazı zulümlerin yapılmasına sebep olmuştur. 1752 tarihinde öldürülmesinden sonra Kızlar Ağalarının saltanatı sona ermiştir denilebilir[2].

---

1 Ahmed bin İbrahim, Hâmilet'ül-Kübrâ, Topkapı Kütüphanesi, E. H. No: 1403, Vrk. 3/b-18/b (Bu kitap kızlarğası ile alakalı Osmanlı Döneminde yazılmış en önemli eserlerdendir ve I. Mahmud'un Harem Ağası Beşir Ağa'nın emriyle 1163 tarihinde kaleme alınmıştır); Uzunçarşılı, Saray Teşkilâtı, sh. 172 vd.; Ünüvar, Saray Hatıralarım, sh. 76-77; Uluçay, Harem II, 119-120; Ayşe Osmanoğlu, Babam Sultan Abdülhamid, sh. 93-94.

2 Ahmed bin İbrahim, Hâmilet'ül-Kübrâ, Topkapı Kütüphanesi, E. H. No: 1403, Vrk. 14/b-22/b; Uzunçarşılı, Saray Teşkilâtı, sh. 174 vd.; Ünüvar, Saray hatıralarım, sh. 76-77; Uluçay, Harem II, 120-126.

II. Meşrutiyetin ilan edilmesinden sonra Kızlar ağalarının tesirleri iyice azaldı. Eskiden vezir payesinde idiler; kendilerine "Devletlü inâyetlü" diye hitab edilirdi. Sultân Reşad'ın iradesiyle devletlü kaldırıldı ve sadece inâyetlü kaldı. Sultân Mehmed Reşad'ın konuyla ilgili bir fermanı ise, kızlarağasının son vazifelerini yeterince aydınlatmaktadır:

"**1**- Harem'de yaşayan kadınların kıyafetlerine dikkat edecekler; ahlaka aykırı giyinenlere engel olacaklar.

2- Saraylı kadınlar, dışarıya giderken yanlarında bir harem ağası bulunacak ve kötü yerlere gitmekten onları alı koyacak.

3- Akşamları saat yarımdan sonra harem ağaları haremde kalamayacak.

4- Bohçacı, işçi ve benzerlerinin hareme alınmasına engel olacaklar.

5- Hareme gelen ziyaretçiler kızlarağasından izin alacaklar, yoksa hareme sokulmayacaklar."[1].

III- HAREM'DEKİ KADIN PERSONEL VE TEŞKİLÂTI: CÂRİYELER, KALFALAR VE USTALAR (GEDİKLİ CARİYELER)

1- Genel Olarak Saray'daki Câriyeler

Osmanlı Padişahları, Harem dâirelerinde istihdâm ettikleri veya karı-koca hayatı yaşadıkları cariyelere şer'-i şerifin hükümlerini aynen tatbik etmişlerdir. Osmanlı Hareminde Orhan Bey zamanından beri cariyelerin bulunduğu ve istihdâm edildiği ifade edilmektedir. Ancak harem'deki cariyelerin sayıca artması, Fatih döneminden itibaren başlar. Zira Fâtih devrinde devlet idaresi devşirmelerin eline geçtiği gibi, harem'de de böyle olmuştur. Nasıl devşirilen erkekler, Enderun Mektebinde terbiye edilerek Osmanlı Devleti'nin askerî ve idârî üst makamlarına yükselme imkânlarını elde etmişlerse, Harem Mektebine alınan cariyeler de zekâlarına, ahlaklarına ve güzelliklerine göre, evvela haremin hizmetçi statüsündeki grubu olan cariye, kalfa ve ustalar makamlarına ve sonra da Padişahlar tarafından seçilmeleri halinde Padişah ile karı koca hayatı yaşayan gözde, ikbal ve Kadın Efendi ve neticede vâlide sultân pâyelerine kadar yükselme imkânlarına kavuşabilmektedirler[2].

---

1 Abdurrahman Şeref, Topkapı Saray-ı Hümâyûnu, Tarih-i Osmânî Encümeni Mecmuası, Cüz, 8, sh. 465-475.;

2 Uluçay, Harem II, sh. 10-11

O halde harem mektebinde yetişen cariyeleri iki gruba ayırmak icabedecektir:

Birinci Grup, asıl haremin ve Padişah ile ailesinin hizmetlerini gören cariyeler grubudur ki, haremde sayıları bazan 400'e ve 500'e ulaşan cariyelerin %90'ını bunlar teşkil etmektedir. Bunların haremin ve Padişah ailesinin hizmetlerini ifa dışında her hangi bir şekilde Padişah ile karı koca hayatları mevzubahs değildir.

İkinci Grup ise, Padişahın ailesi arasında yer alan gözdeler, ikballer ve kadınefendiler grubu idi.

Burada birinci grubu anlatacağız.

Haremin ve Padişah ailesinin hizmetlerini ifa mükellef olan ve hizmetçi kadınlar statüsünde bulunan saray cariyelerini dört ayrı grubta toplamak mümkündür:

1-Acemiler.

2-Câriyeler.

3-Kalfalar (Şâkirdler).

4-Ustalar (Gedikli Câriyeler).

Bu dört grubu ayrı ayrı incelemek, harem hayatını anlamak ve Padişahların yüzlerce kadınla yatıp kalkıyor şeklindeki iddialarını ortadan kaldırmak için zaruri görünmektedir. Bu dört grub incelenince görülecektir ki, haremdeki cariyelerin % 90'ı tamamen bugünkü kadın hizmetçi grubundadırlar ve bunlar aldıkları belli ücretler karşılığında harem'de hizmet etmektedirler. Ancak bunların bekâr olmaları ve harem'de bulundukları müddetçe evlenmelerinin fiilen mümkün olmaması sebebiyle, her an şehzade veye Padişah'ıh haremi arasına girmesi mümkündür. Padişah'ın haremi arasına girmediğinden veya giremediğinden dışarıdan evlenmek isteyenler, çırağ edilme adı altında evlendirilip haremden çıkarılırlardı.

Şimdi sırasıyla bunları ve nasıl temin edildiklerini, vazifeleri ile birlikte görelim:

2- Acemiler Ve Harem'e Alınışları

Osmanlı devletinde ilk zamanlarda kendileriyle savaş yapılan milletlerden alınan esir kadınlar ve kızlar arasından Harem'e cariye alınırdı. Çerkez, Gürcü ve Rus asıllı cariyeler ise genellikle satın alınarak hareme sokulurdu. Harem'e giren yeni kızlara **acemi** denilirdi. Bunların ekserisi köyden geldiğinden dolayı, bir müddet saray âdâb ve usullerini âmirleri olan cariyelerden, kalfalardan ve ustalardan öğrenirlerdi. Bunları öğreninceye kadar efendilerinin huzuruna çıkmazlardı. Özellikle Çerkez kızları ince ruhlu, hassas ve zeki olurlardı. Çerkez kızlar, bir çok hânedân erkekleriyle evlenmişler, büyük itibara ve mevkilere yükselmişlerdir. Bir çok Çerkez kadınları, kızlarını beşikten itibaren "Padişah haremi olup ihtişam ve elmaslar içinde hayat sür!" diye yetiştirirlerdi. İstanbul Esir pazarında en çok Çerkez, Abaza ve Gürcü cariyeler satılmaktaydı[1].

Bazı yeni gelen acemiler, Türkçe dahi bilmedikleri halde, zekâları sayesinde derhal Türkçeyi öğrenirler ve bütün saray âdetlerini de pek çabuk anlarlardı. Bazı eski saraylıların ifadesiyle "**Saray'da terbiye olmayan, hiç bir yerde terbiye öğrenemez. Harem terbiye mektebidir**.". XVII. yüzyıldan itibaren zekâları ve güzellikleri sebebiyle hareme alınan acemilerin çoğu Kafkasyalı olmuştur[2].

Hareme alınan cariyelerin ikinci kaynağı da, devlet adamlarının bunları Padişah'a armağan etmeleri idi. Başta yabancı devlet adamları olmak üzere, Sadrazam, Vezirler, Beğlerbeğileri ve Sancak Beğleri, Padışah'a satın aldıkları cariyeleri hediye ederlerdi. Hediye edilen cariyelerin de %90'ı haremde hizmetçi statüsünde çalıştırılmak üzere hareme alınırlardı. Geriye kala %10'luk bölüm ise odalık veya gözdeler grubuna alınmaktaydı[3].

---

1 Robert Walch, XVII. Yüzyıl İstanbul'unda Harem (Türkçeye Tercüme, Aydın Filiz), Hayat Tarih Mecmuası, İstanbul 1970, Sy. 10, sh. 46-49; Uluçay, Harem II, sh. 12-14

2 Ünüvar, Saray Hâtıralarım, sh.70-71; Uluçay, Harem II, 10-12; Hurşit Paşa'nın Saray Hâtı-raları, Hayat Tarih Mecmuası, İstanbul 1965, V, sh. 60-61

3 TSMA, No: E. 1511; E. 4792; Uluçay, Harem II, 12

Harem'e Beğler Beği Tarafından Çerkez, Abaza ve Rus Cariye Temin Edilmesi İle Alakalı Bir Arîza (TSMA, No: E. 1511)

دولتلو سلطانم خاکپاینه عرض بنده که بودرکه ایچی لر خصوصنده سلطانم امر ایتدیکی چرکس
واباسه و روس که صیغتون الالر اول اجودن صکره که سکز ایکی کچدی سلطانم امر ایتدیکی
اسیر الیالر و قوللتمیالر دیو سلطانمدن بر حکم و بر قول کلدی کستاللو قاضی اباظه و محمد
اغا صوباشی ایکن نقدر اسیر وار ایسه صاتیله تلبیس اولنمیه دیو یاردن و نصرانیلردن
ذوزنکلردن بونلرکه ازلرنده قاضی و صوباشی و قول حاضر اولدی کی صتقیلرکه تلبیس
اولنمیه دیو امر اولندی اول امر عالی موجبنجه نزلوا قیوب صاتدیلر کفه و قومکندن
مسلمان اولمش کمسنه که کندولره تابع لر و ر صورت ایلدردلر شمدی اولرنده خدمت
ایدرلر بیری یوسف منا جیم اوغلی جاریه سی یتور قالقار بیری یعقوب بیرام اوغلی مذکوره
کوباکوسی اولدیغی جاریه ایله یتور قالقار جاریه فریاد ایدر دیکه بن مسلمان قیزیم دایه
یعقوب ایلدلر کیو ویعقوب ویردی اوسیاق اجرن بیری دلفی منا جیم موسی اوغلی اوله
داخی یتور قالقار شمدی کیرو اولرنده خدمت ایدر تفتیش دن ارخوندن نام
یعقوب عورت ازرنه بازوردیه تلبیس کیرو الدیلر تفتیش و یاساق دفعاه
شیله قید اولندیکه مسلمان ازادلو لو بیر اجرت ایله خدمت ایدرلر تلبیس در سلطانم
سیتای معلوم اولا و متهم ایدرلر المرزه حکم یوغنی وار مرحوم سلطانمدن
دیرلر اول حکم مرحوم خونکار ابطال ایلمشدر که ازاد اد و ازادلو قول قوللتمیالر
مرحوم خونکار ایاق الترنده بولندی اول ایامده قاضی عسکر کمسنه حکم جدید
الملر در تلبیسله قولنی الیاس موسی اوغلی و موسی کور ارسلان اوغلی و ارسلان شعبان
اوغلی بیرام اوغلی یاساقدن حکم یوقدر دین مسلمان اولملرنی دوستلرنه
صورت ایدیب اچه ویریب مسلمانلری الوب کندولره اجرت آدینه خدمت ایتدورورلر
دولتلو سلطانم کندولره و جاریه لره اشکنجه اولنسون دیدوکم کبی سلطانمک
ایاغی طپراغنده بیلانج اولام جاریه لره باشقه و کندولره باشقه تفتیش اولنه
صوباشی قلمزه سیتای اصمرلنه که بو مصلحتی ایا نوزم بونکار طفولیتدن بکا
بولیورلر اثنی باجدن اولان قضیه لری اصلیله سلطانم قبر در
دونلردی وغیرنده تفصیلیله عرض ایدم مظلمه اولنمیه اما ذکر اولان
بونلرکه الکتش بیک قدنکی فلوریه کوجاری بیتاب اسباب لرندن غیری
ویرمک قصتیله خلاص اولورز دیو کمسنه دن یدوا ایمانلرله فرمان سلطانمکدر

XIX. yüzyılda Osmanlı devleti esirlerin alınıp satılmasını yasaklayınca Kafkasyalı bazı aileler kendi rızaları ile kızlarını Hareme cariye statüsünde vermeye devam etmişlerdir[1].

Şunu da belirtelim ki, cariye satan esir tüccarları da sattıkları cariyeleri üç kısma ayırıyorlardı:

1) Harem'de hizmetçi olarak istihdâm edilecek cariyeler. Bunlar güzel olmakla birlikte, genellikle yaşları büyükçe idi.

2) Terbiye edilip satılmak üzere alınan 5-7 yaş arasındaki cariyeler. Bunlar, hizmetçi olarak veya odalık şeklinde bülûğa erdikten sonra ayrılırlardı.

3) Hareme doğrudan doğruya odalık ve gözde yani Padişah ve hânedân erkeklerinin ailesi olmak üzere alınanlar. Bunlar çok az olurdu. Zira Padişah ve hanedân erkeklerine harem olacaklar, genellikle Harem Mektebinde terbiye edilirlerdi[2].

Hareme satın alınan cariyeler kâhya kadın, ebeler veya hastalar ustası tarafından ciddi manada muâyene edilirlerdi. Satandan ailesi ile alakası kalmadığına dair bir sened alınırdı[3]. Hastalıklı olanlar sahibine geri verildiği gibi, uykusu ağır olan, horlayan veya başka kusurları olanlar da pek alınmazdı. Ancak bazan bu cariyeler arasında dilsizler, maskaralar, zenciler ve cücelerin de bulunduğunu görüyoruz. Bütün bunların bulunması, Padişahın haremdeki her kadınla yatıp kalktığını iddia eden ve bunların hizmetçi statüsünde olduğunu bilmeyenlere de iyi bir cevap teşkil eder. Zira saraya alınan cariyelerin makbuzları incelendiğinde, bazı yaşlı kadınların, süt annelerinin ve dayılık edecek tahsilli kadınların da bulunduğu görülecektir[4]. Cariyeler, hareme alınırken, ilm-i sima ve ilm-i kıyâfet kaidelerinin nasıl tatbik edildiğini daha evvel anlatmıştık.

3- Câriyeler, Sayıları Ve Vazife Taksimleri

Saraya yani Harem'e alınan acemiler kısa bir süre sonra artık harem-i hümâyûnun câriyesi olurlardı. Aslında acemiler ile cariyeleri aynı grupta top-

---

1 Hurşit Paşa'nın Saray Hâtıraları, Hayat Tarih Mecmuası, İstanbul 1965, V, sh. 60-61

2 Uluçay, Harem II, sh. 14

3 Bu senedlerden birisi için bkz. TSMA, No: D.8079; Uluçay, Harem II, sh. 14

4 Uluçay, Harem II, sh. 15

lamak da mümkündür. Bir kısım araştırmacılar bu şekilde davranarak cariyeler, kalfalar ve ustalar tarzında üçlü ayırım yapmışlardır. Biz, yeni alınanlara acemi, biraz saraya alışanlara ise cariye demeyi tercih ettik[1]. Bu cariyelerin % 90'ı haremde istihdam edlmek üzere alındığından, biraz sonra anlatacağımız gibi, kalfaların ve ustaların yanına verilirlerdi. Ustaların ve kalfaların emirleri altında çalışmak ve yetiştirilmek üzere onlara teslim edilirlerdi. Güzeller ve odalık niyetiyle alınanlar ise, terbiye edilmek üzere, Padişahın yakın hizmetkârları demek olan hünkâr kalfalarına ve özellikle de haznedâr ustalara teslim olunurlardı. Şehzâdelere harem olması muhtemel olanlar için de aynı kaide geçerli idi.

Saray cariyesi olanlara yapılan ilk iş, kendilerine güzellikleri, karakterleri veya fiziki görünüşleri gözönünde bulundurularak yeni isim verilmesi idi. Padişah tarafından da verilen bu isimlerin herkes tarafından bellenmesi ve unutulmaması için ilk zamanlarda bir kâğıda yazılı olarak iğne ile göğüslerine iliştirilirdi. Verilen isimler genellikle Farsça'dır. Çeşm-i Ferâh, Hoşnevâ, Handerû, Ruhisâr, Neş'e-yâb ve Nergiz-edâ gibi[2].

Hareme alınan cariyelere kalfalar tarafından terbiye, nezâket ve büyüklere karşı hürmet gibi âdâb-ı muâşeret kaideleri bütün ayrıntılarına kadar nazarî ve tatbiki olarak öğretilirdi. Hareme ait hâtıralar okunduğu zaman, bunlara nasıl dikkat edildiği ve haremdeki cariyelerin nasıl kibar oldukları daha iyi anlaşılacaktır.

Câriyeler müslüman olduklarından dolayı mutlaka Kur'an okumak mecburiyetinde idiler. Sultan Mehmed Reşâd'ın harem muallimesi Sâfiye Ünüvar'a verdiği şu talimât bunu ortaya koymaktadır: "**Namaz kılmayanlara, oruç tutmayanlara, verdiğim tuz ve ekmeği haram ediyorum. Bu irâdem hoca hanım tarafından saray kadınlarına söylensin**." Bunun üzerine muallime Hanım'ın sınıfın kapısına şu levhayı yazdırdığını görüyoruz: "Namaz kılmayan, oruç tutmayan dershaneden içeri giremez."[3]. Osmanlı harem'inin en son zamanlarındaki hali bu olursa, daha sağlam olduğu dönemlerdeki halini kıyaslarsanız, haremle ilgili iftirâların ne kadar asılsız olduğunu o zaman anlarsınız.

Harem, Halifenin evi olduğundan onun evindeki herkes ibâdetini yapmalıydı ve Kur'an'ını okumalıydı. Bunun için de okumak ve yazmak gerekiyordu. Gerçi elimizdeki saray kadınlarına ait mektuplardan bunların imla hataları

---

1 Uluçay, Harem II, sh. 19

2 Ünüvar, Saray Hâtıralarım, 71; TSMA, No: E. 4002; Uluçay, Harem II, 17-18.

3 Ünüvar, Saray Hâtıralarım, 71; TSMA, No: E. 4002; Uluçay, Harem II, 17-18

yaptıkları ve fazla iyi yazıları olmadığı anlaşılmaktadır. Ancak bu istenen seviyede tahsillerinin olmadığını gösterirse de tamamen tahsilsiz oldukladını göstermez. Harem'de hemen hemen hepsinin odasında mutlaka bir kitaplığın bulunması da dediklerimiz isbat eder mahiyettedir.

Harem'deki cariyelerin ayrıca meşru dairede müzik âletlerini de öğrendikleri, hâtıralardan öğrenilmektedir[1].

Osmanlı harem'inde sarayın[2] hizmetini gören cariyelerin sayıları ile Padişahların ve hanedân erkeklerinin haremleri olan kadınların sayıları, Osmanlı Devletinen ilk zamanlarında sayıca az idi. Zira başta şehzadeler ve onların vâlideleri olmak üzere hânedânın bir kısım fertleri, taşra sancaklarda hayatlarına devam etmeyi tercih ediyorlardı. Bu sebeple III. Murad'a kadarki saray cariyelerini 200-300 rakamlarıyla ifade etmek mümkündür. Ancak III. Murad'dan itibaren sayılar artmaya başlamış ve I. Ahmed'in verâset usulünü kaldırıp yerine ailenin en büyük ve en layık evladı padişah olması kaidesini getirmesiyle de, şehzadeler ve anneleri sarayda kaldıkları için bu sayı iyice kabarmıştır. Nitekim III. Murad zamanında 500'ü, I. Mahmud zamanında 456'yı, I. Abdülmecid zamanında 688'i, Sultân Abdülaziz zamanında 809'u, II. Mahmud zamanında 298'i bulduğu görülmektedir. Bu rakamların içinde, sayıları hakkında daha sonra ayrıntılı bilgi vereceğimiz Padişahların ve hânedân erkeklerinin haremleri olan kadınlar da vardır[3].

Bir kısım Osmanlı düşmanı yabancı yazarların ve bunların yerli destekçilerinin iddia ettikleri gibi, bu rakamlara ulaşan kadınlar ile Padişahların karı koca hayatı yaşamaları hem mümkün değildir ve hem de bu tür iddialar doğru değildir. Bugün devlet başkanlığı köşkünde çalışan hizmetçi kadınlar ile Cumhurbaşkanı'nın veya zenginlere ait bir Köşk'te çalışan hizmetçi kadınlar ile Köşk sahibi işadamının karı-koca hayatı yaşama iddiaları ne kadar gülünç ise ve bunların sayıları da azımsanmayacak kadar fazla ise, Harem'de hizmetçi olarak çalışan kadınlar ile Padişahın karı-koca hayatı yaşaması o kadar gülünçdür.

Harem'deki bu cariyelerin hangi hizmetlerde istihdâm edildiğini ise, zamanında haremde en çok cariye bulunan bir kaç Padişah'dan biri olan I. Mahmud zamanındaki listeyi kısaca özetlemekle daha iyi anlayacağız:

---

1 Uluçay, Harem II, 19

2 Saray tabiri, burada harem manasına kullanılmaktadır. Saray kadınları, saray halkı, saray ustaları tabirlerinde de genellikle bu mana kasdedilmektedir.

3 Bu rakamlar ve bu kadınların yaptıkları hizmetler için bkz. TSMA, No: E. 53/3, D. 8075, E. 4002, D. 8003, D. 743.

Topkapı Sarayında bulunan bu listeye göre;

Kilerde	17
Külhan yani banyoların temizliğinde	6
Haremdeki makam sahibi kimseler yanında	23
Şehzâde Osman Dairesinde (Hareminin, çocuklarının, yemeğinin ve benzeri hizmetlerinin görülmesi için)	19
Şehzâde Mehmed Dairesinde 14;	14
Şehzâde Mustafa Dâiresinde	13
Şehzâde Beyâzıd dâiresinde	12
Şehzâde Numan Dâiresinde	14
Şehzâde Mustafa Dâiresinde	7
Baş kadın dairesinde	20
İkinci kadın Dâiresinde	11
Üçüncü kadın Dâiresinde	14
Dördüncü kadın Dâiresinde	8
Beşinci Kadın Dâiresinde	10
Haznedâr kadın dâiresinde	13
Baş İkbal Dâiresinde	6
İkinci İkbal Dâiresinde	6
Üçüncü İkbal Dâiresinde	4
Dördüncü İkbal Dâiresinde	5
Diğer görevlerde	**230**
Toplam	**456**

Şimdi de bu listeden bazılarını isimlendirelim ve vazifelerini daha yakından görelim:

"**Kilerde Olan cevârî:**

Fatma Yevmiye 30 akçe	Rukiyye Yevmiye 25 akçe	Aişe Yevmiye 20 akçe	Hatice Yevmiye 20 akçe	Sâfiye Yevmiye 20 akçe
Rukiyye Yevmiye 20 akçe	EmineYevmiye 15 akçe	Rukiyye Yevmiye 10 akçe	Hanife Yevmiye 10 akçe	Hüsnişah Yevmiye 10 akçe

Ümmühan Yevmiye 10 akçe	Zeliha Yevmiye 5 akçe	Emine Yevmiye 5 akçe	Aişe Yevmiye 5 akçe	Fethiye Yevmiye 5 akçe
Fâtıma Yevmiye 5 akçe	Mehrinâz Yevmiye 5 akçe			

Külhâncılar ve Diğer Câriyelerden Bazıları:

Câmeşuy Ustanın Câriyesi Abîde Yevmiye 5	Çaşnigir Ustanın Câriyesi Rukiyye Yevmiye 5	İkinci Hazinedârın Câriyesi Hanife Yevmiye 5	İkinci Câmeşuy Ustanın Câriyesi Aişe Yevmiye 5
İkinci Hazinedârın Câriyesi Münevver Yevmiye 5	Şehnâz Kalfa'nın Câriyesi Hubz-dâr Yevmiye 5	İkinci hazinedârın Câriyesi Mehrinâz Yevmiye 5	Fâtıma Kadın Yevmiye 5
Mustafa Ağa'nın Câriyesi Nâzende Yevmiye 5	Gülçin Kalfanın Câriyesi Hafife Yevmiye 5	Cüce-i Ümm-i Gülsüm Yevmiye 15	Çeşmisiyah Yevmiye 15
Zeyneb Yevmiye 5	Hanife Yevmiye 5	Hatice yevmiye 5	Hanım Yevmiye 5[1]

Burada dikkatimizi çeken bir husus da, Harem'de çalışan cariyelerin tıpkı günümüzdeki hizmetçi kadınlar gibi, gündelik olarak belli bir ücret almalarıdır. Cariyelere verilen gündelikler, Harem'deki eskiliklerine göre değişiyordu. II. Bâyezid devrinde Şehzâde Abdullah'ın 15 Câriyesi günde 15'er akçe; Eski Saray'da çalışan 7 cariye 10'ar akçe alırken, I. Mahmud zamanında haremdeki cariyelerin gündelikleri epeyce yükselmiş ve 4 cariye 30'ar akçe; 2 cariye 25'er akçe ve diğerleri de 20'şer, 15'er, 10'ar ve en az beşer akçe alır olmuşlardır. II. Mahmud zamanında ise cariyelerin gündelikleri, 100, 80, 70, 60, 55, 45, 40, 40, 35 ve en düşüğü 30'ar akçeydi. Dikkat edilirse II. Bâyezid devrine nazarla beş-on kat artmıştır. Bunda Osmanlı akçesinin değer kaybının da tesiri sözkonusudur[2].

---

[1] TSMA, No: D. 8075

[2] Uluçay, Harem II, 21-22; Bkz. TSMA, No: D. 8003; D. 743; D. 8075

I. Mahmud'un Zamanında Harem'de Bulunan Câriyelerin Vazife Taksimâtını Gösteren Belge, TSMA, No: D. 8075

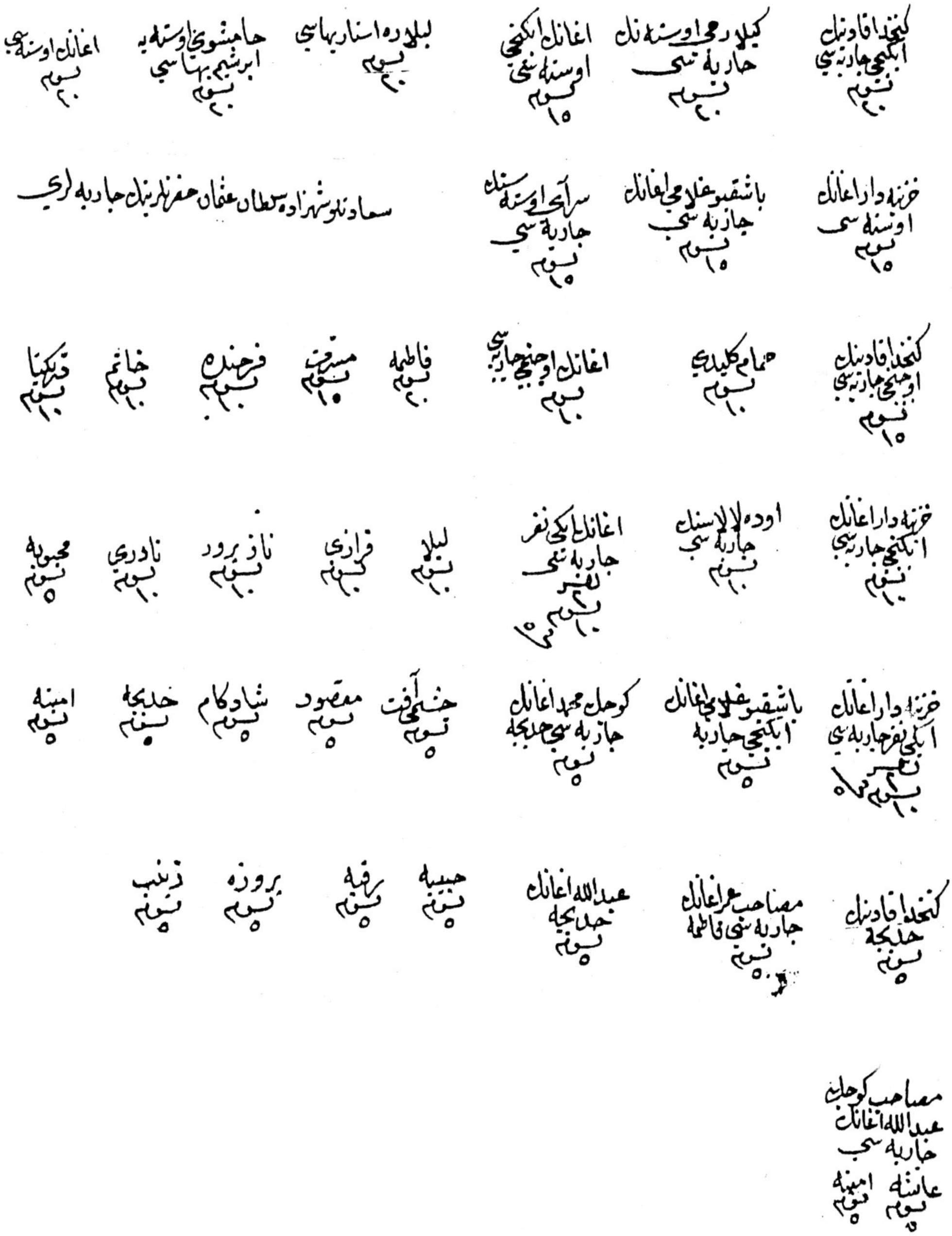

I. Mahmud'un Zamanında Harem'de Bulunan Câriyelerin Vazife Taksimâtını Ve İsimlendirmesini Gösteren Belge, TSMA, No: D. 8075

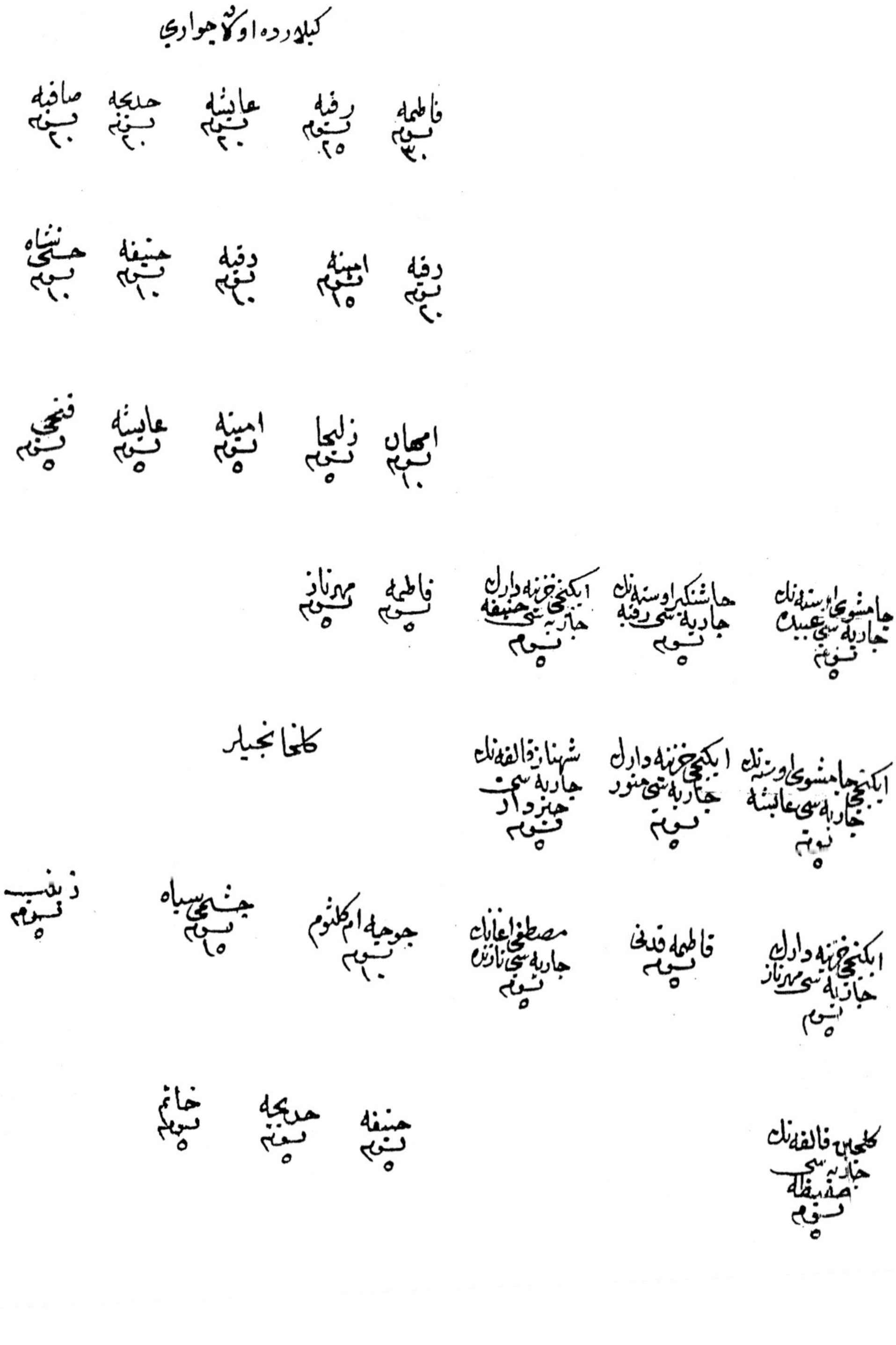
کیلارده اولان جواری
کلفتجیلر

Bütün bu aktarılan bilgiler, yukarıda verdiğimiz esasları takviye etmekte ve Harem'i bir fuhuş yuvası olarak tasvir edenleri mahcup eylemektedir. O halde Harem'deki cariyelerin % 90'ı hizmetçi statüsündedir ve esirlik süresini dolduranlar âzâd kâğıdını alıp Saray'dan çıkabilirler.

4- Kalfalar, Vazifeleri ve Çırak Edilmeleri

Kalfa, Saraylarda ve konaklarda hizmet veren cariyeler için kullanılan bir tabirdir. Usta tabiri XVIII. yüzyıldan itibaren belgelerde görülürken, kalfa tabirine XVI. yüzyıl belgelerinde rastlanmaktadır. XVI. yüzyıldan önce ise, kalfa tabiri yerine **bula** tabiri kullanlıdığı görülmektedir. Osmanlı hareminde kalfa, Saray'da bir müddet hizmet görüp ilk acemilik devrini geçirmiş ve tecrübe kazanmış cariyelere denmektedir ve ayrıca bunlar şâkird diye de anılmaktadır[1].

Kalfa haline gelen saray cariyeleri, güzelliklerine ve iş bilirliklerine göre hünkâr, Kadın Efendi, vâlide sultân, şehzâde ve ikbal dâirelerine hizmetçi olarak verilirlerdi. Kıdemlerine göre, büyük kalfa, ortanca kalfa ve küçük kalfa diye üç gruba ayırlımışlardı. Dairelere verilen kalfaların en eskisi ve yaşlısı, o dairenin büyük kalfasıdır. Emrinde ortanca ve küçük kalfalar bulunur. Bunlar, onlara nedîmelik yaparlar. Kalfalar da kendilerine verilen dairelerin işlerini, daha alt seviyedeki kalfalar ve cariyelerle yürütürler[2].

Ehemmiyetle ifade edelim ki, kalfalar, bulundukları dairenin bütün işlerini emirlerine verilen cariyelerle ifa ettikleri gibi, şehzâdeler ve Padişahlar da haremlerini ve Kadın Efendilerini, bu kalfalar arasındaki güzel ve iyi ahlaklı olanlardan seçerlerdi. Böyle bir durumda kalfalıkdan çıkarak yani hizmetçi statüsünü bırakarak padişah'ın veya hânedândan bir erkeğin haremi olma şerefine yükselme imkânları vardı. Ayrıca kalfaların tamamına yakını okur yazar sınıfından idi. Bu arada musikişinâs olanları da yok değildi. Câriyelerin her alanda yetiştirilmelerinden kalfalar sorumluydu[3].

Kalfaların oda ve aş nöbetleri de önemli görevleri arasında yer almaktadır. Kalfalar, bulundukları dairelerin her türlü hizmetini görürlerdi. Büyük kalfa, ağır işler yapmazdı. Kalfalar, yanındaki câriyelerle bir haftalık daire

---

1 Pakalın, Tarih Terimleri, II, 150; Sertoğlu, Osmanlı Tarih Lügati, sh. 320; Uluçay, Harem II, sh. 142; TSMA, No: D. 9629; D. 7844.

2 Uluçay, Harem II, sh. 143; TSMA, No: E. 1239; D. 189; D. 199.

3 Pakalın, Tarih Terimleri, II, 150; Uluçay, Harem II, sh. 143.

nöbeti tutarlardı. Perşembe günü, bütün daireyi temizlerlerdi. Buna perşembe hizmeti denirdi. Cuma günü, nöbeti öbür kalfaya teslim ederler, sıraları gelinceye kadar dinlenirlerdi.

Yine bir hafta süre ile aş nöbeti tutarlardı. Her dairenin kalfası, yanındaki câriyelerle beraber, tablakârların daireleri için getirmiş oldukları yemekleri içeri alırlar; kurulmuş olan sofralara dağıtırlardı. Sofraları temizleme ve kabları yıkama işini acemi câriyeler yaparlardı[1].

Kalfaların harem nöbetine katılmaları ve genel temizliği yapmaları asli vazifeleri arasında bulunmaktadır. Sarayın en eskilerinden bir iki kişinin maiyetinde her gece 10-15 kalfa nöbet tutarlar; haremin hünkâr sofrasında, yatsıdan sabaha kadar oturup ikişer üçer, bütün daireleri ve bahçeleri dolaşırlardı. Bunlara nöbetçi kalfalar denilirdi. Gece bir kazâ veya hastalık olursa hemen baş kâtibeye haber verirlerdi.

Her ay başında haremde genel temizlık yapılırdı. Ortanca kalfalar, gençler, bütün sofaları, koridorları, merdivenleri, hamamları, bodrum katını hep beraber temizlerlerdi. Heryeri ve yere serili ince Mısır hasırlarını sabun köpüğü serperek silerlerdi. Temizliğe çok dikkat edilirdi[2].

Kalfaların Çırak Edilmeleri, Evlendirilmeleri Ve Devlet Hayatında Oynadıkları Roller: Padişahlar değiştiği zaman eski kalfalar, biraz sonra anlatacağımız ustalar ve kâtibeler de yeni padişaha geçerdi. Sadace haznedâr usta ve kalfaları saraydan ayrılırdı. Bunlar Eski Saray'a gönderilirdi. Padişahdan yüz görmeyen kalfalar da Eski Saray'a gönderilirdi. Kalfalar, hizmet sürelerini tamamlayınca dışarıya çıkabilmekteydiler. Ancak bunların bir kısmı Saray'da kalmayı tercih ederlerdi.

Acemilikten yetişmiş kalfalar dışarıya çıkmak ve evlenmek isterlerse, onların istekleri gözönünde bulundurulurdu ve buna kalfaların **çırağ edilme**si denirdi. Bayramlarda veya kandillerde bir kâğıda "Kulun istediği murâd, ihsân efendimizindir" diye yazar, altını imzalayıp görünecek bir yere koyardı. Bir daha efendisine görünmemek için odasına kapanırdı. Bunun üzerine efendisi çeyizini yaptırır, gerekli akçeyi verir ve uygun bir kısmeti çıkınca da evlendirirdi[3].

---

1 Uluçay, Harem II, 143-144; Leyla saz, Saray Ve Harem Hâtıraları, Yeni Tarih Dergisi, II, İstanbul 1958, sh.509; Ünüvar, 63

2 Uluçay, Harem II, 143-144; Leyla Saz, Saray Ve Harem Hâtıraları, Yeni Tarih Dergisi, II, İstanbul 1958, sh.509;

3 Uluçay, Harem II, 144-145; Penzer, The Harem, 183-185

Vâlide Sultân'lar gibi, bazı dönemlerde Kalfaların da Osmanlı devlet idaresine etki yaptıkları söylenebilir. III. Murad zamanında Padişah'ın annesi Nurbânû Sultân ile Sâfiye Sultân arasındaki çekişmeden istifâde eden Canfedâ Kalfa'nın Nurbânû Sultân'ın yanında yer alarak III. Murad'a tesir ettiği ve hatta kardeşi İbrahim'i liyâkati olmadığı halde Diyarbekir Beğler beğliğine tayin ettirdiği nakledilmektedir. Kanunî Sultân Süleyman zamanından beri Harem'in dışişleriyle meşgul olan ve Yahudi asıllı olduğu söylenen Esther Kira isimli Kalfa'nın da Sipahilerin isyânına sebep olduğu ve neticede çıkardığı fitne sebebiyle Sultân Ahmed Meydanında idam edildiği nakledilen acı olaylar arasında yer almaktadır[1]. Sultan Abdülaziz'in tahttan indirilmesinede, Harem'deki sırları Hüseyin Avni Paşa ve arkadaşlarına ileten İkinci Kâtibe Ebrûnigâr'ın maalesef önemli bir rolü vardır[2].

Harem'de hizmet eden tecrübeli cariyelere kalfa dendiğini ifade etmiştik. İşte bu kalfaların en üstünleri, Harem'in Kadın Personeli arasında önemli bir yerleri olan Hünkâr Kalfaları yani bir diğer adlarıyla ustalar veya gedikli cariye denilen cariyelerdir. Şimdi bunların durumun görelim.

5- Hünkâr Kalfaları (Ustalar=Gedikli Câriyeler)

Harem'in kadın personeli arasında cariyelerin yükselebilecekleri en yüksek makam, Padişahların hizmetlerini gören cariye olmaktır ki, bunlara hünkâr kalfaları, ustalar veya bir diğer adıyla gedikli cariyeler denirdi. Bunlar, Padişah'ın günlük işleriyle yemeğini hazırlama ve yatıp kalkması nevinden hizmetlerle meşgul olurlardı[3]. Padişahların hizmetlerini gören ve usta ünvanıyla anılan bu kadınların aralarındaki rütbeleri itibariyle muhtelif kısımları şöylece özetlenebilir:

A) Hazinedârlar Ve Hazinedar Usta: Padişahların hususî ve şahsi hizmetlerini gören kadınlara **hazinedar** denir. Hünkâr Kalfaları tabiri özellikle bunlar için kullanılır. Hazinedarların sayısı zaman zaman değişmiştir. Mesela II. Abdülhamid'in 20 hazinedarı varken, Sultân Reşad'ın 17 Hazinedar'ı vardı. Bunların reislerine Hazinedar Usta veya Baş Haznedar denmekteydi. Harem'de yaşayan Padişah ve Hânedân Erkeklerinin haremlerinin başı Vâlide

---

1 Uluçay, Harem II, 145-147; Ahmed Refik, Kadınlar Saltanatı, İstanbul 1332/1923, I, sh. 99-134

2 İbnül-Emin Mahmut Kemal İnal, Osmanlı Devrinde Son Sadrazamlar, I, 545; Uluçay, Harem II, 147.

3 Sertoğlu, Osmanlı Tarih Lügati, sh. 156-157; Uluçay, Harem II, 132; Ünüvar, 67 vd.

Sultân olduğu gibi, hizmetçi statüsündeki kadınların reisi de Hazinedar Usta'dır. Hatta bazı kaynaklar, Vâlide Sultan'ın yardımcısı ve haremdeki kadınların ondan sonraki en rütbelisi şeklinde ifade etmektedirler. Haznedarların en rütbelileri ikinci, üçüncü, dördüncü ve beşinci haznedarlardı. Bütün haznedarlar, bilgili ve terbiyeli idiler. Sade ve zarif giyiniyorlardı.

Hazinedarların en önemli görevleri, Hünkârın şahsî hizmetini görmekti. Padişah haremde olduğu müddetçe, onlar da Hünkâr Dâiresinde bulunurlardı. Haznedar Usta, Padişah'ın yanında oturabilirdi, girip çıkabilirdi; ikinci, üçüncü ve dördüncü haznedarlar ise ancak çağrılınca huzura girebilirlerdi. Haznedar Usta, Harem'deki vazifelerini maiyyeti ile birlikte yapardı. Üçüncü, dördüncü ve beşinci haznedarlar, yanlarına aldıkları kalfalarla gece gündüz Padişah Dairesinin önünde nöbet tutarlardı. Ayrıca harem'deki hazinelérin bütün anahtarları da Haznedar Usta'daydı. Haznedârları, resmî günlerde kendilerine has altın kordonla mühr-i hümâyûnı boyunlarına taktıklarını, bütun carıyelere kumanda ettiklerini, hususî cariyeleri, maaşı ve Kurban Bayramlarında adına kurbanı olduğunu burada kaydetmek icabeder. Haznedarları, Padişahlar Harem'de bulunan cariyeler arasından seçerlerdi. Padişahların en yakınları ve en yakın sırdaşları olmaları hasebiyle, yeni Padişah gelince haznedarlarını kendisi seçer ve eski padişaha ait haznedarlar, ya çırak olurlar veya Eski Saray'a göç ederlerdi. Önemle ifade edelim ki, bazan ikballer de bunlardan seçilirdi[1].

Daha önce de ifade ettiğimiz gibi, Hazinedar Usta Dairesi, Vâlide Sultân Dairesinin üst katındaydı. Dolmabahçe ve Çırağan Sarayında ise Hünkâr Dairesinin altında oturmaktaydılar.

Kâhya Kadın (Kethüdâ Kadın): Rütbe itibariyle Kadın Efendilerden hemen sonra gelmektedir. Harem'in teşrifâtçısıdır. Resmi günlerde, düğünlerde ve bayramlarda, haremde yapılan bütün merâsimleri o idare eder. Memuriyetinin güç ve yetkisini göstermek üzere gümüş işlenmiş bir asa taşır; hünkâr dairesindeki eşyaları mühürlemek üzere yanında mühr-i hümâyûn bulundurur. Bir kısım yazarlar, bunun ile Saray Usta'yı aynı makam sahipleri olarak izah etmişlerse de, belgelerin verdiği bilgi bunları doğrulamamaktadır[2]. Kendine has cariyeleri ve ma"iyyeti vardır.

---

[1] Ünüvar, Saray Hâtıralarım, 69-70; Uluçay, Harem II, 132-133; TSMA, No: D. 8075; Ayşe Osmanoğlu, Babam Sultan Abdülhamid, sh. 85-86

[2] TSMA, No: D. 8075; Ünüvar, Saray Hâtıralarım, 68; Uluçay, Harem II, 136-137; Ayşe Osmanoğlu, Babam Abdülhamid, sh. 85-91; Aksi görüş için bkz. Pakalın, Mehmed Zeki, Tarih Deyimleri, III, sh. 125-126.

Çaşnigîr (Çeşniyâr) Usta: Sofra hizmetlerini gören ustalara denmektedir. Emri altında çalışan cariyeler ve kalfalar vardır. Sultân veya Şehzade yemek yerken, evvela gıdanın zehirli olup olmadığını kontrol etmek için bunlar tadarlardı, ondan sonra efendilerine takdim olunurdu[1]. Topkapı'da Şimşirlik'teki dairelerinde otururlardı.

Çamaşır Usta (Câmeşuy Usta): Sarayın çamaşır ve yatak takımlarına bakan ustalara denirdi. Emrinde çalışan kalfalara ve cariyelere de çamaşır kalfaları adı verilirdi. İlk çamaşırcı kadına Yavuz döneminde rastlıyoruz[2].

İbriktar Usta: Önceleri şehir suyu olmadığından dolayı leğen ve ibrik takımlarına bakan, Padişahın elini yüzünü yıkamasına, ona havlu tutulmasına ve abdest almasına yardımcı olanlara ibriktar ve reislerine ibriktar usta denilirdi[3].

Kahveci Usta: Resmî günlerde Harem'de kahve takdim edilirdi ve kahve işiyle meşgul olanlara kahveci ve reislerine de Kahveci Usta denilirdi. Törenlere gelen kadınlara ve sultânlara kısa zamanda kahve hazırlayıp takdim etmek bunların vazifesiydi. Padişah'a kahve pişirip takdim etmeye de bunlar bakardı. Maiyyetinde bazan kırk adet kalfa bulunurdu. Hünkâr kahvecilerinin alâmeti ve göğüslerine taktıkları nişanları vardı[4].

Kilerci Usta: Padişahın kilerine ve kiler takımlarına bakan kalfaların reislerine denirdi. Yardımcısı ikinci kilerci idi. Görevini emrine verilen cariyelerle yapardı. Padişah'a ait şerbetler, meyveler ve çerezler, Hünkâr'ın kilerinde saklanırdı. Kilerci Usta, Çaşnigir Usta ile beraber, Padişah yemek yerken hizmet ederdi[5].

---

1 TSMA, No: D. 8075; D. 9917; D. 9583; D. 2233; Ünüvar, Saray Hâtıralarım, 68; Uluçay, Harem II, 133; Ayşe Osmanoğlu, Babam Abdülhamid, sh. 86-91

2 TSMA, No: D. 8075; D. 9917; D. 10052; Ünüvar, Saray Hâtıralarım, 68; Uluçay, Harem II, 133-134; Ayşe Osmanoğlu, Babam Abdülhamid, sh. 86-91.

3 TSMA, No: D. 8075; Ünüvar, Saray Hâtıralarım, 68; Uluçay, Harem II, 134; Ayşe Osmanoğlu, Babam Abdülhamid, sh. 86-91.

4 TSMA, No: D. 8075; Ünüvar, Saray Hâtıralarım, 68, 82, 98-99; Uluçay, Harem II, 135; Pakalın, Mehmed Zeki, Tarih Deyimleri, I, sh. 332-333; Ayşe Osmanoğlu, Babam Sultan Abdülhamid, sh. 86-91.

5 TSMA, No: D. 8075; Ünüvar, Saray Hâtıralarım, 68; Uluçay, Harem II, 135; Ayşe Osmanoğlu, Babam Abdülhamid, sh. 86-91; Pakalın, Mehmed Zeki, Tarih Deyimleri, III, sh. 332-333.

Kutucu Usta: Sultânların, kadınefendilerin ve ikballerin hamamlarda yıkanmalarına yardımcı olan ustaya denmektedir. Hamam ve baş takımı ve buna benzer eşyaya nezaret eder[1].

Külhâncı Usta: Harem'de bulunan hamamların yakılmasını ve temizlenmesini üstelenen kalfalara denir ve reisleri Külhâncı Usta diye anılır[2].

Kâtibe Usta: Haremin disiplinini, teşrîfât ve nizamını sağlayan âmirine Kâtibe veya Kâtibe Usta denilir. Bunların sayıları beştir. Bâş Kâtibe, İkinci kâtibe, Üçüncü Kâtibe diye çağrılırlar. Kâtibe kalfalar, Haremin eskilerinden gözü açık ve iş bilenleri arasından seçilirdi[3].

Bütün bu ustaların yanında, Harem'de hasta olan cariyelere bakan Hastalar Ustası; bunun yardımcısı olan Hastalar Kethüdâsı; doğum ve çocuk düşürme işlerine bakan ebeler; Padişahların kızlarına ve şehzâdelerine süt emzirmek için getirilen Dâyeler (Taye=Sütanne) ve nihâyet Padişahların çocuklarına bakan dadılar vardı[4].

Önemle ifadelim ki, usta adıyla anılan kalfaların tamamı, uzun etekli entari giyerlerdi. Her birinin yeteri kadar maaşları vardı. I. Mahmud zamanında Saray Usta, Camaşuy usta, kilerci usta 100; baş kâtibe, berber usta 80; Çaşnigir usta, kahveci usta, ibriktar usta ve ikinci haznedar 50 akçe; kiler kalfası, ikinci kâtibe 40; ikinci çamaşırcı 35; üçüncü haznedâr, ikinci kahveci, ikinci çaşnigir, dördüncü haznedâr ve beşinci haznedâr 30'ar akçe maaş almaktaydılar[5].

---

1 TSMA, No: D. 8075; Ünüvar, Saray Hâtıralarım, 68; Uluçay, Harem II, 136; Ayşe Osmanoğlu, Babam Sultan Abdülhamid, sh. 86-91.

2 TSMA, No: D. 8075; Uluçay, Harem II, 136; Ayşe Osmanoğlu, Babam Sultan Abdülhamid, sh. 86-91.

3 TSMA, No: D. 8075; Uluçay, Harem II, 137; Ünüvar, Saray Hâtıralarım, 80; Ayşe Osmanoğlu, Babam Sultan Abdülhamid, sh. 86-91.

4 TSMA, No: D. 8075; Uluçay, Harem II, 138-140; Ünüvar, Saray Hâtıralarım, 63; Ahmed Refik, Kadınlar saltanatı, III, 33.

5 TSMA, No: D. 8075; Uluçay, Harem II, 140-141.

I. Mahmud Zamanında Bazı Ustaların İsimlerini Ve Aldıkları Gündelikleri Bildirir Listeden Bir Sayfa, TSMA, No: D. 8075

6- Harem'deki Câriyelerle Alakalı Bazı Meseleler

Câriyelerin Evlenmeleri: Harem'deki cariyelerin evlenmeleri meselesini bunların statüsüne göre ayrı ayrı izah etmek gerekmektedir:

Birinci Grup, Padişahların veya şehzâdelerin has odalığı olan cariyelerdir. Daha sonra da açıklanacağı üzere, Padişahlar, kendileri için odalık olarak terbiye edilen cariyelerin hepsi ile münâsebet kurmuyordu. Münâsebet kurdukları belli sayılarda idi. Bunları biraz sonra anlatacağız. Bunların bir kısmı Kadın Efendi, bir kısmı ikbal oluyordu. Çocuk sahibi olanlar genelde ikbal ve kadın olmaktaydılar. Aynı şey şehzâdeler için de geçerliydi. Eğer Padişah olurlarsa, odalıkları kadın veya ikbal olurlardı. Olmazlarsa şehzâde haremi olarak kalırlardı. Padişahların veya şehzâdelerin münâsebette bulunup da beğenmedikleri veya çocukları olmayanlar ise, çırağ edilirler ve hâricden münasip bir kimse ile evlendirilirlerdi; çeyizleri ve evi Padişahlar tarafından temin edilirdi.

İkinci Grup, hizmet cariyeleri, kalfalar ve ustalar ise, daha önce de kısaca değindiğimiz gibi, cariyelik süreleri olan 9 yılı doldurduktan sonra âzâd edilirler ve ellerine çırağ kâğıdı denilen bir belge verilerek saraydan ayrılmalarına müsaade edilirlerdi. Ayrılmak istemeyenler haremde kalır veya Eski Saray'a gönderilirlerdi[1].

Her iki grup cariyelerden de harem'den ayrılanlara, ayrıldıktan sonra da bakılmaktaydı. Saraydan ayrılan bu cariyelere saraylılar adı veriliyor ve bunların düşmemeleri için her türlü tahsisat yapılıyordu. Kocaları ölenlere maaş bağlanıyordu[2].

Bu arada cariyeler, harem içinde işledikleri suçlardan dolayı, Kâhya Kadın tarafından cezalandırılmaktaydı. Ayrıca suç işleyen cariyelerden birinin Sakız Adasına sürüldüğü ve bu tür sürgünlerin de az da olsa yaşandığı, eldeki belgelerden anlaşılmaktadır[3]

Bir kısım Padişahlar tahta çıkar çıkmaz, sevmediği eski Padişahın hareme aldığı cariyeleri, nadir de olsa, haremden çıkardığı ve hatta bazan bu

---

1 Bkz. Abdülaziz Bey, Osmanlı Âdet, Merâsim Ve Tabirleri (Âdât Ve Merâsim-i Kadîme, Tabirât Ve Muâmelât-ı Kavmiyye-i Osmâniyye), Tarih Vakfı Yayınları, İstanbul 1995, sh. 134-136. Burada genel olarak İstanbul'daki konaklarda istihdâm edilen cariye ve kalfaların çırağ edilmeleri yani evlendirilmeleri üzerinde durulmaktadır.

2 Uluçay, Harem II, 30-32; BOA. Muallim Cevdet Tasnifi, Saray, 2838, 4405, 7139

3 Uluçay, Harem II, 34-35; BOA. Muallim Cevdet Tasnifi, Saray, 681

yüzden perişan hallerin yaşandığı, maalesef nakledilen hadiseler arasındadır. Ancak bu durumu tamim etmek yanlışdır ve doğru değildir[1].

İslâm Miras hukuku hükümlerine göre, cariyelerin mirasları yani Osmanlı belgelerindeki ifadesiyle muhallefâtı ve terekesi, ölmeden âzâd edilmiş olmadıkça, efendilerinindir. Bu sebeple haremdeki cariyeler vefât ettiklerinde, muhallefâtları, devlet tarafından zabtedilir ve hazineye irâd kayd olunurdu[2].

IV- PADİŞAH'IN AİLESİ: VÂLİDE SULTÂN'LAR, KADIN EFENDİLER, ŞEHZADELER, GELİNLER (ŞEHZÂDE HAREMLERİ) VE HANIM SULTÂNLAR

Bunlar, asıl harem'de yaşayan ve Padişah'ın ailesi tabiri altında toplanan Kadın Efendiler, vâlide sultânlar, şehzade haremleri ve hânedân erkeklerinin kendileriyle karı-koca hayatı yaşadığı cariyelerdir. Bu grubun reisi, zaman içinde değişmekle birlikte bazan Baş Kadın Efendi ve bazan da Vâlide Sultan olmuştur. Osmanlı Devletinde ilk zamanlarda Padişah kadınlarına ve kızlarına, Selçuklularda olduğu gibi, "Hatun" denmekte idi. Ancak XVI. yüzyıldan sonra daha çok "Kadın" veya "Kadın Efendi" tabirini kullanmaya başladılar. Osmanlı Tarihinde Sultân adı ile anılan ilk kadın Yavuz'un karısı ve Kanunî'nin annesi Hafsa Sultân'dır. Bu tarihden itibaren sadece Padişah annelerine sultân denilmiştir. Sonraları, Padişahların annelerine Vâlide Sultân denilirken, Padişah veya şehzâde kızlarına sultân denilmeye başlanmıştır. Bu kâidenin bazı istisnâları mevcuttur.

1- Harem'deki Kadınların Reisi: Vâlide Sultân

Osmanlı Hareminin en yüksek makamı Osmanlı Padişahlarının anneleri demek olan Vâlide Sultânlık'dır. Padişahların annelerinin resmî adı diğer bazı Müslüman memleketlerinde olduğu gibi Mehd-i Ulyâ veya Mehd-i Ulyây-ı Saltanat olup valide sultan tâbiri rivayete göre ilk defa III. Murad'ın annesi için kullanılmış ve sonra taammüm etmiştir. II. Abdülhamid'in annesi Tirimüjgan Kadınefendi ve Sultân Vahdeddin'in annesi Gülustu Kadınefendi gibi bazı istisnâların dışında, çoğu Padişah anneleri bu ünvanı kullanmışlar ve en son kullanan da Abdülaziz'in annesi Pertevniyal Vâlide Sultân olmuştur. Valide

---

1 İbnül-Emin Mahmut Kemal İnal, Son Sadrazamlar, I, 585; Uluçay, Harem II, 35-36.

2 Mesela bkz. TSMA, D. 8254; D. 8251; D. 8199; Uluçay, Harem II, sh. 37.

Sultanlar ise oğullarına "arslanım" diye hitab ederlerdi. Bu tâbir, saltanatın ilgasına kadar devam etmiştir[1].

Bir padişah vefat ettiği zaman eğer varsa annesi ve zevceleri Topkapı Sarayı'ndan Eskisaraya götürülür ve Eskisarayda bulunan yeni padişahın annesi muayyen bir merasimle ve alayla Topkapı Sarayına getirilirdi. İşte buna **valide alayı** denirdi. İlk Vâlide Alayı'nın III. Mehmed'in ölümü üzerine, I. Ahmed'in annesi Handan Vâlide Sultân için yapılması icabeder. IV. Murad'ın ve Sultân İbrahim'in annesi Kösem Sultân, II. Mustafa ve III. Ahmed'in anneleri Gülnûş Sultân, kendileri için Vâlide Alayı yapılan Vâlide Sultânlardandır. Vâlide Sultân'ın Harem'e gelişinin ikinci günü, Sadrazama veya Sadâret Kaymakamına bir hüküm yazılarak geldiği haber verilirdi. Harem'de Hünkâr Sofasından sonra en geniş dâirenin Vâlide Sultân Dâiresi olduğunu daha evvel zikretmiştik[2].

Valide Sultanlar, oğullarından ekseriya büyük bir hürmet görürlerdi. Kendilerine paşmaklık adiyle haslar tayin olunur ve darphaneden de muayyen aidatları bulunurdu. Validelerin kalabalık bir maiyyeti vardı ve onları dürüst ve namuslu kimseler arasından seçilen **valide kethüdası** adlı bir memur idare ederdi. Bu zat, devlet ricâlinden olup itimata lâyık görüldüğünden bu vazifeye seçilirdi. Ancak bazan bu kethüdâların Vâlide Sultânlara tesir ederek onları kötüye kullandıkları da olmuştur. Vâlide Sultân'ın geniş bir cariyeler ordusu emrindeydi. Daha doğrusu Harem'in kadın personelinin âmiri Vâlide Sultân idi ve onun adına bu personeli daha evvel anlattığımız vechile Haznedâr Usta idare ederdi. III. Murad, III. Mehmed, IV. Mehmed, III. Osman, III. Selim validelerine pek fazla bağlı ve hürmetkâr olmakla meşhurlardır[3].

Valide Sultan deyince akla gelenlerin başında Kanunî Sultân Süleyman'ın annesi ilk Vâlide Sultân gelmektedir. Ancak bunların içinde en meşhuru ve kudretlisi IV. Murad ve Sultân İbrahim'in anneleri olan Kösem Sultân idi. Gerçekten Vâlide Sultânlardan bir kısmı devlet işlerine da fazla miktarda müdahalede bulunmuşlardır ki, bunlar arasında III. Murad'ın annesi Nurbânu Sultan, III. Mehmed'in annesi Safiye (Venedikli Bafa) Sultan, oğulları IV. Murad, İbrahim ve torunu IV. Mehmed devirlerinde devlet idaresini zaman zaman uzun müddet elinde tutup oğlu Sultan İbrahim hal' ve katledildiği halde tek bir istisna olarak eski saraya gönderilmiyen Kösem lâkabı ile meşhur

---

[1] Uzunçarşılı, Saray Teşkilâtı, sh. 155-156; Uluçay, Harem II, 62-64.

[2] Uzunçarşılı, Saray Teşkilâtı, sh. 155; Uluçay, Harem II, 61-62; Aynı Yazar, Harem'den Mektuplar, İstanbul 1956, sh. 19, 21, 79, 80, 150-155; Aynı Yazar, Osmanlı Sultânlarına Aşk Mektupları, İstanbul 1950, 66-72

[3] Uluçay, Harem II, 64; Aynı Yazar, Harem'den Mektuplar, 18-21

Mahpeyker Sultan başta gelirler. IV. Mehmed'in annesi Turhân Sultân'ın müdahelesi ile Kösem Sultân'ın şerrinden Osmanlı Devleti kurtulmuş oldu.

Avcı Mehmed'in zevcesi, II. Mustafa ve III. Ahmed'in anneleri olan ve tam 20 yıl Vâlide Sultân'lık makamında oturan Gülnûş Sultân da devlet hayatında müessir olan Vâlide sultânlardandı. II. Mahmud'un zevcesi ve Abdülmecid'in annesi Bezmialem Vâlide sultân da, devlet işlerine karışan ve Padişahın bulunmadığı zamanlarda devlet adamlarına emirler veren bir Vâlide Sultân idi.

Bu arada tıpkı Kadın Efendiler ve diğer saray kadınları gibi, Vâlide Sultânların da çok ciddi manada yaptıkları vakıflar ve hayır müesseseleri mevcuttur. Bezmialem Vâlide Sultân'ın Vakıf Guraba Hastahanesi günümüze kadar yaşayarak gelmiştir. Venedikli Bafa diye bilinen Sâfiye Sultân'ın dahi kendi adına inşâ ettirdiği camisi, medreseleri ve çeşmeleri vardır.

Burada **önemli bir hususu açıklamak** icabeder: Bilindiği gibi, müslüman bir erkek, ehl-i kitap olan yani Hristiyan veya Yahudi kadınlarla evlenebilir. Ancak doğacak çocukları İslâm Dinine tabidir. Ayrıca bir insan aslen Hristiyan veya Yahudi olup da sonradan müslüman olan bir kadınla da evlenebilir. İşte Osmanlı Padişahlarının anneleri arasında, eskiden Hristiyan veya Yahudi olan kadınlar bulunmaktaysa da, Hristiyan veya Yahudi olarak vefât eden hiç bir kadın yoktur. Osmanlı Padişahlarının zevceleri arasında Hristiyan olarak vefat eden Kadın Efendiler çok az da vardır. Ancak bunların çocukları olmamıştır. Venediklilerin bir casusu olarak değerlendirilen Sâfiye Sultân dahi çok önemli hayır müesseseleri bırakmış olan bir Vâlide Sultân'dır[1].

2- Padişah'ın Zevceleri Ve Karı Koca Hayatı Yaşadıkları Câriyeler: Kadın Efendiler, İkballer, Gözdeler, Peykler Ve Odalıklar

Osmanlı Padişahlarının aile hayatını, Osmanlı tarihini Fâtih Dönemini esas alarak ikiye bölerek anlatmak icabetmektedir. Zira bu iki dönem arasında mühim farklılıklar mevcuttur.

---

1 Bkz. Uluçay, Harem II, sh. 66;

A) Fâtih Devrine Kadar Osmanlı Padişahlarının Aile Hayatları ve Zevceleri

Osmanlı Padişahları, Fâtih Sultân Mehmed zamanına kadar, bulundukları yerin meşhur aileleri, Anadolu Beylerinin, Bizans İmparatorlarının, Sırp ve Bulgar Krallarının kızlarıyla nikâh akdi yaparak evlenmişlerdir. Bu evlenmeler, hissî olmanın yanında ağırlıklı olarak siyâsî idi. Kuruluş safhasında Osmanlı Devleti akrabalık yoluyla kuvvetlenmeye ve karşısındakinden miras yoluyla toprak taleb ederek genişlemeye muhtac idi. Aynı zamanda bey, imparator ve kral kızları asil ailelerdendi. Osman Gâzi, Şeyh Edebalı'nın kızı Bâlâ Hatun ve Anadolu Selçuklu veziri Ömer Abdülaziz Bey'in kızı Mâl Hatun ile evlenmişti. Oğlu Orhan'ı ise, Yarhisâr tekfurunun kızı Nilüfer Hatun ile evlendirdi. Bizans İmparatoru'nun kızı Asporça Hâtûn da Sultân Orhan'ın evlendiği hanımlar arasında yer almaktaydı. Osmanlı sultânları, kuruluş yıllarında İsfendiyaroğullarından kız alarak Trabzon Rum İmparatorluğu'nun ve Akkoyunlu Devleti'nin yolunu, Germiyonoğullarından kız alarak Karaman Beyliğini Osmanlı Devletine dost etmişlerdi.

Osmanlı Padişahları, kendileriyle evlendikleri gayr-i müslim kadınları, Kur'an'ın "Dinda ikrâh ve icbâr yoktur"[1] emri gereği, ne müslüman olmaya ve ne de adlarını değiştirmeye zorlamamışlardır. Ancak bunların bazıları adlarını değiştirmese de, tamamına yakını dinlerini değiştirmişler ve müslüman olarak vefat etmişlerdir. İsimlerini muhafaza edenler arasında Orhan Bey'in hanımı Bizans İmparatorunun kızı Theodora Hâtûn, yine İmharatorun kızı Asporça Hâtûn ve I. Murad'ın hanımı Bulgaristan Kralının kızı Marya Thamara Hâtûn bulunmaktadır. Bunlar, kardeşleri ile birlikte müslüman olmuşlardır. Ancak isimlerini değiştirmemişlerdir. II. Murad'ın hanımı ve Sirbistan Despotu'nun kızı Mara Hâtûn ise, ismini de dinini de değiştirmedi ve ancak Ortodoks olan bu kadından Osmanlı Padişahı çocuk sahibi olmadı. Önemle ifade edelim ki, bu kadın, Fâtih'in üvey annesidir; ancak annesi değildir. Fâtih'in annesi elimizde vakfiyyeleri de bulunan Hümâ Hâtûn'dur ve müslümandır[2].

Şunu da ifade etmek gerekir ki, ilk Osmanlı Padişahları, beylerin ve kralların kızları ile nikâh akdi yaparak aile hayatı yaşamış iseler de, bu nikâhlı hanımlarının yanında bazı cariyelerle de karı-koca hayatını sürdürmüşlerdir. Bunların sayıları sınırlıdır ve meşru ölçüler içerisindedir.

---

1 Kur'an, Bakara, 256.

2 Öztuna, Yılmaz, Devletler ve Hânedânlar-İslâm Devletleri, Ankara 1989, II, sh. 100-122; Uluçay, Harem II, 39

Şimdi Fâtih zamanına kadar olan Osmanlı Padişahlarının zevceleri ve bunlardan doğan çocukları hakkında kısaca bilgi vermek istiyoruz. **Ancak şunu ifade edelim ki, hür kadınlar ile evlendikleri zaman, aynı anda dörtten fazla kadınla nikâh akdi yapmamışlardır. Belki birisinin ölümü veya ayrılması üzerine beşinci ile evlenmişlerdir**. Cariye ile istifrâş hakkına dayanarak karı-koca hayatı yaşamak ile, yine cariye ile nikâh akdi yaptırıp eş olarak beraber yaşamayı birbirine karıştırmamak icabeder. Birincide dört kadınla evli olma sınırı ve hür kadınla evli olması halnide cariye ile beraber olmanın mekruh olması sözkonusu değildir. İkincide ise, cariye de olsa dörtten fazla nikâhlı kadınla evlenmek yasaktır ve hür bir kadın ile evliyken cariye bir kadınla evlenmek de en azından mekrûhdur.

Bütün bunları daha evvel izah ettiğimizden burada tekrara girmek istemiyoruz.

FATİH ZAMANINA KADAR OLAN OSMANLI PADİŞAHLARININ ZEVCELERİ VE ÇOCUKLARI

1) GAZİ OSMAN BEY I:

ZEVCELERİ (Siyah Yazılanlar Kesin Bilinenler Ve Diğerleri İse Tahmin Edilenlerdir)	ÇOCUKLARI
1- **Mâl Hâtûn**; Anadolu Selçuklu Veziri Ömer Abdülaziz Bey'in kızı ve Orhan Gazi'nin Annesi. 2- **Rabî'a Bâlâ Hâtun**; Şeyh Edebalı'nın kızı ve Şehzâde Alâaddin'in annesi.	1- Alâaddin Ali Bey 2- Fatma Hatun 3- Savcı Bey 4- Melik Bey. 5- Çoban Bey 6- Hamid Bey 7- Pazarlı Bey 8, 9 ve10 - Halil Bey, Bayat Bey ve Ahmed Bey[1].

[1] Bu çocukların zikredilen iki anneden olduğu kesin değildir. Belki de bazıları cariyelerden doğmadır. Fakat kesin bilgi bulunmadığından buraya dercedilememiştir. Bkz. Uzunçarşılı, Gazi Orhan Bey Vakfiyyesi, Belleten V, sh. 284-285; Osmanlı Tarihi, I, sh. 560-561; Öztuna, Devletler Ve Hânedânlar, II, 103-104; Aynı Yazar, Padişahların Kadınları Ve Kızları, 3.

2) SULTÂN ORHAN:

ZEVCELERİ (Siyah Yazılanlar Kesin Bilinenler Ve Diğerleri İse Tahmin Edilenlerdir)	ÇOCUKLARI
1- **Nilüfer Hâtûn**; Yarhisâr Tekfurunun kızı ve I. Murad ve Şehzâde Kasım'ın Annesi. Eski adı Holofiro. 2- **Asporça Hâtun**; Bizans İmparatorunun kızı ve Şehzâde İbrahim'in Fatma Hatun'un annesi. 3- **Theodora Hâtun;** Şehzâde Halil'in annesi ve İmparator kızı. 4- **Eftandise Hatun**; Mahmud Alp'in kızıdır.	1- Gazi Süleyman Paşa 2- I. Murad 3- İbrahim Bey 4- Sultân Bey. 5- Kâsım Bey 6- Halil Bey 7- Hatice Hâtun 8- Fatma Hâtun[1].

3) SULTÂN MURAD I:

ZEVCELERİ (Siyah Yazılanlar Kesin Bilinenler Ve Diğerleri İse Tahmin Edilenlerdir)	ÇOCUKLARI
1- **Gülçiçek Hâtûn**; Yıldırım Bâyezid'in ve Yahşi Bey'in Annesi. 2- **Marya Thamara Hâtun**; Bulgar Kralının kızı. 3- **Paşa Melek Hâtun**; Kızıl Murad bey'in kızı. 4- Fülâne Hâtun; Candar Oğullarından bir beyin kızı. 5- Fülâne Hâtun[2]; Bulgar Beyinin kızı.	1- Yıldırım Beyâzıd 2-Ya'kub Çelebi 3- Savcı Bey 4- İbrahim Bey. 5- Yahşi Bey 6- Halil Bey 7- Özer Hâtun 8- Sultân Hâtun 9- Nilüfer Hâtun 10- Nefise Melek Sultân Hâtûn[3].

---

[1] Bkz. Uzunçarşılı, 106-107; Uluçay, Padişahların Kadınları Ve Kızları, 3-5; Öztuna, Devletler Ve Hânedânlar, II, 104-105

[2] **Fülâne** tabiri, ismi tam bilinmeyen Hâtûnlar veya çocuklar hakkında kullanılmaktadır.

[3] Bkz. Uzunçarşılı, Murad Hüdâvendigarı'ın Kızı Ve Karamanoğlu Alaaddin Bey'in Zevcesinin Adı Nedir?, Belleten XXI, 1957, sh. 178-180; Uluçay, Padişahların Kadınları Ve Kızları, 6-7; Öztuna, Devletler Ve Hânedânlar, II, 107-108

4) YILDIRIM BÂYEZİD I:

ZEVCELERİ (Siyah Yazılanlar Kesin Bilinenler Ve Diğerleri İse Tahmin Edilenlerdir)	ÇOCUKLARI
1- **Germiyanoğlu Devlet Şah Hâtun**; İsa, Mustafa ve Musa'nın annesi. 2- Devlet Hâtun; Yine Germiyanoğlu olduğu söylenen ve Sultân Mehmed Çelebi'nin annesi ve ilk Vâlide Sultân. 3- **Hafsa Hâtun**; Aydınoğlu İsa Bey'in kızı. 4- Sultân Hâtun; Dulkadiroğlu Süleyman Şah Kızı. 5- **Marya Olivera Despina Hâtûn**; Sirbistan Kralı Lazar'ın kızı.	1- Ertuğrul Çelebi 2- İsa Çelebi 3- Mustafa Çelebi 4- Büyük Musa Çelebi. 5- İbrahim Çelebi 6- Kâsım Çelebi 7- Yusuf Çelebi 8- Hasan Çelebi 9- Erhondu Hâtun 10- Fatma Hâtun 11- Paşa Melek Hâtûn 12- Fülâne Hâtun 13- Oruz Hâtûn 14- Hundî Hâtûn[1].

5) ÇELEBİ MEHMED I:

ZEVCELERİ (Siyah Yazılanlar Kesin Bilinenler Ve Diğerleri İse Tahmin Edilenlerdir)	ÇOCUKLARI
1- **Şeh-zâde Kumru Hâtûn**; Amasyalı bir Paşa'nın torunu. 2- **Emine Hâtun**; Dulkadıroğlu Mehmed Bey'in kızı ve II. Murad'ın annesi.	1- Şehzâde Küçük Mustafa 2- II. Murâd 3- Şehzâde Mahmud 4- Şehzâde Yusuf. 5- Şehzâde Ahmed

---

[1] Bkz. Uzunçarşılı, Osmanlı Tarihi, 70, 200; Uluçay, Padişahların Kadınları Ve Kızları, 7-10; Öztuna, Devletler Ve Hânedânlar, II, 110-112; Ahmed Refik, Kadınlar Saltanatı, I, 22-25

ÇOCUKLARI	ÇOCUKLARI
6- Şehzâde Kâsım	11- Hatice Hâtûn
7- Şehzâde Orhan	12- Fatma Hâtûn
8- Şehzâde Mehmed	13- Hafsa Hâtûn
9- Selçuk Sultân	14- Ayşe Sultân
10- Sultân Hâtûn	15- İlaldı Hâtûn[1].

6) SULTÂN MURAD II:

ZEVCELERİ (Siyah Yazılanlar Kesin Bilinenler Ve Diğerleri İse Tahmin Edilenlerdir)	ÇOCUKLARI
1- Dulkadiroğlu Alîme Hâtûn. 2- **Yeni Hâtun**; Amasyalı Mahmud bey'in kızı. 3- **Hüma Hâtun**; Abdullah isimli bir şahsın kızı ve Fâtih'in annesi. Fâitih'in annesinin devşirme olduğu nakledilmektedir. Ancak müslüman olduğu kesindir ve hele Ortodoks olan Mara Hâtûn ile Fâtih'in üvey annelik dışında alakası yoktur. 4- **Tâcünnisâ Hatice Halîme Hâtun**; Candaroğlu İsfendiyar Bey'in kızı. 5- **Mara Hâtun**; Çocuksuz ve ortodoks olarak ölen ve Fâtih'in üvey annesi olan bu kadın, Sırbıstan Despotu Corc Bronkoviç'in kızı.	1- Fâtih Sultân Mehmed 2- Ulu Şehzâde Alaaddin Bey 3- Şehzâde Büyük Ahmed 4- Şehzâde İsfendiyar. 5- Şehzâde Hüseyin 6- Şehzâde Orhan 7- Şehzâde Hasan 8- Şehzâde Küçük Ahmed 9- Yusuf Âdil Şah 10- Hatice Sultân 11- Hafsa Sultân 12- Fatma Sultân 13- Erhondu Sultân 1- 14- Şehzâde Selçuk Sultân[2].

---

1 Bkz. Uluçay, Padişahların Kadınları Ve Kızları, 10-13; Öztuna, Devletler Ve Hânedânlar, II, 118-120

2 Bkz. Uzunçarşılı, Osmanlı Tarihi, 394, 452; Uluçay, Padişahların Kadınları Ve Kızları,13-18; Ali Rıza Sağman, Fatih'in Anası, Resimli Tarih Mecmuası IV, İstanbul 1953, 2312; Öztuna, Devletler Ve Hânedânlar, II, 122-124

B) Fâtih Devrinden Sonra Osmanlı Padişahlarının Aile Hayatları Ve Zevceleri

a) Padişahların Câriyelerle Karı-Koca Hayatı Yaşamasının Şer'î Dayanağı Ve Yaşadıkları Câriyelerin Hukukî Statüsü

Aslında bu konuyu Kitabımızın Üçüncü Bölümünde bütün ayrıntılarıyla özetlemiştik. Ancak burada da özetin özetini tekrarlayarak konuya girmek istiyoruz.

Fâtih Sultân Mehmed'den sonra, nasıl devlet ve kapıkulu kadroları, devşirme erkeklere bırakılmışsa, Harem'deki kadınlar saltanatı da devşirmelerden ve dışarıdan satın alınan değişik milletlere mensup câriyelere terk edilmiştir. Fâtih devrinden Osmanlı Devletinin yıkılışına kadar, kâhir ekseriyetle Osmanlı Padişahları, nikâh akdiyle ve hür kadınlarla evlenmeyi terketmişler ve bunun yerini cariyelerle ve nikâh akdi yapmadan karı-koca hayatı yaşama usulü almıştır. İslâm Hukukuna göre, cariyelerle nikâh akdi ile evlenmek câiz ise de, nikâh akdi yapmadan istifrâş hakkını kullanarak yine karı-koca hayatı yaşamak mümkündür.

İslâm Hukukunun cariye kabul ettiği kadın kölelerin bir statüsü de, eş statüsündeki veya istifrâş hakkı bulunan câriyeliktir. Bu tesbitten de anlaşılacağı üzere, köle veya hür başka erkekler ile evli olmayan câriyeler, iki şekilde Padişahlar ile karı-koca hayatı yaşayabilirler:

Birincisi; Padişahın eli altındaki câriyesi ile nikâh akdi yaparak evlenmesidir. Bu da iki şekilde olur;

aa) Padişah evlenmeden önce cariyesini âzâd eder yani hürriyetine kavuşturur ve bu durumda hür bir kadınla evlenmiş olur. Böyle bir evlilik halinde, daha evvel hür bir kadınla evli olması, dört sınırını aşmamış olmak şartıyla, cariyesini âzâd ederek evlenmesine mâni teşkil etmez. Bu durumda, âzâd ederek evlendiği câriye ile hür olarak evlendiği diğer hanımları arasında hiçbir hüküm ve statü farkı mevcut değildir. Bir kısım araştırmacılara göre, Kanunî Sultân Süleyman, bir akın sırasında esir edilerek Padişah'a takdim edilen Hurrem Sultân'ı önce âzâd etmiş ve sonra da nikâh akdi ile eşliğine almış ,ve Fâtih zamanından beri devam eden cariyelerin nikâhsız istifrâş edilmesi kaidesini bozmuştur[1]. Ancak çoğu tarihçiler, bu kaidenin Sultân

---

1 Uluçay, Padişahların Kadınları Ve Kızları, sh. 34-35; Harem II, sh. 40-41

İbrahim'in Telli Haseki'yi önce âzâd edip sonra da nikâh akdi ile onunla evlenmesi ile bozulduğunu ifade etmektedirler.

bb) Câriyesi cariye statüsünde kalmakla beraber, Padişah nikâh akdiyle onunla evlenir. Bu durumda yukarıdaki hüküm gündeme gelecektir. Yani efendi daha evvel hür bir kadınla evli ise, bazı hukukçular cariye ile olan nikâh akdinin, Nisâ Sûresindeki âyetin hükmü gereği mekrûh olacağını ve bir kısım hukukçular ise bu akdin sahih olmayacağını ifade etmişlerdir. Eğer Padişah hür bir kadınla evli değilse, o zaman ehl-i kitap veya müslüman olmaları şartıyla cariyesiyle nikâh akdiyle evlenebilecektir. Her iki halde de evlilik sahihdir ve hukukî sonuçlarını doğurur. Her ikisinde de doğan çocukları hür olarak doğar[1]. Hurrem Sultân'ınkinin bu gruba girdiği ve cariyelikten kurtulamadığı daha evvel ifade olunmuştu.

İkincisi; İslâm hukukuna göre, Padişah, başka bir erkek ile evli olmayan bir câriyesi ile herhangi bir nikâh akdi olmadan karı-koca hayatı yaşayabilir. Efendi için sâbit olan bu hakka istifrâş hakkı denmektedir. Asıl cariye hukuku burada sözkonusudur. Ancak önemle belirtelim ki, bu istifrâş hakkı da, Kur'-an'ın ifadesiyle zinâya yol açmaması ve gizli metres hayatına dönüşmemesi için önemli kaidelere bağlanmıştır. Hatta öylesine kâideler konulmuştur ki, hür ve evli bir kadın ile istifrâş hakkına dayanılarak karı-koca hayatı yaşanan cariye arasındaki tek fark, cariyenin efendisinin mirasından istifâde edememesidir. Miras münâsebetinin dışında bazı farklar da vardır. Mesela istifrâş hakkı ile bir câriye ile karı-koca hayatı yaşama poligami=birden fazla kadınla evlilik sınırına tâbi olmama, iddet ve boşamada bekleme sürelerinin yarıya indirilmesi ve daha önce de ifade ettiğimiz gibi cariyenin örtünme konusunda hür kadınlar gibi olmaması gibi farklar, aile içerisindeki statüyü fazla etkilemeyen hallerdir[2]. Önemle ifade edelim ki, Padişah, cariye ile nikâh akdi yaptığı takdirde birden fazla evlenmenin sınırına riâyet edecektir. Ancak istifrâş hakkı ile karı-koca hayatı yaşaması halinde, böyle bir sınır mevzubahis değildir. Efendi'nin istifrâş hakkına dayanarak cariyesi ile karı-koca hayatı yaşamasına teserrî de denmektedir[3]. Osmanlı Padişahları bir kısım câriyeleri ile nikâh akdi yapmasına karşılık, istifrâş hakkı bulunan bir kısım câriyeleri ile de teserrî yani nikâh olmadan karı-koca hayatı yaşamıştır. Bu sebeple birden fazla evlenme konusundaki sınıra riâyet edilmeye ihtiyaç kalmamıştır. **Os-**

---

1 Akgündüz, Osmanlı Kanunnâmeleri, c. II, sh. 311 vd.; Damad, Mecma'ul-Enhür, I, sh. 364 vd.; 328 vd.

2 Akgündüz, Osmanlı Kanunnâmeleri, c. II, sh. 311 vd.; Damad, Mecma'ul-Enhür, I, sh. 329 vd.

3 Damad, Mecma'ul-Enhür, I, sh. 329 vd.

manlı Padişahlarının aile hayatlarında ri'âyet ettikleri hukukî statü çoğunlukla budur. Bu sebeple özellikle Kadın Efendiler, Padişahların zevceleri yani eşleri olarak takdim edilmiştir ve doğru olan da budur.

İstifrâş hakkının ve buna dayanılarak teserrî yani cariye ile karı-koca hayatı yaşamanın hukukî statüsü ve sınırları da bunu desteklemektedir:

Padişah ile karı-koca hayatı yaşayan câriye, Padişahın karısı gibi olur. Efendisi dışında kimse ile karı-koca hayatı yaşayamaz. Hanefi hukukçulara göre, efendi, müslüman veya ehl-i kitap olan cariye ile istifrâş hakkına dayanarak karı-koca hayatı yaşayabilir. Şafi'î hukukçular, bu konuda Yahudi ve Hristiyanları ehl-i kitap saymadıklarından daha sert hükümlere taraftardırlar[1]. Böyle bir câriyenin Padişah ile yaşadığı karı-koca hayatının âkıbetini de ikili bir ayırıma giderek izah edelim:

aa) İstifrâş hakkına dayanarak karı-koca hayatı yaşadığı cariyesinden efendi çocuk sâhibi olunca, cariye de ümm-i veled statüsüne geçer. Bu durumda, Efendi'nin cariyeden doğan çocuğu hür olarak dünyaya gelir. Ayrıca Efendi'nin ölümüne bağlı olarak annesini de hürriyetine kavuşturur. Kısaca ifade etmek gerekirse, İslâm hukuku, cariye statüsünü bile köle kadınların hürriyetlerine kavuşmaları için vesile kılmıştır[2]. Bu kâideye uygun olarak Osmanlı tarihinde Padişah'dan hâmile kalan bir cariye, daha önceden olmasa bile, hemen Kadın statüsüne geçer, Padişahların zevceleri gibi sayılırdı. Padişahın zevceleri gibi dememizin sebebi, tam zevce olarak kabul edilmemeleridir. Zira tam zevce kabul edilince, dört kadn sınırı söz konusudur. Halbuki bu statüde olunca, Kadın Efendilerin sayısı yediye kadar çıkmıştır[3].

bb) Padişah, karı-koca hayatı yaşadığı cariyesinden çocuk sahibi olmayabilir. Bunun yolu azldir. Çocuk sahibi olmadan karı-koca ilişkisini devam ettirebilir. Ancak bunun da bazı kaideleri vardır. Padişah, iki kız kardeşi cariye olarak eli altında ve bu statüde bulundaramaz. Böyle bir cariyenin başka biriyle karı-koca münasebetine girişmesi zina sayılır. En önemlisi de, böyle bir cariyeyi başka bir efendiye satabilmesi ve Efendi'nin istifraş hakkını elde edebilmesi için, ayrılığın üzerinden iki hayız müddetinin geçmesi gerekir. Şayet cariye hamile ise, birinci şıkta belirttiğimiz ümm-i veled hükümleri devreye girer. Hamile değilse, bekleme süresi bitince yeni efendi ile karı-koca hayatı yaşamaya başlayabilir[4]. Padişahların kendileriyle cinsi münâsebette bulun-

---

1 Akgündüz, Osmanlı Kanunnâmeleri, c. II, sh. 311 vd.; Damad, Mecma'ul-Enhür, I, sh. 328 vd.

2 Damad, Mecma'ul-Enhür, I, sh. 542 vd.

3 Sertoğlu, Osmanlı Tarih Lügati, sh. 121; Uluçay, Harem II, sh. 41-42

4 Buhari, Itk, 49

dukları ikballer ve son zamanlarda ortaya çıkan gözdeler ve peykler bu statüdedirler[1].

O halde Osmanlı Padişahlarının Fâtihden itibaren beraber oldukları kadınları, dört gruba ayırmak mümkündür:

***Birinci Grup*: Nikâh akdi yaparak eş kabul ettikleri kadınlardır ki, bunların sayısı mahduttur. Nikâh akdi yaparak evlendikleri hemen kadın efendi ünvanını alırlar.**

***İkinci Grup:* Nikâh akdi yapmadan beraber oldukları ve ancak ümm-i veled statüsündeki yani çocuk sahibi oldukları Kadın Efendilerdir. Bunların sayıları, en fazla sekize çıkmıştır. Ayşe Osmanoğlu'na göre bunların çoğu nikâh ile alınmaktadır. Nikâh ile alınması, evlenilen kadın câriye de olsa, aynı anda dört kadından fazla olanı haram haline getirir. Ancak birisinden boşandıktan sonra diğerini nikâhlayabilir. Halbuki bir anda dörtten fazla cariye ile Kadın Efendiler olarak hayat yaşayan Padişahlar vardır. Bu duruma göre, böyle bir iddia bütün kadın efendiler için doğru değildir[2]. Kadın Efendi demek, mutlaka nikâh ile evlendiği cariye demek değildir. Ancak dört kadın sınırını zorlamadıkça kadın efendiler ile nikâh akdi yaptığı da doğrudur.**

***Üçüncü Grup:* Beraber karı-koca hayatı yaşadıkları ve ancak genellikle çocuk sahibi olmadıkları cariyelerdir ki, bunlara ikbal adı verilmiştir ve II. Mustafa'dan itibaren başlamıştır. İkballer çocuk doğurdukları zaman çoğunlukla Kadın Efendi olmuşlar ve bazan da nikâh akdi ile zevce haline getirilmişlerdir.**

***Dördüncü Grup:* Her Padişahın olmamakla birlikte, son zamanlarda görülen ve ikbal adayları demek olan gözdeler, peykler ve has odalıklardır. Bunların azami sınırı da dörttür. Yani Padişahların Kadın Efendi ve İkballer dışında karı-koca hayatı yaşadıkları cariyelerin sayıları sınırlıdır.**

Osmanlı Padişahlarının aynı anda dört beş kadın ile beraber olanları ve yaşayanları çok azdır. Her birinin ayrı ayrı hanımlarını ve çocuklarını liste halinde verince, bu dediğimiz daha iyi anlaşılacaktır.

---

1 Sertoğlu, Osmanlı Tarih Lügati, sh. 121; Uluçay, Harem II, sh. 38

2 Krş. Damad, Mecma'ül-Enhür, I, 329; Ayşe Osmanoğlu, Babam Abdülhamid.

b) Fâtih Döneminden İtibaren Osmanlı Padişahları Hür Kadınlarla Evlenmeyi Neden Terk Ve Câriyelerle Aile Hayatı Yaşamayı Neden tercih Etmişlerdir?

Fâtih devrinden itibaren Osmanlı Padişahları, nikâh ile ve özellikle de hür kadınlar ile evlenmeyi terketmişler; bunun yerine Kadın Efendi, ikbal, gözde veya peyk denilen cariyeler ile yaşamayı tercih etmişlerdir. Bu teâmülün Osmanlı Devletinin yıkılış zamanına kadar devam ettiğini ve pek az istisnâlarının bulunduğunu görüyoruz. Önce istisnâları görelim ve sonra da sebebleri üzerinde kısaca duralım.

Fâtih'den itibaren hür kadınlar ile veya cariyeler ile nikâh akdi icra ederek Padişahların evlenmeleri tamamen istisnâi bir durum haline gelmiştir. Bu istisnalar şunlardır:

1- Faitih'in henüz tahta geçmeden Dulkadiroğlu Süleyman Beğ'in kızı Sitti Hâtun ile evlenmesi, saltanattan önce olması hasebiyle pek istisna da sayılmayabilir.

2- Oğlu II. Bâyezid'in Karaman Oğlu Nasuh Bey'in kızı Hüsnüşah Hâtûn ile ve nikâh akdi yaptırarak evlenmesi ilk istisnâdır denilebilir.

3- Kanunî'nin cariye olan Hurrem Sultân'ı, bir görüşe göre âzâd edip hürriyetine kavuşturdukdan sonra ve bir görüşe göre de cariye kalmakla beraber nikâh akdiyle evlenmesi, sözkonusu kaidenin ilk cariyeden olan istisnasıdır.

4- Genç Osman'ın Şeyhülislâm Esad Efendi'nin kızı Âkile Hanım'ı hür bir kadını nikâh akdiyle alması şeklinde değerlendirirsek, önemli bir olaydır.

5- Sultân İbrahim'in Telli Haseki de denen Hümaşah'ı debdebeli bir düğün ile ve nikâh akdi ile eşliğine kabul etmesi de önemli bir istisnâdır. Ancak cariye olan bu kadını, âzâd ederek hür olarak mı evlendiği yoksa yukarıda izah ettiğimiz gibi cariye olarak mı yoksa onunla nikâh kıydığı tam belli değildir[1].

6- Sultân Abdülmecid, Mısırlı Bezmiârâ Hanım'ı nikâh akdiyle zevceleri arasın sokmuştur ve muhtemelen hür olarak nikâh akdini icra eylemiştir. Sultân Abdülaziz'in Mehmed Ali Paşa ailesinden gelen Tevhîde Hanım ile evlenme arzusunu ise Keçeci-zâde Fuad Paşa engellemiştir.

Peki Osmanlı Padişahları neden Fatih'den itibaren câriyelerle aile hayatı yaşamayı tercih etmişlerdir? Bu soru, farklı şekillerde cevaplandırılmıştır. Bizce bazı sebepleri şunlardır:

---

[1] BOA. İbnül-Emin tasnifi, Saray, No: 939; Uluçay, Padişahın Kadınları Ve Kızları, sh. 61-62; Harem II, 41; Ahmed Refik, Kadınlar Saltanatı, III, 16-17, 37-39, 131, 141;

1- Bugün Türkiye'de ve başka dünya devletlerinde, devletin başını en çok ağrıtan hadise devleti yönetenlerin ailesi ve hânedân söylentileridir. Rahmetli Cumhurbaşkanı Turgut Bey'i yıpratan hânedân dedikoduları olduğu gibi, şimdiki Cumhurbaşkanını da yıpratan yeğen dedikodularıdır. Dünyada bazı başbakanların beylerinin adları, Mafya liderlerinin isimleriyle birlikte telaffuz edilmektedir. Böyle olmasa bile, yakınlarının işe karıştığı ve devlet pastasından pay talep ettikleri bir vakıadır.

Bugün böyle olduğu gibi, Osmanlı tarihinde de böyle olmuştur. Nikâh akdiyle alınan Hurrem Sultân'ın devletin başına açılan ilk ve en büyük gaile olduğu çok iyi bilinmektedir. Aynı şey Sultân İbrahim'in nikâh akdi ile aldığı Hümaşah Hanım için de sözkonusudur. Osmanlı Padişahları, devleti, kayınbiraderlerden, yeğenlerden, dayılardan ve amcalardan korumak için böyle bir riske girmemeyi tercih etmiştir. Osmanlı Devletinin yıkılış sebeplerinin başında, Padişah kızları ile evlenen damadların suiistimali gelmektedir.

2- Osmanlı Devleti'nin sınırları bir zamanlar 24 milyon km^2'yi bulmuştur. Böylesine geniş bir ülkeyi idare etmek devlet sırlarının dışarıya sızmamasını gerektirmektedir. Bunun için de Padişah'ın ailesinin taşra ile alakasının olmaması gerekmektedir. Bunun da yolu Harem'den başka varacağı yer olmayan cariyelerle aile hayatını devam ettirmektir.

3- Birden fazla evli olan Osmanlı Padişahlarının nikâh ve düğün yapmamaları, devletin bütçesini sarsacak düğün ve nikâh masraflarından ve yapılacak isrâflardan kaçınma sebebini de ihtiva etmektedir. Düğün törenlerine yapılacak masraflar ve bu düğünlerde hediye adı altında dönecek dolapları da bir hesaba katarsanız, neden devşirme yani cariye usulüne dönüldüğünün sebebini kolay anlarsınız.

4- Bu arada, çevrede beylik ve fethedlecek memleketin kalmaması, yakın devlet olarak İran ve benzeri Osmanlıların sevmediği sülalelerin bulunması da, eski bey ve kral kızları ile evlenme âdetini ortadan kaldıran sebepler arasında sayılabilir[1].

c) Osmanlı Padişahlarının Eşleri Sayılan Câriyeler: Kadın Efendiler

Bunlar, Osmanlı Padişahlarının bazan dört kadınla evlenmek sınırına riâyet ederek nikâh akdi ile evlendikleri ve bazan da **nikâh akdi yapmadan beraber yaşadıkları ve ancak ümm-i veled statüsündeki yani çocuk sahibi oldukları kadın veya Kadın Efendi denilen cariyelerdir. Bunların sa-**

---

1 Bkz. Uluçay, Harem II, sh. 40

yıları, en fazla sekize çıkmıştır. Ayşe Osman Oğlu'na göre bunların çoğu nikâh ile alınmaktadır. Nikâh ile alınması, evlenilen kadın câriye de olsa, aynı anda dört kadından fazla olanı haram haline getirir. Dört adedine ulaşılınca ancak birisinden boşandıktan sonra diğerini nikâhlayabilir. Halbuki bir anda dörtten fazla cariye ile Kadın Efendiler olarak hayat yaşayan Padişahları vardır. Bu duruma göre, böyle bir iddia bütün Kadın Efendiler için doğru değildir[1].

Padişahın ilk kadınına Baş Kadın Efendi denilirdi. Diğerleri de İkinci, Üçüncü, Dördüncü, Beşinci, Altıncı, Yedinci ve sekizinci Kadın Efendi diye anılırlardı. Baş kadın ve diğer Kadın Efendilere hususî daireler tahsis olunur ve emirlerine cariyeler ve kalfalar verilirdi. Kadın Efendilerden birisi vefât ederse veya Padişah'dan ayrılırsa, yerlerine Padişahın tercih ettiği ikballerden birisi, Kızlar Ağasının arziyle Kadın Efendi olurdu. Kadın Efendiye bir berât verilirdi. Mesela I. Abdülhamid'in kalfalarından Mehtâb Kalfa'ya Kızlar Ağası beşir Ağa'nın arzıyla Beşinci Kadınlık berâtı verilmişti[2]. Yeni Kadın Efendi alındığında kendisine ayrı bir oda tahsis edilir, elbiseler ısmarlanır, haznedar usta ve kalfaları tarafından saray âdetleri öğretilirdi. Padişahların Kadın Efendilerine Haseki de denirdi. Bazı yazarlara göre, en çok sevilenlere Haseki ve çocuk sahibi olanlara Haseki Sultân ünvanı verilirdi. XVI. yüzyıl ile XVIII. yüzyıl arasında kullanılan bu ünvan, ilk olarak Sultân İbrahim'in kadını Hüsrev Sultân'da görüyoruz[3].

Osmanlı Padişahları, nikâhlı eşleri olmamalarına rağmen, Kadın Efendileri arasında fıkıh kitaplarında izah edilen kasm yani eşler arasında kalbî muhabbet dışındaki bütün muâmelelerde adaleti gözetme prensibine azami derecede riâyet ederlerdi ve buna nöbet denirdi. Nöbetin tanzimi ve tatbiki haznedar ustanın göreviydi. Hatta üç cuma gecesi ihmâl edilen Kadın Efendi'nin Kâdi'ye şikâyet etme hakkı olduğunu yabancı seyyâh ve temsilciler de görmüş ve kaleme almışlardır[4]. Fıkıh kitaplarında "Kasm" başlığı altında incelen birden fazla kadınlar arasındaki adalet esaslarına uymayan Padişahların, kadınlar arasında fitnelere yol açtığı ve kıskançlık rüzgarlarını dalgalandırdıkları, yaşanan olaylardan anlaşılmaktadır. Kanunî Sultân Süleyman'ın Baş Kadını ve Şehzade Mustafa'nın annesi Mahdevran Baş Kadın ile Şehzâ-

---

1 Krş. Damad, Mecma'ül-Enhür, I, 329; Ayşe Osmanoğlu, Babam Abdülhamid,

2 BOA. Muallim Cevdet, Saray Tasnifi, No: 4791; Uluçay, Harem II, 41-43

3 Uzunçarşılı, Saray Teşkilâtı, 148-149; Sertoğlu, Osmanlı Tarih Lügati, 121; Uluçay, Harem II, 44

4 M. Mikes, Türkiye Mektupları (Çev. Sadrettin Karatay), Ankara 1944-1945, I, 196; II, 232; Uluçay, Harem II, 44-45

Daha sonraları Kadın Efendilere "hâslar" ve çiftlikler tevcih edilmeye başlandı. Mum, sabun ve odun gibi ihtiyaçları, senede iki defa Muharrem ve Receb aylarında toptan veriliyordu. Yemeklerini kendi dairelerinde yiyen Kadın Efendilere, günde 5 okka et, 3 tavuk, 2 okka sade yağ, yazları bir denk kar, bir tabak kaymak, bir okka meyva, 4 has ekmek, 200 dirhem bal, hoşaf, 2 yumurta, 4 piliç ve mevsimine göre yeteri kadar sebze verilmekteydi.

Tanzimât devrinde, Kadın Efendilerin bu tahsisâtları maaşa çevrildi. Onlar da devlet memurları gibi maaşlarını Hazine'den almaktaydılar. Bundan gaye isrâfı önlemekti; ancak tam muvaffak olunduğu söylenemez[1].

Boşanmaları Ve Evlenmeleri: Osmanlı Padişahlarından biri vefât edince, onun çocuk doğurmamış yahut da erkek çocuk doğurmuş olup da vefât etmiş olan kadın ve hasekileri, devlet ricâlinden biriyle evlendirilebilirdi. Mesela Fâtih Sultân Mehmed, ilk olarak bu geleneği başlatmış ve II. Murad'ın kadını Halime Hatice Hâtûn'u babasının adamlarından İshak ile evlendirmişti. Kendisi de boşadığı Trabzon Rum İmparatorunun kızını, Zağanos Paşa ile evlendirmiştir[2]. Daha sonra da benzer bir olaya III. Murad devrinde rastlıyoruz.

Ancak şunu önemle belirtelim ki, Padişah'ın vefâtından sonra onun kadınlarının evlenme hadisesine çok az rastlıyoruz. Bu sayı üç dördü bulmamaktadır. Ayrıca Osmanlı Padişahları, Fâtih'in kendi fiili olanlar hariç, bu tür hadiselere hiyânet olarak bakmaktadırlar[3].

Osmanlı Padişahlarının, bazı suçları sebebiyle, sayıları üçü dördü geçmeyen kadınlarını idam ettirdikleri nakledilmektedir. Mesela Kanuni Sultân Süleyman'ın kendisine isyân eden ve izzet-i nefsini kıran Gülfem Kadın'ı idam ettirdiğini ve sonra da yarım kalan Camiini tamamlattırdığını ve II. Mustafa'yı kendisini öldürmeye teşvik eden Peykidil Kadın Efendi'yi II. Mahmud'un idam ettirdiğini tarihçiler nakletmektedir[4].

Bu arada Harem'de idam ettirilen bir kaç kadını, yüzlerce kadının katledildiği, Harem'in bir nevi katliam yeri olduğu ve insanların hayatlarının bu mekânda kıymetini kaybettiği şeklinde açıklayan Batılı Yazarların yalanları ve iftirâları da çok dikkat çekicidir. Bunlardan bir tanesini nakledelim, ta ki diğerlerinin de nasıl yalan olduğunu böylece anlayalım: "Sarayburnu'nda bir

---

1 Bu konuda bkz. Uluçay, Harem II, 54-55; TSMA, E. 815; E. 7004; D. 4665; D. 10366; D. 8019

2 Uzunçarşılı, Saray Teşkilâtı, 152; Uluçay, Harem II, 54-55

3 Uzunçarşılı, Saray Teşkilâtı, 153; Uluçay, Harem II, 56.

4 Uluçay, Padişahların Kadınları Ve Kızları, 37-38, Harem II, 56-57

kaza oldu. Bir dalgıç denize daldığı zaman, dipte çuvallara dolmuş bir sürü kadın cesedlerinin bulunduğunu, akıntı dolayısıyla sağa sola sallandığını titrek bir sesle anlatttı."[1].

Kadın Efendilerin Eski Saray'a Gönderilmeleri: Padişahlardan birisi vefât edince, tamamen kendisine ait olan annesi Vâlide Sultân, eşleri durumundaki Kadın Efendiler, İkballer, hatta çok sevdiği cariyeler ve de onların yakın hizmetinde bulunan haznedar ustalar, bütün imtiyazlarını kaybederler ve Harem Dairesinden alınarak Eski Saray'a gönderilirlerdi. III. Murad devrinden 1826 yılına kadar eski Padişahların kadınlarını ağırlayan ve şu andaki İstanbul Üniversitesinin yerinde bulunan Eski Saray'a Gözyaşı Sarayı adı verilmiştir. 1826 tarihinde burası Bâb-ı Seraskerî'ye tahsis olununca, buradaki kadınlar da Topkapı Sarayı ile Çifte Saraylara nakledildiler.

Netice olarak, Harem konusunda, bazı yanlış değerlendirmeleri bulunmakla birlikte, eserleri bizim ve herkesin temel kaynağı haline gelen bir araştırmacının tesbitlerini aktarıp konuyu bitirelim:

"Bir çok yerli ve yabancı yazarlar, padişahların, yüzlerce cariye ile yatıp kalktıklarını ileri sürmüşlerdir. Hatta *III. Murad* öldüğü zaman, haremde 100'den fazla beşiğin sallandığı tarihlerde yazılıdır. Bunların doğru olmadığını tarihler ve belgeler ortaya koymuştur.

Belgeler ve tarihlere göre, Osmanlı Padişahlarının kadınlarında ve kızlarında artış Sultan İbrahim'den sonra başlamıştır. Bizdeki tescile göre çok kadınlı padişahlar şunlardır: III. Ahmed 18, Abdülmecit 18, II. Mahmud 13, III. Selim 12, I. Abdülhamid 11, II. Bayezıd 8. Tabiî listelere İlkballer de dahildir.

Çok kadınlı padişahlara karşılık, pek az eşi olanlar da görülmektedir: I. Mustafa'nın hiç kadını tesbit edilmemiştir. Yavuz, II. Selim, III. Mehmed, IV. Murad, II. Ahmed'in birer; Osman Bey, Çelebi Sultan Mehmed, III. Murad, I. Ahmed, II. Osman ve III. Osman'ın da 2 şer kadını olduğu tesbit edilebilmiştir."[2].

d) İkbâller

İkballer, Padişahların beraber karı-koca hayatı yaşadıkları ve ancak genellikle çocuk sahibi olmadıkları cariyelerdir ki, bunlara ikbal adı verilmiştir. Bazan çocuk sahibi olur olmaz Kadın Efendiliğe yükselmişlerdir. II. Mahmud'un ikbali Pertevniyal Sultân gibi. Bazan da çocuk sahibi olmalarına rağ-

---

1 Bu ve benzeri yalanlar için bkz. Penzer, The Harem, 186; Uluçay, Harem II, 57-58

2 Uluçay, Harem II, 59-60; Kadın Efendilerle ilgili bazı abartılı tasvcirler için bkz. Uluçay, Osmanlı Saraylarında Harem Hayatının İç Yüzü, sh. 82- 122.

men, kadın ünvanını hemen almamışlar ve ikbal olarak kalmışlardır. Abdülmecid'in Baş İkbali Nâlândil Hanım gibi.

Evvela şunu hatırlatmak icabeder ki, ikbal müessesesi, Osmanlı Tarihinde II. Mustafa ile başlamaktadır ve ismi de Şahin Fatma Hanım'dır. Bundan sonra III. Ahmed'in 1, I. Mahmud'un 4, III. Mustafa'nın 1, III. Selim'in 1, II. Mahmud"un 4, Abdülmecid'in 6 ve II. Abdülhamid'in 4 ikbali tesbit edilebilmiştir[1].

İkballer, Padişah'ın kadınefendilerden sonra gelen ve karı-koca münasebetinde bulunduğu cariyelerdir. Eğer Padişah, biraz sonra açıklayacağımız has odalık, peyk veya gözde tabir edilen cariyeler ile münâsebette bulunur, bunlar gebe kalırlar ve sonradan da çırağ edilmezlerse, adı geçen cariyelere ikbâl adı verilir. Birden fazla olmaları halinde sırasıyla baş ikbal, ikinci ikbal, üçüncü ikbal ve dördüncü ikbal adlarıyla anılırlardı. Sayıları aynı anda dördü geçmemiştir. Zaten biraz evvel gördüğümüz gibi, ikbal meselesi, XVII. yüzyıl sonunda, duraklama ve gerileme devri padişahlarının tahta çıktıkdan sonra aldıkları kadınlar olarak başlamış ve XIX. yüzyılda ise Harem'in itibarlı kadınları arasında yerlerini almışlardır. I. Abdülhamid'e kadar hususî daireleri olmayan ikballer için, I. Abdülhamid, Topkapı Sarayı'nda Gözdeler-İkballer Dairesini inşâ ettirmiştir[2]. Kadın Efendiler ile ikballerin en önemli özelliği, Padişah'ın vefatından sonra da statülerini koruyabilmeleridir.

İkballer, Kadın Efendilerin ölüm, boşanma ve benzeri sebeplerle Padişah'dan ayrılmaları ile terfi' ederler. Yani Padişahın kadınlarından birisi vefât eder veya gözden düşüp Eski Saray'a gönderilirse, ikballerden biri ve genellikle Baş İkbal onun yerine geçerek Kadın Efendi ünvanını alırlardı. Mesela II. Mahmud'un ikinci ikbali iken Abdülaziz'i doğuran Pertevniyal Sultân, hemen beşinci Kadın Efendiliğe yükselmiştir[3]. İkballer arasında Padişahların kadınlarından fazla sevdikleri de vardır. II. Abdülhamid'in sonradan dördüncü kadınlığa yükselen Baş İkbalı Müşfika Kadın Eefendi gibi. İkballer de, kışın kürkle kaplı elbise giymek hakkına sahiptirler[4].

İkballerin hususî maiyyetleri vardı ve hizmetlerine tahsis edilen cariyeleri bulunmaktaydı[5].

---

1 TSMA, No: D. 9988; Uluçay, Harem II, 38

2 Öztuna, Devletler Ve Hânedânlar, II, sh. 901-902; Uluçay, Harem II, 38

3 TSMA, No: D. 8218; Uluçay, Padişahların Kadınları ve Kızları, sh. 124; Mehmed Süreyya, Sicill-i Osmânî, I, 27

4 Krş. Sertoğlu, Osmanlı Tarih Lügati, 121

5 Uluçay, Osmanlı Saraylarında Harem Hayatının İç Yüzü, sh. 123-125.

I. Mahmud'un Dört İkbali ve Kendilerine Tahsis Edilen Cariyeleri Gösteren Liste, TSMA, No: D. 8075

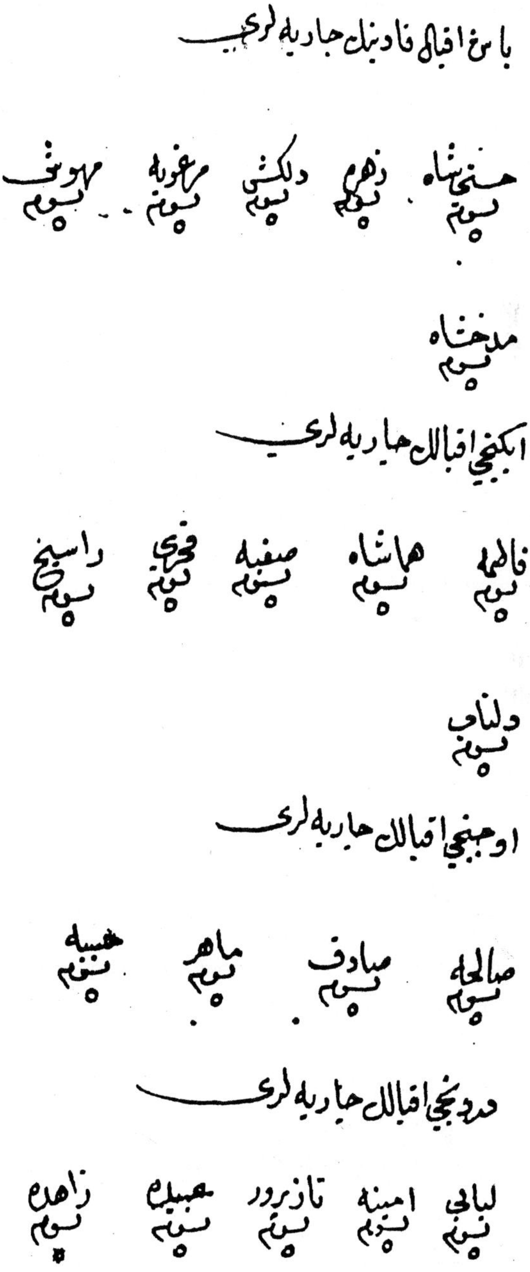

باش اقبال قادینك جاریه لری

حسنی شاه ذهره دلکش مرغوبه مهوش

ملکشاه

ایکنجی اقبالك جاریه لری

فاطمه هماشاه صفیه فخری راسخ

دلناز

اوچنجی اقبالك جاریه لری

صالحه صادف ماهر حسیبه

دردنجی اقبالك جاریه لری

لبابی امینه نازپرور عندلیب زاهده

e) Gözdeler, Peykler Ve Has Odalıklar

Daha evvel de ifade ettiğimiz gibi, Padişahın sayıları genellikle dördü bulan ve aynı anda olmasa bile bütün hayatı boyunca bazan yediye ve sekize ulaşan Kadın Efendiler, ikballer arasından seçilirlerdi. İkballer arasından Kadın Efendiliğe seçilen cariyeler, yine cariye statüsündeydi; ancak bazan Şeyhülislâm'ın nikâh akdi icra etmesiyle nikâhlı olarak eş tarzında ve bazan da nikâhsız cariye eş statüsünde Padişahların zevceleri tarzında hayatlarını sürdürürlerdi.

Genellikle kadınefendilerin kendileri arasından seçildiği ikballer ise, has odalık, peyk veya gözde adı ile anılan cariyeler arasından seçilirlerdi. II. Mustafa zamanında ikbal müessesesi ortaya çıkıncaya kadar, Kadın Efendiler de doğrudan has odalık, peyk veya gözde tabir edilen bu cariyeler arasından Padişah tarafından seçilirlerdi. Kitabımızın daha evvelki bölümlerinde anlattığımız gibi, İslâm Hukukuna göre, efendiler ve bu arada elbetteki Padişahlar, başkalarıyla evli olmayan ve istifrâş hakkı kendilerine ait bulunan cariyeleriyle karı-koca hayatı yaşayabilmekteydiler. Osmanlı Padişahlarının karı-koca hayatı yaşayacakları cariyeler, Harem'e alınan cariyeler arasından temin edilirdi. Hazinedar Ustanın nezâreti altında saray terbiyesi alan cariyelerden, önce Padişah'ın şahsi ve hususî hizmetlerini görmek üzere Hünkâr Kalfaları seçilirdi. Hünkâr Kalfaları arasından Padişahın beğendikleri, peyk, gözde veya has odalık adıyla Padişah için ayırılırlardı. Has odalık, peyk veya gözde adıyla ayrılan cariyelere bir daire tahsis edilir.

Has odalıklar da peyk ve gözde adıyla ikiye ayrılır. Peyk ve gözdeler de en fazla dörder aded olurlar. Bunlar arasından Padişah ile münâsebette bulunan ve Padişah'ın beğenisini kazananlar ile Padişah'dan çocuğu olanlar ikbal veya Kadın Efendi olurlar. Diğerleri ise, Harem hâricinde bulunan erkek kölelerden biriyle evlendirilirlerdi. Erkek çocuk doğuran kadınlar mutlaka kadın statüsünü kazanır ve doğurduğu çocuk ilk erkek çocuk ise baş Kadın Efendi olurlardı[1].

Osmanlı Padişahlarından Kadın Efendilerinin yanında ikballeri bulunanların sayısı yedi sekiz tanedir; ikballerinin yanında gözdeleri de bulunanların sayısı ise çok azdır; gözdelerinin yanında peykleri bulunanlar ise bir veya iki

---

1 Uluçay, Harem II, 29-30; Değişik bilgiler için bkz. Uluçay, Osmanlı Saraylarında Harem Hayatının İç Yüzü, sh. 126-135; Öztuna, Devletler ve Hânedânlar, II, 902

tanedir. Yoksa her Padişah'ın illa da 4 Kadın Efendisi, dört ikbali, dört gözdesi ve dört de peyki olacak demek değildir.

Bu arada şunu da belitmeliyiz ki, başta Penzer olmak üzere, Batılı Yazarlar, Padişahın ikbal ve Kadın Efendilerinin içlerinden tesbit edildiği has odalık cariyelerin teminini ve seçilişini, öylesine gayr-i meşru tarzlarda ve öylesine kötü şekllerde tavsif etmişlerdir ki, bunların verdikleri bilgileri, ne bir Osmanlı Tarihi ve ne de arşivlerdeki belgeler tasdik etmemektedir. Oynatıp oyununu seyrederken üzerine mendil atılması, hamamlarda yıkanırken tercihlerde bulunulması ve buna benzer halvet tasvirleri, gerçekle ilgisi olmayan yalanlardan ibarettir[1].

3- Şehzâde Haremleri

Bilindiği gibi, şehzâdeler, I. Ahmed devrine kadar Harem'de değil vazifelendirildikleri eyâlet veya sancaklarda yaşarlardı. Kendileri ile birlikte anneleri de giderdi. Padişah'ın vefâtı üzerine bunlardan biri Padişah olurdu. Padişah olamayanlar, Harem'de kalamazlardı. I. Ahmed, ailenin en büyük ve en lâyık ferdinin Padişah olma âdetini yerleştirince, bu devirden itibaren şehzâdeler de Harem'de yaşamaya başladılar[2].

Şehzade haremlerine sarayda "hanım" tâbir ederlerdi. Bunlar küçükken saraya alınırlar, hususî terbiye ve tahsil görürlerdi. Şehzadeye hanım olmak için alındıysa güzel olması şarttı. İçlerinde lisan öğrenenler de vardı. Bu arada son zamanlarda musikiye de önem verirlerdi. Nitekim ekserisi ud veya keman çalarlardı. Bu hanımlar, zevceleri oldukları şehzadeye "Efendi Hazretleri" diye hitap ederlerdi. Her ne kadar saray dahilinde hanım denilirse de hariçte Hanım Efendi Hazretleri diye hitap edilirdi. Büyük Şeh-zadelerin hanımları bir kaç tane olursa, birincisi "Baş Hanım" diye, diğerleri ise isimleri ile çağrılırdı[3].

Fâtih zamanından itibaren şehzadeler de eşlerini cariyeler arasından seçmeye başlamışlardı. Bu sebeple II. Bâyezid'den itibaren Sancaklara gönderilen şehzâdelere, saraya alınan cariyelerden de gönderilirdi. Ancak I.

---

1 Penzer, The Harem, 178-182; Uzunçarşılı, Saray Teşkilâtı, 151; Uluçay, Harem II, 26-29; Ayrıca krş. Altındal, Osmanlı'da Harem, sh. 195 vd.

2 Akgündüz, Ahmed, Osmanlı Kanunnâmelerine İtirazlar ve Kardeş Katli Meselesi, Osmanlı Kanunnâmeleri Ve Hukukî Tahlilleri, c. II; Uluçay, Osmanlı Saraylarında Harem Hayatının İç Yüzü, sh. 35 vd.

3 Ünüvar, Saray Hâtıralarım, 65

Abdülhamid'e kadar şehzâde hanımlarının çocuk doğurmalarına müsaade edilmemiştir. Hatta gebe kalanların çocukları düşürülmüştür. Bu âdeti ilk bozan I. Abdülhamid idi ve Sultân Abdülaziz zamanında ise bu yasak tamamen kaldırıldı[1].

4- Padişah Kızları: Sultân Efendiler

Osmanlı Padişahlarının kızlarına, ilk zamanlarda Selçuklu geleneğine uyularak Hâtun denilmekteydi. Fâtihden itibaren Sultân, ismi bilinmeyenlere ise, Devlet Hâtûn ve Sultân Hâtûn gibi tabirler kullanılmaktaydı. Sultânların ise, kız çocuklarına Hanım Sultân ve oğullarına ise Bey veya Beyzâde adı verilmekteydi. Şehzâdelerin kızlarına da Hanım sultân denmekteydi. Bir kısım yabancı tarihçilerin, Osmanlı padişahlarının sultânlardan doğan çocukların öldürüldükleri yolundaki iftirâları aslâ doğru değildir ve hatta Fâtih Kanunnâmesinde Sultân çocuklarının hangi görevlere geleceklerine dair hükümler vardır[2]. Sultânlarla ilgili bazı tarihî bilgileri özetlemeden evvel, konuyla alakalı bir hâtıradan kısa kesitler takdim etmek istiyoruz:

"Sultan diye padişah veya şehzade kızlarına denirdi. Bunlara ya Sultan Efendi Hazretleri, Sultan Efendi, Arslancığım, Efendiciğim şeklinde hitap edilirdi. Gıyaplarında ise, isimleri ilâve olunarak; Meselâ: Zekiyye Sultan, Dürriye Sultan denirdi. Sultan Efendilere valideleri nezaret ederlerdi. Bunların da şehzadeler gibi taya (süt anne), dadı, çok sayıda cariyeleri, ağaları, hususî yemek tablaları, tablakârları vardı. Oturdukları daireye validelerinin isimleri verilirdi. Meselâ Perîzad Hanım Dairesi gibi. Annelerine Valide, büyük annelerine yani diğer Kadın Efendilere Cici anne; anne annelerine de büyük anne derlerdi. Resmî ve mübarek günlerden başka, haftada bir defa cici annelerini ziyaret ederler ve ellerini öperlerdi. Kadın Efendiler de torunlarını hem kucaklar ve hem de alınlarından öperlerdi. Sultanlara daha küçükten fukarayı sevmeği öğretirlerdi.

Valideleri ve dadıları da sultânlara ekseriyetle dinî ve ahlâkî hikâyeler söylerlerdi. Büyüdükleri zaman âcizlere karşı lâkayd kalmazlar, kendilerinden büyük olanlara hangi seviyede olursa olsun yaşlarına hürmet ederlerdi. Bazen kendi yaşlarındaki kalfaları alarak beraberce oyun oynarlardı. Çok sevdikleri kâğıt oyunu papaz kaçırmaktı. Velhâsıl hiçbir şeyde ifrata girmezler,

---

1 Uluçay, Harem II, 22, 32; TSMA, No: E. 4002

2 Akgündüz, Osmanlı Kanunnâmeleri, I, sh. md.; Uluçay, Harem II, 67

sokağa nadir çıkarlar, akşam ezanından evvel de saraya avdet ederlerdi. Esasen Padişahın iradesi böyle idi."[1]

Osmanlı Padişahlarının kızlarına daha çok Ayşe, Fatma, Emîne ve Esmâ gibi İslâmî isimler verilmekte ve önüne de Ayşe Sultân tarzında Sultân kelimesi ilave edilmekteydi. Eğer bir sultân küçük yaşda vefât ederse, ondan sonra doğan kız çocuğa da aynı ad verilmekteydi. Mesela III. Ahmed, kızlarının üçüne Zeyneb ismini vermişti.

XVII. asra kadar sultânların doğumlarına ait elimizde fazla belge yoktur. XVIII. ve XIX. asırlarda ise sultânların velâdet yani doğumları ile alakalı çok ciddi belgeler vardır. En eski liste III. Mustafa'nın kızlarına aittir[2]. Daha sonraki kayıtlarda ise, çok ayrıntılı bilgiler mevcuttur; doğum günü, saati, dakikası, yeri ve annesinin kim olduğu teker teker yazılmıştır. Meselâ, II. Mahmud'un kızı Sâliha sultân ile ilgili şu kayıt bir misâl teşkil etmektedir: "Velâdet-i Sâlihe Sultân-ı Aliyyet'üş-Şan Hazretleri, tulû'u Beşinci Kadın Efendi Hazretlerinden, fî 27 Ca sene 1226. Tarih-i vefâtı fî 5 M. sene 1295 Pazar Gecesi Saat 3, Divan Yolu'nda kâin türbe-i Sultân Mahmud Hân-ı Sânî'de medfûndur."[3].

Bu kayıtlar sebebiyle Osmanlı Devletinin son iki yüz yılındaki bütün Padişah çocuklarını, bütün ayrıntılarıyla bilmekte ve tanımaktayız. Ayrıca velâdet-i hümâyûn yani doğum törenlerini de yakından öğrenmekteyiz.

Sultânların Doğumu (Velâdet-i Hümâyûn): Padişahların Kadın Efendiler ve ikballerden çocuklarının doğmasına velâdet-i hümâyûn adı verilir ve son zamanlarda çok büyük masraflara mal olurdu. Bu masraflı düğün törenleri, Sultân Abdülaziz ile başlamıştır denilebilir. Doğum işlerini Vâlide Sultân yürütürdü. Konuyla ilgili talimatlar haznedar usta ve kahya kadına verilirdi. Doğum için harem'de bir daire tahsis olunur ve burada ebe, daye=süt nine ve diğer ihtiyaçlar hazırlanırdı. Çocuğun diğer eşyalarının yanında en çok itina ile hazırlanan beşiği idi. Beşiğin baş ucuna Kur'an kesesi, pırlanta elmaslı Maşallah ve benzeri şeyler mutlaka konurdu. Sultânların doğumuna velâdetnâmeler yazılırdı. Maalesef son zamanlarda doğum hazırlıkları için çok fazla masraflar yapıldığını görüyoruz[4].

---

1 Ünüvar, Saray Hâtıralarım, 64-66

2 TSMA, No: E. 6364; Uluçay, Harem II, 68-69

3 Topkapı Kütüp. Yazma, Yeni, No: 151, sh. 1

4 Ayşe Osmanoğlu, Babam Sultan Abdülhamid, sh. 82-85; Uluçay, Harem II, 70-74; TSMA, No: D. 8031; Bu belgede kaydedildiğine göre II. Mahmud'un kızının doğum hazırlığı için 6.164.924 kuruş harcanmıştı ki, bu çok paraydı.

Sultânların doğumu önce Dâr'üs-Sa'âde Ağasına duyurulur. Doğumu ebeler, cariyelerin yardımı ile yaptırırlardı. Ağa, durumu silâhdar ağaya haber verir ve o da sarayda ilan ederdi. Doğum şerefine 3 ila 5 arasında kurbanlar kesilirdi ki, bu kurbanlar, dinimizin emri olan akîka kurbanlarıdır. Erkek için 7 ve kız için 3 defa top atışı yapılarak İstanbul'a duyurulduğu da belgelerin ifade ettiği bir başka gerçekti. Dellâllar İstanbul sokaklarında halka duyururken cücelerden veya musâhiblerden biri de Vezir-i A'zama durumu müjde verirdi. Vezir-i A'zam da bir telhîs ile doğumu padişaha iletirdi. II. Mahmud'dan itibaren, Padişah çocuklarının doğumunun Anadolu ve Rumeli halkına da duyurulduğunu ve şer'iye sicillerine kaydedildiğini bazı belgeler ifade etmektedirler[1].

Padişah çocukları doğunca Vâlide Sultân'ın hazırlattığı beşik ile yorgan ve pûşîde denilen sırmalı beşik örtüsü, büyük bir törenle Beyâzıd-Divan Yolu-Ayasofya yolu izlenerek Eski Saray'dan Yeni Saray'a taşınırdı ki, buna Vâlide Sultân Beşik Alayı denirdi. Asıl Beşik Alayı bu idi. Doğumun altıncı günü ise, Sadrazam tarafından altın ve mücevherlerle süslü bir beşik hazırlanır ve çocuk erkekse buna bir de sorguç eklenirdi. Bu beşiğin Paşa Kapısından Topkapı Sarayı'na götürülmesi için de merâsim yapılırdı ve buna da Sadrazam Beşik Alayı denirdi[2].

Maalesef bütün bunlar, Osmanlı devletinin Sultân Abdülaziz'den sonra yaşadığı debdebelerdi ve Hazine'ye büyük yük getirmekteydi[3].

Sultânların Çocuklukları Ve Terbiyeleri: Sultânlar, doğar doğmaz, kendilerine bir daire ayrılır; emrine dadı, süt nine, kalfa ve cariyeler verilirdi. Eğitimiyle de kendi anneleri, dadıları ve kalfaları ilgilenmekteydi. Okuma çağına gelince İrâde-i Seniyye ile derse başlarlar ve kendileri için tayin edilen hocalardan ders alırlardı. Törenle başladıkları ilk dersde bazan Besmele'yi bizzat Padişah çektirirdi. Okumada üzerinde hassasiyetle durulan husus, Halifenin çocuklarının Kur'an-ı Kerim'i çok iyi okumayı öğrenmeleri idi. Bundan sonra Türkçe Kırâat, Kavâid-i Osmânî, Matematik, Tarih, Coğrafya, Arapça ve Farsça öğrenmeleri idi. III. Murad gibi çok tenkit edilen bir Padişah dahi, Farsça Divan kaleme alacak kadar âlimdi. Son zamanlarda musiki derslerine

---

1 BOA. Cevdet Tasnifi, Saray, No: 833; TSMA, No: E. 9255; Uluçay, Harem II, 75-76

2 Uzunçarşılı, Saray Teşkilâtı, 168-171; Uluçay, Harem II, 78-82; Sertoğlu, Osmanlı Tarih Lügati, sh. 49

3 Uluçay, Harem II, 82-85; Ayrıca bkz. Uluçay, İstanbul'da XVIII. ve XIX. Asırlarda Sultânların Doğumlarında yapılan Törenler Ve Şenliklere Dâir, İstanbul Enstitüsü Mecmuası, İstanbul 1958, Sy. 4, sh.199-213; TSMA, No: D. 8004.

de önem verilmişti. Padişah kızlarının iyi okuyup iyi yazdıklarını, elimizdeki mektuplarından anlıyoruz[1].

Evlenmeleri Ve Padişah Damatları: Osmanlı Padişahları, kızlarını, vezirler, kaptan paşalar ve benzeri büyük devlet adamları ile evlendirirlerdi. Sultânların devlet adamlarıyla evlendirilmeleri siyâsî olduğu gibi, damatların ortak özellikleri de Enderûn Mektebinden yetişen devşirmeler olmalarıydı. Padişah, kızını veya kardeşini evlendirmek isteyince, sadrazama bir hatt-ı hümâyûn yazar ve damad olacak şahsın nişan takımlarını yollamasını emrederdi. Uygun görülen aday fermânı alır almaz, sultânlara hürmeten, eğer evli ise, diğer kadınlarını boşaması bir âdet haline gelmişti. Mesela Sokollu Mehmed Paşa, mevcut iki karısını bu yüzden boşamıştı. II. Mahmud zamanına kadar sultânların rızâsı formalite icabı alınıyor ve genellikle de kendilerinden daha yaşlı insanlarla evlendiriliyorlardı. Ancak II. Mahmud'dan itibaren durumun değiştiğini ve en azından fotoğraflarla biribirini önceden tanıdıklarını görüyoruz[2].

Sultânlarla evlenen şahıslara, damat, enişte, güveyi veya meşhur adıyla damad-ı şehriyârî denilirdi. Damatlar arasında çok sayıda devlet adamı vardı ve bir kısmı da damad oldukdan sonra sadrazam olmuştu. Hersek-zâde Ahmed Paşa, Koca Râgıb Paşa ve Makbul İbrahim Paşa bunlardan bir kaç tanesidir. Padişah, saltanatın vârisi olmak yanında hânedânın da reis olmasından dolayı, sultânları evlendirmek zorundaydı. Sultânlarla evlenen damatlar, başka kadınlarla evlenemezler ve cariyelerle münasebette bulunamazlardı. Ayrıca sultânlara hürmeten evli oldukları hanımlardan ayrıldıklarını biraz evvel belirtmiştik. Sultân kocası ile geçinemezse, Padişah'dan izin almak şartıyla onlardan boşanabilirdi. Bazan aileye yaptığı saygısızlıktan dolayı Padişah'ın da damadları boşamaya zorladıkları vâki'dir. Mesela Vezir-i A'zam damad Lütfi Paşa, zevcesi Şah Sultân'ın hakaret etmesi sebebiyle damatlıktan ve Vezir-i A'zamlıktan Kanunî Sultân Süleyman tarafından atılmıştı[3].

Sultânların evlenme yaşları ile alakalı bazı hususların vuzuha kavuşturulması gerekmektedir. Bilindiği gibi, bir kadının normal evlenme yaşı, büluğa ermesinden sonra başlar yani 14-16 yaşları normal evlenme yaşlarıdır. I. Ahmed zamanına kadar, sultânlar da ergenlik yaşına geldikten sonra evlen-

---

1 Ünüvar, Saray Hâtıralarım, 14, 27, 88; Ayşe Osmanoğlu, Babam Abdülhamid, ; Uluçay, Harem II, 85-87

2 I. Abdülhamid'in kızı Sâliha Sultân'ın vezir ve kaptan-ı derya Mehmed Ali Paşa ile evelndirilmesi ile ilgili belge için bkz. TSMA, No: E. 7019; Diğer belgelerin numaraları için bkz. Uluçay, Harem II, 89-91

3 Halit Zıya Uşaklıgil, Saray Ve Ötesi, I, 187-194; II, 93-94; Uluçay, Harem II, 91-92.

dirilmişlerdir. Ancak İslâm Hukukuna göre, fiilen evlenmeseler de, bir erkek ile bir kadın, nikâh akdi ile küçük yaşlardan itibaren de evlendirilebilirler. Bu, sadece nikâh akdinin yapılması anlamına gelir. Fiilen evliliğin başlaması için, kadın ve erkeğin yani her iki tarafın da bülûğ yani ergenlik çağına gelmeleri ve fiziken evliliğe hazır olmaları gerekir. Bu durumu bilmeyen bir kısım araştırmacıların, Padişahların kızlarını iki üç yaşında ve bazan da yedi sekiz yaşında sırf siyasi menfaat mülahazasıyla devlet adamlarıyla evlendirdiklerini iddia eder ve bunu ayıplarlar. Halbuki nikâh akdi yapmakla evlenmenin ayrı şeyler olduğunu bilmezler. Bu hususda şu anda Türkiye'de tatbik edilen hukuk sistemi ile İslâm Hukuk sisteminin meseleye bakış tarzları tamamen farklıdır[1]. İşte sadece nikâh akdinin yapılması manasında, bazı siyâsî sebeplerle, I. Ahmed'in zevcesi Kösem Sultân'ın başlattığı bir uygulama ile, sultânlara, 2 yaşından itibaren devrinin kalbur üstü ve meşhur paşalarıyla nikâh akdi yapılmaya başlanmıştır. Bu dediğimizin doğruluğuna delil, Sultân İbrahim'in kızı Gevher Sultân'ı 3 ve Beyhan Sultân'ı da 2 yaşında nikâhlamış olmasıdır. O halde bu durum, evlendirme değil, belki sadece nikâhlamadır. II. Mahmud, çocukken sultânların meşhur devlet adamlarına nikahlanması âdetini kaldırdı ve yeniden ergenlik yaşına gelince evlendirme yolunu tercih etti[2].

Sultânların bir kısmı, birden fazla evlilik yapmışlardır. Ayrıca yukarda anlatılanın tersine yaşlı iken evlenen sultânlar da mevcuttur. Bu arada sultânların evlenmeleri ile alakalı, Batılı yazarlar yine bir sürü yalan ve iftirâlarda bulunmuşlar ve kendilerine göre bazı yalan tasvirler yapmışlardır. Bunlardan bir yalanın çürütülmesi için, değerli araştırmacı Çağatay Uluçay'ın naklettiği bir tesbiti okumak dahi yeterlidir. Konuyu uzatmamak için sadece kaynak vermekle yetiniyoruz[3].

Çoğu zaman damadlara, ağırlıkları yani başlıkları ve hediyeleri temin edebilmesi için hazineden para verilirdi. Çeyizler de bu hazineden verilen para ile yapılırdı. Mesela İsmihan Sultan Sokollu Mehmed Paşa'ya verilirken kendisine 15.000 flori para verilmişti[4]. Sultânların nikâhları, Şeyhülislâm tarafından, bazan Divân-ı Hümâyûn'da, bazan Dârüs-Sa'âde Ağasının odasında veya misâfir odasında kıyılırdı. Nişan ve nikâh merasimleri aynı gün yapıldığı gibi, ayrı ayrı günlerde de yapılmaktaydı. Burada çok debdebeli geçen kına

---

1 Bu tür yanlış değerlendirmelerden bazıları için bkz. Uluçay, Osmanlı Saraylarında Harem Hayatının İç Yüzü, sh. 49 vd.

2 Uluçay, Harem II, 92-93; BOA, Cevdet Tasnifi, Saray, No: 1304

3 Uluçay, Harem II, 93-94; Busbeq, Türk Mektupları (Çev. Hüseyin Cahid Yalçın), İstanbul 1939, I, 195-196

4 Uluçay, Harem II, 94-95; TSMA, No: D. 7859

gecesi, nişan alayı, nikâh merasimi ve gelin alayı ile alakalı ayrıntılı bilgiler vermeye gerek görmüyoruz. Merak edenler, dipnotlarda verdiğimiz kaynakları mütalaa edebilirler[1].

Sultânlar doğar doğmaz, haremde yaşayanlara verildiği gibi kendilerine de tahsisât ayırılırdı. Ancak evlenince bu tahsisâtları kesilirdi. Damadlara hususî saraylar veya konaklar tahsis edilirdi. XVI. yüzyıla kadar sultânlar, damadların gittikleri yerlere gitmişler ve çoğunluğu taşrada hayat sürmüşlerdir. Kanunî'nin kızı Mihrimah Sultân ile evlenen Rüstem Paşa ile bu âdet sona erdi ve damad taşra görevine gitse de sultânlar, İstanbul'da kendilerine ayrılan saraylarda yaşamaya devam ettiler. Padişahlar, kızlarına ve kardeşlerine hâslar ve çiftlikler tahsis ederlerdi. Ancak öldükleri zaman, muhallefâtına hazine adına el konurdu[2].

Önemle ifade edelim ki, iki kız kardeşin birbirini kıskandığı gibi, bazan babaları ve bazan da anneleri ayrı olan çok sayıda sultânın birbiriyle münâsebetleri sırasında arada sırada birini kıskanmaları veya sultânların bazı erkekleri sevmeleri ve hatta âşık olmaları, meşru daire içinde kalmak şartıyla mümkündür. Bütün bunları, sanki Osmanlı Padişah kızları sevmeyecek ve âşık olmayacak gibi, farklı değerlendirmek yanlıştır.

§. 6- FÂTİH'DEN İTİBAREN OSMANLI PADİŞAHLARININ ZEVCELERİ VE ÇOCUKLARI

Osmanlı Padişahlarının Fâtih'den ve II. Bâyezid'den itibaren daha ziyâde Harem'e alınan cariyelerle evlendiklerini daha evvel ifade etmiştik. "Bir çok yerli ve yabancı yazarlar, padişahların, yüzlerce cariye ile yatıp kalktıklarını ileri sürmüşlerdir. Hatta III. Murad öldüğü zaman, haremde 100'den fazla beşiğin sallandığı tarihlerde yazılıdır. Bunların doğru olmadığını tarihler ve belgeler ortaya koymuştur.

Belgeler ve tarihlere göre, Osmanlı Padişahlarının kadınlarında ve kızlarında artış Sultan İbrahim'den sonra başlamıştır. Bizdeki tescile göre çok kadınlı padişahlar şunlardır: III. Ahmed 18, Abdülmecit 18, II. Mahmud 13, III. Selim 12, I. Abdülhamid 11, II. Bayezıd 8. Bu sayılara İlkballer de dahildir.

---

[1] Uluçay, Harem II, 96-108; Aynı Yazar, Fatma ve Sâfiye Sultânların Düğünleri, İstanbul Enstitüsü Mecmuası, Sy. IV, 1958, sh. 135-148

[2] Uzunçarşılı, Saray Teşkilâtı, 164; Uluçay, Harem II, 114-115; BOA, Cevdet Tasnifi, Saray, No: 6312; Krş. Ayşe Osmanoğlu, Babam Sultan Abdülhamid, sh. 68-73; Sultânlarla ilgili olarak krş. Uluçay, Osmanlı Saraylarında Harem Hayatının İç Yüzü, sh. 46-81.

Çok kadınlı padişahlara karşılık, pek az eşi olanlar da görülmektedir: I. Mustafa'nın hiç kadını tesbit edilmemiştir. Yavuz, II. Selim, III. Mehmed, IV. Murad, II. Ahmed'in birer; Osman Bey, Çelebi Sultan Mehmed, III. Murad, I. Ahmed, II. Osman ve III. Osman'ın da 2 şer kadını olduğu tesbit edilebilmiştir."[1].

İşte sırf bu iddiaları çürütmek ve zihinlere nakşedilen Osmanlı Padişahlarının yüzlerce kadınla beraber olduğu safsatasını çürütmek için, Osmanlı Padişahlarının kadınlarını ve bunlardan doğan çocukları, tesbit edilebildiği kadarıyla liste halinde vereceğiz. Burada dikkat edilmesi gereken bir husus şudur: Genellikle Fâtih'den itibaren cariyelerle evlenilmiştir. Bunların babaları, Abdullah, Abdülmu'în, Abdülvehhâb ve Abdurrahman gibi isimler olarak gösterilmiştir. Mesela Kanunî'nin annesi Abdülmu'în isimli bir şahsın kızı Ayşe Hafsa Sultân'dır. Yani Kanunî'nin annesi cariyedir. Bu, Padişah hanımlarının babaları belli değil manasına alınmamalıdır. Belki, cariye olduklarından babalarının bilinmemesi tercih olunmaktadır. Zira cariye olmakla ailesi ile alakası kesilmiştir.

Padişahların çocukları konusunda da bazı yazarlar tarafından mübalağalı rakamlar verilmektedir. Hem bunları çürütmek ve hem de gerçeği doğru olarak ortaya koymak için, kadınlarının yanında çocuklarının da tesbit edilebildiği kadar listesi verilecektir.

---

1 Uluçay, Harem II, 59-60

1) FÂTİH SULTÂN MEHMED II:

ZEVCELERİ (Siyahların dışındakiler kesin değildir)	ÇOCUKLARI
1- **Gülbahar Hâtûn;** II. Bâyezid ile Gevher Sultân'ın annesi. 2- **Gülşah Hâtun**; Karaman Oğullarından İbrahim Beğ'in kızıdır. 3- **Sitti Mükrime Hâtun**; Dülkadiroğlu Süleyman bey kızıdır. 4- **Çiçek Hâtun**; Türkmen Beyi kızıdır. 5- **Helene Hâtun**; Mora Despotu Demetrus'un kızıdır. 6- Anna Hâtûn; Trabzonu İmparatorunun kızıdır; evlilikleri kısa sürmüştür. 7- Alexias Hâtun; Bizans Prenseslerindendir.	1- Şehzâde Sultân Mustafa Hân 2- Gevher Sultân 3- Şehzâde Cem Hân 4- Şehzâde Bâyezid Hân[1] ve ismi bilinmeyen iki kızı daha vardır.

2) SULTÂN BÂYEZİD II:

ZEVCELERİ (Siyah yazılanların dışındakiler kesin değildir)	ÇOCUKLARI
1- **Nigâr Hâtûn;** Şehzâde Korkut ile Fatma Sultân'ın annesi ve Abdullah Vehbi kızı. 2- **Şirin Hâtun**; Abdullah kızı ve Şehzâde Abdullah'ın annesi.	1- Şehzâde Sultân Abdullah Hân 2- Gevher Mülûk Sultân 3- Şehzâde Sultân Korkut Hân 4- Şehzâde Sultân Ahmed Hân 5- Yavuz Sultân Selim Hân

---

1 Uluçay, Padişahların Kadınları Ve Kızları, 18-21; Harem'den Mektuplar, 18-20; Bâyezid II'nin Ailesi, Tarih Dergisi, X, Sy. 14, İstanbul 1959, sh. 105; Öztuna, Devletler Ve Hânedânlar, II, 130-134.

3- **Gülruh Hâtun**; Abdülhayy kızı ve Alemşah ile Kamer Sultân'ın annesi	6- Şehzâde Sultân Şehinşâh Hân
	7- Şehzâde Sultân Mahmud Hân
	8- Şehzâde Sultân Mehmed Hân
4- **Bülbül Hâtun**; Abdullah kızı ve Şehzâde Ahmed ile Hundi Sultân'ın annesi.	9- Şehzâde Sultân Alem Şah Hân
	10- Selçuk Sultân
5- **Hüsnüşah Hâtun**; Karamanoğlu Nasuh Bey'in kızı.	11- Hatice Sultân
	12- İlaldı Sultân
6- **Gülbahar Hâtûn**; Abdüssamed kızı ve muhtemelen Yavuz'un annesi.	13- Ayşe Sultân
	14- Hundi Sultân
7- **Ferâhşâd Hâtun**; Kefe sancak Beği Mehmed'in annesi.	15- Ayn-i Şah Sultân
	16- Fatma Sultân
8- **Ayşe Hâtûn;** Dülkadiroğlu Alaaüddevle Bozkurd Bey'in kızı ve bir görüşe göre Yavuz'un annesi.	17- Şah Sultân
	18- Hüma Sultân
	19- Kamer Sultân[1].

3) YAVUZ SELİM I:

ZEVCELERİ	ÇOCUKLARI
1- **Ayşe Hâtûn;** Mengli Giray I'in kızı ve Beyhan ile Şah Sultân'ın annesi.	1-Kanunî Sultân Süleyman Hân
	2- Şehzâde Orhan
2- **Ayşe Hafsa Hâtun**; Kanunî, Hatice, Fatma ve Hafsa Sultânların annesi.	3- Şehzâde Musa
	4- Şehzâde Korkut
	5- Gevher Hân Sultân
	6- Hatice Sultân
	7- Beyhan Sultân
	8- Hafsa Sultân
	9- Fatma Sultân
	10- Devlet-Şahî Sultân[1].

[1] Uluçay, Padişahların Kadınları Ve Kızları, 21-29; Bâyezid II'nin Ailesi, Tarih Dergisi, X, Sy. 14, İstanbul 1959, sh. 105-107; Öztuna, Devletler Ve Hânedânlar, II, 136-148.

4) KANUNİ SULTÂN SÜLEYMAN:

ZEVCELERİ (Siyahların dışındakiler kesin değildir)	ÇOCUKLARI
1- **Hurrem Haseki Sultân;** Kanunî'nin nikâh aldığı ve aslen Ukran bir Ortodoks râhibin kızı yahut Fransız veya İtalyan olduğu hususunda iddialar bulunan cariyedir. Şehzade Mehmed ve Selim II'nin annesi. 2- **Mahidevran Kadın**; Abdullah kızı ve Şehzâde Mustafa'nın annesi. 3- **Gülfem Hâtun**; Cariyelerden ve Şehzâde Murad'ın annesi. 4- Fülâne Hâtun; Abdullah kızı ve Şehzâde Mahmud'un annesi.	1- Şehzâde Sultân Mahmud Hân 2- Şehzâde Sultân Mustafa Hân 3- Şehzâde Murad 4- Şehzâde Sultân Mehmed Hân 5- Şehzade Abdullah 6- Mihrimah Sultân 7- Şehzâde Sultân Selim Hân II. 8- Şehzâde Sultân Bâyezid Hân 9- Fatma Sultân 10- Râziye Sultân 11- Şehzâde Sultân Cihangir 12- Şehzade Orhan[2].

5) SULTÂN SELİM II:

ZEVCELERİ (Siyahların dışındakiler kesin değildir)	ÇOCUKLARI
1- **Nurbânû Sultân;** III. Murad'ın annesi ve İtalyan asıllı bir cariyedir.	1- Sultân Murad III 2- İsmihân Sultân 3- Şehzâde Mehmed 4- Şehzâde Ali

---

1 Uzunçarşılı, Osmanlı Tarihi, II, 295; TSMA, No: E. 7351, 2629, 3079; Uluçay, Padişahların Kadınları Ve Kızları, 29-34; Harem'den Mektuplar, 44-47, 97-99; Öztuna, Devletler Ve Hânedânlar, II, 149-154.

2 TSMA, No: D. 5290; E. 3362; D. 2497; Uluçay, Padişahların Kadınları Ve Kızları, 34-40; Öztuna, Devletler Ve Hânedânlar, II, 158-163; Ahmed Refik, Kadınlar Saltanatı, I, 50, 89-90; Penzer, The Harem, 174-175.

ÇOCUKLARI	ÇOCUKLARI
5- Şehzâde Süleyman	9- Şehzâde Osman
6- Şehzâde Mustafa	10- Gevherhân Sultân
7- Şehzâde Cihangir	11- Şah Sultân
8- Şehzâde Abdullah	12- Fatma Sultân[1].

6) SULTÂN MURAD III

(Osmanlı Padişahları içinde en çok cariyelerle münasebette bulunan ve en fazla çocuğu olan Padişah'dır. Biraz sonra sayacağımız tahmînen dört kadını dışında 40'a yakın haseki denilen gözdesi bulunduğu söylenmektedir. Çocuklarının sayısı 100'ü geçmektedir. Ancak bunların bebekken veya küçük yaşlarda öldüklerinden dolayı, ölümünde hayatta 19'u erkek ve 30'u kız olmak üzere 49 çocuğunun bulunduğu iddia edilmektedir. Maalesef 19 şehzâdesi, Mehmed III Padişah olunca zayıf fetvalarla fitnenin def'i için öldürüldü ve şehid sayıldıklarından cenaze namazlarını Şeyhülislâm Bostan-zâde Efendi kıldırdı. Önemle ifade edelim ki, III. Murad 40'a yakın cariye ile yaşaması, meşru bir hakkın suiistimali veya ifrât olabilir. Ancak meşru dairede kaldığı ve başkasının namusuna değil, has odalık olarak aldığı cariyelerle beraber olduğu kesindir. Bunlardan devamlı olarak hayat yaşadığı 4 kadının olduğu ifade edilmektedir.

III. Murad'ın bu hayatı yaşamasında devlet işlerine karışan Sâfiye Sultân ile Vâlide Sultân Nurbânû'nun mühim rolü vardır. Kim, ne derse desin, Osmanlı Padişahları arasında her konuda en çok suiistimal yapan Padişah III. Murad ve oğlu III. Mehmed olmuştur. Buna rağmen, Farsça bir divan yazacak kadar âlim ve şair olan III. Murad, meşru daire dışına çıkmamıştır.)[3]:

---

1 TSMA, No: E. 1993; D. 7859; D. 34; E. 6877; Ahmed Refik, Kadınlar Saltanatı, I, 95; Uluçay, Padişahların Kadınları Ve Kızları, 40-42; Öztuna, Devletler Ve Hânedânlar, II, 165-168.

2 Uluçay, Padişahların Kadınları Ve Kızları, 7; Öztuna, Devletler Ve Hânedânlar, II, 89-9.

3 Uluçay, Padişahların Kadınları Ve Kızları, 43; Ahmed Refik, I, 105 vd.; Öztuna, Devletler Ve Hânedânlar, II, 170-171; Meselenin çarpıtılarak anlatılmasına misal için bkz. Altındal, Osmanlı'da Harem, 13-16.

ZEVCELERİ (Siyah yazılanların dışındakiler kesin değildir)	ÇOCUKLARI (Sayıları 40'ı bulmasından tamamını yazmadık)
1- **Sâfiye Vâlide Sultân (Venedikli Baffo);** III. Mehmed ile Ayşe Sultân'ın annesi ve cariye. Osmanlı hareminde devlet işlerine en çok müdahele eden Kadın Efendi. 2- **Şems-i Ruhsâr Haseki**; Rukıyye Sultân'ın annesi. Medine'de vakfı var. 3- **Şâh-i Hûbân Haseki**· 4- **Nâz-perver Haseki**.	1- Şehzâde Osman 2- Şehzâde Süleyman 3- Şehzâde Cihangir 4- Şehzâde Mahmud 5- Sultân Mehmed III 6- Şehzâde Bâyezid 7- Şehzâde Mustafa 8- Şehzâde Abdullah 9- Ayşe Selim 10- Fahri Sultân 11- Fatma Sultân 12- Mihriban Sultân 13- Rukıyye Sultân 14- Şehzâde Abdurrahman[1].

7) SULTÂN MEHMED III:

ZEVCELERİ (Siyah yazılanların dışındakiler kesin değildir)	ÇOCUKLARI (İsimleri bilinmeyen beş altı tane daha çocuğunun bulunduğu söylenmektedir)
1- **Hândân Vâlide Sultân;** I. Ahmed'in annesi. 2- **Fülâne Vâlide Sultân**; Abaza asıllı ve I. Mustafa vâlidesi. 3- Fülâne Haseki; Şehzâde Mahmud annesi. 4- Fülâne Haseki; Şehzâde Selim annesi.	1- Şehzâde Sultân Selim Hân 2- Şehzâde Sultân Cihangir Hân 3- Şehzâde Mahmud Hân 4- Şehzâde Ahmed 5- Şehzade Mustafa 6- Hatice Sultân 7- Ayşe Sultân[1].

---

[1] Uluçay, Padişahların Kadınları Ve Kızları, 43-46;Ahmed Refik, Kadınlar Saltanatı, I, 113-114; Öztuna, Devletler Ve Hânedânlar, II, 170-173.

8) SULTÂN AHMED I:

ZEVCELERİ (Siyahların dışındakiler kesin değildir)	ÇOCUKLARI
1- **Hatice Mahfirûz Sultân;** Genç Osman'ın annesi. 2- **Kösem Sultân (Mahpeyker Sultân)**; IV. Murad'ın annesi ve Osmanlı Hareminin en namdâr kadını. 3- Fatma Haseki; Cariyelerdendir.	1- Şehzâde Osman II 2- Şehzâde Sultân Mehmed Hân 3- Şehzâde Murad IV 4- Şehzâde Cihangir Hân 5- Şehzade Hasan 6-Şehzâde Bâyezid 7- Şehzâde Kâsım. 8- Şehzâde Süleyman 9- Sultân İbrahim 10- Ayşe Sultân 11- Fatma Sultân 12- Hân-zâde Sultân 13- Burnaz Atike Sultân 14- Şehzâde Orhan 15- Şehzâde Hüseyin[2].

9) SULTÂN MUSTAFA I:

(III. Mehmed'in oğlu olan Sultân Mustafa'nın tesbit edilen kadını ve çocukları mevcut değildir.)

10) SULTÂN OSMAN II (GENÇ OSMAN):

ZEVCELERİ (Siyahların dışındakiler kesin değildir)	ÇOCUKLARI

---

1 TSMA, No: D. 1830; E. 2768; Uluçay, Padişahların Kadınları Ve Kızları, 47; Öztuna, Devletler Ve Hânedânlar, II, 176-177.

2 TSMA, No: D. 3831; E. 8365; E. 8661; Uluçay, Padişahların Kadınları Ve Kızları, 47-53; Öztuna, Devletler Ve Hânedânlar, II, 178-183; Ahmed Refik, Kadınlar Saltanatı, III, 37.

1- **Âkile (Rukıyye) Hânım;** Şeyhülislâm Esad Efendi'nin kızıdır ve hür kadınlardan nikâh ile evlenen nâdir kadınlardandır. 2- **Ayşe Hanım**; Pertev Paşa'nın torunu.	1- Şehzâde Ömer 2- Şehzâde Mustafa 3- Zeyneb Sultân[1].

11) SULTÂN MURAD IV:

ZEVCELERİ (Siyahların dışındakiler kesin değildir)	ÇOCUKLARI
1- **Ayşe Haseki Sultân**. (Bilinen tek Hanım'ına rağmen çok sayıda çocuğu olduğuna göre, çocukların bir kısmı cariyelerden olup çocuklar küçük yaşta öldüklerinden kadınlığa yükselememişlerdir.	1- Şehzâde Ahmed 2- Şehzâde Süleyman 3- Şehzâde Abdülhamid 4- Şehzâde Mehmed 5- Şehzade Alaaddin 6- Gevher Hân Sultân 7- Hânzâde Sultân. 8- Kaya İsmihân Sultân 9- Safiyye Sultân 10- Rukıyye Sultân[2].

12) SULTÂN İBRAHİM HÂN:

ZEVCELERİ (Siyahların dışındakiler kesin değildir)	ÇOCUKLARI

1 Uluçay, Padişahların Kadınları Ve Kızları, 53-54; Öztuna, Devletler Ve Hânedânlar, II, 185.

2 BOA, İbnül-Emin Tasnifi, Saray, No: 914, 939; Uluçay, Padişahların Kadınları Ve Kızları, 54-56; Harem'den Mektuplar, 102-103; Öztuna, Devletler Ve Hânedânlar, II, 186-190.

1- **Hatice Turhan (Tarhân) Vâlide Sultân;** Rus asıllı bir cariyedir ve uzun yıllar nâibe-i saltantlık yapmıştır. IV. Mehmed'in annesi. 2- **Sâliha Dil-aşûb Vâlide Sultân**; II. Süleyman'ın annesi ve cariye. III. Haseki olduğu sanılıyor. 3- **Hatice Muazzez Sultân**; II. Haseki'dir ve II. Ahmed'in annesidir. 4- **Hüma Şah Haseki Sultân (Telli Haseki)**; Sultân İbrahim'in en çok sevdiği Haseki'si. Nikâh ile kadınlığa alındı. 5- **Ayşe Sultân;** 4. Haseki. 6- **Mâh-i Enver Sultân;** 5. Haseki. 7- **Şivekâr Sultân;** 6. veya 7. Haseki.	1- Şehzâde Mehmed IV 2- Şehzâde Süleyman II 3- Şehzâde Murad 4- Şehzâde Selim Hân 5- Şehzade Osman 6- Şehzâde Ahmed II 7- Şehzâde Süleyman. 8- Şehzâde Bâyezid 9- Fatma Sultân 10- Ümmü Gülsüm Sultân 11- Ayşe Sultân 12- Gevher Hân Sultân 13- Kaya Sultân 14- Beyhan Sultân 15- Atîka Sultân[1].

13) SULTÂN MEHMED IV:

ZEVCELERİ (Siyahların dışındakiler kesin değildir)	ÇOCUKLARI
1- **Meh-pâre Emetüllah Râbi'a Gülnûş Vâlide Sultân;** Gülnûş Sultân diye bilinir. Girit'li bir ailenin kızıdır. II. Mustafa ve III. Ahmed'in annesidir. 2- **Afife Kadın**. 3- **Gülnâr Kadın**.	1- Şehzâde Sultân Mustafa II 2- Şehzâde Sultân Ahmed III 3- Şehzâde Beyâzıd 4- Şehzâde İbrahim 5- Şehzade Süleyman 6- Fatma Sultân 7- Hatice Sultân

---

1 TSMA, No: E. 2457, 5948; E. 7001-7002; Uluçay, Padişahların Kadınları Ve Kızları, 56-65; Öztuna, Devletler Ve Hânedânlar, II, 192-197; Ahmed Refik, Kadınlar Saltanatı, III, 13-18, 35-37, 131-140; IV, 124, 235-245; 257-258; Penzer, The Harem, 189.

4- Kâniye Haseki 5- Siyavuş Haseki.	8- Emetüllah Küçük Sultân 9- Fatma Sultân 10- Ümmî Sultân[1].

14) SULTÂN SÜLEYMAN II:

ZEVCELERİ (Siyahların dışındakiler kesin değildir)	ÇOCUKLARI (II. Süleyman'ın çocuğu olmamıştır)
1- **Hatice Haseki;** Baş Kadın'dır. 2- **Behzâd Haseki**. 3- **İvaz Haseki**. 4- **Sülün Haseki** 5- **Şeh-süvâr Haseki** 6- **Zeyneb Haseki**	[2].

15) SULTÂN AHMED II:

ZEVCELERİ (Siyah yazılanların dışındakiler kesin değil-dir)	ÇOCUKLARI
1- **Râbi'a Haseki Sultân;** Haseki Sultân diye anılırdı.	1- Âsiye Sultân 2- Hatice Sultân 3- Âtika Sultân 4- Şehzâde Selim 5- Şehzade Abdullah 6- Şehzâde Sultân İbrahim Hân[3].

---

[1] TSMA, No: E. 145; E. 1188; Uluçay, Padişahların Kadınları Ve Kızları, 65-70; Öztuna, Devletler Ve Hânedânlar, II, 200-204; Ahmed Refik, Kadınlar Saltanatı, IV, 239-242; Mehmed Süreyya, Sicill-i Osmânî, I, 60

[2] TSMA, No: E. 7004-7005; Uluçay, Padişahların Kadınları Ve Kızları, 70-71; Öztuna, Devletler Ve Hânedânlar, II, 205-206.

[3] TSMA, No:E. 7004; D. 691; Uluçay, Padişahların Kadınları Ve Kızları, 71-72; Öztuna, Devletler Ve Hânedânlar, II, 207-208.

16) SULTÂN MUSTAFA II:

ZEVCELERİ	ÇOCUKLARI
KADIN EFENDİLERİ	1- Şehzâde Sultân Mahmud I
1- **Âlî-cenâb Baş Haseki.**	2- Şehzâde Sultân Osman III
2- **Şeh-süvâr Vâlide Sultân**; 4. Haseki ve III. Osman'ın annesi.	3- Şehzâde Murad 4- Şehzâde Mehmed
3- **Sâliha Sebkatî Vâlide Sultân**; Cariyelerden ve I. Mahmud'un annesi.	5- Şehzade Süleyman 6- Şehzâde Hüseyin
4- **Hümâ Şah Haseki.**	7- Şehzâde Selim .
5- **Afîfe Haseki.**	8- Şehzâde Ali
6- **Hatice Haseki.**	9- Safiyye Sultân
İKBALLERİ	10- Ayşe Sultân
7- **Hafsa Sultân;** Üçüncü Haseki olduğu söyleniyorsa da Kadın Efendi olması kuvvetle muhtemeldir.	11- Emetullah Sultân 12- Şehzade Hasan Hân
8- **Hanife Hâtun;** İkinci veya Üçüncü İkbaldir.	13- Zeyneb Sultân 14- Rukıyye Sultân[1].
9- **Fatma Şahin Hâtûn.**	

17) SULTÂN AHMED III:

ZEVCELERİ	ÇOCUKLARI
(III. Ahmed'in hanımlarının sayısı bazı tarihçilere göre 13'ü ve bazılarına göre de 18'i bulmuştur. Biz, Kadın Efendileri ile birlikte 18 Hanım'ını tesbit edebildik.)	**(III. Ahmed, Osmanlı Padişahları arasında en çok kadınla evlenen devlet adamlarındandır ve bir kısım tarihçilere göre çocuklarının sayısı 50'yi bulmaktadır. Biz sadece bilinen ve meşhur olanlarını zikrettik.)**

1 TSMA, No: D. 9988; E. 3362; D. 10, 20, 23; Uluçay, Padişahların Kadınları Ve Kızları, 73-79; Öztuna, Devletler Ve Hânedânlar, II, 211-215; Uzunçarşılı, Osmanlı Tarihi, IV. Kısım, I, 28-29, 338.

KADIN EFENDİLERİ	1- Şehzâde Mehmed
1- **Emetullah Baş Kadın.** Baş Haseki.	2- Şehzâde Abdülmelik
2- **Rukıyye İkinci Kadın.**	3- Şehzâde Murad
3- **Emîne Mihrişah İkinci Kadın**; III. Mustafa'nın annesi.	4- Şehzâde Mehmed Hân 5- Şehzade Süleyman Hân
4- **Hatice İkinci Kadın.**	6- Şehzâde Mustafa III
5- **Râbi'a Şermi Kadın.**	7- Şehzâde Selim .
6- **Zeyneb Kadın**	8- Şehzâde Ali
7- **Emîne Musall Kadın.**	9- Fatma Sultân
8- **Hanife Kadın**	10- Âtike Sultân
9- **Gülşen Kadın.**	11- Zeyneb Sultân
10- **Ümmü Gülsüm Kadın.**	12- Şehzade Bâyezid Hân
11- **Hurrem Kadın.**	13- Ümmü Gülsüm Sultân
12- **Meylî Kadın.**	14- Sâliha Sultân
13- **Fatma Hümâ Şah Kadın.**	15- Ayşe Sultân
14- **Nijad Kadın.**	16- Hatice Sultân
15- **Nazîfe Kadın.**	17- Nazife Sultân
	18- Esmâ Sultân
	19- Zübeyde Sultân
	20- Şehzâde Sultân Nu'man Hân
	21- Şehzâde İbrahim

İKBALLERİ	
	22- Abdülhamid I
16- **Şâyeste Sultân.**	23- Şehzâde Seyfeddin
17- **Ayşe Hanım;** İkinci veya Üçüncü İkbaldir.	24- Emetullah Sultân 25- Ayşe Sultân (Küçük)
18 -**Hâtem Hâtûn.**	26- Emine Sultân[1].

18) SULTÂN MAHMUD I:

[1] Uluçay, Padişahların Kadınları Ve Kızları, 79-95; Öztuna, Devletler Ve Hânedânlar, II, 216-227.

ZEVCELERİ	ÇOCUKLARI
KADIN EFENDİLERİ 1- **Hâce Âlî-cenâb Baş Kadın.** 2- **Hâce Ayşe Kadın**. 3- **Hâce Verd-i Nâz Dördüncü Kadın**. 4- **Hatice Râmi Altıncı Haseki**. 5- **Hâtem İkinci Kadın.** 6- **Râziye Kadın.** İKBALLERİ 7- **Meyyâse Hanım;** Baş İkbal. 8- **Fehmî Hanım;** İkinci İkbaldir. 9- **Habbâbe Hanım.** 10- **Sırrî Hanım**	Hiç çocukları olmamıştır[1].

19) SULTÂN OSMAN III:

ZEVCELERİ	ÇOCUKLARI
KADIN EFENDİLERİ 1- **Leyla Baş Kadın.** 2- **Zevkî Üçüncü Kadın.** 3- **Ferhunde Emîne Dördüncü Kadın**.	Çocukları olmamıştır[2].

---

1 TSMA, No: D. 8075; Uluçay, Padişahların Kadınları Ve Kızları, 95-96; Öztuna, Devletler Ve Hânedânlar, II, 228-229.

2 Uluçay, Padişahların Kadınları Ve Kızları, 97; Öztuna, Devletler Ve Hânedânlar, II, 230.

20) SULTÂN MUSTAFA III:

ZEVCELERİ	ÇOCUKLARI
KADIN EFENDİLERİ	1- Şehzâde Mehmed 2- Şehzâde Sultân Selim III 3- Şah Sultân
1- **Ayn'ül-Hayât Baş Kadın Efendi.**	4- Beyhân Sultân
2- **Mihr-i Şâh Vâlide Sultân**; Baş Kadın Efendi ve III. Selim'in annesi.	5- Hatice Sultân 6- Fatma Sultân
3- **Rif'at İkinci Kadın Efendi.**	7- Hatice Sultân
4- **Ayşe Âdil-şah Üçüncü Kadın Efendi.**	8 - Hibetullüh Sultân 9- Mihrimah Sultân
5- **Fehîme Üçüncü Kadın Efendi.**	10- Mihrişah Sultân[1].
6- **Binnaz Üçüncü Kadın Efendi.**	

21) SULTÂN ABDÜLHAMİD I:

ZEVCELERİ	ÇOCUKLARI
KADIN EFENDİLERİ	1- Şehzâde Sultân Mustafa IV
1- **Ayşe Sine-perver Vâlide Sultân;** IV. Mustafa'nın annesi ve IV. Kadınefendi.	2- Şehzâde Sultân Mahmud II 3- Şehzâde Abdullah 4- Şehzâde Mehmed
2- **Nakş-ı Dil Vâlide Sultân**; II. Mahmud'un annesi ve önce İkinci İkbal sonra Kadın Efendi.	5- Şehzade Ahmed 6- Şehzâde Abdülaziz
3- **Hatice Ruh-şah Baş Kadın Efendi**.	7- Şehzâde Abdurrahman . 8- Şehzâde Mehmed Nusret
4- **Hümâ Şah Baş Kadın Efendi**.	9- Ahter-Melek Hanım

---

1 Uluçay, Padişahların Kadınları Ve Kızları, 98-105; Öztuna, Devletler Ve Hânedânlar, II, 231-236.

5- **Ayşe Baş Kadın Efendi.** 6- **Binnaz İkinci Kadın Efendi.** 7- **Dilpezîr Kadın Efendi.** 8- **Mehtâbe Dördüncü Kadın Efendi.** 9- **Misl-i Nâ-yâb Kadın Efendi.** 10- **Mu'teber Kadın Efendi.** 11- **Nevres Üçüncü Kadın Efendi.** 12- **Fatma Şeb-safâ Dördüncü Kadın Efendi.** 13- **Mihrbân Üçüncü Kadın Efendi.** İKBALLERİ 14- **Nükhet-sezâ Hanımefendi;** Baş ikbal. 15- **Ayşe Hanımefendi;** İkinci İkbaldir.	10- Ayşe Dürr-i Şehvar Sultân 11- Esmâ Sultân 12- Ayn-i Şah Sultân 13- Hatice Sultân 14- Emîne Sultân 15- Râbi'a Sultân 16- Fatma Sultân 17- Âlem-Şah Sultân 18- Sâliha Sultân 19- Hibetullah Sultân 20- Râbi'a Sultân [1].

22) SULTÂN SELİM III:

ZEVCELERİ	ÇOCUKLARI
KADIN EFENDİLERİ 1- **Nef'-i Zâr Baş Kadın Efendi.** 2- **Hüsn-i Mâh Baş Kadın Efendi.** 3- **Zîb-i Fer' İkinci Kadın Efendi.** 4- **Âfitâb Üçüncü Kadın Efendi.** 5- **Re'fet Dördüncü Kadın Efendi.** 6- **Nûr-i Şems Kadın Efendi.** 7- **Gonca-nigâr Kadın Efendi.**	Çocukları olmadı[2].

1 Uluçay, Padişahların Kadınları Ve Kızları, 105-115; Öztuna, Devletler Ve Hânedânlar, II, 237-241.

2 Uluçay, Padişahların Kadınları Ve Kızları, 116-118; Öztuna, Devletler Ve Hânedânlar, II, 242-244.

8- **Dem-hoş Kadın Efendi.** 9- **Tab'-ı Safâ Üçüncü Kadın Efendi.** 10- **Ayn-ı Safâ Kadın Efendi.** 11- **Mahbûbe Kadın Efendi.** İKBALLERİ 12- **Meryem Hanımefendi.** 13- **Mihribân Hanımefendi.** 14- **Fatma Fer'-i cihân Hanım Efendi.**	Çocukları olmadı[1].

23) **SULTÂN MUSTAFA IV:**

ZEVCELERİ	ÇOCUKLARI
KADIN EFENDİLERİ 1- **Şevk-i Nûr Baş Kadın Efendi.** 2- **Dil-pezîr İkinci Kadın Efendi.** 3- **Seyyâre Üçüncü Kadın Efendi.** 4- **Peyk-i Dil Dördüncü Kadın Efendi.**	1- Emîne Sultân[2].

24) SULTÂN MAHMÛD II:

1 Uluçay, Padişahların Kadınları Ve Kızları, 116-118; Öztuna, Devletler Ve Hânedânlar, II, 242-244.

2 Uluçay, Padişahların Kadınları Ve Kızları, 119; Öztuna, Devletler Ve Hânedânlar, II, 245

ZEVCELERİ	ÇOCUKLARI
KADIN EFENDİLERİ 1- **Bezm-i Âlem Vâlide Sultân;** I. Abdülmecid'in annesi ve İkinci Kadınefendi. 2- **Pertev-niyâl (Nihâl) Vâlide Sultân**; Sultân Abdülaziz'in annesi ve Beşinci Kadın Efendi. 3- **Hâciye Pertev-Piyâle Nev-fidân Baş Kadın Efendi**. 4- **Âlî-cenâb Baş Kadın Efendi**. 5- **Fatma Baş Kadın Efendi.** 6- **Âşûb-i Can İkinci Kadın Efendi.** 7- **Hâciye Hoş-yâr İkinci Kadın Efendi.** 8- **Nurtâb Dördüncü Kadın Efendi.** 9- **Misl-i Nâ-yâb İkinci Kadın Efendi.** 10- **Pervîz-felek Dördüncü Kadın Efendi.** 11- **Vuslat Üçüncü Kadın Efendi.** 12- **Zer-nigâr Üçüncü Kadın Efendi.** 13- **Ebr-i Reftâr İkinci Kadın Efendi.** İKBALLERİ 14- **Hüsn-i Melek Hanımefendi;** Baş ikbal. 15- **Zeyn-i Felek Hanımefendi;** İkinci İkbaldir. 16-**Tiryâl Hanımefendi;** Üçüncü İkbal. 17-**Lebrîz-Felek Hanımefefendi**; Dördüncü İkbâl.	1- Şehzâde Sultân Abdülmecid I 2- Şehzâde Sultân Abdülaziz 3- Şehzâde Sultân Abdülhamid Hân 4- Şehzâde Mehmed 5- Şehzade Ahmed 6- Şehzâde Bâyezid 7- Şehzâde Murad 8- Şehzâde Mehmed 9- Şehzâde Nizâmeddin 10- Sâliha Sultân 11- Mihrimah Sultân 12- Ayn-i Şah Sultân 13- Atiyye Sultân 14- Âdile Sultân 15- Râbi'a Sultân 16- Fatma Sultân 17- Ayşe Sultân 18- Hayriye Sultân 19- Zeyneb Sultân 20- MünîreSultân 21- Şâh Sultân 22- Hâmide Sultân 23- Cemîle Sultân[1].

---

1 Uluçay, Padişahların Kadınları Ve Kızları, 120-138; Öztuna, Devletler Ve Hânedânlar, II, 246-254.

25) SULTÂN ABDÜLMECİD I

ZEVCELERİ	ÇOCUKLARI
KADIN EFENDİLERİ 1- **Servet-sezâ Baş Kadın Efendi.** 2- **Şevk-efzâ Vâlide Sultân**; Sultân V. Murad'ın annesi ve İkinci Kadın Efendi. 3- **Hoş-yâr İkinci Kadın Efendi**. 4- **Tîr-i Müjgân Vâlide Sultân;** Üçüncü Kadın Efendi ve II. Abdülhamid'in annesi. 5- **Verd-i Cenân Üçüncü Kadın Efendi.** 6- **Gül-cemâl Dördüncü Kadın Efendi.** 7- **Rahîme Perestû Vâlide Sultân;** Dördüncü Kadın Efendi ve II. Abdülhamid'in manevi annesi. 8- **Gülistu (Gülistân) Dördüncü Kadın Efendi.** 9- **Düzd-i Dil Üçüncü Kadın Efendi.** 10- **Bezmî (Bezmârâ) Altıncı Kadın Efendi.** 11- **Mâhitâb Beşinci Kadın Efendi.**	1- Şehzâde Sultân Murad V 2- Şehzâde Sultân Abdülaziz 3- Sultân Mehmed Reşâd V 4- Şehzâde Mehmed Ziyâaddin Efendi 5- Şehzade Mehmed Vahidüddin Efendi (Sultân Vahîdüddin) 6- Şehzâde Ahmed Nûreddin Efendi 7- Şehzâde Mehmed Âbid Efendi 8- Şehzâde Mehmed Fuad Efendi 9- Şehzâde Mehmed Burhâneddin Efendi 10- Behîce Sultân 11- Medîha Sultân 12- Senîha Sultân 13- Refî'a Sultân 14- Nâile Sultân 15- Râbi'a Sultân 16- Fatma Sultân 17- Mevhibe Sultân 18- Sâbiha Sultân 19- Fatma Nâzıme Sultân 20- MünîreSultân 21- Bedî'a Sultân 22- Na'îme Sultân

KADIN EFENDİLERİ	1- Şehzâdẹ Sultân Murad V
1- **Servet-sezâ Baş Kadın Efendi.**	2- Şehzâde Sultân Abdülaziz
2- **Şevk-efzâ Vâlide Sultân**; Sultân V. Murad'ın annesi ve İkinci Kadın Efendi.	3- Sultân Mehmed Reşâd V
3- **Hoş-yâr İkinci Kadın Efendi**.	4- Şehzâde Mehmed Ziyâaddin Efendi
4- **Tîr-i Müjgân Vâlide Sultân;** Üçüncü Kadın Efendi ve II. Abdülhamid'in annesi.	5- Şehzade Mehmed Vahidüddin Efendi (Sultân Vahîdüddin)
5- **Verd-i Cenân Üçüncü Kadın Efendi.**	6- Şehzâde Ahmed Nûreddin Efendi
6- **Gül-cemâl Dördüncü Kadın Efendi.**	7- Şehzâde Mehmed Âbid Efendi
7- **Rahîme Perestû Vâlide Sultân;** Dördüncü Kadın Efendi ve II. Abdülhamid'in manevi annesi.	8- Şehzâde Mehmed Fuad Efendi
8- **Gülistu (Gülistân) Dördüncü Kadın Efendi.**	9- Şehzâde Mehmed Burhâneddin Efendi
9- **Düzd-i Dil Üçüncü Kadın Efendi.**	10- Behîce Sultân
10- **Bezmî (Bezmârâ) Altıncı Kadın Efendi.**	11- Medîha Sultân
11- **Mâhitâb Beşinci Kadın Efendi.**	12- Senîha Sultân
	13- Refi'a Sultân
İKBALLERİ	14- Nâile Sultân
12- **Nâlân-ı Dil Hanımefendi;** 3. ikbal.	15- Râbi'a Sultân
13- **Ceylân-yâr Hanımefendi;** İkinci İkbaldir.	16- Fatma Sultân
14- **Ayşe Ser-firâz Hanımefendi;** 2. İkbal. Sarayın adını batıran bir kadındır.	17- Mevhibe Sultân
15- **Nergis (Nergizu) Hanımefefendi**; Dördüncü İkbâl.	18- Sâbiha Sultân
	19- Fatma Nâzıme Sultân
	20- MünîreSultân
	21- Bedî'a Sultân
	22- Na'îme Sultân
	23- Cemîle Sultân
	24- Mehmed Rüşdî Efendi
	25- Osman Safiyyüddin Efendi
	26- Ahmed Kemâleddin Efendi
	27- Mehmed Vâmık Efendi

16- **Nâvek-misâl Hanımefendi;** 4. İkbal	28- Nizâmeddin Efendi
17- **Nesrîn Hanımefendi**; İkinci İkbal.	29- Burhâneddin Efendi
18- **Şâyeste Hanımefendi;** 4. İkbal.	30- Neyyire Sultân
19- **Nükhet-seza Hanımefendi;** Baş İkbal.	31- Aliye Sultân
GÖZDELER	32- Sâmiye Sultân
20- **Yıldız Hanımefendi;** 2. Gözde.	33- Nâzıme Sultân
21- **Sâf-derûn Hanımefendi;** 4. Gözde.	34- Mukbile Sultân
22- **Hüsn-i Cenân Hanımefendi;** 3. Gözde	35- Fehîme Sultân
	36- Şehîme Sultân
	37- Süleyman Efendi[1].

26) SULTÂN ABDÜLAZİZ I:

ZEVCELERİ	ÇOCUKLARI
KADIN EFENDİLERİ	1- Yusuf İzzeddin Efendi
1- **Dürr-i Nev Baş Kadın Efendi.**	2- Mahmud Celâlüddin Efendi
2- **Hayrân-ı Dil İkinci Kadın Efendi**.	3- Mehmed Selîm Efendi
3- **Edâ-Dil İkinici Kadın Efendi**.	4- Abdülmecid II
4- **Neş'erek (Nesrin) Üçüncü Kadın Efendi**.	5- Mehmed Şevket Efendi
5- **Gevherî Dördüncü Kadın Efendi.**	6- Mehmed Seyfeddin Efendi
	7- Sâliha Sultân
	8- Nâzıme Sultân
	9- Emîne Sultân
	10- Esmâ Sultân
	11- Fatma Sultân
	12- Münîre Sultân
	13- Emîne Sultân[2].

---

1 Uluçay, Padişahların Kadınları Ve Kızları, 139-162; Öztuna, Devletler Ve Hânedânlar, II, 255-273.

2 Uluçay, Padişahların Kadınları Ve Kızları, 162-166; Öztuna, Devletler Ve Hânedânlar, II, 274-288.

27) SULTÂN MURAD V:

ZEVCELERİ	ÇOCUKLARI
KADIN EFENDİLERİ	1- Mehmed Salâhaddin Efendi
1- **Elrû Mevhibe Baş Kadın Efendi.**	2- Süleyman Efendi
2- **Reftâr-ı Dil İkinci Kadın Efendi**.	3- Seyfeddin Efendi
3- **Şâyân 3. Kadın Efendi**.	4- Aliyye Sultân
4- **Meyl-i Servet Dördüncü Kadın Efendi**.	5- Hatice Sultân
	6- Fehîme Sultân
İKBALLERİ	7- Fatma Sultân[1].
5- **Resân Hanımefendi;** Baş ikbal.	
6- **Cevher-rîz Hanımefendi;** İkinci İkbaldir.	
7- **Nev-Dürr Hanımefendi;** Üçüncü İkbal.	
8- **Remiş-Nâz Hanımefefendi**;	
9- **Filiz-ten Hanımefendi;**	
GÖZDELER	
10- **Visâl-i Nur Hanım;** Gözde	

28) SULTÂN ABDÜLHAMİD HÂN II

ZEVCELERİ	ÇOCUKLARI
KADIN EFENDİLERİ	1- Mehmed Selim Efendi
1- **Nâzik-edâ Baş Kadın Efendi.**	2- Mehmed Abdülkadir Efendi
2- **Bedr-i Felek Baş Kadın Efendi**.	3- Ahmed Nuri Efendi
3- **Sâfi-nâz Nur efzûn 2. Kadın Efendi**.	4- Ulviyye Sultân

1 Uluçay, Padişahların Kadınları Ve Kızları, 166-171; Öztuna, Devletler Ve Hânedânlar, II, 289-296.

4- **Bîdâr 2. Kadın Efendi.**	5- Nâile Sultân
5- **Dilpesend 3. Kadın Efendi.**	6- Zekiyye Sultân
6- **Mezîde Mestân 3. Kadın Efendi.**	7- Fatma NâimeSultân
7- **Emsâl-i Nûr 3. Kadın Efendi**	8- Seniyye Sultân
8-**Ayşe Dest-i Zer Müşfika (Kayıhân) 4. Kadın Efendi**	9- Senîha Sultân
	10- Şâdiye Sultân
İKBALLERİ	11- Hamîde Ayşe Sultân (Babam Sultanhamid adlı kitabın yazarı)
9- **Sâz-kâr Hanımefendi;** Baş ikbal.	12- Refî'a Sultân
10-**Peyveste Hanımefendi;** İkinci İkbaldir.	13- Hatice Sultân
	14- Aliyye Sultân
11-**Fatma Pesende Hanımefendi;** Üçüncü İkbal.	15- Cemîle Sultân
	16- Sâmiye Sultân
12- **Behîce (Maan) Hanımefefendi**; Dördüncü İkbâl.	17- Mehmed Burhânüddin Efendi
	18- Abdürrahim Hayri Efendi
13- **Sâliha Nâciye Hanımefendi;** 4. İkbal.	19- Ahmed Nureddin Efendi
GÖZDELER	20- Mehmed Bedrüddin Efendi
14- **Dürdâne Hanım;** Baş Gözde	21- Mehmed Âbid Efendi[1].
15- **Câlibos Hanım;** 2. Gözde	
16- **Nazlıyâr Hanım**; 3. Gözde	

29) SULTÂN MEHMED REŞÂD V

ZEVCELERİ	ÇOCUKLARI
1- **Kâm-res Baş Kadın Efendi.**	1- Mahmud Necmeddin Efendi
2- **Dürr-i Adn İkinci Kadın Efendi.**	2- Ömer Hilmi Efendi
3- **Mihr-engîz İkinci Kadın Efendi.**	3- Mehmed Zıyâaddin Efendi
4- **Nâz-perver Üçüncü Kadın Efendi.**	4- Refî'a Sultân[1].
5- **Dil-firîb 4. Kadın Efendi.**	

---

1 Ayşe Osmanoğlu, Babam Sultan Abdülhamid, sh. 257-274; Uluçay, Padişahların Kadınları Ve Kızları, 171-183; Öztuna, Devletler Ve Hânedânlar, II, 297-329.

30) SULTÂN MEHMED VI VAHÎDÜDDİN

ZEVCELERİ	ÇOCUKLARI
KADIN EFENDİLERİ 1- **Emîne Nâzik-edâ Baş Kadın Efendi.** 2- **Şâdiye Meveddet İkinci Kadın Efendi.** 3- **İnşirâh Kadın Efendi.** 4- **Nevvâre Üçüncü Kadın Efendi.** 5- **Ni'met Nev-zâd Hanım Efendi.**	1- Mehmed Ertuğrul Efendi 2- Münîre Sultân 3- Rukıyye Sâbiha Sultân 4- Fatma Ulviyye Sultân 5- Fenîre Sultân[2].

31) HALİFE ABDÜLMECİD II

ZEVCELERİ	ÇOCUKLARI
KADIN EFENDİLERİ 1- **Şeh-süvâr Baş Kadın Efendi.** 2- **Hayrünnisâ İkinci Kadın Efendi.** 3- **Atıyye Mehistî Üçüncü Kadın Efendi.** 4- **Bihrûz 4. Kadın Efendi.**	1- Fârûk Efendi 2- Hatice Hayriyye Dürr-i Şehvâr Sultân[3].

---

1 Uluçay, Padişahların Kadınları Ve Kızları, 183-184; Öztuna, Devletler Ve Hânedânlar, II, 330-338.

2 Uluçay, Padişahların Kadınları Ve Kızları, 184-187; Öztuna, Devletler Ve Hânedânlar, II, 339-345.

3 Öztuna, Devletler Ve Hânedânlar, II, 346-353.

§. 7- HAREM'DE HAYAT, EĞLENCELER VE RESMÎ MERÂSİMLER

I- GENEL OLARAK KONUNUN ÇARPTIRILMASI

Önce şunu ifade edelim ki, "helâl dâiresi geniştir, keyfe kâfi gelir; harama girmeye hiç lüzum yoktur"[1] kâidesince, İslâmiyette de eğlence vardır. Bu eğlence, meşru dairenin sınırları içinde kalmak şartıyla, erkekler ile erkekler arasında, kadınlar ile kadınlar arasında veya mahremiyet düsturlarına riâyet edilerek birbirine yasak olmayan kadınlar ile erkekler arasında yapılabilir. Mesela bir aile reisi, hanımı ve çocuklarıyla meşru dairede eğlenebilir. Aynen bunun gibi, Harem-i Hümâyûn denilen Padişahların evi de bir aile yuvasıdır. Padişah, eşleri ve çocuklarıyla birlikte meşru olarak elbetteki eğlenebilecektir. Bu aile eğlencelerine, Padişah'ın karı-koca hayatı yaşadığı cariyeler de katılabilecektir. Elbetteki bu eğlenceler, Harem'in müsait bir yerinde ve mesela Hünkâr Sofasında yapılacaktır. Ancak bir kısım kitaplarda tasvir edildiği gibi, gayr-ı meşru eğlencelerin yapıldığı yer manasına alnmamalıdır. Zira evvela bu Sofa'nın duvarlarındaki âyet ve hadisler, tasvir edilen eğlencelere müsaade etmeyeceğini, harem'i tanıtırken kısmen anlatmıştık. İkinci olarak, meşru dairenin sınırları, tasviri belli çevrelerce yapılan eğlencelere müsaade etmemektedir.

Tekrar gibi gelse de, Harem'in eğlence yeri olarak kabul edilen ve bir kısım kaynaklarda tam bir gayr-i meşru eğlence merkezi olarak takdim edilen Hünkâr Sofasındaki eğlence ve hayatla ilgili şu tesbitleri aktarmak istiyoruz:

Çoğu kaynaklarda Hünkâr Sofası Harem'in eğlence yeri olarak tarif edilir. Hedefi Osmanlıyı ve İslâmı kötülemek olan kaynaklarda ise, burası Padişahların seks alemi yaptıkları yerler olarak tavsif edilir. Bütün bu iddialara cevap vermek yerine, bu kitabı okuyanların vicdanlarına şu soruyu sormayı yeğliyorum:

Acaba güzel bir salonun duvarlarındaki kitaplıkları Kur'an ve tefsirleri olan kitaplarla süsleseniz; salon'daki masaların üzerine Kur'an sayfalarını açsanız; sonra da her tarafı Kur'an âyetleriyle süslenen böyle bir salona memleketin veya dünyanın en ahlaksız ve rezil fâhişe bir kadını ile en hovarda bir erkeğini davet etseniz; salona geldiklerinde kendilerine bu Kur'an âyetlerini gösterdikden sonra salonda seks alemi yapmalarını teklif etseniz ve bu rezil iş karşılığında kendilerine bir de önemli sayılabilecek bir para teklif etseniz, acaba dünyanın en ahlaksızı olan bu iki kişi böyle bir teklifi kabul ederler mi?

---

[1] Bediüzzaman Said Nursî, Sözler, Sözler Yayınevi, İstanbul 1993, 6. Söz, sh. 26

Veya diğer bir ifadeyle bu teklifi kabul edecek iki ahlaksızı dünyada bulmak mümkün müdür? Bizim kanaatimize göre, aklı başında olan her insan, bu soruya hayır diyecektir. Peki, böylesine rezil teklifi dünyanın en ahlaksızı olan iki erkek ve kadın yapmaz da, asırlarca İslamı temsil eden Osmanlı padişahları mı yapar?

Burada şunu da hatırlatmak icabedecektir: Peki böylesine bir iftirayı turist rehberleri olan Türkler ve çoğu da müslüman olan insanlar ve özellikle de Topkapı Sarayı görevlileri, nasıl oluyor da gelenlere anlatmaktadır? Bunun cevabı da çok acıdır. Daha evvel de ifade ettiğimiz gibi, bu Hünkâr Sofasında çekim yaparken, ben duvarlardaki âyetleri okudukça ve manasını anlattıkça yanımdaki görevli hıçkırıklarla ağlamaya başladı. Neden ağlıyorsun? diye sorduğumda söylediği sözler daha da dehşet vericiydi: Hocam, biz bu Hünkâr Sofasını anlatırken bu tahtta ve bazan da üst katta Padişahın oturduğunu, salonda çıplak cariyelerin oynadığını ve duvarlardaki yazıların Padişahın cariyelere ve cariyelerin de Padişahlara yazdıkları aşk ve seks şiirleri olduğunu anlatıyoruz. Şimdi bunların Kur'an âyetleri mi olduğunu söylüyorsunuz?

Harem'in En Çok Dillere Dolanan Hünkâr Sofasından Başka Bir Manzara

Hünkâr Sofası denilen ve bir kısım iftirâcılar tarafından Harem'in eğlence yeri diye anlatılan salondan bir manzara daha seyrediyorsunuz. Kapının üzerinde ve pencerelerin altında bir kemer halindeki yazıyı okumaya çalışırsanız, bunların Bakara Sûresinin 256-257. âyetleri olduğunu görürsünüz. Bu âyette "Dinde ikrâh ve icbâr olmadığı" anlatılmakta ve daha sonra da "Allah, iman edenlerin dostu ve sahibidir; onları zulümattan nura çıkarır" mealindeki âyetle devam etmektedir.

Acaba böyle güzel bir salonun duvarlarındaki kitaplıkları, Kur'an ve tefsirleri olan kitaplarla süs-le-seniz; salon'daki masaların üzerine Kur'an sayfalarını açsanız; sonra da her tarafı Kur'an âyetle-riyle süslenen böyle bir salona memleketin veya dünyanın en ahlaksız ve rezil fâhişe bir kadını ile en hovarda bir erkeğini davet etseniz; salona geldiklerinde kendilerine bu Kur'an âyetlerini gösterdikden sonra salonda kadın alemi yapmalarını teklif etseniz, acaba dünyanın en ahlaksızı olan bu iki kişi böyle bir teklifi kabul ederler mi? Benzerlerini bugün dahi bulamadığmız bu insanlara, asırlarca İslâmın bayraktarlığını yapmış olan Osmanlı Padişahlarını nasıl kıyaslayabilirsiniz?

Şunu da ifade edelim ki, bu salonda aile toplantıları yapılması, yabancı kadınlar bulunmamak kaydıyla ailenin yanında padişahın, kadınefendilerinin, çocuklarının, cariyelerin ve benzeri haram olmayan kimselerin de bulunduğu meclislerde İslâma aykırı olmayacak şekilde ilahiler söylenmesi, sazlar çalınması ve hatta meşru dairede gülünüp eğlenilmesi elbetteki inkar edilemez. Zaten biz de bu salonu, Harem'in oturma odası ve misafir ağırlama salonu diye tarif ettik. Burada ne gibi eğlencelerin yapılabileceğini Sâfiye Ünüvar'dan nakledeceğimiz kısa harem hayatından anlamak mümkündür[1]. Ancak biz burada Harem'deki hayat ve eğlenceler ile ilgili kısa bilgiler vermeyi tercih ediyoruz:

Bu başlık altında üç ana konuyu işleyeceğiz: Birincisi; halvet tabir edilen Padişahın ailesi ile olan hayatını. İkincisi; Eğlenceler başlığı altında, gezileri, musiki ziyâfetlerini, oynanan oyunları. Üçüncüsü de; haremi ilgilendiren merâsimleri.

II- HAREM'DE HAYAT VE HALVET

Harem'de hayat denilince, haremdeki insanların yemeleri, içmeleri, giyinmeleri ve en önemlisi de Padişah'ın ailesi ile halvet olması akla gelir. Halvet, kelime anlamı itibariyle yalnız kalmak ve başbaşa olmak manalarını ifade etmektedir. Harem'de halvet veya halvet-i hümâyûn ise, Harem'de yaşayan kadınların serbest ve meşru bir şekilde Harem'in bahçelerinde veya mesire yerlerinde eğlenmelerine denmektedir. Kapalı havalarda Padişah, kadınları, ikballeri, sultânları yani kız çocukları ve oğulları ile görüşmek isterse, onları dairesine çağırtır, konuşur ve görüşürdü. Padişahın sadece kendi aile efrâdı ile yaptığı bu toplantıya *muhtasar halvet* denmekteydi[2].

Burada bir de Has Bahçe'de yapılan halvetlerden kısaca bahsetmek gerekecektir. Zire tamamen bir aile toplantısı ve aile halkı ile muâşeret ve sohbet toplantıları demek olan halveti, sanki haremin bahçelerinde düzenlenen seks alemleri gibi takdim etmek isteyen insanlar bulunmaktadır. Kitabımızın daha önceki bölümlerinde cariyeler münâsebeti ile zikrettiğimiz bir hususu burada tekrar hatırlatmak istiyoruz:

---

1 Sâfiye Ünüvar, Saray Hâtıralarım, İstanbul 1964.

2 Sertoğlu, Osmanlı Tarih Lügati, 132-133; Uluçay, Harem II, 148; Ayşe Osmanoğlu, Babam Sultân Abdülhamid, 24-25

Hür bir kadın ile mahrem kadınlar ve cariyelerin avret mahallerinin farklı olması, fıkıh kitaplarında cariyelerin kol, ayak, yüz ve başlarına efendilerinin bakabilmesi şeklindeki hükmün yer alması, meseleyi bilmeyen çevreler tarafından akıl almaz şekilde tahrif edilmiştir.

İslâm hukukunda iki üç çeşit avret kavramının bulunduğunu, cariyelerin efendileri yanında sadece el, kol ve başlarını açarak dolaşabileceklerini, bunun da iş zaruretinden meydana geldiğini; çırılçıplak havuza girip oynamalarının asla câiz görülmediğini; çünkü bir cariyenin bu manada diğer cariyelere bile bakamadığını fıkıh kitaplarından öğreniyoruz. Mesele avret-i hafife ve avret-i galize terimlerinin bilinmemesinden, avret kavramının erkek, hür kadın, mahrem kadın ve cariye açısından ayrı manalar ifade ettiğinin anlaşılamamasından ve bunlara dair şer'î hükümlerin sözkonusu edilmemesinden ileri gelmektedir. Kişi de, bilmediğinin düşmanıdır[1].

İşte bu ve benzeri çarpıtmalarla, Padişahların harem'deki ailesi ve ailesine hizmet eden cariyelerle bahçelerde veya harem'in uygun yerlerinde yaptığı halvet adı verilen toplantılar ve aile beraberlikleri, maalesef akla hayale gelmeyecek sahnelerle anlatılmak istenmiştir.

Bütün bu çarpıtmaların karşısında özellikle has bahçelerde yapılan bir halveti ve hazırlıklarını özetlemek istiyoruz:

Padişah, halvet yapılacağını bir hatt-ı hümâyûn ile yetkililere bildirir ve ailenin rahatsız edilmemesini emrederdi. Has Bahçe'nin bazı yerlerinde mahremiyete riâyet maksadıyla halvet sokakları ve halvet perdeleri bulunurdu. Halvet günü üçüncü avlu, tamamen boşaltılır; bahçenin dışarıdan görülebilecek yerleri halvet bezleri ile örtülürdü. Bahçe'de (genellikle Şimşirlik Bahçesinde) kadınların ve cariyelerin dolaşacağı yollar üzerine çadırlar kurulur; hususi kapalı sokaklar ve oturma yerleri meydana getirilirdi. Bunların yanında namaz kılınacak mekânlar; çocukların oyun oynayabilecekleri yerler hazırlanır; yemek yenilecek ve oturulacak çadırlar kurulurdu. Çadırların içine haremden süslü ve işlemeli yastıklar, minderler ve perdeler getirilirdi[2].

Bazı batılı yazarlar, Harem'e yabancı erkeğin girememesini ve Harem'deki kadınların da istedikleri zaman rastgele dışarıya çıkamamalarını, haremdeki hayatın sıkıcılığı ve yeknesâklığı olarak açıklamışlardır. Mahremiyete riâyetle ilgili şer'î hükümleri anlatırcasına meseleyi tasvir eden bir batılı yazarın şu ifadeleri enteresandır: "Kadınlar Padişahın izni olmaksızın sarayın

---

1 Lütfen tekrar bkz. Damad, Mecma'ul-Enhür, I, sh. 80-81; II, sh. 538-539

2 Uluçay, Harem II, 148-149; TSMA, No: D. 10749; E. 2457; BOA, Cevdet-Saray, No: 2529; Şimşirlik'teki bir halvet için bkz. TSMA, No: D. 9916; Sa'dabad'daki halvet için bkz. TSMA, No: 9917; Ayrıca krş. Penzer, The Harem, 259.

bahçesinde de gezinemezler. Sadece arasıra, günlerini bahçedeki köşklerden birinde geçirme izni alırlar. O zaman bekçi durumunda olan bostancılara uzaklaşma izni verilir ve örtüler örtülür."[1].

"Doktorlardan başka hiç bir erkek hereme ayak basamaz. Onlar bile Padişahın özel izniyle ve harem ağalarının eşliğinde girerler. Hasta kadın ve çevresindekiler, uzun şallara bürünürler. Doktor nabzına bakmak isterse, hastanın bileği bir tülle örtülür; dilini veya gözlerini görmek istiyorsa, yüzün kalan kısımları tamamıyle örtük olmak şartıyla gösterebilir. Kızlarağası bile haremdeki kadınlardan birine dikkatlice bakamaz."[2]

Harem'de Padişah'ın kendi ailesi ve hizmetkârlarıyla halvet etmesi usulü, saltanatın kaldırılmasın kadar devam etmiştir. Yıldız, Çırağan ve Beşiktaş Saraylarında yaşanırken de halvetler sürdürülmüştür.

III- GEZİLER VE EĞLENCELER

Harem'deki eğelnceleri üç ana başlık altında toplamak mümkündür:

1) Geziler: Harem'de yaşayan kadınlar, bütün bütün kapalı yerlerde kalmasınlar diye, özellikle yaz aylarında haremin dışındaki yerlere beylik gezintiler düzenlerlerdi. Baharlarda ve yaz aylarında, has bahçe ve saray dışındaki gezi yerlerine yapılan gezilere beylik gezi denmekteydi. Bu gezi yerlerinin başında Lale devrinin meşhur mesire yerlerinden Kâğıthâne gelmekteydi.

Geziye çıkılmadan evvel, gidilecek yerlere çadırlar gönderiliyordu. Çadırlar, mahremiyete riâyet edilmesi için halvet sokaklarıyla birbirine bağlanır; kadınlar ve cariyeler serbestçe bu halvet sokaklarında yürüyebilirlerdi. Has Bahçelerde düzenlenen aile toplantılarında ve eğlence yerlerinde bile, inşâ edilen halvet sokaklarıyla, dinin emirlerine aykırı fiillerin olmaması için tedbirler alınmaktaydı. Halvet sokakları sebebiyle bir kadın veya cariye bir çadırdan diğer bir çadıra geziye katılan erkeklere görünmeden geçebilirdi. Baş ve ikinci Kâtibe bu gezileri tanzim ederlerdi. Geziye katılacak kadınlar, sultânlar, ustalar, kalfalar ve cariyeler arabalarına binerler ve göç yerine hareket

---

[1] d'Ohson, Ignatius Mouradja, Tableau General de l'Empire Othoman, Paris 1790, c. III, Harem-i Hümâyûn (Türkçeye Çeviren: Ayda Düz, İstanbul 1972, Hayat Tarih Mecmuası İlâvesi), sh. 10-11.

[2] d'Ohson, Ignatius Mouradja, Tableau General de l'Empire Othoman, Paris 1790, c. III, Harem-i Hümâyûn (Türkçeye Çeviren: Ayda Düz, İstanbul 1972, Hayat Tarih Mecmuası İlâvesi), sh. 10

ederlerdi. Kafilenin önünde ve yanlarında atları üzerinde harem ağaları bulunurdu[1].

Bu arada Osmanlı Padişahlarının kadınlarının, çoğu kere, oğullarının beğlerbeğliği yahut sancakbeğliği yaptığı yerlere gitmeleri ve hayatlarının önemli kısmını oralarda geçirmeleri vardır ki, buna Göç-i Hümâyûn veya Nakl-i Hümâyûn denmekteydi. Oğullarıyla beraber gitmeyenler ise, Edirne Sarayı'na göç ederlerdi. III. Ahmed'den sonra Edirne Sarayı'nın yerini Yıldız, Çırağan, Beşiktaş ve Dolmabahçe Sarayları aldı[2].

2) Musiki Ziyâfetleri: Bilindiği gibi İslâmiyette bazı sesler helâl ve bazıları da haram kılınmıştır. Gerçekten insanda ulvî ve yüce duyguların, Rabbânî aşkların doğmasına vesile olan sesler helâldir. Bu, nefsi susturur; kalbi, aklı ve ruhu yüce şeylere ve ebedî âlemlere teşvik eder. Halbuki yetîmâne hüzünleri ve nefsânî şehvet ve arzuları tahrik eden sesler ise, haramdır. Şerîatın tayin etmediği kısım ise, insanın ruhuna ve vicdanına yaptığı tesire göre hüküm alır[3].

İşte bu şer'î hükümlerden dolayı Osmanlı Hareminde, bazı İslâm Hukukçularının verdiği fetvâlara dayanılarak, ud, keman, def, çalpare, ney ve tambur gibi sâz ve müzik âletleri çalınmıştır. Bunları çalmak üzere, cariyelerden, oyun, saz ve hânende takımı kurulmuştur. Bu hareme alınan cariyelerden seçilen sazende takımı, Meşkhâne'de yahut hocaların hususi dairelerinde musiki hocalarından özellikle son zamanlara doğru müzik dersleri almışlardır. Sâzendeler, genellikle kalfalık pâyesine gelen ve Padişah yahut diğer hanedân erkekleri ile aralarında mahremiyet bulunmayan cariyeler arasından seçilirlerdi. Bunlara sâzende kalfalar dendiği gibi, reislerine de sâzendebaşı veya başsâzende denmekteydi[4].

XIX. yüzyılda batılılaşma başlayınca, eski sazlar arasına piyano da girmiştir. Hatta son zamanlarda piyano çalmak, Osmanlı hareminin modası haline gelmiştir. Sultânlar, şehzâdeler ve hatta kadınefendiler, piyano çalmaya başlamışlardır.

---

1 Uluçay, Harem II, 150-151; BOA, Cevdet-Saray, No: 3858; Göçler için bkz. Hızır İlyas, Tarih-i Enderûn (Vakâyi'-i Letâyif-i Enderûn, İstanbul 1276, sh. 51 (Beşiktaş Sarayına Göç); 63 (İstanbul Sarayına Göç); 71, 96

2 Ünüvar, Saray Hâtıralarım, 19; Uluçay, Harem II, 151-152; TSMA, No: E. 4002, 11842; Hızır İlyas, Tarih-i Enderûn, sh. 51 (Beşiktaş Sarayına Göç); 63 (İstanbul Sarayına Göç); 71, 96

3 Bediüzzaman, İşârât'ül-İ'câz, sh. 77-78

4 Uluçay, Harem II, 152-154; BOA, İbnül-Emin, Saray, No: 710, 711, 883, 877, 946, 1254, 1272, 1317

Osmanlı Tarihi boyunca, son zamanlardaki bazı eğlenceler dışında, sâzendelerin ulvî duyguları teşvik eden ilahiler okudukları, bunlara uygun ud ve ney gibi sazları çaldıkları, gayr-i meşru denebilecek olayların pek nâdir meydana geldiği, Saray hâtıralarından anlaışlmaktadır. Bazı kitaplarda tasvir edilen, eğlenceler, çalgılı ve sazlı âlemler ise, tamamen hayalidir.

3) Oyunlar Ve Eğlenceler: Harem halkının yeknesâk olan hayatını değiştirmek için, meddâhlar, karagözler ve orta oyuncuların gösteri yaptıkları ve harem halkının kendi aralarında bekiz, kös ve sürme oynadıkları bilinmektedir. XIX. asırda bunlara dama, tavla ve domino da eklenmiştir. İskambil ise, hareme aslâ girmemiştir. Bu arada saraylı cariyeler, kendi aralarında haftada iki defa oyun ve saz geceleri düzenlemekteydiler. Bu oyun ve saz geceleri, kendilerine tahsis edilen yerlerde yapılırdı. Cariyelerin kendi aralarında düzenledikleri bu gecelerde teşkil edilen oyun takımı görev alırdı. Önceleri, erkek oyunculara çengi denirken, sonraları erkek oyunculara köçek ve kadın oyunculara da çengi denmeye başlandı. Köçek oyunu erkekler arasında oynanırdı. Ancak bazan haremde cariyeler de erkek elbisesi giyerek köçek oyunlarını taklid ederlerdi[1].

Tanzîmât'dan sonra eskiden beri oynanan bu oyunlar, tamamen terkedilmiş ve yerini yavaş yavaş Avrupaî eğlencelere bırakmıştır. III. Selim zamanında hareme dans girmiş ve bunu operet ve tiyatro takip etmiştir[2]. Ancak dans, operet ve tiyatro da hep meşru dairede yapılmaya çalışılmıştır.

3) Merâsimler: Osmanlı Hareminde, doğum, nişan ve düğün merâsimleri dışında, harem içinde veya dışında kadınların da katıldığı bazı merâsimler mevcuttur:

Cuma Selâmlığı; Osmanlı Padişahları, İstanbul'da bulundukları zaman, cuma günleri, namazlarını meşhur camilerden birinde ve Hünkâr Mahfilinde kılarlardı. Son devir Padişahlarının anneleri ile haznedar ustaların da kendilerine ayrılan yerde namaz kılmak üzere, bazan Padişah ile birlikte Cumaya gittikleri nakledilmektedir. Bunlara istiyen kadın veya sultân da iştirâk edebilirdi. Bu âdet, son zamanlara hasdır[3].

---

1 Uluçay, Harem II, 154-157; Osmanlı Saraylarında Harem Hayatının İç Yüzü, sh. 135-142.

2 Ayşe Osmanoğlu, Babam Abdülhamid, 73-77

3 Ayşe Osmanoğlu, Babam Abdülhamid, 62 vd

Cuma Selâmlığını Temsil Eden Bir Resim (Hünernâme'den)

Kandiller Ve Surre Alayı: Kandil geceleri haremde çok hareketli geçerdi. Kandil tebrikleri, özellikle son zamanlarda, bunun için hazırlanan salonda yapılırdı. Salonlarda kadınlar için de kafesli yerler hazırlanır ve davetli kadınlar ile birlikte Kadın Efendiler ve sultânlar yerlerini alırlardı. Mevlüt okunur, dualar edilir ve bitince Padişah kalkardı. Padişah oradan hareme geçer ve harem kadınlarının tebriklerini kabul ederdi.

Berât Kandilinde Mahfil-i Şerif, kızlarağası ve harem ağalarının tekbir sesleri arasında haremin bahçesine getirilir bırakılırdı. Mahfil-i Şerifi bütün sultânlar, Kadın Efendiler ve kalfalar ziyâret ederlerdi. Ertesi günü surre alayı tertiplenirdi. Saraydaki kadın ve sultânların, Mekke veya Medine'de bakımını üstlendikleri fakir aileler bulunurdu. Bunlara para ve benzeri yardımlar gönderirlerdi. Bu yardımlar torbaya konulur, bağlanır ve mühürlenirdi. Kızlarağası vasıtasıyla Surre Alayına taslim edilirdi. Surre Alayını kadınlar ve sultânlar da uygun yerlerden seyr ederlerdi[1].

Ramazan Ayı: Ramazan gelince, sarayda ve haremde diğer aylara göre daha büyük bir dinî hava eserdi. Saray ve haremde yaşayanların hepsi oruç tutarlar; okuyup yazma bilenler hatim indirirlerdi.

"Sarayda Ramazanlar çok güzel olurdu. Bir hafta evvelden hazırlık başlardı. Temizlik yapılır, kiler-i hümayundan bütün dairelere büyük sürahiler içinde türlü şuruplar, birçok iftariyeler gelirdi. Ramazanın ilk gecesi bütün dairelerin sofalarına altın yaldızlı kafesler kurulur, seccadeler yayılır, harem ağalarıyla bir imam, iki güzel sesli müezzin gelirdi. İlahiler okunarak namaz kılınırdı. Gece kapılar açılır, sahur tablaları girer, top atılıncaya kadar herkes ayakta kalırdı. Öğle üzeri de her daireye bir hoca gelir va'z verirdi. Akşam topla beraber zemzem-i şeriflerle oruç açılır, iftar takımları hazırlanır, buzlu limonatalar, şuruplar içilirdi... Haremin saray dairesi Ramazanda âdeta cami haline girer, herkes ibadetle vakit geçirirdi..."[2]

Hükümdar, devlet erkânını iftara çağırdığı gibi, Kadın Efendi ve sultanlar da haremde bulunan öbür kadınları iftara çağırırlar, derecelerine uygun birer diş kirası verirlerdi. Teravih namazından sahura kadar dairelerde türlü eğlence ve sohbetler yapılır, gecenin tatlı geçmesine çalışılırdı.

Hırka-i Sa'âdet'i Ziyâret; Ramazanın 15'inde başta padişah olmak üzere, şehzadeler, sultanlar, Kadın Efendiler, ikballer ve ustalar, Hırka-i saadet

---

[1] Ayşe Osmanoğlu, Babam Abdülhamid, 65-68; Ünüvar, 103; Uluçay, Harem II, 160-161

[2] Ünüvar, sh. 84-85; Ayşe Osmanoğlu, Babam Sultan Abdülhamid, sh. 65-68.

dairelerini ziyaret ederlerdi. Harem 1854'de Topkapı Sarayı'ndan Dolmabahçe'ye taşınınca bu merâsim daha çok önem kazandı.

Ramazanın 15'inci günü haremde yaşıyan sultanlar, Kadın Efendiler, valde sultan, usta ve kalfalar en güzel elbiselerini giyerler; haremin önünde hazırlanan arabalara binerek Dolmabahçe veya Yıldız Sarayı'ndan büyük bir alay halinde hareket ederlerdi. Arabaların önlerinde ve yanlarında harem ağaları bulunurdu.

Arabalar, bu minval üzerine Topkapı Sarayı'nın araba kapısına gelirler; orada harem ağaları tarafından karşılanırlar. Hareme gelince de Topkapı Sarayı'nda yaşıyan ve teşrifatı idare eden kadınlar, Hırka-i Saadet'in kapısı açılıncaya kadar dinlenecekleri daireye götürürlerdi.

Hırka-i Saadet kapısı açılınca, kadınlar rütbe sırasına göre dizilirler; Hırka-i Saadet'e doğru ilerlerlerdi. Eğer sağ ise, en önde valde sultan bulunurdu. Herkes başına bir örtü örterdi. Her tarafta, buhurdanlarda yanan buhurun kokusu hissedilir, perdelerin arkasından çok güzel sesli bir müezzinin okuduğu Kur'ân-ı Kerîm duyulur; ağır ağır bir masa üzerine konan Hırka-i Şerife yüz sürülür; daha sonra padişah selâmlanır ve sonra da herkes dairelerine dönerlerdi.

Kadir Alayı; Ramazan'ın 27.ci gecesi olan Kadir Gecesinde kadir alayı düzenlenirdi. Tophânedeki Nusretiye Camiinde veya Yıldız'daki Hamidiye Caimiinde yapılan Kadir Alayı, çok muhteşem olurdu. Harem'de bulunan kadınlar ve sultânlar, iki atın çektiği arabalar binerler, meydanda kendilerine ayrılan yerlerde dururlardı. Namaz bitinceye kadar, meydanda atılan fişekler seyredilirdi ve namazdan sonra Kadın Efendiler ve sultânlar, şehirde yapılan şenlikleri seyretmek için kısa bir tur yaparlar ve sonra da hareme dönerlerdi[1].

Bayram Tebrikleri (Mu'âyedeler); Harem halkı bayram tebrikleri için günler öncesinden hazırlanırlardı. Harem, bir hafta öncesinden temizlenir ve bayramlıklar alınırdı. Saray bahçesinde bayram eğlenceleri için dönme dolap, atlı karınca ve salıncaklar kurulurdu. Şehzâdeler ve geceleri de sultânlar buralarda eğlenirlerdi.

Saraydaki bayramlaşmaya mu'âyede denmekteydi. Önceleri Topkapı Sarayı'ndaki Babüs-Sa'âde önünde yapılırdı. Sonradan 1854'den itibaren Dolmabahçe Sarayındaki Muâyede Salonunda yapılmaya başlandı.

Topkapı Sarayında iken Padişahlar, bayram namazlarını Ayasofya veya Sultanahmed Camilerinde kılarlar ve Saray'dan camiye büyük bir alayla giderlerdi. Buna bayram alayı denirdi. Haremdeki kadınlar ve cariyeler, bayram

---

1 Ayşe Osmanoğlu, Babam Abdülhamid, 88; Ünüvar, 110; Uluçay, Harem II, 163.

alayı başlamadan evvel, bayram alayının geçeceği yerlerde arabalarına binerek yerlerini alırlar ve seyrederlerdi. Bayram Sabahı, Padişahın bayramını tebrik için evvela dışarda bulunan sultânlar, hânedân mensubu olan vükelâ kadınları hareme gelirlerdi. Harem kapısında harem ağaları tarafından selamlandıkdan sonra kethüdâ kadın ve kâtibeler bunları hareme alırlardı. Sultânlar ve misâfirler kendileri için ayrılan dairelere yerleşirlerdi. Aynı şey daha sonra Dolmabahçe Sarayındaki Muâyede Salonunda yapılır oldu.

Kendi aralarında bayramlaşmayı bitiren harem halkı Padişahı beklemeye başlarlardı. Haznedârların ve baş kâtibelerin teşrifatları içinde Padişah içeri girince "Efendim, teşrîf-i şâhâne oldu, buyurunuz muâyedeye" diye baş kâtibe bağırırdı. Sırasıyla Vâlide Sultân, sultânlar, kadınefendiler, ikballer, büyük rütbeli ustalar (Hünkâr Kalfaları), haznedar usta, kâhya kadın, öbür ustalar, büyük kalfalar, kahveciler ve misâfir kalfalar Padişah'ı başlarıyla yerlere kadar eğilerek tebrik ederlerdi. Padişah, kızlarına ve kadınlarına iâde-i ziyârette bulunurdu.

Harem odalarında, kadınlar birbirlerini tebrik ederlerken, haremin avlusunda bayram eğlenceleri yapılırdı. Bir tarafdan zurnasıyle ve çifte narasıyle Zuhurî kolu, diğer tarafdan köçekler, bir diğer tarafdan da hokkabaz ve kukla, karşılarında toplanan çocukları hayran ederlerdi. Harem kadınları, bu eğlenceleri kafes arkalarından ve pencerelerden seyrederlerdi. Gece de misâfirler ve harem halkı, mâbeyne davet edilir ve burada da meşru dairede eğlenceler tanzim olunurdu[1].

---

1 Uzunçarşılı, Saray Teşkilâtı, 202-208; Ayşe Osmanoğlu, Babam Abdülhamid, 72-79; Ünüvar, 97-103; Uluçay, Harem II, 163-165; Harem hayatı ile alakalı olarak insâflı bir batılı yazarın izahları için bkz. d'Ohson, Ignatius Mouradja, Tableau General de l'Empire Othoman, Paris 1790, c. III, Harem-i Hümâyûn (Türkçeye Çeviren: Ayda Düz, İstanbul 1972, Hayat Tarih Mecmuası İlâvesi), sh. 1-32.

ALTINCI BÖLÜM

ON SENE HAREM'DE ÖĞRETMENLİK YAPAN BİR HANIMEFENDİ'NİN GÖZÜYLE HAREM HAYATININ ANA HATLARI

(SAFİYE ÜNÜVAR: SARAY HÂTIRALARIM)

(Kısa Bir Özet)

§. 1- NEDEN BÖYLE BİR ÖZETE İHTİYAÇ DUYDUK?

Buraya kadar, İslâm Hukukunda kölelik ve cariyeliği, bu müessesenin canlı bir tatbikat yeri olan Osmanlı Devletindeki harem hayatını ilmî metodlarla anlatmaya çalıştık. Şimdi de Harem'in hem en bozulmuş kabul edilen zamanında dahi haremdeki hayatın İslâmın esaslarına önemli ölçüde uygun olarak nasıl devam ettiğini; hem daha ziyade Topkapı Sarayındaki haremi nazara vermemiz hasebiyle Yıldız ve diğer saraylarda harem hayatının nasıl cereyan eylediğini, Harem'den bir kadının veya sultânın ağzıyla değil de, Harem'de on sene muallimelik yapmış bir Hanımefendi'nin (Sâfiye Ünüvar) dilinden dinlemeyi konuyu merak eden herkesin arzu edeceği kanaatindeyiz. Ancak "**Saray Hâtıralarım"** adıyla 1964'de yayınlanan bu eseri, aynen değil, ciddi manada kısaltarak Kitabımıza alacağız. Bu konuda önemli bir Hâtırât kitabı olan Ayşe Osmanoğlu'nun hâtıraları daha muhtevâlı ise de Hânedândan olması asıl maksada uygun düşmemektedir.

Bir diğer önemli husus da, bu hâtıraların Harem'in en çok bozulduğu dönemlerdeki halini aksettirmesidir. Bu dönemde böyle olursa, Fâtih, Yavuz ve Kanunî zamanlarında nasıl olacağını da tahmin etmek kolay olacaktır.

Kitabı mütalaa edenlerden Sâfiye Ünüvar'ın bu hatıralarını 1964'lü yıllarda yani Osmanlı lehine konuşmanın ve yazmanın yasak ve suç olduğu dönemlerde kaleme aldığını unutmamalarını ve özellikle niçin yazdığını ifade eden girişi defalarca mütalaa etmelerini istirhâm ediyorum.

§. 2- SÂFİYE ÜNÜVAR: SARAY HÂTIRALARIM

"BU HATIRALARI NEDEN YAZDIM?

Osmanlı Sultanlarının hâkim olduğu zamanlara ait pek çok neşriyat yapıldı. Hepsini dikkat ve alâka ile okudum. Diyebilirim ki, bunların çoğu, hele son devirlere ait olanları uzaktan tutulmuş objektifin titrek, bulanık akislerinden ibaret kalmıştır. Bir kısmı da hayal mahsulü olan romantik maceraları ihtiva eder. Yazarların geniş karihalarına ve hayallerine olan hürmetim dolayısıyla hiçbirini tekzib cür'etinde bulunmak niyetiyle değil; sadece bizzat bu hayatın içinde yaşamış olmanın verdiği salâhiyyet ve şahıslarını yakinen tanımaktan gelen bilgi ile olayları daha ziyade hakikate uygun olarak kaydetmek arzusu ile bu hatırâta başladım. Ve bunda küçük, fakat canlı noktaları ele alarak vücuda getirdiğim çizgileri ve kroki halindeki portrelerin devrinin ihtişamına yakışacak şekilde yaldızlı çerçevelerine yerleştirmeye çalıştım.

Maksadım ne bir tarih kitabı yazmak ve ne de methiyeler mecmuası meydana getirmektir. Sadece Osmanlı Saraylarında on senesini geçirmiş bir insan sıfatı ile edindiğim intibaları canlandırmak ve daha ziyade bu devre ait hatıralarımı küçük küçük birer tablo haline getirmektir.

Bunu bir tarih veya bir hatıra defteri olarak kabul etmek takdirinize kalmış bir meseledir. İçlerinde ununttuğum veya bilemediğim noktalar müsamaha ile karşılanırsa şimdiden özürlerimin kabulunü niyaz ederim.

SARAYA İNTİSABIM

Benim Saraya intisabım, Sultan hocalığı yapmak gibi güzel bir vazife ile başladı. Halamın kocası, Sultan Reşad'ın Baş İmamı İsmail Hakkı Efendi salı günleri sarayda nöbetçi olur, cuma günleri de selamlığa çıkan padişaha namaz kıldırırdı. Böylece haftada iki gün saray arabası evimizin önüne gelirdi. Halamın kocasının, cuma günleri resmî kisvesi ile arabalara binişini bugün de hayal meyal hatırlıyorum.

Pek genç hatta çocuk yaşımda bu saray arabaları çok müessir olurdu. Gözümden kayboluncaya kadar kafesli cumbamdan onları takip ve seyr ederdim. Bu bakışlarıma, ne yalan söyleyeyim, biraz da gıpta dolu acaip bir his karışırdı. Halamın vefatı, o sıralara tesadüf eder. Padişah sırf eniştem için bir teselli diye kendi hazinedarlarından Gülnisar adındaki saraylısını ona zevce olmak üzere Çırağ etmek lûtfunda bulundu. Halamın vefatından 41 gün sonra evimize gelen bu saraylıya önceleri biraz yabancılık ve gücenme duyduk, fakat sonraları yakın bir arkadaş olmuştuk. Son derece terbiyeli, ahlakı güzel ve dindar bir kadındı.

Artık evimiz saraylılarla dolup, taşar olmuştu. Sultan Ahmed'deki bu evimiz bir gece yandı.Yangın gecesi açıkta kalanlar civardaki evlere taksim olunuyorlardı. O aralık padişah tarafından gönderilen mâbeyinci bizleri evine götürmek istedi. İrade-i Şahaneye rağmen eniştem her nedense bu daveti kabul etmemişti. Biz Nuruosmaniyede Şeref sokağına taşındık. Şimdi ne zaman Şeref sokağındaki onbeş numaralı evin önünden geçsem, mazinin bu tatlı günlerini yaşarım.

Hatıralarımı yazarken saraya intisabımdan başlamak lâzım geliyor. Bence bu hadisenin şahsımı ilgilendiren değerinden başka, bilhassa, saraya ait bazı özellikleri ortaya koyması bakımından ehemmiyeti vardır.

Sene 1331 (1915) hiç unutmam, Martın dokuzu idi. Şeref sokağındaki evimizde o gece bir rüya görmüştüm. Ablama anlattım. Şayan-ı dikkat buldu.

-- Eniştene anlat, dedi.

Odasına girdiğim zaman rahmetli eniştem Kur'ân-ı Kerîm okuyordu. Tereddüt ettim. Eskiden büyüklerimizin yanına her zaman girip çıkarak rahatsız etmezdik. Bir şey isteyip istemediğimi sordu. Rüyamı ablamın kendisine anlatmamı istediğini söyledim. Elinden Kur'ân-ı Kerîm'i bıraktı ve:

-- Anlat bakayım yavrum, dedi.

Anlattım. Rüya şu idi: "Selâmlık odasında imişim (eskiden aile reisinin erkek misafirleri için ayrılan odaya selâmlık odası denirdi.). Başımı kaldırıp gökyüzüne baktığımda fevkalâde bir mehtap var. Her taraf pırıl pırıl; bakıyorum ay yavaş yavaş yere inmeye başlıyor. Tam bizim kapının hizasına gelince birden hayret içinde kalıyorum. Çünkü ay derhal Sultan Reşad oluveriyor. Göğe bakıyorum, ay tekrar yerine dönmüş. Fakat Sultan Reşad kapımızın önünde. Ahçımız Azime kendisine kapıyı açıyor. Ve Padişah da doğru benim odama geliyor. Derhal fırlayıp elini ayağını öpüyorum. Kanapeye oturuyor. Ben de sağ tarafında gösterdiği iskemleye oturuyorum. Sağ elini omuzuma koyarak okşar gibi bana bir şeyler söylüyor. Ne dediğini anlamıyorum, kalkıp gidiyor. Uyandığım zaman bütün hatırlamak gayretime rağmen ne söylediğini toparlıyamıyorum."

İşte rüya bundan ibaretti. Eniştem rüyamı dinledikten sonra duvardaki takvimden bir yaprak kopararak tebessüm etti. Tabiî bana da odadan çıkmak düşüyordu. Eniştemin Salı günleri sarayda nöbetçi olduğunu yazmıştım. O gün de bulunması icab ettiği için saraya gitmişti. Padişah kendisini huzura kabul edip diyor ki:

-- İmam efendi, sarayda bulunan kalfalara Din Dersleri verdirmek istedim. Meseleyi Baştabip Hayri Paşa'ya açtım. Bir hanım getirdi. Dersler başladı. Fakat işittiğime göre talebelerine Kur'ân-ı Kerîm dersi okuturken kendisi iskemleye oturup sigara içiyormuş. Bu halini beğenmedim. Derhal altı aylık maaşını verdim. İaşesi için lâzım gelen parayı da emrettim. Kendisini vazifeden affettik. Şimdi bir muallimeye (öğretmene) ihtiyacım var. Siz vasıta olur, böyle bir hoca bulabilirseniz pek memnun olacağım. Dürriye, Rukiye, Hayriye ve Lûtfiye Sultanlarla Nazım ve Fevzi efendileri okutacak. Valideleri de bu arzudadırlar. (Dördü de oğlu Ziyaeddin Efendi'nin çocuklarıdır.)

İrade-i seniyyeyi dinledikten sonra eniştemin gözleri yaşarmış. Padişah, dikkat gözünden kaçırmadığı bu halin sebebini sormuş. Eniştem de rüyayı anlatmış ve Dâr-ül Muallimat'tan (Kız Öğretmen Okulu) mezun olduğumu, bu sene Dâr-ül Fünun'un Riyaziye şubesine (Üniversite'nin Fen Fakültesi Bölümü) imtihan vermeye hazırlanmakta bulunduğumu söylemiş.

-- Kendisini muallimeliğe derhal kabul ettim, buyurmuşlar.

Rüyadan sonra başıma devlet kuşu konmuştu. O akşam yemekte eniştem bana bakıp bakıp gülüyordu. Biraz sonra aynen şunları söyledi:

-- Sana müjdem var kızım. Saray-ı Hümayunda Sultanlar Hazerâtına muallimelik şerefini Cenab-ı Hak nasip eylemiş. Bugün Şevket-meap Efendimizden aldığımız iradeyi sana tebliğ ediyorum. Allah hayırlı eylesin.

Bu âni haber karşısında bir hayli afallamıştım. Çatal elimden düştü. Gözlerim daldı. Boğazıma birşey düğümlendi. Sanki dilimi yutmuş gibi idim.

Bu hâl ruhuma dolan acaip iki hissin çarpışması neticesi idi. Sarayların iç hayatı bizim için meçhuldü. Birden hatıramda parlayan bu mühim ve esrarengiz hayatın içine girmek mecburiyeti bende tarif edilmez bir heyecan hasıl etti. Saraylar ve saray hayatı hayalimde genişliyordu. İçeri girenin üstüne kapanan saray kapıları, girenin kaybolan rüyalarının hasretlerine karşılık, binbir gece masallarının muhayyel cennetine de götürebilirdi. İçimde korku ve sevinç el ele vermiş, bu cazip fakat ne de olsa yabancısına karşı korku veren bir geleceğin çekingenliği ile ürperiyordum. Sonra "peki, diyorum, Dar-ül Fünun ne olacak? Oraya girmek hayallerim mahvolmuyor mu idi?" Halbuki ben ne tatlı hayallerle tahsilimi tamamlamak istyordum. Eniştemin sesi birden beni içine yuvarlandığım bu karma karışık rüyadan uyandırdı.

-- Kızım, dedi, bu tarihe kadar diplomalı hiç bir kimse Saray-ı Hümayun'dan içeri girmemiştir. Erkekler, selâmlıkta hususî hocalardan, kadınlar ise içeride yetişmiş kalfalardan, son zamanlarda sultanlar da seyyar muallimlerden ders almıştır. Halbuki sen Harem-i Hümayun'da kalacaksın. Sarayın durumlarını bizzat müşahade edeceksin. Sanırım ki, bundan memnun olman lâzım geliyor. Susuyor, önüme bakıyordum.

İçimden uzun bir mücadeleden sonra, saraya gitmeye karar vermiştim. Ama saraya nasıl gidilir? Neler götürmek lâzımdır? Bunu içimizde saraylı hanımdan başka pek bilen de yok. Onun ikazı ve direktifi ile icab edenleri hazırlamağa başladık. Zaten çok birşey de lâzım değilmiş. Aklımda alanlar: Üç takım çamaşır, ikisi uzun ve ikisi kısa etekli olmak üzere 4 elbise, hamam takımı, altı çift çorap ve üç çift iskarpin ki bunların biri yazlık biri kışlık, üçüncüsü de resmî elbise ile giyilecek ayakkabılardır, hepsi bu kadar. Saraylı hanıma göre, hattâ bunlara bile lüzum yokmuş. Orada herşeyi tedarik ederlermiş. Ama ablamın aklına göre, yine koca bir bavulu dolduracak eşya ile yola çıkacaktım. Müthiş heyecan içinde üç gün geçirdim. Bende artık geceleri uykudan eser yoktu. Bir an evvel bu hayata kavuşmanın telâşı vardı.

Bu bana bir başka dünyadan bir başka âleme göç ediyormuşum gibi tesir etti. Yalan da değildi. Hakikaten saray başlı başına bir âlemdi. Bence olduğu kadar bütün milletçe de meçhul bir hayatın içine karışmak, az değişiklik sayılmaz. Kalın ve muhkem duvarları arasında mahsur kalan saray hayatının, nasıl ve ne gibi maceraları olabileceğini kestirebilmek tabiî imkânsızdı.

***

Nihayet 9 Mayıs 1331 (1915) cumartesi günü geldi. Sabah saat 10.30 kapımızın önünde mükellef bir saray arabası bekliyor. Bu araba, beni sanki meçhul bir diyara götürecekmiş gibi heyecandan tirtir titriyordum. Endişelerimi ve hüznümü gözlerimden okuyan ablacığım. etrafımda pervane kesilmiş, ne söyleyeceğini şaşırmış, âdeta mırıldanır gibi cesaretlendirmek ve teselli için bir şeyler söylüyordu.

-- Allah'a mütevekkil ol kardeşim. İnşaallah sonu hayırdır.

Her zaman içindekilere gıpta ile baktığımız arabaya nihayet binecektim. Arabacının yanında oturan kahvecibaşı Ahmed Efendi beklenmedik bir çeviklikle inip kapıyı açtı. Öteden beri pek beğendiğim koyu renk atlas döşeli kupa arabasına bindim. Hademe bavulumu aldı. Arabanın içinde hissiz bir halde, adeta donup kalmıştım. Ağlayan ablamın ve sevinçten dudakları titreyen saraylı Hanım'ın ellerini öptüm. Vedalaştık. Araba köprüyü geçiyordu. İki çarşaflı Hanım'ın bana gıpta ile baktıklarını farkettim ve gülümsedim. Artık Beşiktaş'tan Yıldız'a doğru yol gidiyorduk.

YILDIZ SARAYI'NDA

Saraya geldiğimiz vakit, birinci kapıdan geçerken bir kaç hademe yerlere kadar kemâl-i hürmetle selâmladılar. Harem kapısında bir çok ağalar beni bekliyorlardı. Refakatimizdeki kahveci başı Ahmet Efendi nöbetçi ağası Seyfettin Ağa'ya beni teslim etti. Ve:

-- Muallime hanımı hazinedar ustanın dairesine götürünüz, dedi. Ağa ile birlikte hareme gittik. Beni birbirinden güzel genç saraylılar karşıladılar. Sonradan öğrendiğime göre bunlar misafirleri karşılamak ile vazifeli kalfalarmış. İkinci kata çıktık. Baştan başa Hereke kumaşları ile ve zevkle döşenmiş süslü bir salona girdik. Çarşafımı çıkardım. Aralık kapıdan mütecessis başlar görünüyordu. Böyle gözetmeler saray âdetidir. Bunlar daha evvelden mualli-

-- Sizinle görüştüğüme memnun oldum. Sultan Efendiler (evlâtlarına bu şekilde hitab ederlerdi) şimdiye kadar Mustafa Efendi ismindeki bir âlimden Kur'ân-ı Kerîm dersi alıyorlardı. Şevket-meâb Efendimizden şehâdetnameli bir muallime istedim. Allah ömr-ü şahanelerini müzdât buyursun. Derhal kabul ettiler. Ve sizi lutf-î ihsan buyurdular. Teşekkür ettim. Devamla:

-- Tedrisatınızın mektep pogramlarına uygun olacağına eminim. Ne lâzımsa lûtfen bana bildiriniz, dediler. Ben de ikişer kişilik mektep sıraları ile siyah yazı tahtası ve benim için bir masa ve saireyi yazarak lûzumlu malzemeyi bir liste haline takdim ettim.

-- Merak etmeyiniz. Hepsi derhal tedarik olacaktır. Yalnız sizden ricalarım şudur: Dershaneden içeri girer girmez sultanlık yoktur. İstediğiniz gibi kendilerine muamelede serbestsiniz. Diğer hocanın vazifesine nihayet verilecektir. Bu vazifeyi size devrediyoruz. Şevket-meâb Efendimizin iradeleri ile evvelâ Kur'ân-ı Azimüşşan hatmedilecek, ondan sonra mektep derslerine başlanacaktır. Siz de ona göre hareket edersiniz, dedi ve ayağa kalktı. Ve çıktılar.

Sultanların valideleri, üzerimde iyi bir tesir bırakmış, hoş bir hanımdı. Sultan hanımlar için sipariş edilen ders levazımatı gelinceye ben de okumak isteyen saraylı hanımların isimlerini kayda başladım. Talebelerim çoğaldıkça çoğalıyordu. Kur'ân-ı Kerîm, Ulûm-ı Diniye, Kırâ'at, imla, hesap, hendese, Terbiye-i Bedeniye dersleri öğreneceklerdi. Sayısı gittikçe artan talebelerimden hatırımda kalanların sıralayalım. İspantayyar, Ferhamet, Suzidil, Lem'an, Neş'e Resan, Neş'eriz, Lâlerû, Ceşmidilber, Çeşmiferah, Melâhat, Nevzat (Sonra Sultan Vahdeddin'in zevcesi olmuştur.) Nesrin Şadırû, Nigâr, Milnigâr, Nigâristan, Bezminigâr, Zülfitab, Mihrimah, Mihriban, Pesend, Ferzan, Virdirevan, Zermisal, Nüzhet, Dilşikâr, Feriha, İrfanter, Nazikeda, Hüsnüaver, Kemalifer, Resan, Rayidil, Dilgüzar... Hepsi iyi kızlardı. Hepsi de derslerine ehemmmiyet veriyor, itina ile çalışıyorlardı.

SULTAN REŞAD'IN HANIMLARINI ZİYARET

Ders odası hazırlanıncaya kadar Yıldız Sarayında bulunan Sultan Reşad'ın haremlerini, ya'ni Kadın Efendileri ziyaret etmek istedim. Arzumu kalfama açtığım zaman o da:

-- Evet! dedi. Kadın Efendileri, sultan efendileri, şehzâde haremlerini ziyaret etmeniz lâzımdır.

Başkadın Kâmures Hanım Efendi'yi Ziyaret

İlk ziyaretin gece olması doğru değilmiş. Cuma günü öğleden sonra uzun etekli entarimi giydim. Ziyaret müsaadesini önceden almış olduğumuz için sarayın güzel ve muntazam çiçekli bahçelerinden geçerek baş Kadın Efendi'nin -Padişahın birinci haremine, Baş Kadın Efendi denir- dairesine girdik (Kâmüres Kadın Efendi büyük şehzade Ziyaeddin Efendi'nin validesi idi). Misafirleri karşılamakla vazifeli biri genç, biri yaşlı iki saraylı bizi misafir salonuna aldılar. Kadın Efendi'nin kalfası Azmireftar kalfayı selâmladık. Orada doğrudan doğruya Kadın Efendilerin huzuruna çıkılmaz, evvelâ büyük kalfa ile görüşülür, kahve içilir, sonra yine büyük kalfanın refakatiyle ikinci katta oturan Kadın Efendi'nin odasına alınır. Vaktiyle güzel olduğu besbelli, hâlâ da târavetini muhafaza eden Kadın Efendi bizi kabul etti. Arkamda uzun etekli elbisem, başımda evvelce giymekliğime müsaade olunan hotoz ile kendimi aynada görünce ben de beğendim. Tam bir saraylı olmuştum. Aldığım talimat mucibince eğilerek temenna etmek istedimse de Kadın Efendi eliyle engel oldu:

-- Etme, estağfirullah, deyip kısaca selâm vermekliğimi kâfi gördüler. Biraz arkaya çekildim, bekledim. Kadın Efendi hemen iskemleyi göstererek:

-- Buyurunuz, oturunuz, dedi.

Bu gibi ziyaretlerde misafirlerin iskemleye değil, yerdeki minderlere oturtulduğunu biliyordum. Bana bu iskemle ikramının, hocalara karşı bir saygı göstermek düşüncesinden ileri geldiğini anladım. Kalfam mindere oturdu. Kadın Efendi talebelerimin (sultanların) ne zaman derse başlıyacaklarını sordu. Lâzım gelen cevapları verdim. Padişahın tedrisat hakkındaki iradelerini sordu. Ben de mektep programı mucibince derslere başlamadan önce Kur'ân-ı Kerîmi hatmetmeleri hakkındaki emirlerini söyledim.

-- Küçük yaşta, dediler, din derslerini öğrenirlerse hem unutmazlar, hem de dersler çoğaldığı zaman dinimize dair olan en mühim bilgiyi geciktirmemiş olurlar. Ve devam ederek:

-- İnşaallah talebeleriniz feyzinizden istifade ederler. Bu vesile ile sizi gördüğüme çok memnun oldum, dedikten sonra, yanımda oturan Piyalerû kalfa ile saray hakkında biraz konuştular. Konuşmaları bitince müsaadelerini alarak huzurlarından ayrıldık.

İkinci Kadın Efendi Mihrengiz Kadın Efendi'yi Ziyaret

İkinci Kadın Efendi Mihrengiz Kadın Efendi ve oğlu Şehzade Ömer Hilmi Efendi sayfiyedeydiler. Kendileri ile görüşemedik. Ancak kışın Beşiktaş Sarayına gelince tanışabildik.

Üçüncü Kadın Efendi Nazperver Kadın Efendi'yi Ziyaret

Nazperver Kadın Efendi, Dürrüaden Kadın Efendi'nin vefatiyle üçüncülüğe terfi etmişti. Aynı gün kalfamla beraber hünkâr dairesinden sonra bu Kadın Efendi'nin ikâmetine tahsis edilen daireye gittik. O da öteki Kadın Efendiler gibi şişman ve uzun boylu bir hanımdı. İlk nazarda malûmatının derecesi pek belli olmamakla beraber, insan üzerinde iyi tesir yapan terbiyeli ve nazik görünüyordu ve biraz hüzünlü bir hali vardı. Hüznünün sebebine sonradan öğrenmiştim; çocuğu olmadığı için Padişahın kendisine karşı gösterdiği teveccühe rağmen, hayatı boyunca böyle mahzun yaşamıştır. Sık sık gelmemi istedi ve iltifat etti.

Dördüncü Kadın Efendi Dilfirib Kadın Efendi'yi Ziyaret

Oradan aynı daireye yakın olan Dilfirib Kadın Efendi'yi ziyaret ettik. Kendisini merak ediyordum. Çünkü bir gece önceden genç ve malûmatlı olduğunu söylemişlerdi. Bekletmeden oturduğu salona bizi aldırdı. Selâmımı samimî karşıladı. Bana:

-- İlk defa diplomalı bir muallime saraydan içeri girmiş bulunuyor. Sık sık buyurursanız birlikte tarih okuruz. Ben tarihi çok severim, dedi. Öteden beriden konuştuk. Saray halkının eniştemi sevdiğini, çünkü teravih namazını son derece erkân-ı adabına riayetle ve uzatmayarak kıldırdığını, Gülnisar Hanımla evlendiğini işittiğini söyledi.

-- Malum ya dedi, yaşlı kalfalarımız çoktur. Oruçtan sonra fazla ayakta duramazlar. Eniştenize ihtiyarların halinden de anlarlar, dedi.

Genç Kadın Efendi ile daha az resmî konuştuk. Dairesine sık sık giderdim. Kendisi Sultan Reşad'ın vefatından sonra bir müddet sarayda, sonra Erenköyü'ndeki köşkünde kaldı. Vefatı 1952 senesindedir.

***

Ramazan geceleri saray güzel olurdu. Gündüzleri herkes oruçlu olduğundan sükûnetle geçer, fakat iftardan sonra her daireden takım takım saraylılar mabeyndeki büyük sofaya kurulan kafes arkasına gelirler, imam efendi ile müezzinler de harem- i hümayuna gelirler, namaz kılınırdı. Şöyle böyle altmış yetmiş kişilik bir cemaat olurlardı.

Bazı geceler saraylılar aralarında saz tertip ederler, eğlence yaparlardı. Sahura kadar âdeta sarayda bir şenlik olurdu. Bu eğlenceler gece saat onikide sahur yemeklerini getiren tablakârların "destur!..." sesleriyle nihayete ererdi[1].

PADİŞAHIN GELİNLERİNİ ZİYARET

Sultan Reşad'ın büyük gelini (Şehzade Ziyaeddin Efendi'nin Hanımı) Ünsiyar Hanımla görüşmek istedim. Kendisinin iki sultanı bir şehzadesi vardı: Dürriye Sultân, Rukiye Sultan, Nazım Efendi. Yıldız Sarayının bah-çesinde birçok küçük köşkler vardı. Ünsiyar Hanım maiyeti ile birlikte bu köşklerden altı odalı birinde otururdu. Köşkten içeri girer girmez Ünsiyar Hanımla karşılaştım. Kibirsiz bir kadındı. Malûmatlı ve güler yüzlü idi. (Sonra İskenderiye'de vefat etmiştir.) Bu ziyaretimde aynı zamanda talebelerimle de tanışacaktım. Bu günkü gibi hatırımdadır. Limonata ikram ettiler. Biraz sonra da Dürriye ve Rukiyye Sultanlarla Nazım Efendi odaya geldiler. Ayağa kalktım. Ünsiyar Hanım evlâtlarına hitâben:

-- Hocanızın elini öpünüz. Kim bilir sizlere neler öğretecektir. Artık siz de bana öğretirsiniz. Değil mi arslanım? "Sultanlarla efendilere yakınları arslanım diye hitap ederlerdi" dedi. Oradan beraberce ders yapacağımız odaya gittik. Kapısına "Ders Odası" diye bir de levha konacağını söylediler. Sultan Efendiler ve anneleri ile birlikte bir müddet görüştük. Sonra çocuklar bana bahçeyi gezdirmek için annelerinden müsaade aldılar. Bahçeye çıktık. Muntazam ve zevkli bir şekilde tarhedilmiş bahçeyi pek beğendim. Âdeta bir cennet bahçesi gibi idi. Ağaçların neftî gölgelerinde biraz dolaştık. Ve büyük havuzda çatanaya binerek, bir kaç defa tur yaptık. Gördüğüm bu gibi şeyler beni memnun etmeye başlamıştı. Yanımızda nöbetçi harem ağalarından biri de bize refaka ediyordu. Bir aralık kanepelerinden birinde bir müddet oturup istirahat ettik.

---

[1] Bir kısım iftirâcıların anlattığı gibi, gayr-i meşru eğlencelerden sonra kalkıp sahuru yiyip Sabah namazını kılmaları düşünülemez. Sahura kadar yapılan eğlence ilahilerin söylendiği meşru sayılan sazların çalındığı ve Harem'de harem kadınlarının ve mahrem olmayan insanların yaptığı eğlencedir.

Padişahın oturduğu dairenin adı "Hünkâr Dairesi" idi. Buranın pencereleri bu bahçeye bakardı. Benim birşeyden haberim yokken pencereden Padişah da bizi seyrediyormuş. Üçüncü hazinedara "Sultanların yanındaki kimdir?" diye sormuş. Sonraları Hazinedar Peyveste Kalfadan öğrendiğime göre Baş Kadın Efendi ile aralarında bir muhavere cereyan etmiş:

-- Efendimiz, bu muallime hanım pek küçük, talebelerine nasıl söz dinletir? Bizimkiler bunu da kendilerine uydururlar, demiş.

Padişah da şu cevabı vermiş:

-- Yaşı küçük ama, aklı büyük.

O gün Ünsiyar Hanım beni sultanlarla birlikte yemeğe alıkoydu. Terbiyeli çocuklardı. Hocaları ile birlikte olmaktan zevk alıyorlar ve benimle sık sık temas halinde bulunmaktan memnun oluyorlardı. Sabah kahvaltısı ile akşam yemeklerini dairemde yiyor ve öğle yemeklerinde de sultanlarla beraber bulunuyordum.

PADİŞAHIN VASITAMLA TALEBELERİME BİR İRADESİ

Saraya girdiğimin üçüncü günü idi. Bir kalfa geldi. Hazinedar ustanın beni görmek istediği haberini getirdi. Bu gibi dâvetler her nedense beni ürkütüyordu. Fakat şu kısa ikâmetim esnasında yavaş yavaş bunlara da alışmağa başlamıştım. Hazinedar ustanın dairesine gittim. Nezaketle karşılandım. Kahveler içilip hatır sorulduktan sonra Hazinedar usta ayağa kalktı. Ben de kalktım. Padişahın bir arzusunu bana bildirecekmiş. İrade-i seniye tebliğ edilirken ayağa kalkmak adetmiş. İrade şu idi:

"NAMAZ, KILMAYANLARA, ORUÇ TUTMAYANLARA YEDİRDİĞİM TUZ VE EKMEĞİ HARAM EDİYORUM. BU İRADEM, HOCA HANIM TARAFINDAN TALEBELERİNE SÖYLENSİN"

Padişah dindar bir insandı. Beş vakit namazını terk etmez ve dinî akîdelere sımsıkı bağlı olarak yaşardı[1]. Derhal kendilerine:

-- Emr-i Şahanelerini ifa edeceğimden emin olmalarını arz ederim, dedim. Dedim ama beni bir düşüncedir aldı. Çünkü bu iradeyi hemen tebliğ edersem benden ders almaya gelen saraylıların dersi terk etmeleri mümkündü. Bu takdirde de muvaffakiyetsizliğim üzerinde türlü dedikodulara yol açabilirdi. Talebelerimin beni beğenmedikleri veya bilinmeyen sebeplerden dola-

---

1 Sultân Reşâd, Osmanlı Sarayının son Padişahlarındandır ve en çok tenkit edilen bir dönemin devlet adamıdır. Buna diğerleri kıyaslanabilir.

yı benden kaçtıkları şayi' olacaktı. Bu ise benim durumumda bir insan için oldukça tehlikeli bir işti. Bir tedbir düşünmek gerikiyordu. Ben yavaş yavaş talebelerime nasihate başladım. Alınan eşyanın hesabını bilmek için hesâp dersi nasıl lâzım ise, gerek dünyada gerekse âhirette de her türlü kolaylık görebilmek için insanın dine riayetkâr olması lâzım geldiğini anlatmağa çalıştım. Talebelerim gittikçe bana ısınıyorladı. Mümkün mertebe onlara sevimli ve nazik olmağa gayret ediyordum. Hakikaten bu tedbirim müessir oldu. Onların da derslere intizamla devam etmekte ve dikkatle çalışmakta olduklarına şahit oldum. Aradan tahminen bir buçuk ay kadar zaman geçti. Dershanenin kapısına şöyle bir levha astım:

NAMAZ KILMAYAN, ORUÇ TUTMAYAN, DERSHANEDEN İÇERİ GİREMEZ

Genç talebelerim levhayı okuyunca derhal dairelerine giderek vaziyetten haberdar etmişler. Tabiî onlar da benim "Allahın emrini tebliğ ettiğimi" söyleyerek bu nasihate riayet mecburiyetinde bulunduklarını tekrarlamışlar. Birer birer gelmeğe ve "Söz veriyoruz. İbadetimizi ihmal etmeyeceğiz" diye kabullerini rica etmeğe başladılar. Kalfalarından birer tezkere istedim. Okuma yazma bilmeyenlerin bizzat gelerek bu husus hakkında teminat vermelerini rica ettim. Bu şekilde irade-i şahane de yerine gelmiş bulunuyordu.

Hâdise bütün sarayda duyulmuş, Padişahın kulağına kadar gitmişti. Gülmüş ve bir salı günü eniştem nöbetçi iken ona da meseleyi açmış ve iltifat etmiş:

-- Analar, babalar, evlâtlarının dinî terbiyelerinden indallah nasıl mes'ul iseler, ben de bunlardan mes'ulüm. Allah sormasın, size de teşekkür ederim, demiş.

O akşam eniştem eve geldiği zaman yengem saraylı hanıma "Allah Safiyye'den razı olsun. Halife-i ruy-î zeminin duasını almaklığıma sebep oldu." demiş.

Padişahın teveccühünü kazanmış olmaklığım bana cidden sevinç vermişti. Bir kaç gün sonra Baş Musahip Enver Ağa vasıtası ile bir de levha hediye ve ihsan etmişlerdi. Levha meşhur hattatlardan birinin yazısı iledir. Bunu Kur'ân-ı Kerîm koymaya mahsus bir camlı dolap hediyesi ta'kîp etti.

EVVELÂ KUR'ÂN-I KERÎM DERSLERİNE BAŞLADIK

Ziyaeddin Efendi ile Ünsiyar Hanımefendi çocukları Dürriye ve Rukiye Sultan Efendilerle, Şehzade Nazım Efendi'nin derse başladıkları günün tarihini unutmama imkân yoktur: 11 Mayıs 1331 (1915)

Ders odasının hazırlandığını haber verdikleri zaman koşa koşa, görmeğe gittim. Gördüğüm manzara beni hayret ve sevinç içerisinde bıraktı. Bu intizam, Ünsiyar Hanım'ın zekâsının eseriydi. Oturacak yerler ile arkalıkları kırmızı kadife, yan tarafları beyaz yağlı boya iki sıra ve karşılarında benim için hazırlanmış yeşil çuha örtülü bir masa, üzerinde yazı takımı ve cetvel, lâstik ve saire... Yan tarafta cilâlı güzel bir siyah tahta, silgi ve tebeşirine kadar her şeyi mükemmeldi. Bir kanepe ile iki iskemle de odanın eşyasını tamamlıyordu. Kapının üzerinde Ders Odası yazılı levhaya kadar ihmal edilmemişti. Velhâsıl mükemmel bir dershane ile karşılaşmıştım.

Öğleden sonra Sultanlar anneleriyle birlikte dershaneye geldiler. Yerlerimizi aldık. Onlara ilk önce Kur'ân-ı Kerîmde nereye kadar okuduklarını sordum.Büyük Sultan "Yasin"e diğeri de dördüncü cüz'e kadar okumuşlar. Kendilerini biraz imtihan eder gibi yokladım ve bıraktıkları yerden başlıyabileceğimizi bildirdim. Mini mini Şehzade Nazım Efendi ise yeniden başlıyacaktı. Sultanların başında Bursa'nın ipekli baş örtüleri vardı. Esasen Sultan Reşad'ın sarayında her şey Bursa ve Hereke kumaşlarındandı. Padişahın yerli malı dururken ecnebî mallarına itibar etmediği malûmdu. Bir aralık küçük şehzade ablalarının başlarının örtünmesine dikkat etmiş olacak ki, o da başının örtülmesini istedi. Derhal anneleri emretti. Mini mini şehzadenin fesi de geldi. Fesi giydiği zaman şehzadenin dadısı Suzidil Kalfanın sevinçten gözlerinin yaşardığını görmüştüm.

Aradan üç ay kadar geçti. Dersler ilerliyordu. 6 Ağustos 1331 (1915) de Sultanların ikisi de Kur'ân-ı Kerîmi tamamen bitirdiler.

HATİM MERASIMİ

Aklıma birşey geldi. Bir "Hâtim Merasimi" yapmak fena olmayacak diye düşündüm. Düşüncemi anneleri Ünsiyar Hanım'a açtım. "Çok muvafık olur" dedi. Ve çok memnun oldu. Hâtim merasimi hazırlıklarına başladık. Ben sultanlara manzumeler öğrettim. Dürriye Sultan "Bayrak" nesrini, Rukiye Sultan da İbrahim Alâaddinin "Bayrak" manzumesini ezberledi. Ünsiyar Hanım derhal esvapçı başı Sabit Bey'i çağırttı. Kırmızı atlastan etrafı altın saçaklı bir bayrak yapılmasını emretti. Biz Sultanlarla hatim merasimi programı ile meşgul iken, anneleri Ünsiyar Hanım da merasimde yapılacak ikramlarla uğraşıyordu. Şerbet ve limonatalar karlıklara boşaltılıyor. Davetlilere rütbe derecelerine göre zarif kutular içersinde şekerler yaptırılıyordu.

Davetlilerimiz bir hayli yekûn tutmuştu. Başta Sultanların babaları, Şehzade Ziyaeddin Efendi olmak üzere, amcaları Şehzade Ömer Hilmi Efendi, diğer küçük şehzadeler, Kadın Efendiler ve tesadüfen o gün sarayda misafireten bulunan Rükiye ve Adile Sultanlar, şehzade haremleri, sarayda mevki sahibi ustalar, büyük kalfalar, Hazinedar Usta, Kâhya Kadın, diğer saraylılar. Daha doğrusu hemen hemen bütün saray halkı davetli idiler.

Merasim günü geldi. Küçük mabeyn tâbir ettiğimiz dairenin büyük sofası altın yaldızlı kafeslerle ikiye ayrıldı. Bir kısmı erkeklere, öte tarafı da kadınlara tahsis olundu. Erkeklere mahsus kısımda ortaya bir rahle konuldu. Üzerine sırma işlemeli bir örtü örtüldü. Sultanların oturması için de altın sırma ile işlenmiş iki minder kondu. Karşı tarafa da şehzadelerin oturmalarına mahsus kadife, atlas ve kıymetli kumaşlardan dikilmiş minderler yerleştirildi. Bunların kimisi yuvarlak, kimisi de beyzi şekilde idi. Mabeyn erkânı da burada yer alacaklardı. Kafesin arka tarafından ön sıraya altın yıldızlı koltuk ve sandalyeler, ikinci sıradan itibaren de nihayete kadar muhtelif renklerde minderler yerleştirildi. Evvelâ Kadın Efendiler, sultanlar ve sonra sıra ile davetli saray halkı yerlerini aldılar. Bir harem ağası refakatinde şehzadelerle, mabeyn erkânı da mevkilerine oturdular.

Şimdiye kadar sarayda böyle bir merasim yapılmamış olduğundan herkeste haklı bir tecessüs beliriyordu. En sonra sultanlar geldiler. İkisinin başlarında kıymetdar birer taç, sırtlarında altın sırmalı elbiseler, başlarında Bursa kumaşından birer baş örtüsü vardı. Bu halleriyle zaten yüzleri pek güzel olan sultanlar birer melek zannedilebilirdi. Sultanlar gelirken mabeyn erkânı ayağa kalktılar. Sultanlar da onları selâmladılar. Herkeste tatlı bir heyecan uyandıran bu manzara karşısında benim de gözlerim yaşardı. Sultanlar minderlerine oturdular. Bu sırada onlara evvelce ders veren şeh-zade hocası Mustafa Efendi, Baş İmamın işaretiyle gelerek sultanların karşısındaki mindere oturdu. Evvelâ Dürriye Sultan, sonra Rukiye Sultan üç defa ihlas-ı şerifi ve Muavvizeteyn'i ve fatihayı okudu. Hazirûn tekbir getirdiler. Hoca Efendi hatim duasını okudu ve şerbetler dağıtıldı. Bu sırada Musahip Ramiz Ağa elinde o atlas bayrakla göründü. Bayrağı Dürriye Sultana takdim etti. Sultan bayrağı aldı ve okumaya başladı.

Okunan nesri aynen aşağıya alıyorum:

"Efendiler,

Her milletin ecdadından kalmış bir nişane-i hakimiyyeti, bir yadigâr-ı tarihiyyesi vardır. Elimde kemal-i ihtiramla tutarak huzurunuza çıktığım şu mukaddes sancak da bir miras-ı şecaat ve vedîa-i şeref ve mefharettir.

Efendiler,

Bu bayrağın kıymeti kelimelerle anlatılamayacak kadar ulvî bir mâna taşır. Tarihimizin bir safha-i gururu, milletimizin bir timsal-i zivekârıdır. Bu al haremin sath-ı âl'ine resmedilmiş şu ay yıdız, bir zamanlar büyük ülkelerin ufkunda doğan ayyıldızdır. Asırlardan beri ufuklarda dalgalanıyor. Bu gün de Osmanlıların mümessilliğini ifa etmektedir. Turan'n zümrüd ovalarından, Anadolu'nun sine-i samimiyetine ihtiyar-ı hicret eden ve az zamanda cihanın üç büyük kıt'asının en mutena sahalarında muazzam bir DEVLET vücuda getiren Osmanlıların şimdi fahrâmiz bir hatırası, satvet ve mefharet mirasıdır. Bu sevimli sancak, büyük Osmanın, âzîmkâr ve cesur Fatih'in kahraman ve metin Selim'in cengâver evlâdı elinde etrafa fütuhat ve teraneleri saçarak Balkanların en yüksek ve azametli tepelerinden aşmış, tâ Viyana ovaları karşısında ve Çaldıran Çöllerinde semâların âfâkında rekzedilmişti. Yine bu ayyıldız kemal-i ihtişamla Hindistan Kıyılarına kadar giderek, Barbarosların, Turgutların heybetli gemilerinin direklerinde al mevceleriyle temevvüc ederek Osmanlıların şanını kudsiyetini i'lâ etmiştir.

Saadet asırlarında ecdadımız yorulmak bilmeyen gayret-i cihangirânesi ile bu ayyıldızın namus ve haysiyetini yükselttiler. Bu bayrak yüksele yüksele semanın esîrî maviliklerine kadar suûd eylemiş kamer ile kevâkib'in hale-i taksidine gömülmüştü. Ah!... O mazi, öyle bir mazi ki, şevket ve satvet ile dolu. Bu sancak ve o mazi.

Ey güzel ve büyük bayrak! Türklüğün şaşaalı asırlarında sen metin ve muazzam kal'aların semalara erişen burçlarında, Osmanlı gemilerinin yıldızlı direklerinde dalgalanır, deniz sana bir nişane-i tasdik olarak mavi sularıyla titreşir, dağlar, ovalar seni nesimin zemzeme-i samimiyetiyle kucaklar ve okşar. Beldeler, kal'alar, kuleler sana kapılarını açar, düşman orduları taşıdığın âlemgirane nağmenin heybetiyle tarümar olur. Sana ey şanlı sancak! Sana ey büyük hilâl! Sana her şey eğilir. Arz-ı ihtimam eylerdi. Tebcil ve takdis sana, en kalbî hürmet, en hakikî merbûtiyet, senin şeref ve namusun uğrunda ölen ve feda-i can eden mübeccel şehitlerine ihtiram. Tarihin lâyemut (ölmez) sahifelerine geçen şahidi olduğun menakıb-i kahramannameye perestişler...

Evet! Ey al sancağım! Sana ve temsil ettiğin milletin tarihine binbir selâm ve ihtiram...

Seni kahretmeğe hazırlanan bütün düşmanların karşısında ulviyyetinden hiçbir şey kaybetmezsin. Salîbin karşısında hilâl daima yükselecek ve müfteris düşmanlarını helâk edecektir. Bu, değişmez bir kanundur. Göklerden inen hilâl, yine göğe yükselecektir. Yükselmek, bu senin şaşmaz kaderindir.

Daima yüksel ve yaşa."

Biraz uzunca olmasına rağmen dikkatle dinleyen hazirûn Dürriye Sultan'ı hararet ve samimiyet ile alkışladılar. Aralarında eniştem de olduğu halde mabeyn erkânından bir çoklarının gözleri yaşardı, ağlaştılar. Arkasından Rükiyye Sultan İbrahim Alâaddin Beyin "Bayrak" manzumesini okudu.

BAYRAK

Ertuğrul'un ocağında uyandım,
Şehitlerin kanıyla boyandım,
Nice düşman kal'asına uzandım.
Sana, selam ey Osmanlı Bayrağı.

Çırpınarak dalgalanır kanadın,
Gökyüzüne çıkmak mıdır muradın?
Gölgende can ermek ister evlâdın,
Sana selâm ey Osmanlı Bayrağı

Ey şerefin, büyüklüğün fermanı,
Ey kavgalar tarihinin destanı,
Seni ister şu toprağın her yanı,
Sensiz tütmez Osmanlılık ocağı,
Sana, selâm ey Osmanlı Bayrağı.

Mini mini Sultanı da çok alkışladılar. Pederler ile Amcaları ve mabeyn erkânı teker teker sultanları tebrik ettiler. Merasim de bitmiş bulunuyordu.

Sultanlar kafesin iç tarafına geçince, kadınefendilerin, misafir Sultanların, annelerinin ellerini öperken bir tarafdan da kıymetdar hediyeler veriliyordu. Mücevherler takılıyordu. Bu muvaffakiyetli neticeden gerek sultanlar, gerekse ben memnun olmuş idik.

Bu arada padişahın torunlarını huzuruna çağırdığı haberi geldi. Ben henüz huzur-ı padişahiye kabul olmadığım için, sultanlar valideleri ile birlikte huzura çıktılar. Padişah o tarihte oldukça mühim bir mesane ameliyatı geçirmiş bulunuyordu. Henüz yataktan çıkmamış idi. Kendisine sultanların ellerinde bayraklarla gelmekte oldukları haber verildiği zaman:

-- Beni kaldırınız, bayrağa hürmet lâzımdır, demişler. O sırada odada bulunan Dördüncü Kadın Efendi ile üçüncü hazinedar:

-- Aman efendimiz, henüz doktorların müsaadesi yoktur, demişseler de dinlememiş, arkasına yastıklar ilâve ettirilerek biraz doğrulmuşlar. Sultanlar huzur-ı şahanede ta'zim vazifelerini ifadan sonra evvelâ Dürriye Sultan sonra küçük kardeşi Rukiye Sultan birbirini takiben bayrak nesrini ve manzumesini okumuşlar. Zat-ı Şahanenin gözleri yaşarmış ve torunlarını bir kaç defa alkışlamış. Neticede padişah gerek torunlarına, gerekse bana hediyeler göndermişti.

TALEBELERİM VE BABALARI ZİYAEDDİN EFENDİ

Talebem Düriye ve Rukiye Sultanların pederleri Şehzade Ziyaeddin Efendi, Saraya girdiğimin hemen haftasında ders odasına gelmişti. Evvelâ kapı vurulmuş, içeri Ünsiyar Hanım girmiş ve Şehzadenin geldiğini haber vermişti. Bilâhare başında yan eğilmiş kalıplı fesi, güler yüzü ile Ziyaeddin Efendi gelmiş, bize iltifat etmişti.

Takib olunan ders programı hakkında izahat almış ve pek mütehassıs olduğunu söylemişti. Hatim duasından sonra mektep derslerine başlandığı zaman Şehzade, çocuklarının öğrendiklerini yakından görmek üzere sık sık dershaneye gelmeye başlamıştı. Bilhassa hesap meselelerini birlikte halletmekten zevk alırdı.

DÖRT GÜN TATİL VE GEZMELER

Hatm-i Şerif merasiminden sonra Ünsiyar Hanım'ın arzusu ile Sultanlara dört gün tatil verildi. Kendileriyle birlikte gezmelere başladık. Hergün öğleden sonra harem ağasının refakatinde Düriyye Sultan'a tahsis olunan mavi atlas döşemeli kupa arabası ile saraydan çıkıp istediğimiz mesirelere gidiyorduk. Saraydan her çıkışımda yaşmak, ferace giyiyordum. İkinci günü akşam üzeri padişah tarafından gelen Baş Muhasip Enver Ağa, bana resmî günlerde, selâmlık resm-i âlisini seyir için yaşmak, ferace giymek lâzım geldiği halde sair günlerde çarşaf ile çıkabileceğimi söyledi.

Ihlamur Köşkünü, Kâğıthaneyi ve Balmumcu Çiftliğini gezdik. Bununla beraber işittiğime göre, padişah saraydan çıkılmasını ve gezmeği pek sevmezmiş. Bahusus ailesine mensup kimselerin hariçte nazar-ı dikkati celbedecek şekilde dolaşmalarını pek hoş görmezmiş. Biz de bu verilen çarşaf müsaadesinden faidelenerek çıkdığımız zaman yaşmak ve ferace ile çıkmağa çalışırdık. Çünkü karakol önünden geçerken askerlerin selâm vermesi filân iyi birşey değildi.

İHTİYAR BÜYÜK KALFA DA KUR'ÂN-I KERÎM DERSİ ALIYOR

Sarayda pek sevdiğim hanımlardan biri de Büyük Kalfa idi. Kendisini cidden takdir ederim. Ara sıra beni ziyarete gelirdi. Bir gün gene geldi. Hazinedar Ustanın beni görmek istediğini söyledi. Hemen o gün ustayı görmeye gittim. Biraz oturduk. Hoşbeşten sonra bana:

-- Hocahanım, dedi. Kur'ân-ı Kerîmden Yâsin, Tabareke, Âmme surelerini sizin yanınızda tekrarlamak istiyorum. Müsaid bir vaktinizde beni dinlemek lûtfunda bulunursanız pek memnun olacağım. Yanlış okuyup günahkâr olmaktan korkuyorum, dedi. Memnuniyetle kabul ettim.

Muhterem bir kadındı. İki ay kadar dairesinde meşgul oldum. Ütülü başörtüsü ile rahlenin önünde emsalsiz bir tevazu ile Kur'ân-ı Kerîm okuyuşu gözümün önünden gitmez. Sultan Reşad ikide birde dermiş ki:

-- İşte ben bir muallime getirdim. Allah benden sormasın. Kim isterse istifade edebilir, Hazinedar Usta bunu sık sık tekrarlardı. Ve torunu yerinde olduğum halde benden ders almaktan çekinmedi.

***

Talebe Sultanlar Fazlalaşıyor

1331(1915) senesi eylülünün beşinci cumartesi günü Yıldız'dan Beşiktaş'a indik. Dolmabahçe Sarayında benim için bir başka âlem başlayacaktı. Sultan Reşad'ın mahdumlarından merhum Necmeddn Efendi'nin dairesinde benim için bir başka oda hazırlandı, yerleştim. Yan pencereleri denize nâzır bu oda gayet zevkli döşenmişti. Ama, ben Beşiktaş Sarayının bütün ihtişamına rağmen nedense Yıldız Sarayını daha çok sevmiştim. İki günlük bir istirahat ve yerleşme fâsılasından sonra vazifeye tekrar başladık.

Aradan beş gün geçmiş idi. Perşembe günü Şehzade'nin ikinci hanımı Perîzad Hanım tarafından davet edildim. Ziyaretlerine gittiğim zaman bana şunları söyledi:

-- Kerimelerim Hayriye ve Lutfiye Sultanlar için efendimiz Sultan Reşad'dan da müsaade aldım. İrade-i şahaneleri mucibince evvelâ Kur'ân-ı Azimüşşanı hatmedecekler, sonra diğer derslerine başlarsınız. Şimdilik ne lâzım ise bana bildiriniz.

İcab eden şeyleri yazarak kendisine verdim. O tarihten itibaren dört sultanla bir şehzadeye ders verecektim.

Saraya intisap ettiğim günden beri haftada bir dışarı çıkma müsaadesi almıştım. Perşembe günleri ikindiden sonra bir hafta Yıldız'daki büyük eniştemin evine; ikinci hafta Nuruosmaniye civarında oturan büyük ablama; Üçüncü haftada da Şeyhülislâm kapısı taraflarında oturan küçük hemşiremin evine giderdim. Şimdi bu, on beş günde bir müsaadesi bana ağır gelmesi icab ederken hiç de öyle olmadı. Hattâ ayda bir defa çıktığım bile oldu. Ne saklayayım her hafta çıkarken şehrin muhtelif semtlerindeki akrabalarıma saray arabası ile gidip gelmek pek hoşuma giderdi. Fakat saray hayatına alıştıktan sonra artık bu çıkışlara geniş fasılalar vermeğe başlamıştım. Durriye ve Rukiye sultanlarla bazan cuma günleri gezmeğe çıkardık. İşte o zaman ablalarıma da uğrardık.

SULTAN REŞAD'IN HUZURUNA KABULÜM

Saraya geldiğimden beri bir hayli zaman geçtiği halde henüz padişahın huzuruna çıkmış değildim. Birgün hazinedar usta tarafından ustufa bohça içinde herbiri başka renkte olmak üzere 5 kat Hereke kumaşı geldi. Kalfa bunlardan üçünü saraya getiren kadın terzisine ölçümü aldırarak sipariş etti.

Uzun etekli, pahalı, dantel ve tüllerle süslü olması için de tenbihatta bulundu. Terzi kadın entariyi bir hafta içinde dikip bana getirdi. Tam o günlerde kalfa odama gelerek: "Yarın huzur-ı şahaneye kabul olacağımı" tebşir etti. O dakikadaki halimi tarif edemem. Nasıl hazırlanıp çıkacağım? İçime bir korku girdi. O gün kalfa ile birlikte karşılıklı olarak padişahın huzurunda nasıl hareket edileceğini prova ettik. Taltifkârane sözlere karşı nasıl mukabele edilmesi lâzım geldiğini filân da öğrenmiştim. Ertesi gün yanımdaki kızın yardımı ile giyindim. Terzi elbisenin rengine uygun bir hotoz hazırlamıştı. Hotoz, başa giyilen bir nevi başlıkdır ki, ön tarafı biraz yüksek alt tarafı alçaktır ve elbisenin rengine uyacak biçimde ince ipekli kumaştan yapılır. İsteyenler hotozun üzerine mücevherat da takabilirlerdi. Kalfam bana bu yeni üç elbiseden birinin padişahın huzuruna çıkarken, ikincisinin bayramda yine padişahın tebrikatında bulunurken, üçüncüsünün de Kadın Efendilerin ziyaretlerinde bulunurken giyilebileceğini söylemişti. Bunların üçü dü kuyruklu, uzun entarilerdi. Bunların dışında, ne zaman istersem kısa etekli elbiseler giyebilecektim.

Huzura Kabul ve Dolmabahçe Sarayı

Hotozu başıma giydim. Bir aralık gözüm aynaya ilişti. Kendimi âdeta tanıyamaz hale gelmiştim. Kıyafet insanı ne kadar değiştiriyor. Kalfamla birlikte Sarayın uzun ve şahane koridorlarından geçerek hünkâr dairesine vardık.

Dolmabahçe sarayı çok büyüktür. Geniş sofaları, odaları, yüksek tavanları ve her surette süslü duvarları ile belki de mevcut sarayların hepsine faik bir durumdadır. Deniz kenarında oyma, fildişi gibi işlenmiş sahil saray-ı hümayun, ampir stil devrinin en güzel mimari örneklerinden biridir.

İhtişamı ile Osmanlı Padişahlarının ikâmetine pek yaraşacak bir saltanatda inşa edilmiştir.

Padişahın bir çok maiyeti vardı. Mâbeyn-i Hümayun dediğimiz yerde birçok mukarrabîn oturuyordu. Ailesine mensup Sultanlar, Şehzadeler hep burada idi.

Oğullarının en büyüğü Şehzade Ziyaeddin Efendi, maiyeti ile beraber burada ikâmet ederlerdi. Birinci, ikinci ve üçüncü haremleri ve maiyetleri Ömer Hilmi Efendi ve maiyetleri, hazinedar usta ve maiyeti ve diğer büyük ustalar ve maiyetleri sarayın muhtelif dairelerine yerleşmişlerdi. Şimdi vapurla sarayın önünden geçerken orada oturduğum odanın denize nazır penceresini görünce bütün eski günlerimi hatırlarım.

Sözü biraz uzattık, padişahın huzuruna nasıl kabul olunduğumuzu anlatırken, sarayın ihtişamına daldık.

Kalfa ile birlikte Hünkâr dairesine vasıl olduğumuz zaman, nöbetçi hazinedarlar bizi karşıladılar. Padişahın bulunduğu odanın önünde üçüncü hazinedarı gördük. Kendisi çok nüfuzlu, sözü geçen bir hanımdı. Bizi güler yüzle karşılamasından anladım ki, bu kabul merasiminden haberdardı. Kalfam yaşlı olmasına karşı daima benden geri kalır ve bana yol verirdi. Kaç kere bunu yapmamasını rica etmiştim. Fakat kendilerine ders öğreten bir insanın ilmine hürmeten böyle yaptığını söylerdi. Bu defa yine Padişahın huzuruna çıkarken bizim kalfa hanım arkada kalıyordu. Kolundan tutarak ve rica ederek kendisini öne geçirdim. Üçüncü hazinedar kapıyı açtı. Evvelâ kalfa, sonra ben kapıdan içeri girdiğimiz zaman Padişah Sultan Reşad'ı ayakta denizi seyrederken bulduk. Döndü. Fakat yüzüne bakamıyordum. Efsanevî ihtişamlariyle hayalinizde büyüye büyüye artık pek çok büyüyen bir zatın karşısına çıkınca insanın her tarafı titremeye başlıyor. Helecandan ölecek gibi idim.

Üçüncü hazinedar kalfa:

-- Efendimiz, Muallime Hanım ve Piyalerû cariyeniz, derdemez Sultan Reşad şöyle bize doğru biraz daha yaklaştı. Kalfam derhal yere diz çöktü, tamam ben de aynen ona imtisal edecekken birden padişahın sesi işitildi:

-- Yoook... etme sen ulema evlâdısın. Ben de dervişim, diye iltifatla şefkat gösterdiler.

Padişah ilâveten bana:

-- Sultanlara hatim münasebetiyle öğrettiğiniz bayrak manzumesi pek hoşuma gitti. Günlerce onu unutamadım. Herkesin bayrağımıza hürmet etmesini ve sevmesini isterim. Ben de severim. İnşallah bundan sonra talebeleriniz feyzinizden istifade ederler.

Ben de:

-- İnşallah efendimiz, saye-i şahanede pek cüz'î olan bildiklerimi öğretmeğe çalışacağım. Cenab-ı Hak ömr i şahanelerini müzdat buyursun, efendimiz...

Diyerek o zamanki lisan ve eda ile bir de dua ettim.Tekrar yerden bir temenna yaparak biraz daha geriledim. Padişah bu defa yanımdaki Piyalerû Kalfanın hatırını sordu. O, derhal teşekkürlerini arzetti ve ikimize birden:

-- İstirahat ediniz, dedikten sonra derhal huzurdan çıktık.

Bu hadise sarayda dilden dile dolaşıyordu ve itibarım artık bir kat daha artmıştı. Sonradan öğrendim ki padişah malûmatı ne derecede olursa olsun hocaları ilmine hürmeten ayakta kabul edermiş, bilhassa din derslerine çok ehemmmiyet verdiğini ve kendisinin Kur'ân-ı Kerîmi gayet güzel okuduğunu eniştemden öğrenmiştim. Daha sonraları gerek büyüklere gerekse küçüklere yaptığım gece ziyaretlerinde saray adet ve ananelerini, huzur-ı padişahide nasıl hareket edileceği hakkındaki talimatı daha iyice ve esaslı olarak bellemiştim. Gerek Kadın Efendilerden, gerekse hazinedar usta ve şehzade haremlerinden bu hususta çok istifade ettiğimi itiraf ederim. Bilhassa dördüncü Kadın Efendiye pek çok şeyler borçlu olduğumu da ilâve etmeliyim.

Sultan Reşad'ın Hususiyetleri

Sultan Reşad, sabah namazlarından bir saat evvel kalkar, abdest alır, evvela Kur'ân-ı Kerîm'i, sonra da Delâil-ül Hayrat'ı okurdu. Sabah namazını kıldıktan sonra sütlü çaydan ibaret olan kahvaltısını emreder ve yine abdest alır ve elbiselerini giyerdi. Sık sık abdest almak adeti idi.

Sabahın erken saatlerini bu surette geçirdikten sonra başkâtibeyi ve hazinedar ustayı çağırarak o güne mahsus emirlerini verir ve harem-i hümayundan çıkarak, mabeyine geçerdi.

Sultan Reşad yumuşak tabiatlı, mültefit ve müşfikti. Kimseyi bilerek incitmiş olduğunu duymadım. Haklı olarak birine hiddetlendiği vakit derhal abdest alır, Kur'ân-ı Kerîm okumaya başlardı. Öfkesi geçmezse bir de namaz kılardı.

Abdest alırken havlusunu tutan hazinedar "Allah" demiş. Padişah hemen:

-- Şu havlu elinizde iken ism-i celâli anmayınız, diye tenbih eyledim, yine unutuyorsunuz. Teessüf ederim, diyerek ta'zir etmiş. Şayan-ı dikkat itiyatlarından biri de şu idi: Hergün sabahleyin abdest alır, besmele ile kasasını açar, evvelâ Ümmet-i Muhammed'in hakkı, diye sadaka ayırır, sonra Yıldız ve Beşiktaş Saraylarının idaresi için lâzım geldiği miktarda para çıkarırdı. Amma her Allah'ın sabahı tekrarlanan bir adet hükmünde idi bu.

Fukaraya dağıttığı paraları, kağıt para olarak değil gümüş para olarak verirdi.

Gerek cuma selâmlıklarında ve namazda, gerekse sair gezintilerinde daima güler yüzlü olarak görülürdü.

Padişahın mizacı hakkında, kendisine senelerce kahretmiş türlü haksızlıklarda bulunmuş biraderi Sultan Hamid'e ait bir vak'asını nakletmek kâfi gelecektir, kanaatindeyim:

"1329 senesindeki Rumeli Seyahatında Selânik'e gidince Sultan Hamid'in hatırını sormak için mabeyn Başkâtibi Halit Ziya Bey'le, ordu müfettişi Hâdi Paşa'yı göndermişti. Kendilerine:

-- Biraderime benden bahsederken "Zat-ı Şahane" tâbirini kullanmayınız, sadece "birâderiniz" deyiniz ve ellerinden öptüğümü söylemeyi unutmayınız" demiş, sıkı sıkı tenbihatta bulunmuş ve ilâve etmiş:

-- "Selânik'e gelişimin sebebi memleketin selâmeti içindir, sakın gücenmesinler."

Sultan Reşad, muhafazakârdı ve alâyişten hoşlanmazdı. Mesela harb zamanında öteden beri âdet olan saray eğlencelerini, sazlarını men'etmişti. Bundan başka saray âdetlerinin ihmal edilmesini de istemezdi. Meselâ, diş kirası (yemekten sonra verilen bahşiş), iftar davetleri, nevruziye gibi eski zamanlardan kalan âdetleri kaldırtmaz ve an'anenin hiçbir zaman bozulmamasına dikkat edilmesini isterdi.

Burada şu "**nevruziye**" tâbirini biraz izah etmek gerekiyor. Nevruziye, İran takvimine uyarak yeni sene başlangıcında sarayın baş hekimi tarafından yapılarak kıymetli kâselere konup renkli tüllerle bağlanan bir nev'i macundur. Böyle kâseler içindeki bu nevruziye macunu padişaha, veliahda, şehzadegân ile Kadın Efendilere ve mabeyin efradına kırmızı kurdelâlarla bağlı olarak gönderilirdi. Sonraları bu âdet kaldırılmıştır. Hâlâ bu kâselerden kibar konaklarının camlı vitrinlerini süsleyenlere rastlanır. Bunlar, Mısır saraylarının muhteşem salonlarındaki murassa vitrinlerinde de yer almış bulunuyor.

***

Sultan Reşad, son derece alçak gönüllü ve mahviyetkârdı. Yakınlarının naklettiklerine göre sık sık şunları söylermiş:

-- Ben bu mevkiye lâyık değilim, amma Cenab-ı Hak kısmet eylemiş. Yaşım ilerledi, vatana hizmeti istediğim şekilde yapamıyorum. Bundan dolayı da pek mütessirim.

Böyle olduğu halde tahttan indirilmesinden pek korkarmış. Daima namazdan sonra şu duayı tekrarlarmış:

-- Ya Rabbi bana hal' felâketini gösterme!

Onun ağzından pek nadir olarak "Saray" kelimesi çıkardı. Hep ev, evimiz tâbirini kullanırdı. Huzurunda yer olarak kullanılırdı. Huzurunda yerlere kadar eğilmeler istemezdi.

Yerli mallarına karşıda fevkalâde titizlik gösterir, sarayın odalarını Hereke kumaşları ile döşetirdi. İkinci Meşrutiyette Avustaryalılara karşı boykot onun zamanında ilân edilmiş ve fes Avusturya malı olduğu için herkes yerli kalpaklar giymeye başlamıştı.

Dördüncü Hazinedar Dürefşan tebdil-i hava için şehre çıktığı zaman Hereke kumaşından yaptırdığı bir elbise ile huzura çıkmış ve padişahın iltifatını kazanmıştı:

-- Dürefşan aferin sana, beni çok memnun ettin, paramızın dahilde kalması için bütün milletin yerli malı kullanılmasını severim. Zira ecnebiler, bize sattıkları malların paraları ile top, tüfenk alırlar ve bunları bize karşı kullanırlar. Memleketini seven her insanın senin gibi böyle yerli malı kullanması gerekir, demiştir.

***

Şimdi nakledeceğim hâdise de yine padişahın nekadar hayırhah bir insan olduğunu göstermeğe kâfi gelecek sanırım:

Saraylılardan biri evlenmek maksadı ile şehre çıkmak isterse ve hizmet ettiği sultan veya şehzadeye hitaben birer mektup yazar ve "çırağ buyurulmalarına müsaadeleri" tâbirini kullanırdı. Padişaha yazılan bu arîzalara "Çırağ kağıdı" denirdi. Sultan Reşad, saraylılar tarafından gösterilen bu gibi arzuların hiçbirin redd etmemiş, hepsini hüsn-i kabul ve is'af etmişti. Hattâ o Hanım'ın ölünceye kadar iaşe masrafını kendisi verir ve gittiği yere yük olmasın diye lâzım gelen yardımda da bulunurdu.

Bana altmışaltı senedir bu millet bakıyor, bu çırağlılar da aile teşkil edip, millete evlâd yetiştirecekler, der ve bol ihsanlarda bulunurdu.

***

Sultan Reşad şair ve dindar idi. Bir vakit namazını bıraktığı görülmemiştir. "Halife-i ruy-i zemin" sıfatını taşıyan bir insana yakışacak şekilde dinine bağlılığı vardı. Maiyetinde çalışanların hepsinin namaz kılmalarını emrederdi. Kılmadığını işittiklerine münasip kimseler delâletiyle nasihatda bulunurdu. Hizmetini görmeğe alıştığı kimseleri değiştirmekten hoşlanmazdı ve bunların da hepsinin dindar insanlar olmasına dikkat ederdi. Zaten maiyetinde çalışanların içinde namaz kılmayan tek kişi yoktu.

Sarayda kendinden evvel gelen padişahların zamanından kalma eski ihtiyar kalfalara pek riayet ederdi. Hattâ bunları nevbetle huzuruna çağırarak hatırlarını sorar, neye ihtiyaçları olduğunu öğrenmek isterdi.

***

İkinci oğlu Necmeddin Efendi'nin vefatında ta'ziye edenlere kemâl-i sabır ve sükûnetle : "Necmeddin gibi millet de benim evlâdımdır. Allah (C.C.) millete zeval vermesin" buyurmuş.

***

Sarayda odun sarfiyatında bile iktisat yapılmasını ve millet hukukunun gözetilmesini daima ihtar ederlermiş.

***

Sarayda Ramazan ayına mahsus bir çok âdetler vardı. Bunlar arasında Ramazan'ın birinden onuna kadar devam eden va'zlar oldukça geniş mikyasta yer alır. Buna "Huzur Dersleri" derlerdi. Bu dersleri padişah, şehzâdeler, hattâ arzu eden vükelâ ve mabeyin erkânı ile kafes arkasında Harem-i Hümayûndaki kadınlar da dinlerdi.

Bir gün Baş İmam olan enişteme :

-- Çok şükür Elhamdülillâh, Cenab-ı Hakka bir rekât bile namaz borcum yoktur, demiş. Kendisi aynı zamanda Mevlevî tarikatına sâlikti.

Hangi yaşta olursa olsun, din dersi almak isteyenlere mani' olmamalı, zira "beşikten mezara kadar ilim öğrenilmesi" hakkında hadis-i şerif vardır, diye tekrarlarmış.

Padişahın dine karşı bu bağlılığı, alâka ve titizliği hiç şüphe yok ki bütün saray halkı üzerinde te'sir bırakmaktan uzak kalamazdı. Onun için bütün saraylılarda dine karşı çok sağlam bir bağlılık müşahade ettim.

O kadar ki, Sultan Reşad'ın büyük oğlu Ziyaeddin Efendi'nin haremlerinden Meleksiran Hanım Efendi'nin büyük validesi Kur'ân-ı Kerîm'i az bilirlermiş. Bilgisini tamamlamak arzusunda olduğunu bana söylediler. Bit-tabi büyük bir memnuniyetle hizmetine âmâde olduğumu bildirdim. Gerçi bu kadar meşguliyetimin arasında yaşlı bir hanımla uğraşmak pek kolay olazdı ama red de edemezdim tabiî.

Bu muhterem Hanım Efendi'nin rahle önünde kemâl-i tevazu ile diz çökerek Kur'ân-ı Kerîm okuması gözlerimin önündedir. Bu hâdise genç saraylılar üzerine âdeta bir teşvik mahiyetinde idi. Bundan sonra müracaatlar fazlalaştı. Bütün bu yorgunluklarıma rağmen hiç şikayetim yoktu. Zira bu vazifeyi seve seve ifa etmekte idim.

Bu ihtiyar hanım Kur'ân-ı Kerîmi hatim edinceye kadar iki defa gözlüklerinin camını değiştirmiş ve büyütmüştü. Vakayı padişaha nakletmişler, pek mütehassıs olmuş.

-- Bu büyük Hanım'ın hâtim cemiyetini bizzat yaptıracağım. Mutantan bir hatim cemiyeti isterim. Muallime hanıma da böylece bunu selâmlarımla birlikte söyleyiniz, demiş. Hazinedar ustaya lâzım gelen emirleri vermiş. Hanım'ın hâtmi ikmal etmesine iki cüz kalmıştı ki Sultan Reşad vefat etti ve zavallı Büyük Hanım bu şereften mahrum kaldı.

SULTAN REŞAD'A BÖBREK AMELİYATI

Sultan Reşad senelerden beri rahatsızdı. Sık sık böbrek sancıları çekerdi. Doktorların bu husustaki fikirleri muhtelifti. Bir vakit Prostad tedavisi yapıldı. Nihayet Orhan Bey mesanede taş olduğu teşhisinde bulununca vükelânın kararı ile Orhan Bey'in hocası Prof. İzrael Almanyadan getirildi. Prof. bir müddet Hünkârı tedavi etti. O aralık sancılar artmıştı. Ameliyata karar verildi. Bu esnada ben de sarayda idim. Bu ameliyatın üç saat kadar devam ettğini hatırlarım. Zaten bu ameliyat lâfı ortaya çıkar çıkmaz bütün saray halkını âdetâ matem kaplamıştı. Herkeste bir telaş ve korku hissolunuyordu.

Ameliyat günü saray, Kur'ân-ı Kerîm okuyanlar dua edenlerle doldu. Herkesin neş'esi kaçmış, benzi sararmıştı. Velhâsıl bütün saray halkı birleşiyor, Allahtan ameliyatın muvaffakiyetle neticelenmesini ve Padişahın afiyet kesbetmesini dileyen dua sedaları yükseliyordu. Vükelâ, köşkünün büyük sofrasında helecan içindeydiler. Nihayet amelyat bitti. İki büyük taş çıkarıldığı havadisi ortaya yayıldı.

Ağalar, Kadın Efendilerinden, şehzade haremlerinden ve diğer dairelerden verilen sadakaları fukaraya tevzi etmek için âdeta koşarcasına dışarı çıkıyorlardı. Artık sabahki matem havası yoktu. Yüzler gülüyor, herkes birbirini tebrik ediyordu. Dördüncü Kadın Efendi, ameliyat sırasında padişahın öyle sayıkladığını nakleder:

-- Yarabbi Ümmet-i Muhammed'i ağlatma, bana da bu acıları çektirme.

Sultan Hamidin Vefatı ve Sultan Reşadın Kendi Vefatına Hazırlığı

Sultan Hamid 10 Şubat 1918 (1334) de vefat etmiştir. Bu münasebetle Kadın Efendilere tâziyeye gitmek icabediyordu. Hepsini teessür içinde buldum. Fakat bazı hâdiseler her insan üzerinde aynı tesiri yapmaz. Bazılarını normal bir kederin çerçevesi içinde gördüğüm halde bunlardan padişahın üçüncü Kadın Efendisi Nazperver Hanımı daha müteessir buldum. Bu teessürdeki şiddetin sebebini bilâhare yine kendisinden işitmiştim. Meğer Sultan Reşad hastalığı esnasında kendisine şöyle demiş:

-- Korkma kadın; ben bu sefer ölmem. Biraderimin vefatından sonraki ilk hastalığımdan endişe edebilirsin. Hakikaten Sultan Reşad Sultan Hamid'in vefatından pek az sonra teslim-i ruh etmişti.

KADIN EFENDİLER, GELİNLER, ŞEHZADELER, HANIM SULTANLAR

Padişahın zevcelerine "**Kadın Efendi**" denirdi. Kendilerine mahsus dâirelerde ikâmet ederler. Eski Padişahların (II. Abdülhamid'in) dördü Kadın Efendi, üçü de ikbal rütbesinde yedi haremi varmış. Benim zamanımda Sultan Reşad'ın sadece dört hanımı vardı.

Birincisi: Başkadın Kâmures Kadın Efendi

İkincisi: Mihriengiz KadınEfendi

Üçüncüsü: Nazperver Kadın Efendi

Dördüncüsü: Dilfirib Kadın Efendi

Kadın Efendiler, bir üsttekinin vefatında müteselsil terfi ederlerdi.

Daire-i Hümayundan padişah dairesine gitmek icap ettiği vakit, Hazinedar Kalfalardan biri elinde fener ile gelip davet eder. Sarayın içinde bu Kadın Efendiler yazın manto, kışın kürk giyerlerdi. Zat-ı şahanenin dairesine girince bu manto veya kürk çıkarılır, beraberinde gelen kalfaya teslim edilirdi.

Kadınlar, müsaade çıkmadıkça huzurda oturamazlar. Konuşurken daima resmî hareket ederler. Sultan Reşadın Kadın Efendi'leri son derece terbiyeli, dindar ve intizam perverdiler. Ekserisi musikîye aşina idiler. Tarih mütalâasından hoşlanırlardı. Sultan Reşad'ın baş kadını ömrünün sonuna kadar tarih okumakla meşgul olmuştur. Ne zaman ziyaretine gittimse hep Osmanlı tarihinden bahs açmıştır.

Saray an'anelerinin içinde dikkate değer pek çok kayıtlar vardır. Meselâ anneler, şehzade oğullarından "Efendi Hazretleri" diye bahs ederler. Şehzade anneleri kendisini ziyarete gelen çocuklarını daima ayakta kabul ederler. Ve kendilerine "Arslanım" diye hitap ederlerdi.

Saraylılar, hürmeten kadın efendilerin eteklerini öpmek istedikleri zaman onlar da nezaketen diye mukabelede bulunurlar, misafirler kadınefendilerin dairelerinden ayrılırken uğurlayan eden misafir kalfasına "hak-i pâye yüz süreriz" diye selâm bırakırlar, kalfa da selâmınızı söyleriz mânasına "olsun efendim" diye cevap verirler.

Kadın Efendiler ortaklarıyla görüşmek istedikleri zaman elçi olarak bir kalfa gönderirler ve "müsaade" lerini isterler. Ortakların lâubali oldukları hiç görülmemiştir. Şehzadeler, hangi yaşta olursa olsunlar, Kadın Efendilerinin ellerini öperler. Onlar da kendilerini samimiyet ve şefkatle kucaklar, küçük şehzadelerin alınlarından öperler.

Kadın Efendilerin tablacıları, haremağaları, baltacıları, müteaddit cariyeleri vardı. Baltacı tâbiri hademelere verilmiş bir isimdir. Cariyelerin reislerine büyük kalfa derler ki, bunlar daire kalfalarıdır. Kadın Efendileri ziyaret etmek isteyenler daire kalfasına müracaat ederlerdi. Bu, bir nev'i saray teşrifatı idi. Benim ile görüşmek isteyenler -talebelerim hariç- Piyalerû kalfaya başvururlardı. Ancak onun tavassutuyla benimle görüşmek mümkün olabilirdi. Kadın Efendi'lerin huzurunda müsaade edilmedikçe sandalyeye oturmak ayıptı. Müsaade edilinceye kadar ayakta zarurî idi. Vaktiyle Çırağ edilmiş, şehre çıkmış bey ve paşa haremleri resî günlerde saraya gelirler, onlar kendilerine gösterilen minderlerde otururlardı. Bu minderler de aşağı yukarı bir iskemle yüksekliğinde vardı. Ekseriya kadifeden veya atlasdan yapılırlardı. Daha sonraları keten örtülü minderler de yapılmaya başlamıştı. Kadın Efendiler, saray âdetlerini muhafaza edenleri severlerdi. Kadın Efendilerin sokağa çıkmaları çok külfetli olurdu. Maiyetlerine büyük kalfayı aldıkları gibi diğerlerini de münavebe ile götürürlerdi. Arabacının yanında muhakkak harem ağası yer alırdı. Bunlar arabacı ile asla konuşmazlardı. Harem ağaları kendilerinin emirlerini harfiyyen yapmaya mecburdurlar. Hanımlar ekseriyetle Gülhane Parkı, Hürriyet-i Ebediye Tepesi, Kâğıthane, Balımumcu Çiftliği ve civarına, bazen de Eyüp Sultan'a giderler ve ara sıra da Fatih ve Sultan Ahmet Türbelerini ziyaret ederlerdi. Türbelere girildiği zaman oradaki hizmetlilere dolgun sayılabilecek bahşiş bırakırlardı.

Rütbe sırası ile Kadın efendilerinin arabaları katiyyen birbirini geçemezdi. Sarayda büyüklere karşı gösterdikleri hürmet numûne-i imtisal olabilecek kadar nazikâne ve hürmetkârane idi.

Onun için bütün saraylılar bilâ-istisna pek terbiyeli insanlardı.

Kadın Efendilerin hepsinin müteaddit fakirleri vardı. Onlar bu fakirlere bakmakla kendilerine mükellef addederlerdi. Hattâ gelin olacak kızlara elbiseler yaptırırlar ve arkalarına bir veya iki defa giydikleri elbiseleri verirlerdi ki, bu elbiselerin ihtişamını anlatmakla bitiremem. Bunlardan başka zarflar içinde paralar da ihsan etmek âdetleri idi.

Kadın Efendilerin müteaddit cariyeleri vardı. İki ekip olarak çalışırlar ve perşembeden perşembeye nöbet değiştirirlerdi. İkisi kilerci, ikisi aş nöbetçisi, ikisi de hususî hizmetle muvazzaftılar.

Vazifelerinden en küçük bir tembellik göstermezlerdi.

Aş nöbetçisi tablayı yemek salonuna en yakın mevkiye kadar getirir, bunlardan biri yemek getirir, bunlardan biri yemek verir, öteki de çatal, kaşık ve tabak değiştirirdi. Misafir olduğu zaman bunların adedi fazlalaşır. Gayet byük bir intizam dairesinde hareket ederler. Sofrayı kilerci hazırlar. Bulaşıkları kilerci muavini yıkardı. Bunlara acemi tâbir olunurdu. Sarayda bulaşıklara "Kap-Kacak" denirdi. Kadın Efendiler yemek yerken mutlaka yukarı nöbetçilerden biri sofrada bulunurdu. Şehzadelerin ve şehzade haremlerinin de sofra âdetleri aynen böyle idi. Nöbet teslimleri büyük bir intizam içinde yapılırdı. Temiz yıkanmış sofra takımları noksansız olarak, kendilerinden sonra nöbetçi olacaklara teslim olunurdu.

Pek eskiden "çelebi" denildiği halde, Osmanlı hanedanının erkek çocuklarına sonraları "şehzade" denilmeğe başlanmıştır. Şehzade, Şah-zade, Şah, Padişah oğulları mânasına gelir. Efendi Hazretleri tâbiri de kullanılırdı. Yeni doğan çocuklara dışarıdan süt nine (taya) getirilirdi. Sarayda tayaların büyük nüfuzları vardı. Şehzadenin hizmetindeki cariyeler, dadıların nezaretinde bulunurlardı. Bu dadılar ekseriya malûmatlı ve terbiyeli insanlardan seçilirdi.

Şehzadeler taya ve dadılarını pek sayarlar ve aslâ sözlerinden dışarı çıkmazlardı. Şehzadeleri bunlardan başka kimse kucağına alamaz ve öpemezdi. Yürümeğe başladığı zaman daimî surette peşlerinde bir kalfa dolaşırdı. Şehzadeler biraz daha büyüyünce selâmlıkta hususî hocalardan ders alırlardı. Bir de mürebbileri vardır ki "Lalâ" denirdi. Bunlar ekseriyetle yaşlı ve mutlaka terbiyeli ve malûmatlı kimselerden intihap olunurdu.

SULTAN EFENDİLER

"Sultan" diye padişah veya şehzade kızlarına denirdi. Bunlara ya Sultan Efendi Hazretleri, Sultan Efendi, Arslancığım, Efendiciğim şeklinde hitap edilirdi. Gıyaplarında ise, isimleri ilâve olunurak; Meselâ: Zekiyye Sultan, Dürriye Sultan denirdi. Sultan Efendilere valideleri nezaret ederlerdi. Bunların da şehzadeler gibi taya (süt anne), dadı, müteaddit cariyeleri, ağaları, hususî yemek tablaları, tablakârları vardı. Oturdukları daireye validelerinin ismi verilirdi. Meselâ Perizâd Hanım dairesi gibi... Annelerine Valide, büyükannelerine (Kadın Efendilere) Cici Anne; anne annelerine de büyük anne derlerdi. Resmî ve mübarek günlerden başka, haftada bir defa cici annelerini ziyaret ederler ve ellerini öperlerdi. Onlar da (Kadın Efendiler) torunlarını hem kucaklar ve hem de alınlarından öperlerdi. Sultanlara daha küçükken fukarayı sevmeyi öğretirlerdi.

Valideleri ve dadıları da onlara ekseriyetle dinî ve ahlakî hikâyeler söylerlerdi. Büyüdükleri zaman âcizlere karşı lâkayd kalmazlar, kendilerinden büyük olanlara her hangi seviyede olursa olsun yaşlarına hürmet ederlerdi. Musikîye isdidatları fazla idi. Henüz ders almadan ud, keman çalarlar, eğlenceyi severler, geceleri de dairelerinde el işleri ve musikî ile vakit geçirirlerdi.

Velhâsıl hiçbirşeyde ifrata gitmezler, sokağa nâdir çıkarlar, akşam ezanından evvel de saraya avdet ederlerdi. Esasen padişahın iradesi böyle idi.

ŞEHZADE HAREMLERİ

Şehzade haremlerine sarayda "hanım" tâbir ederlerdi. Bunlar küçükken saraya alınırlar, hususî terbiye ve tahsil görürlerdi. Şehzadeye hanım olmak için alındı ise güzel olması şart idi. İçlerinde lisan öğrenenler de vardı. Bu arada musikîye de önem verirlerdi. Nitekim ekserisi ud ve keman çalarlardı. Merhume Behiye Sultan'ın validesi iyi hattat derecesinde güzel yazı yazardı. Bir gün bir yazısı her nasılsa padişahın nazar-ı dikkatini celp etmiş, o devrin hattatlarından birine gösterilmiş, hattat da son derece beğenmişti. Sultan Reşad'a esvapçı başı Sabit Bey vasıtası ile bu hanım bir müddet ders alsa, zamanın hattatlarının derecesine çıkacağı arz edilmiş ise de, saray an'nesi buna mani' olmuş ve yalnız hünkârın takdiri ile kalmıştı.

Bu hanımlar zevcleri bulunan şehzadeye "Efendi Hazretleri" diye hitap ederlerdi. Her ne kadar saray dahilinde hanım denilirse de hariçte Hanım Efendi Hazretleri diye hitap edilirdi. Büyük şehzadelerin hanımları bir kaç tane olursa, birincisi "baş hanım" diye, diğerleri ise isimleri ile cağrılırdı.

HANIM SULTAN VE BEYZADE

Validesi sultan olup ta baba hanedanına mensup olmayanların çocuklarına kız ise Hanım Sultan; erkek ise Bey-zade denirdi. Gerek beyzadeler ve gerekse hanım sultanlar Osmanlı hanedanından sayılırlardı. Bunların evlâtlarına hanım efendi ve beyefendi diye hitap olunurdu.

SARAYDA SENEBAŞI TEBRİĞİ

Zilhiccenin 28 inci günü Kalfa odama geldi. Bizzat aynalı dolabımı açarak biri resmî (uzun etekli) diğeri gayr-i resmî iki entari seçti. Ve beraberinde getirdiği kıza ütülemesi için teslim ettikten sonra, bana hitâben:

--Efendim iki gün sonra Muharrem'in ilk günüdür. Mâ'lûmunuz sene başı tebriği için zat-ı şahaneye gitmekliğimiz lâzımdır. Sultan Efendi'lerle mi gideceksiniz, yoksa benimle mi?

-- Nasıl münasip görürseniz, dedim.

-- O halde Sultan Efendi'lerin validelerine sorunuz. Ona göre hareket edelim, dedi.

Terbiye ve saray âdetlerine vâkıf olan bu değerli kadının her yaptığı ve düşündüğü şeyin daima iyi netice verdiğini bildiğimden, aynı gün öğleden sonra Ünsiyar Hanım Efendiye sordum. Bana:

-- Beraber gideceğiz. Bu hususta sizin için Şevketmeap Efendimizden müsaade aldım, demesin mi? O dakikadaki sevincimi tariften âcizim. Zira çok yüksek ahlâka malik olan bu padişahı ziyaret, benim için kaçırılmayacak bir fırsattı. İki gün sonra Ünsiyar Hanım Efendi, Dürriye ve Rukiyye Sultanlarla beraber huzur-u şahaneye kabul olunduk. Hepimize, kırmızı atlas keseler içinde Sultan Efendilere onar, bana da beş altın Muharrem parası verirken "arslancığım berekettir!" diyordu. Padişahtan sonra sıra ile kadın efendileri tebrike gittik. Ertesi günü ya'ni muharremin ikinci günü, Hazinedar Ustaya ve kâhya kadına ve diğer makam sahibesi ustalara da Kalfa ile beraber gittik. Sarayda bulunduğum esnada yanımda para saklamazdım. Piyalerû kalfaya götürürdüm. O gün sarı altınları saydı. 40 altın verilmişti. Velhâsıl Harem-i hümayunda Sene başı tebriği pek parlak geçerdi.

HAZİNEDAR USTALAR VE HAZİNEDAR KALFALAR

Biraz da sarayda bulunan saraylılardan (Kalfalardan) ve derecelerinden bahsetmek istiyorum. Bunlar belki eksik olabilir. Lâkin gördüğüm kadar yazacağımı evvelce arz etmiştim.

Evvelâ şunu beyan edeyim ki: Saray kadınları muhtelif ırklara mensuptурlar. Bunların cinslerini tarihlerimiz yazar. Benim anladığım bir şey varsa o da saraya küçükken geldikleri için kapalı bir muhit içinde yaşarlar. Namuskâr ve samimîdirler. Gördüklerimin hepsi Çerkez idi. Ekserisi köylerden getirilirdi. Bilhassa mensup oldukları Padişah, Şehzade veya Sultana candan bağlı olurlardı. Sarayda bulunan cariyeler muhtelif kısma (rütbeye) ayrılırlardı:

- Hünkâr Kalfaları,
- Hazinedar Usta,
- Kâhya Kadın,
- İbriktar Usta,
- Kilerci Usta,
- Çeşniyar Usta,
- Çamaşırcı Usta,
- Kahveci Usta,

Kutucu Usta.

Bunların ayrı ayrı maiyetleri vardır. Bu sebepten muhtasar olarak bahsetmeyi faydalı buldum. Bu hazinedarların yegâne arzuları efendilerini memnun etmekten ibarettir. Eskiden hazinedar alâmet olarak başlarına dört örgü saç takarlarmış. Benim zamanımda (Sultan Reşad devrinde) hotoz tâbir edilen ve elbiselerine uygun rengârenk başlıklar giyerlerdi.

KÂHYA KADIN VE DİĞER USTALARIN VAZİFELERİ

Kâhya Kadın: Rütbe itibariyle kadın efendilerden sonra gelir.

Çamaşırcı Usta: Sarayın çamaşır ve yatak takımlarına bakar.

Çeşnigir Usta: Sofra takımlarına bakar, buna çeşniyar usta dahi denir.

Eski devirlerde sultan veya şehzade yemek yerken, evvelâ gıdanın zehirli olup olmadığını anlamak için yemeklerden usta bir miktar yer, ondan sonra efendisine takdim olunurmuş.

İbriktar Usta: Leğen ve ibrik takımlarına (evvelce şehir suyu olmadığı için) altından, gümüşden, bakırdan ibâret olan bu leğen, ibrikler sarayda fazla olarak bulunduğundan bu gibi eşyalar için hususî adamlar vardı. Ve onların âmirlerine İbriktar Usta denirdi.

Kahveci Usta: Kahve takımlarına nezaret eder.

Padişah, sultan veya şehzade saraylarında, saray-ı humayunda mücevherli zarif fincanlar, altundan gümüşten velhâsıl çok yekün tutan bu kıymettar eşyaların muhafazası için de kahveci ustasının riyasetinde müteaddit cariyeler vardır. Onlar şunlardır:

Kutucu Usta: Hamam ve baş takımı ve buna dair eşyalara nezaret eder.

Kilerci Usta, kiler işlerine ve meyva takımlarına nezaret eder. Bu ustalar: Kâhya Kadın baş ve ikinci kâtibeler padişahın huzuruna çıkarken ve resmî günlerde kadife veya ipekli kumaştan kenarları sırma ile işlenmiş ceket giyerler. Buna saray tâbirince "Salta" denir. Bu ustalar kıdemlerine hürmeten huzur-ı şahaneye kabul olunurlar. Onlar da bu iltifatı şahaneden müftehirdirler.

Vazifelerinden bahs ettiğim bu ihtiyar ustaların, işlerle alâkaları kalmamış, yalnız rütbeleri kalmıştır. Sultan Reşad bu mübarek ihtiyarları çok hoş tutardı. Bunların maiyetleri ve hususî harem ağaları vardı. Genç kızlara terbiye ve saray âdetlerini öğretirler. İcabında sultan veya şeh-zadeğâne hizmet eden de bulunur. Hattâ içlerinde talihi yaver gidenler şehzade haremliğine bile yükselirler. Bayram ve kandillerde validelerinin emriyle talebelerim Dürriye ve Rukiyye Sultanlar bu ustaları tebrike gittikleri vakit ben de beraber bulunduğum için daima hayır dualarını alırdık.

HÜNKÂR KALFALARI

Padişahın hususî hizmetlerini gören kadınlara Hazinedar derlerdi. Sultan Reşadın 17 hazinedarı vardı. Bunlar, dörder kişi olarak gece ve gündüz nöbete girerlerdi. Başları ya'ni reiseleri Hazinedar Usta rütbesine haizdi. Padişahın yanına ancak bu Hazinedar Usta oturur, ekseriya ikinci ve üçüncü Hazinedarlar Huzur-ı şahanede hizmet ederlerdi. Diğerleri cağrılınca girerlerdi. Sultan Reşad'ın son zamanlarda ikinci Hazinedar Şayanıdil hastalandığından, beşinci Hazinedar sıraya dahil olmuştur. Bil-umum Hazinedarlar malûmatlı ve terbiyeli idiler. Sade ve zarif giyinirlerdi. Büyük Hazinedarların ayrıca maiyetleri vardı. Onlar Beşiktaş Sarayında (Dolmabahçe) zemin kattaki odalarda ikâmet ederlerdi.

Sultan Reşad'ın 17 Hazinedarı olduğunu bildirmiştim. Hatırımda kalan ba'zılarının isimleri şunlardı:

Hazinedar Usta : Nermidil kalfa.

İkinci Hazinedar: Şayanıdil kalfa

Üçüncü Hazinedar: Pirveste kalfa

Dördüncü Hazinedar: Devrefşan kalfa.

Beşinci Hazinedar: Dildöz kalfa.

Altıncı Hazinedar: Nevfer kalfa

Yedinci Hazinedar: Res'andil kafa idi.

Diğer ustalarla kalfalar padişaha aittir. Lâkin umumî hizmette bulunurlar. Herbirinin derecesine göre maiyetleri vardı. Sultan Reşad sarayında gördüğüm Hazinedar Usta cidden hürmete şayandı. Maiyetinde bulunan kalfalara karşı gösterdiği şefkat görülecek şeydi. Kendisinin nişanı, kıymetli mücevheratı, müteaddit cariyeleri vardı. Müsaade etmediği takdirde yanında iskemleye oturulmazdı. Esasen salonunda herkesin rütbesine göre harika minderler vardı. Oturmak lüzumu hissedilince yanındaki kalfalardan biri derhal minder getirirdi.

Resmî günlerde bütün cariyelere kumanda eder, ya'ni başta bulunurdu. Hazinedar ustanın ayrıca maaşı, dairesi, maiyeti ve Kurban Bayramında kurbanı vardı. Eski zamanlarda, ilkbaharda nevruziyesi de gelirmiş. Bilhassa bayramlarda ve resmî günlerde sırma işlemeli bir ceket (salta) giyerdi. Diğer hazinedarlar padişah dairesinde yaşarlardı. Bu hazinedarları padişah sarayda bulunan cariyelerden seçerdi. Benim oturduğum dairede şehzade Necmeddin Efendi'den kalan Nigaristan namındaki saraylı, Padişahın emriyle hazinedarlığa terfi etmişti. Hatırımda kaldığına göre 16'ıncı hazinedar olmuştu.

YENİ GELEN SARAYLILAR

Saraya yeni giren kızlara **acemi** tâbir ederler. Bunların ekserisi köyden geldiği için bir müddet saray âdab ve usullerini âmirlerinden öğreninceye kadar efendilerinin karşılarına çıkmazlar. Bu Çerkez kızları ince ruhlu, hassas ve zeki olurlar. Bazı köylerden gelenler lâyıkı ile Türkçe bilmedikleri halde zekâları sayesinde derhal Türkçeleri düzelir. Bilûmum saray âdetlerini pek çabuk öğrenirler. Ba'zı eski saraylılar: "Sarayda terbiye olmayan hiçbir yerde terbiye olamaz. Burası terbiye mektebidir." diye yeni gelen acemi kızları korkuturlarmış. Saraya yeni gelen kızlara "**Acemi**" tâbir edilirdi. Bunlara, saraya girer girmez Padişah tarafından bir ad konurdu. Bu isimlerin herkes tarafından bellenmesi ve unutulmaması için ilk zamanlarda bu kâğıda yazılı olarak iğne ile göğsüne iliştirilirdi.

Tabiatiyle Sultan Hamid devrinde de bu usül câri imiş. Bir gün Sultan Hamid'in huzuruna bir kaç tane yeni cariye getirmişler, içlerinden birinin gözleri çok küçükmüş, padişah kendisine:

-- Adın çeşmiferah olsun, buyurmuş. İsmi, "Çeşmiferah Kalfa" kalmış. Senelerden sonra bu hanım orta dereceli misafir kalfalığa kadar yükselmiş. Kendisi musikişinas idi. Fevkalâde ud çalardı. Usule âşina idi. Aynı zamanda Hüsn-i hat (güzel yazı) da bir hayli mahareti vardı. Yazdığı levhalarla sarayın bir çok odalarını süslemişti. Sultan Hamid zamanında sarayda "kadınlar fasıl heyeti" vardı. Çeşmifirah Kalfa bu fasıla da iştirak edermiş. Kendisinden ud dersi aldım. Osmanlı Tarihini de hemen hemen bütün saraylılardan daha iyi bilirdi.

SARAYDA YAPILAN İLÂÇLAR

Sarayda Harem-i Hümayunda bazı hususî ilâçlar yapılır. Bunlardan benim zamanımda "Saray Kırmızı" dedikleri ilâcı yaparlardı. Bu ilâcın faidesi, terletici, aynı zamanda asabî ağrıları giderirmiş. Son zamanlara kadar şehirde (hariçte) bazı yüksek aile hanımları da bu ilâcı yaparlardı.

Hattâ Sokullu Abdulkerîm Paşa'nın haremi Fatma Hanım Efendi merhume büyük fedakârlıkla bu ilâcı kaynatır, arzu edenlere hediye ederdi.

HASTA OLAN SARAYLILAR HAKKINDA

Sarayda birisi hasta olursa, derhal haremdeki kapı vurulur ve kapı haricinde nöbet odasında bekleyen harem ağasına haber verilir. Ağa ile beraber nöbetçi doktor hareme girer. Eğer hasta ağırsa hastahaneye, hafif ise şehirdeki kapı yoldaşlarından (Saraylılardan) birinin evine çıkarılır. Saraydan lüzumlu olan para ve eşya gönderilir. Tamamen kesb-i âfiyet edinceye kadar orda kalır. Zannederim bu sebepten sâri hastalık saraya girmemiştir. İki saraylı birbirleriyle konuşurken hasta olan kapı yoldaşları için "tımara çıktı" diye tedavi için şehre çıktığını bildirirler, bunlar bilâhare saraya avdet ederler.

Acemi : Terbiye görmek ve iş öğrenmek için büyük kalfanın maiyetine verilen kızlar, derler.

SARAYA GİRİŞ VE MİSAFİR KABULÜ

Evvelâ yaşmak ve ferace ve uzun etekli elbise giyilmesi şarttır. Eğer hatırlı kimselerse saraydan "Kupa" dedikleri kapalı araba gönderilir. Giyilen elbiseler önden yere kadar arka kısımda 75 santim veya bir metre uzun olarak giyilir. Bu şekil ekseriyetle bayramlara mahsustur. Alelumum entarilerin ön ve arka kısımları yere kadar uzun olmalıdır. Acemi kızlar gelen misafirlerin yaşmak ve feracelerini alırlar, derhal ütülerler ve bohçalara (üstüfe) koyarlar. Bittabi misafir avdet edeceği zaman aynı kızlar yine bohça getirirler ve onları giydirirler.

Sarayda dereceye çok önem verilir. Saraya yaşlı olarak giren kalfalar kendilerinden evvel girmiş ve kıdem kazanmış olan gençlerin önünde kendi mevkilerini alırlar. Bu resmî günlere mahsustur. Başka zamanda yine terbiyelerini muhafaza eder, yaşlılara hürmet gösterilir.

Âzat kağıdı: Cariye ve kölelere verilen ve hür oldukların bildiren bir yazıdır.

Eski zamanda azad edilmeksizin vefat eden cariye ve kölelerin kefeninin altına ve göğsünün üzerine "itiknâme" denilen azad kâğıdı yazıp koyarlar ve öyle defn ederlermiş. Bunu dördüncü hazinedar Dirahşan Kalfadan duydum.

Bazı Saray Tâbirleri

Fem= Efendim

Payzen= Ayağı çıplak gezen

Yataklık= Karyola

Şehirli= Saray haricinde oturan

Hane= Çekmece

Sükker= Ekmek kadayıfı

Destimal= Havlu- elbezi

Üsküre= Kâse

Musandıra= Tavan arası

Karşım= Kardeşim

Küçüfam= Küçük kalfam

Uzun yol= Apteshane

Daha evvel gelip yeni gelen kızı terbiye eden kalfalara, acemi kızlar küçük kalfam mânasına gelen küçüfam derlerdi.

HIRKA-İ ŞERİF ZİYARETİ

Ramazan-ı şerifin 15'inci günü Hırka-i şerifi ziyaret etmek için padişah alayla Topkapı Sarayına gider. Kadın Efendiler, Büyük Sultanlar, Şehzadeler, vükelâ, Mabeyin efradı ve bazılarının haremleri dahi bulunur. Bu alaya bil-ûmum kadınlar yaşmaklı olarak giderler. Hırka-i Şerif ziyaretinde bir tarafta güzel sesli hafızlar Kur'ân-ı Kerîm okurken, buhurdanlıklar etrafa güzel kokular saçarlar. Bu dairede yüksekçe bir masa üzerine konan bohça içindeki Hırka-i Saadetin yanında padişah ayakta durur. Herkes mevkiine göre Sultan Reşad'ın önünden birer birer geçerler. Evvelâ Veliaht, Şehzadegân, ilmiye ve mülkiye ricali, mabeyin erkânı ve maiyet-i şahane, ziyarette bulunurlardı.

Ondan sonra Kadın Efendiler, Sultanlar, Şehzade haremleri, Saraydaki büyük rütbeli usta ve kalfalar, dâvetli bulunan vükelâ haremleri, mabeyin efradından bazılarının haremleri. İşte bu yazdıklarım sıra ile padişahın önünden geçerken Hünkâr, etrafı yazılı tülbenti, önündeki mübarek bohçaya sürerek herkese birer adet bizzat verir. Bu merasim saatlerce sürer. Hattâ son Hırka-i şerif ziyaretinde nur yüzlü padişahı herkes yorgun bulmuştu. Nitekim bu mübarek meğersem sonmuş. Aynı Ramazan bayramında vefat ettiler.

SARAYDA HUSUSÎ MUSİKÎ GECELERİ (Tebdil-i Kıyafet Ettiğim Geceler)

Sarayda bazı geceler ya büyük bir sofada veyahut yine o dereceye yakın büyük bir odada musikî faslı yaparlardı. Bunlar muhtelif dairelerden gelen genç saraylılardı. Hattâ içlerinde fevkalâde musikîye âşina olanlar bulunur. O meclise devam edenler kendilerini tanıtmak istemezlerse, büyük yatak çarşafı ile vücudunu setreder, ya'ni kapatır. İskarpinleri ve baş kısmında da yalnız bir gözü meydandadır. Bu şekilde kimse kimseyi tanımaz. Musikîşinas cariyelerden ve oyunculardan ba'zıları benim talebemdi. Terbiye ve saygıları olan bu hanımları müşkül vaziyete sokmamak ve utandırmamak için, ben de aynı kıyafeti tercih ederdim.

Bu gibi toplantılar hususî mahiyette kalır. Bir de mensub oldukları şehzade ve sultandan izin alarak ayrıca büyük saz âlemleri yaparlar. Bunda dahi tebdil-i kıyafetle şehzade haremleri bulunurdu. Evvelâ musikîşinaslar yerlerine otururlar. Misafirlerin ikametine mahsus odanın diğer kısmnda kanepe ve koltuk dizilip, gelenlere kahve, limonata ikram olunur. Oyun kısmı başlayınca harem ağaları da oyunlara iştirak ederler. Gece saat 12 ye kadar devam ederdi.

SARAYDA KAHVE TAKDİMİ

Sırası gelmiş iken biraz da sarayda kahve ikramından bahsedeceğim...

Resmî günlerde kahve aşağıda yazdığım şekilde takdim edilir. Reiselerine **kahveci usta** tâbir edilir. Sırmalı, incili ve ortası tırtıl ile işlenmiş, etrafı saçaklı, yuvarlak kahve örtüsü vardır. Bir taraftan biraz büküp iki saraylı avuçları içine dikkatlice sıkıştırırlar. Diğer büyük kısmı ön tarafa sarkacaktır. Tuttukları gümüş veya altın tepsideki zarflardan birini alır, fincanı yerleştirir. Yine kahveci kızlardan birinin tuttuğu gümüş veya altın zincirlerle asılmış ayaklı leğen şeklindeki sıcak kıvılcımlı külde hareretini muhafaza eden kapaklı güğümlerden kahveyi fincana koyup bizzat kahveci usta takdim eder Bahsettiğim zarf ve fincanlar ekseri evlerin camlı dolaplarında veya büfelerde görülmektedir. Aynı kahve usülünü Mısır'da Kral sarayında, Valide Paşanın, Sultan Melikin, Prenses Nimet Muhtarın; Prenses Ömer Tosun Paşanın, Prenses Şirgârın saraylarında da gördüm. Hâsılı zarif ve terbiyeli çerkez kızlarının iki parmakla kahve takdim etmeleri, görenleri hayran bırakırdı.

SARAYDA BULUNAN BÜYÜK KALFALARIN VAZİFELERİ

Büyük Kalfa: Padişah tarafından her daireye tayin olunur, bir nev'i müdiredir. Dairenin intizamından, daha doğrusu bütün işlerinden mes'uldür. Sultan ve şehzadeler bu kadına hürmet ederler. Ve kafam (Kalfam) diye hitap ederler. Bunlar hüsn-i idareye aşinadırlar. Sarayda büyük kalfadan sonra bir de küçük kalfalık vardır ki, bunlar diğerlerinin yardımcısıdırlar. Bu ikinci derecede olan kalfalar gelen acemi kızları terbiye ederler. Onlar da "küçük kalfam" deye itaat ederler. Efendilerine hizmet eder gibi büyük ve küçük kalfalarının hizmetlerini yaparlar. Mümkün olduğu kadar din dersleri ve biraz da okuyup yazmak öğrenirler. Evvelki yazılarımda bahsettiğim gibi bu genç saraylıları, küçük kalfaları getirip bana takdim etmişlerdi. Sarayda elbisesi buruşuk, yırtık, çıplak ayak, hattâ kısa çorapla bile gezmek, şamatalı aksırmak, sümkürmek ayıptı.

Koridorda ve büyük sofalarda yaşlılara tesadüf ederlerse ya durup onun geçmesini beklerler veyahut müstavel işleri varsa "desturun" demeden, ya'ni müsaade almadan geçmezler. Sultan Efendilere "Sultaefendi", kalfaya "kafam", kandile "püsüz", kâseye "üsküre", peştemala "futa", hamamda kullanılacak baş tülbendine "Kurnatıkaç", kadınefendilere "kanefendi", küçük kalfalarına "küçüfam", bir kimseye kızdıkları zaman münasebetsiz mânasına "süyütsüz", çok samimî tanıdıklarına "A kız!" diye hitap ederler.

Ahbaplarına hediye göndermek isterlerse gönderecekleri şeyleri büyük çamaşır sepetlerine doldurup beyaz bir bohça ile bağlarlar ve üzerine yürek şeklinde bir kâğıt kesip, gideceği yerin adresini yazarlar ve bu kâğıda "isimlik" derlerdi.

Sarayda hırka giymek ayıptır. İçlerine kalın fanila giyerler. Efendilerinin karşısında hiçbir çerkez cariyenin hırka giydiğini görmedim. Saray âdâtına çok itina ederler, odalarında ne isterlerse giyebilirdi.

Büyük kalfaların da kendilerine mahsus tablaları vardır. Sofralarını acemi kızlar hazırlarlar. Bu kalfalar isterlerse diğer kalfalar ile beraber yerler, bu mecburî değildir. Efendileri derecesinde olmasa bile yine sofaları muntazamdır. Hizmet eden kızlar bunlara birer hafta nöbetle bakarlar. İkinci haftada başkaları nöbeti devralırlar. Kalfalara dair yazdıklarımın bir kısmını Sultan Mecidin dördüncü Kadını Gülcemal Kadın Efendinin hemşiresi Bîmisal hanımın evlâdı ma'nevisi kendi arzusu ile şehzade Ziyaeddin Efendi dünyaya gelince altun leğen ve ibrikle hediye edilen (Ziyaeddin Efendinin dadısı) Pinahraz hanımdan öğrendim.

SARAYDA BAZI ÂDET VE EĞLENCELER

Sarayın kendisine mahsus hususî âdet ve an'aneleri vardır. Bunlardan bazıları hakikaten hoştu. Hatıralarım içinde daima kendimi mes'ud hissederim. Saraya intisabımın ilk senesinin Ramazan ayında Yıldız Sarayı'nda idik. Her gece bir başka dâvete icâbet ederdim. Kadın Efendiler, Sultanlarla valideleri, Hazinedar Usta ve diğer büyük ustalar beni yemeğe çağırırlar, ben de iftarlarında bulunurdum. İftardan sonra cemaatle kılınan teravih namazları görülmeğe değer şeydi. Cemaatde bulunanların adedine göre atlas üzerine sırma ile işlenmiş seccadeler yayılır, hazırlık bitinceye kadar kahveler içilir ve ayrılırken dâvetlilere süslü zarflar içinde oldukça dolgun diş kiraları verilirdi. Nöbetçi bulunanlardan gayrı bütün saray halkının iştiraki ile teravih namazı başlardı. Teravihe gidenler kafile halinde Küçük mabeyine gelirlerdi.

Saraylılar nöbetçi imamı birbirine sorarlar, birinci imam (ya'ni baş imam) ise sevinirler ve koş koşa teravih namzına yetişmeğe çalışırlardı. Bunun sebebini nihayet öğrenmiştim. Baş İmam namazda kısa sureleri seçer ve teravihi fazla uzatmamağa gayret edermiş. Halbuk, ikinci imam aksine çok uzun sureler okuyarak namazı uzatırmış. Onun için bir çok saraylılar dairelerinde kılmağı tercih ederlermiş. Teravih namazı bitince sahura kadar sarayın hali bir âlemdi, her dairede ayrı bir eğlence tertip edilirdi.

Bu eğlencelerin[1] çoğunda ben dâvetli bulunurdum. Neş'eli saraylılar oyunlar icad eder ve zamanın hoş geçmesine gayret ederlerdi.

Sarayın ramazan geceleri bende unutulmayacak eserler bırakmıştır.

Gerek bu toplantılarda, gerek sarayın diğer umumî muaşeretinde bilhassa göze çarpan şey "terbiye" meselesi idi. Saray terbiyesi denilen bir muaşeret ki bunda büyüğün küçüğe şefkati, küçüğün büyüğe karşı saygı ve muhabbeti başka idi.

SURRE ALAYI

Saray hatıraları arasında cidden şayan-ı dikkat olanlardan biri de mahmil-i şerifin (Ka'be Örtüsü) hazırlanması keyfiyetidir. Surre Alayı denen bu alay büyük merasimle yapılırdı. Mekke-i Mükerreme Beytullaha gidecek olan "Kâ'be örtüsü" mahmil-i şerifin hazırlanma ve nakil işi arzettiği hususi-

---

1 Dikkat edilirse, teravih kılmaya ve iftar davetlerine gitmeye eğlence demektedir. Zira eğlence demek illa da gayr-i meşru eğlence demek değildir. Helâl dairesi keyfe kâfidir. Harama girmeye hiç lüzum yoktur.

yetleri itibarıyla temaşaya ve dikkate değer mahiyettedir. Şabanın 14'üncü günü Harem-i Hümayunda, padişahın bulunduğu daireye bakan pencerenin önüne büyük bir masa konur, bu masanın üzerine kıymetli bir örtü ötülürdü.

Evvelâ kızlar ağası, baş imam, surre emini mabeyin erkânından bazı zatlar ve muteber ağalar tekbir getirerek mahmil-i şerifi bu masanın üzerine koyarlar, bu suretle mahmil-i şerif, Harem-i hümayuna teslim edilmiş olurdu. Erkekler gittikten sonra birinci ve ikinci kâtip kadınlar gelerek mahmil-i şerife yakın bir yere otururlar ve hatm-i şerife başlarlardı. Bir taraftan Kur'ân-ı Kerîm, öte taraftanda genç saraylılar başlarında ipekli baş örtüleri ile üç basamaklı merdivene çıkıp mahmil-i şerifi ustufa denilen bir kumaşla kaplarlar, kumaşı birbirine raptetmek için hususî surette yapılmış gümüş toplu iğneler kullanırlar ve bütün bu iş esnasında daima tekbir getirirlerdi. Bu kumaşlar top halinde Padişah, Veliaht bazı Şeh-zadeler ve Sultanlardan, Valde Sultanla Valide Paşa'dan (Hidiv Abbas Hilmi Paşa'nın annesine Valide Paşa, denirdi.) hediye olarak gönderilirdi. Evvelâ zat-ı şahanenin kumaşı en üst kısma, sonra diğer kumaşlar sırası ile mahmil-i şerife sarılırdı. Padişah oturduğu pencereden bütün bunları zevk ve istiğrak ile seyrederdi. Hazinedarlardan birinin dâveti ile ben de giderek bir kaç iğne koymuştum.

Bu iş akşama kadar böylece devam ederdi. O gece mahmil-i şerif haremde kalır. Saraylılar sabaha kadar onu nöbetle beklerlerdi. Sabah olunca bir gün evvel gelen kafile tekrar hareme girer, Mahmil-i Şerifi tekbirlerle alıp götürürdü. İşte her sene Şaban ayının 15'inde bu suretle padişaha vekâleten baş imam Mahmil-i Şerifi devenin üzerine tekbir getirerek koyar, ikinci deveye hediyeler yüklenir ve bu suretle alay yola koyulurdu.

Evkaf nâzırının riyasetindeki memurlardan mürekkep bir heyet tarafından Beşiktaş iskelesinde ayrıca bir merasim yapılır, bu merasimi ta uzaklardan görmeğe gelen ahali ile sokaklar dolardı. Alayın Üsküdar"a hareketini bildiren 101 pâre top da, bütün şehir halkına bunu ilân ederdi. Üsküdar'da yine aynı merasim yapılırdı. Üsküdar caddelerini takiben alay, Paşa kapısına kadar giderdi. Orada evvelce konan üstüfeler yine tekbirlerle kaldırılır, bir sandığın içine konarak hazine vekili olan zat tarafından Topkapı Sarayına naklolunurdu. İşte Mekke-i Mükerremeye Kâbe için gönderilen örtü, İstanbul'dan böyle merasimle yola çıkarılırdı. Emin olacak, ya'ni riyaset edecek zatı, padişah tayin ederdi. En son surre emini Mustafa Hükmî Paşa'dır.

BEŞİKTAŞ SARAYINDA MUÂYEDE (BAYRAMLAŞMA) MERASİMİ

Sarayda bulunduğum müddet zarfında, Baş Kadın Efendi'nin ve talebelerimden Dürriye ve Ruhiye Sultanların Validelerinin daveti ile iki defa muayede (bayramlaşma) merasiminde bulundum. Böyle tarihî ve harikûlâde muhteşem bir merasimi bilmem ki, nâçiz kalemim tasvir edebiiecek mi? Her ne ise maksad gördüğümü aynen yazmaktan, yazmağa çalışmaktan ibarettir.

Sarayda Tarihi Tahtın Hazırlanması

Padişahın iradesi ile Topkapı Sarayından, kapalı araba ile Enderun-u Hümayun Ağaları, Hazine kâhyası, Başmabeyinci, maiyetinde 8 neferle jandarma zâbiti olduğu halde bu mühim emanet Beşiktaş sarayına ve mabeyinin taş merdivenine araba yanaşır. Araba kapusunun anahtarı hazine kâhyasındadır. Bahsettiğim zatların muvacehesinde kâhya kapıyı açar. Parçalardan ibaret tahtı Enderun Ağaları muayede salonuna getirirler. Ve yekdiğerine rabtederler. İşbu tahtın oturulacak yeri ve arkası kırmızı kadife üzerine altın sırma ile işlenmiştir. Ve yine. tahtın arkasında yukarıda cevahirle müzeyyen bir taç vardır. Ve iki yanı taraflarında altın saçakları sarkar. Tahtın ön tarafında kıymettar seccade yayılır. Muayede esnasında Padişah kime irade ettiyse saçağı gögüs hizasında olarak o şahıs tutar. Ziyaretçiler işe Padişahın el veya eteğini öpmezler. Bu saçağı öperler. Taht hazırlandıktan sonra diğer zatlar çekilir. Ertesi günü muayede merasimine kadar evvelce bahsettiğim zabit ve askerler gece de dahil olmak şartiyle beklerler. Maksadım Harem-i Hümayunda muayede rnerasimini bildirmektir. Eğer muvaffak olabilirsem bahsettiğim bu muhteşem salonda yapılan merasimi dahi arz ederim.

Harem-i Hümâyûn'da

Muayede merasimi için hazırlıklar çoktan başlamıştır. Bayramlık elbiseler, takılacak mücevherat, elbiseye uygun hotozlar (Başlıklar) bilumum dairelerdeki saraylılardaki faaliyet görülecek şeydir. Öyle ya senede ancak iki defa yapılan bu muhteşem merasimde herkes birbirini resmî elbiselerle görecek; hususiyle hariçten gelecek misafirler de var. Bunların içinde büyük Sultanlar, Padişah torunları, şehzade haremleri, Mısırlı Prensler, Vukelâ (Bakan) Haremleri, velhasıl binbir gece merasimini andıran bu merasimi herkes gibi ben de heyecanla bekliyordum. Merasim dairesi ile muayede salonunun arasında uzun bir yol (koridor) vardır. Bu koridoru müteakıb basık kafeslerin arkasından muayedeyi görmek mümkündür. Sultan Reşad, Harem-i Hümayunu bu merasimi görmekten men etmezdi.

Muayede Merasimini Görmeğe Gidiş

Evvelâ Kadın Efendiler, Padişah kerime ve torunları olan Sultanlar, Mısırlı Prensesler, Hazinedar Usta, Kâhya Kadın ve diğer şayan-ı hürmet ustalar, kalfalar, davetli bulunan diğer misafirler, kendilerine evvelce tahsis edilen basık pencerelerin önünde muayedeyi seyrederler. Merasimin bitişinde yine hareme avdet ederler. Yarım saat istirahat esnasında kahveciler kahve ikram ederler. Bu hizmeti herkes yapamaz. Padişah dairesindeki kahveciler usulünü zamanla öğrenmişlerdir.

Kahveci Ustanın Maiyeti

Kahveci Ustanın maiyeti kırk veya daha ziyadedir. Kahveci Usta tâbir edilen kalfa ya'ni reiseleri kimseye kahve vermez. Vazifesi: Ayakta durup maiyetine nezaret etmektir.

Bayramlarda, Topkapı Sarayı'ndan kıymettar kahve takımları getirilir. Bunları kahveci usta sayı ile alıp bilâhare yine sayı ile teslim eder. Bu fincanlar serapa mücevheratla tezyin edilmiştir. Misafirlerin derecelerine göre bazılarına mücevherli zarf ve fincan, bazılarına altın veya gümüş zarflarla takdim edilir.

Padişah Kahvecilerinin Alâmeti

Hünkâr kahvecilerinin alâmeti: Bu saraylıların göğüslerinde nişanları vardır. Bilhassa bayramlarda giyecekleri elbiseler de Padişah tarafından yaptırılmış. Artık ihtişamı göz önüne getirmeli. Bu 40 kişilik peri alayının ayak ucuna basarak ve biribirlerine çarpmadan gayet seri bir suretle yürüyüşleri herkesi hayran ederdi.

Sefir Haremleri

Ecnebilere verilen zarf ve fincanlar ayrıdır. Bunlara da diğerleri gibi kahve, limonata, şerbet ikam edilir. Arzuya göre takdim olunur. Mecburî değildir. Bunlar kahve içtikten sonra evlerine avdet ederler. Ya'ni harem-i hümayunun muayede merasiminde bulunmazlar. İstirahat müddeti yarım saatte tamam olmuştur. Bu aralık elinde altın bastonu ile Başkâtibe görünür Başkâtibenin giydiği salta (caket) altın sırma ile işlenmiştir. Başındaki hotozda (başlıkta) pırlanta iğnesi, elinde dahi altın bastonu ile öyle bir gelişi vardır ki herkes kendisine hayran hayran bakar. Ve misafirlere hitaben:

-Efendim, teşrif-i şahane oldu, buyrunuz muayedeye, nidası işitilir.

Yürüyüşü, terbiyesi derhal göze çarpar. Gayet halîm ve mahviyetkâr bir tavırla "Efendim teşrîf-i şahane oldu, buyurunuz muâyedeye" demesi el'an gözümün önündedir.

Evvelâ Şeyhülislâm'ın haremi, onu müteakip bilumum vüzera (bakan) haremleri, bunların her birisi huzur-u şahaneye yaklaşırken başkâtibe: Zevcelerinin isimlerini tekrar ederek Hünkâr'a takdim eder. Bunlar sıra ile yerden temenna ederek selâm verirler. Nişanı olmıyan Vükelâ Hanımları da ayrıca ihsan-ı şahaneye mazhar olurlardı

Bu merasimi müteakıb zat-ı şahane, bitişkteki odaya istirahata çekilir ve misafirleri de Baş ve İkinci kâtibe uğurlarlar. Harem Ağalarının Reisi arabaları idare eder. Bu arabalar zevcelerinin rütbesine göre harem kapusuna yanaşır. Padişah bir müddet istirahat ettikten sonra "Al oda" tâbir edilen duvarları, üstüne ustûle kaplı tarihî odaya avdet eder.

Evvelce dediğim gibi Hünkâr'ın validesi varsa, Valde Sultan[1] girer. Şayet yoksa Sultan Aziz'in, Sultan Mecid'in Sultan kerimeleri, Sultan Reşad'ın torunları, valideleri ile.işte bu aralık ben de talebelerimden Dürriye ve Rukiye Sultanlarla huzur-ı şahaneye girerdim. Velhasıl Sultanlar yaş sırası ile girerler. Evvelâ yere kadar eğilerek temenna edilir, sonra saçak öpülür. Padişah haremde kime emretti ise saçağı o tutar.

---

[1] Son zamanlara kadar Kadın Efendinin (Valide Sultan) hayatta olduğunu söylerler. Ben bu Kadın Efendinin vefatından pek az sonra saraya girdim. Kendisini bizzat görmek nasip olmadı.

Kadın Efendilerin Muayedesi (Bayramlaşması)

Evvelâ Padişahın Baş Haremine "Baş Kadın Efendi" tâbir edilir. Başında muhteşem tacı ve arkasında serâpa altın sırma ile işlenmiş kuyruklu bir elbise ile padişahın huzuruna yalnız olarak girer. İkinci, üçüncü, dördüncü Kadın Efendiler de ayrı ayrı girerler. Sonra haremdeki büyük rütbeli ustalar, Hazinedar Usta, kâhya kadın, diğer ustalar, büyük kalfalar, Padişahın kahvecileri, misafir kalfaları girerler. Hünkâr ayrıca bu kahvecilerle misafir kalfaların elbiselerine dikkatle bakar. Şayet matluba muvafık bulursa reislerini taltif eder.

Netice: Bu muhteşem tebrik sahneleri, sarayın muazzam oda ve sofalarındaki saraylıların görünüşü insana binbir gece masallarını hatırlattığı gibi, günlerce hafızadan silinmez. İşte muhterem okuyucularım. Harem-i Hümayunda muayede merasimi (Bayram Tebriği) böyle yapılırdı.

Bu yazdıklarım Sultan Reşad devrine aittir. Sultan Hamid zamanında daha muhteşem ve daha zengin olduğunu gine eski kalfalardan işitirdim.

Biz yine muayede salonuna avdet edelim: Oturduğumuz kafes arkasından gördüklerimi muktedir olabildiğim derecede arzedeceğim. İşbu muayede salonunu görenler zannederim azınlıkta kalır. İşte bu salonun ortasında bulunan muazzam avizenin altında teşrifat Müdir-i Umumîsi onun arkasında biraz solda ikinci, solda ve daha arkada Üçüncü teşrifatçı durur. Bunlar el pençe divan durarak Padişahın emrini beklerler. Dört yol olmak üzere kırmızı kadifeden yol halısı vardır. Padişah muayede salonuna teşrif ederken selâm havası çalınır. Bu aralık Duagû Efendi (Yani dua edecek şahıs ki, genellikle Nakibül- eşraf) Huzur-u Padişahiye gelir. Padişah derhal ayağa kalkar. Hazirûn da beraber olarak ellerini açarlar. Bu dakikada o muhteşem salonun mânevi güzelliği görülecek bir şeydir. Herkes bir an için Allaha, vatan ve milletin selâmeti için dua etmektedir. Hazirun Amin!.. sadalarını müteakib Duagû Efendi arka arkaya giderek salondan çıkar. Bu aralık zat-ı şahane her kime emretdiyse, tarihî saçağı göğüs hizasında kemâl-i hürmetle tutar. Saçağı öpmeden evvel Padişahın önünde eğilerek temenna ederler.

Merasim sırasına gelince .

Evvelâ şeyhülislâm, sonra Sadrazam ve daha sonra Harbiye Nâzırı temenna eder ve saçağı öptükten sonra (Şeyhülislâm ulemâdan olduğundan saçak öpmez), evvelce geldiği yolun mukabilindeki diğer yoldan avdet ederler. Bundan sonra sıra ile: Veliahd-ı Saltanat, Seh-zadeler, zevcelerinin yaşlarına göre kıdem sırası ile damatlar (Damad-ı Hazreti Şehriyarîler), Vükelâ, Hükûmet erkânı, büyük rütbeli memurlar daha sonra sarıkları bilhassa cübbelerinin gögüs kısmı sırma ile işlenmiş ulema-i kiram gelir ve Padişah bunların ilimlerine hürmeten ayakta bulunur; bunlar saçak öpmezler.

Daha sonra Ruesay-i Ruhanîye gelmeğe başlar. Uzun elbiseli Rum Patriği Başındaki şapkasının üzerinde çok uzun tül vardır. Yalnız padişahın huzurunda bu tülü arkaya atar ve göğsünde muhtelif nişanları görülür. Bunları müteakib diğer reisler de sıra ile gelirler. Bu merasim uzun sürdüğünden reis-i ruhanîlerin tebrikinden sonra, Padişah istirahat salonuna geçer. Tekrar avdet-i şahanede yine selâm havası çalınır.

Padişah bendegânının tebriklerini kabul eder. Evvelâ yâverler, mabeyinciler, kâtibler, harem Ağaları, maiyet bölüğü zabitleri; müzika-ı hümayun efradı, Padişah hademeleri, hamlacılar, kayıkçılar, bunların hepsi sırma püsküllü sırma saçağı öptükten sonra artık muayede merasimi sona ermiştir.

KANDİL GECESİ Padişahın Huzurunda Okunan Mevlid-i Şerif

Beşiktaş sarayında (Dolmabahçe Sarayı) mabeyin salonlarından birinde Harem-i Hümayunun dahi istifade etmesi için Sultan Reşad'ın emriyle kafes kurulur. Salonun ortasında camilerimizde olduğu gibi mevlidhan için kürsi vardır. Üç basamaklı merdivenle çıkılır. Baş İmamla, Seccadeci Başı Sabit Bey mevlidhan olan zatın kürsiye çıkmasına yardım ederler. Mevlid okuyanlar üç kişidir, münavebe ile okurlar. Kürsinin altında müezzinler yer alırlar. Padişah ise okunan Kur'ân-ı âzimuşşana hürmeten bu merasimde alçak bir sedir de (kanape) oturur. Yanındaki minderin üzerinde Veliaht ve şehzadeler otururlar. Bu dinî merasime Vükelâ davetlidir. Yalnız mecburî değildir. Cevahirli gulabdanla gül suyunu Enderun Efendiler, ellerinde beyaz eldivenle evvelâ Padişaha bilâhare diğerlerine ve sonra da aynı şahıslar müzeyyen bardaklarla şerbet ve üç külâh şeker takdim ederler. Kafes arkasında bulunan Harem-i Hümayun'a dahi aynı şekilde tevziat yapılır. Salonun bu kısmında ya'ni haremin bulunduğu yerde mukabil taraftan görülmemesi için elektrik yakılmaz. Bu dinî merasimin sonunda, Padişah bir müddet Baş İmamla konuştuktan sonra Hareme avdet eder. Mevlidhanla, müezzinlere icab eden ihsan-ı şahane Seccadeci Başı tarafından verilir.

SARAY-I HÜMAYUN İÇİN YETİŞTİRİLEN KURBANLAR

Bunlar Eyüp'de Rami köyünün arkasında keçe suyu civarındaki kışlalarda ya'ni ocaklarında yetiştirilir. Bu ocakların ismine "Saya Ocağı" derler. Yeniçeri gibi nizamları vardır.

Bayramda Şeyhülislâm tarafından Padişaha bir kurban gelir. Zat-ı şahane tarafından bunun mukabili beş kurban gönderilir. Sarayın önünde tahminen 43 adet kurban kesilir. Bu kurban etleri Harem-i Hümayun'a girmez, doğruca civarda bulunan fukarava tevzi olunur.

SON PADİŞAH SULTAN VAHDETTİN İLE MÜLÂKATIM

1338 (1921)'de yukarıda bahsettiğim padişahın dördüncü haremi Nimet Hanım Efendi'nin arzusu ile talebelerim Hayriyye ve Lütfiyye Sultanlarla Yıldız Sarayına gittik. Kapıdan içeriye girişimiz çok heyecanlı oldu. Zira bu ziyaret, büyük babalarının vefatından sonra Yıldız Sarayına ilk gelişleriydi.

Kapıdan Saray Bahçesine girerken arabamızın iki yanında yürüyen nöbetçi harem ağaları eski efendizadelerini görünce sevinç gözyaşları ile bize içeride misafir dairesinin kapısına kadar refakat ettiler.

Burada misafire mahsus kalfalar tarafından karşılandık ve derhal Dördüncü Hanım Efendinin dairesine geçtik. Yemek zamanı gelmişti. Beraberce yemekler yenildi. Çok hoş vakit geçirdik. Sultanlar alaturka ve alafranga piyano çaldılar. Saat üç raddelerinde müsahiplerden birisi gelip zat-ı şahane tarafından kabul olunacağımızı tebliğ etti. Sultanlar Nevzat Hanım Efendi, kâtibe hanım ve hanm efendinin Daire kalfası dahil olarak kafile halinde Hünkâr dairesine (Padişahın oturduğu kısıma) geçtik. Orada padişahın İkinci Hazinedarı bizi karşıladı. Hünkârın bulunduğu odanın bitişiğindeki salona aldı. Biraz istirahattan sonra huzur-ı padişahiye kabul olunduk. Evvelâ Sultanlar resmî selâmı ifa ettiler. Sıra bana gelmişti. Eğilmek suretiyle temenna etmek istedimse de, padişah eliyle işaret etti. Ve selâmı çok samimi bir surette kabul ettiler. Arka arkaya giderek kapı arkasına kadar yürüdüm. Ve irade-i şahaneye muntazır oldum.

Bu dakikada, Sultan Reşad merhumun huzuruna ilk kabul olunduğumu ve o dakikada geçirdiğim heyecanı düşündüm. Nedense padişahın karşısında fazla heyecan geçirmiştim. Padişah, Sultanlarla bir müddet konuştular, onlara mteaddit sualler sordular. Aldıkları cevaplardan memnun kaldıkları hallerinden belli idi. Bu aralık, konuşma sırası bana geldiğini anladığım için, vereceğim cevaplar hakkında âdeta kalbim çarpmağa başladı. İki dakika kadar dikkatle yüzüme baktılar, sonra bana hitaben:

-- Muallime Hanım, Sultan Efendilere göstediğiniz gayret ve hizmeti işitiyordum; şimdi de bizzat müşahade ettim. Muvaffakiyetinizden dolayı sizi tebrik ederim, buyurdular. Ben de derhal, yine yerden ve bir temenna ederek, "hakk-ı âcizanemdeki iltifat-ı şahanelerinin çok kıymetli olduğunu" arz ederken yine temenna ettim. Ve "Cenab-ı hak ömr-i şahaneyi müzdat buyursun" dedim.

Bundan sonra Sultanlarla ben tekrar selâmlayarak huzurdan ayrıldık. Yine dördüncü Hanım Efendinin dairesine avdet ettik. Yemişler ikram edildi. Padişah tarafından hepimize ayrı ayrı hediyeler verildi. Hazır gelmişken padişahın diğer haremlerini de ziyaret etmek istediğimiz için merasim dairesinde oturan Baş Kadın Efendiye (Ulviyye ve Sabiha Sultanların valideleri) ve İkinci ve üçüncü Kadın Efendilerini de gördük. Ayrı ayrı ta'zimatımızı arz ettik. Ve sonra sarayda mevki İhtiram Sahibesi olan Baş ve İkinci Kâtibeyi, Ustaları velhasıl evvelce tanıdığımız bütün eski kalfaları ziyaret ettik. Hepsinin hayır dualarını aldık. Bu aralık arabalarımız da gelmişti. Veda ederek saraydan ayrıldık.

1923 senesinde Sultân'ların dersleri oldukça ilerlemişti. Bu aralık Nezihe Muhiddin Hanım'ı davet ettik. Talebelerimi imtihan ettiler. Aynı senede Hânedân memleketten dışarı çıktıklarından diploma ve imtihân merâsimleri yapılamadı."[1]

İşte Safiye Ünüvar Hanımefendi'nin on seneyi bulan harem hatıraları burada ve haremde yaşayan şehzâdelerle sultânların imtihanları ve dersleriyle sona ermektedir. Osmanlı Devletinin en bozuk dönemi denilen bu dönemde harem böyle olursa, diğer zamanlardaki halini okuyucuların hayal ve izanlarına havale ediyoruz.

---

1 Safiye Ünüvar, Saray Hâtıralarım, İstanbul 1964.

YEDİNCİ BÖLÜM

KÖLELİK, CARİYELİK VE HAREM HAKKINDA BAZI SORULARA CEVAPLAR

1-Harem'deki kadınlardan Padişahlara veya Devlet Adamlarına; Padişah ve devlet adamlarından da Harem'deki bazı kadınlara veya sultânlara aşk mektupları yazıldığı söyleniyor. Doğru mu?

Meşru dairede olmak şartıyla insan, hanımını, çocuklarını, anasını babasını ve insanları sevebilir. Muhabbetin yasak olmasının sınırı gayr-i meşru dairede olmasıdır. Bu manada meşru dairede Padişahların kendi kadınlarına ve damadların sultân hanımlara veya tam tersine sultânların ve haremdeki kadınların Padişahlara veya damad adaylarına meşru bir tarzda aşk ve muhabbet mektupları yazmaları meşrudur ve caizdir. Ölçü meşru' dairede kalmasıdır.

Osmanlı Padişahları ve haremde yaşayan kadınlar da insandır. Bunlar da hem sevecek ve hem de sevdiklerini kıskanacaklardır. Dolayısıyla insanlık gereği aralarında geçen bazı sürtüşmeleri veya aralarında alınıp verilen ve Osmanlı Devleti yıkılıncaya kadar aileye has kalan özel arşivlerdeki muhabbet mektuplarını, hep menfi manada değerlendirmek veya bunlar arasından süiistimal edilebilir birini seçip hepsine teşmil etmek doğru değildir. Şimdi Harem'den Aşk Mektupları diye bilinen ve aslında Harem Hazinesinde saklı olduğu halde Cumhuriyetten sonra Saray'a ait herşey ortaya dökülünce ele geçen bu aşk mektuplarından ikisini zikredeceğiz.

Birincisi; Kanunî'nin Baş Kadını Hurrem Sultân'dan Kanunî Sultân Süleyman'a yazılan mektuplardan birisidir. Hurrem Sultân gibi Kanunî'ye aşkı ile bilinen Padişah'a ki bu zikredeceğimiz edebli ifadeler kullanılırsa, damadların veya başkalarının Sultân Hanımlara ve Saray Kadınlarına yazdıkları mektupta kullandıkları terbiyeli ifadeleri sizler kıyaslayabilirsiniz.

"Canımın Pâresi Sa'âdetlü Sultânım Hazretlerine derûn-ı gönülden enva'-ı büsyâr can u dilden sad-hezârân hezâr bin dürlü hasret iştiyaklarıyla bin bin du'alar ve senâlar edüb yüzümü hâk-i pay-i şerife sürüb mübarek dest-i şerifinizi pus ederim.

Benüm iki gözüm yoluna kurban olduğum devletlüm Padişahım, ümmiddir ki, ben biçare cariyenizi kabul-ı müştak-ı azîm buyurula. Benim devletlüm ve benüm saadetim sultanım, mübarek mizac-ı şerifiniz nicedir? mübarek başınızdan ve cemî' âzanızdan olsun ve mübarek ayağınızdan nicesiz? Şimdilik benüm devletlüm benüm sultanüm tamam hüsn-i âfiyet üzresiniz.

Benim iki gözüm devletlüm Padişahım, Bârî-i Te'alâ Hazretinden hâcetüm budur ki, Hazret-i Hak vücud-ı şerifini cemî' hatalardan ve belâlardan saklıyub hemîşe hakkın hıfz-ı emânında olub ömr-i Nuh süresiz inşaallah.

Benüm padişahım ve benüm cânım pâresi saadetlü Padişahım, Eğer elem hasretiyle ciğeri kebab ve gam firkatiyle dîdesi seylâb olmuş bîçare cariyen ahvalinden yana Sultanım sual eder ise, Hak bilür ki, benüm sa'âdetüm, evkatum cümle melâl ile geçüb hicrânından vücudum nâle oldu. Benüm devletüm benüm padişahım, Allah bilür ne diyem bir mertebede güzel cemalin göresim gelmiştir ki, kabil değüldür. Benüm Sultanım, Allah bilür ki, gece gündüz firâkın hasretin oduna yanub yakılurum. Hak bilür ki, benüm devletüm, bir dem bir an rahatlığum yoktur. Mübarek ayağınız türâbından ayru halüm diğer gûndur.

Benim Padişahım, benüm devletüm, andan sonra Sultanımm Cihangir Şah'ımın gözlerinden öperim. Andan sonra benüm saadetüm Hanum Peyk dürlü iştiyak ile yüzler serüb hâk-i pay-i şerifinizi öper. Hüma Şah Ayşeciğim dahi Peyk Kadun hâk-i pay-i şerifinize yüz sürerler. Ümmiddir ki, kabul oluna. Benüm Devletlüm, andan sonra sultanum şehir ahvâlinden sorulursa, bi hamdillah emn ü emân üzre olub can u dilden sultanıma du'âlar edüb cemî' âlem sultanıma müştaklardır. Benüm devletlüm baki ne demek lâzım vesselâm.

Kemîne Cariyen"[1].

---

1 TSMA, No: E. 5038; Krş. Uluçay, Osmanlı Sultânlarına Aşka Mektupları, İstanbul 1956, sh. 42-43; Diğer mektuplar için bkz. 5-47

Hurrem Sultân'ın Kanunî Sultân Süleyman'a Yazdığı Mektuplardan Birinin Aslı, TSMA, No: E. 5038

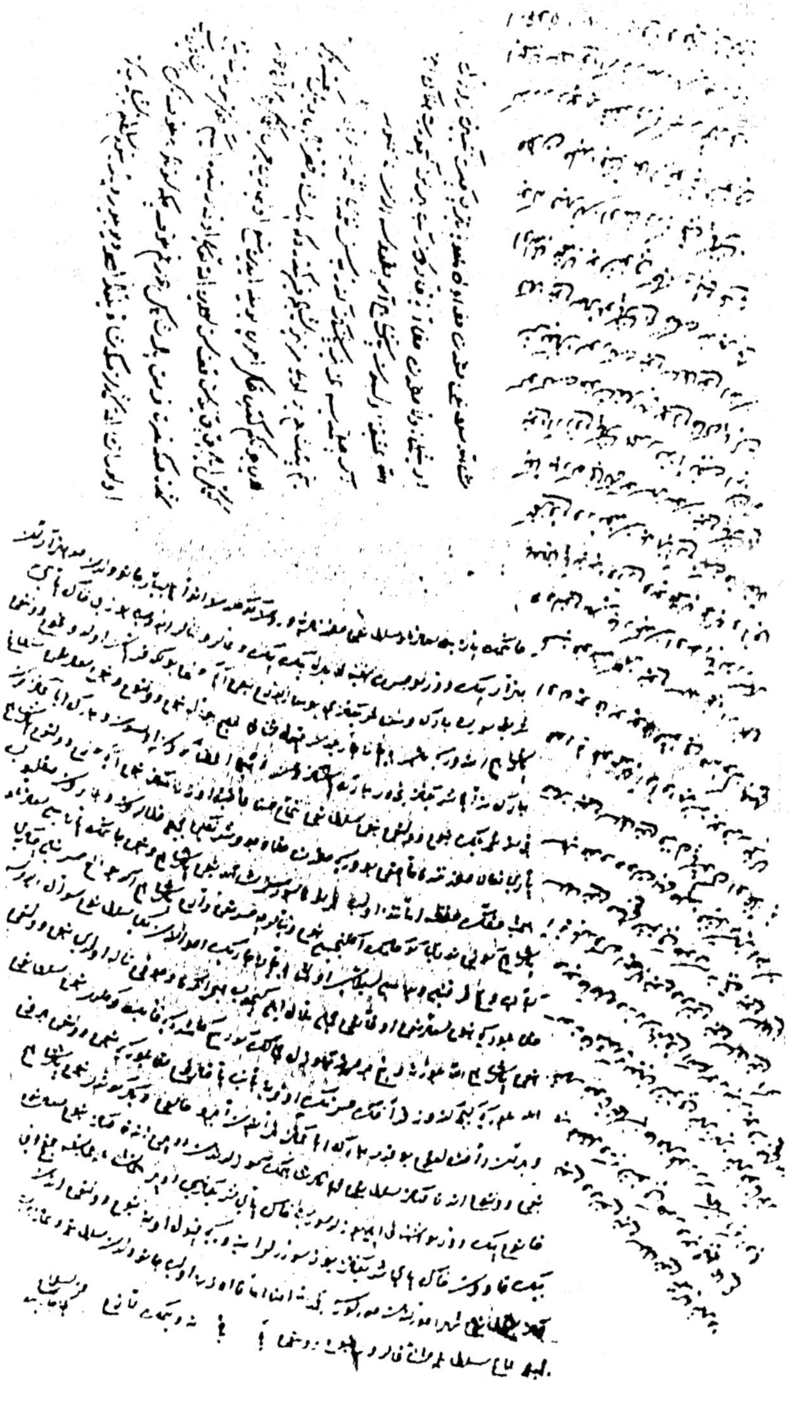

İkincisi; Padişahlardan Kadın efendilerine veya ikballerine yazılan aşk mektuplarından bir örnek de, en çok aşk ve muhabbet ifadeleri kullanılan, aslında gizli arşivde saklanıldığı halde bu gün herkesin elinde bulunan Sultan I. Abdülhamid'in kadın efendisi Ruh-Şah'a yazdığı mektuptur. Bu mektup-ta'da şer'î hükümlere aykırı, bugünkü anlamda gayr-i meşru cihetler ihtiva eden bir hal yoktur. Eğer bizlerin de hanımlarımıza yazdığımız özel mektuplar, bütün aleme neşredilecek olursa, her halde Osmanlı Padişahlarının en kadına düşkün denileni kadar edebe riâyet ettiğimiz zor iddia edilebilir. Halbuki I. Abdülhamid Hân, beş vakit namazlarını mümkün oldukça Camilerde cemaat ile kılan ve ancak kadınlarını da meşru dairede seven bir Padişah'dır. Mektuplarından bir tanesini zikrediyoruz:

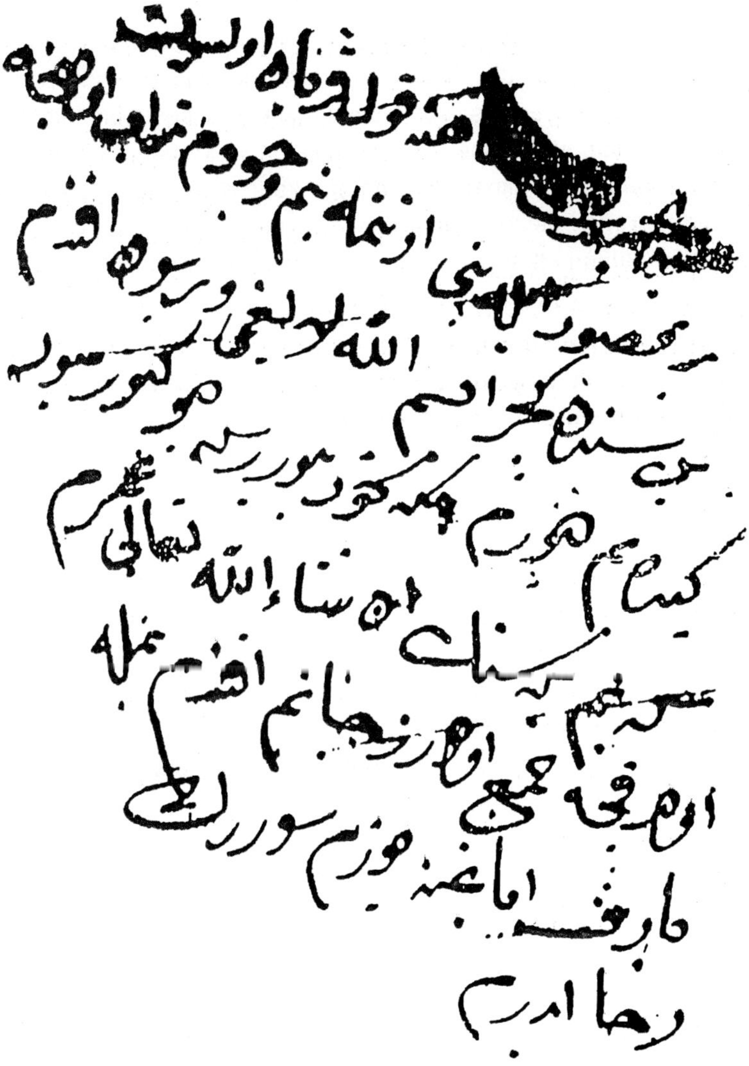

"Abdülhamid'in Ruh-şah'ına kul kurban olsun. Bir kusur ile beni unutma. Benim vücudum türâb olunca, ben senden geçer isem Allah lâyıkımı versün, Efendim. Gideyim diyorum, belki götür buyurursun deyü götürmüyor. Sen benim, ben senin. İnşâallâhu Te'âlâ ömrüm oldukça cem' oluruz (bir arada oluruz). Canım efendim benimle. Narin ayağına yüzüm süreerek ricâ ederim."[1].

---

1 TSMA, No: E. 10193; Krş. Uluçay, Osmanlı Sultânlarına Aşk Mektupları, İstanbul 1956, sh. 77-93; Maalesef burada, hanımına olan sevgi ifadeleri çok görülerek Abdülhamid Hân'ın aşk meftûnu ve kadınların kölesi birisi olduğu söylenmeye çalışılıyor.

Maalesef bazı kaynaklarda, Padişahların hanımlarına olan sevgi ifadeleri çok görülerek mesela Abdülhamid Hân'ın aşk meftûnu ve kadınların kölesi birisi olduğu söylenmeye çalışılıyor. Dünya nüfusunun beşte birine hükmeden bir Padişah'ın kadın efendisine "Sultânım, kulun ve kurbanın olayım." demesi, Kur'an ve Sünnetten alınan ders gereği, kadına ve onun haklarına saygı ifadesi midir? Yoksa devlet işlerini terk edip de kadınlara kul ve köle olma alâmeti midir? Bunun kararını okuyuculara bırakmak istiyoruz[1].

2-Padişahların Harem'in bahçesinde bulunan havuzlarda cariyeleri çırılçıplak soyduğu ve bunlara süt banyosu yaptırarak bununla eğlendiği iddia edilmektedir? Bunun hakkında ne dersiniz?

Evvela şunu ifade edeyim ki, Kitabımızın Harem'de hayat ve halvet başlığı altında incelediğimiz gibi, Padişahların kendi hanımlarıyla, sultân denilen kız çocuklarıyla, şehzâdelerle ve de bunların haremleri ve cariyeleri ile, hususî günlerde meşru dairede sohbet etmek ve ailevî meseleleri görüşmek üzere, her aile gibi, bir araya geldikleri doğrudur. Bu bir araya gelmelerin, bazan ve özellikle de yaz günleri Harem'in Has Bahçesinde ve genellikle Şimşirlik'teki bahçede veya Kâğıthâne'deki bahçelerde yapıldığı da doğrudur. Ancak bu halvet ve eğlencelerde, bırakınız cariyelerleri çırılçıplak soyarak onlara süt banyosu yaptırmayı, belki şehzadeler, haremleri ve Padişah kadınları arasında dahi mahremiyet olur diye, hususî halvet çadırları ve sokakları teşkil edildiğini kitabımızın ilgili yerlerinde izah ettik[2].

Kitabın muhtelif yerlerinde tekrar ettiğimiz gibi, İslâm Hukukunda hür bir kadın ile mahrem kadınlar ve cariyelerin avret mahallerinin farklı olması, fıkıh kitaplarında cariyelerin kol, ayak, yüz ve başlarına efendilerinin bakabilmesi şeklindeki hükmün yer alması, meseleyi bilmeyen çevreler tarafından akıl almaz şekilde tahrif edilmiştir.

---

1 TSMA, No: E. 10193; Krş. Uluçay, Osmanlı Saraylarında Harem Hayatının İç Yüzü, sh. 105-110; Osmanlı Sultânlarına Aşk Mektupları, İstanbul 1956, sh. 77-93; Altındal, Osmanlı'da Harem, sh. 45-47; Maalesef bu son kaynakta, rastgele yerlerden toplanan çeşitli bilgiler, hep kötü yöne çekilerek çarpıtılmaya çalışılmıştır. Lût Kavminin âdetini lanetleyen Hz. Nuh'un ifadesi olan âyeti alıp da Osmanlı Padişahlarının cinsî sapık olduklarını buna bağlamak gibi. Bu sebeple, bu tür kaynakların bütün iddialarını değerlendirmeye bile almaya değer bulmuyoruz. Ancak M. Çağatay Uluçay gibi ciddi araştırmacıların düştükleri hataları, mümkün mertebe gerçeği yansıtarak tashih etmeye gayret göstereceğiz.

2 Uluçay, Osmanlı Saraylarında Harem Hayatının İç Yüzü, sh. 14-15; Altındal, Osmanlı'da Harem, sh. 181-183.

Daha önce bir kısım büyük tarihçilerin dahi İslâm Hukukunu bilmemelerinden dolayı nasıl hatalar yaptıklarını iki üç yerde açıkladık. İslâm hukukunda iki üç çeşit mahremiyet kavramının bulunduğunu, cariyelerin efendileri yanında sadece el, kol ve başlarını açaraa dolaşabileceklerini, bunun da iş zaruretinden meydana geldiğini; çırılçıplak havuza girip oynamalarının asla câiz görülmediğini; çünkü bir cariyenin bu manada diğer cariyelere bakamadığını daha önce izah eyledik. Mesele avret-i hafife ve avret-i galize terimlerinin bilinmemesinden, avret kavramının erkek, hür kadın, mahrem kadın ve cariye açısından ayrı manalar ifade ettiğinin anlaşılamamasından ve bunlara dair şer'î hükümlerin sözkonusu edilmemesinden ileri gelmektedir. Kişi de, bilmediğinin düşmanıdır[1].

Bu meselede en çok itham edilen Padişah III. Murad'dır. Halbuki III. Murad'ın sofi meşreb ve Farsça bir Divan'ı bulunacak kadar ve hele hele kendisine caiz olsalar bile, cariyelerin birbirine haram olacaklarını bilecek kadar İslâmî ilimlere vukufu vardır. Meşru dairede cariyelere saz çaldırarak ve Kitab'da anlattığımız gibi, harem kadınlarının ve erkeklerinin ayrı ayrı oluldukları yerlerde oyunlar oynanarak eğlenildiğini ve bunun da meşru dairedeki eğlence olduğunu ifade etmiştik.

Üzülerek ifade edeyim ki, çoğu kaynaklarda Hünkâr Sofası Harem'in eğlence yeri olarak tarif edilir. Hedefi Osmanlıyı ve İslâmı kötülemek olan kaynaklarda ise, burası Padişahların seks alemi yaptıkları yerler olarak tavsif edilir. Bütün bu iddialara cevap vermek yerine, bu kitabı okuyanların vicdanlarına daha önce ayrıntılı olarak anlattığımız şu soruyu tekrar sormayı yeğliyorum:

Acaba güzel Hünkâr Salonu gibi bir salonun duvarlarındaki kitaplıkları Kur'an ve tefsirleri olan kitaplarla süsleseniz; salon'daki masaların üzerine Kur'an sayfalarını açsanız; sonra da her tarafı Kur'an âyetleriyle süslenen böyle bir salona memleketin veya dünyanın en ahlaksız ve rezil fâhişe bir kadını ile en hovarda bir erkeğini davet etseniz; salona geldiklerinde kendilerine bu Kur'an âyetlerini gösterdikden sonra salonda seks alemi yapmalarını teklif etseniz ve bu rezil iş karşılığında kendilerine bir de önemli sayılabilecek bir para teklif etseniz, acaba dünyanın en ahlaksızı olan bu iki kişi böyle bir teklifi kabul ederler mi? Veya diğer bir ifadeyle bu teklifi kabul edecek iki ahlaksızı dünyada bulmak mümkün müdür? Bizim kanaatimize göre, aklı başında olan her insan, bu soruya hayır diyecektir. Peki, böylesine rezil teklifi dünyanın en ahlaksızı olan iki erkek ve kadın yapmaz da, asırlarca İslamı temsil eden Osmanlı padişahları mı yapar?

---

[1] Lütfen tekrar bkz. Damad, Mecma'ul-Enhür, I, sh. 80-81; II, sh. 538-539

4-Harem'de ve Topkapı Sarayı'nın sofralarında altın ve gümüş kapların kullanıldığını duyuyoruz. Halbuki altın ve gümüş kap ve kacak kullanmak dinen yasaktır. Bunu nasıl izah ediyorsunuz?

Evvela şunu izah etmeliyim ki, beş altı sene öncesine kadar ben de böyle düşünüyor ve İslâm Hukuku Kitaplarındaki altın ve gümüş kap kacak kullanımı yasağını gördükçe, kendi kendime kahr oluyordum. Ancak Osmanlı Padişahlarının hayatlarını az çok bildiğimden ve günlük yaşantılarından bazı sahneleri okuduğumdan, bunların böyle bir yasağı delmeyeceklerini de kendi kendime söyleniyordum. Bu sorunun cevabı için iki konuyu bilmek gerekiyor:

Birincisi; İslâm Hukukunda saf gümüş ve altından olan kap ve kacakların kullanılması yasaklanmıştır. Ancak tadbîb denilen ve altın ve gümüş ile kaplı olan mutfak âletlerinin kullanılabileceği fıkıh kitaplarında izah olunmaktadır.

İkincisi; Topkapı Sarayında ve Harem'de bulunan altın ve gümüş eşyalar iki kısımdır. Saat ve şamdanlık gibi süsü eşyası olarak kullanılan ve saf altın veya gümüş olan eşyalar. Diğeri ise mutfakta kullanılan ve sadece altın ve gümüş ile kaplı bulunan eşyalar. Topkapı Sarayı Müdürü ve diğer yetkililerden aldığımız bilgilere göre, harem'de ve Topkapı Sarayında kullanılan ve altın yahut gümüş zannedilen mutfak eşyalarının tamamı altın veya gümüş kaplamadır. Yoksa saf altın yahut gümüş değildir. Bu konudaki bazı yanlış beyânlar, yerinde değildir[1]. Fıkıh kitaplarındaki hükümlerden birini sadece nakletmekle yetiniyoruz: "Altın ve gümüş ile kaplı kabdan yemek ve içmek câiz olduğu gibi, altın sırmalarla kaplı döşek üzerinde oturmak da câizdir. Ancak bir kısım hukukçular, bu tür kaplama kabları kullanmanın da en azından mekrûh olduğunu ifade etmişlerdir"[2].

5-Osmanlı Padişahları, Kur'an'ın müsaade etmemesine rağmen, neden hür kadınlar varken, cariyelerle evlenmişlerdir?

Bu konu Kitap'ta anlatılmıştır. Ancak biri parağraf ile tekrar edelim:

Evvela şer'î hükmünü görelim:

---

[1] Uluçay, Osmanlı Saraylarında Harem Hayatının İç Yüzü, sh. 12-13

[2] Damad, Mecma'ül-Enhür, II, 537; İbn-i Âbidin, Redd'ül-Muhtâr, Mısır 1968, c. VI, sh. 341-344

Kur'an-ı Kerim, hür erkeklerin cariyelerle nikâh yaparak evlenmelerini, müslüman hür kadınlarla ile evlenebilme gücü ve imkânı bulunmama şartına bağlamaktadır. Bu şart gerçekleşmesi halinde de, ayrıca câriyelerin müslüman veya ehl-i kitap olmaları şartı aranmaktadır[1]. Hanefi hukukçular, hür bir erkeğin cariye ile evlenebilmesi için, hür bir kadınla evlenmeye imkânının bulunmamasını, aksi takdirde evlenmenin gayr-ı sahih ve bazılarına göre de mekrûh görüldüğünü beyân etmektedirler. Bir kısım hukukçular, bu durumun hür erkeğin birinci Hanım'ının hür bir kadın olması halinde sözkonusu olduğunu, halbuki hür bir kadınla evlenme imkânı varken cariye ile evlenmesinin sahih ve caiz olduğunu ifade etmektedirler. Fetvâya esas olan da bu olduğundan dolayı, Osmanlı Padişahları, hür bir kadınla evlenme imkânları bulunmasına rağmen, cariyelerle evlenmeyi âdet haline getirmişlerdir.

Osmanlı Devletinin resmî Kanun-ı Umûmîsi sayılan Mülteka'daki ifade aynen şöyledir: "Hür bir erkeğin, daha evvel evlendiği hür bir kadın yoksa, ehl-i kitap veya müslüman olan bir câriye ile evlenmesi, hür bir kadınla evlenme imkânı bulunsa dahi, sahih ve caizdir. Hür bir kadınla evli olan hür erkeğin bir cariye ile evlenmesi ise sahih değildir. Zira Hz. Peygamber, "Hür bir kadın üzerine cariye ile evlenmek sahih olmaz" buyurmuşlardır. Bu hususda İmâm Mâlik, hür kadının rızâsıyla böyle bir evlliğin câiz olacağını ifade ederken, İmâm Şâfi'î de kocanın köle olması halinde böyle bir evliliğin caiz olduğunu söylemektedir"[2].

Osmanlı Padişahları yukarda nakledilen şer'î hükümlere uygun hareket etmişlerdir. Ancak bu cariyelerle evlenmenin siyasi sebeplerini ise, kitabımızın muhtelif yerlerinde izah etmiş bulunuyoruz. Sadece bir hususu tekrar edelim:

Bugün devletin başındakilerinin kendilerinden ziyade çevrelerinin ve yakınlarının devleti zaafa uğrattığını herkes bilmektedir. Kayınbiraderlerin bakan gibi davrandığını ve kocaların başbakan olduğunu, artık bilmeyen yoktur. İşte Osmanlı Devletinde, meşhur ailelerin kızlarını saraya alıp bu tür yolsuzlukların başlamasına, cariyelerle evlenilerek son verilmek istenmiştir. Gerçekten İstanbul kızlarının Harem'e sokulmaması, haremin ve dolayısıyla sarayın halk ile yakın temastan uzak kalmasını temin ediyordu. Şehirli bir hür kadının ise, ailesi ile irtibatını tamamen kesmek tabii olarak mümkün değildi[3].

---

1 Kur'an, Nisâ, 25

2 Damad, Mecma'ul-Enhür, I, sh. 328-331

3 Pakalın, Tarih Deyimleri, II, 126-127.

6- "Osmanlı'da Harem" adlı eserinize Murat Bardakçı tarafından yöneltilen itirazlar ve cevapları kısaca özetler misiniz?

"İslâm Hukukunda Kölelik-Câriyelik Müessesesi Ve Osmanlı'da Harem" adlı eserimizin birinci baskısı 15 gün gibi kısa bir zaman içerisinde tükendi. Konuyla ilgilenen herkes, eserin ikinci baskısının yapılmasını ve eserin bu konuda önemli bir boşluğu doldurduğunu sözlü ve yazılı olarak ifade ettiler. Birinci baskının dizgi ve baskı işlemlerinin biraz acele hazırlanması ve basılması, bazı imlâ hatalarını da beraberinde getirdi. Ancak eserin arşiv belgeleri ışığında ortaya çıkardığı hakikatler, bu küçük hataları okuyucuya göstermiyordu. Eser, ecdadını çeşitli iftiralara maruz gördükçe içi sızlayan ve fakat meseleyi bütün yönleriyle bilmediğinden cevap da veremeyen dindar ve tarih âşıkı kimseler arasında rağbet gördüğü gibi, konuyla alakalı arşiv belgelerini bugüne kadar bekleyen ilim çevresini de memnun etti. Ancak her eserde olduğu gibi, bunda da ilk olması hasebiyle bazı noksanların bulunması tabii karşılanmalıydı ve öyle de oldu. Bazı baskı hatalarını bu ikinci baskıda düzeltmek imkânını bulduk.

Gelen takdir ve teşekkürlerin yanında biri iki tenkit de geldi. Yapıcı tenkitlerden saydığım grubun başında, Eserin bazı yerlerinde görülen imlâ ve baskı hataları idi. Sayın Murat Bardakçı'nın diline doladığı **"narin"**i **"çarık"** okumamız (415) veyahut **"kıyaslayabilirsiniz"** yerine **"koyabilirsiniz"** (349) gibi kelime yanlışları, bilgisayarın acı hatıralarının bir eseridir. Kaldı ki, insan çok iyi bildiği bir kelimeyi bir an dalgınlıkla yanlış da okuyabilir ve bunu tashih edenlere sadece teşekkür borçlu oluruz.

Evvela, şunu ifade etmeliyim ki, "**Fenn-i Âdâb ve İlm-i Münâzara'nın âlimleri arasındaki hakperestlik ve insaf düsturu olan şu: "Eğer bir mes'elenin münâzarasında kendi sözünün haklı çıktığına taraftar olup ve kendi haklı çıktığına sevinse ve hasmının (Sayın Murad Bardakçı bilinen manada Hasmımız değildir ve zaten burada hasımdan kasıt da farklı görüşü ileri süren taraf demektir) haksız ve yanlış olduğuna memnun olsa, insafsızdır. Hem zarar eder. Çünkü haklı çıktığı vakit, o münazarada bilmediği birşeyi öğrenmiyor. Belki gurur ihtimaliyle zarar edebilir. Eğer hak hasmının elinde çıksa, zararsız, bilmediği bir mes'eleyi öğrenip menfaattar olur, nefsin gururundan kurtulur. Demek**

insaflı hakperest, hakkın hatırı için nefsin hatırını kırıyor. Hasmının elinde hakkı görse, yine rızâ ile kabul edip taraftar çıkar, memnun olur."[1].

İkinci olarak, önemle ifade edelim ki, bahsi geçen kitabımız, ilim aleminde çok yankılar meydana getirdi ve en azından konuyla ilgili çalışmaların, bu zamana kadar ihmâl ettiği fıkıh kitaplarını ilk defa ciddi manada değerlendirmiş oldu. Bu çalışmaya kadar olan araştırmalar, elbetteki bizim de temel kaynağımız olmuştur ve onları yapanlara şükrân borçluyuz.

Üçüncü Olarak, bu konuda 1 Ekim 1995 tarihli Hürriyet Gazetesi'nin 20. sayfasında değerli araştırmacı Murat Bardakçı'nın, **Osmanlı'da Harem** adlı eserimizle ilgili bir sayfalık tenkit yazısı çıktı. Bu yazı, çok güzel noktalara değinmek ile beraber, bazı hususlarda yine çarpıtmalarla doludur. Önemli olanlarından biri iki misal verelim:

1) Harem'de bulunan cariyelerin tamamının hizmetçi olduğunu, ibadetle meşgul olduklarını ve hiç bir şekilde Padişahın bunlarla cinsî hayat yaşamadığını Kitabın hiç bir yerinde zikretmedik. Bilakis, bu zamana kadar bir iftira mahiyetinde yazılan ve ileri sürülen, Padişahların yüzlercez kadınla ve Harem'deki bütün cariyelerle karı-koca hayatı yaşadığı iddiasının doğru olmadığını ifade ettik. Kitap'ta şöyle dedik:

"Ancak kadın köle demek olan câriyeler de iki kısımdır:

Birincisi; Sâhiplerinin ve efendilerinin sadece mülk-i menfaat ve mülk-i rakabe yani câriyenin günlük çalışmasından istifade edebildikleri; bunun dışında onunla cinsî hayat yaşamalarının yasak olduğu ve istifrâş hakkına sahip olmadıkları câriyelerdir. Bunların bugünkü tabirle evlerde çalışan hizmetçi kadınlardan ve hatta kadrolu hizmetli kadınlardan farkı yoktur. Sabahleyin erkenden efendisinin evine gelir. Orada temizlik yapar, yemek pişirir, bebeğini büyütür. Bu tip cariyelerle sâhibi olan erkeklerin münâsebeti sadece hizmet akdindeki gibidir. Cariye de olsa bu Kadın Efendisine haramdır. Zaten çoğunlukla bu câriyeler, kendileri gibi köle olan kişilerle evlidirler; onların karısıdırlar. Sadece ilerde anlatacağımız gibi, Harem'deki bu tür cariyeler, çırağ edilmedikçe evlenemezler. Bilindiği gibi beşeriyet çeşitli devirler geçirmiştir. Bir zaman esâret devri, sonra kölelik devri ve şimdi de ücretlilik devridir. Köle adı dışında ve bır kısım sınırlamalar istisna edilirse, bu tür kölelerle günümüzdeki hizmetli kadınların çok az farkı vardır.

Osmanlı Sarayında Harem denilen Padişahın evinde herhalde Padişah kızlarının ve hanımlarının yemek yapmasını ve çamaşır yıkamasını bekleyemezsiniz. Elbetteki bunlar bu işleri yapamayacağına göre, bunları yürüten

---

[1] Bediüzzaman Said Nursi, **Lem'alar**, İstanbul, sh. 152

hizmetliler olacaktır. Bu hizmetliler de günümüzde olduğu gibi, kadın erkek karışık değil, sadece kadınlardan olacaktır. Hür kadınlar bu işi görmeyeceklerine göre, o zaman köle olan kadınlar yani câriyeler bu işleri göreceklerdir. İşte Osmanlı Hareminde sayıları 50'yi, 70'i ve bazan da 400-500'ü bulan câriyeler, bu manada kadın hizmetlilerdir. Bu gün evinize gelen hizmetli bir kadınla veya temizlikçi bir hanımla ev sâhibinin cinsî münâsebet kurması ne kadar çirkin ise, Padişahların da bu manada cariyelerle cinsî münâsebet kurmaları o kadar çirkindir. Elimizde Harem'deki çamaşırhânede ne kadar, mutfakta ne kadar ve sairede ne kadar câriye çalıştığı listeleri ile mevcuttur. Şu anda Çankaya Köşkünde ne kadar kadın görevli bulunduğu malumdur; ama Sayın Cumhurbaşkanının bunlar ile aile hayatı yaşadığını kimsenin ileri dahi süremeyeceği de çok iyi bilinmektedir.

İkincisi; Câriyelerin ikinci çeşidi ise, mâliklerinin ve sâhiplerinin hem intifâ' ve hem de istifrâş hakkına sahip olduğu cariyelerdir. Bunlar, bir nevi nikâhlı eş durumundadırlar. Cinsî hayat yaşadığı eşinden başkasına haramdırlar. Erkekler bunlara da kendi karısı gibi mu'âmele etmek zorundadırlar. Bunlardan çocuk sâhibi olunca, ümm-i veled adını alırlar ve artık başkasına satılamazlar. Hür adamın çocuğunu doğurduklarından hürriyetlerine kavuşurlar ve beylerinin vefâtından sonra hürriyetlerini elde ederler. Hür kadınlardan farkları, nikâh akdi yapılmadığı sürece, dörtten fazla kadınla evlenme sınırının olmayışıdır. Bu câriyelerle, nikâh yaparak tamamen eş durumuna getirmek de mümkündür. Ancak başta Hanefi mezhebi olmak üzere, Kur'an'ın konuyla ilgili âyetine dayanan çoğu hukukçular, hür kadın varken, bu çeşit cariyelerle nikâh yapmayı tavsiye etmemişlerdir.

Osmanlı Hareminde bulunan câriyelerin çok azı bu çeşit câriyelerdir. Daha da önemlisi, Osmanlı Padişahları, Fâtih Sultân Mehmed'e kadar hür kadınlarla evlilik yapmışlardır. Fâtih'den sonra gelen Padişahlar, iki üç evlilik müstesnâ, hür kadınlarla değil, ikinci gruba giren câriyelerle evlenmişler ve bazan da nikâh yapmışlardır. Bu muameleyi yaparken, Mâlikî Mezhebinin hukukî görüşünü zımnen esas aldıklarını da burada kaydedelim. Yani Fâtih'den itibaren Osmanlı Padişahlarının çoğu hanımları, ikinci gruba giren câriye durumundadırlar.

Osman Gazi iki hür kadınla evlenmiştir. Fâtih'e kadar gelen Osmanlı Padişahları, bir kısmı câriye olmak üzere iki ila beş kadınla aile hayatını devam ettirmiştir.

Fâtih'den sonra gelen Osmanlı Padişahlarının aile hayatı yaşadığı kadınlar, bazan iki, bazan üç, bazan dört, bazan beş ve bazan da aşağıda açıklayacağımız üzere yedi sekiz tane ve en fazla da 18 tane olabilmiştir. Bunları şöyle sıralamak mümkündür:

Birinci Gurup; Kadınefendiler; birden dörde kadar olan bu tür cariyelerle Padişahlar bazan nikâh yaparak evlenmiştir ve çoğu kere de nikâh olmadan ancak eş gibi hayat sürmüşlerdir. Bunların birincisine Başkadınefendi adı verilmektedir. XVII. yüzyılın sonuna kadar bunlara Haseki veya Haseki Sultân da denmiştir. İlla her padişahın dört kadınefendisi olacak demek değildir. Mesela Yavuz Sultân Selim'in iki kadınefendisi vardır.

İkinci Gurup: İkbâller; Osmanlı Devleti'nin son zamanlarına doğru bir iki Padişahın (kesinlikle tamamının değil) dört câriye ile veya bir kısmı cariye bir kısmı hür kadın olmak üzere dört kadınla evli olmalarına rağmen, ikinci gurup cariyelerden en fazla dört tanesi ile aile hayatı yaşadığı vâkidir ki, bunlara ikbâl denmektedir. Birinciye Başikbal ve hatta Padişah kendisiyle nikâh akdi yaptırırsa Beşinci Kadınefendi diğerlerine de sırayla 2., 3. ve 4. İkbal adı verilir.

Üçüncü Gurup: Bir veya iki Padişahın ikbâl ve kadınefendi adayı olabilecek cariyeleri da mevcuttur. Bunlar en fazla 8 tane olabilir. İlk dördüne gözde ve son dördüne de peyk adı verilir. Gözdesi ve peyki olan bir ve en fazla iki Padişah olduğunu, beşinci bölümde verdiğimiz Padişah Zevceleri listesinden daha iyi anlamak mümkündür."

Mesele, hakkında 472 sayfalık kitap yazılmasına ve bu konu yanlış değerlendirildiği için Kitabın içinde iki defa tekrar edilmesine karşılık anlaşılmayınca, elbetteki konuyu soran Cumhurbaşkanına edeb dairesinde ve meseleyi anlatmak için böyle bir misal verilmesinde gayr-ı ilmîlik veya Cumhurbaşkanlığı makamına saygısızlık göremiyoruz. Asıl değerlendirmeyi, şuurlu okuyuculara bırakıyoruz.

2) Sayın Murat Bardakçı'nın Aşk Mektupları adı altında zikrettiği mektuplar, hem karı-kocanın birbirine yazdığı ve gizli kalması gereken yazılardır ve hem de buna rağmen gayr-i meşru bir ifadeye ve hatta kendisinin seçip de naklettiği mektuplarda dahi edebe aykırı kelimelere rastlamak mümkün değildir. Yoksa aşk denilen olgunun, müslümanlarda olmadığını söyleyen yoktur. Belki meşru dairede olduğunu ve bugünkü gibi gayr,i meşru aşkların yaşanmadığını söyleyen vardır. Bir de Sayın Bardakçı'nın naklettiği ve aşk mektupları dediği şeyler, I. Abdülhamid'in kendi hanımı yani Baş Kadın Efendisi olan Hatice Ruh Şah'a yazdığı mektuplardır. Bugün bile, bir insanın kendi hanımına yazdığı gizli mektuplar açıklansa, elbetteki umuma göre ayıplanabilecek bazı cümle ve kelimeler bulunabilir. Halbuki bu zikredilen mektuplarda şer'an yasak olan bir ifade yoktur.

Zaten bu hususu Kitap'ta şöyle açıklamışız:

"Meşru dairede olmak şartıyla insan, hanımını, çocuklarını, anasını babasını ve insanları sevebilir. Muhabbetin yasak olmasının sınırı gayr-i meşru dairede olmasıdır. Bu manada meşru dairede Padişahların kendi kadınlarına ve damadların sultân hanımlara veya tam tersine sultânların ve haremdeki kadınların Padişahlara veya damad adaylarına meşru bir tarzda aşk ve muhabbet mektupları yazmaları meşrudur ve caizdir. Ölçü meşru' dairede kalmasıdır.

Osmanlı Padişahları ve haremde yaşayan kadınlar da insandır. Bunlar da hem sevecek ve hem de sevdiklerini kıskanacaklardır. Dolayısıyla insanlık gereği aralarında geçen bazı sürtüşmeleri veya aralarında alınıp verilen ve Osmanlı Devleti yıkılıncaya kadar aileye has kalan özel arşivlerdeki muhabbet mektuplarını, hep menfi manada değerlendirmek veya bunlar arasından süiistimal edilebilir birini seçip hepsine teşmil etmek doğru değildir."

3) İslam toplumlarında ve dolayısıyla Osmanlı cemiyetinde, fertler, cinsî münâsebet konusunda, edebe ve meşruiyyete aykırı olmayacak şekilde elbetteki bilgilendirilmiştir. Sayın Murat Bardakçı'nın zikrettiği ve bir kısmına bizim de atıf yaptığımız kitaplar, cimâ'ın âdâbı başlığı altında âdâb-ı muâşeret veya tahsîsen bu konuya ait telif edilen kitaplarda belirtilen hususları ihtiva etmektedir. Elbetteki hem Kur'an'da, hem sünnette ve hem de bunlardan ilhâm alan İslâm âlimlerinin eserlerinde cimâ' yani cinsî münâsebetle ilgili bilgiler olacaktır. Cinsî hayatın makul ölçüler içerisinde ve meşru dairede yürümesinin şartı da budur. Eğer İbrahim Hakkı'nın Ma'rifetnâmesine ve Kabusnâme'nin ilgili bahislerine Sayın Bardakçı atf-ı nazar edebilirse, meşru dairede ve ancak herşiye açıklayacak şekilde yani onun tabiriyle sansürsüz bir tarzda cinsî bilgilerin verildiğini görecektir. Bu, tamamen sıhhî ve ilmî olan bilgilerle bugünün seks dergilerini ve cinselliği suiistimalini kıyaslamak mümkün değildir.

4) Sayın **Murat Bardakçı**'nın yazısının dörtte birini teşkil eden ve bir çıplak cariye görüntüsü adı altında okuyuculara sunduğu resmin kaynağını açıklamasını arzu ediyoruz. Zira bu ve benzeri resimlerin tamamen Avrupalı seyyâhlarca ve ressâmlarca çizilmiş hayalî resimler olduğunu, insaflı olan bütün araştırmacılar kabul etmektedirler. Kitapta konuyla ilgili şu hususları önemle belirtmişiz:

Bu konuda bir uzmanın tesbitlerine kulak vermemiz ve harem ile alakalı gördüğümüz resimleri buna göre değerlendirmemiz gerekiyor:

"Türkiye'yi ziyaret eden seyyâhlardan çoğunun Türkçe'yi bilmemeleri, Hristiyan oldukları için azınlıklarla düşüp kalkmaları ve onların verdikleri çok zaman hakikate uymayan malumatı en ufak tetkik süzgecinden geçirmeden kitaplarına kaydetmeleri, onları fâhiş hatalar yapmaya sürüklemiştir. Değil Türk Kadınları, erkekleriyle bile konuşamayan ve anlaşamayan yabancı seyyâh ve ressâmların, bizler hakkında verdikleri hükümler, yaptıkları resimler, yazdıkları kitapların ne dereceye kadar doğru olacağını siz düşünün ve hükmünüzü verin.

Yine bu sebepledir ki, Topkapı Sarayı resim galerisinde mevcut olan Hurrem Sultân'ın muhtelif tablolarıyla kızı Mihrimah Sultân ve Gülnüş Sultân'a ait resimlerin otantik (güvenilir) olup olmadıkları üzerinde haklı olarak durup düşünmemiz icabetmez mi?" [1].

Cumhuriyet döneminde haremle ilgili olarak kaleme alınan kitaplarda yer alan veya kapaklarını teşkil eden gayr-i meşru resimlerin tamamı, batılı ressâmların hayal ürünleridir. Mesela Meral Altındal'a ait Osmanlı'da Harem adlı kitabın kapağındaki çıplak resim, Karl Briullov'a ait olduğu gibi, aynı yazarın Osmanlı'da Kadın adlı kitabının kapağındaki çıplak resim de Camille Rogier'e aittir[2].

Osmanlı Padişahlarını bu uydurma resimlerle itham etmeye kalkışan Batılı yazarlar, kendi krallarının nasıl gayr-i meşru hayat yaşadığını çok iyi bilmekte ve Padişahları da kendi krallarına kıyaslamaktadırlar. Mesela bizzat gidip ziyaret ettiğimiz Viyana'daki tarihî Kraliyet Sarayında gördüğüm manzara, doğrusu beni şaşırtmıştır. Zira Saray'da oturan Krallar, beraber oldukları kadınların heykellerini yaptırarak Saray'ın muhtelif yerlerine diktirmişlerdir. Yani Avrupalı kralların yaşadığı rezâletin delili, bizdeki hareme ait uydurma resimler değil, şu ana kadar varlığını devam ettiren Sarayların duvarlarındaki kadın heykelleridir."

Sayın **Bardakçı**, Kitabımızın ikinci baskısında kendisinden istememize rağmen, tenkit yazısında kullandığı çıplak cariye resminin kaynağını henüz açıklamadı. Ancak biz açıklamak istiyoruz ve diyoruz ki, bu da tamamen Avrupalı bir ressâmın hayal ürünü olan bir resimdir. Bu resim, **Jean-Auguste Dominique Ingres, La Grande Odalissque**, sh. 180'den alındığını, Sayın

---

1 Uluçay, Harem'den Mektuplar, 11; Bu konuda, müşşahas bir misâl için bkz. Hans Dernschwam, İstanbul Ve Anadolu'ya Seyâhat Günlüğü (Çev. Yaşar Önen), Ankara 1992, sh. 59, 82, 83, 88, 89, 93 vd.,184; Bu Kitap Türkiye Cumhuriyeti Kültür Bakanlığı tarafından Dünya Edebiyâtı bölümü içinde neşredilmiş olup yazar, sansüre tabi tutulan kısımların dışında neşredilen kısımda dahi Türklere ve müslümanlara hücum etmekte ve bahsettiğimiz çarpıtmalara çok müşahhas misâller bulunmaktadır.

2 Altındal, Meral, Osmanlı'da Kadın, İstanbul 1994, sh. 2; Osmanlı'da Harem, sh. 2

Alev Lytle Croutier kaydetmektedir[1]. Yani tamamen Avrupalı bir ressâmın hayal ürünüdür.

Netice itibariyle İslâm Hukukundaki şer'î hükümler nazara alınarak ve bu zamana kadar yapılan çalışmalar elden geldiğince değerlendirilerek kaleme alınan **"Osmanlı'da Harem"** adlı eserimiz daha da tartışılmaya devam edecektir. Ancak tenkidlerini bize yöneltenlerin, insaflı olmalarını, eseri iyice inceledikten sonra tenkitlerini yapmalarını ve imlâ hataları konusundaki eksikliklerin ikinci baskıda giderileceğini istirhâm ediyoruz. Ayrıca kitabın muhtelif yerlerinde açıkladığımız gibi, Osmanlı Padişahlarının masum olmadıklarını ve bir kısmının meşru dairede bazı süiistimalleri yapmış olabileceğini ve ancak biri iki insanın suiistimalinin bütün bir nesle teşmil edilemiyeceğini ve hele hele tamamen dindar olan bu insanların cinsî sapık aslâ ilan edilemeyeceğini ve bu zamana kadar cariyelik ve haremle ilgili yazılanların çoğunluğunun çarpıtma ve tahrîfatlarla dolu olduğunu ifade etmek istiyoruz.

Böyle bir kitabın, bütün gayesi İslâmı ve Osmanlı Devletini kötülemek olan bazı kalemleri memnun etmesini beklemek ise, elbetteki safdillik olacaktır. Belgeler konuştukça, bir kısım tabular da yıkılacaktır.

7- Eyüp Can'ın konuyla ilgili sorduğu sorulara verdiğiniz cevapları özetler misiniz?

Evet, 26 Kasım 1995 tarihinde Zaman Gazetesinde Eyüp Can Bey ile bir röportajımız yayınlandı. Konuşmamı tam aksettirdiğini söylemek zor. Ancak konuştuklarımızın önemli bir kısmını vermeye çalıştı. Biz bu sorulara verdiğimiz cevapları da özetleyerek ve tashih ederek buraya almak istiyoruz. Çünkü benzeri sorular, başkaları tarafından da sorulmaktadır.

Osmanlı'da harem, bir "fuhuş yuvası" olarak takdim edilirken, siz "eğitim ve ibadet merkezi" olduğunu ispata çalıştınız. Etki-tepki karşıtlığından hareketle ifrat, tefritinizi mi doğurdu?

Şimdi.. Ben aynı kanaatte değilim... Ayrıca sorunuzu da biraz peşin hükümlü buluyorum. Zira biz, Harem'in sadece eğitim ve ibâdet merkezi olduğunu, kitabımızın hiç bir yerinde anlatmadık ve böyle bir ifade kullanmadık. Fakat bu zamana kadarki bütün beyânlar, Harem'in sadece bir eğlence yolu

---

[1] Alev Lytle Croutier, Harem The World Behind the Veil, sh. 4.

olduğu yönündeydi. Biz ise, aile hayatında meşru dairede eğlenme olabileceği gibi, aynı zamanda Harem'in Osmanlı Padişahlarının evi olması ve burada yaşayanların da müslüman olmaları hasebiyle kendi şahsî ibâdetlerini de yaptıkları bir mekân olarak anlatmaya çalıştık.

"Fuhuş yuvası" olarak takdim edilen haremi siz, "eğitim ve ibadet merkezi" karşıtlığında ele almadınız mı?

Evet, haremi biz, aile yuvası olmanın yanında aynı zamanda bir terbiye ve ibadet yuvası olarak vasıflandırdık, ama bunun sebepleri var. **Birincisi**, bu zamana kadar yazılan eserler ve yazılarda gördüğüm müthiş tezatlardı. Mesela kitabın kapağına aldığım, hünkar sofası, maalesef en olumlu tarihçilerimiz tarafından bile, eğlence yeri olarak tasvir ediliyor. Ve hatta -sizin de belirttiğiniz gibi- bazıları tarafından fuhuş merkezi olarak anlatılıyor. Güya; "**Padişah yukarıda oturuyor ve aşağıda çırılçıplak eğlenen cariyeleri seyrederek kafasını çekiyor..**" Halbuki durum böyle mi? Birkaç yıl önce "**Gözde**" diye yabancı bir film gösterildi. Hünkar sofası maalesef fuhuş yuvası olarak gösteriliyordu bu filmde. Padişahın -gayri meşru bir vaziyette kadınlarla- bacaklarının arasından kamera, odada bulunan bir levhayı gösteriyordu. Levhada "Allahuveliyyullezine amenu yuhricuhum minezzulumati ilennur" Ayet-i Kerimesi açıkça okunuyordu. Şimdi bu, insanın tüylerini diken diken etmez mi? Soruyorum, bu ayetlerle bezenmiş bir mekanda bu maskaralık olur mu? Tabii ki, bu kadar ifratın karşısında sâkin kalmak mümkün olmuyor...

Sâkin kalın demiyoruz; ama biliyorsunuz "öfkeyle kalkan zararla oturur..."

Biz öfke ile hareket etmedik. Tam tersine şu soruyu soruyorum ben, "içerisinde bu şekilde ayetler bulunan bir mekanı hangi insaf ehli fuhuş yuvası olarak gösterebilir?". **Birincisi**, böyle bir mekân olsa olsa bir ibadet mahalli olarak kullanılır; meşru dairede eğlence yapılacak elbetteki başka mekânlar bulunabilir; ama böyle bir mekânda fuhuş yapılmaz. **İkincisi,** İslâmiyet'te harem, insanın aile yuvası, evidir, ibadetlerini yapağı bir nevi mescittir. Nitekim, haremin hususi imamı var ve haremde beş vakit namazlar bu mescitte usulüne uygun bir biçimde burada kadınlar ve erkeklerle beraber kılınıyor. **Üçüncüsü,** terbiye ve eğitim merkezi hüviyetidir. Her İslâmî aile gibi padişahın ailesinde de İslâmî bir terbiye sözkonusu.

Prof. Halil İnalcık "Haremin çok disiplinli ve hiyerarşik bir eğitim mekanizınası var" diyor bir makalesinde...

Çok doğru, hatta Osmanlı'da meşhur bir tabir var: "**Sarayda (haremde) terbiye olmayanın terbiyesi olmaz.**" Nitekim "bozuldu" denilen en son dönemde bile Sultan Reşad, harem sakinlerinin İslâmî ilimler öğrenmeleri için kat'î talimat vermiştir. Haremin hocasına bir emir gönderiyor, "**İbadetlerini tam olarak yerine getirmeyen, İslâmî adaba aykırı hareket edene ekmeğim haram olsun**" diyor ve levha astırıyor. Haremin son döneminde 10 yıl muallimelik yapmış olan Safiye Ünüvar Hanımefendi'nin hatıratının özetini aldım kitaba. Böylece yapılan iftiraların boyutunu çok daha iyi gördüm. Bütün bunları gördükten sonra ben ifrat veya tefrit yaptığım kanaatinde değilim.

Fakat kitabınızı bir hesaplaşma ve savunma psikolojisiyle kaleme almışsınız...

Bakın bu güzel bir soru. Türkiye'de cumhuriyet döneminde yetişen ilim adamları ilmî objektiflik hastalığına tutulmuşlar...

Anlayamadım Ahmet Bey, siz ilmî objektifliğe karşı mısınız?

Hayır, hayır, ilim adamı elbette objektif olmalı, tarafsız olmalı, ama hakkı da itiraf etmekten kaçınmamalı; hakkın tarafı olmalı. Türkiye'de objektiflik denilince, belli çevreler tarafından dine, tarihe ve dinî ve tarihî şahsiyetlere saygı sınırlarını aşarak hakaret etme anlaşılıyor. Halbuki objektiflikten kasıt, dellilerin insanı götürdüğü hakikatleri, aleyhinize de olsa, açıklamaktır. Söyler misini? Hiç aslı astarı olmayan çıplak resimleri, sırf Avrupalı kaynaklarda var diye Harem'i anlatırken kullanmak ilmî objektiflik midir? Bunun yanında, Osmanlı Devletinde aile hayatının temelini teşkil eden fıkıh kitaplarındaki hükümlere müracaat etmeden tarih kaleme almak ve haremle ilgili hükümler vermek ilmî objektiflik diye mi vasıflandırılacaktır? Mesela, Sabah Yayınları Osmanlı'nın çöküşünü anlatan bir kitap yayınladı. Ve basınımızda gayet objektif, gayet bilimsel arşiv belgelerine ve dokümanlara sahip dokümanter bir yayın olarak takdim edildi.

Eleştirilecek yönleri olmakla beraber istifade edilecek bir kitaptı. Siz öyle bulmadınız mı?

Doğrudur, ben de istifade ettim, hatta satır satır okudum. Ama gelin görün ki, Osmanlı padişahlarının İngittere ve Fransa karşısındaki tutumlarını naklederken bir Osmanlı düşmanı olduğunu ele vermekten kaçınmıyor. İslâm'ın, Osmanlı'nın aleyhine, konuşurken, bunun adına ilmî objektiflik denilsin, ama İslâm hukukundaki bir güzelliği anlatırken onu metheder mânâda bir cümle kullandığınız zaman "Aman efendim ilmî objektiflikten uzak" denilsin. Ben bunu kabul etmiyorum. Herşeyimizde olduğu gibi, ilmî objektifliktede çifte standardın olduğuna inanıyorum.

Bu tavrınızla da bir karşıtlık oluşturmuyor musunuz? Ne Osmanlı'nın aleyhine konuşmak ilmî objektitlik olsun; ne de, Osmanlı'nın hukuk sistemi anlatılırken subjektif bir biçimde hamâset yapılsın...

Nazarî olarak bu söylediğinize benim bir itirazım yok. Ayrıca bizim kitapları kasdediyorsanız, hamâset sayılabilecek ifâdelerimiz de yok. Gerçeği söylemek hamâset ise, adına ne derseniz deyin, ondan vazgeçmemiz de mümkün değildir. Ama bunun uygulamasının öyle olmadığını görüyoruz. Mesela Osmanlının Çöküşü ile ilgili kitap örneğini verdim, neden aynı şey uygulanmıyor?

Siz bir hukuk tarihi profesörüsünüz. Adı geçen kitabın yazarı ise bir seyyah ve onun yazdıkları tarih bilimi açısından birincil kaynak olarak kabul edilmez. İslâm Hukuku Tarihi konusunda ender ürün veren bir akademisyen olarak, sizden ilmî objektiviteye uygun eserler vermeniz beklemek hakkımız değil mi?

Adı geçen kitabın yazarı seyyâh falan değil. Seyyâhların kaleme aldıkları kitaplar için dedikleriniz doğrudur. Buna bir şey demiyorum. Ama benim de bir esbab-ı mucibem var. **Birincisi**, benim halet-i ruhiyemdir. Ben yaşadığımı üslubuma aktarırım. Yani ne hissediyorsam üslubuma yansıtırım. **İkincisi**, bu konuda yapılan çalışmaların neredeyse tamamının -bir kaç istisnası var- iftiraya varan yalanlar üzerine kurulması. Bu hal beni mecbur ediyor. Öylesine yanlış anlatılmış ki, mesela siz az önce Halil İnalcık hocanın makalesine atıf yaptınız, benim de çok istifade ettiğim bir makaledir, ama gördüm kü koskoca İnalcık hoca, İslâm hukukunu bilemediğinden dolayı, cariyelerin avret mahalleriyle ilgili ciddi hatalara düşmüş; kendisi de bunu kabul ediyor ve tashihini istiyor. Bütün bunları görünce insan hissiyatını gizleyemiyor; ama hissiyatımın ilmî esasları zedelediği kanaatinde değilim.

Verileri aktarırken ciddi bir tarama yapmışsınız. Osmanlı padişahları içinde en fazla cariyesi bulunan III. Murâd için ifrat cephesi 100 cariyesi vardı derken, siz "Tahminen 40'a yakın haseki denilen gözdesi bulunduğu söylenmektedir" diyorsunuz. Bunun bir istismar olmadığını söyleyebilir miyiz?

III. Murâd'ın bunu istismar ettiğini ben de söylüyorum. Fakat bunu genelleştirmek hata olur. Kitapta hangi padişahın kaç eşi olduğunu, kaç cariyesi olduğunu tek tek tablolarla anlatıyoruz. İtirazı olan varsa açıp baksın. 6 asırlık bir imparatorluğun aile hayatının dokümanteridir o. Bunun içinde bir veya iki tane istismar eden çıkması mümkün. Ki şunu da belirtmek lazım, bu istismar meşru dairede bir istismardır. Maalesef bu nokta tamamen unutuluyor.

Nasıl yani?

Diyelim. ki siz bir sofra donattınız. Enva'-ı çeşit yiyecekler var ve oturup sonuna kadar yediniz. Halbuki Kur'an-ı Kerim'de ne buyurulur? "Yiyin, için ama israf etmeyin." Şimdi tıka basa -tıbben de sizi rahatsız edecek şekilde- kendi helâl malınızı yediğinizde, İslâm hukuku açısından size haram yediniz denilir mi? Denilmez. Ama bunun dinen de, tıbben de doğru olmadığı, hoş görülemeyeceği bilinir.

Kırka yakın cariye meşu dairenin istismarı mı yani?

Evet öyle denilebilir. İslâm hukunda bir erkeğin şartlara göre en fazla 4 hür kadınla evlenebilmesine ruhsat verilmiştir. Ve Kur'an-ı Kerim, "**Dikkat ediniz, cariyelerinizle metres hayatı yaşama noktasına varmayınız, şeytan bu konuda sizi tahrik eder**" der. Şimdi Cariye ve Köle Hukuku'nu bilmeden ve bugünün şartlarıyla bakarak o dönemi değerlendirirsek hata etmiş oluruz. İdris-i Bitlis'i Hazretleri'nin bir bir beyanı var bu konuda; "Padişahım, normal bir Müslüman zina yapar, başkasının namusuna bakarsa İslâm hukukuna göre sabit olan cezası verilir, zararı da kendisine olur. Ama senin durumun öyle değil. Eğer sen zina işler, başkasının namusuna göz dikersen bütün memleket berbat olur. Bu sebeple Kur'an-ı Kerim dört tane hür kadını nikahlı olarak aldıktan sonra sırf bu haram işe girmeyesiniz diye ayrıca ilaveten cariye imkânını tanımıştır" diyor. Burada şunun da vuzuhâ kavuşturulması gerekiyor: Kitabımızda uzun uzadıya açıklamamıza rağmen, cariyeler ile nikâh akdi olmadan belli şartlar içerisinde ve sanki eş statüsünde karı koca hayatı yaşamaya Kur'an müsâade ediyor. Fakat bu müsaadeyi öylesine şartlara bağlamış ki, sanki aile hayatı gibi ağır şartlar koşmuştur **(Kur'an-ı Kerimi'in Mu'minûn Suresi, Âyet 6-7).**

Cariye ve Köle Hukuku meselesini soracağım; ama öncelikle cariye alma konusunda söylediğiniz şeylerin makuliyetini sorgulamak İstiyorum. islâm hukuku açısından bunun bir makuliyet sınırı yok mu?

Var tabii. Bu yüzden III. Murâd'ın davranışı pek makul karşılanmıyor. Ama şu yanlışa da düşmemek lazım; III. Murâd 40'a yakın cariyeyi aynı anda almış değil. Bütün hayatı boyunca aldığı cariyelerin sayısının bu olduğu belirtiliyor. Ki 21 yıl sultanlık yapmıştır. Mesela ne yapmış III. Murâd? Bir cariye almış, ama cariye çocuk sahibi olmamış, çocuk sahibi olmayınca bir cariye otomatikman kadınefendi veya ikbal olamaz. Böyle olunca cariye azad edilmiş ve başkasıyla evlenmiş. Buna **çerağ edilme** deniyor. O dönemde padişahtan bir çocuk sahibi olmak için saraya girmeye can atan cariyeler var. Çünkü padişahtan çocuk sahibi olunca bir cariye kadınefendi olabiliyor: Yani sarayın hanım sultanı...

Üçüncü Selim dönemine kadar sultanların hür kadınlarla evlilik yaptığını görüyoruz. Sonraki dönemde neden hür kadınlar yerine cariyeler tercih edilmiş?

Üçüncü Selim'den sonra değil, belki Fâtih Sultân mehmed'en sonra böyle bir te'âmülün başladığını Kitap'ta uzun uzadıya anlattık. Sorunuzdan anlıyorum ki, Kitabı tam okuyamamışsınız. Çünkü Osmanlı Devleti'nin hukukî hayatında da, siyasî hayatında da, içtimaî hayatında da, ailevî hayatında da değişme Fâtih'den itibaren başlamışdır. Dolayısıyla aile hayatındaki fazla cariye de bununla ilgilidir. İkincisi hür kadınla evlenen bir padişah, ikinci bir kadınla evlendiği zaman kıskançlık ve diğer duygular araya giriyor. Osmanlı ailesi II. Selim'e gelene kadar sarayda çok az yaşamış. Şehzadeler civar vilayetlere gönderildiğinden bütün aile sarayda toplanmamış. Özellikle III. Mehmet'ten itibaren artık padişahlar gaza niyetiyle, ila-yı kelimetullah niyetiyle de maalesef Milli Eğitim Bakanlığı'nın ruhsatıyla basılmış. Haremi bir fuhuş yuvası gibi gösteriyor. Bir de hareme biri Ermeni, diğeri de Rum iki cariye sokmuşlar mesela. Bunların ajan olduğu daha sonra anlaşılmış. Oysa haremin bir eğitim merkezi gibi işlediğine değinmiştik. Okuma-yazma, İslâmî bilgiler, hat, tezhip, musıki.. gibi birçok konuda dersler var. Bir valide sultanın hatıratında "Bugün Peçevi Tarihini bitirdim" notu vardı mesela. Peçevi tarihini bugün değil herhangi bir profesör, tarih profesörlerinin bile bir çoğu okumamıştır. Mesela Süleymaniye'de Hacı Beşir Ağa Kütüphanesi vardır. Hacı Beşir Ağa, yıllarca haremin erkek personelinin başında bulunan kızlarağası diye bir kısım insanların alay ettiği haremağalarından biridir. Haremağalarının üç dört tanesinin dünya çapında kütüphaneleri var. Yani ben soruyorum, bugün konfeksiyoncu olup da, dünya çapında bir kitap koleksiyonu olan kaç insan var? Kitabıma Safıye Hanım'ın hatıratını almamın sebebi bu. Safıye Hanımefendi saray adabını ve eğitimini çok teferruatlı anlatıyor. Çünkü kendisi 10 yıl sarayda hocalık yapmış.

Peki harem konusunun çarpıtıldığını siz ne zaman farkettiniz?

Açık konuşayım o Hâtıratı okuyuncaya kadar haremin böyle olduğunu ben de bilmiyordum. Yani harem hakkında, "Yahu bunlar da aşırıya gitmişler. Acaba gayr-ı meşru iş yapmışlar mı?" diye ürküyor ve korkuyordum. Ama o rahmetli hanımefendinin hatıratını okuyunca ben de farkettim. Asıl önemlisi Safiye Hanımefendi'nin bu kitabı yapılan iftiraların en yoğun olduğu 1963'te kaleme alması. O günlerde Osmanlı lehine kalem oynatmak neredeyse suç...

Haremin yunmuş yıkanmış bir yer olduğunu iddia etmiyorum, 500 kişinin yaşadığı bir yerde elbette istismarcılar vardır, ama yapıyı ve mekanizmayı gördüğünüzde burada yaşayan insanların anlatılan fantezilerle uzaktan yakından alakalarının olmadığını görüyorsunuz.

Bir cariye, hareme hangi aşamalardan geçerek geliyor?

Cariye ve köle meselesini anlamak için İslâm hukukuna iyi bakmak ve o dönemde dünyada durum neydi ona iyi bakmak gerekir. İslâm dininin köleliği ortadan kaldıracak faktörlere ağırlık verdiğini, köleliğin tedricî bir biçimde kalkmasını sağladığını biliyoruz. Köle azad etmenin teşviki ve köle olma sebeplerinin azaltılması sağlanmış. Ahmet Cevdet Paşa'nın cümlesini nakletmekle İslâm hukukunda kölelik ve cariyelik müessesesini özetleyelim: "İslâm hukukunda köle almak, köle olmaktır."

Şimdi cariyenin emeğinden yararlanmayı aktarmıştık; intifa hakkı, diğeri de istifraş hakkı, yani eş olarak alınması. Sahip olduğunuz cariye eşinizden ramak aşağıdır. Düşünün, Ahmed İbni Hambel'e göre bir köleye hakaret edip dövdüğünüz zaman bu azat edilmesi için sebep sayılır.

Şimdi merhalelere gelebiliriz.

Birinci merhale; satın alınan cariyenin Müslüman aileye verilip terbiye edilmesidir. O terbiye sırasında kendi rızasıyla Müslüman oluyor. Müslüman olmayanlar alınmamış. Yani daha saraya gelmeden iyi bir ailenin yanında adab-ı muaşeret, dinî bilgiler, saray erkânı konusunda bir anlamda staj görüyorlar. Daha sonra ilm-i sima, ilm-i kıyafet, krimonoloji, ilmin süzgecinden geçirilerek alınıyorlar. Alındıktan sonra ciddî bir imtihandan geçiyor; uyuma tarzından halet-i ruhiyesine, çalışkanlığından namus anlayışına bütün bunlar inceleniyor, daha sonra Kur'an öğretiliyor. İlmihal dersi veriliyor, eğer sarayda kalabilecek duruma gelirse, devam ettiriliyor. Yoksa hürriyetine kavuşturulup eline de para verilip, dışarıdan birisiyle evlendiriliyor ve saray dışına çıkartılıyor.

Murat Bardakçı, gerçekleri eğip büktüğünüzü ve sadece çürütülebilecek kaynakları alıp, ötekilere temas etmediğinizi iddia etti. Bu soruyu çok açıklıkla cevaplamanızı istiyorum, elinize geçen bütün kaynakları gerçekten kullandınız mı?

Bu çok önemli bir soru. Murat Bardakçı'nın eğip büktüğümüzü söylediği kaynaklar, eğer arşiv belgeleriyse, eğer haremin temel kaynağı olan duvardaki resimlerse, eğer fıkıh kitaplarıysa, bunlardaki en küçük bir eğme, bükme küfür sebebidir, dalalet sebebidir veya en azından hıyanet sebebidir. Eğilip bükülen bir tek kelime göstersin. Tamamı fıkıh kitaplarından nakledilmiştir, arşivin vesikaları taranmıştır, harem gezilmiştir, dialar çekilmiştir, haremdeki malzemeler görüp değerlendirilmiştir. Bir kısım meseleler var ki, maalesef Murat Bardakçı gibi insanlar o meseleleri yanlış görmüşler.

Özellikle içoğlan meselesine itiraz ediyor...

Maalesef bu cehaletten kaynaklanıyor. Bunun cevabını Türk Dili Öğretim Üyesi Musa >Duman'ın kaleminden okumalısınız. Bunu bir fıkra ile anlatayım: İzmir'de üç-dört tane Azeri dolmuşa biniyor. "Biz fuar kapısının yanında düşeceğiz" diyorlar. Minibüs şoförü karşı çıkıyor, "Kardeşim şimdiye kadar benim minibüsümden kimse düşmedi. Ben usta bir şoförüm, kapım da sağlam. Niye düşeceksiniz, korkmayın yahu" diyor. Azeriler habire "Düşeceğiz, düşeceğiz." diyerek son durağa kadar gidiyorlar. Sonra da, Kardeşim biz fuarda düşecektik. Sen bizi buraya kadar getirdin. Biz nasıl gideceğiz?" diyorlar. Şimdi siz tutup da Azeri'nin kullandığı "düşmek" kelimesini bizim gibi anlayıp da böyle yanlış değerlendirmeye giderseniz o duruma düşersiniz.

Aynen böyle de içoğlan, oğlan, cariye gibi kelimeleri çarpıtmışlar, asıl onlar eğip bükmüşler. Burada geçen oğlan kelimesinin evlat ve genç anlamında kullanıldığını bilmiyor, kendi çarpık anlayışıyla bu kavramları değerlendiriyor. Bu cehaletin karşısında ne diyebilirsiniz ki? Beş tane kitap ismi veriyor. Bunlar, Osmanlı'nın Muzırları, Behname, Hamse-i Ata, vs. Bunların izahını da yapacağız. Mesela "Oğlan doğurgan ola, nesli çok ola, ta ki kıyamet gününde ümmetimin çokluğuyla iftihar ederim" şeklinde hadisin Osmanlıcasını aktarıyorum size. Şimdi siz burada geçen oğlan kelimesinin genç kız ve erkek için kullanıldığını anlamaz da çarpık yorumlar yaparsanız komik durumlara düşersiniz. Herhalde oğlanın doğuracağından bahsedilmiyor burda. İslâm her şeyiyle insanların hayatına temel prensipleri belirlemiş. Bunun içerisine tabii ki nikâh ve karı-koca münasebetleri de giriyor. Öyle bir din düşünün ki Kur'an-ı Kerim'de karı-koca münasebetinin temel esasları anlatılıyor, öyle bir din düşünün ki bu dinin peygamberi, karı-koca münasebetinin tıbbî olan şeklini ele alıyor. Elbette bundan ders alan İslâm âlimleri de, karı-koca münasebetini, tıbbî ve dinî bir şekilde sansürsüz ama edebe aykırı olmadan anlatıyorlar. Fevkalade nezih bir üslupla yapıyorlar, bunları cinsî sapıklık kitaplarıyla karıştırıyorlar...

Bu kitapları siz gördünüz mü?

Tamamını gördüm. Birisi hâriçİslâm'a aykırı hiçbir şey yok. Ortada yanlış anlaşılacak bir durum da yok, bu yorumlar daha çok kasıt olduğunu gösteriyor. Mesela İbrahim Hakkı Hazretleri "Evleneceğim kızda kırk tane vasıf bulunsun" diyerek kitabında vasıftar sıralar. Bunlar tamamen beşerî şeylerdır. Meselâ Kabusname'de de diyor ki: "Padişahım, eğer bir hizmetçi alacaksan bu hizmetçi gelen misafirlere çay verecekse, şöyle olsun, böyle olsun... Ama hareme hizmetkâr olarak alacaksan çirkin olsun, yakışıksız olsun ki fıtneye sebep olmasın." Şimdi siz bu sözü tutar da "Haa padişahlar veya beylerin evlerinde çirkin olan erkek hizmetçilerle evin hanımının gayrı meşru ilişkisi varmış" derseniz buna gülünür... Bu şekilde yüzlerce örnek var.

Benim asıl sorum savunma psikolojisiyle görüp de değerlendirme dışı bıraktığınız bir kaynak var mı şeklindeydi?

Kesinlikle yok. Ulaşabildiğim bütün kaynaklara yer verdim. Aksini iddia eden varsa çıksın. Ancak benim ulaşamadığım veya göremediğim kaynaklar çoktur. Bunların bir kısmını daha sonraki baskılarda değerlendireceğiz. Harem konusunda en önemli kaynak Çağatay Uluçay' ın kitapları. Fakat Uluçay bile bütün araştırmacılığına rağmen bazı konularda kendisiyle de çelişkiye düşmüş. Ben bütün bu olumlu-olumsuz kaynaklara kitabımda yer verdim. Hatta aşk mektupları var, bu mektupların en çok üzerinde spekülasyon yapılanları aldım kitaba. Çağatay Uluçay'ın Aşk Mektupları diye de bir kitabı vardır. Edebî değeri çok yüksek, çok insanî mektuplar bunlar. Padişahın aşık olmaya hakkı yok mu yani? Eşine mektup yazmaya hakkı yok mu? Bu mektuplarda edebe aykırı tek bir satır yok. 600 yıl saklanan bu aile mektuplarının bugün tamamı elimizde ve Topkapı Sarayı Müzesi'nde. Osmanlı padişahı, hanımına

"Sultanım, efendim hazretleri, kulun kölen olayım, narin ayağından öpeyim" diyor. Hani Osmanlı'da kadın ikinci sınıftı, hani Osmanlı'da kadın adamdan sayılmazdı? Bizim milletimiz kadar geçmişini yanlış bilen ve geçmişine başkalarının tahrikiyle körü körüne düşman olan ikinci bir millet olduğunu zannetmiyorum. Bu çalışma evvela benim cehaletimi kaldırdı. Ben bir hukuk tarihi profesörü olarak bu kadar çok yanlış şeylerle şartlandındırılmışsam gerisini siz düşünün. Ama şimdi gönlüm rahat. İnşaallah bundan sonra bu tür iftiralara muhatap kılınmayız. Buna cür'et eden de şimdiden cevabını almış olsun...

Ben de bir anlamda mahremiyetin tarihi olan kitabınız üzerine yaptığımız bu konuşmayı özel hayata saygılı olanlara ithaf ediyorum...

Teşekkür ederim. Çünkü bazı gerçeklerin ortaya çıkmasına sorduğunuz sorularla vesile olmuş oldunuz. Sorduğunuz bazı sorular ve özellikle de Osmanlı'daki cinsellikle ilgili kaynaklar hakkında biraz sonra müstakil bir soruya vereceğimiz cevapta ayrıntılı olarak değineceğiz.

8) "Osmanlı Devleti,cinsellik konusunda günümüzden ileridedir; ayrıca Akgündüz Hoca, Harem adlı eserinde, "Osmanlının Muzırları" diyebileceğimiz kitaplardan bahsetmiyor." şeklinde şahsınıza yöneltilen bir suçlama var. Gerçekten Enderûnlu Fâzıl'ın eserleri, yani Defter-i Aşk'ı, Hûbân-nâme'si; Tûsî'nin Behnâme'si hakkında neler diyeceksiniz?

Bu soru, Murat Bardakçı tarafından da bize tevcîh edilen sorular arasındadır. Bu sebeple konuya kısa da olsa girmekte yarar görüyoruz. Evvelâ şunu belirtelim ki, biz bunlardan bazılarını kitabımızda kullandık. Ancak bir kısmına müracaat etmeye ise ihtiyaç dahi hissetmedik. Fakat tamamını ve hem de orijinal nüshalarından inceledik ve hatta fotoğraflar aldık, bir kısmından mikrofilimler aldık. Konu ile alakalı istismar malzemesi olarak kullanılan kitaplar ve kaynaklar hakkında, kısaca bilgi vermekte fayda vardır. Ancak bu kısa bilgilerden önce, genel olarak, meşru dairede cinsî hayat ile alakalı bazı tesbitleri aktarmak istiyoruz.

Önemle ifade edelim ki, Kur'an-ı Kerim, mü'minlerin özelliklerini sayarken şu âyetleri sevk ediyor: "O mü'minler ki, namuslarını muhâfaza ederler; ancak kendi meşru eşleri ve istifrâş hakkına yani karı-koca hayatı yaşama hakkına sahip oldukları cariyeleri müstesnâdır. Zira bunlarla olan münâsebetlerinden dolayı onlar aslâ azarlanmazlar. Kim bu meşrû' daire dışında bir şey arzu ederse, onlar haddini tecâvüz edenlerin tâ kendileridir."[1]. Defalarca belirttiğimiz gibi, İslâmiyette meşrû dairede cinsî hayat vardır, bu cinsî hayatın kâideleri ve âdâbı vardır. Bu edebler ve kurallar, Kur'an'daki âyetlerle, Sünnetteki düsturlarla, fıkıh kitaplarının ilgili bahislerindeki şer'î hükümlerle ve de İslâm âdâb ve ahlak kitaplarının **Âdâb'ül-Cimâ** adlı bölümlerindeki izahlarla uzun uzun anlatılmıştır. Meşru daire içinde cinsî hayata dair bilgiler, ilmihal kitaplarında mevcuttur. Bunda garipsenecek veya ayıplanacak bir durum yoktur. Hatta Hz. Peygamber, karı-koca ilişkilerinin bütün ayrıntılarını bile açıklamıştır. Elbetteki insan hayatının bütün yönlerini düzenlemeyi taahhüt eden bir dinin bunları ihmâl etmesi de düşünülemez.

İşte bu dinî vecîbeyi yerine getiren kitaplar ve bunların konuyla ilgili izahları, belli bir edeb çerçevesinde bütün müslümanlara ve özellikle de evlenecek çiftlere öğretilir. Bunun edebsizlikle ilgisi yoktur. Ancak her konuda olduğu gibi, konuda da bazı suiistimaller olabilir. Mesela birileri, meşrû dairede cimâ'ın âdâbını anlatıyorum gayesiyle, edebin hâricine çıkmışsa veya bu meşru hakkı suiistimal ederek, gayr-ı meşru tasvirlere giren bir eser telif et-

---

1 Kur'an, Mü'minûn, Âyet, 4-6.

mişse, bunda İslâmın veya Osmanlının değil, o şahsın haddini aşması mevzubahistir. İşte ada geçen kitaplar da, ya bu süiistimalin acı meyveleridir veyahut da bu kitapları değerlendirenlerin yanlış yorumlarıdır. Bazılarının üzerinde kısaca duralım:

A) Bu tür kitapların başında Enderunlu Fâzıl diye bilinen ve 1810 yılında Rodos'da vefât eden bir Divan şâiridir. Mahallileştirme eğilimini ileri bir safhaya götüren şâirdir. Enderûn'da iyi bir eğitim görmüştür; ancak sefâhete düşkünlüğü bilinmektedir ve aşk mâceraları dilden dile dolaşmıştır. III. Selim zamanında sürgünlere ve bu hareketlerinden dolayı Enderûn'dan ihrâç gibi müeyyidelere ma'ruz kalmıştır. Böylesi bir insanın yazdığı kitaplar, Osmanlı devletinde elden ele dolaşan kitaplar değildir. Ayrıca ciddi değerlendirilirse, öyle tamamen gayr-i meşru olayları tasvir eden kitaplar olarak da düşünülmemelidir ve hele hele bugünün muzır neşriyâtı ile mukayese etmek ise aslâ mümkün değildir. Konu ile ilgili kitaplarından bazıları şunlardır:

a) Hûbânnâme yani güzelleri anlatan bir eser. 796 beyitten teşekkül ediyor. Baş kısmında tasavvufî bir şekilde bir güzellik tahlili yer alıyor. Coğrafî bazı bilgilerden sonra, Hindistan'dan Amerika'ya kadar çeşitli erkek tiplerini anlatır ve hepsinin de birer örnek resimlerini verir. Bedîî zevk ve nezâhetten mahrum olmakla birlikte, erkeklerle alakalı vasıflandırmaları arasında gayr-ı meşru denecek bir cümle veya verdiği resimlerde gayr-ı meşru denebilecek bir resim bulmak o kadar kolay değildir. Hûbân-nâme, değişik tarihlerde İstanbul'da basılmıştır[1].

---

[1] Enderûnlu Fâzıl, Hûbân-nâme, İstanbul 1286; Küçük, Selahattin, Enderûnlu Fâzıl, TDVİA, c. 11, sh. 188-189; İÜ, TY, No: 5502.

Enderûnlu Fâzıl'ın Hûbânnâme'sinin İlk İki Sayfası, İÜ, Ty, No: 5502

Şu beyitlerle başlamaktadır:

"Hamd O Mevlây-ı Azîm'üş-Şân'a — Hüsn-i cân-sûzı veren insâna.
Katre iken şikem-i mâderde — Kıldı sun' ile anı perverde.
Verdi her cinse cemâl-i mahsûs — Şîve-i diğer ve hâl-i mahsûs."

b) Zenânnâme yani 1101 beyitlik mesnevi tarzında kaleme alınan ve Hûbânnâmenin tam aksine çeşitli coğrâfi bölgelere ait kadın tiplerini anlatan bir eserdir. Kitabın baş tarafında şair kadından bahsetmek istemediğini ve kadınlara karşı meyli olmadığını kaydeder; ancak çeşitli milletlere ait kadınları, orijinal minyatürlerle vasıflandırır ve kadın tiplerini anlatır. Kadınlar hamamını tasvir eden minyatür dışında gayr-i meşru denebilecek fazla bir resim mevcut değildir. Kitap İstanbul'da çeşitli zamanlarda basılmıştır[1].

c) Defter-i Aşk adlı kitabında Enderunlu Fâzıl, ilâhî aşkı tarifle başlar. Daha sonra da kendisinin düştüğü ve sonra da pişman olup tevbe ettiği aşk mâcerâlarını nakl eder. İçerisinde bir çingene düğününü tasvir eder. Bir kısım yazarların iddia ettiği gibi, gönül verdiği erkek sevgililerini anlattığı bir kitap değildir. 438 beyitten meydana gelen bu Kitap da, 1286'da İstanbul'da basılmıştır[2].

d) Çengi-nâme, Fâzıl'ın, İstanbul'daki meşhur köçekleri tasvir ettiği bir eseridir. Rakkâsnâme diye de bilinir ve İstanbul'da basılmıştır[3].

B) Behnâme-i Tûsî veye Behnâme-i Padişâhî diye meşhur olan ve Reisülhükemâ Hoca Nâsır Tûsî tarafından kaleme alınıp Sultân Muzaffer Hân bin Sultân Kazan Hân'a takdim edilen eser, cinsî münâsebetin edebleri ve hekimlerin bu yoldaki tavsiyelerini konu edinen bir eserdir. Özellikle 5., 10. Ve 11. Bâblar bu konuya ayrılmış ve o zamana kadar konuyla alakalı yazılan eserler özetlenmiştir. Meşru dairede cimâ'ı yani karı-koca münâsebetlerini anlatmaktadır[4]. Cinsî sağlıktan ve meşru dairede cinsî münâsebetten bahsetmek, ne zaman muzır kabul edilmiştir?

C) Deli Birâder yahut Piyâle Bey diye bilinen bir Divan şâirinin Dâfi'ul-Gumûm vel-Hümûm adıyla kaleme aldığı ve eskilerin tabiriyle hezliyyât yani akla ve şer'a aykırı boş lakırdılar ve rezilliklerle ilgili bir eserdir. 1535'lerde öldüğü söylenen Piyale Bey, önceleri medresede tahsil görmüş, sonra tasavvufa intisâb etmiş ve ancak yaptığı ahlaksızlıklar yüzünden çevresi tarafından şiddetle dışlanmıştır. Bahsettiğimiz kitabı her türlü ahlaksızlığı

---

1 Enderûnlu Fâzıl, Zenân-nâme, İstanbul 1286; Küçük, Selahattin, Enderûnlu Fâzıl, TDVİA, c. 11, sh. 188-189; İÜ, TY, No: 5502.

2 Enderûnlu Fâzıl, Defter-i Aşk, İstanbul 1286; Küçük, Selahattin, Enderûnlu Fâzıl, TDVİA, c. 11, sh. 188-189; İÜ, TY, No: 5502.

3 Enderûnlu Fâzıl, Çengi-nâme, İstanbul 1286; Küçük, Selahattin, Enderûnlu Fâzıl, TDVİA, c. 11, sh. 188-189; İÜ, TY, No: 5502; Şemseddin Sami, Kâmus'ül;A'lâm, c. V, sh. 3331.

4 Tûsî, Reisülhükemâ Hoca Nâsır, **Behnâme-i Tûsî veye Behnâme-i Padişâhî**, İÜ, TY, No: 7152.

ihtivâ etmektedir. Yazma bir kaç nüshası dışında Osmanlı Devletinde yaygın olan bir kitap değildir. Bütün Şuarâ Tezkirelerinde ve Terâcim Kitaplarında ahlaksızlıklarla dolu bir kitap diye tanıtılmıştır. Bu kitabı telif ettiğinden dolayı, Şehzâde Korkut'un bunu kovduğu da nakledilmektedir. Neticede Osmanlı toplumunda ahlaksız insan yoktu diyen veya ahlaksız kitap yazılmamıştır diyen birisi mevcut değildir. Ancak bugünün rezâletlerini örtmek için Osmanlı'da da durum böyleydi demek yanlıştır. Yoksa her devirde böyle reziller çıkmıştır. Zaten böyle reziller olmasaydı, İslâm Hukuku zinâ ve livâtayı cezalandıran hükümleri de sevk etmezdi. Mühim olan bu rezâletlerin meşru kabul edilmesidir. Osmanlı Devletinde böyle bir durum yoktur ve bugünkü gibi köşede bucakta da satılmamış ve yayılmamıştır[1].

---

[1] Deli Birader (Piyâle Bey), **Dâfi'ul-Gumûm vel-Hümûm**, İÜ, TY, No: 1400, 9659; Gökyay, Orhan Şaik, Deli Birader, TDVİA, IX, sh. 135-136; Mecdî, Şekâik Tercümesi, sh. 472-473.

SEKİZİNCİ BÖLÜM

HAREM KONUSU VE KİTABIMIZLA İLGİLİ YAPILAN DEĞERLENDİRMELERDEN BAZI KESİTLER

OSMANLI ARAŞTIRMALARI: OSMANLI'DA HAREM

YILMAZ ÖZTUNA

Tarihçi-Yazar[1]

Önümde 2. baskı olarak henüz çıkmış başka bir, ehemmiyetli olduğu derecede ilgi çekici ve tarihimizi aydınlatıcı kitap var: **Prof. Dr. Ahmed Akgündüz'ün eseri: Osmanlı'da Harem** (480 sayfa, Osav=Osmanlı Araştırmaları Vakfı yayını)...

Harem-i Hümâyûn resmi adını taşıyan Osmanlı hükümdarlarının imparatorluk saraylarının kadınların yaşadığı bölüm ve bu bölümün teşkilatı, teşkilat (müesseseler) tarihimizin en az bilinen kısmıdır. Şu sebeple: Topkapı Sarayı'nda yüzlerce kadının yaşadığı Harem-i Hümâyûn'u 16. asırdan 20. asra kadar bize anlatan Türk ve Avrupalı yazarların hiç biri, sarayın bu kısmına adım atmış değillerdir. Başlıca iki istisnası vardır: Leylâ (Saz) Hanım'ın Saray Hatıraları ve Ayşe (Osmanoğlu) Sultan'ın Babam Sultan Abdülhamid adlı, Batı dillerine de çevrilmiş çok değerli kitapları. Bu iki hanım, Harem-i Hümayun'a girerek, bizzat orada yaşıyarak eserlerini kaleme almışlardır.

İşte Ahmed Akgündüz, bu az bilinen konuda kocaman bir kitap yazmış. Prof. Akgündüz, İslâm hukuku uzmanı bir hukuk tarihi bilgini. Prof. Halil Cin'in öğrencisi. 9 muazzam cildi yayınlanmış durumda bulunan Osmanlı Kanûnnâmeleri adlı eseri gerçekleştiren bir ilim adamı. Hani profesörlerimiz sadece konuşuyorlar, ders veriyorlar, kompozisyon eserleri kaleme almıyorlar diye şikâyet ederiz ya... Akgündüz, bu şikâyeti adeta yalanlayan nadir istisnalardan biri...

AKGÜNDÜZ'ÜN KİTABI

Akgündüz'ün kitabı, diyebilirim ki, **Osmanlı'ya, bilhassa padişahlarımıza yapılan iftiraların milli vicdandaki üzüntü ve tepkisine tercüman oluyor.**

Artık cumhuriyet çoktan yerleştiği için, imparatorluk rejimini ve o rejimin sembolü olan hâkan-halifeyi küçültmek politikasının modası çoktan geçti. Bu

---

[1] 3 Aralık 1995 tarihli Türkiye Gazetesi, sh. 10

modayı sürdürerek Atatürk'ün büyüklüğünü daha iyi vurgulayacaklarını sananlar yanılıyorlar. Aksine bu çeşit palavralar, Atatürk'e karşı sevgisizlik oluşturuyor. Belki maksat bu sevgisizliği körüklemektir. Gerçeklerin saklanması mümkün değildir. İnsan, çok meraklı bir yaratıktır. Mutlaka gerçeği öğrenir. Prof. Akgündüz'ün bir tarihçi değil, bir hukuk tarihçisi olduğunu tekrar belirtiyorum. Eserinin ilgi çekiciliği biraz bu ihtisas alanından geliyor. Konuyu, şu bakımdan vurgulayarak incelemiş: Padişahlarımızın fiilleri, aile hayatları, davranışları, yüce dinimize, Osmanlı terminolojisi ile yazayım şerî'at-i garrâ-yı Muhammediyye'ye uygun'mu, değil mi, yahut ne dereceye kadar uygun? İşte Akgündüz, bu sorunun cevabını 480 sayfa halinde, her bahsi kolaylıkla okunabilecek bir kalem maharetiyle vermeye çalışıyor.

Önce hiç bir tarihçinin, bir tarih konusuna veya tarihi kişiye, davranışları dine ve hukuka uygun mu, değil mi yaklaşımında bulunmadığını belirtmeliyim.

Biz tarihçiler, genellikle tarihi kişilerin karakterleri ve ahlakları, bazan psikolojileri üzerinde tipik şeyler yazarız. Bununla yetiniriz. Günahı işleyip işlemedikleri, biz tarihçilerin konumuzun dışındadır. Zira kapital günahlar bellidir ama, bir dinde bile neyin günah olup olmadığı çeşitli mezheplere, hatta o mezheplerin çeşitli müctehit ve müfessirlerine göre değişir. Kaldı ki, çok realist olmaya mecbur bulunan tarihçi, günahın, Cenab-ı Hakk'ın kullarının ortak ve değişmez özelliği olduğunu çok iyi bilir. Daha açık da ifade edeyim: Bilerek, bilmeyerek günah işlememiş hiç bir insan kabul etmeyiz. Yüce Peygamberler ve bazı veliler bu genelleme dışındadır.

POLİTİK KİŞİLER...

Binaenaleyh Osmanlı hükümdarları, üstelik evliya değil, tamamen politik kişiler olmaları dolayısıyla günahtan ve hatadan masûn değillerdir. Ben, hata yapmamış hiç bir tarihi şahsiyet bilmiyorum. Bilen varsa, beni uyarabilir.

Bu kayıtlar dışında, Osmanlı'da padişah harem düzeni ve kurumunun, iffetli ve ahlaklı bir düzen ve kurum olduğunu kabul etmeye hazırım. Bugün elbette uygulanamaz. Fakat o asırlarda bazı kurallarının o çağlar için adil ve insancıl olduğunu belirtmeliyim.

Osmanoğulları askerlik, ilim, dil, edebiyat, san'at alanında, dinî bilgilerde eğitilmişlerdir. Gerek şehzadeler, gerek sultan denen Türk imparatorluk prensesleri... Musiki bu eğitimin vaz geçilmez parçasıdır. İkinci Murad ve oğlu Fatih, büyük musiki koruyucularıdır. Kendilerine musikî ilmine ait çok teknik kitaplar sunulmuş (adlarına yazılmış) bulunuyor ki, bu kitapları hiç olmazsa okuyup anlayacak düzeyde musiki bildiklerini gösterir. Fatih'in oğlu dindarlığı ve yüksek ahlakı dolayısryle Veli diye anılan İkinci Bayezid, onun oğlu ve Yavuz'un ağabeyi Sultan Korkut, Dördüncü Murad, Birinci Mahmud, Üçüncü Selim, İkinci Mahmud, Sultan Abdülaziz ve küçük oğlu Seyfeddin Efendi, Çok seçkin bestekârlardır. Bunlardan Üçüncü Selim, en büyük 10 bestekârımız arasına girer. Tanbur çalmışlar veya ney üflemişlerdir. Sultan Vahideddin de kanun çalıyordu ve bir çok bestesi vardır. Diğerlerini saymıyorum. Hanedanda musiki eğitimi, edebiyat ve dil eğitimi kadar temel öğretilerden sayılmıştır.

TARİHÇİLERİ TEBRİK

Osmanlı'yı bir bakıma yeniden keşfediyor gibiyiz. Osmanlı'nın ta kendisi ve meşru vârisleri, çocukları olarak her türlü yeni ve doğru bilgiye muhtacız. Osmanlı'yı iyi ve doğru bilmeden Türkiye'nin geleceğe yürümesi mümkün değildir. **Prof. Dr. Ahmed Akgündüz** gibi konularında gerçekten uzman, gayret sahibi, enerji dolu, eline kalem alabilen tarihçilerimizi tebrik ediyorum.

düz'e uyguladığı kritiği Barkan'ın Kanunlarına uygulama zahmetine katlanırsa, orada da doğru yanlış cetveli çıkaracak epeyce malzeme bulacak, bunu da her halde Akgündüz'e reva gördüğü "Osmanlıca'yı daha doğru dürüst okuyamama"yı Barkan merhum için de görecektir.

Dahası var; Bardakçı, bütün Osmanlı kanun metinlerini neşre hazırlama cesaretini gösteren Akgündüz'ün bir sürçmesini kalemine malzeme yapacağına, sadece bir örnek olması açısından belirtmek istiyorum; T.T.K ve Ankara Üniversitesi Osmanlı Tarihi Araştırma ve Uygulama Merkezince yayınlanan R. Yinanç'ın Dulkadir Beyliği (s. 142 vd.) ve Maraş Tahrir Defteri (c. I, s.7 vd.) adlı eserine bir göz atsa idi, tek bir kanunnâmede "hür ve hürre"nin nasıl "haruhüre", "arazî-i sakiyye"nin "arazî-i sağire", "müte'âref"in "müte'arrif", "kezâlik" in "gedik", "gınâ ve fakrde ol hallü"nün "gana ve fakir de olsa hallü", tazminât ve para cezası manasına gelen "kınlık" kelimesinin diyet manasına gelen "kanlık" şekline geldiğini görecek, eserin birinde "evlağu" kelimesinin diğerinde "ulağı", yine "saklaya"nın "saklîd" haline dönüştüğünü hatta bu kelimenin diğer eserinde hiç bulunmadığını sanırım farkedecekti. Yine bölgeyi mikro düzeyde tanımamaktan ve siyakat yazısının muhtelif okuma biçimlerine imkan hazırlayan özelliğinden dolayı özellikle yer isimlerinde düşülen hataları görecekti. Şimdi sormak lazım; muhterem Yinanç hocanın bu tür sürçmeleri eserinin kıymetini hiçe indirir ve hakaretâmiz ifadelere muhatap olması beklenir mi idi? Yoksa müsamaha ile karşılanarak ileriki baskılarda müellifin düzeltmesine yardımcı mı olunurdu ?

Buna mümasil hata örneklerini çoğaltmak mümkündür; mesela T.T.K yayınları arasında çıkan Bruce W. McGowan'ın Sirem Sancağı Mufassal Tahrir Defterinde (s.1) yayınladığı kanunnâmede "mâ nebete fi'l-arz"ı "ma nabita fil-arz" şeklinde okuduğunu, yine "âsiyâb nim sâle, 2 hacer, fi 16, resm: 32" yani altı ay çalışan değirmenin iki aded taşı olduğu ve her taş başına 16 akçe resim alındığı ve toplam 32 akçe resim tuttuğunu ifade eden bu cümlenin McGowan'ın eserinde (s.17) "asiyab nim sale: 2, fiçı: 16, resim 32" haline dönüştüğünü ve bir anlamın da çıkarılamayacağını, inceleme imkanı bulsa idi herhalde Sayın Bardakçı görürdü.

İşin enteresan tarafı Bardakçı yanlış diye yazısına almak istediği cümleyi doğru dürüst metnine alamamış, yanlış aktarmıştır; "isterlerde darphaneye getireler" değil "isterlerse darphâneciye getüreler" dir (bakz. doğru yanlış cetveli 2. madde)

Akgündüz'ün Osmanlıcayı doğru dürüst okuyamadığından söz etmek doğrusu cüret isteyen bir beyan. Akgündüz değil Osmanlıcayı, Arapçayı bile Sayın Bardakçı gibilerine tersinden okutur. Osmanlıcayı bilmeyenlerin hangi sığ kıyılarda dolaştıklarını, kimlerden medet umduklarını, kendi tarihlerini batılılardan öğrenecek derekeye düştükleri malumdur. Osmanlıca bilmeden, hatta arapça ve farsçaya vukufiyetin yanında köklü bir Osmanlı medeniyet tarihine muttali olmadan ve bölgesel farklılıkları sezinlemeden Akgündüzün yaptığı araştırmayı değil de ancak magazin habercilik yapmak mümkün olur.

Bardakçı öylesine iddiaları -güya inanmıyor- serdediyor ki, hocayı, eserlerini ve arşivi tanımayan birisine oldukça inandırıcı gelir. Akgündüz'ün nerde ise Osmanlı Arşivinde daha önce yapılan bir çalışmanın üstüne oturduğunu ve hazıra konduğunu lanse etmiye çalışıyor. Dedi kodulara kulak kabartacağına yanıbaşında Devlet Arşivleri yetkililerinden endişelerinin izalesine çalışmasını salık veririz. Arşiv uzmanlarının Akgündüz'ün düştüğü hatalara hiç bir zaman düşmeyeceğini belirtiyor da, bu uzmanların yetişmesinde ve hizmet içi eğitimlerinde Akgündüz'ün hocalık yaptığını her halde bilmiyordur. İnsanlık hali bu değerli uzmanların "Anadolu Hisarı" nı "innâ tûlâ hisârâ", "dinamit ma'a fitil"in "dünya meyyit ma'a fitil" şeklinde okuduklarını ve arkasından tebessümlerini de gizlemediklerini biliyoruz. Kataloglarda "buhar ile müteharrik makine"nin nasıl "tüccar ile müteharrik makine"ye dönüştüğünü ve bunu anlayışla karşıladığımızı ve bu tür belirgin sürçmeleri de gördüğümüzde düzelttiğimizi ifade edelim. Benzer sürçmeler dolayısıyla hiç bir zaman arşiv uzmanlarının Osmanlıca bilmediklerini de ilan etmiyoruz. Zira son yıllarda güzide pek çok esere imza atan arşiv uzmanlarının Osmanlıca bildikleri herkesce müsellemdir.

Aslına bakılırsa Sayın Bardakçı'nın kaleminin sivrilmesinin nedeni, Akgündüz'ün Osmanlı'nın bir İslam devleti olduğuna ilişkin teorik düzeydeki beyanlarıdır. Bunu sadece Akgündüz söylemiyor, eğer Sayın Bardakçı birinci cildi iyice tetkik etseydi orada (46 vd.) bir batılının Osmanlı devletinin bir İslam devleti olduğuna dair uzun ve seviyeli açıklamalarını görme imkanı elde ederdi.

Sayın Bardakçı, Ahmed Akgündüz'ün Osmanlının bir İslam devleti olduğundan hareket ederek tezini işlemeye çalışmasını, bilimselliğin ilk şartı olarak gördüğü tümevarım metoduna aykırı buluyor; Akgündüz'ü tümdengelimcilikle suçluyor. Eğer bilmiyorsa bilsin; tümden gelim de tıpkı tüme varım gibi bir ilmî metoddur ve bütün bilimlerin, hatta günlük hayatın mantıksal çıkarımlarında kullanılan temel ispat yollarından biridir.

Bardakçı, isim vererek Köprülü, Barkan ve İnalcık gibi tarihçilerimize Akgündüz'ün dil uzattığından söz ediyor. Akgündüz'ün söylediği şu; hukuk tarihimize ilişkin yayın yapan ve kanunnâmeleri yorumlayan çoğu bilim adamının hukuk ve özellikle İslam hukuku nosyonuna sahip olmadıklarından İslam hukukunun bazı ince ayrıntıları hususunda eksiklikleri olduğu ve bu nedenle de Osmanlı tatbikatında görülen örf ağırlıklı uygulamanın menşeini tesbitte isabet edemediklerini beyan etmesidir. İslam hukuku nosyonuna sahip olunmadan kanlık ile kınlık'ın mahiyet farkı bilinmesi bir tarafa, doğru okumak bile mümkün olmadığı aşikardır. Üstelik Akgündüz hoca eserlerinden faydalandığı üstadlara karşı dil uzatma gibi bir uslûb takınmadan çok, fikirlerini tasvib etmese bile ilmî nezaket sınırları içerisinde kaldığına dair pek çok örnekleri vardır.

Osmanlı devletini laik gösterme çabaları, İslam hukukunun örfe tanıdığı geniş yetkinin sınırlarını bilmemekten kaynaklandığını söyleyebiliriz. Medinelilerin ameli nedir, Fas ameli nedir, bunların hukukta yeri ve önemi nedir bilinmeden, mahalli ihtiyaçlar karşısında esnek tavır göstermenin ne anlama geldiği bilinemez. İslam hukukunun dışında bir örf hukuku olduğu da bir bilimsel tez imiş gibi söyleniverir. İslam hukukunda ululemrin yetki sahalarını kavrayamadan ve tazirin mahiyetine nüfuz edemeden Zülkadriye Eyaleti kanunnâmesinde ceza hukukuna ilişkin maddeleri anlamakta güçlük çekileceği açıktır.

Sayın Bardakçı beğenmediği ve tasvib etmediği Akgündüz'ün çalışmalarını -tenkid diyemiyorum- tahkir ve tezyif edeceğine benzer çalışmaları "muhit kariha-ı ilmini" göstererek hiç olmazsa bir "nümune-i imtisal" ortaya koyması beklenirdi. Meselâ bir Yeniçeri Kanunnâmesini lütfedip neşre hazırlayabilirdi. Fakat nafile. O, kolay olanı yapıyor.

Bardakçı, kanunnâmelerin ne işe yaradığını soruyor. Hemen söyleyelim; Sayın Bardakçının hiç bir işine yaramaz. Ankara ve İstanbul'a uzak bir üniversitemizde yüksek lisans, doktora vb akademik çalışmalar yapsa idi ya da yurt dışında herhangi bir üniversitede çalışmış olsa idi, Akgündüz Hoca'nın Kanunnâmelerinin ne işe yaradığını o zaman anlardı. Dahası, Prof Dr. Kemal Beydilli gibi, Topkapı Sarayı arşivinde randevu ile ancak araştırma imkanı bulsa idi veya bendeniz gibi Evkaf-ı Ümem'den beş on sahife mikrofilm için iki ay beklese idi, Fikret Sarıcaoğlu gibi Topkapı Sarayı arşivinden alacağı dökümanlara ancak altı ayda kavuşabilseydi, Kanunnâme gibi tıpkı neşirlerin ne işe yaradığını çok iyi anlardı. Kanunnâmelerin ne işe yaradığını öğrenmek istiyorsa hemen salık vereyim Heath Lowry'e gidip sorar, gerekli cevabı alır.

Kimseye hakaret kasdı gütmeden, burada Voltaire'nin ayakkabı tamircisi olan komşusunun hik,yesini anlatmak istiyorum. Hik,ye malum; üstadın ayakkabı tamircisi bir komşusu varmış. Merak mı dersiniz, imrenme mi dersiniz veyahut da hased mi dersiniz, bizim ayakkabı tamircisi başlamış şiir yazmaya. Komşusu Voltaire yazar da o yazmaz mı? Tamircimiz anlaşılan fazla kibirli olmasa gerek, yazdığı şiirleri üstada gösterir, şiirleri hakkında düşüncelerini sorarmış. Tabii ki üstad komşusunu kıracak değil, yazdıklarına şöyle bir göz gezdirirmiş. Nihayet üstadımız şu nazik tavsiyesini bir kağıda yazarak komşusuna göndermiş:

"Sadece ayakkabı yap,

Sadece ve sadece ayakkabı yap,

Sen sadece ve sadece ayakkabı yap."

Elhasıl; tahkir ve tezyifi amaçlamayan, sadece yapıcı olma özelliği bulunan tenkidlerin bilim adamlarının disiplinize olmasında yapıcı rolu olduğu şüphesizdir. Ancak şu bilinmelidir ki, tezyif ve tahkir ehlinin değil, gerçek hiç bir münekkidin bile heykeli dikilmemiştir. İnşaa tuğlaları üst üste koymaktır, didiklemek değildir. Uslûb-ı beyan ise ayniyle insandır.

PADİŞAHLARIMIZIN HAREMİ

CEMAL AYDIN

Araştırmacı Yazar[1]

Bu millete yapılan zulmü, tarihine yapılan sövgüyü ve halkımızın kendine ve geçmişine yabancılaştırılıp düşman edilişini, hiçbir şey, Prof. Dr. Akgündüz'ün **"Osmanlı'da Harem"** adlı kitabında anlattığı şu hadiseden daha net ve daha acı bir şekilde gözler önüne seremez.

"Bu çalışmaya koymak üzere Harem'den bazı dia çekimleri yapmak gayesiyle Harem Dairesi'ne girdiğimizde, padişahların eğlence ve hatta cariyelerle âlemler yaptıgı yer olarak bilinen Hünkar Sofrası denilen salonu ben diacılara izaha çalıştım ve özellikle aile hayatı ve terbiye ile alakalı bazı âyetlerin ve hadislerin nasıl duvarlara nakşedildiğini anlattım. Bunu dinleyen görevli, "Hocam, biz bu yazıların padişahların cariyeler ve güzel kadınlar için yazdığı tahrik edici aşk şiirleri oldugunu söylüyorduk. Gerçekten bunlar âyet ve hadis midirler?" diye sorusunu sordu ve benden evet cevabını alınca da ağlamaya başladı.

Yeryüzündeki hiçbir milletin köşe yazarları, aydınları ve turist rehberleri, Türkiye'dekiler kadar tarihinden habersiz, milli değerlerine yabancı ve atalarına düşman değildir. Ecdad topraklarını genişletmiş ve düşmanlara karşı asırlar ve asırlarca korumuş yöneticilere ve dolayısıyla kendi geçmişine küfretme yarışında dünya rekorunu bizimkilerin elinden kimse alamaz.

Yine bütün dünya milletlerinin köşe yazarları ve kitap yazarları bir araya getirilse, kendi dini, milletinin manevi değerleri ve tarihi konusunda bizimkiler kadar cahil, lâkayt ve bir o kadar da saldırgan tiplere rastlanamaz. Burunlarından kıl aldırmayan bu sözde entellektüel, halkının dininden ve milletinin tarihî geçmişinden habersizlikte yine erişilmeyecet rekorların sahipleridirler.

Değerli araştırmacı, yazar; Prof. Akgündüz, baştan sona kadar haklılıktan kaynaklanan müthiş bir öfke ve karşısındakilerin cehaletlerine isyandan doğan bir kızgınlıkla eserinde böylelerinin ağızlarının payını veriyor.

---

[1] 18 Kasım 1995 tarihli Yeni Şafak Gazetesi, Kültür Sayfası.

Harem nedir bilmeden, haremi diline dolayanların, iç oğlan nedir hiç araştırmadan salya köpük tarihimize sinkaf edenlerin reddedemeyecekleri delilleri suratlarına çarpıyor ve adeta yüzlerine tükürüyor

Cahil Köşe Yazarları

Gerçek dışı ve mantıksız iddiarlar karşısında yazar haklı olarak şöyle haykırıyor: "Bazı köşe yazar ları, Osmanlı padişahlarının da kendileri gibi sapık ilişkiler içinde olduklarını sanıyorlarr Bilindiği gibi, "Herkes kendi aynasının müşâhedâtına tâbi'dir'. Birtakım köşe ve kitap yazarları, Osmanlı padişahlarını da kendilerine kıyas ederek, onların da sapık ilişkiler içine girdiklerini zannederek, Osmanlı tarihçileri tarafından uzun uzadıya incelenen içoğlan meselesini dillerine dolamışlardır."

Bu küstah ve arsız tiplerin neden böyle davrandıklarım da bir başka yerde, profesörümüz şöyle açıklıyor: "Tanzimat'tan beri, içeride ve dışarıdaki İslâm düşmanları, İslâm düşmanlığını doğrudan ilân etmekten korktuklarından ve Müslüman milletimizden çekindiklerinden dolayı, bu düşmanlıklarını Osmanlı düşmanlığı ile ortaya koyma çabasına girmişlerdir. Bu çabaların başında ise, milletin doğru tarihi bilmesini önlemek ve bu arada mümkün olduğunca çarpıtılan tarihi, onlara telkin etmeye çalışmak.

Çok kıymetli tarihçimiz, "Osmanlı'da Harem" adlı eseriyle, bütün İslâm ve padişah düşmanlarının çanlarına ot tıkıyor. Bununla da kalmıyor. onların ne kadar bilgisiz ve beceriksiz olduklarını, bilimden nasıl nasipsiz kalmış bulunduklarını da ayan beyan sergiliyor. İslâm ve Osmanlı düşmanı pek çok köşe yazarı ve kalemşörün ne büyük bir koyu cehalet ve de terbiyesizlik içinde bulunduklarını görünce siz de şaşkına dönüyorsunuz. İster istemez, Türkiye'ye yıllarca bu zavalılar mı yol göstermiş, diye sormadan edemiyor ve hayıflanıyorsunuz.

Prof. Ahmed Akgündüz, meseleleri o kadar güzel ve öylesine mantıklı bir şekilde ortaya koyuyor ki kendisine itiraz edecet hiçbir nokta bırakmıyor. Meselâ eserinin bir yeride şunları yazıyor:

"Padişahların hür kadınlarla degil de cariyelerle evlenmeleri ise, tamamen 24 milyon kilometre kareyi idare etmekle görevli olan padişahların aile içinden dışarıya sır çıkmaması ve günümüzde yaşanan bacanak-kayınpeder ve akraba tasallutundan devletin kurtarılması içindir. Nitekim iki hür kadınla evlenen padişahlar, birisinin babası şeyhülislâm olduğu halde, bunun sıkıntısını çekmişler ve böylesini uygun görmüşlerdir."

BİLGİ SAĞANAĞI

Haremin anlamı nedir, orada ne yapılır, nasıl yaşanır, padişahlar ve şehzadeler haremde nasıl bir hayat sürmüşlerdir, iç oğlanlar ne demektir, köle ve cariye nedir, nasıl köle ve cariye olunur, Batı'da bu konularda durum ne idi, Sultan Yavuz'un kızı kocasının davranışını babasına şikayet ederken gerçekten başka erkeklerle yattığınımı yazmıştır, yokasa mektubundaki ifadeler o dönemde değişik bir anlama mı geliyordu, padişahların kaç eşi ve cariyesi olmuştur.. gibi pek çok mesele eserde enine boyuna tartışılıyor ve hepsine de doyurucu cevaplar veriliyor.

Muhterem profesörümüz eserinin souuna Safiye Ünüvar'ın "Saray Hatıralarım" adlı eserinin kısa bir özetini sunmakla da çok büyük bir hizmeti yerine getirmiş görünüyor. Okuyucu sadece bu özeti okusa, Harem konusunda yeterince sağlıklı bir bilgiye kavuşabilir:

Belgelerle bezeli bu araştırmayı, Osmanlılar konusunda kalem oynatmak isteyen herkesin mutlak okuması gerekir, Bu eser okunmadan Harem konusunda yazılacak her yazı saçma veya gülünç olmaya mahkûmdur.

Beyinleri yalanlarla yıllardır yıkanan gençlerimiz de, eger gerçekçi bir kafaya sahip olmak istiyorlarsa bu. kitabı ne yapıp edip elde etmeli ve gözden geçirmeliler.

Bu çalıymayı okumadan Osmanlı saraylarını, haremlerini gezdiren turist rehberleri ise bilime, tarihimize, milli değerlerimize iharet etmiş olabilirler. Turizt gezdirer her rehberimiz, bu eseri okumadığı sürece büyük bir vebal altındadır.

Dünyada hiçbir hanedan milletine Osmanlı Hanedanı kadar gönülden hizmet etmemiştir, hiçbir hanedan da Osmanlı Hanedanı kadar haksızlığa ve iftiraya uğramamıştır,

Osmanlı Hanedanı'na atılan iftiralar, müfterilerin cibilliyet1erini bütün yönleriyle gözler önüne sermekten başka bir şeye yaramaz. Buna karşılık, bu tür iğrenç karalamalar, o mübarek Hanedan'ın asaletini daha iyi takdir etmemize imkân sağlar. .

Genç ve kabına sığmaz araştırmacı Prof. Dr, Ahmed Akgündüz Beyefendi'nin "Osmanlı'da Harem" kitabı bu hakikati bir kat daha perçinliyor,

"ESKİYE SÖVGÜ, OSMANLI'YI HER ŞEYİYLE TAHKİR ETME VE KÖTÜLEME" ANLAYIŞINI'NA DARBE

Yard. Doç. Dr. Musa Duman

İ.Ü. Edebiyat Fakültesi, Türk Dili ve Edebiyatı Bölümü Öğretim Üyesi[1]

Bir çok insan gibi ben de, ilgi alanıma giren çalışmalarınızı imkânım ölçüsünde takip etmeye çalışıyorum. İlim hayatımıza yaptığınız katkıların yanı sıra, kişiliğiniz ve fiilî çabalarınızla da takdire değer bir hareketlilik içindesiniz. Bu haliniz de ayrıca size güvenenlere iftihar vesilesi olmaktadır. Malûm-ı âlîniz olduğu üzere, Cumhuriyet sonrası ideolojik yapının temellendirilmesi maksadıyla, kendi mantığı içinde belki haklı görülebilecek bir tarzda, yeni nesillere, yapılanları gerekli ve sevimli göstermek düşüncesine matuf " ifade eden çok şeyler söylendi, yazıldı. O kadar ki, Cumhuriyet çocuklarına bile ağır gelmeye başladı bu yazılıp söylenenler. Bununla birlikte aynı inadı ısrarla sürdürenler de yok değil maalesef.

Her aklıselim sahibi insan gibi bendenizi de rahatsız etmekteydi bu tahkirler, suçlamalar ve yalanlar... Kısaca "Osmanlı'da Harem" adlı eserinizle, milletine, tarihine, ecdadına saygılı her insanın gönlüne serinletici bir su serpmiş oldunuz; Allah sa'yinizi meşkûr etsin, kaleminize kuvvet versin. Bir çok konuda olduğu gibi, bu eserinizde temas ettiğiniz hususlarda da muarızlarınız olacaktır hiç şüphesiz. Akılları ve kalpleri şartlanmış insanlara biz kulların yapacağı pek bir şey kalmıyor ne yazık ki!

Söz konusu eserinizi okurken, daha önce kafamı çok meşgul etmiş olan ve bu konuda araştırma yaptığım "oğlan" kelimesi ile ilgili verdiğiniz bilgilere gelince heyecanım arttı. Sebebi şu:

Edebiyat Fakültesi öğrencisi olduğum yıllardan beri zaman zaman duyduğum ve okuduğum, Divan Edebiyatında bir kısım şairlerin "oğlancı" oldukları suçlaması karşısında, ta o zamanlar bir şüphe ve bu şüpheyi bertaraf edecek çalışma konusunda bir sorumluluk duygusu kaplamıştı içimi. Akademik hayatımın ilk yıllarından itibaren, böyle bir şeyin gerçeğini öğrenmek için araştırmaya başladım. Neticede, ulaşabileceğim kaynaklara ve çalışmalara

---

[1] 3.5.1996 tarihli Özel Mektup

baş vurarak "**Oğlan Kelimesi ve Gençlik Kavramı Üzerine**" adlı bir yazı kaleme aldım. Bu çalışmamı 1989 yılında tamamlamış ve Türkiyat Mecmuası'nın XX. sayısında yayınlanmak üzere yetkililere vermiştim. Ancak elde olmayan sebeplerle Mecmua'nın yayını gecikti ve henüz makalelerin tashihi yapılmaktadır. Tashih sırasında, yazıya, sizin çalışmanızla ilgili bir dipnot ilâve ettim.

Bütün bunları niçin yazma ihtiyacı duyduğuma gelince: İlk önce şunu belirteyim ki, "oğlan" kelimesinin anlamıyla ilgili olarak sizin açıklamanız ve yorumunuzla benim tarihî kaynaklardan ve sözlüklerden faydalanarak vardığım sonuç birbirine mutabıktır: Kısaca söylemek gerekirse: Bu kelime Türkçedir ve başlangıçta cins ayırımı olmaksızın "çocuk, çocuklar" anlamında kullanılmaktadır. Bu anlamıyla Batı Türkçesi'nde XVI. ve hatta XVII. asırda da kullanılmaya devam etmiştir. Bir yandan da yine cins ayırımı gözetmeksizin "genç" anlamında kullanılmaktadır. Bu devirlerden itibaren anlam daralmasına uğrayarak "erkek" cinsi karşılamaya başlamasına o zamanın devlet yapısı içinde üyeleri sırf erkeklerden oluşan kimi kurumların "oğlan" kelimesinin de yer aldığı ısımlerle anılmış olmasının sebep olduğu kanaatindeyim.

Bu ve buna benzer kelimelerin metnin kaleme alındığı devirlerdeki anlamlarının dikkate alınması tarihî metinlerin doğru anlaşılması için elbette ki gereklidir. O dönem metinlerindeki "yavuz" kelimesini, "bayat" kelimesini, "karı" kelimesini niçin bu günkü anlamlarıyla anlamıyorsak, "oğlan" kelimesi de benzer bir gelişme geçirmiştir, onu da o zamanki anlamıyla değerlendirmek gerekmez mi; ama öyle anlamak bazılarının çok işine yarıyor, belli ! Ancak şunu da belirtmek gerekir ki, bir dönemi bütünüyle karalamaya kalkışmak kadar, aklamaya ve günahlardan arındırmaya çalışmak da yanıltıcı ve bazen soğutucu olabiliyor. En doğru olanı her halde işin gerçeğini öğrenmek ve ortaya koymaktır. Çünkü imanla beslenmemiş ve bilgiyle donatılmamış insan her zaman insandır ve dün de bu gün de yarın da hata yapmaya müsait olacaktır.

Yoğun ve yorucu çalışmalarınız arasında muhtemelen dikkatinizden kaçan eserinizin ilgili bölümündeki (sh. 41-42) iki noktayı da bu vesileyle nazar-ı dikkatinize arz etmek isterim:

41. sayfada dördüncü paragrafın son cümleleri şu şekilde tashih edilse nasıl olur? "Oğlan" kelimesinin birinci manası, cins ayırt etmeksizin "çocuk", ikinci manası ise yine erkek olsun kız olsun "genç" demektir. Bu kelimenin sırf "erkek" cinsi karşılamaya başlaması bundan sonraki devirlerde söz konusudur.

Diğer taraftan aynı sayfanın son paragrafında Erzurum'lu Mustafa Darir'den verdiğiniz örnek hadis tercümesindeki cümle eksik alındığı, yahut Eski Anadolu Türkçesi'yle yazılmış bu metnin cümle yapısı günümüz Türkçesiyle biraz farklılık arz ettiği için sizi yanıltmış olmalı. Orijinal metnini verdiğiniz hadis tercümesinin söz konusu kısmını tam olarak alırsak şöyle olmalı ve bu paragrafın 42. sayfaya taşan kısmındaki yorumunuz buna göre tashih edilmeli:

Bu kez Resûl Hazreti cevâb virdi, buyurdı kim: "**Evlenün şunun bigi 'avretler ile kim erden kaçmaz ola, oğlan toğurkan ola.** Ümmetüm çok ola kim ben ümmetüm çokluğı-la fahrianurın yarın kıyâmet güninde." dir. Siyah gösterilen kısmı şu şekilde günümüz Türkçesine aktarmak mümkündür: "Çok çocuk doğuran ve erkeğinden kaçmayan hanımlarla evlenin."

Bu mektubu size yazmamdaki acelemin sebebi, kısa sürede tükeneceğini tahmin ettiğim bu çok önemli eserinizin ikinci baskısının söz konusu düzeltmelerle çıkmasını arzu etmem ve bu şekilde (belki) muarızlarınızın dikkatini çekecek bir eksikliği bertaraf etmek istememdir. Üzerinde çalışma yaptığım bir konuda eserinize katkıda bulunmak istememi bir müminin bir mümine "sadaka"sı olarak kabul ederseniz bahtlyar olurum.

Selâm ve saygılarımla.

OSMANLI'DA HAREM VE GERÇEKLER

TAHA LEVENT

Gazeteci Yazar[1]

İslâm'da kölelik ve.câriyelik meselesinin ve özellikle de harem konusunun, bilen bilmeyen herkes tarafından çeşitli mahfıllerde dile getirildiğini ve kasıtlı olarak İslâmiyet ve Osmanlı Devleti aleyhinde bir iftirâ kampanyası şeklinde kullanıldığna sık sık şahit oluyoruz.

Yakın tarihle ilgili kitapların büyük çoğunluğunda Osmanlı padişahlarının aile hayatı konusunda büyük tahrîfâtlar ve yanlış izahlar bulunmaktadır: Osmanlı hanedanı ve Topkapı Sarayı'yla ilgili, bir kısım ilim adamlarının, yanlış izah ve beyânları, maalesef turizm ve seyahat acentalarının kitaplarına ve turizm rehberlerine kadar yayılmıştır.

Yıllardır bu tür yayınlardan duyduğu rahatsızlıkla bu konuda ilmî bir çalışmaya yönelen Prof. Dr. Ahmed Akgündüz, bugüne kadarki notlarını ve araştırmalarını bir bütün haline getirerek yayınladı: **"İslâm Hukukunda Kölelik-Câriyelik Müessesesi ve Osmanlı'da Harem"**

Prof. Akgündüz, bu konuya yönelişini ve eserini şöyle anlatıyor: "1990 yılında **"Osmanlı Kanunnâmeleri ve Hukukî Tahlilleri"** adlı eserimizin birinci cildinin neşredilmesinden beri, okuyuculardan ve çeşitli çevrelerden binlerce mektup aldım. Bu mektuplarda dile getirilen ortak talep, İslâm'da kölelik ve câriyelik meselesinin ve özellikle de harem konusunun açıklanmasını üstlenecek bir kitabın yazılmasıydı. Anadolu'nun muhtelif yerlerine konferans ve benzeri münâsebetlerle gittiğimde de aynı talep dinleyicilerden gelmekteydi. Biz, hem ecdadımızın iftirâya maruz kalan aile hayatını gün yüzüne çıkartmak, hem dinimizin itiraz edilen bir müessesesini hakka âşık insanlara izah etmek ve hem de gelen kıymetli talepleri değerlendirmek gayesiyle çalışmalarımızı sürdürdük. Beş yıllık bir çalışmanın ürünü olan kitap beklenenin üzerinde bir hacimle ortaya çıktı.

Yaklaşık 450 sayfayı bulan bu çalışmada; Kölelik-Câriyelik ve Harem'le ilgili çarpıtmalara ve tahr'iflere ait bazı örnekleri Birinci Bölüm'de; Diğer Toplumlarda ve Dinlerde Kölelik ve Cariyelik Müessesesini İkinci Bölüm'de; İslâm Hukukunda Kölelik ve Câriyelik Müessesesini Üçüncü Bölüm'de; Kölelik ve

---

[1] 13 Eylül 1995 tarihli Zaman Gazetesi, sh. 15.

Câriyelik Müessesesinin Osmanlı Devleti'nde Aldığı Şekilleri Dördüncü Bölüm'de; "Gerçek Harem Nedir?" sorusunun cevabını Beşinci Bölüm'de; Kültürlü Bir Muallime'nin Harem Hâtıralarını Altıncı Bölüm'de ve nihâyet Kölelik-Câriyelik ve Harem'le ilgili bazı mühim soruların cevaplarını da Yedinci Bölüm'de anlattık."

Meselenin, avret kavramının erkek, hür kadın, mahrem kadın ve cariye açısından ayrı mânâlar ifade ettiğinin anlaşılamamasından ve bunlara dair şer'î hükümlerin sözkonusu edilmemesinden ve bilinmemesinden kaynaklandığını vurgulayan Prof. Akgündüz, "Kişi, bilmediğinin düşmanıdır" diyor ve ekliyor "Çoğu kaynaklarda Hünkâr Sofası, haremin eğlence yeri olarak tarif edilir. Hedefi Osmanlı'yı ve İslâm'ı kötülemek olan kaynaklarda ise, burası padişahlann seks âlemi yaptıklan yerler olarak tavsif edilir.

Acaba böyle güzel bir salonun duvarlarındaki kitaplıkları Kur'an ve tefsirleri olan kitaplarla süsleseniz; salondaki masalann üzerine Kur' an sayfalarını açsanız; sonra da her tarafı Kur'an âyetleriyle süslenen böyle bir salonda memleketin veya dünyanın en ahlaksız fiiliyatı yapılabilir mi? Veya diğer bir ifadeyle bu teklifi kabul edecek iki ahlaksızı dünyada bulmak mümkün müdür? Bizim kanaatimize göre, aklı başında olan her insan (aklı başında olmayanlar için sözüm yoktur), bu soruya hayır diyecektir.

Peki, böylesine rezil teklifi dünyanın en ahlaksızı olan iki erkek ve kadın yapmaz da, asırlarca İslâm'ı temsil eden Osmanlı padişahları mı yapar?

İşte Hünkâr Sofası, duvarları Kur'an âyetleri ve hadislerle. dolu olan bir salondur. Burada bu tür eğlencelerin yapıldığını iddia etmek, tamamen meseleyi bilmemek ve çarpıtmak demektir.

Bu misalden hareket ederek, harem konusunda yazılan ve çizilenlerin de daha fazla çarpıtılarak yazıldığını ve çizildiğini söylemek mübalağa olmayacaktır."

OSMANLIDA HAREM

KÂZIM GÜLEÇYÜZ

Gazeteci-Yazar[1]

Merhum Özal bir görüşmelerinde Prof . Dr. Ahmed Akgündüz'e "Harem" konusunu sormuş.

Osmanlı padişahlarının harem'inde 200-300 kadınnın olacağına inanmadığını ve İslâmdaki, evlilik hukunun da buna müsadea etmediğini ifade ettikten sonra şöyle demiş Özal:

"Ancak bazı tarihçiler, Haremde bu kadar sayıda cariyenin yaşadığını ortaya koymuşlar . Bu işin aslı ve izahı nasıl olabilir.?"

Akgündüz bir mukabil sualle karşılık vermiş:

"Sayın Cumhurbaşkanım, acaba Çankaya köşkünde kaç tane erkek ve kadın hizmetçi var?

Özal "epeyce fazla" demiş,

Akgündüz'ün ikinci sorusu şu olmuş:

"Gelen misafirlere takdim edilen yemek ve pastaları ve temizlik işlerini hanım efendi mi yapıyor?

Özal'ın cevabı tabii ki "hayır" olmuş.

Akgündüz bir soru daha sormuş:

"Peki, siz, Çankaya köşkünde temizlik yapan, yemek pişiren hizmetçilerle karı-koca hayatı yaşıyor musunuz? "

Bu soru üzerine bir an şok geçiren rahmetli Özal, bilâhare şöyle konuşmuş:

"Osmanlı sarayında sayıları 100'leri bulan cariyelerin sırrını şimdi anladım,"

Akgündüz ise sohbeti şöyle tamamlamış;

"Sayın Cumhurbaşkanım, Osmanlı Hareminde bu gün olduğu gibi erkek hizmetçi istihdamı yasaktır. Bütür hizmetçiler, Kadın cariyelerden seçilir. Bu

---

[1] 18 Eylül 1995 tarihli Yeni Asya Gazetesi, Başyazı.

cariyelerle padiyahların karı-koca hayatı yaşaması, sizin köşkteki kadın hizmetçilerle karı-koca hayatı yaşamanız kadar gayr-i mâkul ve mantıksızdır,"

Prof. Dr. Ahmed Akgündüz, uzun süredir devam ettirdiği araştıma ve çalışmalarını tamamlayarak, "**İslâm Hukukunda kölelik-cariyelik müessesesi ce Osmanlı'da Harem**" adıyla kitaplaştırdı.

Kitapta, yoğun istism konu kölelik ve cariyelik tedricen ortadan kaldırmayı hedefleyen hüküm ve düzenlemelerini ayrıntılı bir şekilde anlattıktan sonra, Haremin bir eğlence ve sefahat yeri değil, eğitim ve terbiye merkezi olduğunu izah ediyor.

Ve bazı Osmanlı padişahlarına yöneltilen "sapık ilişki" isnad ve iddialarını ilmi ve ikna edici delillerle çürüterek, padişahların aile hayatlarınıhukukî ve meşru çerçevede yaşadıklarını açıklıyor.

Nesilleri ecdadla kucaklaştırma yolunda önemli bir eser daha veren Akgündüz'ü kutluyorum.

SOHBETLER: "OSMANLI"DA HAREM HAYATI"

AHMED ŞAHİN

Gazeteci Yazar[1]

Osmanlı'nın masum ve mazbut harem hayatını niçin çarpıtarak anlatıyorlar? Bunu bir misalle arzedeyim izin verirseniz.

Efendim, iki kör oturmuş yemek yiyorlarmış.

Biri şüphelenmiş de demiş ki:

- Arkadaş! Lokmaları neden ikişer ikişer alıyorsun?

Öteki şaşırmış.

- Yahu demiş, ikimiz de körün tekiyiz. Nasıl olup da benim lokmaları ikişer ikişer aldığımı anlıyorsun?

Şöyle cevap vermiş:

- Ben ikişer ikişer alıyorum da ondan!

Demek insan herkesi kendisi gibi bilir, kendisinde var olan kötülüğün başkasında da var olduğunu düşünerek hüküm verir.

Duvarları ayetlerle, hadislerle süslü Osmanlı sarayındaki sultan ve devlet büyüklerinin burada içkili, sazlı, sözlü harem hayatı yaşadıklarını yazan tarihçilere sorsanız:

- Nereden biliyorsunuz Osmanlı'nın haremde sefihce yaşadığını?..

Eminim diyecekler ki:

- Kendimize kıyasla biliyorum. Çünkü onların eline geçen imkan bizim elimize geçse biz de öyle sefıhce yaşardık...

Evet, böyle diyecekler..

İşte biz bu zihniyede yazılmış tarihleri üzüntü ve elemle okurken bir de bakıyoruz ki, uzun zamandır Osmanlı arşivlerinde çalışmakta olan Prof. Dr. Ahmet Akgündüz nihayet çalışmasını tamamlayıp Osmanlı'da Harem Hayatı adında (450) sayfalık büyük boy bir kitapla bütün vesikaları sunmuş gözlerimizin önüne.

Kitabı gözden geçirenler anlayacaklardır ki, Osmanlı'nın harem hayatında İslâm hukukunun hükümleri geçerlidir. Hanımlar, köle ve cariyeler İslam

---

1 21 Eylül 1995 tarihli Zaman Gazetesi, Sohbetler Köşesi.

fıkhının hükümleriyle amel eder, durumlarını buna göre ayarlarlar. Böylesine mazbut bir hayatta kimse başına buyruk hareket edemezken, bir kısım tarihçiler buralarda içkili, sazlı, sözlü alemlerin tertip edildiğini yazmakla kalmıyor, daha da ileriye giderek bir kısım oğlanların dahi kadın yerine istimal edildiğini bile yazabiliyorlar.

Yani haremde cinsî sapıklık olduğunu iddia edebiliyorlar.

İsterseniz Akgündüz Hoca'nın, bu gibi çarpıtmaları da bir bir tesbit edip gözler önüne serdiği kitabından bir çarpıtma örneği verelim.

Bilindiği üzere bugünkü dilde (çocuk, yavru, evlad) kelimeleri hem erkek, hem de kız mânâsına kullanılmaktadır. Tıpkı Osmanlı'da da, (oğlan) kelimesinin böyle her iki mânâya da kullanıldığı gibi.

Hatta Osmanlı, (oğlan) kelimesini o günlerde erkekten çok kız mânâsına kullanmaktadır. Nitekim Akgündüz'ün kitabında, hem de fotokopisini verdiği hadis tercümesinde bakınız Osmanlı (oğlan) kelimesini nasıl (doğurgan kız) mânâsına kullanmıştır?

Hangi vasıfta bir kızla evleneyim? diye soran birine Peygamberimiz(s.a.v.)'in verdiği cevabı Osmanlı şöyle tercüme etmiştir:

- Doğurgan bir (oğlanla) evlenin: Zira ben ümmetimin çokluğuyla fahirlenirem, kıyamette. Öyle ise siz de (doğurgan oğlan) ile evlenin ki, ümmetim çok olsun...

Burada geçen (oğlan) kelimesinin (kız mânâsına kullanıldığı (doğurgan) kaydıyla da anlaşılmaktadır. Ne var ki Osmanlı'yı da kendisi gibi seks manyağı zanneden kör tarihçi, bakın bunu nasıl anlatıyor:

- Osmanlı'da harem hayatı iyice bozulmuştur. Hatta erkekleri dahi kadın yerine koyuyorlar, oğlanlarla bir olmayı dahi tavsiye ediyorlar kitaplarında!..

Şimdi anlıyor musunuz Osmanlı'ya yapılan iftira ve isnadlar ne türlü çarpıtmalarla geçmekte tarih kitaplarına... Kitapta bunlar örnekleriyle anlatılmıştır.

OSMANLI'DA HAREM

EKREM KAFTAN

Gazeteci Yazar[1]

Prof. Dr. Ahmed Akgündüz, Cumhuriyet'in ilk yıllarından beri istismar edilen, okullarda yanlış okutulan Osmanlı'da Harem meselesini bütün yönleriyle ele alarak tarihe ışık tutuyor.

Tarihinin parlaklığı nisbetinde karalanmaya çalışılan, yanlış öğretilen ve anlatılan, Osmanlı'nın dışında başka devlet yoktur.

Cumhuriyet'le beraber yeni sistemi oturtmak için Osmanlı'yı bütün yönleriyle kötüleme politikası takib eden zihniyet, ecdadın bütün müsbetlerini menfi göstermek için uğraştı.

Bir çok yabancı da Tür kiye'de takib edilen politika çerçevesinde kitaplar kaleme aldılar, filmler yaptılar.

Aynı zihniyetin eseri olarak, bugün de eğlencelerde "Osmanlı Usülü" adı altında her türlü mel'anet işleniyor.

Osmanlı'da Harem hususu da başta okullar olmak üzere, her zaman ve fırsatta kötülendi, yanlış anlatılarak ecdadın mahremiyetine dil uzatıldı.

GERÇEK ÇARPITILIYOR

Prof. Dr. Ahmet Akgündüz, yıllardır devam eden çalışmalarını hızlandırarak, "İslam Hukuku'nda Kölelik, Cariyelik Müessesesi ve Osmanlı'da Harem" isimli kitabı çıkardı.

Bu eserle çok önemli bir vazifeyi ifaya çalıştığını söyleyen Prof. Dr. Ahmed Akgündüz "İslam'da kölelik ve cariyelik meselesinin ve özellikle harem konusunun bilen bilmeyen herkes tarafmdan çeşitli mahfillerde dile getirildiğini ve kasıtlı olarak İslamiyet ve Osmanlı Devleti aleyhinde bir iftira kampanyası şeklinde kullanıldığını esefle müşahade ediyoruz. Özellikle Cumhuriyet kurulduktan sonra kaleme alınan eserlerin çoğu, tamamen Osmanlı Devletini kötülemeye yönelik olmasından dolayı, kötülemek için kullanılan malzemelerin arasmda harem ve cariyelik konusu başı çekmiştir" dedi,

---

[1] 22 Eylül 1995 tarihli Türkiye Gazetesi, Kültür Sayfası.

Prof. Dr. Ahmet Akgündüz, Gerçek Harem Nedir? sualinin cevabı için üç hususun bilinmesi geerektiğini söyleyerek, bunları şöyle sıraladı: "Birincisi, her konuda olduğu gibi harem konusunda da tarihimiz çarpıtılmış ve saptırılmıştır. İkincisi, İslam Hukuku'nda ve mukayeseli hukukda köle ve cariye konusu bilinmeden harem konusu tam olarak anlaşılamayacaktır. Üçüncüsü; Osmanlı Devleti'ndeki harem uygulaması baştaki iki konu özetlendikten sonra kısaca ve doğru olarak aydınlatılmalıdır. Aksi takdirde haremden bahsetmek yanlıştır."

KİTAP 7 BÖLÜMDEN OLUŞUYOR

"Osmanlı'da Harem" konusu yedi bölümde ele alınıyor. Bu bölümler şöyle sıralanıyor:

"Konunun çarpıtılması ve kasten yanlış anlatılması, Tarih Boyu Muhtelif Toplumlarda ve Dinlerde Kölelik Cariyelik Müessesesi, İslam hukuku'nda Kölelik ve Cariyelik Müessesesi, Osmanlı Uygulamasında Kölelik ve Cariyelikle ilgili Bazı Müesseseler, Gerçek Harem Nedir, On sene Harem'de Öğretmenlik Yapan Bir Hanımefendi'nin Gözüyle Harem Hayatı'tının Ana Hatları, Kölelik, Cariyelik ve Harem Hakkında Bazı Sorulara Cevaplar."

TOPKAPI SARAYI DAİRESI

Eserde Topkapı Sarayı ve Harem Dairesi bütün teferruatıyla ve fotoğraflarla okuyucuya tanıtılıyor. Sarayın planı, her dairenin ve odanın hangi maksatla kullanıldığı, kapıların üstünde ve duvarlarda yer alan mükemmel hatlarda nelerin yazılı olduğu da ihmal edilmemiş.

Prof. Dr. Ahmet Akgündüz, Harem'de yazılı metinlerin bazı cahil rehberler tarafmdan ziyaretçilere, padişahların cariyelerine yazdıkları aşk şiirleri olarak anlatıldığını hatırlatarak şunları söyledi:

"Bir rehber bizim hakikati anlatmamız karşısmda yıllarca işleyegeldiği hatayı itiraf ederek ağladı. Osmanlı Sultanları evlerini bile manevi mekanlar haline getirmeye gayret göstererek, Ayet-i Kerime ve Hadis-i Şeriflerle süslemişlerdir. Böyle mekanlarda günah işlenmesi mümkün müdür?"

Osmanlı'yı doğru olarak öğrenmek isteyenlere tavsiye edeceğimiz "İslam Hukuku'nda Kölelik-Cariyelik Müessesesi ve Osmanlı'da Harem" adlı eser Osmanlı Araştırmaları Vakfı tarafından kuşe kağıda renkli olarak basılmış.

BASINDAKİ YANKILARINDAN BAZI KESİTLER

20 Pazar, 1 Ekim 1995 Hürriyet 1 Ekim 1995 Öteki-Düny

İslami basın, haremi tartışıyor

Birinci Abdülhami
AŞK
MEKTUPl

Aşkın yakıcı ateşi ... Birinci Abdülhamid ... Topkapı Sarayı ... mektuplanı ... hakın neler yaz...

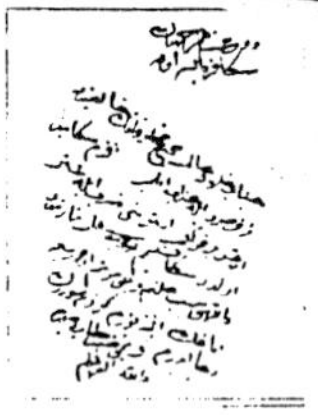

BİLİNMEYEN YÖNLERİYLE HAREM

Harem hakkında neler biliyoruz? Bu bilgilerimiz doğru mu? "Padişah'ın evi" Harem'e bir kez olsun girmeyen, onu yeterince tanımayan Batılı ve yerli Oryantalistlerce oluşturulan Harem imajı gerçeği ne kadar yansıtıyor?

Harem, Batılı ve yerli profesyonel tarih saptırıcılarının belirttiği gibi padişahların zevku safâ sürdükleri bir mekân mıydı, yoksa helâl sınırları içinde yeralan, aynı zamanda cariyelerin sıkı bir eğitimden geçtiği bir eğitim yeri olma özelliğini de taşıyor muydu?

AKSİYON, hakkında öyküler yazılan, filmler çekilen Harem'e girdi, araştırdı. Bu güne kadar yazılıp çizilenlerin gerçeği yansıtmadığını ve Harem gerçeğinin saptırıldığını; Harem'de her şeyin Osmanlı incelik ve zerafetini yansıttığını belirledi.

Osmanlı'yı günümüz insanına küçük düşürmek için olmadık yalanlar söyleyen resmî tarihçilerin çarpıtmalarına maruz kalan Harem bütün gerçekliğiyle AKSİYON'da.

Ayrıca: "El al yaman, Törüner mi?", "Yakamadık Beri Keselim", "Ekmek Namlunun Ucunda", "Seçime Yeni Kanun Aranıyor", "Senirkent'te Volkan mı Patladı?", "Hong Kong'da Giderayarak Demokrasi", "Bediüzzaman Nobel'e Aday" ve "Çin'deki 4. Dünya Kadın Kurultayı: Kadınların Kutsal İttifakı" gibi ...

"Turgut Özal'a sordum: 'Köşk'te temizlik yapan ve yemek pişiren kadın hizmetlilerle karı koca hayatı yaşıyor musunuz?' Özal önce bir şok geçirdi ve 'Sarayda sayıları yüzü bulan cariyelerin sırrını şimdi anladım' dedi"...

Bu ifadeler, bir fakülte dekanının önceki hafta yayınladığı "Osmanlı'da Harem" adlı kitaptan alındı... Harem cinsellik değil, ibadet temeli üzerinde kurulmuş yazara göre... Cariyelerin görevi sadece temizlik yapıp dua etmek... Ve sağ basın, şimdi İslami makyaja büründürülen bu haremi tartışıyor...

Hareme İslami makyaj

Prof. Akgündüz'ün, bir kesimin öve öve bitiremediği "Osmanlı'da Harem" isimli kitabından haremle ilgili bazı ifadeler... Okuyun, sonra ister gülün, ister üniversitelerde bilimin geldiği yeri düşünün:

● "...İslam Hukuku'nda bir hüküm vardır: Genç bir hoca veya terbiyeci, genç ve bıyığı bitmemiş çocuklarla fazla yalnız kalmasın. Zira nefis insanı kötülüklere sevkedebilir. Hatta bu tür gençler yüzlerine peçe bile örtebilirler. Fevkalâde bir edep kaidesi olan bu hükme bazı Osmanlı padişahları uymuşlar ve içoğlanlarına yüzlerini peçe ile örtmelerini emretmişlerdir" (Sah:46)

● "...Osmanlı haremindeki cariyeler, kadın hizmetlilerdir... Temizlikçi hanımla ev sahibinin cinsî münasebet kurması ne kadar çirkin ise, padişahların da cariyelerle münasebet kurması o kadar çirkindir... Şu anda Çankaya Köşkü'nde kaç adet kadın görevli bulunduğu malûm ama sayın cumhurbaşkanının bunlarla aile hayatı yaşadığını kimse ileri süremez" (Sah.23)

● "...Mısır ve Habeşistan çevresindeki bazı kabileler, Osmanlı Sarayı'na girmek hevesiyle kendi kendilerini hadım ettirmişlerdir" (Sah.25).

● "...Oğlan kelimesinin manası, bugün kullanılan manadan önemli derecede farklıdır. Temel kaynaklardan anladığımıza göre, oğlan kelimesinin iki temel manası vardır: ...Erkek olsun, kız olsun, evlâda ve gençlere oğlan denmektedir" (Sah.41).

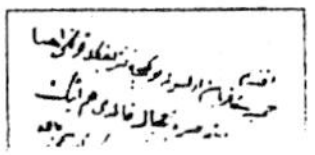

"Ruhşah'ım, Hamid'in sana kurban ola!

Alemlerin yüce yaratıcısı, bütün mahlûkların da yaratanıdır ve bir kusur ile azap eylemez... Efendim, sana bağlanmış bir kulunum; ister vur, ister beni öldür, sana teslimim... Bu gece gel, yalvarıyorum... Allah'a andolsun ki hastalığıma, belki de ölümüme sebep olursun... Ayağın altına yüzümü gözümü sürerek rica ederim... Ulu Tanrı'ya yeminler ediyorum ki, kendimi zaptedemiyorum..."

Özal'ı şoke eden harem sorusu

Cumhurbaşkanları, Çankaya Köşkü'ndeki temizlikçi kadınlarla karı-koca hayatı yaşar mı, yaşamaz mı?

Kırk yıl düşünülse, pek kimselerin aklına gelmeyecek gibi olan bu çok zarif soruyu bir hukuk tarihi profesörü bir cumhurbaşkanına, rahmetli Özal'a sormuş... Maksadı, cumhurbaşkanları temizlikçi kadınlara nasıl yan gözle bakmazlarsa, vaktiyle padişahların da cariyelere öyle bakmadığını ispat etmekmiş...

Kitabın adı, "Osmanlı'da Harem"... Bir iki hafta önce çıktı ve üzerinde "Prof. Dr. Ahmet Akgündüz" yazılı... Yani Cumhurbaşkanı'na "Hizmetçi kadınlara yan gözle bakar mısınız?" diye soruveren profesörün ismi... Sağ basında hemen her gün bu kitap yazılıyor, dergiler ondan alıntılar yapıyor, radyolarla TV'lerde bol bol sözü ediliyor...

Neler var, neler bu kitabın içinde...

Yanlış maksadı, haremin nasıl "faziletli" bir yer olduğunu dünya aleme ...

... edenleri de var ama, neredeyse tamamı temizlik, ahçılık, yahut çamaşır gibi işlerle uğraşıyor, sonra da bol bol ibadet ediyorlar... Afrika'dan gelme zenci haremağaları da, Osmanlı Sarayı'na girebilmek için, kendi kendilerini önceden hadım etmişler zaten...

İşte, bilimin üniversitelerimizde ulaştığı son nokta: "Osmanlı Kanunnameleri" adında cilt cilt kitaplar çıkartan ama "narin ayağın" sözünü "çarık ayağın" (sayfa 415) okuyup ...

Osmanlı'nın muzırları

Cinsellik konusunda, günümüzden çok ileridedir Osmanlı... Cinselliği yazan kaleme sınır yoktur, sansüre hiç rastlanmaz o zamanlarda... İşte, hareme İslami makyaj yapanların gözardı edip yok saydığı muzır yazmalarla ilgili küçük bir bibliyografya...

● "Defâ'i-Gamûm ve Rafâ'i-Humûm"... İstanbul Üniversitesi Kitaplığı, TY.9659... Yazarı Gazalî, konusu da eşcinselliğe övgü...

● "Bahname"... Yazarı Kâtipzade Mahmed ... zevki artırma yollarından bahsediyor... Yine aynı kitaplıkta, TY.7152 numarada...

● "Şihabeddin'in... Revan Kitapları 1702 numarada... Padişahlar için hazırlanmış "yatak oyunlarıyla"la dolu...

● "Defter-i Aşk"... 18. yüzyılın ünlü şairi Enderunlu Fazıl'ın, gönül verdiği erkek sevgililerini anlattığı kitap... Üniversite Kitaplığı'nda, TY.5502 numarada...

● "Hamse-i Atâî"... İslam Eserleri Müzesi ...

21 EYLÜL 1995 PERŞEMBE

SOHBETLER

AHMED ŞAHİN

"Osmanlı'da Harem Hayatı"

Osmanlı'nın masum ve mazbut harem hayatını niçin çarpıtarak anlatıyorlar? Bunu bir misalle arzedeyim izin verirseniz.

Efendim, iki kör oturmuş yemek yiyorlarmış.

Biri şüphelenmiş de demiş ki:

- Arkadaş! Lokmaları neden ikişer ikişer alıyorsun?

Öteki şaşırmış.

- Yahu demiş, ikimiz de körün tekiyiz. Nasıl olup da benim lokmaları ikişer ikişer aldığımı anlıyorsun?

Şöyle cevap vermiş:

- Ben ikişer ikişer alıyorum da ondan!

Demek insan herkesi kendisi gibi bilir, kendisinde var olan kötülüğün başkasında da var olduğunu düşünerek hüküm verir.

Duvarları ayetlerle, hadislerle süslü Osmanlı sarayında sultan ve devlet büyüklerinin burada içkili, sazlı, sözlü harem hayatı yaşadıklarını yazan tarihçilere sorsanız:

- Nereden biliyorsunuz Osmanlı'nın haremde sefihce yaşadığını?..

Eminim diyecekler ki:

- Kendimize kıyasla biliyorum. Çünkü onların eline geçen imkan bizim elimize geçse biz de öyle sefihce yaşardık...

Evet, böyle diyecekler...

İşte biz bu zihniyetle yazılmış tarihleri üzüntü ve elemle okurken bir de bakıyoruz ki, uzun zamandır Osmanlı arşivlerinde çalışmakta olan Prof. Dr. Ahmet Akgündüz nihayet çalışmasını tamamlayıp Osmanlı'da Harem Hayatı adında (450) sayfalık büyük boy bir kitapla bütün vesikaları sunmuş gözlerimizin önüne.

Kitabı gözden geçirenler anlayacaklardır ki, Osmanlı'nın harem hayatında İslâm hukukunun hükümleri geçerlidir. Hanımlar, köle ve cariyeler İslâm fıkhının hükümleriyle amel eder, durumlarını buna göre ayarlarlar. Böylesine mazbut bir hayatta kimse başına buyruk hareket edemezken, bir kısım tarihçiler buralarda içkili, sazlı, sözlü alemlerin tertip edildiğini yazmakla kalmıyor, daha da ileriye giderek bir kısım oğlanların dahi kadın yerine istimal edildiğini bile yazabiliyorlar.

Yani haremde cinsi sapıklık olduğunu iddia edebiliyorlar.

İsterseniz Akgündüz Hoca'nın, bu gibi çarpıtmaları da bir bir tesbit edip gözler önüne serdiği kitabından bir çarpıtma örneği verelim.

Bilindiği üzere bugünkü dilde (çocuk, yavru, evlad) kelimeleri hem erkek, hem de kız mânâsına kullanılmaktadır. Tıpkı Osmanlı'da da, (oğlan) kelimesinin böyle her iki mânâya da kullanıldığı gibi.

Hatta Osmanlı, (oğlan) kelimesini o günlerde erkekten çok kız mânâsına kullanmaktadır. Nitekim Akgündüz'ün kitabında, hem de fotokopisini verdiği hadis tercümesinde bakınız Osmanlı (oğlan) kelimesini nasıl (doğurgan kız) mânâsına kullanmıştır!

Hangi vasıfta bir kızla evleneyim? diye soran birine Peygamberimiz(s.a.v.)'in verdiği cevabı Osmanlı şöyle tercüme etmiştir:

- Doğurgan bir (oğlanla) evlenin. Zira ben ümmetimin çokluğuyla iftihar ederim, kıyamette. Öyle ise siz de (doğurgan oğlan) ile evlenin ki, ümmetim çok olsun...

Burada geçen (oğlan) kelimesinin kız mânâsına kullanıldığı (doğurgan) kaydıyla da anlaşılmaktadır. Ne var ki Osmanlı'yı da kendisi gibi seks manyağı zanneden kör tarihçi, bakın bunu nasıl anlatıyor:

- Osmanlı'da harem hayatı iyice bozulmuştur. Hatta erkekleri dahi kadın yerine koyuyorlar, oğlanlarla bir olmayı dahi tavsiye ediyorlar kitaplarında!..

Şimdi anlıyor musunuz Osmanlı'ya yapılan iftira ve isnadlar ne türlü çarpıtmalarla geçmekte tarih kitaplarına... Kitapta bunlar örnekleriyle anlatılmıştır.

Osmanlı'da Harem Hayatı'nı isteme adresi: Telefon: (0-212) 517 51 63. P.K. (6) Beyazıt-İstanbul.

BASINDAKİ YANKILARINDAN BAZI KESİTLER

Kültür-Sanat

Türkiye • YÖNETEN: ÖZCAN ÜNLÜ

IRCICA'da konferans

İSTANBUL-İslam, Tarih, Sanat ve Kültür Araştırma Merkezi (IRCICA) Yıldız Sarayı Çit Kasrı'nda yarın saat 17.00'de Iraklı hattat ve araştırmacı Yusuf Zünnun "Hadeli Kitabeleri ve İslam Öncesi Arap Yazısına Tesirleri" konulu bir konferans verecek.

10

22 EYLÜL 1995 CUMA

Osmanlı'da Harem

Prof. Dr. Ahmet Akgündüz, Cumhuriyet'in ilk yıllarından beri istismar edilen, okullarda yanlış okutulan Osmanlı'da Harem meselesini bütün yönleriyle ele alarak tarihe ışık tutuyor

"Musul Meselesi"

Eser, günümüzde Kuzey Irak'ta yaşanan kavganın tarihi kökenlerini gözler önüne seriyor

M.Ü. İletişim Fakültesi Araştırma Görevlisi Ayhan Aydın, Birinci TBMM'nde kavgalara sebep olan, cinayet tartışmalarını gündeme getiren Musul'un nasıl elimizden çıktığını tarihi belgelere dayanarak inceledi. "Musul elimizden çıkarsa ayrılıklar keskinleşir. Kürt devleti gündeme gelir" diyen milletvekillerinin haklılığı, İngilizler'in bugünkleri nasıl hazırladığını öğrenmek ve gelecek için siyaset oluşturmak isteyenlerin okuması gereken bir çalışma.

Ayhan Aydın'ın Musul Meselesi'ni okuyunca, dün Osmanlı Devleti'ni bölmek isteyenlerle bugün Türkiye'yi bölmeye çalışanların aynı düşman olduğunu, rollerin ve oyuncuların değiştiğini anlama bunun yanında cehaletleri yüzünden emperyalistlerin masası durumuna düşen zavallıları da görüyoruz.

İletişim Fakültesi Dekanı Prof.Dr.Mahmut İhsan Özgen'in takdirniyle sunulan Musul Meselesi, Os-

EKREM KAFTAN

İSTANBUL-Tarihinin parlaklığı nisbetinde karalanmaya çalışılan, yanlış öğretilen ve anlatılan, Osmanlı'nın dışında başka devlet yoktur.

Cumhuriyet'le beraber yeni sistemi oturtmak için Osmanlı'yı bütün yönleriyle kötüleme politikası takib eden zihniyet, ecdadın bütün müsbetlerini menfi göstermek için uğraştı.

Bir çok yabancı da Türkiye'de takib edilen politika çerçevesinde kitaplar kaleme aldılar, filmler yapılar.

Aynı zihniyetin eseri olarak, bugün de eğlencelerde "Osmanlı Usûlü" adı altında her türlü mel'anet işleniyor.

Osmanlı'da Harem hususu da başta okullar olmak üzere, her zaman ve fırsatta kötülendi, yanlış anlatılarak ecdadın mahre-

...su başı çekmiştir" dedi.

Prof. Dr. Ahmet Akgündüz, Gerçek Harem Nedir? sualinin cevabı için üç hususun bilinmesi gerektiğini söyleyerek, bunları şöyle sıraladı:

"Birincisi, her konuda olduğu gibi harem konusunda da tarihimiz çarpıtılmış ve saptırılmıştır. İkincisi, İslam ... yanlış anlaşılması. Tarih Boyu Muhtelif Toplumlarda ve Dinlerde Kölelik-Cariyelik Müessesesi, İslam hukuku'nda Kölelik ve Cariyelik Müessesesi, Osmanlı Uygulamasında Kölelik ve Cariyelikle İlgili Bazı Müesseseler, Gerçek Harem Nedir, On sene Harem'de Öğretmenlik Yapan Bir Hanımefendi'nin Gözüyle Harem Hayatı'nın Ana Hatları, Kölelik, Cariyelik ve Harem Hakkında Bazı Sorulara Cevaplar."

TOPKAPI SARAYI VE HAREM DAİRESİ

Eserde Topkapı Sarayı ve Harem Dairesi bütün teferruatıyla ve fotoğraflarla okuyucuya tanıtılıyor. Sarayın planı, her dairenin ve odanın hangi maksatla kullanıldığı, kapıların üstünde ve duvarlarda yer alan mükemmel hatlarda nelerin yazılı olduğu da ihmal edilmemiş.

Prof. Dr. Ahmet Akgündüz, Harem'de yazılı metinlerin bazı cahil rehberler...

Prof. Dr. Ahmet Akgündüz

"Basın Rehberi"

Emekli Gazeteci Yusuf Tavus'un, basın mensuplarını ve basında mesleki olanları yakından ilgilendiren Basın Rehberi adlı kitabı 4. baskısını yaptı.

Yusuf Tavus, kitabında şu başlıklara yer veriyor:

"Gazeteci Kimdir, Kim Değildir?, Basın Kartı ve Çeşitleri, Basın Kanunu, Ba-

YENİ ASYA

PAZARTESİ • 18 EYLÜL 1995 • YIL: 26 • SAYI: 9116

Harem iftiralarına belgeli cevap

Prof. Dr. Ahmed Akgündüz'ün "Osmanlı'da Harem" kitabı çıktı

"Osmanlı'da Harem" isimli eserin kapağında Harem'in Hünkâr Sofası'ndan alınan bir görüntü kullanılmış. Şimdiye kadar çekilen filmlerde ve yazılan kitaplarda "padişahların eğlence yeri" olarak anlatılan bu bölümün duvarlarını süsleyen âyetler, âdeta bu iftiraları müfterilerin yüzlerine çarpıyor.

Bilecik Üniversitesi İktisadî ve İdârî Bilimler Fakültesi Dekanı Prof. Dr. Ahmed Akgündüz'ün kaleme aldığı "Osmanlı'da Harem" isimli kitap, bugüne kadar Osmanlı padişahlarına bu konuda atılan iftirâları tek tek çürütüyor.

• Haremle ilgili olarak yerli ve yabancı yazarların anlattığı bilgilerin baştan sona yanlış ve iftira dolu olduğunu belirten Prof. Ahmed Akgündüz, "Tanzimattan sonra geçen 150 yıl içerisinde ve özellikle son 70 yıl içinde Osmanlı'da harem konusu, sık sık gündeme getirilerek, istismar edildi. Osmanlı padişahlarının mahrem yeri olan bu mekân, kitlelere çarpıtılarak anlatıldı. Bilen bilmeyen herkesin kaleme aldığı harem konusu, bir Osmanlı torunu, bir Müslüman olarak beni fevkalâde rahatsız etti. Bunun üzerine bu konuyu araştırıp gerçekleri ortaya koymaya karar verdim" dedi.

• Prof. Ahmed Akgündüz, 470 sayfalık eseri hazırlarken "İslâm hukukunda cariyelik ve kölelik" konusunda da çok geniş araştırmalar yaptığını belirterek, şunları söyledi: "Beni bu konudaki çalışmalarımı hızlandırmaya sevkeden en önemli faktör, Gözde isimli yabancı film oldu. Bu filmde güya Osmanlı'da harem anlatılıyordu. Çırılçıplak görüntüler arkasında âyet-i kerimelerin yazıldığı tablolar okunuyordu. Ertesi sabah Topkapı Sarayına gittim. Harem'in kapısında, 'Ey îman edenler, izin verilmeden kesinlikle Peygamberin evine girmeyin' meâlindeki âyet yazılıydı."

• Daha sonra Viyana'ya giderek kütüphânelerden bilgi edindiğini anlatan Akgündüz, Viyana'da kralların saraylarına yattıktan kadınların heykelini yaptırdıklarını, ayrıca resimlerini çizdirerek odalarına astıklarını gördüğünü anlattı. Yabancı yönetmenlerin buralardan esinlenerek yaptıkları filmleri, "Osmanlı'da harem hayatı" diye sunduklarını kaydeden Akgündüz, Osmanlı padişahlarının özel hayatına ve haremine dair yazılan ve çizilen iftiraların bu eserle çürütüldüğünü belirterek, "Avrupalı seyyahların, Osmanlı padişahlarının evleri olan hareme girmesinin mümkün olmadığı böylece anlaşılmıştır" şeklinde konuştu.

Gazetemizi ziyaret ederek Genel Yayın Müdürümüz Kâzım Güleçyüz'e "Osmanlı'da Harem" isimli eseri hakkında bilgi veren Prof. Dr. Ahmed Akgündüz, kitabın tanıtımı için eseri basan Osmanlı Araştırmaları Vakfı (OSAV) tarafından büyük bir program tertip edileceğini söyledi. İftiraları yerle bir eden 470 sayfalık eser 7 bölümden meydana geliyor. (Ferat ÇAKIR)

BİBLİYOGRAFYA

1- Harem'le İlgili Belge Bulunan Arşivler:

Belediye Kütüphanesi, Muallim Cevdet Yazmaları.

BOA, Cevdet- Maliye;

BOA, Cevdet-Saray;

BOA, Mesâil-i Mühimme, İngiltere,

BOA, İbnül-Emin Tasnifi, Saray,

BOA, İrâde, Meclis-i Vâlâ;

BOA. Vakıf Defteri.

Bursa Şer'iyye Sicilleri, A 33/21 ve diğerleri

İstanbul Müftülüğü Şer'iye Sicilleri Arşivi (İMŞSA şeklinde kısaltılmıştır) Mesela bkz. Beşiktaş Mahkemesi, No: 23-127, İstanbul Kadılığı, No: 1-89

Topkapı Sarayı Merkez Arşivi (TSMA şeklinde kısaltılacaktır)

Ve diğer fonlar.

2- Periyodik Yayınlar:

Diyanet Dergisi, Ankara.

Dünya Gazetesi, 1992

Düstûr, I. Tertip, c. I-IV.

Hayat Tarih Mecmuası, İstanbul 1965-1978.

Hayat Mecmuası, İstanbul 1958- ?.

Milli Tetebbulâr Mecmuası (Metinde "MTM" olarak kısaltılmış, C. I-II, İstanbul 1331.

Milliyet Gazetesi, 1992-1994

Nokta Dergisi, 14-20 Mart 1993; 2 Nisan 1989 Kapak Yazısı.

Resimli Tarih Mecmuası, İstanbul, 1950- ?.

Tarih Dünyası, İstanbul, 1950-1952.

Tarih Hazinesi, İstanbul, 1950-1953.

Tarih Ve Toplum, İstanbul, 1987-1993.

Tempo 10-16 1994 Kasım.

Türk Edebiyâtı Dergisi, İstanbul 1994.

Türkiye Gazetesi, 1992-1995.

Zaman, İstanbul, 1992-1995.

3- Kitaplar Ve Makaleler:

A. D., Alderson, **The Structure of the Ottoman Dynasty**, Oxford 1956.

A. Sühey Ünver, **Edirne Fatihi'nin Cihannüma Kasrı,** Istanbul, 1953

Abadan, Yavuz, **Hukuk Başlangıcı Ve Tarihi**, İstanbul 1943, sh. 115;

Abdülaziz Bey, **Osmanlı Âdet, Merâsim Ve Tabirleri (Âdât Ve Merâsim-i Kadîme, Tabirât Ve Muâmelât-ı Kavmiyye-i Osmâniyye),** Tarih Vakfı Yayınları, İstanbul 1995.

Abdülbaki, M. Fuad, **el-Mu'cem'ul-Müfehres li elfâz'il-Kur'an'il-Kerim**, Kahire, ty., Dar ü'l- Kütüb il Mısriyye.

Abdullah bin İbrahim, **Vakiat-ı Sefer-i Sultan Süleyman-ı Sani,** Belgrat, 1101, Yazma Top. Ktp. R. No : 233

Abdurrahman Şeref, **Topkapı Saray-ı Hümâyûnu**, Tarih-i Osmânî Encümeni Mecmuası, c. I, Cüz,.5-12, Istanbul, 1329

Aga Seyyid Muhammed Ali, **Ferheng-i Nizâm**, c. III, Haydarabad 1934

Ahmed bin İbrahim, **Hâmilet'ül-Kübrâ,** Topkapı Kütüphanesi, E. H. No: 1403, Vrk. 3/b-18/b (Bu kitap kızlarğası ile alakalı Osmanlı Döneminde yazılmış en önemli eserlerdendir ve I. Mahmud'un Harem Ağası Beşir Ağa'nın emriyle 1163 tarihinde kaleme alınmıştır

Ahmed Cevdet Paşa, **Cevdet Tarihi**, 12 cilt, Istanbul, 1301-1309.

Ahmed Lütfi, **Tarih-i Devlet-i Aliyye-i Osmâniyye,** İstanbul 1291-1306.

Ahmed Şefik Beğ, **Er-Rıkku Fil-İslâm,** İstanbul 1314

Ahmed Refik, **Kadınlar Saltanatı,** 4 cilt, Istanbul, 1332-1923;

- **Mahmud-ı Sani'nin Validesi,** TOEM, 9 (86), Istanbul, 1341

- **Lâle Devri**, Istanbul, 1932

- **Samur Devri**, Istanbul, 1927

- **Sokullu**, Istanbul, 1924

- **Kızlar Ağası,** İstanbul 1926.

Ahmed Reşad, **Abdülhamid ve Kadınları**, Tarih Dergisi II, Istanbul, 1950

Ahmed Saib, **Abdülhamid-i Sani**, I, Istanbul, 1308

Ahmed Tevhid, **Selçuk Hatun Sultan**, TOEM, Cüz, 15, Istanbul, 1928

Akdağ, Mustafa, **Türk Halkının Dirlik ve Düzenlik Kavgası (1500-1608),** İstanbul 1975.

Akgündüz, Ahmed, **Osmanlı Kanunnâmeleri ve Hukuki Tahlilleri**, c. I-VIII, İstanbul 1990-1994;

- **Karahanlıların Büyük Hukucusu Ebû Zeyd Debûsi ve Mezheplerarası Mukayeseli Hukuka Tesirleri,** SÜHFD, C II, 1989, S. 2.

- **Mukayeseli İslâm ve Osmanlı Hukuku Külliyatı,** Diyarbakır 1986, DÜHFY.

- **Umumi Hukuk Tarihi Ders Notları,** Konya, 1991 Mimoza Yayını.

- **Gerçek Harem Nedir?** Türk Edebiyatı. S. 247, Mayıs 1994,ss. 6-10.

- **Şer'iye Sicilleri** (Hey'et ile birlikte), C. I-II, İstanbul, 1988-1989, TDAV Yayını.

- **İslâm Hukukunda Ve Osmanlı Tatbikatında Vakıf Müessesesi**, Ankara 1988, İstanbul 1996 (OSAV).

Akgündüz, Ahmed/Cin, Halil**, Türk Hukuk Tarihi**, C. I-II, Konya 1989, SÜHFY; ve İstanbul 1990, İstanbul 1996 (OSAV).

Akkutay, Ülkü, **Enderûn Mektebi**, Ankara 1974.

Aksan, Doğan, **"Oğlan Kelimesinin Semantik Seyri; Anlam Daralması Bölümü", Anlambilimi Ve türk Anlambilimi**, DTCF Yay., Ankara 1971, 1987'de 3. Baskı.

Aleksander Pallis**, In the Days of the Janissaries**, London 1951.

Alev Lytle Croutier, **Harem The World Behind the Veil,** New York, 1989.

Ali Fuat Türkgeldi, **Görüp İşittiklerim**, Ankara 1951.

Ali Himmet Berki, **Büyük Türk Hükümdarı,** İstanbul Fatihi Sultan Mehmet Han, Istanbul, 1953

Ali Rıza Sağman, **Fatih'in Anası,** Resimli Tarih Mec., Istanbul, 1953

Ali Seydi Bey, **Teşrîfât Ve Teşkilâtımız**, Tercüman 1001 Temel Eser, İstanbul 1978.

Cin, Halil, **Mirî Arazi ve Bu Arazinin Özel Mülkiyete Dönüşümü**, Konya, 1987.

- **İslâm Hukukunun dinamizmi**, Diyanet Dergisi, Ankara 1976.

- **Türk Hukuk Tarihi**, (Ahmed AKGÜNDÜZ'le beraber), C. I-II, Konya 1989 ve İstanbul 1990.

Cin, Halil/Akyılmaz, Gül Bülbül, **Tarihde Toplum Ve Yönetim Tarzı Olarak Feodalite Ve Osmanlı Düzeni**, Konya 1995.

Cowvel F. R., **Everyday Life in Ancient Rome**, Newyork 1961.

Çağatay, Neş'et, **İslâm'da Ve Osmanlı'da Kölelik ve Câriyelik**, Bilim ve Ütopya, Ocak 1996.

d'Ohson, Ignatius Mouradja, **Tableau General de l'Empire Othoman**, Paris 1790, c. III, **Harem-i Hümâyûn** (Türkçeye Çeviren: Ayda Düz, İstanbul 1972, Hayat Tarih Mecmuası İlâvesi).

Damad=Şeyhzâde.

Davudoğlu, Ahmed, **Sahih-i Müslüm Tercüme ve Şerhi**, İstanbul 1977, c. I, II. B., Sönmez Yayınları.

Deli Birader (Piyâle Bey), **Dâfi'ul-Gumûm vel-Hümûm**, İÜ, TY, No: 1400, 9659.

Demiroğlu, Faiz, **Sultan Ahmed'in Veziriazama Mektupları,** Yeni Tarih Dünyası II, Istanbul, 1954

Demir, Fahri, **İslâm Hukukunda Mülkiyet Hakkı ve Servet Dağılımı,** Ankara 1976

Derviş Abdullah , **Risale-i Teberdariye fi Ahval-i Ağa-yı Darüssaade**, Bursa, 1155, Köprülü Kitaplığı Yazmaları, Kısım, 2, No: 233

Develioğlu, Ferit, **Osmanlıca-Türkçe Ansiklopedik Lüğat**, Ankara 1992, 10. Baskı, Aydın Kitabevi.

Di Marzo, Salvatore, **Roma Hukuku**, Çev. Ziya UMUR, İstanbul 1959.

Driver, G. R./Miles John C., **The Babyllonian Laws**, Vol. I, Oxford, 1960.

Dukas, Vl. Mirmiroğlu Çevirisi, **Bizans Tarihi**, Istanbul, 1956

Dürrî-zâde Es-Seyyid Mehmed Ârif Efendi, **Netîcet'ül-Fetâvâ,** İstanbul 1276.

Düzdağ, Mehmet Ertuğrul, **Şeyhulislâm Ebussuûd Efendi Fetvaları Işığında 16. Asır Türk Hayatı,** İstanbul 1972- Enderun Kitapevi.

Divitçioğlu ,Sencer, **Asya Üretim Tarzı ve Osmanlı Toplumu**, Kırklareli, 1981.

Eberhard, Wolfram, **Çin Tarihi**, Ankara 1947.

Ebû Ubeyd, Kasım b. Sellâm (ö.224/839), **Kitabu'l-Emvâl**, Beyrut, 1981, Müessesetü Nasır Lis'sekafe.

Ebu Ya'lâ El-Ferrâ, **El-Ahkâm'üs-Sultâniyye**, Kahire.

Ebu Yusuf, Yakup b. İbrahim (ö. 182/798), **Kitabu'l-Harâc**, Bulâk 1302.

Ebüssuud Efendi, **Fetâvâ**, Süleymaniye Kütüphânesi, İsmihan Sultân, 223-225.

Eşref bin Mehmed, **Hazâin'üs-Sa'âdât**, Topkapı Sarayı Kütüphânesi, III. Ahmed, No: 557, Vrk. 10/B;

Ehud R. Toledano, **Osmanlı Köle Ticareti 1840-1890**, İstanbul 1994

Elif Naci, **Fatma Sultan İle Melek Ahmed Paşa**, Cumhuriyet Gazetesi, 29/6/1964

Emin Cenkmen, **Osmanlı Sarayı ve Kıyafetleri**, Istanbul, 1958

Emir Keykavus, **Kâbûs-nâme** (Terc. Mercimek Ahmed, II. Murad'ın emriyle, Neşre Hazırlayan, Orhan Şaik Gökyay), Ankara 1974.

Enc. of Religion and Ethics, c. IV. XI, XII, XX,

Encyclopedia Britannica, Volume, XX, "Slavery" article, U.S.A.,1969.

Engin, Nihat/Akyüz, Vecdi, **Asr-ı Sa'âdet'te Kölelik ve Câriyelik**, İstanbul 1994, c. I, sh. 493-494

Enderûnlu Fâzıl, **Hûbân-nâme**, İstanbul 1286; İÜ, TY, No: 5502.

-**Zenân-nâme**, İstanbul 1286; İÜ, TY, No: 5502.

- **Defter-i Aşk**, İstanbul 1286; İÜ, TY, No: 5502.

- **Çengi-nâme**, İstanbul 1286; İÜ, TY, No: 5502; Şemseddin Sami, Kâmus'ül-A'lâm, c. V, sh. 3331.

Erdost, Muzaffer İlhan, **Osmanlı İmparatorluğunda Mülkiyet İlişkileri-Asya Biçimi Ve Feodalizm**, Ankara 1989.

Ergins, Zıyâ, **Osmanlı Haremi Ne Zaman Kuruldu?,** Tarih Dünyası, Yıl 1, Sy. 8-9, 15 Ağustos 1950.

Everymar's Encyclopedia, Volume, XI, "Slavery" article, Fifth edition, London, 1967.

Fendoğlu, Hasan, Tahsin, **"Aristoteles'in Devlet Felsefesi ve Önceki Anayasa Hukukumuz",** DÜHFD, Sayı, 6, 1993, s. 129-155

- **Roma ve Osmanlı'da Devlet Felsefesi**, Bilgi ve Hikmet Dergisi, Kış 1994/5, s. 127-136.

- **Eski Hukukumuzda Kölelik**, Diyarbakır 1994, Basılmamış Doçentlik Tezi.

Fişekçi, Oya, **Süreli Yayınlar Kataloğu 1982,** Ankara 1983.

Franz Babinger, **Mehmed der Eroberen**, Münih 1953

Galantı Avram, **Asur Kanunları,** İstanbul 1933, sh. 7.

Giz, Adnan, **Ayşe Sultan**, Tarih Dünyası I, Istanbul, 1950.

- **Osmanlı Prensesleri**, İstanbul Üniversitesi Edebiyat Fak. Ktp. Tez no: 27

- **II. Mahmud'un Kızları,** Tarih Dünyası I, Istanbul, 1950

- **Osmanlı Sarayının En Mesut Kadını: Gülnuş Sultan**, Tarih Dünyası I, Istanbul, 1950

- **Üç yaşında Evlenen Sultanlar**, Tarih Dünyası I, Istanbul, 1950Gustav Lobon, Arap Medeniyeti

Gökbilgin, **Tayyib, Hurrem Sultan**, İslam Ansiklopedisi V/I, Istanbul, 1950;

- **XV-XVI. Asırda Edirne Paşa Livası,** Istanbul, 1953

Gökyay, Orhan Şaik, **Deli Birader**, TDVİA, IX, sh. 135-136.

Haşmet (Şair), **Velâdetname-i Hibetullah Sultan**, Istanbul, 1182, yazma, Top. Ktp, Hazine, N0: 1603

Halaçoğlu, Yusuf, **XVIII. Yüzyılda Osmanlı İmparatorluğunun İskân Siyaseti ve Aşiretlerin Yerleştirilmesi**, Ankara 1991, 2. Baskı, TTK Yayını.

Halis Eşref, **Külliyât-ı Şerh-i Kanun-ı Arazi**, İstanbul.

Halit Ziya Uşaklıgil, **Saray ve Ötesi**, 3 cilt, Istanbul, 1940-1942

Hamidullah, **Muhammed, İslâm Peygamberi**, c. I-II, İstanbul 1980- "Abd" maddesi, TDV. İA. C. I, İstanbul 1988.

- **İslâmda Devlet İdaresi,** İstanbul 1969.

Hammer, **L'histoire de l'empire Ottoman**, Terc. J.J Hellert. Tom. 6 Livre XXXIV, Paris 1836.

Hans Dernschwam, **İstanbul Ve Anadolu'ya Seyâhat Günlüğü** (Çev. Yaşar Önen), Ankara 1992.

Haskefî, **Dürr'ül-Münteka Şerh'ül-Mülteka**, II, 553 (Damad Şerhi kenarında).

Hayrullah, **Tarih-i Osmanî,** 18 cilt, Istanbul, 1273-1292

Hezarfen, Hüseyin Efendi, **Telhis'ül-Beyan Fi Kavânin-i Ali Osman**, Paris Bibliotique National 'daki Nüsha.

Hiçyılmaz, Ergun, **Çengiler, Köçekler, Dönmeler, Lezo'lar**, İstanbul 1991;

- **Eski İstanbul Meyhâneleri Ve Âlemleri**, İstanbul 1992;

- **Eski İstanbul'da Muhabbet**, İstanbul 1989.

Huberman, Leo, **Feodal Toplumdan Yirminci Yüzyıla** (Çev. Murat Belge), İstanbul 1991, sh. 14-18

Hurşit Paşa'nın Saray Hâtıraları, Hayat Tarih Mecmuası, İstanbul 1965, V, sh. 60-61

Hüseyin Aksarayî (Hafız), **Hadıkat ül Cevami'**, 2 cilt, Istanbul, 1281

Hüseyin Amuca, **Çerkez Kızları Saraydan Niçin Çıkarılmıştır?**, Yeni Tarih Düyası Istanbul, 1953

Hüseyin Hüsameddin, **Orhan Bey'in Vakfiyesi**, TOEM, no. 17-94, Istanbul, 1926

Hızır İlyas, **Tarih-i Enderûn (Vakâyi'-i Letâyif-i Enderûn),** İstanbul 1276.

İbn-i Âbidin, **Redd'ül-Muhtâr**, Kahire 1967-1968, c. I-VI.

İbn-i Nüceym, Zeynüddin, **El-Eşbâh Ven-Nezâir**, Beyrut Ofset 1985.

İbnül-Emîn Mahmûd Kemal İnal, **Son Sadrazamlar**, I-IV. İstanbul 1982.

- **Son Asır Türk Şâirleri,** İstanbul 1988, I-IV.

İbrahim Canan, **Kütüb-ü Sitte,** İstanbul 1995, I-II.

İbrahim Hakkı, **Ma'rifetnâme**, İstanbul, Sultan Reşad Devrinde BasılmışTy.

İmam Bûsırî, **Kasîde-i Bürde,** İstanbul 1297.

İnalcık, Halil, **Harem Bir Okuldu**, Tempo 10-16 1994 Kasım Sy. 175, sh. 34;

İncil, VI. Bölüm.

İslâm Ansiklopedisi, MEB, Ankara, I-XII.

İslâm Ansiklopedisi, TDV, I-XI.

Kadircan Kaflı, **Turhan Sultan,** Yeni Tarih Dünyası I, Istanbul 1953

Kâmil Miras, **Sahih-i Buhari Muhtasarı Tercümesi,** c. VII, Ankara.

Karadeniz, Özcan, **Roma Hukuku**, Ankara 1982.

Karakoç, Serkiz, **Küllyât-ı Kavânîn**, c. I-XXX, Ankara TTK Kitaplığı

KÂSÂNÎ, Alaüddin Ebûbekr b. Mesûd, (ö. 597/ 1191), **Bedâi'u-s-Sanâyi'**, C. I-VII, 2. B., Beyrut, 1394/ 1974.

Kenize Murad, **Saray'dan Sürgüne**, İsis Yayınları, 1990.

- **Avrupa Feodalitesi İle Türklerin Timar Teşkilatının Mukayesesi**, İÜHFM, c. 17, Sy. 3-4, sh. 847-857;

- **Fedolitenin İctimâî Mahiyeti, Menşei, Avrupanın Siyasi Ve Medenî İnkişâfındaki Rolü**, İÜHFM, c. 17, Sy. 1-2, sh. 351-360;

- **Feodalite Nizâmı Ve Tîmâr Usulü**, Doktora Tezi, İÜ, Hukuk Fak. Küt.

Öztuna, Yılmaz, **Devletler ve Hânedânlar-İslâm Devletleri**, Ankara 1989, II;

- **Osmanlı Harem'inde Üç Haseki Sultân**, İstanbul 1983.

Pakalın, M. Zeki, **Tarih Deyimleri ve Terimleri Sözlüğü**, I- III, İstanbul 1983.

Parlatır, İsmail, **Tanzmât Edebiyatında Kölelik**, TTK, Ankara 1992.

Pars Tuğlacı, **Osmanlı Saray Kadınları,** İstanbul 1985.

Patris Larok, **Ümem-i Nasrâniyye'deki İstirkâk Hakkında Mutâla'ât**, Paris

Penzer, N. M., **The Harem**, London 1936

Prenses Cavidan'ın Hatıraları, Tarihin Sesi I, Istanbul 1956

R. Brunsschvig, **Abd** Maddesi, EI^2, I, Leiden 1960, sh. 25;

Raşit Tarihi, V. cilt, Istanbul, 1282

Rifat Osman, **Edirne Sarayı,** Ankara 1989.

Riko, **Histoire de Letat present de Lempire ottoman**, Fransızca çevirisi, Paris1670

Robert Withers, **A Description of the Grand Signoir Seraglio or the Turkish Empereours Court**, London 1650

Safiye Ünüvar, **Saray Hatıraları,** İstanbul, 1964

Sahillioğlu, Halil, **Onbeşinci Yüzyılın Sonu İle Onaltıncı Yüzyılın Başında Bursa'da Kölelerin Sosyal Ve Ekonomik Hayattaki Yeri**, ODTÜ, Gelişme Dergisi, 1979-1980, Özel Sayı, sh. 74;

Sarâ Ertuğrul, **Geçmiş Zaman Olur ki**, Istanbul, 1953

Sava Paşa, **İslâm Hukuku Nazariyâtı Hakkında Bir Etüd**, Ankara 1958, I-II

Saymen, Ferit, **Türk Medeni Hukuku**, c. II, İstanbul 1960.

Saz, Leyla Hanım, **Harem Ve Saray Âdât-ı Kadîmesi**, Vakit Gazetesi 1332;

- **Saray ve Harem Hâtıraları,** Yeni Tarih Dergisi II, İstanbul 1958.

Selahaddin, Muhammed, **Özgürlük Arayışı ve İslâm**, Çev. N. Ahmed ASRAR, İstanbul 1989.

Serahsî, Ebûbekir Muhammed b. Ahmed (ö. 490), **el-Mebsût**, C. I-XXX, Beyrut.

- **Şerhu's Siyer'il-Kebir**, Basım yeri ve ty., C. I-V, Yayınlayanı yok.

Sertoğlu, Mithat, **Osmanlı Tarih Lügati**, İstanbul 1986;

- **Topkapı Sarayında Gündelik Hayat**, İstanbul 1974.

Silâhdar Mehmed Ağa, **XVII. Asır Saray Hayatı,** Ankara 1947

Spitzer, Yazan, Cemal Kutay**, Harem'e İlk Giren Yabancı Doktor Olarak Gördüklerim**, Tarih Konuşuyor III, Istanbul 1965

Şadiye Osmanoğlu, **II. Abdülhamid Devrinde Harem Hayatı**, Hayat Mec. 1963/I, İstanbul 1963

Şahiner, Necmeddin, **Bilinmeyen Taraflarıyla Bediüzamman Said Nursi**, İstanbul 1988.

Şehsuvaroğlu, Bedi N., **Edirne'de Fatih Devri Eserlerine Kısa Bir Bakış**, Vakıflar Dergisi V, Ankara !962

Şahsuvaroğlu, Haluk Y., **Osmanlı Sarayının Bir Muhteşem Düğünü**, Resimli Tarih II, Istanbul, 1951

- **Abdülhamid'in Kadınları Ve Çocukları,** Resimli Tarih II, İstanbul 1951

- **Atiyye Sultân**, Resimli Tarih III, İstanbul 1952.

Şemseddin Sami, **Kamus-ı Türkî** , İstanbul 1313;

- **Kamus'ül-A'lâm**, I-VI, İstanbul 1308.

Şenel, Alaaddin, **Eski Yunan'da Eşitlik Ve Eşitsizlik Üstüne**, Ankara 1970.

Şevkânî, Muhammed, **Neyl'ül-Evtâr**, c. I-VIII, Mısır.

Şeyh Mansûr Ali Nâsıf, **Et-Tâc El-Câmi' Lil-Usûl Fî Ahâdîs'ir-Resûl,** Kahire 1961, I-V.

Şeyh-zâde, Abdurrahman bin Şeyh Muhammed (Metinde Damad diye zikredilecek), **Mecma'ul-Enhür Fî Şerhi Mülteka'l-Ebhur**, İstanbul 1322.

Tabakoğlu, Ahmet, **Türk İktisad Tarihi**, İstanbul 1994.

Tahsin Öz, **İstanbul Camileri**, Ankara 1962

Tahiroğlu, Bülent, **Osmanlı İmparatorluğunda Kölelik**, İÜHF Mecmuası, XLV-XLVII, S. 1-4, İstanbul 1982.

Tanışık, İbrahim Hilmi, **İstanbul Çeşmeleri**, 2 cilt, Istanbul, 1943-1945

Tarama Bözlüğü, Türk Dil Kurumu, I-VIII.

Tavakkolî, Hasan, **İdris-i Bitlisî'nin Kanun-ı Şehinşâhî'sinin Tenkidli Neşri ve Türkçeye Tercümesi**, İstanbul Ü. EF-DT. No:37

Teftezânî, Sa'düddin Mesut b. Ömer (ö.793/1390), **Şerh üt-Telvih al'et-Tevdîh li Metni't-Tenkih fi Usûl il Fıkh**, C. I-II, Beyrut, 1377/1957, Dar ül Kütüb il İlmiyye.

Tevkiî Kanunnâmesi, MTM, c. I

Tevrat, Bab, 21, 25. II. Kitap, Bab 20, 21; Huruç, 21, 23, 26, 12; Tesniye, 16, II, 12, 13; III. Kitab Bab 19.

Tokmakçıoğlu, Erdoğan, **Osmanlı'da Kadın Âlemleri**, Geçit Yayınları 1991.

Tosun, Mebrure/Yalvar, Kadriye, **Sümer-Babil-Asur Kanunları Ve Amnisaduqa Fermanı**, Ankara 1975.

Tunçay, Mete, **Batıda Sosyal Düşünceler Tarihi**, c. I, Eski Ve Orta Çağlar, Seçilmiş Yazılar, İstanbul 1985.

Turan, Osman, **Selçuklular Tarihi ve Türk-İslâm Medeniyeti**, II. B., İst, 1969.

TurnagilL, **Ahmet Reşit, İslâmiyet ve Milletler Hukuku**, İÜHFM, C. VIII, S. I-II, 1942, s. 16-72 ve C. VIII, S. 3-4, 1943, s. 369-432; tıpkı basım, İstanbul 1972, Sebil Yayınevi.

Tursun Bey, **Târih-i Ebül-Feth**, İstanbul 1330.

Türk Hukuk Lügati, Ankara 1944.

Üçok, Coşkun/ Mumcu, **Ahmet, Türk Hukuk Tarihi**, Ankara 1987.

Udeh, Abdülkadir, **E -Teşrî'ul-Cinâiyy'ül-İslâmî**, I-II, Kahire.

Uluçay, M. Çağatay, **Harem'den Mektuplar I**, İstanbul 1956;

- **Osmanlı Padişahlarının Kadınları Ve Kızları,** Ankara 1992.

- **Harem II,** Ankara 1992.

- **V. Murad'ın Mektupları**, Tarih Dünyası III, Istanbul 1951

- **Manisa'daki Saray-ı Amire ve Şehzade Türbesi**, Istanbul, 1941

- **Bâyezid II'nin Ailesi**, Tarih Dergisi, X, Sy. 14, İstanbul 1959, sh. 105

- **Fatma ve Sâfiye Sultânların Düğünleri**, İstanbul Enstitüsü Mecmuası, Sy. IV, 1958.

- **Osmanlı Saraylarında Harem Hayatının İç Yüzü**, İstanbul 1959

- **XVIII. Asırda Harem**, Tarih Dergisi, XVII, İstanbul 1963.

- **Osmanlı Sultânlarına Aşk Mektupları,** İstanbul 1950

- **İstanbul'da XVIII. ve XIX. Asırlarda Sultânların Doğum-larında yapılan Törenler Ve Şenliklere Dâir**, İstanbul Enstitüsü Mecmuası, İstanbul 1958, Sy. 4, sh.199-213.

- **XVIII. Asırda Yapılan Sultan Düğünlerine Umumi Bir Bakış**, Yeni Tarih Dergisi I, Istanbul 1957

- **Saraylı Kadınlara Ait Mektuplar Üzerinde Bir Araştırma**, V. Türk Tarih Kongresi Zabıtları, Ankara 1960

Umur, Ziya, **Roma Hukuku**, İstanbul 1974.

Ünver, A. Süheyl, **Edirne Fâtihinin Cihânnümâ Kasrı,** İstanbul 1953.

Uzunçarşılı, İsmail Hakkı, **Osmanlı Devlet Teşkilatına Medhal**, Türk Tarih Kurumu, Ankara, 1984.

- **Osmanlı Tarihi**, TTK, Ankara, 1983, c. I- VII.

-**Osmanlı Devletinin Merkez Ve Bahriye Teşkilatı,** TTK, Ankara, 1984.

- **Osmanlı Devletinin Saray Teşkilatı,** TTK, Ankara, 1984.

-**Osmanlı Devleti Teşkilatında Kapıkulu Ocakları,** I-II, TTK, Ankara, 1984.

- **Osmanlı Devletinin İlmiye Teşkilatı,** TTK, Ankara, 1984.

Uğur, Ahmet, **Osmanlı Siyâsetnâmeleri**, İstanbul, tarihsiz.

Varoğlu, Hamdi, **Topkapı Sarayında Kadınlar Dairesi**, Tarih Coğrafya Dünyası I, Istanbul 1959

Vâsıf Efendi, **Tarih-i Vâsıf**, 2. cilt, Istanbul, 1219.

Walch, **XVII. Yüzyıl İstanbul'unda Harem** (Türkçeye Tercüme, Aydın Filiz), Hayat Tarih Mecmuası, İstanbul 1970, Sy. 10, sh. 46-49;

Walvin, James (Editor), **Slavery And British Socıety (1776-1846),** Hong Kong, 1982, The Macmıllan Press Ltd.

Westermann, William**, The Slave Systems of Greek and Roman Antiquity**, Philidelphia 1955.

Yekta Ragıb Öncü, **Eski Sarayın Harem Hayatı,** Dünya Gazetesinde Tefrika?

Yenişehirli Abullah Efendi, **Behcet'ül-Fetâvâ**, İstanbul, 1266.

Yusuf Has Hacib, **Kutadgu Bilig**, (Reşit Rahmeti Arat tercümesi).

Zerkâ, Mustafa Ahmed, **El-Fıkh ul İslâmî fi Sevbih il Cedîd**, C. I-III Dımaşk, 1967-1968, T. Tasia, Dar ül Fikr

Ziya Ergins, **Osmanlı Haremi Ne Zaman Kuruldu?,** Tarih Dünyası I, Istanbul, 1950

Ziya Şakir, **Meşhur Türk İmparatoriçeleri**, Istanbul, 1947

Zuhaylî, Vehbe, **Âsâr ül Harb fi'l il İslâmî Diraseten Mukaranen**, Dımaşk, ty., Dar ül Fikir.

-**El-Alâkât'üd-Devliyye Fil-İslâm**, Beyrut 1989.

KARMA İNDEKS

A

N

Ö

P

R

Ş

T

U

Ü

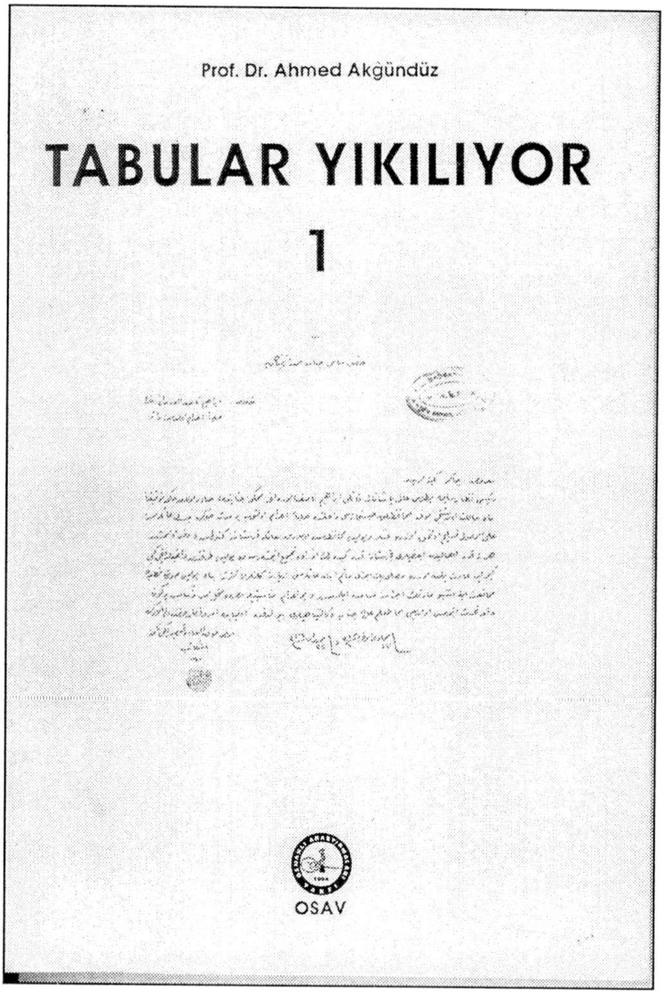

“**Tabular Yıkılıyor serisinin 1. Cildini** eline alanlar, çok farklı ve önemli mevzularla kendilerini başbaşa bulacaklardır. Evvelâ İslâm'ın hükümlerinin değişip değişmediği konusunda doyurucu izahlar verilmeye çalışılmıştır. Bunu takiben son zamanlarda televizyonlarda ve yazılı basında adından çokça söz edilen **“İstanbul Kanatlarımın Altında”** adlı iftirânameye doğru cevabı bu Kitapta görmek mümkün olduğu gibi, belgeler ışığında IV. Murad'ın hayatını ve ona yapılan iftirâların cevaplarını da bu kitapta bulmak mümkün olacaktır. Ayrıca, İslâm'da Kadının miras hakkı üzerinde koparınaların gerçek yüzünü; Osmanlı Devletinde Din-Devlet münâse-betlerini ve Osmanlı Devleti'nin müslüman bir dev-let olup olmadığı tartışmasının son noktasını; **Merhûm Turgut Özal**'ın talebi üzerine hazırlanan Rumeli'deki Osmanlı Hâki-miyeti ve Osmanlı Devletin'de Devşirme meselesi adlı iki raporu; İstanbul'un fethinin maddî ve manevî neticelerini ve bunlara benzer dikkat çekici ve çok ehemmiyet arz eden meselelerin ayrıntılı izahlarını bu kitapta okuyacaksınız.”

(Küçük Boy, 256 Sayfa, 1.Hamur Kâğıt, Lüks Karton Kapak)

"Milliyetimiz bir vücuttur; ruhu İslâmiyet , aklı Kur'an ve imandır" ana teması içinde, Güneydoğu Mesesinin sebeplerini ve çözüm yollarını irdeleyen bu eser, mevcut yaralara uygun olarak hazırlanmış İslâmî bir reçetedir. Tarih boyu İslâmın bayraktarlığını yapan Türk Milletinin Anadolu'da Kürtlerle münasebetlerinin ne olduğunu; Yavuz Selim'in bunlara karşı muâmelelerini; fitnenin ne zaman ve kimin tahriki ile başladığını; asrın Allâmesi Bediüzzaman'ın bu meseleye getirdiği çözüm tekliflerini; Bediüzzaman'a göre müsbet ve menfi milliyetçiliğin ne gibi manalar ifade ettiğini ve kısaca belgeler ve Kur'an'ın düsturları ışığında Güneydoğu Meselesini öğrenmek istiyorsanız, bu Kitabı okumalısınız. Birinci Baskısı kısa zamanda tükenen Kitabın, ilâveli ve küçük ebatta basılan ikinci baskısını kaçırmayınız ve ülkemizin bir kesimini etkisine alan bulaşıcı hastalığın tedâvi yollarını öğreniniz.

(Küçük Boy, 166 Sayfa, 1. Hamur, Lüks Karton Kapak)

"Osmanlı Kanunnâmeleri ve Hukukî Tahlilleri" adlı eserin, en son 9. Cildi neşredilmiş bulunmaktadır. Onuncu Cildinin telif hazırlıkları bitmek üzere olan Kitabın, 12 ciltte tamamlanacağı tahmin olunmakta ve yaklaşık 750 küsur Osmanlı Devletine ait Kanunnâmenin asılları, latin harfleriyle metinleri ve hukukî izah ve tahlilleri bulunmaktadır. Osmanlı Devleti'nin 36 Eyâletinin, yüzlerce sancağının ve kısaca 20 milyon km^2 üzerinde yer alan binlerce kazâ, köy ve mezraların tarihini öğrenmek istiyenler; Osmanlı Devleti'nin İslâm Hukukunu nasıl tatbik ettiğini merak edenler; kısaca belgeler ışığında doğru tarihi kendisi öğrenmek ve evlatlarına da öğretmek istiyenler, bir baş ucu kitabı olarak bu külliyâtı kütüphânelerinde bulundurmalıdırlar.

(Büyük Boy, 1. Hamur, Bez Cilt, 9 Cilt, Her Cildi Ortalama 750 Sayfa)